Abhandlungen zur Kunst-, Musik- und Literaturwissenschaft
Band 348

Abstraktion und Dichtung

Zum Strukturgesetz der Literaturgeschichte

von Hans-Joachim Simm

1989

BOUVIER VERLAG · BONN

Für meine Eltern,
für Vera Pagin,
Gabriele Simm
und Vera Gahler

CIP-Titelaufnahme der Deutschen Bibliothek

Simm, Hans-Joachim:
Abstraktion und Dichtung : zum Strukturgesetz der Literaturgeschichte / von Hans-Joachim Simm. - Bonn : Bouvier, 1989
(Abhandlungen zur Kunst-, Musik- und Literaturwissenschaft ; Bd. 348)
Zugl.: München, Univ., Diss., 1983

ISBN 3-416-01792-7

NE: GT

ISSN 0567-4999

 – D 19 –. Abb. auf dem Umschlag: nach dem farbigen Holzschnitt ‚Kugelspiralen' von M. C. Escher (1958) © 1989 M. C. Escher Heirs/Cordon Art, Baarn/Holland. Satz: Werkstatt Edition Dachsberg und Fuldaer Verlagsanstalt. Druck und Einband: Druckerei Plump KG, Rheinbreitbach.

Inhalt

Einleitung

„Die meisten Formen hat
die Abstraktion." – St. J. Lec

Wenn Gottsched das Allgemeine favorisiert, wenn Breitinger vom Dichter Abstraktionsvermögen fordert, um es gleich wieder einzuschränken, wenn Herder gegen die kahlen Sandbänke einer trockenen Abstraktion dem Individuellen mehr Spielraum geben möchte, wenn Schiller eine hochartifizielle Synthese versucht, die der Abstraktion ein neues Bürgerrecht im Reich der Poesie und Ästhetik einräumt, so daß Goethe über seine eigene Zustimmung zu solch abstraktem System erstaunt ist; wenn Eichendorff vor der Abstraktion als der größten Sünde der zeitgenössischen Poesie warnt, Friedrich Schlegel dagegen nur durch Abstraktion Menschen zu Göttern werden sieht und mit ihrer Hilfe einer neuen Poesie ein neues Fundament geben will – dann wird unmittelbar deutlich, wie selbstverständlich Abstraktion mit Poesie zu tun hat und wie unangemessen, ja manchmal sogar erschreckend doch deren Verbindung empfunden worden sein muß.

Es wird aber ebenso sichtbar, wie facettenreich das Phänomen der Abstraktion ist und daß ihm ein ästhetisches, erkenntnistheoretisches und geschichtsphilosophisches Problem zugrunde liegt. Dem versucht diese Arbeit nachzugehen.

Der Abstraktionsbegriff soll daher in dieser Arbeit gebraucht werden als heuristischer Terminus für ein im dialektischen Verhältnis zur Individualisierung stehendes konstitutives Entwicklungs- und Figurationsprinzip im Verlauf literarischer Theorie und Praxis, dessen Elemente zu denen der anderen Künste und der Wissenschaftsdisziplinen analog variabel sind.[1]

Poetologisch ist der Begriff erkenntnisverheißend, weil an ihm – nimmt man ihn in der klassischen Bedeutung rationalistischer Verstandesabstraktion – Gegensätze, von großem Belang für die Dichtung und ihren geschichtlichen Verlauf, unmittelbar aufleuchten, d. h. weil der scheinbare Widerspruch zwischen ‚Abstraktion' und ‚Dichtung', der einem sedimentierten Verständnis von Literatur entspricht, hier in seiner Dialektik und Prozessualität untersucht werden kann.

Auch methodisch ist der Abstraktionsbegriff adäquat, eben weil seine wertneutrale Struktur die Bildung eines Typenschemas nach logischen Ableitungsformen ermöglicht, dessen erkenntnis- und sprachtheoretische Anwendungsbreite[2] die Zusammenschau von scheinbar und tatsächlich Disparatem in kürzeren und längeren Phasen oder Epochenprozessen ermöglicht.[3]

Eine erste Anwendung verschiedener Abstraktionsmodelle auf die Literaturgeschichte brachte ein überraschendes Ergebnis, nämlich eine erstaunlich konsistente historische Abfolge der systematischen Ableitungen, eine Art ‚Logik der Literaturgeschichte'.[4]

Bei der Übertragung des systematischen Schemas der Abstraktion auf die (Literatur-)

Geschichte und den historischen Prozeß ihrer Theorien zeigt sich eine Kongruenz der systematischen Ableitungen mit historischen Entwicklungsphasen: die kognitive Struktur der Historie als Mentalitätsgeschichte, als Summe der teils konkurrierenden Systeme der Philosophie, der Wissenschaften, der Literatur und Lebenswelt.[5]
Diese Erkenntnis ist nicht neu, bereits Wilhelm Worringer verweist in seiner grundlegenden stilpsychologischen Studie über *Abstraktion und Einfühlung* auf diesen Zusammenhang: „So ist die Kunst nur eine andere Äußerungsform jener psychischen Kräfte, die in demselben Prozeß verankert das Phänomen der Religion und der wechselnden Weltanschauungen bedingen."[6] Damit ist zugleich auf die anthropologische Unausweichlichkeit der Abstraktion, auf jenen totalitären Anspruch angespielt, der auch die Suche nach dem Konkreten unter einen Abstraktionszwang geraten läßt.
Freilich besitzt das entwickelte Schema keineswegs vollständige empirische Geltung; es ist lediglich erkenntnisleitend, es zeigt unmittelbar hinter den Ergebnissen Fragen auf, die weitergehend zu beantworten wären.
So bietet diese Arbeit lediglich einige Überlegungen zur Struktur der Dichtungsgeschichte und wirft gelegentlich neue Schlaglichter auf den historischen wie systematischen Zusammenhang literarischer Epochen und Gattungen.
Ein erster Teil (A) untersucht die Erscheinungsformen von Abstraktion und Dichtung, vor allem aus dem sich als besonders ergiebig anbietenden Zeitraum des 18. Jahrhunderts, beschreibt die Methode, nach der eine historisch-systematische Untersuchung vorzugehen hat.
Ein zweiter Teil (B) widmet sich dem Abstraktionsbegriff und seinem Gebrauch in verschiedenen philosophischen und Wissenschaftsdisziplinen, mit ständigem Blick auf Literatur und Literaturwissenschaft, die im Zentrum auch dieses Abschnitts stehen.
Ein dritter Teil (C) gibt zunächst eine historische Herleitung der Abstraktion als Phänomen der Literatur, der Lebenswelt und Philosophie, um schließlich anhand dreier exemplarischer Stationen seine Entwicklung im 18. Jahrhundert darzustellen. Hier werden die neuzeitlichen Abstraktionsbegriffe entfaltet und literarisch wirksam, erstens als Problem des Empirismus und eines neuen Mimesis- wie wirkungsästhetischen Programms, zweitens als anthropologische und geschichtsphilosophische Kategorie eines menschheitlich-universalen Literaturbegriffs und drittens als Synthese-Forderung der Autonomieästhetik.

Das Verhältnis von Abstraktion und Dichtung ist bisher weder systematisch noch in seiner literarhistorischen Dimension explizit bestimmt worden. Dabei ist seine weitreichende erkenntnistheoretische und geschichtsphilosophische Bedeutung von der aristotelischen Poetik bis zur sogenannten konkreten Poesie unübersehbar und auch punktuell zeitweilig wenigstens angedeutet worden. Begriff und Verfahren der Abstraktion – oft mehr implizit verwendet denn offen diskutiert – sind zu allen Zeiten konstitutiv für die dichterische Praxis und ihre Theorie sowie für beider geschichtliche Entwicklung gewesen. Im Rahmen dieser Untersuchung soll die literarische und literaturtheoretische Konfrontation mit dem Phänomen der Abstraktion als ein zentrales Entwicklungsgesetz der Literaturgeschichte bestimmt werden. Der Begriff der Abstraktion zeigt, bereits vor aller Definition, seine inhaltliche Anwendbarkeit insbesondere deswegen, weil er für die Beschreibung kultur- und zivilisationsgeschichtlicher Prozesse evident (von der Entdeckung des Außen, der Natur, der Physik bis zur Erscheinungsformen der Automatisierung, Mathematisierung und der Dominanz von Zeichensystemen auch in der Alltagswelt) und überdies geschichtsphilosophisch sowie wissenschaftsgeschichtlich ausgewiesen ist.[7]

Bereits Norbert Elias streift in seiner psychohistorischen Untersuchung *Über den Prozeß der Zivilisation* das Abstraktionsproblem, ohne es jedoch zu entfalten: Die Differenzierung der lebensweltlichen Verhältnisse erfordere im Verlaufe der Zivilisationsgeschichte eine strengere Zurücknahme von individuellen Eigeninteressen, eine Triebregulierung und Affektkontrolle, in der sich immer stärker nivellierend der gesellschaftliche Zwang zum Selbstzwang artikuliere. Gleichzeitig aber – und dies ist symptomatisch für fast jede Beschäftigung mit dem Phänomen der Abstraktion – grenzt er seinen ‚Entwurf zu einer Theorie der Zivilisation' auch gegen jene grundlegende Verstandestätigkeit der Abstraktion ab, die als anthropologische Konstante Historie maßgeblich mitbestimmt, indem er ‚Gesellschaft' als das Dritte neben ‚Verstand' und ‚Natur' konstatiert:

> „[...] *aus der Interdependenz der Menschen ergibt sich eine Ordnung von ganz spezifischer Art, eine Ordnung, die zwingender und stärker ist, als Wille und Vernunft der einzelnen Menschen, die sie bilden.* Es ist diese Verflechtungsordnung, die den Gang des geschichtlichen Wandels bestimmt; sie ist es, die dem Prozeß der Zivilisation zugrundeliegt. Diese Ordnung ist weder'rational', – wenn man unter ‚rational' versteht: enstanden in der Weise einer Maschine aus der zweckgerichteten Überlegung einzelner Menschen, noch ‚irrational', – wenn man unter ‚irrational' versteht: entstanden auf unbegreifliche Weise. [...]
> *Die Eigengesetzlichkeit der gesellschaftlichen Verflechtungserscheinungen ist weder identisch mit der Gesetzlichkeit des ‚Geistes', des individuellen Denkens und Planens, noch mit der Gesetzlichkeit dessen, was wir die ‚Natur' nennen, wenn auch alle diese verschiedenen Dimensionen der Wirklichkeit funktional unablösbar miteinander verbunden sind.*"[8]

‚Abstraktion' aber ist ein wesentlicher Bestandteil der historischen Zivilisationsprozesse. Die Verfestigung der Verhaltensstandards führt zu bestimmten Codierungen und zur Institutionalisierung auch der Lebenswelt. Die sich – unter einem starken Konkurrenzdruck – ständig differenzierenden gesellschaftlichen Funktionen (Konkretion) erfordern eine straffere Organisation der menschlichen Handlungen, eine immer stabilere Regulierung des psychischen Apparats, die in immer größerem Ausmaß an die Institutionen des Gesellschaftsmonopols delegiert werden (Abstraktion). Ein weiteres Kennzeichen dieses paradoxen Prozesses ist die Verringerung der Kontraste des Verhaltens zwischen den jeweils oberen und den jeweils unteren Gruppen sowie die Vergrößerung der Spielarten oder Schattierungen der zivilisierten Handlungen[9]. Die Entwicklung der Gesellschaft folgt nach Elias einem (eigenen) Gesetz, das logisch nachvollziehbar ist. Abstrakte Inhalte des Prozesses machen diesen selbst zum Gegenstand einer (methodischen) Abstraktion. Hier setzt die normative Forschung auch der Systemtheorie an.

Daß somit auch die Geschichte strukturlogisch rekonstruierbar ist und damit als solche unvermittelt bestimmten Abstraktionsgesetzen gehorcht, führt Günter Dux anhand einer Fülle von ethnographischem und wissenssoziologischem Material aus:

> *„Weltbilder und mit ihnen das Verständnis der Menschen sind [...] einsicht- und begründungsfähig. Sie bilden sich unter angebbaren Bedingungen und entwickeln sich in der Geschichte strukturlogisch stringent fort. Die Geschichte kennt eine Logik. Und die läßt sich rekonstruieren.“*[10]

Hans Blumenberg hat den Vorgang der Abstraktion als Signum und methodischen Anfang des Denkens in der Neuzeit und ihrer theoretischen Neugierde beschrieben: „Das Neue der methodischen Induktion ist das primäre Wegsehen vom thematisierten Gegenstand selbst.“[11]

Um das Thema zu verdeutlichen, sollen der Untersuchung die Hauptthesen vorangestellt werden:

- Aufgabe der Literatur ist es, auf die Gefahren stetig steigender Abstraktivität im Prozeß der Geschichte hinzuweisen, ohne jene doch grundsätzlich verhindern zu können (Retardation).[12]
- Alle Epochen, Gattungen, Formen, Themen und Motive, Stile und sprachlichen Erscheinungen stehen auf diese Weise unter dem teils verdeckten Diktat der Abstraktion, dem sie sich keineswegs widerstandslos unterordnen. Die Abwehr setzt neue schöpferische Möglichkeiten frei, auch und oft gerade dann, wenn jene nicht oder nur partiell gelingt.
- Die verschiedenen Abstraktionsklassen und -arten sind in einem systematischen Abstraktionskreis angeordnet.
- Der systematischen Folge entspricht eine Gesetzmäßigkeit in der geschichtlichen Abfolge der philosophisch-wissenschaftlichen Verwendung von Abstraktion (extensional – intensional – extensional usw.[13]): Geschichte und Theorie der Abstraktion sind strukturlogisch kongruent.
- Die historischen Erscheinungsformen und -bereiche der Abstraktion unterliegen diachron und synchron einem modifizierbaren Interferenzmechanismus.
- Mit dem geschichtsphilosophischen und mentalitätsgeschichtlichen Theorem der Abstraktion lassen sich Unterschiede wie Zusammenhänge, Phasenverschiebun-

gen, Epochenmerkmale, Themen-, Motiv- und Formenwandel, Phänomene der Stilentwicklung, Gattungspoetik, des gesellschaftlichen (Selbst-)Verständnisses des Autors, des Leseverhaltens u.v.a. erklären. Dabei ergeben sich gegenüber den bisherigen historischen Zuschreibungen teils neue und überraschende Verbindungen. Im Mittelpunkt der vorliegenden Arbeit wird der Versuch einer Neubestimmung des Verhältnisses der literarischen Epochen und Stile zueinander sowie der Bedingungen von Zweck- und Autonomieästhetik stehen.

- So bestimmt die jeweilige historische Auffassung von Abstraktion das lebensweltliche Erfassen von Wirklichkeit ebenso wie das geschichtsphilosophische Selbstverständnis und das Menschenbild einer Epoche.
- Ferner prägt die besondere historische Auffassung der Abstraktion den jeweiligen Philosophie- und Wissenschaftsbegriff samt seinen Paradigmata.
- Demgemäß legt die Abstraktionsauffassung auch das Verhältnis von Philosophie und Wissenschaft zur Literatur fest, die Stellung und Bedeutung der Literatur innerhalb der historischen Praxis, der Bewußtsein- und Wissenschafsgeschichte sowie die literarhistorische Entwicklung im einzelnen.
- Derartige ‚Unausweichlichkeit der Abstraktion' und die implizite Verdrängung des Konkreten stellen für die dichterische Praxis und ihre theoretische Begründung eine ständige poetologische Herausforderung dar und sind Ursachen für Innovationsschübe.
- Die neuere Literaturgeschichte insbesondere vom Beginn der Aufklärung bis zum programmatischen Realismus[14] erhält in vielen Einzelbereichen ihre wichtigsten Impulse von der Auseinandersetzung um die Abstraktion, vom Versuch, das Konkrete zu erfassen, zu bestimmen, und vom Prioritätenwandel der jeweils bevorzugten Abstraktionsklasse (eine Art Paradigmenwechsel[15]). Stellenwert und Aufgabe der Poesie wurden und werden von der Frage nach der Abstraktion bestimmt, in einem Koordinatennetz aus Erkenntnistheorie und Geschichtsphilosophie. Auch die Möglichkeiten, Grenzen, Fragen der ‚Ablösung' von Poesie – sei es durch Einbeziehung von Mythologie, Säkularisationsphänomenen, Szientismusproblemen, durch die Prävalenz von Philosophie – wurden unter dem Abstraktionsaspekt diskutiert. Das Bewußtsein unvermeidlicher Abstraktion und ihre intendierte Ablehnung sind zentrale Komponenten der neueren Poetik und Ästhetik.
- Abstraktion wird als logisch-erkenntnistheoretisches Verfahren in all ihren Formen von der Dichtung und ihrer Theorie rezipiert. Dies geschieht offen oder verdeckt.
- Die Auseinandersetzung mit den philosophisch-wissenschaftlichen Abstraktionsarten findet in der Dichtung und ihrer Theorie auf unterschiedliche, teils entgegengesetzte Weise statt (Konkurrenzaspekt: Beschleunigung – Retardation – Abwehr).

Auf dieser Grundlage sollen die historischen Definitionen, Abgrenzungen und Funktionsbestimmungen der Poesie[16] sowie die Erscheinungsformen der poetischen Praxis untersucht werden. Dabei ist leitend der Wirkungsaspekt der erkenntnis- und geschichtstheoretischen Aufgaben, die der Dichtung gestellt wurden, nachdem ein ursprünglich logisch-systematischer, dann prozessualisierter Begriff[17] auf den Bereich der Geschichte appliziert worden war bzw. Rationalisierungsvorgänge (im Sinne Max Webers[18]) mit universalsystematisierender Tendenz, aber selbst nur sehr partiell systematisch in ihrem Ursprung[19], geschichtlich manifest geworden waren. Erst in diesem Konnex erhielt Dichtung entscheidende kultur- und bewußtseinsgeschichtliche Aufgaben.

Die Auseinandersetzung mit dem Problem der Abstraktion ist das herausragende Kennzeichen nicht nur der modernen Kunst, sondern der gesamten Kultur- und Kunstgeschichte, wobei bereits hier auf die unbedingt nötige Abgrenzung gegen eine überhistorische Pauschalisierung hingewiesen werden soll, wie sie Worringer in der genannten Schrift oder Arnold Hauser mit dem polaren Begriffspaar von ‚Geometrismus' und ‚Naturalismus' vorgenommen haben.[20]

Es geht also um die Frage, ob und wieweit die Dichtung und ihre Theorie sich mit einem je verschiedenen bestimmbaren Abstraktionsbegriff befassen, ob und wieweit beide von den historischen Auseinandersetzungen um die Abstraktion in Philosophie-, Theologie-, Wissenschafts- und Gesellschaftsgeschichte berührt werden und wie sie dann insbesondere auf bestimmte geschichtsphilosophische Lösungen des erkannten Abstraktionsproblems reagieren.[21]

Wird also beispielsweise ein auf die geschichtliche Entwicklung übertragenes, erkenntnistheoretisches Abstraktionsmodell von der Literatur adaptiert und wird ein dergestalt abstraktiv bestimmter Geschichtsbegriff literarisch und poetologisch verarbeitet? Und wenn ja, wirkt Dichtung und ihre theoretische Einschätzung damit auf die allgemeine geschichtliche Entwicklung zurück?[22]

Zur Methode und zum Gegenstand

Der historische Prozeß der (Verwendung oder Problematisierung von) Abstraktion kann in seinen zahlreichen Varianten und in seinen sehr unterschiedlichen geschichtlichen Deutungen nur mittels einer Systematik transparent werden[1]; vor allem deswegen, weil – und das erschwert die Untersuchung – der Gebrauch von Abstraktion über das jeweilige Wissenschaftssystem in die Literatur und ihre Theorie vermittelt wird.[2]

Der erste Hauptabschnitt (A I) soll das Spektrum der poetischen und poetologischen Erscheinungsformen der Abstraktion aufzeigen. Die dort aufgeführten Bereiche belegen den literarisch-literatur-wissenschaftlichen Gebrauch keineswegs vollständig, sind aber repräsentativ für die verschiedenen Anwendungsmöglichkeiten.

Der systematische Teil (B) dieser Arbeit zeigt insbesondere den gegenwärtigen Stellenwert von Abstraktion in den einzelnen Wissenschaftsdisziplinen und berücksichtigt vor allem Fragen der Logik, der Erkenntnistheorie, Anthropologie und Geschichtsphilosophie sowie vorrangig den literaturtheoretischen und literaturwissenschaftlichen Gebrauch des Abstraktionsbegriffs und -phänomens.
Die Auswahl der herangezogenen Texte konnte selbstverständlich nicht in gleicher systematischer Vollständigkeit erfolgen, da jede Disziplin eine eigene Untersuchung verdient hätte; die Selektion erfolgt überdies nach subjektivem Interesse motiviert und ist angelegt nach der Relevanz für das Thema ‚Abstraktion und *Dichtung*'. Anhand des leitenden Theorems der ‚verdeckten Rezeption'[3] sollen alle denkbaren Abstraktionsformen und -bereiche in einem kategorialen Rahmen systematisiert werden. „Das Vergangene kann re-konstruiert werden mit Hilfe eines Konstruktionsmodells, eines kategorialen Rahmens. Das historische ‚Faktum' ist nicht anders als über solche Konstruktionen, die in der praktischen Arbeit häufig nur undeutliche Vorverständnisse sind, anzueignen, d. h.es ist nicht als solches, sondern nur als Interpretiertes zu haben."[4]
Eine bestimmte strukturgeschichtliche Entwicklung, zumal kognitiver Tendenzen, kann mit Hilfe einer Systematik deutlicher und leichter evident gemacht werden, die – zunächst ausgehend von der geläufigen Bedeutung des rationalistischen Abstraktionsbegriffs[5] – das Raster zur Verfügung stellt, nach dem die historischen Quellen befragt werden sollen.
Daß die Systematik bei der Anordnung der Wissenschaftsdisziplinen vom heutigen Erkenntnis- und Forschungsinteresse geprägt ist und damit sowohl einen bestimmten historischen Zustand generalisiert als auch im Bewußtsein des eigenen geschichtsphilosophischen Ortes relativiert, ist selbstverständlich. Dialektische Hermeneutik gilt nicht nur für historische Erkenntnis, sondern auch für die systematische, da sie auch Analysis und Synthesis miteinschließt.[6] Die systematischen Begrenzungen sollen zu einer genaueren historischen Einordnung und Erkenntnis derjenigen Tatsachen beitragen, deren Ähnlichkeit der Aufweis ihrer historischen Folge oft nicht deutlich genug machen kann. Auf der anderen Seite aber sollen die „geschichtswissenschaftlichen Konstruktionen"[7] nicht zu struktur- oder geistesgeschichtlichen Extrapolationen führen.[8] Erst die Feststellung des jeweiligen individuellen historischen Ortes einer jeden theoretischen Äußerung sowie eines Praxiselementes vermag die hinreichende Begründung zum Nachweis eines bestimmten theoriegeschichtlichen Prozeßabschnitts zu geben. Daher wird die Systematik selbstverständlich je nach den historischen Bedingungen von Abstraktivität zu relativieren sein.
Jörn Rüsen bstimmt die Aufgabe einer die Praxis des Geschichtsforschers erkenntniskritisch leitenden Historik methodologisch als „schlüssige Verbindung von hermeneutischen und analytischen Methoden. Sie verfolgt dabei die Absicht, daß explanatorische Potential der Hermeneutik (was in seiner praktischen historiographischen

Wirkung so wenig bestritten werden kann wie es methodologisch bereits erkennbar geworden ist) durch Einführung des Elementes der Konstruktion zu erhöhen und die historische Methode um die generalisierenden Verfahren zu erweitern, die sich in den Sozialwissenschaften bewährt haben."[9]

Den grundsätzlich unaufhebbaren Unterschied zwischen (systematisch-)kausalgenetischen und historisch-genetischen Erklärungen beschreibt u. a. Wolfgang Stegmüller.[10] Letztere sind gekennzeichnet durch eine die stringente Deduktionsfolge immer wieder durchbrechende Einführung von Tatbeständen, die zwar mitbegründen, aber ihrerseits im vorgeführten Zusammenhang nicht selbst abgeleitet werden müssen.[11] Die Notwendigkeit einer generellen methodischen Verbindung von Systematik und Geschichte ergibt sich in erster Linie aus dem Begriff der Abstraktion selbst sowie aus der zentralen Strukturthese der Arbeit, daß nämlich ein systematisch beschreibbarer Begriff sich in all seinen theoretischen Ableitungen relativ genau im geschichtlichen Verlauf abbildet. Dabei wird der Abstraktionsbegriff als Prozeß betrachtet, wie ihn die neuere Geschichtswissenschaft bestimmt:

> „Unter historischen Prozessen versteht man in der Regel längere, nämlich Jahrzehnte oder Jahrhunderte übergreifende Abläufe. Man faßt mit dieser Kategorie Handlungen, Faktoren, Verknüpfungen etc., die wie auch immer zum Erreichen eines bestimmten Endes beitrugen, von diesem Ende her zu einem Sinnganzen zusammen. Alle möglichen Arten von Kontingenz mögen dabei mitgesprochen haben; auch mögen gewisse Stränge von autonom-prozessualem Charakter darin enthalten gewesen sein; gelegentlich mag zu einem späteren Zeitpunkt das ganze Geschehen eigenständige Kraft gewonnen haben."[12]

Der Historiker Christian Meier bezieht den Prozeß-Begriff auch auf die Institutionengeschichte:

> „Wenn die Prozeß-Kategorie heute Konjunktur hat, so bedeutet dies, daß sie auf immer mehr Gegenstände angewandt wird. Sie dringt in Bereiche vor, in denen vorher andere Arten der Wahrnehmung bestimmend waren. Mit ihrer Hilfe werden selbst solche Gegebenheiten, die vorher als über lange Zeit statisch angesehen wurden – wie die Institutionen –, als dynamische, wenn auch in sich kreisende Bewegungen erkannt."[13]

In diesem Referenzrahmen steht die vorliegende Arbeit, und ihr historischer Teil rekurriert immer wieder auf das systematisch Erarbeitete. Denn ‚reine' Chronologie oder gar Annalistik, als Variante des kausalitätsorientierten Positivismus, vermag als Verfahren, in dem auf der Basis rein chronikalischer Kombinatorik sich gleichwohl „sinnhafte Strukturen"[14] einstellen sollen, nur wenig zur Erhellung prozessualer Abstraktionstendenzen und ihrer Gegenbewegungen beizutragen. Figurationen, Prozesse und teilweise autonome Geschehenszusammenhänge[15] sind kaum über jahreszahlabhängige Aufzählung zu erkennen. Dies gilt in besonderem Maße für die historische Entwicklung seit der Mitte des 18. Jahrhunderts:

„Trotz höchst bemerkenswerter Manifestationen menschlichen Könnens im Einzelnen [!], trotz einer bewegten, denkwürdigen Geschichte politischer Handlungen und Ereignisse überwiegen in Wirklichkeit und Wahrnehmung prozeßartige Veränderungen, in denen noch die größten Leistungen als eingeebnet erscheinen in die Unsumme der Impulse. Diese Wandlungsprozesse umfassen zunehmend mehr, schließlich alle wichtigen Gebiete des menschlichen Lebens. Sie sind untereinander interdependet."[16]

Dabei haben sich anthropologische und historische Fragestellungen zu ergänzen.[17] Kurz: Die Einsicht in bestimmte geschichtsphilosophisch und damit historisch-systematisch determinierte Deutungsmuster von Literatur, wie sie unter der Begriff der Abstraktion von der Dichtungstheorie entworfen werden, stellt sich erst aufgrund einer differenzierten Beschreibung historischer Tableaus[18] ein, deren Koordinaten aus ‚System' und geschichtlicher Varianz gebildet werden.[19]

Der historische Teil wird in Abschnitte von jeweils 30 – 40 Jahre gegliedert, die sich im wesentlichen an der überlieferten Periodisierung der Literaturgeschichte orientieren, gleichzeitig aber mit Hilfe der Abstraktionskategorien ermöglichen, phasenübergreifende Strukturen aufzudecken (Modernisierungswellen u. a.[20]), aus denen sich bestimmte Modifikationen auch der traditionellen Epochenzuschreibung ergeben.[21]

Dabei wird im hermeneutischen Vorverständnis ein inhaltlich enger und wertneutraler Begriff rationalistischer Abstraktion (Isolierung und Generalisierung von Merkmalen) vorausgesetzt, dessen logische und geschichtliche Implikate den historischen Abstraktionsprozeß ausmachen.[22]

Aus der zentralen These, nach der ‚Abstraktion' von der Dichtung aus den diversen Wissenschaftsbereichen verdeckt rezipiert wird, ergibt sich notwendig ein rezeptionsgeschichtliches Vorgehen. ‚Verdeckte Rezeption' meint hier: Die Struktur der Abstraktion ist im Werk angelegt und wird aus ihm rezipiert über den ‚Erwartungshorizont' sowohl des Autors als auch des Lesers, der geschichtlich manifeste Abstraktionsformen zu erkennen meint, ihnen konkretiv gegenzusteuern sucht und der doch wieder nur Abstraktion befördert. Die ‚verdeckte Rezeption' wird jedoch nicht nur über eine innerliterarische Reihe geleistet, sondern auch im interdisziplinären Übergang von einem vorausliegenden Bezugsystem zu einem nächsten, beim Paradigmawechsel.[23]

In einer Art ‚gesellschaftsgeschichtlicher Metaphysik' beschreibt Karl Mannheim, auf den sich Jauß bezieht, den Vorgang der Rezeption als Konkurrenzphänomen auf dem Gebiet des „seinsverbundenen Denkens"[24]. Der Mannheimsche Ansatz ist in zweierlei Hinsicht auch für das Thema ‚Abstraktion' bemerkenswert: Erstens weist er auf die konkurrierenden Teilsysteme hin, mit denen Dichtung und Poetik in Verbindung stehen bzw. zu denen sie gehören (wobei er allerdings das naturwissenschaftliche Denken ausgrenzt und sich auf das historische, politische und Alltagsdenken sowie auf das der Geistes- und Sozialwissenschaften bezieht), d. h.also über den Konkur-

renzbegriff auch das Phänomen der ,verdeckten Rezeption' in den Blick bekommt; zweitens deutet sich mit der Kategorie des „seinsverbundenen Denkens" nicht nur die methodologische Kohärenz von Sozial- und Strukturgeschichte, sondern auch die Hypostase einer individualisierenden oder organologischen Abstraktion an, wie sie Soziologie und Kunsttheorie zeitweilig bestimmt hat.[25] Den Prozeß der Differenzierung von Institutionen zu Beginn der Neuzeit nennt Mannheim „atomisierte Konkurrenz"[26], welche die Periode nach der Erschütterung des Monopols der kirchlichen Weltauslegung darstellt und die dadurch charakterisiert ist, daß zahlreiche isolierte Lebenskreise versuchen, die Erbschaft der offiziellen Weltauslegung zu übernehmen. Dies führt einmal zur Generalisierung einzelner Theorien sowie zu neuen Klassifikationszwängen, um totaler Zersplitterung der Lebensbereiche zu begegnen: Ein doppelter Abstraktionsvorgang ist also die Folge der Atomisierung. Der neuzeitliche Verlauf gesellschaftlichen Denkens mündet – nach „Konsensus" und „Kooperation„, auf die die Monopolsituation einer einzelnen auslegenden Gruppe folgt, die wiederum von der „atomisierten Konkurrenz" zerstört wird – gemäß Mannheims Schema in eine Phase der „Konzentration": „Dieser der Tendenz nach sich immer mehr auf Spaltungen hinbewegenden atomisierten Konkurrenz gegenüber, setzte der *vierte Typus* ein, in dessen Ära wir uns heute weitgehend befinden: ein *Konzentrationsprozeß* der konkurrierenden Standorte."[27]
Die Phase der Konzentration ist jedoch nicht statisch, sondern bringt – nach der Dialektik historischer Prozesse – neue und teils gegensätzliche Formen hervor. So führt sie zunächst zur Polarisation gegensätzlicher Standpunkte, auf die dann Synthese-Versuche folgen.[28] Die Gegensätze beziehen sich selbstverständlich auch auf historisches Denken: im Gegeneinander und Wechsel von analytischer und synthetischer Geschichtsdarstellung. Was hier von Mannheim beschrieben wird, ist die wissenssoziologische und gesellschaftstheoretische Komponente eines dialektischen Abstraktionsprozesses der Geschichte.[29] Daß Sprache und mit ihr der literarische Gegenstand dem Konkretionsbedürfnis des Schreibenden widerstehen, ist ein altes Wissen.[30] Zur Bewertung der verschiedenen Entwicklungsstufen von Abstraktion in der Dichtungsgeschichte ist daher eine ständige Rückbesinnung auf die sprachphilosophische Situation der Literatur notwendig.[31] Denn Literatur ist grundsätzlich auch mehr oder weniger abstraktiv. Doch nicht diese generelle Abstraktivität ist hier Untersuchungsgegenstand – jedes Wort als solches hat schließlich neben seiner deiktischen, onomatopoetischen und expressiven Funktion auch eine klassifikatorische, eine rational-begriffsbildende Aufgabe. Jede Literatur ist also in gewisser Weise rationalistisch abstrakt, da sie auswählt und Bestimmtes isoliert und/oder generalisiert.[32] Selbst sogenannte Lautmalerei kann sich zu einer Klassifikation von Klangelementen[33] verselbständigen, was sie in die Nähe zur ,konkreten' d. h.abstrakten Kunst rückt. Und auch ein vermeintlich konkreter Gefühlsausdruck kann durchaus eine bestimmte, wenn auch nicht unbedingt klassifikatorische Abstraktivität

besitzen.[34] Dichtung als Wortkunst hat daher grundsätzlich Teil am begriffsbildenden Verfahren logischer Abstraktion, wie umgekehrt scheinbar abstrakte Begriffe literarisch so eingesetzt werden können, daß sie den Charakter der Abstraktivität ganz oder teilweise verlieren.[35] Dies ist immer eine Frage von Autorintention, Kontext, Gattungsnormen, Erwartungshorizont etc.

Aber weder die in der anschaulichsten Dichtung prinzipiell vorhandene *sprachliche* Abstraktivität soll hier untersucht werden noch die primäre Qualität einer *literarischen* Abstraktion – noch die Abstraktion potenzierende Schriftform[36] und ebensowenig die entgegengesetzte Tatsache, daß die generelle Wortabstraktivität zugleich durch die Darstellungsfunktion der Poesie immer wieder durchbrochen und in der gestalterischen Intention notwendig auch, sie es mimetisch, sei es kombinatorisch, konkretisiert werden kann. Erst in der Relation von Intentionalität, Faktizität und Rezeption entsteht Literatur, und erst im Rückgriff darauf kann auch die Frage nach der Abstraktion beantwortet werden.[37] Vieles kann nebeneinander bestehen, wie Baumgarten in seiner ‚Ästhetik' bereits ausweist, wenn er die Gleichzeitigkeit von extensionaler und intensionaler Abstraktion fordert: die Vielzahl von horizontalen Merkmalen einerseits und größere Klarheit und Tiefe in der Darlegung einzelner Merkmale andererseits.[38] Zur Erkenntnis der Zwischentöne, die erst die historische Eigenart, den Stellenwert sowie auch die poetische Qualität eines Autors, eines Werkes bestimmen, muß immer auch der Bezug zwischen poetischer Praxis und Theorie, die Frage von Gleichzeitigkeit und Ungleichzeitigkeit der beiden Diskursmodelle erörtert werden. Dies wird zeigen, daß ein und dasselbe Werk selbstverständlich auch verschiedenen Abstraktionsstufen angehören kann.

'Abstraktion' ist ein sich wandelndes, oft konträr gehandhabtes Phänomen im Schnittpunkt von werk- oder textimmanenten Verweisungszusammenhängen einerseits und dem Postulat der zeitgenössischen Literaturtheorie andererseits. Nicht in der unfruchtbaren Polarisierung von Anschauung und Begriff, von Intuition und Rationalität – selbst geschichtsphilosophischer Ausdruck eines historischen Zustands, wie ihn die Literaturgeschichtsschreibung des 20. Jahrhunderts häufig unkritisch übernommen hat[39] – liegt die Aufgabe dieser Arbeit. Sie liegt aber auch nicht in der Darlegung der dichtungstheoretischen Reflexe auf philosophische Vorgänge oder in einer direkten Parallelisierung von Dichtung, Philosophie und Wissenschaft, sondern im Hinweis auf dichtungs- und theoriegeschichtlich effiziente Kombinationen relativer Anschaulichkeit und Begrifflichkeit, im Aufweis ihrer sich wandelnden poetologischen Motivation sowie ihrer dichterischen Mittel.

A. Kategorien und Epoche

I. Erscheinungsformen der Abstraktion in Dichtung und Poetik

Im folgenden werden, geordnet nach literaturwissenschaftlichen Kategorien, einige prägnante Beispiele und historische Reihen angeführt, vor allem aus dem Zeitraum von der Aufklärung bis zur Romantik, in dem ‚Abstraktion' zu einem Paradigma der Ästhetik wird.

Erst auf der Grundlage der Problematisierung der Abstraktion wurde die *Ästhetik* im 18. Jahrhundert ausgebildet. Gehörte vor Baumgarten das ästhetische Vermögen noch der (unteren Stufe: der) sinnlichen Erkenntnis an, so wird gegen Ende des Jahrhunderts die Ästhetik gleichrangig mit, ja sogar über der reinen Vernunft als höchstes menschliches Vermögen fungieren. Der Wandel von der Bevormundung der Ästhetik durch die Moral zur Unterordnung der Moral unter eine autonome Ästhetik[1] erweist sich als Folge eines gegenüber der Aufklärung gewandelten Abstraktionsverständnisses, das die Veränderung der Poetik als regelpraktischer Anweisung zu einer ästhetischen Theorie mitbegründet hat. Aus der Auseinandersetzung um die rationalistische Abstraktion erwächst bereits in der Epoche der Empfindsamkeit eine neue Form von Abstraktivität, die nicht klassifikatorisch ist, sondern dem dichterischen Subjekt Vorrang vor seinen Gegenständen gibt sowie Glaubenswahrheiten und magische Konstellationen bevorzugt, die im geschlossenen System der Ästhetik verbleiben. So reicht das Abstraktionsspektrum von der praktisch-formallogischen Gedichtstrukturierung und der Autor-Intention der Wissensvermittlung in der Frühaufklärung bei Brockes[2] und Haller, von der rational-psychologischen Geschmacksdebatte bei Johann Ulrich König oder der Kausal-Argumentation des Breslauer Anonymus von 1725 über eine religiös-gesellschaftliche Auffassung vom Dichterberuf (vates-Anspruch bei Klopstock) bis hin zur scheinbaren Esoterik romantischer ‚Zirkelliteratur'; von der philosophisch-spekulativen Ästhetik Hegels über den politisch-rhetorischen Anspruch an Literatur im Vormärz, die Ausschaltung des Erzählers im Realismus bis hin zum „synthetischen Rationalismus" der ‚konkreten Poesie', die den gegenständlichen Inhalt auf sprach- und kommunikationsästhetische Raster reduziert.[3]

So wie die in der Poetologie des 18. Jahrhunderts häufigen Fragen nach der Entstehung der Poesie das Verhältnis von Abstraktion und Dichtung als geschichtliches zu beleuchten und klären versuchen, wird durch die *literarische Rezeption* und ihre theoretische Begründung wie auch durch die literarische Kritik das Abstraktionsproblem historisch gesehen und als solches fortgesetzt.

So wurde in Deutschland das Abstraktionsproblem zunächst über die Antikenrezep-

tion im 18. Jahrhundert durch Winckelmann und Lessing vermittelt. Ferner wurden abstraktive Tendenzen in der Literatur wie auch die programmatische Ablehnung mit Hilfe von deutschen und ausländischen Gewährsmännern durchgesetzt. Während die Befürworter der poetischen Abstraktion durchgehend eine starke Affinität zu französischen Vorbildern (teils auch zu Italien) zeigen, die nur von der antiabstraktiven Rousseau-Begeisterung durchbrochen wird, orientierten sich die eher psychologisch interessierten Konkretionsversuche hauptsächlich an englischen Vorbildern. In England, dessen Klassizismus nie die Strenge des französischen besessen hatte, glaubte man Beispiele und Belege für eine zunächst pragmatisch-konkretive und später gar gegenrationalistische Literaturauffassung zu finden. Die Theorien der Thomson, Young, Gray und Reynolds brachten zunächst die konkretive Formel des Horaz auch in Deutschland zu großer Geltung. Später wurde diese pragmatische Literaturauffassung von einem durch die Shakespeare-Begeisterung anthropologisch begründeten Literaturverständnis abgelöst, angefangen mit Lichtenbergs Aufklärungskritik über Herders und Goethes Shakespeare-Emphase, über Bräker und Grabbes *Shakespearo-Manie* bis hin zu Otto Ludwigs *Dramatischen Studien.*
Wurde die Antike häufiger zur Beglaubigung auch der poetischen Qualitat von Abstraktion herangezogen, so ist die Mittelaltervorliebe der gegenaufklärerischen bis hin zu den romantischen Theoretikern Ausdruck der programmatischen Abwehr. Daneben gilt auch die Beschäftigung mit orientalischer und asiatischer Literatur (Indien, China) den meisten Poetologen als erfolgreiche Flucht vor dem Zwang zur ‚nordischen Abstraktion'. Noch die spätere Aufnahme exotischer Elemente in die Literatur der Biedermeierzeit (Freiligrath, Sealsfield, Gerstäcker) ist Indiz für eine Abstraktionsfurcht, welche die literarische Entwicklung von 1750 – 1830 insgesamt charakterisiert.

Auch die Diskussion um die *Abgrenzung der Künste* gegeneinander ist letztlich bestimmt von der Beantwortung der Frage nach der Abstraktion. So muß die Trennung der Dichtung vom Vorbild der Malerei (Bodmers und Breitingers *Discourse der Mahlern* /Lessings *Laokoon*) als entschiedene Wendung zum Abstrakten, als Bekenntnis zu einer über das – konkrete – Simultaneitätsprinzip hinausgehenden Darstellungsform begriffen werden. Gerade die behutsame Genauigkeit aber, die Lessings Analyse des Laokoon kennzeichnet, signalisiert, daß ‚Abstraktion' als komplexes Problem gesehen wird. Die Ausbildung einer Theorie des Transitorischen basiert nicht mehr auf einem ontologischen Begriff statischer Abstraktion, auf dem noch die Konkretion des Simultaneitätsprinzips beruht, sondern auf einem dynamischen Abstraktionsbegriff in der Leibniz-Nachfolge, dessen ontologische Valenz zugunsten der erkenntnistheoretischen Bedeutung zurückgetreten ist: ein Vorgang, der die Entwicklung der Abstraktionsauffassung von Leibniz zu Kant am Beispiel der Dichtung abbildet. Und unter dem Gesichtspunkt der ‚Bewegung', ‚Dynamis', ‚Kraft' fand die

Literaturtheorie überhaupt erst ihren Anschluß an die zeitgenössische (Popular-)Philosophie der Wolff, Gottsched, Baumgarten oder Mendelssohn. Dieser rationalpsychologische Bewegungsbegriff, in dem sich Extensionalität (Quantität) und Intensionalität (Bedeutung) der Elemente zur Kunstform verbinden, wird im Laufe des 18. Jahrhunderts mehr und mehr aus dem rationalistischen Bereich herausgehoben und dient schließlich der Behauptung vom Vorrang der Intensionalität gegenüber extensional-klassifikatorischem Abstrahieren.[5] An diesem Punkt rückt die Dichtung in die Nähe der Musik, deren Extensionalität getragen wird von einer emotionalistischen Intension. Hier schafft sich die Ablehnung der rationalistischen Abstraktion eine neue Ausdrucksform, die ihrerseits abstrakt gefärbt ist. Die Skala der – abstrakten – Musikalität der Dichtung reicht von Herders Theorie des Wohllauts bis zur romantischen Klanglehre Wackenroders, bis zum Symbolismus und zum l'art pour l'art-Programm. Auch die Poesie-Programme selbst bestimmen sich über den jeweils implizierten Begriff von Abstraktion: ob produktionsästhetisches Mimesis-Programm, Nachahmung und Naturnachahmungstheorie[6] oder wirkungsästhetische Forderungen (Mitleidstheorie), klassische Erziehung zum universellen Menschen, politisches Programm oder poésie pure.

Darüber hinaus aber wirkt sich die Abstraktionsauffassung ebenso auf *dichtungstheoretische Grundbegriffe* aus. Auf die Geschmacksdebatte wurde bereits hingewiesen; aber auch die Bestimmung der intellektuellen und seelischen Funktionen innerhalb der Produktionsästhetik sind vom jeweiligen Abstraktionsbegriff betroffen. Seine Wirkungen zeigen sich in der Definition von Begriffen wie ‚Urteilskraft', ‚Vorstellungsvermögen' (von Wolff über Baumgarten zu Kant), in der ‚Illusion' ebenso wie in ihrer ‚Durchschaubarkeit' (bei Mendelssohn). Selbst Begriffe wie ‚Einbildungskraft', ‚Enthusiasmus', ‚Begeisterung' sowie die „psychodynamischen Begriffe"[7] von ‚Leidenschaft' und ‚Gelassenheit' sind vom jeweiligen Abstraktionsverständnis geprägt.
Aufschlußreicherweise gelangten die rationalpsychologischen Grundbegriffe, die zu Beginn des 18. Jahrhunderts im Zusammenhang mit der Kritik an barockscholastischen Abstraktionssystemen ausgebildet wurden und einer pragmatischen Abstraktion im Sinne der ‚Kritik' als Fähigkeit zur Unterscheidung dienten, ihrerseits unter den Einfluß weiterreichender Abstraktivität, als um die Mitte des Jahrhunderts die pragmatische Kritik zugunsten neuer Systembildungen aufgegeben wurde.
Auch die psychologische Einschätzung des Autors erweist sich in vielen Fällen als abhängig von einem bestimmten Abstraktionsbegriff. Besonders deutlich wird dies in der Ersetzung des mythologischen, bildkräftigen ‚furor divinus' durch die mathematisch-rationalistische Konstruktion, die ihrerseits einem häufig abstrakten Gefühls- und Empfindungsbegriff weichen muß, wie der spätere – nur tentativ konkrete- Geniebegriff vom transzendentalen Ich aufgehoben wird.[8]
Besondere Bedeutung besitzt der Abstraktionsbegriff auch für die Bildung und Ent-

wicklung einer präliteraturwissenschaftlichen Terminologie. So ist beispielsweise der Wandel des Witz-Begriffs nur auf der Grundlage einer veränderten Abstraktionsvorstellung historisch genau einzuschätzen und zu verfolgen. Für Christian Wolff ist der Witz eine Mischung aus Einbildungskraft und Scharfsinnigkeit und definiert als die Leichtigkeit, Ähnlichkeiten wahrzunehmen[9], wie sie letztlich nur durch Merkmalsabstraktion möglich ist. Seine künstlerische Ausdrucksform ist der *„Scherz,* ein höchst bewußtes, intellektuelles Medium“[10]. Die empfindsame Entgegensetzung von Genie und Witz bezeugt indirekt die Zugehörigkeit des Letzteren zur Abstraktivität der Verstandeskultur. Eric A. Blackall verweist in diesem Zusammenhang überzeugend auf die Anbindung auch der empfindsamen Gefühlskultur des 18. Jahrhunderts an den Rationalismus, anhand einer Fülle von Beispielen grammatischer Abstraktivität (plurale Abstrakta, Komposita, Un-Bildungen).[11] Die historische und systematische Skala eines Witz-Begriffs, der über das zugrunde liegende Verfahren der Abstraktion bestimmt werden kann, reicht[12] von der logogryphischen, änigmatischen Verwendung bestimmter Wörter, wie sie die frühaufklärerischen Poetiken vorschlagen – eine Antwort auf und zugleich eine Reverenz an den barocken ‚Überraschungsstil'-, über die Bestimmung eines gemäßigten Witzes durch Lessing und Lichtenberg, über Jean Pauls Witz- und Humortheorie bis hin zur Witzkultur des Jungen Deutschland.[13]

Ebenso werden die weiteren zentralen Begriffe der Dichtungstheorie wie ‚Schönheit', ‚Natur', ‚Idee', ‚Ideal', ‚Typus', ‚Einheit', ‚Vollkommenheit', ‚Allgemeines', ‚Besonderes' u. a. durch die Darlegung eines jeweils gewandelten Abstraktionsbegriffs in ihren Zusammenhängen und Unterschieden durchsichtig.[14]

Eine herausragende Rolle spielen in diesem Zusammenhang (seit Aristoteles) die Begriffe ‚Notwendigkeit', ‚Möglichkeit' und ‚Wirklichkeit'[15] unter erkenntnistheoretisch-metaphysischem Wahrheitsaspekt. Sowohl der Möglichkeitsbegriff eines Breitinger (bei dem der Abstraktionsbegriff zum ersten Mal explizit dichtungstheoretisch auftaucht) als auch die klassischen Idealkonstruktionen und die transzendental- oder prälogischen Fiktionalitätsansprüche romantischer Kunst sind abstraktionsgelenkt. Abstraktion steht grundsätzlich in einem engen Zusammenhang mit Fiktionalität, weil jene die konkrete Wirklichkeit auflöst in ein relationales Bezugsystem, wie es strukturell ähnlich jede Fiktion leistet.[16]

Abstraktivität in der Literatur steht im Spannungsfeld von rationalistischer Fiktion, in der das fiktive Element von der Maßgabe gegenstandsgebundener und klassifizierbarer Durchschaubarkeit bestimmt ist (Aufklärung), und irrationaler Fiktion, die erst im Verzicht auf Gegenständlichkeit, durch vollständige Abstraktion von der Wirklichkeit ihre poetische Qualität erhält (Romantik).

Von hier aus gerät eine weitere Forderung der Dichtungstheorie, die nach Universalität, ins Blickfeld der Abstraktion. Entweder werden Inhalte in einen universalen Rahmen gestellt und verallgemeinert[17] oder die Textur gibt auch den scheinbar konkreten

Stoffen eine poetische Universalqualität, hebt sie in eine poetische Synthesis. Im ersten Fall herrscht eine intensionale Universalität vor, wie sie z. B. Herders Idee der Humanität, der Bedeutung des Menschen und seiner Erfahrung signalisiert; im zweiten eine extensionale Universalität, die sich beispielhaft festmachen ließe an Kants transzendentaler Apperzeption und der Artifizialität des „interesselosen Wohlgefallens".

Die literarische Klassik lenkt die extensional-abstrakte Universalität auf einen Totalitätsbegriff, auf die Idealität des Typus, die ideale Individualität – als utopische Negation der Willkür extensionaler Mannigfaltigkeit. Öffnet sich der Totalitätsanspruch der Forderung nach Unendlichkeit, so stellt sich zunächst erneut eine Vielzahl extensionaler Bezüge, darüber hinausgehend aber wiederum der Wunsch nach intensionaler Abstraktivität ein. Dies ist in der Frühromantik der Fall, in der Fichtes ‚höheres' oder ‚reflexives Ich' eine extensionale Universalität erst freisetzt und das empirische Ich erzeugt, sehr bald aber die Einheit der Person nicht mehr garantiert werden kann (Friedrich Schlegel, Tieck, Novalis, E.T.A. Hoffmann) und sich das Erkenntnissubjekt einem autonomen poetischen Subjekt überantwortet.[18]

Die Frage nach der *Entstehung der Dichtung*, nach Zeit und Gründen sowie nach dem Charakter der ‚ersten Poesie' ist so alt wie diese selbst. In einer Zeit jedoch, die zum ersten Mal mittels einer eigenen philosophischen Disziplin, der Geschichtsphilosophie, ihren späten geschichtlichen Stand reflektierte, mußte vor allem auch die Rückbesinnung auf den frühen Zustand, auf die Urzeit der Dichtung großen Raum bekommen. Diese poetologische Reflexion ist Ausdruck einer geschichtsphilosophischen (und historischen) Abstraktionskrise, in der sich eine späte Stufe einer frühen konfrontiert, vielfach mit dem Ziel, die eigene Abstraktivität aufzuheben.

In der ausführlichen Beschreibung der frühen Literatur innerhalb der Poetiken des 18. Jahrhunderts zeigt sich jedoch – gegenüber dem Barock – eine empirische Reduktion auf das Wahrscheinliche, mittels derer die religios-legendarische Herleitung zurückgedrängt wird. Die hebräische Poesie wird zwar – wie im Barock – noch immer als Ursprung angesehen, doch nun auch aus ganz praktischen Gründen: Poesie entstand beim Weiden der Herden (so der Anonymus von 1725) und aus der Imitation von Naturlauten (so in Herders Sprachschrift). Hier wird die rationalistische Basis gelegt für spätere Geschichtsspekulationen. Der Versuch, der Gefahr von Abstraktion zu entgehen, artikuliert sich auch in der Gegenüberstellung von literarischen Mitteln (Poesie gegen Prosa; kühne Metapher gegen blassen Vergleich), durch die kritische Konfrontation von Autoren verschiedener Zeitalter (so Herder in den *Kritischen Wäldern*, Lessing in den *Literaturbriefen*) und durch optimistische Projektionen (Herders Entwurf eines neuen Lehrgedichts nach Lukrez).

Die Frage nach der Entstehung der Poesie, oft aufgeworfen durch den Überdruß an der Abstraktion[19], verwandelt sich auf diese Weise in einen Entwurf möglicher Poesie über die Abstraktion hinaus. Sieht man genau hin, sind jedoch weder Frage noch Entwurf tatsächlich gegenabstraktiv oder nicht-abstrakt. Schon der Beschreibung früher Dichtung haftet etwas bemerkenswert Unkonkretes an. So führt die Abwehr von Abstraktion, als Besinnung auf den eigenen geschichtlichen Ort, häufig zu abstrakter Ursprungs- und Geschichtsspekulation.[20]

Unter dem Gesichtspunkt der Abstraktion stellt sich ebenfalls eine bestimmte Korrespondenz von *Inhalt und Form* in der Dichtung her: Je weiter und das heißt auch je abstrakter die Thematik bleibt, desto mehr formale Möglichkeiten bieten sich dem Autor an (bis hin zur Travestie). Ins Abstrakte neigende Thematik ermöglicht vor allem neue Sujets, wie sie die Lehrdichtung und Gedankenlyrik (auch die politische Tendenzlyrik) auf der einen und auf der anderen Seite z. B. die mystische Naturlyrik des 19. Jahrhunderts, eines Lenau, einer Droste zeigen, die die Einheit von lyrischem Subjekt und Natur auflösen – anders als die Romantiker, die das Subjekt poetisieren – zugunsten reflektierter Distanz.[21]
Im 18. Jahrhundert gibt sich *thematische Abstraktivität* zuerst als Wissenschaftsoptimismus, so im aufgeklärten Lehrgedicht mit wissenschaftlichem Inhalt.[22] Eine zweite große Gruppe mit abstrakten Themen bilden jene Gedichte der Frühaufklärung (aber auch der Frühromantik), die sich mit einer in einen unbestimmt-abstrakten Unendlichkeitsbegriff aufgelösten Gottesvorstellung beschäftigen. Doch nicht nur die generalisierende, sondern auch ihre Vorstufe, die isolierende Abstraktion, als Hervorhebung eines bestimmten Themabestandteils, findet sich in zahlreichen Dichtungen; sie kann sogar parodistische Züge annehmen.
Insbesondere die Literarisierung der Thematik ist ein entschiedener Abstraktionsvorgang, wenn auf das Medium hinabstrahiert wird, bis letztlich die Kunstform das Thema abgibt (Tiecks Novellistik). Die – realistische – Entsprechung von res und verba macht die klassifikatorisch-extensionale Funktion der literarischen Form aus; dagegen drückt sich in der Tatsache, daß die Formgebung als solche, daß die Möglichkeit, sich jeder Form zu bedienen, poetologischen Vorrang gegenüber inhaltsabhängiger Darstellung besitzt, der in anderem Zusammenhang bereits erwähnte Wunsch nach erneuerter intensionaler Einheit der Weltauffassung aus: eine geschichtsphilosophische Eigentümlichkeit sogenannter später Zeiten. Diesem stellt sich die Vielfalt der im Verlauf der Literaturgeschichte entwickelten und dann verfügbaren Formen nicht dar als notwendige Folge eines Wandels inhaltlicher Interessen, die sich in ebenso bestimmten literarischen Formen ausdrücken, sondern als beliebig einsetzbares Repertoire, als ein museales Depot willkürlich austauschbarer und verwendbarer Formenklischees.[23] Die vermeintliche poetologische Verfügungsgewalt über eine Jahrtausende alte Entwicklungsgeschichte literarischer Formen entsteht erst auf der Basis eines fortgeschrittenen Abstraktionsbewußtseins. Sie versteht sich geschichtsphilosophisch als Bestandteil stetiger Intellektualisierung menschlichen Schaffens, in

dem auch der Spielcharakter der Kunst intellektualistischer Willkür und rationalistischer Experimentierfreude angepaßt wird.[24]

Stoffliche und rhetorische Abstraktion sind die beiden Grundformen im Bereich von *Motiv und Topos*. Die Entstofflichung des Motivs als kleinster Stoffeinheit ist der Beginn einer immer stärker werdenden Vernachlässigung seines Inhalts. Neben dieser ‚Motivverflüchtigung' steht eine rhetorische Abstraktion.[25] Beide Formen führen das literarische Bild, den Inhalt, die konkrete Aussage auf einen begrifflichen Schematismus zurück. In der Motivabstraktion wird der begriffliche, in der rhetorischen der schematische Teil betont. Ein prägnantes Beispiel ist die Quantifikation des Unendlichkeitsmotivs in der Frühaufklärung (Brockes). Hier wird gegen den Barock die Vorstellung eines personalen Gottes auf ein naturwissenschaftliches Raumverständnis reduziert und in der Häufung der quantifizierten Motive mit dem Barock eine rhetorische Summation durch geführt.[26]
Besonders deutlich wird diese Tendenz gerade auch an Motiven, die aus ihrer gleichnishaft weiten Bildhaftigkeit in den ‚uneigentlichen' Bereich von Tropik und Metaphorik übergehen, wie z. B. beim ‚erhabenen' Motiv des Gebirges (Hallers *Alpen*). Diegroßteilige Struktur des Alpenmotivs, die Einbeziehung eines den bisherigen Rahmen sprengenden Erhabenen in die kleinste Einheit des Stoffes selbst ist Indiz für eine abstraktive Erweiterung. Auf vergleichbare Weise ‚funktioniert' das Meermotiv bei Heine, der es auch gegen die kleinteilige Motivik der Biedermeierzeit einsetzt. Ähnlich wird beim Tagmotiv (sowie natürlich auch am Motiv der Nacht, aber auch am Parkmotiv, das im 18. Jahrhundert immer stärker verwendet wird) der Übergang von inhaltlicher Konkretheit zu einer beliebigen metaphorischen Verwendbarkeit deutlich.[27]
Eine wichtige Form abstrakter Topik – insbesondere im Roman – ist der sogenannte Lektüre-Topos (mit Einschluß des Buchmotivs), der zu Beginn des 18. Jahrhunderts vielfach noch in naivem Gebrauch die Intellektualisierung auch der Naturvorgänge bezeugt ('Buch der Welt'). Hier wird vom Inhalt auf das Medium Literatur als solches hinabstrahiert; das Motiv wird thematisiert. Später werden Lektüre oder Schreiben zum Gegenstand des literarischen Werks gemacht (deutlich in Jean Pauls *Wuz*).
Besonders eindringlich wird der Vorgang der Abstraktion belegt durch die Bildlichkeit aus dem Bereich des Städtischen, aus der intellektuell-urbanen Lebenswelt.[28]
Eine zentrale Rolle innerhalb der *Metaphorik* spielt aber auch die Spiegelmetapher, die im Barock noch ganz unter qualitativen Gesichtspunkten vorgestellt wurde: „Daran kein Winckelmaß noch Größe wird gespüret,/Rein aus Beschaffenheit, ganz, nimmer wandelbar [...]"[30] – demgegenüber hat in der Aufklärung auch hier die Meßbarkeit, die Quantifikation Vorrang. Sie erfaßt auch den Begriff der Zeit, die in der Frühaufklärung zunächst konkretiv gegen die generelle Abstraktion von der Zeit im Barock eingesetzt wird, im Verlauf des 18. Jahrhunderts aber zur abstraktiven

Geschichtsauffassung führt. Die Religiosität des Zeitgedankens („Zeit, das kurze Pfand des Lebens“[31]) wird aufgelöst in zeit-räumliche Reihen (in den Weltraumgedichten der Frühaufklärung) und führt zu einer graduellen Einschätzung nach Fülle und Leere (so in Kants vorkritischer Abhandlung über die Himmelskörper), um in der kritischen Philosophie als reine Form der Anschauung vor jeder Erfahrung angesiedelt zu werden. ‚Zeit' und ‚Geschichte' sind in barocker Literatur kaum aufzuspüren, weil der Begriff der Ewigkeit theologischen Vorrang vor dem der Zeit hatte („Die Seel' ist über Zeit“); auch das barocke Vergänglichkeitsmotiv ist eher überzeitlich.[32] Ob Simon Dach, Andreas Gryphius, Knorr von Rosenroth, Quirinus Kuhlmann, Angelus Silesius, Hanke, Hunold oder noch Johann Christian Günther [33] - sie alle vertreten eine ‚zeitübersteigende' Religiosität, die auch in ihren Endzeitvisionen unter einer gesicherten Gottesvorstellung stand. Erst in der zweiten Hälfte des 18. Jahrhunderts wird die Endzeitmetaphorik als Phänomen der eigenen *geschichtlichen* Spätzeitlichkeit gedeutet.

Entstammt der aufklärerische Optimismus eines teleologischen und linearen Fortschritts der Menschheit in der Vision der perfekten Gesellschaft letztlich noch barock-scholastischer Ungeschichtlichkeit, so dynamisiert sich mit dem Aufkommen einer Philosophie der Geschichte, die auch deren Problematik bewußt macht, gleichermaßen das eschatologische Motiv der Endzeitlichkeit ebenso wie die literarische Utopie insgesamt.[34]

Tendenziell ist die abstraktive Funktion der metaphorischen Struktur immer vorhanden, nur wird sie zu bestimmten Zeiten, bei bestimmten Autoren deutlicher, dann nämlich, wenn sie Ausdruck einer vorrangig entweder metaphysisch oder transzendental geprägten Weltanschauung ist (z. B., wenn das tertium comparationis die verglichenen Bestandteile ‚überstrahlt'). Auch der literarische Ausdruck der Wahrnehmung und der Sinne unterliegt der Abstraktion. So steht die bei Brockes einsetzende Intellektualisierung des Gesichtssinnes noch an der Grenze zur Konkretisierung des Intellekts („Augen des Geistes“). Bei Herder wird die Bedeutung des Gesichts- von der Betonung des akustischen Sinns abgelöst, der ja eine weniger konkrete Sinnesart darstellt als das Sehen, um dort jedoch im Zusammenhang mit der Merkmals- und Merkwort-Theorie ('Ursprung der Sprache') zum Zeichen einer neuen Individualisierung zu werden. Durch das Vermögen der „Besonnenheit“ wird das Merkmal aber „inneres Merkwort“ (die Natur „tönte das Merkmal nicht nur vor, sondern tief in die Seele hinein“); in dieser Hinsicht unterliegt auch der akustische Sinn einem weiteren Abstraktionsvorgang, der ihn einer Vorstufe der Vernunft zuordnet.

Wichtig für Geschichte und Möglichkeiten der Abstraktion im Bereich von Metaphorik, Tropen und Figuren ist nicht zuletzt die Verwendung von Epitheta[35]; so naturgemäß von wissenschaftlichen Attributen. Aber auch die scheinbar konkrete Lokalisierung von Abstrakta kann – paradoxerweise – eine bestimmte Abstraktionsart anzeigen. Die Attribute ,hoch' und ,tief', vor allem in der Kombination ,hohe Gedanken', ,tiefes Wesen', bezeichnen zwei Grundformen der Abstraktion, nämlich die klassifikatorische auf der einen und die irrationale Abstraktion auf der anderen Seite.

In den literarischen Theorien des 18. Jahrhunderts wird oft auf die entwicklungsgeschichtliche Differenz von kühner Metaphorik der Frühzeit und ,blassem Vergleich', wie ihn die Gegenwart handhabe, verwiesen.[36] Hier drückt sich ein literarhistorisches Mißverständnis aus, das in der theoretischen Einschätzung literarischer Abstraktion eine entscheidende Rolle spielt: Nur das Moment der Nicht-Begrifflichkeit, des rational nicht nachvollziehbaren metaphorischen Zusammenhangs ist das tatsächlich Konkrete an der Metaphorik der frühen Poesie. Die antiabstraktive Tendenz solcher Gegenüberstellungen übersieht aber, daß gerade in der vielberufenen Kühnheit der frühen, insbesondere der orientalischen und hebräischen (in der Romantik dann der indischen) Metaphorik eine hohe irrationale Abstraktivität[37] steckt, dergegenüber die rationalistische Abstraktion späterer Zeiten immer auf ihren oft konkreten Anlaß hin durchschaubar bleibt.

Es ist aufschlußreich und muß zunächst paradox erscheinen, daß sich gerade in der Tatsache der *Bildlichkeit* der Literatur abstraktive Tendenzen zeigen. Bildhaftigkeit ist „optisches Sichtbarmachen der Zeit"[38], als solche wird sie, auch in ihrer konkreten Gestalt, vor einer hohen Abstraktionsfähigkeit getragen.[39] Ins Bild kann das Abstrakte sich unvermerkt einschleichen; Analogie und Assoziation sind die wichtigsten Strukturgesetze des vorphilosophischen, des mythologischen Bildes.[40] Während im magischen Denken dem Bild operative Valenz, die Aufgabe einer Daseinsbewältigung zukommt, bleibt der Mythos bei seiner hermeneutischen Funktion, der bildhaften Daseinsinterpretation stehen. Mit dem philosophischen Denken (ausgesprochen bei Thales, in der sophistischen Destruktion der tradierten Mythen, rückläufig bei Platon, erneut skeptisch und die gesamte Antike weithin bestimmend bei Aristoteles) setzt die Auflösung des Bildes und die Überführung des erzählerischen Gleichnisses in Induktion ein.[41] Die Analogie bekommt einen wissenschaftlichen Charakter, sie wird ,Verhältniseinheit'[42] und übersteigt ihre ursprüngliche lebensweltliche Bedeutung.

Vor allem die rhetorische Aufspaltung in Begrifflichkeit und Bild, wie sie die Doppelstruktur der vor- und nachromantischen Epochen hervorgebracht hat, weist auf ein ausgeprägtes Abstraktionsbewußtsein hin. Sowohl im Stil als auch in der Bildlichkeit zeigt sich die praktisch-erkenntnistheoretische Abstraktivität der Aufklärung gegenüber einer emblematisch-metaphysischen Abstraktion im Barock. Die Kritik an dieser zeigt sich auch in der Trennung von Bild und Bedeutung, die stilbestimmend wird.

Mehr freilich äußert sich Abstraktion im Verzicht auf Bilder, im Verlust der Bildlich-

keit. In dieser Weise haben insbesondere Christentum und Philosophie den Metaphernverlust der Dichtung beschleunigt (sehr deutlich in Hettners Urteil über Friedrich Sallet[43]). In diesem Sinne ist auch die Allegorie[44] eine literarische Figur, in der das Allgemeine vor dem Besonderen Priorität besitzt.[45] Selbst die spezielle Variante der Allegorie, die Personifikation, ist in dieser Hinsicht oftmals abstraktiv verwendet worden.[46] Im barocken Denken erscheint die Allegorie als Ausfertigung eines allgemeinen Begriffs, demgegenüber das Konkrete zurückzutreten hat. Allegorisches Ineinssetzen von Abstraktum und Konkretum verweist auf ein Konvergenz von Innen und Außen, die den Dualismus der Welt nicht nur metaphorisch überwinden soll und selbst abstrakt zu nennen ist: „Verleumbdungs-Blitz“, „Hoffahrts-Gift“, „Unschulds-Zedern“, „Freundschafts-Blut“ und andere Allegorien wie Metaphern verbürgen in ihrer rhetorischen Formelhaftigkeit eine derart unverrückbare gesellschaftliche, moralische (und religiöse) Sicherheit, daß der eschatologische Bezug von Leichen-, Friedhofs- und Untergangsemblematik nur in seltenen Fällen beunruhigende Erscheinung einer wirklichen Erstarrung der Lebensformen ist, vielfach dagegen beliebiger Ausdruck abstrakter Bildschemata, die dem sozial (und theologisch) abgestützten weiten Spektrum von begrifflicher Extensionalität, geradezu endloser Klassifikation und fast willkürlichem, irrationalem Relationalismus entspringen.[47] Im Gegensatz dazu versucht die aufklärerische Allegorie, die bizarre Differenz induktiv aufzulösen.
Auch das Symbol in seiner klassischen Definition ist nicht frei von Zügen der Abstraktion. Lediglich seine Darstellungsweise vermag unter Umständen konkreter im Sinne einer organologischen Vergegenwärtigung zu sein als die des allegorischen Sprechens; seine Intension ist wesentlich abstrakter: Es verbindet den frühen, ungesuchten Ausdruck für ein Allgemeines mit dem letzten Anspruch der Kunst, das Numinose zu bezeichnen und abbildend zu erfassen und tendiert damit zur irrationalen Abstraktivität.
Ein besonders prägnantes Beispiel der rhetorischen Abstraktion ist die figura etymologica, die einen hohen Bewußtseinsstand voraussetzt und als spätzeitliche Stufe sprachphilosophischer Reflexion und ihrer emphatischen Darstellung in der Dichtung zu betrachten ist. (Sie findet sich besonders häufig in der griechischen Spätantike, im Spätbarock und in Klopstocks emotionalistischer Abstraktivität).[48]

Im Zusammenhang der Metaphorik bietet die Verwendung *sprachlicher Elemente* ein zentrales Beobachtungsfeld für ‚Abstraktionsschübe'; am offensichtlichsten im Gebrauch von Abstrakta, in der Substantivierung, Neubildung abstrakter Substantive, im Einsetzen von philosophischen und wissenschaftlichen Begriffen. So ist die statische Antithetik des Barock an den häufigen metaphorischen Substantiv-Komposita ablesbar ('Wahrheits-Sonne'). Die Prädikation wird substantiviert, der – verkürzte – Vergleich zum Ausdruck der Substanz (prästabilierte Harmonie). Durch die Hereinnahme der Prädikation in das Substantiv wird der Satz zu einem substantiellen Begriff, es entsteht eine Entheit von Abstraktum und Bild, eine Identität der konkreten Dinge und allgemeinen Begriffe. Demgegenüber bedeutet ein Gedicht wie Hallers *Unvollkommene Ode* eine kritische Relationalisierung von Bild und Begriff, die zur Subsumtion des Bildes unter den Begriff führt: rationalistische Begriffsbildung mit einer Folge von Bildern. Gegenüber dieser Summation und Hierarchisierung strebt der klassische Idealismus eine erneute Identität des Bildes mit dem Begriff (konkreter Begriff, Symbol) an, während in der Romantik das Bild einem – allerdings gewandelten – Begriff von Kritik unterstellt wird.

Eine ganz andere Art der Abstraktion findet sich z. B. in der Verwendung von Gefühlsabstrakta bei Herder und in der Empfindsamkeit.[49] In die Richtung der enthusiastisch-emotionalistischen Abstraktion zielt ähnlich die Auslassung des Artikels sowie die Substantivierung des Infinitivs und die partizipiale Verkürzung von Nebensätzen (bei Klopstock und Goethe).

In der angedeuteten Verwendung von philosophischen und naturwissenschaftlichen Begriffen (besonders in der Lehrdichtung der Aufklärung) drückt sich eine extensionale (hypostative) Abstraktivität aus, die um die Mitte des 18. Jahrhunderts begrenzt wird von einer neuen Intensionalität, in der sich bereits die erkenntnistheoretische Einsicht in die Sprachabhängigkeit des Denkens artikuliert. Diese weicht in der Klassik (Schillers Lehroden) einer neuen begrifflichen Hypostasierung.[50] (Das Phänomen wiederholt sich in der Vormärzliteratur).

Die prinzipiell gleiche Struktur von Extensionalität und Intensionalität der Abstraktion, auf der sprachlichen Ebene als begrifflicher oder emotionalistischer Nominalstil, verweist auf eine sich ab der ersten Hälfte des 18. Jahrhunderts verstärkende generelle Tendenz der Literatur zur Entpersönlichung und Allgemeingültigkeit der poetischen Aussage.[51]

Auch im Bereich des *Stils* gelten – im Prinzip seit der Antike – wiederum zwei grundsätzliche Abstraktionsarten: erstens die Verwendung des ‚hohen Stils' als Zeichen intensionaler Bedeutungsabstraktivität, auf der auch die hohe Einschätzung des Versepos, das ja von seiner Gattungstheorie aus schon zum erhabenen Stil neigt[52], im gesamten 18. und zu Beginn des 19. Jahrhunderts beruht – und zweitens der ‚niedrige Stil', der konkret sein kann oder zu sein beabsichtigt, aber nicht selten extensional-klassifikatorischer Abstraktion zuneigt. Auch das aufklärerische Stilideal der Kürze (brevitas) hat die Tendenz zur intensionalen Abstraktion, d. h. zur Verknappung des Bedeutungsgehalts, wie insbesondere die Pseudo-Longin-Rezeption belegt. Andererseits dient auch die Ausschweifung (in der Antike der Asianismus) nicht lediglich einer (extensionalen) Konkretion; sie richtet sich letztlich auf eine abstrakte Betonung reiner Relationalität.

Sowohl der hohe als auch der niedrige Stil, sowohl Kürze als auch Ausschweifung berühren sich in der Extremform des Manierismus, als Kombination von rhythmischem Staccato und überreicher Mannigfaltigkeit, in den künstlichen, gesuchten, übersteigerten oder untertriebenen Ausdrucksformen.[53] Gottsched wandte sich gegen derartige Extremformen des Stils: einmal gegen die „Neigung zu philosophischer Abstraktion", zum anderen gegen den verrückten „Modeschrei nach der Metapher, nach *malerischer Bildlichkeit*".[54] Seine Bedenken richteten sich gegen die durch Substantivierung des Adjektivs gebildeten Abstrakta ebenso wie gegen die Preziosität der barocken Bildlichkeit. Doch der Grundsatz der Vernunft lehnte letztlich jegliche Metaphorik ab, selbst die des frühaufklärerischen Pioniers Brockes. Auch Gellerts „Opposition gegen gezwungene Geistreichelei und gezwungenes Pathos"[55] ist unbestechlich und genauso gerichtet gegen den blumigen Schwulst, die Künstelei wie gegen den abstrakten Kanzleistil mit seinen komplizierten Perioden. Anstelle des pathetischen oder sinnreichen forderte er den natürlichen Stil.[56] Stilisierte Abstraktion und konventionelle Bilder zeigen bereits Canitz' Gelegenheitsgedichte[57], gemäßigte Adaptionen Hoffmannswaldauscher Bildreihung, und auch Benjamin Neukirch fordert Verständlichkeit und Vernunft gegen Exotismus und Hyperbel, denen Günther die natürliche Ausdrucksfunktion der Poesie entgegenstellt.[58] Haller wendet sich in den vierziger Jahren des 18. Jahrhunderts von Lohenstein, den er geschmacklos, und Brockes, den er geschwätzig findet, ab, um ernste Gegenstände der Poesie mit knappem Stil darzustellen. Er bevorzugt „eine Art abstrakter Metonymie[59] („ein schnelles Blei", „das entfernte Weiße"), die sich manchmal der Personifizierung nähert. Hallers Themen sind die allgemeinen, typischen Aspekte der menschlichen Nautr, die weltanschaulichen Themen seiner Zeit (Verfall der Gesellschaft, Tyrannei des Aberglaubens, Vernunft und Tugend, Ursprung des Bösen, Tod und Ewigkeit). Seine stilistische Eigenart liegt in dem Versuch, eine das Allgemeine betonende Reflexion mit einer das Besondere hervorhebenden Beschreibung zu verbinden. Doch die Abstraktion überwiegt.

Sichtbarstes Kennzeichen einer sprachlich-stilistischen Abstraktion ist jedoch, wie gesagt, der Nominalstil, der durch Zeitabstraktion charakterisiert ist. In der Nominalisierung, der Ausschaltung des zeitabhängigen Verbs, wird Geschichte, Zeit überzeitlich verallgemeinert.[60] Eric A. Blackall vermutet, daß in Klopstocks Vorliebe der Partizipialkonstruktionen die abstrakte Metonymie Hallers nachwirkte.[61] Ganz sicher bilden Substantivierungen ein festes Element in Klopstocks Spätstil. Welchen Vorrang jetzt aber die intensionale Abstraktion hat, zeigt Blackall überzeugend:

> „Der Wunsch nach gesättigter Bedeutung steht auch hinter der Behauptung der ‚Grammatischen Gespräche', daß ‚Wehmut, Thränen' besser sei als ‚Wehmüthige Thränen', weil es stärker sei. Ebenso sei ‚in der wüthenden Verzweiflung' weniger ausdrucksstark als ‚in der Wuth, der Verzweiflung'. Keineswegs dürfe die Kraft durch ein *und* nach dem Komma geschwächt werden. Das erscheint wie ein merkwürdiger Nachhall der barocken Vorliebe für Asyndeton und pleonastische Komposita, neu interpretiert allerdings im Licht einer neuen, anderen Stillehre."[62]

Klopstocks Neigung zu individualisierender Abstraktion der Bedeutung (z. B. in der Anrede von grammatischen Abstrakta) hat wenig zu tun mit dem Universalismus der Frühaufklärung, sondern dient der kaum individualpsychologisch zu deutenden Erhebung der eigenen Seele. Daß dennoch der Eindruck einer dynamischen, verbalen Eigenart von Klopstocks Sprache entsteht[63], verdankt sich der häufigen Verwendung deverbativer Epitheta und Nomina, substantivierter Infinitive und deverbativer Abstrakta, auch durch die Erweiterung von Verben mit Präfix-Bildungen. Über derartig individualisierende Abstraktion wird die Gattung ‚Lyrik' im neuzeitlichen Sinne konstituiert.[64] Auch bei Lessing, Winckelmann, Hagedorn u. a. finden sich, in je verschiedener Weise, Elemente sprachlicher und stilistischer Abstraktion als Ausdruck erkenntnis- und geschichtstheoretischer Selbsteinschätzung.[65]

Das Infragestellen der *Gattungen* im 18. Jahrhundert ist nicht zureichend begründet mit dem Hinweis auf den Genie-Begriff[66], sondern muß ebenfalls auf Abstraktionskritik bezogen werden. Das Problem der Gattungsabstraktion, der Abstraktivität der literarischen Gattung ist in der ersten Hälfte des Jahrhunderts noch nicht relevant, weil das triadische System seine Wirkung noch nicht voll entfaltet hat. Inhaltsbestimmte Gattungseinteilung sowie eine Klassifikation nach dem Redekriterium[67] herrschen vor. Sie richtet sich im wesentlichen nach dem extensionalen Abstraktionsverfahren der Wissenschaften und verlangt eine strikte Trennung der einzelnen literarischen Gattungen[68]. Diese wandelt sich allmählich zur assoziationspsychologischen (Johann Jacob Engel)[69], wirkungsästhetischen (Lessing) und philosophischen Theorie, innerhalb derer – durch Abstraktion – sowohl neue Gattungszusammenhänge hergestellt als auch Verschwinden wie Aufkommen bestimmter Gattungen begründet werden.[70] Vor allem die idealistische Trias aber stellt in ihrer ontologischen Hypostasierung eine entschiedene Abstraktion von inhaltlichen und/oder rhetorischen Kriterien dar, nicht weniger allerdings als ihre Aufhebung in der romantischen Gattungsvermischung, geleistet durch ein sich autonom setzendes, transzendentalphilosophisch begründetes Subjekt.

Fast alle Versuche gattungspoetologischer Rubrizierung sind abstraktiv geprägt. Dies gilt noch und gerade für den verständlichen und sinnvollen Wunsch, das literarische Trinitätsdogma der Autonomieästhetik angesichts der Fülle darunter nicht klassifizierbarer Formen um eine Vierte Gattung zu erweitern. Daß weder der ‚Essay' noch die ‚Kritik' noch die ‚Polemik' hierzu geeignet sind[71], wohl aber die Didaktik im weiteren Sinne, hat Friedrich Sengle einleuchtend dargestellt:

> „Wenn man schon von einer vierten Gattung sprechen will, dann sollte man einen möglichst allgemeinen Begriff wählen (Zweckform, Gebrauchsform usw.), der die verschiedenen historischen und gesellschaftlichen Formen der nichtpoetischen Literatur in sich vereinigt. Der Gedanke einer vierten Gattung ist in dieser Form bestechend."[72]

Der Wunsch nach dem hohen, dem großen *Versepos* beherrscht das gesamte 18. Jahrhundert. Der vorgezeichnete Sinn jeder im Epos überlieferten Tat legt dieses, selbst in der Destruktion seiner Helden, auf eine unverbrüchliche heilsgeschichtliche und/oder gesellschaftliche Ordnung fest. In einer Zeit, in der sich Altes und Neues in heftigem Widerspruch befinden, liegt solchermaßen konservative Tendenz allen Arten der Gattung ‚Epik' zugrunde: ob dem patriotischen Geschichtsepos im Klassizismus Gottscheds, dem epischen Kult um Klopstock, den Patriarchaden, dem spätgalanten Geselligkeitsgedicht, dem Scherz-Epyllion, dem galantrokokohaften Rittermärchen oder dem verdeckt universalen (scheinbar konkreten) Entwurf idyllischen Landbürgerlebens bei Voß und Goethe.[73] Noch und gerade wieder in den ‚protestantischen' Versepen des Biedermeier, in Lenaus *Albigensern* oder in Meißners *Ziska*, findet sich, selbst in der Darstellung von ‚Revolutionen', die universal-bewahrende Tendenz. Das durch die Ständeklausel gegebene neuzeitliche Dilemma der Epopöe soll einerseits durch die Theorie des Wunderbaren aufgehoben (Bodmer, Klopstock, auch Wieland) werden und wird andererseits in der Absage ans Heldengedicht satirisch und komisch gewendet oder zwischenzeitlich in die kleinmalenden Interieurbeschreibungen des Gesellschafts-Epyllion konkretiv aufgelöst.[74]
Eine weitere Abstraktionskette offenbart die Entwicklung des *Romans* im 18. Jahrhundert. Der Schematismus des politischen Romans und Fürstenspiegels ist nicht weniger abstrakt als die höfische oder arkadische Galanterie, die dem Stereotyp des Abenteuerromans weicht. Die scheinbar eskapistische Bewährungsprobe des Bürgers, der in seinen aventiuren dem sozialen Umfeld entflieht, dient doch letztlich nur der Verfestigung seines Begriffs, den die empfindsamen Gefühlsklischees der *Schwedischen Gräfin* oder eines *Woldemar* noch universeller machen sollen. Doch nicht nur die ‚sanfte Menschenliebe', sondern auch die Kritik eines *Belphegor* an den sie tragenden oder verweigernden Individuen unterliegt der Tendenz zur Verallgemeinerung, wie sie ebenso die Bildungsidee eines *Agathon* verkörpert. Kompositorisch und stilistisch dient auch die Prosa, als ‚privates' Stilprinzip gegen den Öffentlichkeitscharakter des epischen Verses eingesetzt, allmählich immer mehr der reflektorischen Distanz zum Subjekt der Erzählung und zu seinen Gegenstände. Satirisch, ironisch und humoristisch werden von Jean Paul bis Friedrich Schlegel und E. T. A. Hoffmann die Konventionen des digressionslosen Erzählens[75] erweitert und aufgebrochen zugunsten der Kritik am Erzählten[76], wie sie in veränderter Weise noch die moralische Reflexion einer Gotthelfschen Predigt zeigt.[77]

In einem ganz direkten Bezug steht die Abstraktion zur Strukturierung und Formgebung in der *Lyrik*, deren überhistorisches Strukturprinzip aus der Darstellung des Innen durch das Außen und der Repräsentation des Außen durch das Innen besteht. Dieser Austausch der Darstellungsebenen beruht auf einer Verbindung der Grundformen von Abstraktion: In einer extensionalen Konkretionsbewegung, durch wel-

che die Klassenzugehörigkeit von Elementen festgelegt wird, erweitert sich das ‚lyrische Ich' auf seine Gegenstände hin, es wird repräsentiert durch die vorgestellten Objekte; während mit Hilfe der intensionalen, bedeutungsorientierten Abstraktion die Differenz von Außen und Innen aufgehoben wird zugunsten der psychischen Bestimmtheit, in der die Außenwelt ihre eigene, die ‚objektive' Aussagefunktion aufgibt und sich tendenziell dem ‚lyrischen Sprechen' unterordnet.
Im lyrischen Gedicht wird prinzipiell eine Extremform abstraktiven Verfahrens sichtbar, die sich in der völligen Aufhebung der Zeit manifestiert.[78] Diese Abstraktivität des „lyrischen Augenblicks"[79] hat bezeichnenderweise in der Hegelschen Theorie der Kunst, die ja auch eine Theorie des Verhältnisses von Abstraktem und Konkretem ist, eine zentrale Stelle inne. Unter solchem Prätext legt auch der Hegel-Schüler Friedrich Theodor Vischer seine Lyriktheorie dar („das Zünden der Welt in einem Punkte"), in der, entsprechend der spekulativen Philosophie seines Lehrers, das Abstraktissimum auch gleichzeitig das Konkretissimum ist. Hegel lehnt zwar die – abstrakte – Willkür romantischer Lyrik ab, berücksichtigt aber, wie in seiner gesamten Philosophie, nicht (dazu dann Marx' und Feuerbachs Kritik), daß das sogenannte Konkrete, das sich hier einstellen soll, nur scheinbar ist und in Wirklichkeit die denkbar höchste Form von Abstraktion darstellt, nämlich das Ergebnis einer neuen begriffsrealistischen Metaphysik.[80]
Daß zwischen Lyrik und Abstraktion eine Verbindung besteht, wird schon aus der häufigen Kombination der Begriffe durch die Lyriktheorie deutlich, aber auch durch die in der traditionellen Literaturwissenschaft so geläufige Negation dieser Verbindung, die einem emotionalistischen Literaturverständnis widerspricht und das ‚spezifisch Künstlerische' vermissen lasse. In der Lyrik fokussieren die literarischen Funktionen der Abstraktion.
Die Entwicklung der Lyriktheorie von 1700 – 1790 ließe sich folgendermaßen skizzieren: Die zeitgenössische Philosophie mit ihren Abstraktionsbegriffen wirkt gattungspoetologisch vorbereitend auf die Ausbildung der Lyrik ein, erst erkenntnis-, dann sprachtheoretisch und geschichtsphilosophisch.[81] Abstraktion bestimmt die Gattungseinteilung und die Stellung der Lyrik im System, sie regelt Inhaltsvorschriften zur Moral, Wissensvermittlung, Selbstaussage, sie gliedert die lyrischen Formen und rhetorischen Figuren sowie die Stilebenen, regelt auch die ausländischen Einflüsse, sie weist das Problem der Subjektivität, das der Reflexion und des Gefühls als transzendentallogisches Problem aus; sie läßt das ‚Schöne' und ‚Erhabene' in der Lyrik korrespondieren, und sie steuert – als gesellschaftstheoretisch gefaßte Abstraktionslehre – nicht zuletzt die Rezeption und Lektüre der Gedichte sowie die Bedeutung der Lyrik in den Taschenbüchern, allgemeinen und literarischen Zeitschriften, die populäre und journalistische Bewertung. Darüber hinaus wirkt die Abstraktion auf die soziologische, historische und geschichtsphilosophische Selbsteinschätzung durch die Lyriktheorie und Lyrikrezeption ein (politische Lyrik, Bedeutung der rhe-

torischen Abstraktivität in der Lyrik). Auch die Problematik der Spätzeitlichkeit erweist sich innerhalb der Gattung ‚Lyrik' als von der Abstraktion bestimmt, so in der Wissenschaftlichkeit des Gedichts, in der Verfügbarkeit der Formen als Abstraktionsergebnis (Formenvielfalt, Spiel mit den Formen und Reduktion), ebenso wie in der Bedeutung der Theorie, der Prävalenz der Philosophie und der Einsicht in die eigene Spätzeitlichkeit, aus der ein Ausweg nur durch Abstraktion möglich scheint.
Auch lyriktechnische Probleme werden unter dem allgemeinen Gesichtspunkt der Abstraktion in der Dichtungstheorie wichtig. Hamanns und Lessings [82] Erörterungen metrischer Probleme verweisen wiederum auf zwei grundsätzliche Möglichkeiten abstraktiver Bestimmung der lyrischen Poesie. Die Auseinandersetzung um den Vers, die Bevorzugung freier Rhythmen, Fragen des Reims[83] im Zusammenhang mit ähnlichen Erscheinungen in der Musik sind Zeichen einer allgemeineren Auseinandersetzung um rationalistische und irrationale Abstraktion.
In solchen Zusammenhängen werden verschiedene Fragen aufgeworfen: Gibt es eine nachweisbare Verbindung zwischen der Ausbildung einer bestimmten Art von Abstraktivität und der Ausbildung eines speziellen Lyrikbegriffs? Welche Affinität haben die traditionellen Formen zur Abstraktion, bevor sie unter den Gattungsbegriff ‚Lyrik' subsumiert werden? Entwickelt sich ein spezifisch lyrikästhetischer Abstraktionsbegriff? Welche Wirkungsaufgabe fällt der abstraktiv bestimmten Lyrik zu? Nähert sich die Lyrik durch Abstraktion anderen Künsten? Welche Veränderungen bewirkt Abstraktion in der Prosodie? Innerhalb dessen, was sich an literarischen Formen zu Beginn des 18. Jahrhunderts historisch nicht ganz zutreffend, aber vereinfachend als Lyrik benennen läßt, zeichnet sich dieselbe Tendenz ab, die auch in anderen Zusammenhängen zu beobachten ist:

> „Die Abwertung des höfischen Stils des 17. Jahrhundert sowie die neue Stilsenkung und Reduktion des Metaphern- und Anspielungsapparats verweisen auf einen Wandel, der in den Veränderungen der Bewußtseins- und Sozialgeschichte des 18. Jahrhunderts begründet ist."[84]

Doch nicht nur der metaphernreiche Schwulststil des Barock wird abgelehnt, sondern auch das ‚falsche Erhabene' einer barbarischen Frühzeit. In England ist es Shaftesbury, in Frankreich Perrault, der gegen Boileaus Versuche, den hohen lyrischen Stil zu restituieren, „den erhabenen pindarischen Stil attackiert"[85]. Doch die für ganz Europa feststellbaren Konkretionsabsichten bewirken – ebenso wie die gegensätzlichen Bestrebungen – nicht das, was sie intendieren:

> „Aber auch bei Boileau war das Ergebnis eher geometrische Stilisierung der Struktur und Kontrolle des leidenschaftlichen Audrucks als hymnische Entfesselung. Die bereits in England feststellbare Affinität des Lyrischen zum Prosa-Stil und damit zur mittleren und niedrigen Stillage, begründet im Ideal der Simplizität, geht zunächst geradezu aus der Beschäftigung Boileaus mit Longin hervor: Auch das Erhabene ist ‚einfach' und kann mit einfachen sprachlichen Mitteln dargestellt

werden. Der entscheidende Durchbruch des Emotionalismus in den ‚Réflexions critiques sur la poésie et sur la peinture' des Abbé DuBos (1719) beeinflußt die Lyrik aber erst später: daher der generelle Eindruck von Konstruktion, Steifheit und gelegentlicher Pedanterie selbst dort, wo man sich um den hohen Stil und erhabenen Ausdruck bemüht. Lyrik, bis zu Charles Batteux' Schrift ‚Les beaux arts réduits à une même principe' (1746) als Gattung kaum von theoretischer Dignität, wird erst von diesem zu einem möglichen Paradigma von Dichtung erhoben. Sie dient nicht als ‚Nachahmung von Handlungen', wie es die aristotelische Poetik wollte, sondern der ‚Nachahmung von Empfindungen', wie Batteux formuliert."[86]

Der neue Blick auf private Verhältnisse, in denen sich eine neue, eine bürgerliche Ordnung gegenüber dem hierarchischen Prinzip barocker Souveränität andeutet, drückt sich bereits bei den – fälschlich als Hofpoeten deklarierten – Canitz, Besser, Amthor und Pietsch aus.[87] Auch Johann Christian Günthers Werk entstammt noch dieser Übergangszeit, in der sich die neuen Ideale mit der Tradition des 17. Jahrhunderts mischen: Barockes steht neben einer Vorstufe der Anakreontik, Ansätze eines neuen Vernunftbegriffs neben Allegoresen, wie sie die Vorgänger liebten.

In den philosophisch-didaktischen Gedichten Hallers und Hagedorns brechen die Probleme des Zeitalters offen auf.[88] Die Entwicklungsgeschichte der Menschheit, Probleme der Individualisierung einerseits, der Vergesellschaftung andererseits, positives und Naturrecht sowie Fragen der Moral und Fragen nach der Vernunft werden die zentralen Themen dieser Lyrik. In ihr findet statt, was oben generell erwähnt wurde: Das Autorsubjekt erweitert sich auf seine Gegenstände hin, indem durch extensionale Merkmalsabstraktion die Klassenzugehörigkeit von Elementen festgelegt wird. Der Autor wird repräsentiert durch die von ihm vorgestellten Objekte. Die religiös-politisch begründete Souveränitätspyramide wird abgelöst durch die Ontologie der Vernunft, durch eine Verstandesordnung, zu deren Nachvollzug jedermann fähig sein sollte. Gerade in der scheinbaren Konkretion auch der kleinteilig-detailfreudigen Lehrgedichte ist daher eine neue pragmatische Abstraktion vorherrschend. Dieses praktische Ideal der Vernunft, die Dichtung und philosophisches System umgreift, wird jedoch schon bald aufgelöst; die Entwicklung dissoziiert sich zur philosophischen Theorie auf der einen und zur ästhetischen Reflexion auf der anderen Seite: „In der ästhetischen Reflexion Lessings und Mendelssohns kündigt sich ebenso wie in der Poesie der Anakreontiker und Klopstocks das Bild einer Lyrik an, die sich auf formale Präzision und ästhetische Reflexion konzentriert."[89]

Ich übergehe im folgenden verschiedene Entwicklungsphasen, um im Rahmen dieses Aufrisses lediglich einige Schlaglichter auf bestimmte Abstraktionstendenzen in der weiteren Geschichte der Lyrik zu werfen:

Eine der wichtigsten Erscheinungen ist die Ablösung des rationalistischen Lehrge-

dichts durch die ‚Lehrode' (nach Herders neuem Begründungsansatz kulminierend in der Schiller-Bürger-Kontroverse).[90] Eine zentrale Rolle spielt die Lyrik vor allem im Begründungszusammenhang von Wissenschaft und Poesie: Wurde zu Beginn des Jahrhunderts Poesie noch wissenschaftsimmanent begründet, so wird sie in der frühromantischen Theorie zum Element transzendentaler Grundlegung von Wissenschaft. Diese Entwicklung ist eine logische Folge der Ausbildung des Gattungsbegriffs ‚Lyrik', die um die Jahrhundertmitte unter dem Eindruck bestimmter Abstraktionshaltungen konstituiert wurde: ‚Lyrik' ist eine geschichtsphilosophische Reaktion auf die erkenntnispraktische Form von Abstraktion in der frühen Aufklärung, wie sie die Lehrgedichte propagiert haben, eine Reaktion aber auch gegen die wiedereingesetzte Metaphysik rationalistischer Popularsysteme im zweiten Drittel des 18. Jahrhunderts. Lyrik kann dem neuen poetologischen Anspruch, auch der individuellen Selbstaussage zu dienen, nur gerecht werden, wenn sie von den am Inhalt orientierten Vorformen, vom Madrigal bis zum Beschreibgedicht, abstrahiert.[91] So wird gerade bei Herder die Ablehnung von Abstraktion, mit Bezug auf die Lyrik, mit ebenfalls abstraktiven Mitteln durchgeführt. Als ‚verdeckte Abstraktion' wird diese zum konstitutiven Prinzip nicht nur der Lyrik, sondern einer idealistischen Gattungstheorie insgesamt.[92] Der emotionalistische Abstraktionsbegriff, wie er sich um die Mitte des 18. Jahrhunderts einbürgert, zeigt sich nicht nur in Herders Theorie der Ode und seinen Entwürfen zur neuen Lyrik – Gedanken, die Schiller die Tendenzen des 18. Jahrhunderts zusammenfassend, mit dem Ausdruck ‚Lehrode' auf ihren philosophischen Begriff bringt: Verbindung von konkret-empirischen Wissen mit dem abstrakten Subjekt der Vermittlung[93] –, sondern auch in der Auseinandersetzung um die Bedeutung bestimmter Formen, im Gebrauch neuer Formen, wie z. B. des Liedes[94], dessen poetologische Reichweite sich von Herder über die Romantik bis zu einer neuen, politischen Form rationaler Abstraktivität im Vormärz erstreckt.[95] Auch die Einführung und neue Anerkennung romanischer Gedichtformen (Sonett und Romanze vor allem) ist in diesem Zusammenhang zu sehen: So beruht Herders Wertschätzung der Romanze als Erzählgedicht beispielsweise auf ganz anderen, scheinbar antiabstraktiven Voraussetzungen als die artifizielle Haltung August Wilhelm Schlegels zur Romanzendichtung. Bei diesem entspricht die Verwendung der Romanze und des Romanzenkranzes einer hermetischen Literaturauffassung, die über die Intellektualisierung und Mathematisierung der Form hinaus einer abstraktiven poetologischen Selbstbezüglichkeit entspringt.[96]
Die spätere Wiedereinsetzung der Rhetorik (Heine, vormärzliche ‚Kampflyrik') sowie gnomischer Elemente (Spruch, Xenion, besonders in Goethes Alterslyrik), aber auch Epigramm, Hymnus, Ode, Goethes naturwissenschaftliche Lyrik sind Versuche, sich einerseits durch gesellschaftsbezogene Verallgemeinerung, andererseits durch die Bindung ans Individuell-Humane von der romantischen Abstraktion abzusetzen.[97] So hat auch die im Biedermeier und Vormärz feststellbare erneute Hinwen-

dung zum lyrischen Zyklus nicht mehr die Tendenz, Gegenstände subjektivistisch zu verflüchtigen, sondern beansprucht eine objektbezogene Allgemeingültigkeit. Das vermehrte Auftreten von Gedichtzyklen signalisiert die Abkehr von der vorrangig intensionalen Abstraktion der Romantik und die Hinwendung zu einer realistischeren Extensionalität auch der texturalen Verweisungszusammenhänge.[98]

Die *dramatische Dichtkunst*, von ihrem Beginn an, weist abstrakte Züge auf.[99] Freilich hat besonders das Drama stets auch eine konkretive Tendenz, die sich naturgemäß ergibt aus der Direktheit der Artikulation, aus der realistischen Konfrontationsform, aus seiner optisch sichtbaren Auseinandersetzung mit einem Gegenstand, einer Situation, einem Antagonisten, einer Gesellschaft und natürlich aus der jeweiligen Aufführungspraxis. Schon die Wortdefinition des Dramas als Handlung ergibt eine Verlaufsstruktur, die dem statischen Abstraktionsschema entgegensteht.[100] Doch bereits in der griechischen Tragödie zeichnet sich gerade über die Funktion der Nemesis und den Gebrauch des Chors[101] eine über die Detailerscheinungen hinausreichende Abstraktivität ab, die noch das barocke Märtyrerdrama ebenso wie das spätere Geschichtsdrama entscheidend prägt. Jenes ist im Hinblick auf das Abstraktionsproblem von doppeltem Interesse, einmal weil es die spätmittelalterlichen Konkretionsbestrebungen der Fastnachtsspiele[102] (nach der Unterbrechung dieser Tradition durch das jesuitische Schuldrama) nicht aufgegriffen hat – die Haupt- und Staatsaktion bleiben durch und durch abstrakt –, zum anderen weil es das der Grundbedeutung des Dramas entgegengesetzte Moment der Passivität, des Erleidens thematisch und formal zum Träger der Gattung werden ließ. Diese Abstraktion vom Agieren führt gleichzeitig zu einer von der Geschichte:

> „Die Geisterwelt ist geschichtslos. Dahin entrückt das Trauerspiel seine Gemordeten.[...] wenn der tragische Held in seiner ‚Unsterblichkeit' nicht das Leben, sondern den Namen allein rettet, so büßen Trauerspielpersonen mit dem Tode nur die benannte Individualität und nicht die Lebenskraft der Rolle ein. Ungemindert lebt sie in der Geisterwelt auf."[103]

Die christliche Allegorie – im Sinne der Benjaminschen Deutung stets transzendenzorientiert – findet im barocken Drama ihre Projektion in die große Gattung, deren Konkretisierungen nur den einen Zweck haben, sich selbst aufzuheben. Allein die Komödie bricht aus *diesem* Abstraktionszwang aus, um die Normen diesseitiger Moral vorzuführen.

Gottscheds Theaterreform setzt letztlich diese Grundzüge lediglich fort, indem sie „jede poetische Produktion unnachgiebig an ihrer Funktion für Vernunft, Tugend und Ökonomie mißt".[104] Die Verbannung des Hanswurst, das Zurückdrängen des Shakespeare-Einflusses, wie er durch die Wanderbühnen nach Deutschland gekommen war, auch die sächsische Typenkomödie und anderes sind letztlich nur Erscheinungsformen einer reproduzierten Abstraktivität des Barockklassizismus. Diese ist selbst im ‚rührenden Lustspiel' und im ‚bürgerlichen Trauerspiel' von Empfindsamkeit und Hochaufklärung nicht grundsätzlich aufgehoben, sondern nur spezifisch verändert. Dem Rückzug ins Privaten korrespondiert ein neuer Universalismus der Identifikation mit dem Allgemein-Menschlichen.[105] Der feudalistisch allgemeinen Sprache des klassizistischen Dramas wird nun eine ‚verinnerlichte Abstraktion' entgegengesetzt, die sich ebenfalls durch einen gesellschaftlich bestimmten Realitätsverlust auszeichnet.[106] Diese Abstraktivität des Dramas um die Jahrhundertmitte wird entscheidend gefördert durch Lessings Bemühungen um eine neue Dramaturgie. Der starre Typusbegriff sowie die Tragödientheorie der französischen Klassizisten werden im bürgerlichen Trauerspiel abgelöst von einer Dramaturgie, in der die idealisierte Mitte (besonders bei der Definition von Furcht und Mitleid) eine neue Form von intensionaler Abstraktivität darstellt und eine reflexive Passivität der Helden jeden Tat-Aktivismus unmöglich macht und überdies moralisch verurteilt.[107] Abstraktivität zeigt sich nicht nur im sogenannten gemischten Charakter – der natürlich konkretiv gedacht war –, in der Forderung nach Widerspruchsfreiheit[108] , sondern auch im ‚bürgerlichen Tränenvorhang' des Trauerspiels: die kleinbürgerliche Abstraktion von der sozialen Wirklichkeit. Erst die auf Lessings praktischen ‚Vorarbeiten' und kritischen Überlegungen basierende Fundierung einer späteren idealistischen Ästhetik verändert die auch in der komplementären Funktion von Handeln und Leiden bisher im Grunde unangetastete Struktur und Wirkungsabsicht des Dramas entscheidend. Diesen Vorgang begleitet ein zunehmendes geschichtsphilosophisches Bewußtsein und eine anthropologische Unsicherheit. Denn die Tatsache des menschlichen Handelns wie auch die des bühnenmäßigen Agierens ist keineswegs mehr fraglos sicher (vgl. Schluß der *Emilia*). Aus dem Zweifel an der Glaubwürdigkeit sowohl des Tuns als auch des Lassens entsteht – über eine neue Charakterologie – eine neue Dramenstruktur, die das Problem des Handelns in den Mittelpunkt stellt (in gewisser Weise also das Medium thematisiert)[109]. Die Frage nach dem Handeln, die Reflexion über Freiheit und Unfreiheit wird das klassische und das folgende Drama entscheidend bestimmen (Schillers *Braut von Messina*, Goethes *Iphigenie*, Kleists Schicksalsdrama und noch Grillparzers Neoklassizismus sowie die Ideendramatik Hebbels).

Die Passivität des Helden vom Märtyrer in der Barocktragödie über *Wallenstein* bis *Rudolf von Habsburg* gerade auch im historischen Drama[110] ist der sichtbare Ausdruck der Bewußtseins geschichtsphilosophisch-anthropologischer Abstraktion. Eine ganz neue Abstraktivität in Thema und Form zeigt sich in der expressionistischen Dramatik des 20. Jahrhunderts:

> „Hasenclever etwa interpretiert sein eigenes Stück ‚Der Sohn' in dessen Vorwort der Begriff des expressionistischen Dramas geprägt wird, mit Schlagsätzen, die programmatisch jede Spezifikation des Themas zurückweisen und lediglich, wie zahlreiche gleiche Manifeste, die kosmische Gemeingültigkeit der dargestellten Vision proklamieren."[111]

Doch nicht nur das expressionistische Verkündigungsdrama ist Indiz für eine neue, moderne Abstraktivität; sie zeigt sich schon im Jugendstil, in Neoklassik und -romantik und reicht über die Neue Sachlichkeit und Brechts Verfremdungstechnik, sein parabolisch-episches Theater, das auf der Passivität seiner Helden basiert und den Autor-Eingriff geradezu herausfordert, bis zum absurden Drama und neuesten Gegenwartstendenzen.[112] Historisch-systematisch lassen sich extensionale und intensionale Abstraktion im Drama im Zusammenhang der von Volker Klotz vorgestellten Polarisierung von ‚geschlossener' und ‚offener Form' einteilen. Das geschlossene Drama tendiert zur „Entstofflichung und zu radikalem Beschneiden der äußeren Aktion. An die Stelle unmittelbarer, unbändiger Dynamik tritt Sublimation und Verinnerlichung."[113] Demgegenüber sieht das offene Drama von der Isolation der tragischen Idee ab und versucht, Totalität vorzustellen.[114] Das „zentrale Ich" der offenen Form, meist ein passives, verkörpert intensionale Abstraktivität – mit gleichzeitig größerer Gegenständlichkeit –, sei es verzweifelt-bewußtlos wie im *Woyzeck* oder bramarbasierend-geschwätzig im *Baal*.

Der Streit um die *Lehrdichtung* ist alt und immer wieder heftig geführt worden. Sowohl in den historischen Poetiken als auch von der neueren Literaturwissenschaft ist der Didaxe der Charakter einer eigenen Gattung mal zu- und mal abgesprochen worden.[115] Als jeder Gattung inhärente Wirkungsabsicht gedeutet (Gottsched) oder mit dem Defizit einer eigenen Form aus der Gattungspoetik ausgegrenzt (Goethe), hat sie nie recht den Weg in die kanonische Literaturgeschichtsschreibung finden können. Das gattungspoetologische Trinitätsdogma des Idealismus[116] hat die früh- und hochaufklärerischen Lehrgedichte zu Vorstufen und Nebenprodukten der ‚Lyrik' degradiert und allenfalls noch der ‚Fabel' aufgrund ihrer relativen Struktureinheit Gattungscharakter zugestanden. Im Zusammenhang der vorliegenden Arbeit ist neben dem Streit um die vierte Gattung[117] jene Tatsache von Bedeutung, daß gerade die Didaktik aufgrund ihrer Variabilität offen ist für philosophische und bewußtseinsgeschichtliche Tendenzen. So gehen in sie wie in kaum eine andere Gattung die Grundsätze bürgerlicher Aufklärung ein.[118] Ideen der Neuzeit werden hier popularisiert: die neue Weltweisheit, Ökonomie des Alltags, physikalische und astronomische Entdeckungen, Ansprüche an Gesellschaft und Geselligkeit.[119] Die didaktische Poesie dient der „Selbstversicherung in einer nicht mehr vornehmlich religiös bestimmten Welt."[120] Das ‚dogmatische Gedicht' hat seine große Zeit zwischen 1730 und 1760. Am Anfang stehen – dies stützt die These einer zunächst pragmatischen Abstraktion im 18. Jahrhundert – die beschreibenden oder malenden Gedichte eines Barockes, durch den die aus England stammenden philosophischen Strömungen des Empirismus und Sensualismus einen frühen deutschsprachigen Ausdruck finden[121] und dessen „poetische Entdeckungs-, Beschreibungs- und Ausdeutungslust" trotz früher Kritik eine Vielzahl von Nachahmern gefunden hat. In den fünfziger Jahren ruft das Übermaß an deskriptiver Poesie eine grundsätzliche Neubestimmunmg der Gesetze der Poesie hervor (Lessings *Laokoon*). Sie steht nun entschieden unter einem Abstraktionsdiktat. Gegenüber der kleinteiligen Beschreibfreude Brockesscher Prägung versuchen Hagedorn und Haller in ihren diskursiven Lehrgedichten Fragen der Vernunft, Moral, der Theodizee auf populäre Weise zu behandeln. Die Themen, die sie noch in ihrer metaphysischen Einheitlichkeit vorführen, werden in der Folgezeit nach Wissenschaftsdisziplinen ausgefaltet: meteorologische Didaskalien, medizinisch-biologische Auseinandersetzungen, astronomische Überlegungen, besonders auch Reflexionen über die Poesie selbst, Juridica, Geographisches und Historisches sind die bevorzugten Themen einer Dichtung, in der sich die neuen Klassifikationsschemata der Wissenschaften unmittelbar artikulieren.[122] Das, was man hier abstraktive Begrifflichkeit (hypostative Abstraktion) nennen könnte, wird von Lessing und Mendelssohn heftig angegriffen. Ihre Auseinandersetzung mit Popes Lehrgedicht signalisiert die Wendung zu einer rationalen, nicht rationalistischen Abstraktion, die in der intensionalen Einheit des Dichters, dem synkretistische Zusammenschau sehr wohl erlaubt sei, den Vorrang einer poetischen gegenüber einer dogmatischen Wahrheit zu behaupten beginnt. Wie sehr dies allerdings die Gefahr eines Rückfalls in spätbarocken Irrationalismus nach der Manier eines Lohenstein in sich berge, wovon selbst die neuen Töne Klopstocks nicht frei seien, beklagt bereits der Anakreontiker und Lehrdichter Johann Peter Uz.[123] Diese Entwicklung führt schließlich zur Subsumtion der Didaktik unter die Lyrik, zunächst als ‚lyrisch-didaktisches Gedicht', wie zahlreiche Untertitel lauten, später zur idealistischen Vereinnahmung der Didaxe durch die sogenannte Lehrode.[124] Von diesem Schlag hat sich die Didaktik – trotz eines gewissen Wiederauflebens zu Beginn des 19. und unbeschadet einer neuen Didaktik im 20. Jahrhundert letztlich nie mehr erholt.

Auch für die *Fabeldichtung*[125] gilt im Prinzip, was die Entwicklung der Didaktik insgesamt auszeichnet[126] und was im besonderen ein Charakteristikum der frühaufklärerischen Behandlung des Bildbegriffs ist.[127] Die poetische Fabel ist in der ersten Hälfte des 18. Jahrhunderts eine Art säkularisierte Allegorie, deren Bildlichkeit unter einen (moralischen) Begriff, einen Lehrsatz subsumiert wird (Gottsched). Dieser Vorrang des Allgemeinen, der in Hagedorns und Gellerts Versfabeln teilweise geschwätzig verwässert zu werden droht, versucht Lessing wiederherzustellen, indem er Grundsatz und Struktur der literarischen Form neu bestimmt: Der „allgemein bekannten Bestandheit der Charaktere" korrespondiert eine lakonische Prosa, die den Kunstcharakter der Gattung keineswegs aufhebt, sondern ihn – allerdings zusammen mit einer verstärkten praktischen Wirkungsabsicht – erst recht zur Geltung bringt. So führt Lessings Fabeltheorie gleichzeitig über das abstrakte Allgemeine hinaus. Daher grenzt er die Fabel gegen das moralische Exempel strikt ab:

„Ein Besonderes, in so fern wir das Allgemeine in ihm anschauend erkennen, heißt ein Exempel./Die allgemeinen symbolischen Schlüsse werden also durch

Exempel erläutert. [...]/Doch die Sittenlehre muß mehr tun, als ihre allgemeinen Schlüsse bloß erläutern; und die Klarheit ist nicht der einzige Vorzug der anschauenden Erkenntnis./[...] Je näher das Besondere bestimmt wird, je mehr sich darin unterscheiden läßt, desto größer ist die Lebhaftigkeit der anschauenden Erkenntnis./[...] Hier bin ich also! Die Fabel erfordert deswegen einen wirklichen Fall, weil man in einem wirklichen Falle mehr Bewegungsgründe und deutlicher unterscheiden kann, als in einem möglichen; weil das Wirkliche eine lebhaftere Überzeugung mit sich führet, als das bloß Mögliche."[128]

Das Nachdenken über die Gesetze der Gattung führt zu einer Konkretisierung, zu einer Individualisierung ihres Inhalts, ihrer Form und ihrer Wirkungsabsicht. Dies aber im Grunde nur, um dem enthaltenen Allgemeinen eine größere Wirksamkeit zu verschaffen. Das von Lessing zum Schluß seiner Abhandlung angeführte ‚principium reductionis', die Rückführung des Allgemeinen auf einen besonderen Fall, belegt gerade nach dem Vorgang Wolffs, auf den sich Lessing bezieht, erneut die metaphysische Priorität eines abstrakten Substanzbegriffs, der allerdings erst in den Dingen seine Existenz erfährt.

Solcherart „praktische Klugheit und sinnliche Einübung in alltägliche Lebenssituationen"[129] wird in Herders Fabeltheorie weitergeführt, die sich der bisherigen Normativität verschließt, freilich nicht, um sich konkreter Alltagswelt zu öffnen, sondern eher, um einen abstrakten Naturbegriff, das ‚Lehrbuch der Natur', anschaulich zu machen. Der rationale Konkretionswunsch Lessings (mit abstrakten Zügen), dem ‚mittleren Menschen' konkrete Fälle zum Nachdenken vorzuführen, gerät bei Herder zur irrationalen Fiktion, das ‚Buch der Natur' aufzuschlagen, auf dessen Seiten sich Schreiber, Gegenstände und Leser in wohlgefügter Einheit wiederfinden sollen; ein komplexer bewußtseinsgeschichtlicher Abstraktionsvorgang, auf den die Fabeldichtung des späten 18. Jahrhunderts scharf reagiert. Pfeffels offensive Fabeln, satirisch und politisch aggressiv, in der Tradition eines Sebastian Brant, Thomas Murner, Wickram und Fischart, sowie auch Christian August Fischers *Politische Fabeln* führen den genannten Prozeß zu einer neuen klassifikatorischen Abstraktion weiter, rationalistisch auch in ihrer tagespolitischen Allegorese.[130]

Selbstverständlich greifen abstraktive Tendenzen, wenn sie in die großen Gattungen hineinwirken, auch auf die kleineren Formen über, die doch, da theoretisch nicht so vorbelastet, sehr viel eher in der Lage sind, literarhistorische Veränderungen unmittelbarer aufzunehmen. Ich beschränke mich im folgenden auf knappe Hinweise zu vier weiteren Beispielformen, die mir für die These der Abstraktion besonders prägnant zu sein scheinen:

Im *Kunstmärchen* der Spätaufklärung (Musäus, Wieland) wird durch die überlegene Distanz des Erzählers gegenüber den vermeintlich naiven Erfindungen der Vorzeit und mittels der ironischen Haltung zum eigenen Stoff eine Abstraktivität artikuliert, in der das extensionale Moment der Verbindung von Einzelbestandteilen durch das intensionale Moment des Erzählereingriffs erweitert wird. Diese rationale Richtung von Abstraktion, die Vernachlässigung des Stoffs zugunsten des Erzählvorgangs und des Erzählsubjekts, wird im romantischen Kunstmärchen verstärkt, und zwar derart, daß das Wahrscheinliche und Mögliche des Gegenstands durch die Aufhebung von Kausalität, Raum und Zeit in die fiktionale Selbstbezüglichkeit des transzendentalen Subjekts überführt wird. Auf dieser Basis ist dann eine nicht zu begrenzende, unendliche Extensionalität der erzählerischen Mittel und Stoffe wieder möglich. Demgegenüber findet im Biedermeier einerseits ein Umschlag ins vermeintlich Sachliche statt (wie in der Sammlung der Grimms)[131]; andererseits verbunden mit einem absichtlichen Rückgriff auf Naiv-Volkstümliches, eine rationalistische Verbegrifflichung des Märchens[132], indem das Magische, Wunderbare, Phantastische intellektuell aufgelöst wird (beim späten E. T. A. Hoffmann ebenso wie bei Chamisso oder Tieck). In den vierziger Jahren des 19. Jahrhunderts „wird der Strom der Märchen zusehends spärlicher. Durch das Eindringen des Realistischen verdichtet sich die Welt zu einem System von kausalen Gegebenheiten und Tatsächlichkeiten, in dem für das Wunderbare kein Platz mehr bleibt."[133] Bei Stifter und Gotthelf wird das Märchenhafte eingesetzt, um entweder eine malerische Stilisierung des Erzählten zu bewirken oder hyperbolisch Moral zu predigen.

Höchst aufschlußreich für die Beschreibung abstraktiver Tendenzen in der Literaturgeschichte ist eine *literarische Reihe*, deren Spannweite reicht *von der empiristischen Aphoristik des frühen 17. Jahrhunderts bis zum romantischen Fragment* und zum literarischen Feuilleton des Biedermeier.

Am Beginn des 17. Jahrhunderts wird durch Francis Bacon der Aphorismus als Träger induktiver Erkenntnis eingesetzt gegen Enzyklopädismus und scholastische Systematik. Das pointierte barocke Epigramm greift den Induktionismus scheinbar auf, ohne jedoch die jeweils vorausgesetzte emblematische Deduktion des Besonderen vom Allgemeinen und damit die Systemintegration verleugnen zu können. Das Epigramm des 18. Jahrhunderts lebt vor allem zunächst von rationalistischer Nachvollziehbarkeit und von der Auflösung einer scharfsinnig eingesetzten Pointe (Kästner und Lessing, dann aber vollzieht sich durch Herders Erweiterungsversuch eine Entwicklung, die schließlich das Rätselhafte gänzlich auflöst, um in eine aphoristische ‚Philosophie des Lebens' zu münden. Diese betont die Intensionalität des ‚selbstdenkenden' Subjekts (Lichtenberg)[134], dem Welt, Wissenschaft und Moral zur nie abschließbaren Aufgabe geworden sind. Die in der weiteren Entwicklung der literarischen Reihe feststellbare Aufhebung des individuellen Anteils führt zu einer sich abstraktiv verfestigenden Gnomik (Goethe), zur erneuten epigrammatischen Verkürzung (Xenien und epigrammatische Literatursatire im 19. Jahrhundert) sowie schließlich zum ‚romantischen Fragment'. Das ‚Selbstdenkende' wird zum ästhetischen Subjekt, das seine Gegenstände beherrscht.[135] Feuilleton und Essay führen den subjektiven Anspruch an die behandelten Gegenstände fort, um ihnen gleichzeitig auch eine erneute Sachlichkeit zu geben.

In der Entwicklung der literarischen Gattung des *Briefes* lassen sich ähnliche Tendenzen aufzeigen: Der ‚poetische' Brief der Klassik, den man als abstrakt bezeichnen könnte, was – jedenfalls in vielen Fällen – das Zurücktreten des Briefschreibers betrifft, wandelt sich zum konkreten, pragmatischen, wenn auch stilisierten Brief des 19. Jahrhunderts. Diesen konkreten Zug zeigen insbesondere viele Briefe Fontanes, dessen Episteln jedoch häufig auch eine Nähe zu Essay und Feuilleton offenbaren[136], deren stilistische Durchsichtigkeit sie weit abhebt von der Chiffrensprache mancher romantischen Briefe[137] – eine der literarischen Reihe vom Epigramm zum Feuilleton vergleichbare Entwicklungsstruktur.
Auch an der *Geschichte autobiographischen Schreibens*[138] ließen sich die genannten Tendenzen sichtbar machen, ebenso am *idyllischen Genre* (von der Abstraktion des locus amoenus als idyllischem Topos bis zur Idylle der Innerlichkeit[139]) oder an dem der *Reiseliteratur*, die in der Aufklärung zunächst noch Zeichen metaphysischer Abstraktion ist, dann allmählich ein neues Interesse an der Induktion zeigt, um an der Wende zum 19. Jahrhundert historische sowie geschichtsphilosophische Exkurse aufzunehmen und in Biedermeier und Vormärz zum Mittel politischer Bestandsaufnahme zu werden.[140]

Ein nicht weniger wichtiges Kapitel in der Geschichte sozialliterarischer Abstraktionsvorgänge Stellen die *gesellschaftliche Rolle und die Selbsteinschätzung des Autors* dar. Viele Gruppierungen von Autoren[141] vertreten eine elitär-abstraktive Bindung ihrer Literatur. Insbesondere in der zirkulären Freundschaftsdichtung der Empfindsamkeit, und hier vor allem des Göttinger Hain, herrscht eine gesellschaftlich-abstraktive Literaturauffassung vor. Ihr Vorbild ist Klopstock, dessen Aufsatz *Von dem Publico* eine deutliche Sprache gesellschaftlicher Abstraktivität spricht. Aber nicht nur in der Empfindsamkeit, auch in der bürgerlichen Aufklärung selbst steht noch für die praktischsten didaktisch-moralischen Erbauungsschriften[142] eine sich aus dem Ideal der Gelehrtenrepublik ableitende hermetische Abstraktionshaltung im Vordergrund. Hier manifestiert sich der Aufstiegsanspruch des literarischen Bürgertums,[143] das der feudalistischen Gesellschaftsform auf dem bürgerlichen Felde berufsmäßigen Literatentums nacheifern will. Aber die selbstverständliche Abstraktivität des literarisch dilettierenden Adligen, der sich, sei es in georgischem Gedicht oder in der Schäferpoesie[144], scheinbar konkret geben konnte, ohne aus der Spitze einer festgefügten sozialen Abstraktionspyramide auszubrechen, kann vom Bürgertum nur unter großen Anstrengungen erreicht werden. Hier liegt einer der Gründe für die Ausbildung literarischer Abstraktivität im 18. Jahrhundert. Noch die Kontroverse zwischen Schiller und Bürger gegen Ende des Jahrhunderts ist Ausdruck dieses Bemühens. Und auch die romantische Zirkelbildung, der ja viele Adlige angehören, erneuert den nie aufgegebenen Anspruch, dem noch die Vormärzliteratur mit ihrem abstrakten Pathos und ihrer hoch hinausgehenden Begrifflichkeit im Versuch, eine Literaturaristokratie des Bürgerlichen zu erstellen, korrespondiert.[145]

Anhand der Gattungspoetik wurde bereits festgestellt, daß der Anteil der Abstraktion an der *Methodik und Methodologie der literarischen Theorien* selbst hoch ist. Sowohl die rationalistische Gliederung der literarischen Gattungen als auch die idealistische Konstituierung des triadischen Gattungsschemas sowie die gegenläufige romantische Vermischung der literarischen Gattungen, der „Zerfall des Gattungsgefüges der systematischen Poetik“[146] durch die romantische Kunsttheorie und manches andere wären hier zu nennen.

Neben Epochen, Formen, Stilen, Methodik der Theorien sowie der Bedeutung der Literaturkritik[147] lassen sich auch Aufbau und Ziele der *Literaturgeschichtsschreibung* selbst mit dem Abstraktionsparadigma als geschichtliche Kontinuität beschreiben. Wolfgang Pfaffenberger geht implizit auf die Abstraktivität literaturgeschichlicher Blütezeit-Modelle ein:

> „Reifen, Blühen und Verfallen muß nicht nur unhistorisch-zyklisch sein, ja nicht einmal organologisch; die Literarhistorie historisiert diese Begriffe, bezieht sie aber im Kontext europäischer Kulturtradition immer auch auf etwas Normativ-Früheres: sei’s die Antike bei Gervinus, die italienische Renaissance bei Hettner, die christlich-nationale Blütezeit um 1200 bei Vilmar, seien es germanische Ursprünge um 600 bei Scherer. Dabei fungieren trotz historischen Denkens die normativen Bezugsepochen immer als quasi ‚überzeitliches Maß‘, an dem sich insbesondere Stilgeschichte, an dem sich Wachstum oder Verfall zu bewähren haben.“[148]

Abstraktivität in der Literaturgeschichtsschreibung wird also gerade dort deutlich, wo jene – ebenso wie in der systematischen Literaturwissenschaft – verdrängt wurde und wird.[149]

Die Untersuchung des Abstraktionsproblems in der Dichtung und ihrer Theorie vermag auch manche Schemata der speziellen Literaturgeschichtsschreibung zu revidieren, wenn sich zeigt, daß die Variabilität und Mehrsträngigkeit literaturgeschichtlicher Abläufe, die Tatsache bestimmter Mischformen und anderes mehr bedingt ist vor allem durch den Einfluß zeitgenössischer Abstraktionstendenzen, deren Wirkung oft länger andauert, als dies unter dem Gesichtspunkt epochaler Gliederung zu vermuten ist. Unter dem Abstraktionsaspekt zeigt sich ein komplizierter und verzweigter Prozeß literarischer Interaktionen mit Bezug auf geschichtliche und soziale Wirklichkeit.

II. Untersuchungszeitraum

Der Zeitraum, in dem hier einzelne Stationen besonders untersucht werden sollen, erstreckt sich von der Frühaufklärung bis zur Romantik. Beide Epochen grenzen einen Bereich ein, in dem das Phänomen der Abstraktion in Philosophie, Wissenschaft und Literatur problematisiert und offener diskutiert wird als vorher und nachher. Beide Epochen sind Zeitalter der Kritik, einer Kritik im Sinne der Unterscheidung des Wahren vom Falschen, des Schönen vom Häßlichen, des Guten vom Bösen.[1] Die sich zu Beginn des 18. Jahrhunderts ausbildende Fähigkeit zur Kritik in diesem Sinne wird gelenkt von der Einsicht in das Funktionieren einer erkenntnispraktischen Abstraktion. Beide zusammen tragen zum ‚Ausgang des Menschen aus seiner selbstverschuldeten Unmündigkeit' bei:

> „Die Kritik blieb also keineswegs auf philologische, ästhetische oder historische Sachgebiete beschränkt, sondern sie wurde ganz allgemein die Kunst, durch vernünftiges Denken richtige Erkenntnisse und Ergebnisse zu erzielen."[2]

Darüber hinaus erhält Abstraktion und mit ihr die Kritik politischen Charakter: „Die politische Kritik liegt also nicht nur in dem moralischen Urteilsspruch als solchem, sondern sie liegt schon in der vollzogenen Trennung einer moralischen von einer politischen Instanz [...]".[3] Die Trennung von Moral und Politik zu Beginn des 18. Jahrhunderts erweist sich sozialgeschichtlich als intendierte Konkretion insofern, als dem abstrakten politischen Gefüge der absolutistischen Bürokratie, eine konkret gemeinte private Gegenöffentlichkeit[4] als kritisches Korrektiv zur Seite gestellt wird. Doch auch das Ergebnis der Kritik an der Abstraktion wird, zumindest sozialpsychologisch, abstrakt:

> „Die bürgerliche Moral des 18. Jahrhunderts verstärkt die autonome Selbstkontrolle, die vernünftige Selbstbeherrschung der Individuen. Dies ist wiederum nur unter der Voraussetzung möglich, daß sie kreatürlichen ‚Neigungen' ihrer Affekte mindestens zu disziplinieren, wenn schon nicht nahezu gänzlich zu unterdrücken lernen."[5]

Die dichtungspraktisch wie -theoretisch relevante Auseinandersetzung mit der Abstraktion beginnt analog als Versuch der Einordnung der Poesie in ein ontologisch-erkenntnistheoretisches System (Leibniz/Wolff – Naturnachahmung/Möglichkeitspoetik) und findet ihren Höhepunkt im kombinatorischen Abstraktionsmodell der Romantiker, und noch einmal, gegenläufig, in der gesellschaftstheoretischen und geschichtsphilosophischen Diskussion des Vormärz (Hegel/Vischer – politisch-rhetorische Zweckästhetik).

Eine unbeabsichtigte Folge der Abstraktionskritik durch den Empirismus im frühen 18. Jahrhundert ist die Initiierung neuer abstrakter Systeme. Dies kündigt sich bereits in der Definition des ‚Begriffs' an: Da aus Erfahrungen nicht unmittelbar Erfahrbares abstrahiert werden könne, sondern nur ihre begriffliche Zusammenfassung, sind nach empiristischer Lehre alle Begriffe abstrakt. Diese Ableitung nimmt Schopenhauer auf (der mit seiner Willensmetaphysik am Beginn einer neuen Periode steht)[6], während für Kant, dessen erste Schriften etwa in der zeitlichen Mitte der hier untersuchten Epochen erscheinen, zwar ebenfalls jeder Begriff abstrakt ist, doch sein Gebrauch abstrakt oder konkret sein kann.[7] Das heißt, die Konkretionsbestrebungen des Empirismus führen zum entgegengesetzten Ergebnis einer metaphysischen Abstraktivität, an der sich eine transzendentale Kritik entzündet, deren intendierte Individualisierung letztlich wiederum in eine abstrakte (Willens-) Metaphysik mündet. Die Dichtung des Zeitraums vollzieht den Bewegungsprozeß des Denkens nach, und die Poetik verändert durch die Aufnahme der verschiedenen Modelle, insbesondere auch geschichtsphilosophischer Abstraktion, die zunächst als Bewußtsein konkreter Geschichte gegen die metaphysische Verfestigung eingesetzt wird, ihren vormaligen Charakter als praktisch-regeltechnische Anweisung derart entschieden, daß sie sich als Ästhetik an die Spitze aller Disziplinen setzen kann. Der Beitrag der Geschichtsphilosophie zur Veränderung der Poetologie des 18. Jahrhunderts ist nicht hoch genug zu veranschlagen.[8] Die moralische Kritik am abstrakten politischen Gefüge produziert die bürgerliche Geschichtsphilosophie.[9] Der moralische Rückzug ins Private, der im übrigen eine öffentliche Karriere nicht verhindert, schafft sich nicht einen konkret-individuellen Ort, sondern eine geschichtsphilosophisch begründete abstrakte Glückseligkeitsutopie.[10] Diesem Ziel ebenfalls zu dienen, stürzt Poesie und Poetik in eine fundamentale Krise, da sie weder den früheren, überzeitlichen Kanon zu reproduzieren in der Lage sind noch historisch konkret werden sollen. So werden sie in ein geschichtsphilosophisch-moralisches Bezugssystem eingegliedert, um einige Jahrzehnte später beides selbst zu legitimieren: Die Priorität des Ästhetischen ist damit erreicht. Geschichtstheoretisch lassen sich folgende Kriterien für die Abgrenzung des Untersuchungszeitraums aufstellen:

> „Für die *Aufklärung* stellt Menschheit eine allgemeine Bezugsgröße der Geschichtsschreibung dar. Alle Menschen sind als Angehörige der gleichen Gattung mit der gleichen Vernunft ausgestattet, und diese Vernunft wurde von der Geschichtsschreibung in der Form eines meta-historischen Normensystems zur Deutung der geschichtlichen Erfahrung in Anspruch genommen. [...] Menschheit wurde von der Aufklärung nicht nach einem historischen Modell entworfen, in dem eine spezifische Kultur ihre Deutungshinsichten, andere ausschließend oder sich unterwerfend, verallgemeinert. Die Aufklärung sah vielmehr von der Kulturspezifik der historischen Identitätsbildung ab. Sie unterwarf die Geschichtsschreibung dem Konsensbildungskriterium, nur die Geschichten gelten zu lassen, deren Deutungsmuster nicht zwanghaft vorentworfen sind, sondern zur Angelegenheit eines selbstverantwortlichen autonomen und rationalen Denkens werden.
> Der *Historismus* ist über dieses Menschheits-Konzept der Aufklärung in einem entscheidenden Punkt hinausgegangen. Er warf der Aufklärung vor, die kulturelle

Vielfalt und Unterschiedlichkeit der menschlichen Vergesellschaftung in der Identitätsbildung durch Geschichtsschreibung nicht positiv zur Geltung gebracht zu haben. Der Historismus versucht demgegenüber, Menschheit nicht als zeitloses Kriterium zur Deutung zeitlicher Veränderungen, sondern als Prinzip der zeitlichen Veränderung selber zu denken.[...] Weltgeschichte wurde als Prozeß der kulturellen Ausdifferenzierung der Menschheit verstanden."[11]

Die Aufhebung des Allgemeinen, auch des ästhetischen Allgemeinen stellt also die spätere Grenze des Untersuchungszeitraums dar. Was Jörn Rüsen als historischen Konzept-Wandel beschreibt, hat Max Scheler wissenssoziologisch gedeutet:

„Die Vorstellungen über das Verhältnis, das zwischen der Wissenschaft und der menschlichen Gesellschaft, ihren Formen und Zuständen entsteht, sind im Übergang vom Zeitalter der Aufklärung in die teils mehr romantische, teils mehr positivistische Ideenwelt des 19. Jahrhunderts einem tiefgreifenden Wandel unterworfen gewesen. Im Aufklärungszeitalter, dessen Idee es war, die Philosophie und Wissenschaft zur obersten Leiterin und Führungsmacht auch des sozialen Lebens zu machen, blickte man in einseitigster Weise auch auf die Wirkungen hin, welche die Bewegung und der Fortschritt der Wissenschaft auf die Gestaltung und Umgestaltung gesellschaftlicher Verhältnisse und Einrichtungen gehabt haben. Erst das 19. Jahrhundert hat in vertiefter Weise die Problemstellung teils erweitert, teils geradezu umgedreht in die soziologische Fragestellung, wonach Formen, Strukturen, Inhalte, Einrichtungen zur Gewinnung und Berechnung von Wissen durch die Gesellschaft und ihre realen Zustände bedingt, wenn nicht gar hervorgebracht seien."[12]

In der Mitte des Zeitraums etwa bildet sich eine Geschichtsphilosophie als theoretische Annahme bestimmter historischer Strukturen aus, die den Ereignisverlauf bestimmen – und, gleichzeitig und von diesem Vorgang beeinflußt, eine Ästhetik, die eine Konzentration des literarischen und gattungspoetologischen Mannigfaltigen versucht. „Historik und Ästhetik koinzidieren in der *geschichtstheoretischen Absicht*, die zeitliche Abfolge verschiedener Gesellschaftsformen auf einen inneren Zusammenhang hin durchsichtig zu machen."[13]

III. Struktur des Verlauf. Kritik und Rezeption

‚Abstraktion' gilt von der Aufklärung bis zur Romantik (und verändert bis zum Realismus) als Gegenstand der Kritik, besonders der literarischen, und dient als Anlaß und zugleich als konstitutives Element der Begründung neuer Theorien. ‚Abstraktion' ist durchgängig ebenso Element der Personal- und Epochenkritik.[1] Kritik als solche ist geradezu abstraktiv: „Abstraktion, und besonders praktische, ist wohl am

Ende nichts als Kritik"[2], so vermutet Friedrich Schlegel in seinen Vorlesungen, und in einem Fragment behauptet er, „das Große und Erhabene in der Kr[itik] wird nur möglich durch *praktische Abstraktion*"[3]. Abstraktion ist entscheidender Bestandteil jeder Kritik, Abstraktion ist das Mittel jeder Kritik schlechthin. Überdies richtet sich Kritik immer aufs Abstrakte als das Zusammengesetzte, auf die Eigenschaften, Akzidentien, denn es läßt sich nur unterscheiden, was zusammengesetzt ist. Die konkrete, einfache Substanz aber (z. B. die Monade) ist indiszernibel. Oder anders formuliert: Alles, worauf Kritik sich richtet, wird notwendig durch sie abstrakt, weil es unterschieden d. h. getrennt wird. Damit ist aber strukturell auch die Kritik an der Abstraktion selbst impliziert. Denn die logisch folgende Kritik ist die Kritik der Kritik, nicht als eine am Verfahren, sondern am Ergebnis der Abstraktion. Doch die Kritik an der Abstraktion hebt diese nicht auf, sondern bestätigt letztlich das Ergebnis. Abstraktivität produziert trotz eines geltenden Konkretionswunsches paradoxerweise immer neue Abstraktivität. Diese logische Kette gilt als Schema auch für die Historie. Sie ist besonders in der wissenschaftsgeschichtlichen Entwicklung und in der Geschichtsphilosophie sichtbar und wirkt von hier aus auch auf den Verlauf von Dichtung und Poetik.

Aus der Tatsache der durchgehenden Abstraktionskritik ergibt sich eine dialektische Rezeption aus Abwehr und Vollzug innerhalb der literarischen Theorie und Praxis. Abstraktion dient als negatives Begründungselement bei der Ausbildung neuer literarischer Theorien. Die Kritik an ihr ist Anlaß zu neuen Theoriebildungen und auch ungewollt zur Formierung neuer und modifizierter Abstraktionsbegriffe, die ihrerseits wieder unmittelbar auf die Formulierung literarischer Theorien einwirken.[4]

Zu fast jeder Zeit wird unter der Kategorie der Abstraktion diejenige Kritik subsumiert, die eine nachfolgende Epoche an der jeweils vorausgehenden übt. Die Struktur der Bewußtseinsgeschichte zeigt, daß zahlreiche Epochen die vorhergehende als abstrakt, sich selbst dagegen als konkretiv bezeichnen. Freilich gilt diese Beobachtung nicht für alle Epochen; so wird der Sturm und Drang mit seiner Abstraktionskritik von der folgenden Zeit als naturalistisch, wild, als barbarisch bezeichnet. Wenn aber die nach ihrer Selbsteinschätzung nicht-abstrakte Epoche von ihrer Nachfolgerin wiederum der Abstraktion ‚bezichtigt' wird, ergibt sich ein Prozeß der Akkumulation von Abstraktivität in Geschichte und Geschichtstheorie, der natürlich die Frage aufwirft, was denn nun an einer nachträglich sogenannten Abstraktion, die sich selbst als konkret bezeichnet und obendrein aus der Ablehnung vermeintlich vorausgegangener Abstraktion entsteht, tatsächlich abstrakt ist und – wenn diese Beobachtung zutrifft –, wie die verschiedenen, historisch sich wandelnden Abstraktionsbegriffe zu definieren sind.[5] Wie also verändert sich der Abstraktionsbegriff, und welchen Stellenwert hat im geschichtlichen Verlauf der Begriff des Konkreten? Ein Indiz für die Richtigkeit der These liefert die Geschichte schon dadurch, daß diese Rezeptionsstruktur der Bewußtseinsgeschichte ab der Frühaufklärung (auch dies ein Grund für

die Wahl des Beobachtungszeitraums) explizit reflektiert wurde, als ein entscheidender wissenschaftsgeschichtlicher und geschichtstheoretischer Wandel sich ankündigte: Gegen heilsgeschichtliches Zyklusdenken wurde ein neuer anthropologischer Bezug zur Geschichte gesetzt, der aus dem Wunsch entstand, Historie auf menschliche Denkgesetze und auf den Menschen allgemein zu beziehen, was zunächst noch hieß, Geschichte zu konkretisieren. Im Ergebnis war jedoch auch diese Abstraktionskritik selbst abstrakt – und sie blieb es selbst in den ‚volkstümlichen' Bestrebungen auch der Romantik, im Volkslied, Volksmärchen, historischen Roman –, bis ein pragmatischer Historismus sowie der poetische Realismus des 19. Jahrhunderts aus dem Konzept des Epochenwandels ‚auszubrechen' versuchten.[6]
Der hier angedeutete Abstraktionsvorgang verschärfte sich im Laufe der Zeiten mehr und mehr, griff in Mikroprozesse ein und erfaßte alle Lebensbereiche. Hieraus ergab sich eine paradoxe Differenzierung auch des Abstrakten, das sich teilweise den Anschein des Konkreten geben konnte. Dieser komplizierte Vorgang mach es methodisch außerordentlich schwierig, den Begriff der Abstraktion und seine Suppositionen genau zu bestimmen. Er ist greifbar auf der Folie des Gegensatzes, der immer wieder *geforderten* Individualisierung.
Je umfassender im Verlauf der Geschichte der Abstraktionsbegriff wurde und je mehr er sich spezialisierte, desto breiter und zugleich schärfer und genauer treffend mußte die Kritik daran werden. Dies ist vermutlich ein entscheidender Grund für das Aufkommen des Historismus und seine Auflösung von Geschichte in Ereignisse. Auch literarhistorisch hat sich im Laufe des 19. Jahrhunderts die Kritik an der Abstraktion denn auch tatsächlich entschieden verstärkt, zunächst im Detaillismus des Biedermeier, dann u. a. im realistischen Programm[7], das bezeichnenderweise durch ein gewisses Defizit in der Epochentheorie gekennzeichnet ist. Aber selbst die naturwissenschaftlich orientierte Literaturwissenschaft des späteren 19. Jahrhunderts hat scharfe Abstraktionskritik geübt.[8]
Unter dem Aspekt der Abstraktion wird die besondere Teilhabe der Dichtung am allgemeinen kulturgeschichtlichen Prozeß deutlich: von der Auflösung des theozentrischen Weltbildes, das im Barock weitgehend – mit Abweichungen bei Lohenstein, Hoffmannswaldau u. a. – uneingeschränkt und in der Aufklärung noch großenteils vorherrschte, über ein anthropozentrisches Bild der Welt, aufgrund dessen im späteren 18. Jahrhundert die Renaissance-Ansicht kritisiert wurde, daß Dichtung abstrakt und allgemein sein müsse[9], bis zu den Auflösungsversuchen gegenüber der anthropozentrischen Konstitution der Welt im Nachrealismus durch Mechanismustheorien, naturalistisches Determinationsdenken etc.
Seit der Aufklärung wiederholt die Dichtungslehre die Auseinandersetzungen um die Abstraktion, die in der Philosophie seit der Antike bestehen.[10] Darüber hinaus steht die Problematisierung des Abstraktionsbegriffs mit der Ausbildung einer philosophischen Dichtungstheorie in engem zeitlichen und sachlichen Zusammenhang. Für die

Philosophie selbst bedeutet die Aufwertung der Dichtung und der Ästhetik innerhalb ihrer Hierarchie eine Abwertung des Abstrakten und der Wendung zum Konkreten. Unterdessen aber wandelt sich die Ästhetik als Lehre von der Wahrnehmung zur spekulativen Kunstphilosophie und belegt damit ein allein durchs System bedingte erneute Abstraktivität. In der philosophischen Begründung von Poesie und Rhetorik zeigt sich die Tendenz zur neuen Abstraktion, als Folge der Selbstkonstituierung der Philosophie und ihrer Randgebiete, nachdem sie sich aus abstraktiven Zwängen scholastischer Metaphysiklehren befreit hatte. Diese Entwicklung gipfelt im Entwurf einer absoluten Philosophie, deren Summe erst von der Ästhetik gebildet werden kann[11]: Ästhetik als Spitze einer neu verstandenen Abstraktion, deren Ursprung aus der früheren Abstraktivität kaum mehr erkannt wird; Abstraktivität als das Absolute.[12]
'Abstraktion' aber ist, wie gesagt, nicht erst seit der Aufklärung, sondern von Beginn des philosophischen Denkens dessen Zentralbegriff. Alle historischen Schulen, Methoden, Theorien, Systeme und Disziplinen basieren methodologisch und inhaltlich auf einer Auseinandersetzung mit einem je verschieden gebrauchten Abstraktionsbegriff. Schon die monistischen Welterklärungsmodelle der Vorsokratiker, auch die platonische Chorismos-Theorie gehen von der Abstraktion aus.[13] Diese ist also auch Prinzip des dualistischen Weltbildes. Die zeitliche Erstreckung des Abstraktionsproblems reicht bis zur gegenwärtigen analytischen Philosophie, bis zur Strukturalismus und Formalismus, zu Hermeneutik und kritischer Theorie. ‚Abstraktion' als das, was im Denken (psychologisch) den Gedanken (logisch) produziert, ist eine der anthropologisch-epistemologischen Konstanten menschlichen Denkens und Verhaltens. Indem ‚Abstraktion' so zur allgemeinen und allgemeingültigen Bezeichnung der intellektuellen Ordnungsfunktion des Verstandes dient, entwickelt sie natürlicherweise eine Vielzahl an varianten Erscheinungsformen: „Die meisten Formen hat die Abstraktion."[14]
Im Rahmen des synchronen Wissenschaftssystem hat der Abstraktionsbegriff fast uneingeschränkte Geltung, was aus der Totalität seines Gebrauchs logisch folgt und zu seinen eigenen Implikaten gehört, unbeschadet vielfacher Kritik oder zahlreicher Problematisierungsversuche auch hier. ‚Abstraktion' wirkt sowohl als konzeptuelles Element jeder Theorie, als theoretische Vorbedingung wie auch als integrales, strukturierendes Element jeder Theorie. Beide Funktionen wirken im historischen Prozeß der Theorien – gegeneinander, miteinander, gleichzeitig oder ungleichzeitig – als Entwicklungsprinzip und Struktur der Bewußtseinsgeschichte. Die theoretische Reflexion der Abstraktionsproblematik kennzeichnet den Beginn der Bewußtseinsgeschichte und begleitet mehr oder weniger stetig ihren Verlauf. So ist Abstraktion selbstverständlich auch Verfahrenselement jeder einzelnen historischen Bewußtseinstheorie selbst, so sehr diese sich auch vom jeweiligen Abstraktionsstandard absetzen mag. Die Herkunft der formalen Abstraktion aus den ‚reinen' Disziplinen, wie

Wissenschaftstheorie, Logik, Sprachphilosophie, Erkenntnistheorie, philosophischer Ästhetik und anderen, als auch die Übertragbarkeit eines so entstandenen Begriffs auf die ‚angewandten' Disziplinen sichert der Abstraktion einen weitreichenden Geltungsanspruch.[15] Dieser erstreckt sich auf Psychologie, Pädagogik, Sozialphilosophie, Ethnologie[16] und Kulturtheorie, so daß letztlich kaum ein Gebiet inerhalb der historischen und systematischen Wissenschaften wie auch der Künste von der Abstraktion unbeeinflußt bleibt.

Daß ein derartiger Totalitätsanspruch der Abstraktion erkenntnistheoretischen, methodologischen, wissenssoziologischen, realhistorischen, geschichtsphilosophischen und anthropologischen Zündstoff beinhaltet, versteht sich von selbst, und es liegt nahe, die Dichtung und ihre Theorie nach ihrer Antwort darauf zu befragen. Gegenüber der Vernachlässigung des Problems durch die systematische wie historische Literaturwissenschaft haben sich Soziologie und neuere Geschichtstheorien bzw. Theorien der Geschichtsschreibung stark mit der Abstraktionsproblematik befaßt.[17] Doch auch hier zeigt sich: ‚Abstraktion', so sehr als Verfahren der Begriffsbildung, des Urteilens und Schließens unumgänglich, ist zwar häufig als anthropologisches „Schicksal"[18] bezeichnet, zugleich aber auch immer wieder in Frage gestellt worden (vom Intuitionismus und der Mystik des 14. Jahrhunderts über die erwähnten empiristischen Tendenzen, spinozistische und organologische Bewegungen etc.) Die Geschichte der Philosophie ist daher auch eine Geschichte anthropologisch-kulturphilosophischer Abstraktionskritik. Diese hat fundamentalen Charakter: „Die *Abstraktionstheorie* ist theoretische Fundamentalphilosophie. Sie ist aber nicht nur abstrakte Theorie, sondern zugleich die stufenweise Aufhebung der Abstraktion."[19]

Auch der zentrale Begriff der philosophisch-wissenschaftlichen Kritik als historische Erscheinungsform des oben beschriebenen logischen Verfahrens, ist dementsprechend eng verknüpft mit einer sich ständig wandelnden Kritik an einer immer wieder neu begriffenen Abstraktion[20], an der sie sich stets entzündet hat. Erst aus der Dialektik von Ablehnung und Rezeption des abstrahierenden Verfahrens und seiner geschichtlich manifesten Ergebnisse beziehen auch die Philosophie und die philosophische Kritik ihre charakteristischen Impulse und Formen. Ja, erst die Versuche, der abstrakten eine intuitive Erkenntnis entgegenzusetzen, schufen die Konturen auch des philosophisch-wissenschaftlichen Abstraktionsbegriffs und trugen zu seiner Ausdifferenzierung bei.

Unbestritten ist Abstraktion, als philosophisch-wissenschaftliches Verfahren, mit dem Entstehen des Denkens, der Philosophie und Wissenschaft notwendig positiv verknüpft, und bis zum Ende des 17. Jahrhunderts galt sie als das grundlegende wissenschaftsimmanente Verfahren, als das zentrale Methodenelement, das auch von seinen Kritikern immer nur bestätigt wurde.

Um die Wende zum 19. Jahrhundert aber setzt sich gleichzeitig mit dem Begründungs- und Paradigmenwandel der Wissenschaft[21], mit der Wiederentdeckung einer allerdings idealisierten und artifizialisierten Lebenswelt, mit dem philosophischen Vorrang des Praxisbegriffs, vehement und mit Nachdruck eine grundlegende Neuinterpretation des Abstraktionsbegriffs durch, die über die bis dahin immer wieder an der Abstraktion geübte Kritik weit hinausgeht, indem sie nämlich seine vollständige Negation fordert. Abstraktion tritt nun aus der bisherigen Wissenschaftsimmanenz heraus und wird zum Propädeutikum einer vorwissenschaftlichen Begründung von Wissenschaft, deren Primärinstanz aber die Reflexion ist. Bis dahin war Abstraktion das zwar kritisierte, aber nicht wirklich in Frage gestellte Mittel und zugleich als solches das wichtigste und anthropologisch selbstverständliche Begründungsmoment wissenschaftlicher Denkvorgänge. Zu Beginn des 19. Jahrhunderts – unmittelbar vor und neben dem Aufschwung des Positivismus (vor allem bei Auguste Comte und John Stuart Mill) sowie intellektualistischer und mathematisch-naturwissenschaftlicher Denkweisen (bei Johann Friedrich Herbart, George Boole, insbesondere Gottlob Frege[22]) - wird die so charakterisierte Abstraktion radikal verändert zu einer logischen Funktion, die der transzendentalen Reflexion komplementär ist. Fichte benennt in seiner *Wissenschaftslehre* die Rolle, die nun der Abstraktion zukommt:

> „Keine Abstraktion ist ohne Reflexion; und keine Reflexion ohne Abstraktion möglich. An sich betrachtet sind beides Handlungen der Freiheit; wenn sie aber gegenseitig aufeinander bezogen werden, so ist unter Bedingung der einen, die zweite nothwendig.“[23]

Schelling geht noch weiter, bei ihm wird Abstraktion zum Element des Weges, den das Ich zum Absoluten zurückzulegen hat.[24] Abstraktion wird also zunächst transzendentalphilosophisch, später psychologisch fundiert, und sie orientiert sich handlungspraktisch. Was sich hier ereignet, ist eine bewußtseinsgeschichtliche Revolution: der Wechsel von einer wissenschaftsimmanenten zu einer vorwissenschaftlichen Begründung von Wissenschaft. Die Geschichte der Philosophie und der Ideologie steht seitdem – vorbereitet schon durch Kants Kritizismus, der Abstraktion nur als Negativfolie des Erkennens zuläßt[25] – in der Idealismustradition, welche die Polarisierung des Abstraktionsbegriffs beinhaltet. So stellt sich Philosophie auch als eine Geschichte des Kampfes gegen eine wissenschafts- und systemimmanente Abstraktion des menschlichen Denkens dar, eines Kampfes, der sich richtet gegen die Gefahren einer neuen Metaphysik und der nicht zuletzt sozialtheoretischen Überlegungen entspringt.[26]

B. Abstraktion als System

I. Abstraktion im System der philosophischen Disziplinen, der Wissenschaften und Künste. I

‚Abstraktion' galt und gilt als der grundlegende methodologische Terminus des Denkens, dessen logisch-psychologische, dessen Verlaufsstruktur damit auf ihrer allgemeinsten Ebene zugleich definiert ist. ‚Abstraktion' bringt also den Denkvorgang in seiner Intellektualfunktion auf den Begriff, zunächst auf seinen formal-systematischen Begriff im Sinne epistemologischer Modellprozesse – unabhängig von mentalen Aspekten im weiteren Sinne, wie sie die Tiefen- und Assoziationspsychologie beobachten.[1] Der Terminus ‚Abstraktion' ist zunächst seinerseits vorläufig im Wortsinne, in einem populär-operationalen Verständnis definierbar als ‚Abziehen', ‚Absehen von etwas' – ohne Rücksicht auf die syntaktische Doppelrichtung, die im Wort ‚Abstraktion' angelegt ist.[2]

'Abstraktion' ist das zentrale Element jeder *Logik* und ihrer Theorie. Schon die elementare Aussage (XeP), als „Zuerkennung eines bestimmten Prädikates an ein bestimmtes Subjekt"[3] – schon diese Aussage setzt das Abstraktionsverfahren als Bestandteil der Prädikation voraus, als Mittel zur Bildung von Relationen und Funktionen[4], noch keineswegs im Sinne erkenntnistheoretischer Begriffsbildung, zu der die traditionelle Abstraktion nach modernen Logiktheorien ohnehin nicht dienlich ist, sondern im Sinne der sprachphilosophischen Definition verbalsachlicher Zuordnung von Elementen[5], also im Sinne einer konstruktiven Begründungstheorie und einer Semiotik:

> „Mit Hilfe von Eigennamen und Prädikatoren sowie einer geeigneten sprachlichen Form zur Darstellung des Zusprechens und Absprechens lassen sich jetzt einmal getroffene Unterscheidungen auch dann weitergeben, wenn jene Gegenstände, die hier als Beispiele bzw. Gegenbeispiele gedient haben mögen, nicht mehr zur Verfügung stehen sollten."[6]

Hatte schon die traditionelle Logik in ihrer Abhängigkeit von ontologischer Erkenntnistheorie alle Denkformen wie Begriff, Urteil, Schluß, syllogistische Strukturen etc. auf ‚Abstraktion' bezogen, so weist die moderne linguistisch bestimmte Logik, an Zeichentheorie und Systemkalkül orientiert, der Abstraktion eine noch grundlegendere Aufgabe zu.[7] Abstraktion ist Funktionselement der operationalen Logik, sie dient der „Umformung mathematischer bzw. logischer Ausdrücke nach bestimmten Regeln"[8] (Operationen). Der Abstraktor ist somit ein Funktor (= Operator), der aus vielen Individuellen die Extension eines Allgemeinbegriffs, ein Universale bildet (so in der Klassen- oder Mengenlogik).[9] Der Operator selbst als „unvollständiger Ausdruck"[10] weist nun allerdings mit der Aufgabenstellung, vollständige

Ausdrücke zu verbinden, um sie zu neuen vollständigen Ausdrücken zu integrieren, auf die traditionelle metaphysische Aufgabe der Abstraktion zurück, als unselbständiges Medium ontologisch Selbständiges hervorzubringen.[11]

> „Das logische Verfahren, das [...] über mehrere Konstruktionsschritte von Prädikatoren zu Begriffen führt, wird hinsichtlich des dabei erfolgenden Überganges von ‚konkreten' zu ‚abstrakten' Gegenständen als *Abstraktion* bezeichnet; Ausdrücke, die nur über Abstraktionsverfahren eingeführt werden können, heißen dementsprechend *Abstraktoren*. Auch ‚Begriff' ist daher ein Abstraktor."[12]

Die Verwendung des Abstraktionsbegriffs in der modernen Logik ist also gekennzeichnet durch eine starke Formalisierung, eine Betonung seiner Struktur, und die im Rahmen der Logik behandelten idealen Gegenstände stellen die Extremform des Abstraktionsergebnisses dar, das hier besteht in der Verkürzung des realen Gegenstandes zum Zeichen, das eine Klasse von Gegenständen zusammenfaßt.

Die Verwendung des Abstraktionsbegriffs in der Logik ist für Literatur und ihre Theorie seit der Aufklärung von kaum zu unterschätzender Bedeutung gewesen. Das Spekturm reicht von der Übernahme logiktheoretischer Abstrakta in den inhaltlichen Kontext bis zur Adaption eines logisch-mathematischen Verhältnisdenkens in die Struktur poetischer Texte selbst.[13] Eine die Ästhetik begründende Rolle haben dabei die begriffs- und aussagenlogischen Termini ‚Extension' und ‚Intension' gespielt, wie oben bereits angedeutet wurde.[14] Für die gesamte Aufklärung behaupten die Bezeichnungen eine literaturtheoretische Relevanz; an der Verlagerung des Interesses einen der Begriffe läßt sich die veränderte logische Abstraktivität auch der literarischen Theorie ablesen. Evident ist der Einfluß der Logik und ihres Abstraktionsverfahrens in die Dichtung und ihre Theorie am Beispiel des Begriffs der Negation.[15]

Die Negation als logische Funktion zur Ausgliederung von Elementen aus gedachten Klassen oder Mengen ist ein Bestandteil abstraktiven Vorgehens. Das sogenannte klassifikatorische Abstrahieren ist immer auch ein negatives Verfahren, denn es negiert die ‚differentia specifica', um mit den übereinstimmenden Merkmalen von Gegenständen eine homogene Klasse zu bilden. Ist der Begriff der Negation in der Aufklärung zunächst pragmatisch-logisch gemeint – mit Anklängen an barock-scholastische Theologie der ‚Unergründlichkeit' –, von der ‚Unermeßlichkeit' eines Brockes bis zu den witzigen Un-Bildungen Lichtenbergs: ‚Non-Genie', ‚Non-Jungfer' etc., so wird er bei Kant erkenntnistheoretisch gefaßt und dient dem Absehen von aller Erfahrung, um die Bedingungen der Möglichkeit des Erkennens herauszustellen. Während in der Frühaufklärung die Negation, die literarische, als Mittel zur Erzeugung eines logischen, aber nicht existentiell beunruhigenden Widerspruchs verstanden und so auch in den Weltraumgedichten Brockes' beispielsweise eingesetzt wird, um die Unbegreiflichkeit des Unermeßlichen zu demonstrieren, die ihrerseits Voraussetzung für das Begreifen ist, um also aufs positive Begreifen einer in ihrer Widersprüchlichkeit Staunen machenden Wirklichkeit hinzuführen – wird nach dem Vorgang Kants Negation zur gedanklichen Aufhebung eines real existierenden Widerspruchs aufgeboten. Es zeigt sich im literarischen Abstraktionsgebrauch ein Wandel von der quantitativ bestimmten Logik zu einer zunächst psychologisch verstandenen, dann transzendentalphilosophischen Erkenntnislehre. Darin ist sicher auch ein Abrücken von ‚allzu vernünftelnder Rationalität' der zahlreichen logischen Untersuchungen der Frühaufklärung zu sehen, sowie umgekehrt der Wandel Zeichen ist für die nachlassende metaphysische Sicherheit, in die die aufklärerischen Begriffsuntersuchungen wie auch ihre popularisierenden Lehrgedichte noch eingebettet waren. Realer Widerspruch war dort nicht bedrohlich, wurde letztlich fraglos akzeptiert und diente der Bestätigung universaler Harmonie, während nun, bei Kant zumindest, die ‚Position' weggedacht wird, um zunächst nur logische Widersprüche zu vermeiden und schließlich reale Gegensätze zu versöhnen. Daher weist Kant auf den abgeleiteten Charakter der Negationen hin, denen immer eine Position zugrundeliegen müßte. Dies war bei Brockes nicht der Fall, hier wurden Verneinungen als solche im Ersatz für Positionen gedacht. Klopstock ist – gegenüber Brockes, aber auch gegenüber Kant – noch einen Schritt weitergegangen; ihm geht es nicht mehr um Ersetzung, sondern um die reale Positivität der Negationen (in der Gleichzeitigkeit von Un- und Nicht-Un-Bildungen). Hierin liegt eine versteckte Abwehr der rationalistischen Abstraktion, aber auch der beginnenden Transzendentalphilosophie. Eine metaphysische Synthese bildet später die romantische Identitätsphilosophie mit ihrer Absicht, den Satz vom Widerspruch aufzuheben. Im Laufe des 19. Jahrhunderts divergieren die logizistische und die lebensphilosophische Theorie von Abstraktion und Negation. Während die eine Seite sich immer stärker der Mathematik annähert, fordert die andere eine ‚Position', die Negation auch als Erkenntnismittel nicht mehr zuläßt.[16] So muß das Allgemeine als Substanz auch nicht mehr durch die Phase der Negation hindurchgehen (wie noch bei Kant), es gerät damit in die Nähe einer irrationalistischen Erlösungs- und Bejahungstheorie. Löst sich hier durch Unterdrückung des Abstraktionsverfahrens Substanz auf, so hatte Kant den Substanzbegriff in genau entgegengesetzter Richtung zum Schema, zum Träger von Relationen destruiert. Sie ist das, was übrigbleibt, wenn alle Bestimmungen, alle Eigenschaften ‚wegabstrahiert' sind, sowohl auf der Seite des erkennenden Subjekts als auch auf der Seite dessen, was schließlich seinen Gegenstandscharakter verloren hat, auf der Seite des ‚Dinges an sich'.

Der Einfluß der Logik und ihrer abstraktiven Schemata auf die Dichtung hat in der ersten Hälfte des 18. Jahrhunderts Vorrang vor der Einwirkung anderer Disziplinen.[17] Bis weit ins 19. Jahrhundert hinein aber wurde logische Abstraktivität auch über die Beziehung anderer Disziplinen zur Literatur, vermittelt vom Substantialismus Herders bis zu Nietzsches Lebensphilosophie, von Kants Kritizismus über romantische Mathematisierung bis zu den ‚Mathematischen Prinzipien' der Logistiker.[18]

Auch *Sprachphilosophie* und -wissenschaft[19] verweisen auf das Phänomen der Abstraktion, wie beispielsweise in den Theorien über Ursprung und Fortgang der Sprache, in den Überlegungen zur grammatikalischen Konstruktion.[20] Ebenso zeigt sich Abstraktion als Bestandteil geschlossener Sprachsysteme wie als Begründungs- und Funktionselement von generativen Kalkülen, im Entwurf einer idealen Sprache etc.[21] Dabei vermeidet auch die neuere Sprachwissenschaft nicht immer eine Ontologisierung der Sprache.[22]

Das Erfassen der Welt durch Sprache setzt eine Abstraktion voraus[23], deren Abgrenzung als Element der Sprache selbst gegenüber dem Konkreten, wenn sie nicht ontologisiert wird, reine Konvention bleibt. Demgegenüber ist es die Aufgabe des künstlerischen Sprechens, mit Hilfe von „epistemologischen Metaphern"[24], d. h. durch die Umwandlung des begrifflichen Worts in Gestalt, Realität widerzuspiegeln bzw. Wirklichkeit im sprachlichen Zugang auf sie entstehen zu lassen. Dies ist der Punkt, an dem vor allem dichterische Sprache Abstraktionszwängen entgehen kann: Nur eine Sprache, die sich diachron wandelt, vermeidet die falsche Fixierung einer längst veränderten Wirklichkeit, wie dies die – insofern abstrakte – Trivialliteratur absichtlich-unabsichtlich tut.[25] Eine Sprache, die sich historischem und sozialem Wandel verschließt, gerät zu einer Sammlung von Stereotypen.[26] „Abstraktion ist somit nicht einfach eine Sache der Logik oder gar eine ausschließlich intellektuelle Leistung, sondern ein Lebensphänomen"[27], das vor allem durch ideologisch fixierte sprachliche Stereotype in Gefahr steht, einen kreativen Zusammenhang zwischen Sprache und Wirklichkeit zu zerreißen. Allerdings kann umgekehrt sogar die Kritik am Stereotyp, das ja dem einzelnen die Orientierung in einer immer komplexer werdenden Wirklichkeit erleichtert, unter einen Abstraktionszwang geraten, besonders dann, wenn die ‚Hypostasierung des Partikularen' der Verbrämung egoistischer Einzelinteressen dient (Egoismus als Abstraktion). Dies berührt die transzendentale Frage nach der sprachlichen Gegenstandskonstitution unter soziologischen Gesichtspunkten.[28] Sie reicht über die formalistischen Modelle der Linguistik, der es um sprachliche Zeichen und ihre Beziehungen zueinander geht, weit hinaus.

> „Die philosophische Betrachtung der Sprache im 20. Jahrhundert, die also weitgehend zur Fundamentalphilosophie selbst geworden ist, zeigt so einen sehr widersprüchlichen Charakter. Diese Widersprüchlichkeit, die sich kurz in den Gegensatz von exakt formulierter Eindeutigkeit oder transzendentaler oder spekulativ-dialektischer Mehrdeutigkeit zusammenfassen läßt, beruht letzten Endes auf dem undurchschauten Problem der Abstraktion. Eine vollständige Abstraktionstheorie allein stellt den kritischen Mittelweg dar zwischen den Positionen, die die Sprache nur zu einem künstlichen, manipulierbaren zeitlichen System zu machen versuchen, das die komplizierten Begriffe der philosophischen Tradition gar nicht adäquat ausdrücken kann, und jenen anderen ebenso radikalen Positionen, die gewissermaßen alles aus der natürlichen Sprache spekulativ herauswälzen wollen,

welche daher die moderne Sprachkritik nicht zu Unrecht mit der Bezeichnung ‚Sprachverführung' kritisiert hat. Solch radikale Positionen werden durch die Abstraktionstheorie ihres Totalitätsanspruches entkleidet.[29]

Sowohl die spekulative Verabsolutierung der Sprache als auch die logische Sprachanalyse, die in Folge ihres linearen Abstraktionsbegriffs gar nicht die eigentliche philosophische Betrachtung erreicht, können über eine Abstraktionstheorie vermittelt werden, die sich als Einheit von theoretischer Tätigkeit, im Sinne Schellings als die negative Philosophie in der positiven Philosophie, versteht.[30]

Auch die theoretische Grundlegung von *Wissenschaft* sowie die Klärung von Methodenfragen erfolgt über ‚Abstraktion'[31], die ebenso zur wissens- und wissenschaftssoziologischen Untersuchung von Erwerb, Entwicklung und Leistung des Wissens herangezogen wird.[32]

„Empirische Theorien und die ihnen zugeordnete Überprüfungspraxis werden [...] in einer für die gegenwärtig vorherrschende Wissenschaftstheorie kennzeichnenden Weise gegenüber einem nicht-konventionalistischen Begründungsanspruch und einer nicht-konventionalistischen Unterscheidungspraxis unter Inkaufnahme einer zunehmend unter anarchischen Gesichtspunkten behandelten Theoriegenese bewußt verselbständigt, was zugleich eine Verselbständigung der wissenschaftlichen Praxis gegenüber der Begründungs- und Rechtfertigungspraxis vortheoretischer Handlungszusammenhänge bedeutet."[33]

Diese Kritik am modernen Empirismus, der Erfahrungs- und Alltagswirklichkeit nicht mehr als vortheoretische Begründungsbasis anerkennt, verweist auf die implizierte starke Abstraktion der Wissenschaftsmodelle von der primären Wirklichkeit. Damit kehrt sich die ursprüchliche Richtung des Empirismus ins Gegenteil um: Nicht mehr stellt er diejenige philosophische Richtung dar, „die in der Erfahrung den einzigen Ursprungs- und Rechtfertigungsgrund aller synthetischen Erkenntnis sieht"[34], sondern er wird zu einer über der Alltagsrealität angesiedelten wissenschaftsempirischen Übereinkunft der Sprecher. Daß der traditionelle Empirismus eine solche Übereinkunft, die immer vorausgesetzt werden muß, monistisch wegargumentiert hat, ist bekannt. Aus der Erfahrung lassen sich nicht durch Abstraktion Begriffe bilden, sondern diese setzen immer schon andere Begriffe voraus[35], die erlernbar sind. Solche Voraussetzung ist das Ergebnis einer Art von ‚Abstraktion in der Lebenswelt'.[36] Insbesondere das methodische Verfahren der Hermeneutik wurde gegen eine in allen Wissenschaften Raum greifende Furcht vor rationalistisch-mechanistischer Abstraktion, ja sogar noch vor organologischen Modellen eingesetzt. Abstraktionsabwehr, Entwicklung der Hermeneutik und die Zentralstellung von Kunst und Ästhetik im System der Wissenschaften und Philosophie stehen vor allem Ende des 18. Jahrhunderts in einem engen Zusammenhang.

Die hermeneutische Methode ist auch eine Reaktion gegen den in den Wissenschaften und Methodologien mehr und mehr zutage tretenden Ursprungsverlust. Ihren neuzeitlichen Höhepunkt erlebte die theologisch-ästhetische Hermeneutik, ausgehend von den Vorarbeiten Winckelmanns, in Schleiermacher, dem der jeweilige Gegenstand in der hermeneutischen Erfassung zum Symbol, zum Zusammenfallen des Unendlichen und Endlichen im Endlichen wurde.[37] Das ‚Sich-Einfühlen', das Verstehen im Gefühl, wird als Gegenstück zur bereits rationalistisch verfestigten genetischen Erklärung angeführt, das seinerseits ja auch erst in Reaktion auf aufklärerische Systeme entstanden war. Von Diltheys Fundierung der Geisteswissenschaften, der Grundlegung einer geistesgeschichtlichen Welt, bis zu Phänomenologie, Existentialphilosophie[38] und moderner protestantischer Theologie reihen sich die verschiedensten Formen (auch in verschiedenen Bereichen)[39] des hermeneutischen Verstehens aneinander. Allen gemeinsam ist, als methologische Voraussetzung, die ursprüngliche Orientierung am Gegenstand.[40]

'Abstraktion' ist Grundbegriff auch der *Erkenntnistheorie*, die ja als Lehre der Bedingungen des Erkennens immer auch vom erkannten Gegenstand abstrahiert, sei dieser nun als reale Tatsache (wie im traditionellen Empirismus) oder als theoretisches Konstrukt (wie im neueren Empirismus) gegeben.[41] „Während [...] die Logik die *Struktur* des Gedankens untersucht, faßt die Erkenntnistheorie seine *gegenständliche Bezogenheit* ins Auge."[42] – So ist selbst der Begriff der ‚Assoziation' unter dem Terminus ‚Abstraktion' subsumierbar. Denn auch die assoziative Reihung basiert auf der Dominanz eines ‚tertium comparationis', das grundsätzlich den Syllogismus bestimmt. Lediglich die Herkunft des Dritten ist in der Assoziation nicht primär von den gedachten Gegenständen bestimmt, sondern kann z. B. auch der Tiefenstruktur des denkenden Bewußtseins entstammen. Die Möglichkeit von Erkenntnis überhaupt im Sinne einer transzendentalen Erkenntnislehre wird ebenso durch ‚Abstraktion' geklärt wie Fragen der Begriffsbildung und der psychologischen Erkenntnistheorie.

Von allen Teilgebieten nicht-angewandter Philosophie wirkt die Erkenntnistheorie dauerhaft am stärksten auf die Dichtungslehren ein. Denn in beiden Bereichen findet eine Gegenstandsabstraktion zugunsten eines begrenzten Erfahrungsraums oder -ausschnitts statt. Abstraktion entfaltet erst als erkenntnistheoretischer Terminus, der den transzendentalen Vorgang der Begriffsbildung bezeichnet, seine historisch weitreichende Bedeutung. Strukturell Ähnliches intendiert auch die Dichtung, und die Dichtungs*lehre* besitzt eine der Erkenntnistheorie analoge Funktion. Im Einfluß der Erkenntnis- auf die Dichtungstheorien kommt der – oft pragmatisch gehandhabte - Versuch der Poetik zum Ausdruck, die Dichtung wissenschaftlichen, philosophischen Überlegungen und Erkenntnissen näherzurücken. Vor allem nach 1700 wird dies angestrebt.[43]

Die Dichtungstheorien vollziehen den Weg der Erkenntnistheorien nach: Die früh-

aufklärerische Poetik übernimmt den psychologischen Pragmatismus, der gegen cartesianische Rationalität wie gegen barockscholastische Metaphysik eingesetzt wird. Sowohl Erkenntnis- als auch Dichtungslehren orientieren sich am Geschmacksbegriff. Die Restitution der Metaphysik gegen Mitte des 18. Jahrhunderts betrifft ebenfalls beide Bereiche. Die metaphysisch abgesicherte Einheit des Erkennens ermöglicht Baumgarten z. B. die Herstellung einer Analogie zwischen Poesie und Erkenntnis, wie sie sich auch durch die häufig anzutreffende Verwendung erkenntnistheoretischer Grundbegriffe in der aufklärerischen Dichtungstheorie belegen läßt (gesunder Menschenverstand, Beurteilungs- und Billigungsvermögen, sinnliche, anschauende und intellektuelle, symbolische Erkenntnis, Besonnenheit, Verstand, Vernunft u. v. a.).
Bei aller Schlichtheit, die man den deutschen Poetikern bis zum Auftreten Gottscheds gegenüber ihren ausländischen Vorbildern bescheinigen muß[44], wird doch gerade auch in der Einfachheit eine entscheidende Neuerung sichtbar. Inbegriff der neuen Abstraktion und des neuen wissenschaftlichen Verfahrens ist der Syllogismus, der zugleich auf die aristotelische Tradition dieses Denkens verweist. Die Kunsttheorie, die Lessing im *Laokoon* entwirft, sowie beispielsweise der Bezug von Deduktion und Induktion auf die praktische Dichtungsgattung der Fabel signalisieren einen auch erkenntnistheoretischen Wandel der Dichtungslehren, der schließlich bei Kant zur Problematisierung des Erkenntnissubjekts führt. In der Vorbereitung dieser historischen Phase bekommt Dichtung eine erkenntnistheoretische Ersatzfunktion für eine erneut metaphysisch aufgeladene und nicht mehr praktisch orientierte Lehre von Erkennen. Je mehr nun Erkenntnis formalisiert wird, desto deutlicher tritt die Problematik des Erkennens, vor allem der Wahrheitserkenntnis, zutage, die stattdessen mit den Mitteln einer philosophisch-rhetorischen Dichtung geleistet werden soll: von Herders Ästhetik-Ansätzen und Klopstocks enthusiastischer Subjektivität bis hin zur transzendentalphilosophischen Funktion des Selbstbewußtseins, das nach Auffassung der Frühromantiker Dichtung am entschiedensten zum Ausdruck zu bringen vermag. So hat sich die ‚Erkenntniskrise' des späten 18. Jahrhunderts, die sich gründet in einer partiell mißverstehenden Kant-Rezeption, besonders als Anspruch an die Dichtung ausgewirkt.[45]

Eine unübersehbar weitreichende Aufgabe hat der Abstraktionsbegriff in der *Metaphysik*, sowohl in einer metaphysischen Erkenntnislehre als auch im Rahmen der Ontologie, angefangen von der Möglichkeit einer Metaphysik überhaupt über die Problematik von Raum und Zeit und die transzendentale Erkenntniskritik an der ontologischen und erkenntnistheoretischen Metaphysik bis zur Sinnfrage, zur Frage nach der Wahrheit und Allgemeingültigkeit der Erkenntnis.[47]
Probleme der Abstraktion aus dem Bereich der Metaphysik dringen ebenfalls insbesondere seit dem Barock in die Dichtungslehren ein.[48] Mit der Aufklärung aber wird vor allem die Kritik an metaphysischer Abstraktion für die Dichtung und ihre Theo-

rie wichtig. Eine bald mehr als praktische und regeltechnische Bedeutung erhalten die Grundbegriffe aristotelischer Metaphysik, Notwendigkeit, Möglichkeit und Wirklichkeit, für die aufklärerischen Poetiken.[49] Am Begriff der ‚Substanz' und der Substanz-Erkenntnis entzünden sich auch die poetologischen Diskussionen. Für eine irrationalistische Literaturmetaphysik ist die Diskussion um das ‚Wesen', um ‚Sein', ‚Werden', den ‚Willen', u. a. [50] vom Ende der Aufklärung bis zur heutigen Literaturwissenschaft und Ästhetik wichtig geblieben. Doch auch die Begriffe von Raum[51] und Zeit[52] werden zu poetologischen Kernfragen, insbesondere aber die Trias von ‚Notwendigkeit', Möglichkeit' und ‚Wirklichkeit' sowie die korrespondierenden Begriffe des Allgemeinen, Besonderen sowie des Individuellen oder Konkreten.[53]

Auch *Ethik* und *Moraltheorie*[54] zeigen, sowohl gegenwärtig als auch historisch, Tendenzen der Verallgemeinerung und Abstraktion. Dies gilt ebenfalls für *Rechtsphilosophie* und *-wissenschaft*. Eine Doppelfunktion besitzt in dieser Hinsicht die Einführung des ‚Naturrechts'. Mit ihm wurde die Idee der vermeintlich konkreten Ordnung aufgegeben, die doch als positives Recht nach Verstandesprinzipien und überlieferten Sozialhierarchien pyramidal strukturiert war.[55] So ist es nur folgerichtig, daß – nach Pufendorfs und Thomasius' Ansätzen, bei denen die Idee des Naturrechts zunächst konkretiven Intentionen entsprang[56] – Kant die radikale Trennung von Recht und Sittlichkeit vollzog. Das Recht schafft nur noch die abstrakten äußeren Bedingungen der Möglichkeit konkreten sittlichen Verhaltens des Einzelnen.[57] Die spätere Diskussion um die Menschenrechte ist eine nur scheinbar gegenläufige Bewegung, die die Abstraktionen eines teleologischen Naturrechts aufheben soll, tatsächlich aber den Prozeß der Abstraktion mit Hilfe einer Neuinterpretation (der der Intensionalität) fortsetzt.[58]

Eine überragende Rolle kommt dem Abstraktionsbegriff innerhalb der philosophischen *Ästhetik* zu. Welche Fragen sich hier stellen und wie sie beantwortet werden, versucht die vorliegende Arbeit insgesamt zu beleuchten. Ein knapper, systematisierter Abriß soll den Zusammenhang verdeutlichen[59]:
Hebt Baumgarten die Ästhetik ins System der Philosophie, macht er sie zum unteren Mittel der Erkenntnis metaphysischer Notwendigkeit, so deutet sich – gegenüber dieser vorrangig extensionalen Abstraktivität – bei Winckelmann in der Wendung zur Geschichte und zum Wahrheits- und Schönheitsanspruch des Geschichtlichen ein Konkretionsgedanke an, der aus dem metaphysischen System heraus und zu einem Begriff historischer Freiheit hin führen soll. Die zu ihrer Erkenntnis unvermeidliche Systematisierung der Geschichte als Geschichtsphilosophie stellt eine erneute Abstraktionswendung dar (mit dem Vorrang der Intensionalität). Kant verbindet Extensional- und Intensionalabstraktion in der ästhetischen Urteilskraft, im Begriff des Ästhetischen als Vermittlung zwischen Natur- und Freiheitsbegriffen. Dies führt

bekanntlich zur Autonomie der Kunst, die in Produktion und Rezeption als subjektives ästhetisches Spiel von der im Begriff der ‚aisthesis' angelegten Wahrnehmungsfunktion und von der daraus resultierenden Emotionalität abstrahiert.[60] Schiller greift diese Tendenzen auf und leitet sie in eine hypostasierende Abstraktion weiter, in der Stoff- und Formbetrieb sich verbinden zum philosophisch-künstlerischen Begriff. Die Versöhnung der Widersprüche, die Kunst später nach Schellings Auffassung vornimmt, indem die ästhetische Anschauung sich dem absolut Identischen zuwendet, setzt die Kunst in Beziehung zum Absoluten, zum weltentwerfenden Subjekt. Die sich hier bereits ankündigende Wiedereinsetzung der Mythologie ist Ausdruck einer irrationalen Abstraktion.

Die komplexe Dissoziierung im 19. Jahrhundert kann im Rahmen dieses Abrisses nicht dargestellt werden. Es wäre hinzuweisen auf die Ablösung der universalpoetischen Reflexion durch die Philosophie des ‚Weltgeistes', auf die besondere Rolle ästhetischer Theorie im Realismus, auf Restitutionsversuche in den verschiedenen Neo-Bewegungen einerseits und auf den Formalismus andererseits.

Die Dissoziierung setzt sich im 20. Jahrhundert fort: ‚Ästhetik' wird entweder gedacht in grundsätzlicher philosophischer Bedeutung (Nicolai Hartmann, Heidegger) oder sie wird eingeschränkt auf den Disziplin-Titel für eine Theorie der Kunst und der Kunstwissenschaft. Am ‚Ende der Ästhetik'[61] sind ‚versprengte' Äußerungen zu ihrem Verschwinden oder den Möglichkeiten des Wiederauflebens häufig.[62] Sie systematisch zu gliedern, erforderte eine eigene Darstellung. Zwei Lösungsversuche zeichnen sich offenkundig jedoch ab: zum ersten eine fortschreitende Formalisierung, mittels mathematischer Ästhetik und Zeichentheorie[63], und zum zweiten eine gesellschaftstheoretisch orientierte ‚dialektische Ästhetik', die Spätzeitlichkeit diagnostiziert und der Kunst das Beheben von Sinndefiziten zutraut.[64] Die Abstraktion erhält hier einen doppelten Charakter: Auf der einen Seite ist sie Ausdruck der Anpassung auch der Kunst an das Phänomen der Technisierung und ihres ideologischen Mißbrauchs, auf der anderen Seite aber leistet sie auch Widerstand dagegen. Dies ist schließlich die humane Dimension moderner abstrakter Kunst:

> „Solche Abstraktheit hat nichts gemein mit dem formalen Charakter älterer, etwa den Kantischen ästhetischen Normen. Vielmehr ist sie provokativ, Herausforderung der Illusion, es wäre noch Leben, zugleich Mittel jener ästhetischen Distanzierung, die von der traditionellen Phantasie nicht mehr geleistet wird."[65]

'Abstraktion' gilt als Problem, Begriff oder Katalysator von Außenströmungen auch in den ‚angewandten' Disziplinen der Philosophie und in den von ihr fundierten Wissenschaften:

In der Kulturgeschichte der Abstraktion nehmen *Religion* und *Theologie* eine wichtige Stelle ein. Von ihnen gehen zahlreiche Impulse aus, durch die der Abstraktionsprozeß in neue Richtungen gelenkt wurde. So bedeutete bereits die Veränderung einer naturmagischen Religiosität in Theologie, Götterlehre (und Metaphysik) für die Entwicklung der Religion selbst den Zwang zur ständigen Auseinandersetzung mit dem Problem der Abstraktion. Eine ähnliche Erscheinung findet sich in der Entwicklung der *Mythologie*:

> „In jeder prätendierten Zuendebringung eines Mythos wird die umfassendere, wenn auch implikative Prätention zugänglich, *den* Mythos zu Ende zu bringen, indem *ein* letzter vorgewiesen wird. Die Evidenz, dieser letzte zu sein, erfordert eine Totalität, eine Vollkommenheit, deren fatale Wirksamkeit gerade nicht in der Erfüllung der Intention besteht, auf weitere Mythenproduktion Verzicht zu gebieten, sondern allererst die Faszination erfahrbar zu machen, die nicht ruhen läßt, es dem Muster gleich zu tun, den von ihm gesetzten Standard zu halten oder gar zu überbieten. Unter den Bedingungen der Neuzeit, die keine Götter und kaum noch Allegorien erfinden kann, heißt das, an Stelle der alten Namen neue abstrakte bis hoch abstrakte Titel zu setzen: das Ich, die Welt, die Geschichte, das Unbewußte, das Sein. Vom Typus der Anstrengung, dem im Grundmythos des Idealismus gesetzten Paradigma zu genügen, sind nochmals Schopenhauers Seelenwanderung, Nietzsches ewige Wiederkunft des Gleichen, Schelers Totalentwurf vom werdenden Gott und seinem Zwispalt von Drang und Wesen, Heideggers Seinsgeschichte mit ihrem sprechenden Anonymum."[66]

Schon die von Platon zitierte Mythenkritik des Xenophanes zeugt von diesem Vorgang[67], ebenso wie die von Hegel u. a.bemerkte Abstraktivität der römischen Mythologie.[68] Abstraktionsformen auf der Basis einwirkender religiöser und mythologischer Vorstellungen finden sich in der Dichtung häufig, und die begleitende Dichtungstheorie beklagt denn auch den Verlust der Bildlichkeit durch das Christentum, die Ablehnung der Mythologie, wenn sie nicht selbst Metaphern überhaupt verbietet. In der Aufklärung war die Ausbildung der deistischen und einer natürlichen Religion gegen den Offenbarungsglauben Ausdruck einer mechanistisch begriffenen Abstraktivität rationalistischen Fortschrittsdenkens, das Theologie und Dichtung gleichermaßen bestimmen wollte. Der Anspruch wissenschaftlicher Quantifikation wird dokumentiert in der Ablehnung eines mythologischen Sammelsuriums, in dem sich Konkretion ohne Ziel der Zusammenfassung als Verfallserscheinung zeige.[69] Aber auch in der Kritik an der Abstraktivität der Aufklärung traten religiöse und theologische Momente hervor, die ebenso die Dichtung bestimmten. Die retrospektiven Theorien Hamanns, Herders, Rousseaus u. a.sehen in der Ausbildung des Christentums den Keim gelegt für eine geschichtliche Abstraktion, für den Verlust der Unmittelbarkeit auch der Dichtung. Eine pietistisch-empfindsame Gefühlsabstraktion, die konkret gemeint ist, wird gegen rationalistische Begrifflichkeit aufgeboten. Auch die Differenzierung späterer kulturphilosophischer Aufgaben der Dichtung, zu Beginn des 19. Jahrhunderts, wird über die Vermittlung von Abstraktionstendenzen

aus dem Bereich der Religion und Mythologie vorgenommen. Gerade aus einer Abstraktionsfurcht und als Versuch, Dichtung als retardierendes Moment in den Prozeß hineinzustellen, werden der Dichtung religionsphilosophische – verbunden mit gesellschaftstheoretischen – Aufgaben zugewiesen, über die sich das Unbehagen an der Abstraktivität auch anderer Wissenschaftsdisziplinen artikuliert. Religionsphilosophische Tendenzen zeigen sich in Dichtung und Dichtungstheorie z. B. in der Differenzierung der Konfessionen: So tritt der Katholizismus in der späteren Romantik als scheinbar objektives Korrelat einer rituell zelebrierten Abstraktion vom Inhalt auf. Er erhebt nach der Singularitätstendenz, in der Zirkelbildung, der Frühromantik erneut Gemeinschaftsansprüche und versucht, Harmonie durchzusetzen. Dagegen wandte sich der neu erstarkte Protestantismus der Nachromantik, des Jungen Deutschland und des Vormärz als Ausdruck einer direkten, nicht-symbolischen Geistigkeit und einer Re-Individualisierung zugleich.
Auch die Erneuerung des Mythos und die Forderung einer neuen Mythologie in der Dichtung kann als Versuch gewertet werden, geschichtliche Abstraktion zu verhindern oder zu verlangsamen.[70] So können die Reaktionen von Dichtung und Poetik auf bestimmte Tendenzen in der Religion und Philosophie sich für jene restaurativ oder innovatorisch auswirken.[71]

'Abstraktion' ist selbstverständlich ein wesentliches Element auch in Naturphilosophie, Philosophie und Geschichte der *Naturwissenschaften* sowie in der Geschichte der Technik und der technologischen Theorien.[72]
Die Verbindung naturwissenschaftlicher Denkweisen mit Poesie und geistesgeschichtlicher Erfahrung ist ein zentrales Thema der Kulturgeschichte vom 18. bis ins 20. Jahrhundert. Engste Verbindungen sind selbstverstänbdlich zur Zeit der Aufklärung anzutreffen, da die Naturwissenschaften innerhalb der Wissenschaftsentwicklung Raum gewinnen. Vor allem die Kopernikus-Rezeption zu Beginn des 18. Jahrhunderts bringt in der Dichtung bestimmte Abstraktionsformen hervor.[73] Auch hier erscheint allerdings das paradoxe Phänomen, daß Abstraktivität sich über eine gegen die ‚geometrische Methode' gerichtete Konkretion einstellt. Noch entscheidender aber ist, daß sich durch den Einfluß der Physik insbesondere die Denkstruktur der literarischen Theorien selbst verändert von einer qualitativ bestimmten Tendenz zu einem quantitativen Maßsystem auch für die dichterischen Texte.[74] Die Meßbarkeit der Dichtung ist ausgesprochen oder implizit das Hauptanliegen vieler Poetiken.
In der Quantifizierbarkeit des Poetischen ist ein dichtungstheoretischer Einbruch extensionaler Abstraktivität zu sehen. Ein geschichtsphilosophischer Prozeß der Literatur wird hier in Gang gesetzt: Verwissenschaftlichung von Literatur beginnt über die Verbindung zur Naturwissenschaft, wird fortgesetzt über die Transzendentalisierung auch der Wissenschaften und führt schließlich zur Analogie mit der symbolischen Logik.[75]

Wohl die umfassendste Rolle spielt der Abstraktionsbegriff im Bereich der *Anthropologie.*[76]. Die Fähigkeit des Menschen zur Abstraktion gilt als zentrale anthropologische Konstante menschlichen Denkens und Verhaltens – wie auch als Element der anthropologischen Methodik, gegen deren statisches Verfahren jedoch bereits seit mehreren Jahren Kritik aus den eigenen Reihen laut wird. Die Anthropologie tritt zunächst, in ihrem historischen Ursprung, gegen die Welterklärungsmodelle der Metaphysik und Theologie auf. Nachdem anfangs durchaus die historische Variabilität berücksichtigt wurde (besonders in Herders Humanitätsbegriff), führt auch sie sehr schnell zu dogmatischer Erstarrung ihrer Interpretationsmuster (sichtbar z. B. in Marx' Feuerbach-Kritik). Dies zieht eine Dissoziierung in verschiedene Fachrichtungen nach sich (Biologie, Psychologie, Ethnologie, Sozial- und Kulturanthropologie, Epistemologie, philosophische Anthropologie), die zusammen erst den universalwissenschaftlichen Rahmencharakter der Anthropologie ausmachen.[77] Eine derartige Extensionalisierung der Anthropologie, deren Sektoren generalisierend abstraktiv verfahren, fordert nicht nur eine erneute Zusammenfassung im Sinne einer Grundlagenwissenschaft[78], sondern auch dezidierte geschichts- und gesellschaftswissenschaftliche Kritik an der Anthropologie. So plädiert die neuere Anthropologiekritik für einen Begriff vom Menschen, der die Unmöglichkeit eines Begriffs vom Menschen nachweist, plädiert für eine neue philosophische Anthropologie, deren Kennzeichen die „anthropologische Differenz" sein sollte: Die Struktur der anthropologischen Differenz wird zur Signatur für dasjenige des Menschen, was durch Denken nicht identifizierbar ist.[79] Hier zeigt sich deutlich, daß das Prinzip der ‚negativen Anthropologie' die auch Gesellschaftstheorie sein will[80], eine entschiedene Kritik auch an der verwendeten Abstraktion, sowohl am abstrakten Inhalt als auch an der abstrakten Methode, darstellt, demgegenüber Reflexion auf das Erkenntnissubjekt geboten sei:

> „Die anthropologische Reflexion stößt, wenn sie gelingt, auf die Reflexivität des Menschen. [...] Die Reflexivität ist kein geschlossenes System, sondern eine unabschließbare Struktur, weil sie – obwohl scheinbar letzter ‚Horizont' individueller Erfahrung – jeweils gesellschaftlich und geschichtlich vermittelt ist."[81]

Unter Verwendung abstrakter Erkenntnisziele und Methoden der verschiedenen Wissenschaftsdisziplinen gelten jene in besonderem Maße auch für die *Kunstphilosophie*, für die allgemeine und spezielle Kunstwissenschaft und nicht zuletzt für die einzelnen Künste selbst.[82]

II. Literaturwissenschaft und literaturwissenschaftliche Theorie

1. Systematische Grundformen der Abstraktion in der Dichtung

Auch die Dichtung besitzt als erfahrungskoordinierende und -integrierende Art der Wirklichkeitserfassung ein selbstverständliches Verhältnis zum formalen Vorgang der Abstraktion[1], ganz unbeschadet aller bereits erwähnten darstellungstechnisch nötigen Konkretionen. Zweifellos gehört Dichtung, unabhängig von allen Schulen, Methoden, Ideologien, Formen oder Gattungen, bestimmten erkenntnistheoretischen Stufen an, so daß sich auch in der Poesie – analog zum Vorgang der intellektuellen Erkenntnis – eine abstraktive Ausgliederung bestimmter Elemente vollzieht.[2]
Schematisch gesehen, bezieht sich ‚Abstraktion' im Gesamtbereich der Dichtung und ihrer theoretischen Verarbeitung
1. auf die Methodologie und die Methodiken der Dichtungspraxis, auf die immanente Reflexion bzw. Verwendung einer Methode und auf das System von Methoden. Die Geschichte der literarischen Abstraktion im engeren Sinne beginnt mit der Medialisierung, mit der Besinnung auf die poetische Qualität des Materials, auf das Medium der Sprache und Literatur, wie sie explizit mit Lessings *Laokoon* einsetzt, der damit auf ältere europäische Theorien zurückgreift. Abstraktion beginnt also mit der wirkungsästhetischen Absicht und Analyse der Form sowie der Einsicht in ihre mimetische und eidetische Qualität (Wirklichkeitsfunktion), in die „Bindung materialer Elemente in eine meditationsweckende Funktion"[3], wie es in bezug auf die diese Tendenz, die im weiteren seit Aristoteles' Poetik vorhanden ist, verstärkende ‚konkrete Poesie' heißt.[4] Eine durchgängige Tendenz zur ‚Weltlosigkeit' kennzeichnet diese Theoreme.
2. auf die jeweiligen Inhalte und Formen (Themen, Motive, Gattungen, Stilmittel) von Dichtung (Mimesis vs. Kombinatorik)
3. auf die Methodologie der Dichtungswissenschaft, der Poetik, Ästhetik und Literaturwissenschaft selbst sowie auf deren verschiedene Methodiken im einzelnen, gerade auch wenn diese das ‚poetische' Abstraktionsergebnis von Punkt 1 und 2 reflektieren bzw. rekonstruieren.

Während in der dichterischen Praxis die Verbindung von Abstraktion und Poesie oder zumindest die Aufarbeitung eines erkannten Abstraktionsproblems meistenteils in selbstverständlicher Weise vollzogen wurde, keineswegs nur in sogenannter Begriffs- und Gedankendichtung, hat die Dichtungstheorie – in Abweichung vom aristotelischen Postulat der Möglichkeit – das Verhältnis sowohl im Hinblick auf die Dichtung als auch auf sich selbst fast immer nicht nur problematisiert, sondern häufig auch verschleiert und, wie auch die nachfolgende Literaturwissenschaft, eine genaue Beschreibung des Problems, geschweige denn eine Beschreibung und Nominaldefinition des Abstraktionsbegriffs, vermieden. Etikettierende Anwendung auf der einen und Umschreibungen als Realdefinitionen auf der anderen Seite sind daher häufig anzutreffen.

Sowohl seit Beginn einer philosophischen Literaturtheorie als auch der germanistischen Literaturwissenschaft ist das erkenntnistheoretische wie das geschichtsphilosophische Abstraktionsproblem selbstverständlich vorhanden. Doch es wird kaum artikuliert und als Methodenbestandteil so gut wie nicht reflektiert, obwohl das wissenschaftliche resp. theoretische Verfahren immer auch notwendig von der extensionalen Abstraktion (Reduktion des Inhalts, Erweiterung des Umfangs) bestimmt ist und sich zeigt in Deduktion und Induktion, in der Trennung der Künste, in Klassifikationen etc. Es nimmt also nicht wunder, daß ein ursprünglich aus der allgemeinen Logik und Wissenschaftstheorie stammender Begriff auch für die Dichtungstheorie als theoretisch-wissenschaftliche Disziplin große Bedeutung erlangt hat. Die literarische Theorie stellt ja eine bestimmte Form der abstraktiv-verallgemeinernden Verknappung, Klassifikation und Grundlegung literarischer Strukturen etc. dar. Ihre Aufgabe ist bekanntlich vo allem die ‚Vermittlung' zwischen dem Gegenstand ‚Dichtung', der durchaus logikabhängig ist, und einem meistenteils rational orientierten Rezipienten. Dichtungstheorie muß daher, wie ebenfalls bekannt, das logische Fundament zur Literaturrezeption erstellen.[5] Daß dieses Fundament bisher jedoch nicht explizit unter dem Namen ‚Abstraktion' gesehen wurde, als das es doch tatsächlich fungiert, ist eines der geschichtsphilosophischen Implikate der meisten Literaturtheorien seit der Aufklärung, nach denen Dichtung eine historische und bewußtseinsgeschichtliche Entwicklung zur Abstraktion hin aufzuhalten habe.

Basierend auf der Ambivalenz von Ablehnung und Vollzug der Abstraktion in der Dichtung und gleichzeitig dieses in seiner Dialektik selbstverständliche und konstitutive Verhältnis mißachtend, vernachlässigen sowohl Dichtungstheorie als auch Literaturwissenschaft explizite Auseinandersetzungen mit einem Problem, dem sich zu stellen sowohl für die Dichtung als auch für ihre Theorie unvermeidlich ist. Wie grundlegend abstraktive Vorgänge in Literaturtheorie und -wissenschaft somit verdeckt rezipiert werden, läßt sich aus der Tatsache ersehen, daß die Frage nach dem Verhältnis von Abstraktion und Poesie mit anderem Namen sehr wohl immer wieder gestellt worden ist[6] – was durch die terminologisch-begrifflichen Verschiebungen leicht möglich wurde. Dies führt auf das Erkenntnisinteresse und auf das mentalitätsgeschichtliche (Selbst-) Verständnis von Literaturtheorie und -wissenschaft.

Die Grundformen dichterischer Abstraktionsverwendung entsprechen in systematischer Hinsicht und in ihrer historischen Abfolge den beiden grundsätzlichen erkenntnistheoretischen Abstraktionsklassen: der Extensional- und der Intensionalabstraktion (Bedeutungsabstraktion). Beide sind in der Wortbedeutung des ‚abstrahere' angelegt und bedingen einander.[7] Sie ergeben sich aus der syntaktischen Doppelrichtung, die systematisch wie geschichtlich wirksam ist. Darin zeigt sich ein der Abstraktion immanenter Anspruch auf totale Geltung sowie eine dazu komplementäre Abstraktionsfurcht.

Die Klasse der negativ-strukturalen Extensionalabstraktion mit ihren Arten der klassifikatorischen und hypostativen Abstraktivität gilt als die grundlegende Abstraktionsklasse einer metaphysischen Erkenntnistheorie und Sprachphilosophie. Die zweite Abstraktionsklasse des positiv-intensionalen Abstrahierens mit den Arten der rationalen und irrationalen Abstraktivität stellt demgegenüber eine abgeleitete erkenntnistheoretische Forderung dar.

Das negativ-strukturale Abstrahieren richtet seine Bewegung vom Inhalt auf den Begriff oder vom Inhalt auf das Zeichen für den Inhalt oder den Begriff (semiotische Extensionalabstraktion). Zum positiv-intensionalen Abstrahieren kann sich die erste Form wandeln, wenn als Zeichen ein inhaltlich bestimmtes Element, ein Gedankeninhalt eingesetzt wird, dessen Mehrbedeutungen konnotiert werden.[8] Der Wechsel von der einen zur anderen Abstraktionsklasse wird von einem übergeordneten anthropologisch-geschichtsphilosophischen Verständnis von Abstraktion gesteuert.

Abstraktion im Sinne der Begriffsbildung, als das Absehen vom konkreten Inhalt zugunsten der Isolation und Generalisierung eines Merkmals, der Bildung eines Begriffs oder als Erweiterung des Begriffsvolumens durch Einbringen mehrerer Begriffe in eine neue Begriffsquantität zeigt sich in der Dichtung als ein Abrücken vom speziellen Darstellungsgegenstand, vom Sujet, von der Anschauung des Einzelnen oder von der Anschaulichkeit, der Bilichkeit überhaupt hin zur Begrifflichkeit[9].

Dieser Form korrespondiert im Laufe der Literaturgeschichte eine zweite, nämlich die vom gesamten Inhalt weg, sogar von demjenigen, den mögliche Begrifflichkeit noch ausmachen könnte. Diese Abstraktion geht selbst über das ‚Zeichen', das mit ‚Begriff' noch identifizierbar wäre, hinaus in die Richtung des zugrundeliegenden Materials, das hier nicht die Strukturrelationen ausmachen, wie beim negativ-strukturalen Abstrahieren, sondern das mit einer bestimmten Bedeutung qualitativ aufgeladen wird. Dies zeigt sich als (Schein-) Konkretion.[10]

In der Dichtung verläuft diese Abstraktion auf die Sprache selbst als Material, das aber in diesem Zusammenhang nicht als formales, operationales Zeichensystem verstanden werden darf, sondern das in seiner eidetischen Qualität selbst artikuliert, abstraktiv isoliert und generalisiert werden soll.

Zielt die erste Form auf eine Abstraktion vom zugrundeliegenden Material als Bedeutungsträger, so zielt die zweite gerade auf dessen Träger zu, auf sein Substrat, nicht um speziellen Sinn zu artikulieren, sondern um das Medium selbst als sinnstiftend zu dokumentieren. Diese Intensionalabstraktion will die Bedeutungshaltigkeit des Zeichens, nicht seine formale Bezeichnungsfunktion zur Sprache bringen, also nicht im Sinne einer semiotischen Theorie verfahren, sondern die Bedeutungsvalenz des Trägersystems prononcieren.

In der Dichtung stellt die Sprache als Abstraktionsziel oder -ergebnis kein Konkretum dar, sondern ein geschichtlich verankertes Chiffrensystem, dessen Elemente in einer bestimmten poetischen Verbindung über ihren Trägercharakter hinaus selbst etwas – Ungegenständliches – bedeuten können. Dieses System ‚Sprache' liegt jenseits des Begriffs der originären logisch-erkenntnistheoretischen Abstraktion.[11] Poetische Sprache besitzt Elemente einer paradoxen Verbal-Realität, deren Geschichtlichkeit immer mitgedacht werden muß. Ist das ‚Zeichen' ein tendenziell ahistorisches Denkbild, dessen Signifikat ebenso wie die besondere Realisierung des Signifikanten, selbstverständlich ein geschichtliches sein kann, eine je aktualisierbare Konvention, so hat Sprache, vor allem das literarische Sprechen, eine Eigenwertigkeit, die sich aus ihrem geschichtlichen Charakter allererst ergibt. Selbstverständlich erscheinen auch in der Dichtung Mischformen von Abstraktion sowie Bereichsverlagerungen, deren eindeutige Bestimmung nicht immer möglich ist. Aber nicht zuletzt diese Tatsache der verdeckenden Präsentation abstraktiver Elemente macht deren Bedeutung für die Literatur aus. Erst dadurch, daß die Erscheinungsformen und -bereiche die Grundrichtung der Einwirkung von Abstraktion auch verändern und immer wieder neu festlegen können, kann diese in all ihren Abstufungen und Varianten jene Geltung erlangen, die ihr tatsächlich zukommt. Niemals aber geht die Modifikation in eine völlige Aufhebung der Abstraktion über, so daß diese nur noch Zeichen für einen ganz anderen Vorgang wäre, wie es die Einschätzung durch die germanistische Literaturwissenschaft häufig nahelegt.

2. *Der anthropologische Standort der Dichtung*

Zwei extreme und innerhalb eines Abstraktionskreises polare Bereiche, die auf die Dichtung und ihre Theorie einwirken, sind Gegenstand dieser Arbeit:
1. der sprachlogisch-erkenntnistheoretische Abstraktionsbereich, dessen Pole der Extensionalität und Intensionalität auch das literarische Verfahren begründen, indem sie den wissenschaftstheoretischen Stellenwert der Dichtung als begriffliches oder nicht-begriffliches Verfahren bestimmen und
2. der korrespondierende geschichtsphilosophische Abstraktionsbereich, der das Material ‚Sprache' und seine Gegenstände als historisch-literarisches Ergebnis bestimmt.
Ein kulturanthropologischer Abstraktionsbegriff definiert das jeweilige Verhältnis von Erkenntnis-, Literatur- und Geschichtstheorie im Verlauf der Historie. Damit wird Literatur in das auch für die gesamte Wissenschafts- und Kunstsystematik geltende Koordinatennetz gestellt und zugleich im Rahmen allgemeiner kulturphilosophischer wie anthropologischer Begründungszusammenhänge gesehen: Dichtung artikuliert ein ständiges Bemühen um die dialektische Verbindung, um die Integration sowohl der beiden Abstraktionspole (Extension/Intension) als auch der beiden Anwendungsbereiche (Erkenntnistheorie/Geschichtsphilosophie).[1]

3. Die besondere Vermittlung der Abstraktion in die Dichtung

Aufschlußreich für die Beziehung der Poetologie zum Problem der Abstraktion und Indiz sowohl für deren Unvermeidbarkeit als auch für die resultierende Verdrängung ist die Tatsache, daß ‚Abstraktion' auf verschiedenste Weise in die Dichtung vermittelt wird. Es ist ein analog variables Phänomen[1] in den Wissenschaftsdisziplinen, die dann ihrerseits auf Dichtung einwirken. Erst diese Tatsache der Variabilität des Abstraktionsbegriffs in den einzelnen Disziplinen ermöglicht dessen weitreichende Geltung.

'Abstraktion' zeigt sich in Dichtungspraxis und -theorie stets vermittelt durch Theologie, Religionsphilosophie, Metaphysik, Naturwissenschaften, Wissenschaftstheorie, Methodenlehre, Rhetorik und Sprachphilosophie bis hin zur Gesellschaftslehre, Wirtschaftstheorie, Sozialphilosophie, zu Musik und Malerei.[2] Diese Bereiche überragen ihren eigenen erkenntnistheoretischen und bereits geschichtsphilosophisch gedeuteten sowie charakteristisch abgewandelten Abstraktionsbegriff auf die Dichtung. Dieser Mechanismus wird durch einen dialektischen Abstraktionsbegriff der philosophischen Anthropologie gesteuert. Durch diesen Vorgang bedingt, erscheint Abstraktion in der Dichtung meist verdeckt. Häufig wird sie als solche gar nicht erkannt. Daher sind auch die antiabstraktiven Tendenzen nicht als unmittelbar gegen die Abstraktion gerichtet gesehen worden, sondern vorwiegend als gegen deren Erscheinungsweise innerhalb des vermittelnden Anwendungsbereichs bzw. – nach einem pauschalisierenden Übertragungsmechanismus – gegen den gesamten Anwendungsbereich selbst. Beides ist implizit Ausdruck der Abwehr von Abstraktion, die derart gefiltert über andere Bereiche in der Dichtung erscheint. Diese verschleierte Auseinandersetzung mit der Abstraktion ist Folge eines geschichtsphilosophischen Paradoxons, indem nämlich die versteckte Abwehr scheinbar weniger als die unmittelbare Ablehnung ein Eingeständnis der anthropologischen Unausweichlichkeit der Abstraktion bedeutet. Das anthropologische Selbstverständnis der Dichtung als Integrationsmodell zweier korrespondierender Abstraktionsklassen und -bereiche bedingt geradezu die ständige Vermittlung durch die anderen Disziplinen. Literatur hat seit dem 18. Jahrhundert, in zeitlichem Zusammenhang mit der Ausbildung einer dezidierten Geschichtsphilosophie und ihrem ästhetischen Ansatz, als ihre Aufgabe erkannt, das anthropologische Abstraktionsproblem und seine Funktion zum Ausdruck zu bringen sowie das kulturgeschichtliche Phänomen der Problematisierung in seiner Erscheinungsbreite theoretisch und praktisch für sich nutzbar zu machen.

Es ist dies nicht zuletzt ein Ausdruck von akademischem Anspruch an die Dichtung, aber auch generell von Spätzeitlichkeit, die sich in zahlreichen Epiphänomenen innerhalb von Poesie und Ästhetik ausdrückt.[3]

Doch auch aus explizit erkenntnistheoretischen Gründen wirkt ‚Abstraktion' nicht direkt auf Dichtung ein, da jene nach Kantianischem Verständnis, das sich durchgesetzt hat, etwas rein Begriffliches, Dichtung dagegen Anschaulichkeit ist. Begriffliches kann aber nicht unmittelbar mit Anschaulichem zusammengebracht werden, es muß durch Einbildungskraft und reflektierende Vernunft vermittelt werden, weil sich sonst das eine im anderen aufhebt.[4] Dies führte in der historischen Folge dazu, daß Anschaulichkeit und Antiabstraktion zum Spezifikum der poetischen Sprache gemacht wurden, ohne den geschichtlichen Stellenwert der Differenz zu erinnern.

4. Literaturwissenschaft und Abstraktion

Trotz der zahlreichen Hinweise und dem häufigen Gebrauch der Vokabel ‚Abstraktion', oft mehr despektierlich eingesetzt, hat sich die Literaturwissenschaft der Frage nach dem Verhältnis von Abstraktion und Dichtung offensichtlich verweigert.[1] Während in der dichterischen Praxis ihre Verbindung meistenteils und selbstverständlich vollzogen wird, haben sowohl die Dichtungstheorie als auch die Literaturwissenschaft den Zusammenhang entweder verdrängt oder problematisiert. Dabei wurde eine genaue Beschreibung des Begriffs vermieden. Dagegen waren und sind plakative Verwendung auf der einen und Umschreibung auf der anderen Seite häufig.
Es ist eine merkwürdige Tatsache, daß sich die Literaturwissenschaft bisher selten für das Verhältnis von Abstraktion und Poesie interessiert hat. Sowohl bei impliziten Verweisen als auch in expliziten Arbeiten zum Thema, deren Zahl außerordentlich gering ist, wurde und wird immer wieder eine ‚Skepsis', eine bestimmte Vorsicht gegenüber der unmittelbaren Übernahme eines Terminus aus der rationalistischen Erkenntnislehre in die ‚Wissenschaft von der Poesie' mitartikuliert. Wenn sich auf den Begriff der Abstraktion ein direktes Interesse richtete, dann sollte der doch wenigstens ‚Hilfsbegriff' bleiben, keinesfalls sollte mit ihm ein „neuer und fragwürdiger literaturwissenschaftlicher Terminus"[2] kreiert werden. Diesem Verzicht auf feste Begriffsbestimmung korrespondiert aber, wie gesagt, ein überaus häufiger und vielfältiger Gebrauch des Wortes ‚Abstraktion', das über seine Wortbedeutung hinaus grundverschiedene Interpretationen erfahren hat.
Zunächst ist generell festzuhalten, daß der Terminus ‚Abstraktion' in Literaturgeschichte, poetologischen Abhandlungen und theoriegeschichtlichen Darstellungen, in monographischen Studien zu einzelnen Epochen und Autoren etc. ebenso häufig verwendet wie – aus diversen Gründen, sicher auch wegen befürchteter Indeterminiertheit des Begriffs – behutsam oder bemüht vermieden wird – dies noch dort, wo der Vorgang des ‚abstrahere' längst ausführlich beschrieben wurde. Dieser Widerspruch beruht auf dem widersprüchlichen und unklaren Verhältnis der Literaturwissenschaft selbst zu Problem und Wert der Abstraktion. Wird nämlich der vermeintlich rationalistische Terminus meistenteils zur Abwertung bestimmter, nicht aber wirklich abstraktiver literarischer Formen und Entwicklungen benutzt, so wird der tatsächli-

che Vorgang der Abstraktion oftmals mit anderen Worten umschrieben und ausführlich gewürdigt und gerühmt. Solche Diskrepanz also zeichnet die Literaturwissenschaft aus, die Diskrepanz zwischen einem häufig unreflektierten, meistens der Ablehnung dienenden Gebrauch des Wortes und andererseits einer Vermeidung des Begriffs bei tatsächlich abstraktivem Verfahren bzw. der Beschreibung abstraktiver Vorgänge. Die häufige, wenn auch negative Verwendung des Wortes sowie die Vermeidung einer Begriffsbestimmung und die positive Wertung in Realdefinitionen (einer paraphrasierten Abstraktion) wird unbestreitbar als Indiz dafür gelten können, daß hier ein wichtiges, aus verschiedenen Gründen nicht artikuliertes Problem für die Dichtung und ihre Theorie verborgen liegt. Hier deutet sich zugleich ein generelles Erkenntnisproblem der Literaturwissenschaft an, die in einem tratsächlichen Prozeß der Rezeption von Abstraktion und Abstraktivität steht, der mit seiner Struktur von Ablehnung und Vollzug auch die Literaturtheorie bestimmt hat und noch bestimmt. Anthropologische ‚Abstraktionsvorsicht' charakterisiert sowohl die Bestimmung der Dichtung durch ihre Wissenschaft als auch deren Selbstverständnis. Hier wird ein Mißverständnis offenbar das die Literaturtheorie – nach der praktischen und theoretischen Überwindung des ‚poeta doctus' durch Baumgarten, Lessing u.a. – über zweihundert Jahre tradiert hat und das die Philosophie nicht minder kennzeichnet. Auch in der Literaturwissenschaft besteht eine Art Sehnsucht nach einer paradoxen ‚sinnlichen Abstraktion'. Dies beruht aber nun keineswegs auf der vermeintlich antirationalistischen Grundeinstellung der Dichtung; diese ist gegenteils vielmehr erst eine Folge der antiabstraktiven Tendenzen in Theorie und Wissenschaft, die befürchtet, daß Abstraktion das ‚spezifisch Künstlerische', das angeblich ‚Inkommensurable' vernichte.[3] Das Mißverständnis liegt vielmehr in der Ansicht, daß durch Ausklammerung des Abstraktionsproblems geschichtlich manifest werdende Abstraktivität vermieden werden könne. (Möglicherweise ist dies auch ein Grund dafür, daß es nur sehr wenig Sekundärliteratur zum Problem der Abstraktion in der Dichtung gibt und die wenigen vorhandenen Arbeiten sich fast ausschließlich auf den engeren, abgeleiteten Begriff der ‚abstrakten Dichtung' beziehen.) Obwohl auch für die Literaturwissenschaft außerordentlich folgenreich (als Wissenschaft von der *Literatur*, deren Stellung zur Abstraktion analysiert werden kann, wie auch als Literatur*wissenschaft*, die, eingestandenermaßen oder nicht, methodologisch unabdingbar auf Abstraktion angewiesen ist), wurde die doppelte Problematik von ihr doch bisher nur in scheinbar zentralen, tratsächlich aber in Randgebieten behandelt. Phänomene wie abstrakte Kunst und Literatur, symbolistische Dichtung, konkrete Poesie sowie Lehr-, Gedanken-, Begriffsdichtung, Allegoresen, Emblematik, bestimmte stilistische, rhetorische Formen und Figuren, spezielle Polarisierungsformen, begriffliche Hilfskonstruktionen, die den Begriff der Abstraktion eher verdecken und eine ‚Wesensbestimmung' der Poesie leisten sollen, wie Allgemeines und Besonderes, Möglichkeit und Wirklichkeit, Idee und Gestalt, Idealisierung und poetische Synthesis, Polarität als Steigerung (im Goetheschen Sinne) bezeichnen die poetologischen Zusammenhänge, in denen Abstraktion bisher hauptsächlich mehr in Andeutungen zur Sprache gebracht wurde und in denen sie aufgehoben werden sollte.

Die große literaturtheoretische wie -praktische Bedeutung der erwähnten Problem- und Fragestellung soll keineswegs geleugnet werden. Dennoch stellen sie hinsichtlich des Abstraktionsproblems nur bestimmte Sekundärphänomene dar, anhand derer der zentrale Begründungsansatz schwerlich erfaßt werden kann, der Abstraktion für Dichtung und Poetik/Ästhetik sowie gerade für die genannten Fragen selbst von deren Beginn an bietet. Hingewiesen sei hier nur auf Schillers Gedankenlyrik und ihre theoretische Begründung als Reaktion gegen Moses Mendelssohns und Lessings Bestimmungen des philosophischen Dichters.[4]

Diese häufigen Fragestellungen nach den sozusagen greifbareren Erscheinungsformen literarischer Abstraktion beruhten auf einer literaturwissenschaftlich zwar nicht unmittelbar ausgewiesenen, aber prinzipiell vorhandenen Beziehung zwischen Abstraktion und Dichtung sowie auf der seit Platon/Aristoteles sich vollziehenden poetologischen Auseinandersetzung mit diesem Problem, das von der Dichtung und ihrer Theorie in bestimmten historischen Stationen eben so gelöst wurde, daß es die oben erwähnten Lieblingsthemen der Germanistik veranlassen konnte, ohne jedoch selbst einer Untersuchung für wert befunden zu werden. Die Häufigkeit jedoch, mit der diese speziellen, besonderen geschichtlichen Konstellationen entstammenden Themen behandelt und oft auch übergeschichtlich erweitert worden sind, ist ebenfalls ein Indikator für eine zugrundeliegende allgemeinere Frage.

Zur Erkenntnis der eigenen literaturwissenschaftlichen Abstraktion und zur wissenschaftstheoretischen Abgrenzung ihres formalen Grundschemas wird eine Reflexion auf das Erkenntnissubjekt und damit eine Objektdistanz nötig, aus deren Vermittlung erst eine methodisch abgesicherte erneute Annäherung an den Gegenstand möglich wird. Der hermeneutische Ansatz ist erst spät zur Grundlegung einer spezifisch literaturwissenschaftlichen Methodik verwendet worden. Daß eine solche Objektdistanz in der Literaturwissenschaft besonders schwierig ist, liegt daran, daß deren Objekt nach denselben generellen Voraussetzungen und Prinzipien (qua Sprache und Kommunikation) erstellt wird, nach denen die wissenschaftliche Untersuchung selbst verfährt.[5] Ihren Ausdruck findet diese Tatsache einschließlich der fehlenden Objektdistanz z. B. auch in dem raschen Wechsel literaturwissenschaftlicher Methoden, die insgesamt nicht literaturgenuin sind, sondern mangels einer spezifischen Methodik aus anderen Disziplinen auf die Literaturwissenschaft übertragen werden und deren adäquateste noch aus den anderen *Kunst*wissenschaften stammt.[6]

Nun läßt sich jedoch nicht leugnen, daß Literaturwissenschaft, soweit sie sich als Wissenschaft versteht, wie auch gerade durch die Übernahme ‚fremder' Methoden ersichtlich und nicht zuletzt durch deren ermüdende Diskussion, die eine ganze

Generation geprägt hat, abstrahierend verfährt. Daraus entsteht eine Diskrepanz zwischen tatsächlich verwendeter Abstraktion und ihrer methodologischen Verdrängung bzw. Ablehnung, eine Diskrepanz zwischen der Abhängigkeit von abstrahierenden außerliterarischen und -literaturwissenschaftlichen Methoden und dem Vorwurf ihrer ‚eigentlichen' Unbrauchbarkeit. Keine literaturwissenschaftliche Schule aber hat daraus den nötigen Schluß gezogen, daß erst durch eine explizite methodologische Reflexion auf das Problem der generell gleichen Struktur von Wissenschaftsobjekt und -subjekt eine spezifisch literaturwissenschaftliche Abstraktionsform als Element einer spezifisch literaturwissenschaftlichen Methodologie erstellt werden könnte, die zugleich die problematische Stellung der Literaturwissenschaft innerhalb des Wissenschaftssystems begründete. Im Gegenteil wurde die Angleichung an das Wissenschaftsobjekt – mit zwar jeweils veränderten Mitteln – immer wieder neu vollzogen, so daß ein fertiges poetologisches Muster gleichermaßen zur Norm literaturwissenschaftlicher Aneignung der Poesie gemacht wurde. Zwar ist es richtig, daß jeder Gegenstand sich seine eigenen Methode schafft und jeder Betrachter sich die seine dazu. In dieser Interferenz aber werden überpersönliche Strukturen der Begegnung sichtbar, die in einer Regel, einer Methode zusammengefaßt und beschrieben werden können. So dient gerade wissenschaftliche Methodik nicht nur der Annäherung ans Objekt, sondern auch der Kommunikation der Teilnehmer, indem sie das Moment der Intersubjektivierbarkeit enthält. Durch das einseitige Sprechen-lassenwollen des (dichterischen) Gegenstands aber entsteht eine Vermischung von unreflektiert Objektgesetzen gehorchenden Modellen mit einer der Wissenschaft naturgemäß beigegebenen Abstraktion. Daraus resultiert, daß diese, obwohl ein tatsächliches und unausweichliches abstrahierendes Verfahren unübersehbar ist, vehement und programmatisch abgelehnt wurde und wird.

So ist es nur konsequent, wenn Abstraktion z. B. durchaus als Element absoluter Dichtung gilt und geschätzt wird, jedoch bezeichnenderweise ohne Berücksichtigung der Herkunft aus der rationalistischen Erkenntnislehre, was über die frühromantische Theorie der Abstraktion leicht nachvollziehbar wäre.[7] Die Ablehnung der Verdrängung von Abstraktion zeigt sich am deutlichsten in den literaturwissenschaftlichen Methoden, die aufgrund ihres wissenschaftstheoretischen Standorts Abstraktion auch im Wortsinne eher vertreten müßten, wie z. B. im Symbolismus, im Hermetismus und ihren literaturwissenschaftlichen Derivaten.

Die verdeckte Übernahme von Abstraktion in Literaturwissenschaft kann sich aber auch bis zu einem gewissen methodologischen Abstraktionszwang steigern, wie z. B. in der phänomenologischen Schule einerseits, in der Semiotik andererseits, denen z. B. ‚Dinggedichte' oder sprachliche Reduktionsformen durchaus als nicht konkret, sondern als abstrakt gelten können. Genau darin aber, nämlich in der Teilhabe und Ablehnung, liegt das Mißverständnis der neueren Literaturwissenschaft gegenüber dem Phänomen der Abstraktion und ihrem Verhältnis zur Dichtung. Absolute Poesie gilt, wie gesagt, als erfreulich Abstraktes, weil hier eine intensive, von innen heraus wirkende Form der Abstraktion, angenommen wird, ohne daß je der Hinweis darauf gegeben würde, das sie aus der abstraktiven Poesie hervorgegangen ist.[8] Demgegenüber wird genau diese, als eine von außen her abstrakte, extensive dichterische d. h. undichterische Darstellungsweise genannt.[9] Dieses Mißverständnis hinsichtlich der Abstraktion beruht – ausgenommen in denjenigen Arbeiten, die einen rationalistischen Begriff in seinen historischen Erscheinungsformen beschreiben[10] – auf der Verwechslung des längst konnotierten Terminus ‚abstrakt' mit dem der ‚Abstraktion'. Was als abstrakt positiv bezeichnet wird bzw. wofür der Ausdruck bewußt vermieden wird, ist immer der abstrakte *Zustand*, der sich – keineswegs notwendig – aus dem Verfahren rationalistischer Abstraktion ergeben muß. Das vom Vorgang losgelöste Abstrakte jedoch ist das Absolute, das – wenn es ontologisiert wird – Konkretes und Abstraktes übergreift; dies sagt aber nichts aus über die Technik, über das Wie der Abstraktion, das erst einmal Interesse verdiente. So kann das Absolute auch auf irrational-abstraktivem Wege erreicht werden. Es ist aber von dem rationalistisch erreichten Absoluten grundsätzlich in seinem Stellenwert unterschieden. Die von der Literaturwissenschaft betriebene Ontologisierung der Poesie zeigt sich auch an diesem Beispiel: dem Austausch von Abstraktion und Absolutheit.[11] Die Literaturwissenschaft weiß also mit dem Abstrakten und der Abstraktion – sofern sie dies überhaupt erkennt und benennt – wenig anzufangen.[12] Widerspricht diese doch dem Idealbild einer synthetisch verfahrenden, einer Individuum und Allgemeines in höherer Einheit ‚verschmelzenden' Dichtung.

Während das Abstraktionsverfahren in anderen Wissenschaften entweder selbstverständlich üblich ist und selbstverständlich angewandt oder eingehend reflektiert wird, wird die Diskussion um das Abstraktionsproblem von der Literaturwissenschaft in eigentümlicher Weise gehandhabt und verdrängt. Diese Verdrängung und die Ersetzung eines rationalistischen durch einen weitergefaßten gehaltsästhetischen Abstraktionsbegriff beruht aber zu einem nicht geringen Teil auf der Vieldeutigkeit und unterschiedlichen Anwendung, der der Begriff der Abstraktion in Literaturtheorien der letzten 250 Jahre ausgesetzt war und noch ist.[13]

Nach dem Vorgang in der Theorie kennzeichnet eine immanente Dialektik auch die literaturwissenschaftliche Verwendung des Abstraktionsbegriffs: Dieser gilt entweder als Sammelbegriff für andere Vorgänge oder als Ablehnung eines bestimmten, als rationalistisch gedeuteten Vorgangs. Es zeigt sich in dieser Verdrängung die Abhängigkeit des dichtungsspezifischen und literaturwissenschaftlichen Problems von einer weiterreichenden geschichtsphilosophisch-anthropologischen Problematik.

Dadurch, daß der erkenntnistheoretische Abstraktionsbegriff auch im Bereich der Geschichte angewandt wird, entsteht ein historisches Substrat des intellektuellen Vorgangs der Abstraktion, entsteht Geschichte als ihre eigene Rekonstruktion. Aus der erkenntnistheoretischen Abstraktion wird ein kulturphilosophisches Problem, dessen sich auch und gerade die Literaturtheorie und -wissenschaft implizit annehmen. In der wenn auch verdeckten Auseinandersetzung zeigt sich die Polarität des Menschen und der Dichtung; darin wird auch die Furcht vor einem historischen Prozeß anwachsender Rationalität artikuliert, an dem die Dichtung als historisch sich entwickelndes Modell teilhat. Grundlage fast jeder literaturtheoretischen wie -wissenschaftlichen Bestimmung des Verhältnisses von Abstraktion und Dichtung ist daher eine nur wenig modifizierte Abstrktionsfurcht, die jedoch keinem genuin gegenrationalistischen Bemühen der Poesie entspringt, sondern umgekehrt ihrerseits oft Ursache antirationalistischer Bestrebungen innerhalb der Dichtung ist, ebenso aber rationalistische Abstraktivität nicht verhindern kann. Diese Funktion mit unbeabsichtigter Wirkung haben die Bewegungen der Mystik (gegen die Scholastik) ebenso wie des Empirismus (gegen Barock-Artifizalität), der Realismus (gegen idealistische Kunstdoktrin) u. a. Diese Furcht führt aufgrund ihrer Dialektik nicht zu einer pauschalen Ablehnung der Abstraktion, sondern erweist sich im Gegenteil als geradezu konstitutiv sowohl bei der Ausbildung neuer literaturwissenschaftlicher Richtungen als auch bei der Ausbildung neuer oder als neu bewerteter Abstraktionsformen und ist somit selbst Teilursache für die vielfältigen Abstraktionsmodelle innerhalb der Literaturwissenschaft. Damit erklärt sich auch die häufige Negativ-Verwendung des Wortes als Abwehrhaltung gegenüber dem Abstraktionsvorgang; ebenso die Beschreibung des realen Abstraktionsverfahrens als eliminierende Umdeutung, und ebenso erklärt sich die Tatsache einer fehlenden Definition als mittelbares Eingeständnis der Teilhabe an einem im Prinzip unaufhaltsamen anthropologischen Abstraktionsprozeß, da eine Definition die Widersprüchlichkeit der interpretativen Abwehr aufdecken würde.[14]

Die Literaturwissenschaft setzt in solch widersprüchlichem Verhalten gegenüber einem der Grundbegriffe menschlichen Denkens und Gestaltens lediglich fort, was die historische und systematische Literaturtheorie seit Beginn des 18. Jahrhunderts versäumt hat, nämlich Richtlinien aufzustellen für die humane Anwendung der Abstraktion im Bewußtsein der Notwendigkeit ständig steigender Abstraktivität in der Geschichte. Nicht die Verarbeitung der geschichtsphilosophischen Abstraktionsproblematik, sondern ihre Ausklammerung ist typisch und konstitutiv für Literaturtheorie und germanistische Literaturwissenschaft.[15] Grundsätzlich läßt sich die gesamte Ästhetik seit Baumgarten als Auseinandersetzung mit der Verwissenschaftlichung von Kultur begreifen, eine Auseinandersetzung, in der den Künsten oftmals die Rolle des sinnlichen, natürlichen Elements zugewiesen wurde.

Das Mißverständnis der Literaturwissenschaft gegenüber der Abstraktion ist angelegt bereits in der historischen Entstehungssituation der Germanistik. Die Kritik der späten an der früheren Romantik steht unter genau dem Zeichen der Kritik am Abstrakten zugunsten eines vermeintlich von diesem ebenso wie von allem anderen losgelösten Absoluten.[16] Die Summe, die eine restaurativ orientierte Spätromantik aus dem aufklärerischen Ideal einer ‚vernünftigen Geschichte' und einer ‚verständlichen Dichtung', aus der Kritik am Fortschrittsoptimismus ebenso wie aus frühromantischer Kombinatorik und aus dem Eindruck einer sich industrialisierenden und verbeamtenden Lebenswelt zog, läßt sich als grundlegende Abstraktionsfurcht bezeichnen, welche die ‚schützenden Formeln' der Poesie hervorbrachte[17]: „Gänzliche Abstraktion ist die größte Sünde unserer jetzigen Poesie."[18]

Schon die frühromantische Literaturtheorie hat – zum Zweck der Aufhebung des systematischen Gattungsgefüges – das Verfahren der Abstraktion benutzt. Darüber hinaus aber hat sie unter dem Einfluß der Transzendentallogik, die sich zur zentralen philosophischen Lehre aufgeschwungen hatte und unter der auch die Trennung von Objekt und Methode nicht mehr in der herkömmlich-vorkritischen Weise möglich war, sich selbst in den Vorgang der Abstraktion einbezogen. Als ihre eigene Methode, nämlich als reflexive Abstraktion, wurde sie zum höchsten und umfangreichsten Begriff der Literatur selbst, was aber real nur heißen kann, daß sie sich ihrem Objekt total assimiliert hat bzw. umgekehrt, so daß die Abstraktion ihre logisch-methodologische Gültigkeit verlieren mußte und der Vermittlungsvorgang selbst fiktional, kombinatorisch und zum Bestandteil eines weitgefaßten Literaturbegriffs wurde.[19] Dieses methodologische Erbe der frühromantischen Literaturtheorie war und ist – trotz der Kritik daran – in weiten Teilen auch der modernen Literaturwissenschaft noch lebendig, wenngleich sich in der Vermeidung des Wortes ‚Abstraktion' ein Problembewußtsein gegenüber diesem abstraktiven Kombinationsprinzip andeutet und die häufige positive Umschreibung der Sache wie auch gerade die aus dem Problembewußtsein resultierende negative Verwendung des Wortes Relikt der in der Spätromantik sich ausbildenden Kritik an der Frühromantik und damit der Ablehnung rationaler Abstraktion ist – einer Ablehnung, die – wenn sie nicht Irrationalismen erbracht hat – einen durchaus humanen Sinn erhalten kann.[20]

Der Begriff der Abstraktion steht also in seiner Ambivalenz mit der Romantik auch am Anfang der germanistischen Wissenschaft und verweist bis heute auf die Frage nach ihrem Selbstverständnis. Damit ist die wissenschaftsgeschichtliche Dissoziierung auch der Germanistik im 19. Jahrhundert vorgezeichnet: durch die begriffsphilosophischen Spekulationen Hegels wurde ‚Abstraktion' wieder positiv besetzt, allerdings gleichzeitig ontologisiert.[21] Diese Wiedereinsetzung eines metaphysischen Abstraktionsbegriffs trennt sich strikt von dem sehr wohl vorhandenen frühromantischen Rationalismus und führt – nach dem Scheitern auch politischer Hoffnungen 1848 – zur Abkehr von expliziter Theorie und Abstraktion (Realismus-Programm)[22], wie sie auch die Germanistik jahrzehntelang bestimmt hat, die hier zu einer ausgedehnten philologischen Behandlung der neueren Literatur angesetzt hat.

Die erste Phase der deutschen Literaturwissenschaft ist gekennzeichnet durch eine starke Abhängigkeit der philosophischen Abstraktion des objektiven Idealismus: Die neuentwickelte wissenschaftliche Methode war diejenige der Konstruktion aus der

Idee, „der sich selbst begreifenden Konstruktion aller Elemente des Kunstwerkes sowie ihres Verhältnisses zueinander und iher Stellung im Ganzen“[23], wie sie vor allem Hinrichs[24] entwickelt hat. Methodologisch vergleichbar ist auch Rosenkranz' Übertragung auf die *Geschichte der deutschen Poesie im Mittelalter*, der ganz hegelianisch, historische Entwicklung als Manifestation eines geistesgeschichtlichen Phänomens, als Entwicklung des Geistes zum Selbstbewußtsein begreift.
Historisch-antiquarisches Interesse sowie Ansätze zur Stoffgeschichte bei Koberstein[25] in den 20er und 30er Jahren des 19. Jahrhunderts sind nicht in der Lage, die hier vorgezeichnete Struktur der Literaturwissenschaft und Literaturgeschichtsschreibung entscheidend zu verändern. So folgt nach Gervinus[26] die Geschichte einem Gesetz, das sich über die Köpfe der Einzelnen hinweg durchsetzt und jene im gesetzmäßigen Ablauf, der sich an verschiedenen Orten wiederholt, immer allgemeiner werden läßt. Das literarische Individuum wird zum „Teilausdruck einer historischen Ganzheit“[27], deren Entwicklung vom Geschichtsziel der Freiheitssteigerung bestimmt ist. Derart ahistorische Typologisierung führt schließlich zum Vorwurf der „Abstraction“, den Julian Schmidt später vehement gegen Gervinus erheben sollte.[28] Auch Theodor Mundts politisches Konzept einer Geschichte der Gegenwartsliteratur beruht letztlich auf der Folie eines spekulativen Geschichtsentwurfs, der analog zu dem Gervinus' und Hegels den Verlauf der Geschichte als dialektische Verwirklichung der Freiheit auffaßt.[29] Auf Hegels Geschichtstheorie basiert ebenfalls die Literaturkritik der ‚Hallischen Jahrbücher', deren produktivster Vertreter, Robert Prutz, überdies auf Schellings Begriff des Absoluten und die „Subordinierung des gesamten theoretischen Lebens unter das Prinzip der Schönheit“[30] zurückgreift.
Die Annäherung an das Jahr 1848 kennzeichnet eine immer stärkere Zurückdrängung des ästhetisch-normativen Gesichtspunktes unter zeigeschichtliche Aktualität und politische Utopie.[31] In der unmittelbaren Folge jedoch setzt sich der Normgedanke wieder durch, allerdings ohne die theoretische Fundierung, wie sie im unmittelbaren Zusammenhang des philosophischen Idealismus entwickelt worden war. Vischer zeigt dementsprechend sowohl in seiner Ästhetik als auch seiner Literaturkritik eine Diskrepanz zwischen unhinterfragbarer ‚systematisierter Subjektivität'[32] und dem Versuch, das Einzelwerk in ein dialektisch begriffenes Bewegungsgefüge der Geschichte zu integrieren. Lösungsversuche des Dilemmas, in das die Literaturgeschichtsschreibung wie auch die Literaturwissenschaft in dieser Zeit gerät, bilden theologisch-religiös motivierte Darstellungen mit teils weitreichender Wirkungsgeschichte (Eichendorff, Vilmar[33]) sowie die versuchte Trennung von Politik und Literaturwissenschaft, wie sie Danzel vollzieht.
Gegen den sich ausbreitenden Detaillismus der Arbeiten von Düntzer, Viehoff, Goedeke, Bartsch und Bernays[34] versuchen Hettner und Haym eine erneute „Integration von Philosophie und Historie“[35]. Hettners Abkehr von der spekulativen Ästhetik korrespondiert einer ‚Politisierung' der Sicht auf Literatur, die zu einer organologi-

schen Geschichtskonstruktion führt, um einen Ausgleich zwischen Individualität und Idealität zu erreichen.[36] Hayms Darstellungen sind geprägt vom Scheitern einer Systematik und von ihrem Ersatz durch eine „Methode des intuitiven Verstehens“[37], die individualistisch und psychologisierend gehandhabt wird.

Wie ein Anachronismus wirkt die entwicklungsgeschichtliche Methode des Philosophiehistorikers Kuno Fischer im Zusammenhang der vielfältigen positivistischen Bemühungen seiner Zeit.

Die von Scherer betriebene Philologisierung des Fachs[38] ist gewiß nur ein Aspekt seiner Arbeit, der andere liegt im Versuch einer „genetischen Kulturphilosophie“[39], in der geschichtsphilosophischen Konstruktion von metaphysischen Gesetzen der historischen Entwicklung. Dem fügt sich die deterministisch orientierte Begeisterung für die Naturwissenschaften ein, Reverenz an den zeitgenössischen Kausalitätszwang und Ausdruck erneut betriebener klassifikatorischer Abstraktion auch des Naturalismus.

Entscheidende Neuanstöße gehen von Diltheys epochaler wissenschaftstheoretischer Klassifikation von Natur- und Geisteswissenschaften und seiner theoretischen Rechtfertigung der Literaturwissenschaft im Rahmen dieses Systems aus.[40] Der lebensphilosophische Ahistorismus einer ‚rauschhaften , Aufhebung der Individuation gegenüber sokratisch-rationalistischer Abstraktion drückt sich auch in Diltheys Suche nach dem Allgemeinen jeder Dichtung aus, wird jedoch durch die hermeneutisch interpretierte Dimension des Geschichtlichen entscheidend verändert.[41]

Der Einfluß einer stil- und geistesgeschichtlich orientierten Kunstwissenschaft Wölfflinscher Prägung bestimmt die deutsche Literaturwissenschaft der zwanziger Jahre unseres Jahrhunderts nachhaltig.[42] In der stiltypologischen Verallgemeinerung der Wölfflinschen ‚Grundbegriffe‘ sowie in seinem Hinweis auf eine Konkretion in der kunstgeschichtlichen Entwicklung[43] sieht die Morphologie der zwanziger Jahre entscheidende Voraussetzungen ihrer eigenen irrationalistischen Abstraktivität.[44] Ihren Ausdruck findet sie in einer an der künstlerischen ‚Gestalt‘ orientierten Literaturtheorie[45]; Walzels Ganzheitsbegriff („das Kunstwerk kann nur als Ganzes erlebt, niemals begrifflich erfaßt werden“[46]) und Günther Müllers „intentionales Sein“[47] sind Stationen einer Literaturwissenschaft, die auf dem Weg zu Phänomenologie und Heideggerscher Seinsmetaphysik ein Gebäude ontologisierter Formabstraktivität errichtet und darauf spätromantische wie „goethezeitliche Restbestände“[48] zu übertragen versucht. Wenn Wahrheit, wie Müller behauptet[49], vor allem auf der „Proportioniertheit des ganzen Gefüges“, weniger auf den „Urteilsinhalten“ beruht, so entspricht diese These nicht so sehr der mathematischen Mystik eines Novalis oder Friedrich Schlegel als vielmehr der immanenten Poetik Eichendorffs und des späten Brentano, verbunden mit einem Klassikbegriff, der weniger inhaltsorientiert als vielmehr relational ausgerichtet ist. Darin liegt die Gefahr des Irrationalismus auch der modernen Literaturgeschichtsschreibung, die von der Poesie vor allem Unmittelbarkeit fordert, nicht aber die Funktion auch und besonders einer abstrakti-

ven Dichtung und ihrer Theorie anerkennt, die sich ja dem Konkreten nicht verschließt, es vielmehr überhaupt erst möglich und definierbar macht.
Die im Laufe des 19. Jahrhunderts zunehmende Tendenz der konkretiven Begründung von Wissenschaft, sichtbar im Eindringen der Psychologie in die Philosophie wie in der beginnenden Herrschaft der Hermeneutik in den Geisteswissenschaften, ist ein Zeichen für einen zwar größeren Realismus gegenüber den kognitiven Fähigkeiten[50], zugleich aber auch eine deutliche Skepsis und Absage gegenüber der zu jeder Erkenntnis notwendigen Distinktion von ‚abstrakt' und ‚konkret'. Hier wirkt das Hegelsche Konkrete als Synthese von ‚Konkretissimum" und ‚Abstraktissimum" in Richtung auf eine umgekehrte Scheinkonkretion nach. Der berechtigte Zweifel an der Zuverlässigkeit der Verstandeserkenntnis schlägt um in eine neue Geistmetaphysik, die ‚abstrakte Höhen' ersetzt durch ‚wesentliche Tiefen'. Unter Leugnung einer vorhandenen Tradition rationalistischer Dichtung kann von solchem Ansatz her auch die abstrakte Funktion der Sprache nur negiert bzw. übersehen werden zugunsten einer unmittelbaren Konkretheit des dichterischen Wortes.[51] Dem Leben zu dienen, das Sein, das Wesen, die Gestalt der Geschichtsheroen intuitiv zu erfassen, und dies in einer Sprache, die an Mythos, Sage und Legende erinnert, darzustellen, ist denn auch das Programm der historischen Erkenntnis im Georgekreis[52] hier stellvertretend genannt für eine extreme Entliteralisierung der Literatur, die sich als Stilisierung des Faktischen verkleidet.
Durch das Konstatieren von Phänotypen und Bauformen, die freilich selbst das Ergebnis einer Abstraktion sind, wird der Blick paradoxerweise sowohl vom Begriff der Abstraktion selbst als auch von seiner geschichtlichen Bedeutung abgelenkt. Fritz Strich[53] bestimmt die Poesie anthropologisch, ebenso wie dies Oskar Walzels synthetisierende Ganzheitslehre[54] tut. Erscheinungs- und Bauformen werden so nicht als literarische Techniken[55], sondern als neuplatonische „morphologische Kategorien"[56] behauptet. Ausgehend von der Stilpsychologie Worringers u. a. [57] werden reale historische Positionen fraglos übernommen und verallgemeinert, sie erlangen in tautologischer Formulierung Gesetzescharakter selbst für die Literaturwissenschaft. Der Begriff der Abstraktion bildet zwar, in historisch vielfältiger Verwendung, eine der fundamentalen Fähigkeiten des Menschen, die sich in Wissenschaft *und* Literatur ausdrücken[58], doch die von ihm selbst beschriebenen ‚Verlockungen und Gefahren' der Abstraktion hindern Strich daran, beim Widerspruch der Grundbegriffe stehen zu bleiben.[59] So tritt die Metaphysik in ihre alten Rechte ein: „Es muß wohl einen obersten Grundbegriff geben, der das ganze Wesen des Geistes umfaßt und den ein in ihm selber liegender Widerspruch notwendig zur Spaltung zwingt."[60]
Postphänomenologische Rückbesinnung auf frühromantische Dichtungstheorien kennzeichnet die Situation der Literaturwissenschaft in den fünfziger Jahren. Die ‚werkimmanente Interpretation' vermeidet in der Konsequenz aus den Arbeiten von Strich und Wölfflin sowohl den Begriff der Abstraktion, auch wenn er am Objekt,

der romantischen Dichtungslehre sich zeigt, als auch den Begriff der Geschichte als Historie, dessen Überwindung erst die moderne Literaturwissenschaft „über den Charakter einer bloß historischen Disziplin“ hinaus zu einer „echten Geschichtswissenschaft“ werden lassen könne.[61] Aus dem Versuch, den Gegensatz einer als ungeschichtlich begriffenen rationalistischen Abstraktion und eines relativierenden Historismus[62] zu überwinden, entsteht eine übergeschichtliche und zugleich überrationale Abstraktivität der Literaturbetrachtung, die aus einer vermeintlich richtigen „Besinnung auf den frühromantischen Begriff einer modernen Literaturwissenschaft“[63] historische und biographische Forschung ersetzt durch „Stilkritik“[64]. Diese Stilkritik ist abstrakt, sie löst den Begriff der Zeit und der Historizität in den formalen Grundbegriff des „Rhythmus“[65] auf. Hier zeigt sich auch für die Literaturwissenschaft, was sich als geschichtsphilosophisches Paradoxon der Abstraktion begreifen läßt: die Aufhebung der Geschichte im Namen der ‚Geschichtlichkeit'[66]. So wird die Stilinterpretation zu einer willkürlichen Konstruktion, sie ist keine induktive Analyse, sondern stets das Allgemeine höher bewertende Ableitung des Einzelnen aus diesem.[67] Die „modische Abstraktion“[68] der modernen Literaturwissenschaft zeigt sich aber nicht nur immanent innerhalb einzelner Methoden oder in ihren theoretischen Grundlegungen, sondern auch in der schier uferlosen Methodendiskussion zu Ende der sechziger und Anfang der siebziger Jahre. Sie wurde veranlaßt durch eine sinnvolle Interdisziplinarität, die nicht nur eine wissenschaftstheoretische Unsicherheit, sondern zumindest auch die Hoffnung signalisiert, daß sich hinter aufgesprengten, weil steril gewordenen Konventionen ein genauerer und aktualisierter Zugang zum einzelnen Kunstwerk finden lasse. Aus dem Methodenpluralismus eines „synthetischen Interpretierens“[69], aus einem zeitweilig hypertrophen Soziologismus und nach der kurzfristigen Dominanz eines abstrakten Strukturalismus und kommunikationswissenschaftlicher Theorien, die sich rasch wieder mehr auf die Linguistik zurückgezogen haben, kristallieren sich vier Methoden (Disziplinen) heraus, die zwar teils umstritten waren und sind, deren partielle Kombination der Literaturwissenschaft jedoch neue Impulse gegeben hat: 1. Psychoanalyse[70], 2. Rezeptionsforschung[71], 3. sozialgeschichtliche Methode[72] und 4. Wissenschafts- und Institutionengeschichte[73]. Sie alle zeichnet unter anderem aus, daß sie ‚Abstraktion' zumindest ansatzweise thematisieren, indem sie die Normen individueller und kollektiver, intensiver und extensiver, strukturell gleicher und ‚analog variabler' Erfahrung untersuchen, ohne im Idealfall das konkrete Einzelne der Geschichte subsumtiv zu unterdrücken. Sie alle stehen aber, zumal wenn sie sich isolieren, prinzipiell in eben dieser Gefahr der ‚Abstraktion mit Methode'.

Literaturwissenschaftliche Untersuchungen zur Abstraktion

In dreifacher Weise wird der Abstraktionsbegriff in der Literaturwissenschaft gebraucht: Die erste Gruppe, repräsentiert durch Arnold Hauser[1] und die wenigen speziellen Untersuchungen zum Verhältnis von Abstraktion und Dichtung, sieht in jener einen geistes- oder formgeschichtlichen Vorgang, der sich in einer Fülle von literarischen Zeichen ausspricht. Die zweite Gruppe, bei weitem die größere, die ‚Abstraktion' und ‚abstrakt' hin und wieder zur Klassifikation literaturgeschichtlicher Entwicklungen sowie punktueller Erscheinungen gebraucht, erblickt in ihr kein originäres Entwicklungsschema, sondern verwendet Begriff und Wort meistenteils zur Bezeichnung oft ganz heterogener Phänomene.[2] Eine dritte Gruppe bezieht sich auf den engeren rationalistischen Abstraktionsbegriff, auf eine Art ‚rhetorische Abstraktion', die in der ausgeführten oder abschließenden Reflexion, in der Unterordnung des Konkreten unter das Allgemeine, in einer Art abstraktivem Summationsschema besteht. Nur dies läßt sich, ohne metaphorisch zu reden, auch eine dichterische Abstraktion nennen. Denn nur hier ist der Vorgang des Verallgemeinerns unmittelbar deutlich.[3] Nur der letztgenannten Annäherung an das Phänomen der Abstraktion läßt sich ebenso historische Objektivität, soweit dies möglich ist, und ein ausgeprägtes Bewußtsein der geschichtsphilosophischen Implikationen sowohl geschichtlicher Abstraktionsphänomene als auch des eigenen Standorts bescheinigen. Die beiden anderen Gruppen sind geprägt von je unterschiedlichen Projektionen, die entweder einer kreativen Wiedereinsetzung menschheitsgeschichtlich früher Abstraktion oder einer Abwehr ihrer späteren Gefahren gelten. So ist die Betonung einer spezifisch ‚poetischen' Abstraktion ein Grundzug, der vielen Untersuchungen zum Thema gemeinsam ist. Während gerade in den kunstgeschichtlichen Arbeiten zur abstrakten Kunst, auf die sich die literaturgeschichtlichen Untersuchungen teilweise beziehen, partiell deutlich wird, daß sich durch historisch je verschiedene Verwendung der Abstraktion der Kunstbegriff entscheidend verändert, beharren viele literaturgeschichtliche Äußerungen auf einem vorgegebenen Dichtungsverständnis, dem die Abstraktion eingefügt wird, ohne daß dadurch der Poesiebegriff wesentlich neu, d. h. dem historischen Wandel angemessen gefaßt würde. Auch hier wiederholt die literaturwissenschaftliche Monographie, was die historische Literaturtheorie begonnen und propagiert hat: Abstraktion darf Dichtung, sinnliche, konkrete Dichtung nicht verändern, geschweige denn zerstören, sondern muß, wenn es denn schon nicht anders sein kann, als daß auch die Literatur an einem Prozeß stetig anwachsender Rationalität teilhat, sich doch der Priorität emotionaler und erlebnishafter Inhalte und deren Gestaltung unterordnen.[4]

Wilhelm Worringers epochemachende Schrift *Abstraktion und Einfühlung*, die einer „formpsychologisch und geistesgeschichtlich orientierten Erkenntnismethodik"[5] folgt, hat das Erkenntnisinteresse auch der folgenden literaturwissenschaftlichen

Arbeiten, soweit sie sich mit dem Phänomen des Abstrakten beschäftigten, lediglich auf überhistorische Begriffspaare gelenkt. Der Walzel-Schüler Worringer bestimmt als Bewegungsmomente der Kunstgeschichte die Gegensatzpaare von „gotisch-klassisch" und „Einfühlung-Abstraktion". Die Ahistorizität der Begriffe ermöglicht ein unmittelbares Inbezugsetzen von menschheitlich früher und später Kunst. Worringers Vorliebe liegt bei der Abstraktion. Die Neuausgabe von 1959, zuerst erschienen 1908 im Zusammenhang der aufkommenden Bewegung der ‚abstrakten Kunst', mag als Indiz für ein neueinsetzendes Interesse am Phänomen der Abstraktion Ende der fünfziger und zu Beginn der sechziger Jahre gelten.[6]

Mit der Rückbesinnung auf frühromantische Dichtungstheorien findet gleichzeitig eine Aufwertung der rationalistischen Schulen der Aufklärung statt und allmählich eine damit verbundene Integration der Frühromantik in den Gesamtkomplex des 18. Jahrhunderts. Dies hat auf den historischen Zusammenhang von ‚Abstraktion und Poesie' sowie auf die Vorgeschichte der späteren abstrakten Kunst aufmerksam gemacht.

Über den Umkreis von Impressionismus, Symbolismus, Expressionismus und ‚moderne' abstrakte Kunst hinaus geht *Otto Stelzer*, um *Die Vorgeschichte der abstrakten Kunst*[7] zu untersuchen. Stelzer nimmt den Begriff der Abstraktion zunächst im landläufigen Sinn der Nicht-Nachahmung, des Absehens von den dinglichen Gegenständen, er verzichtet auf eine Behandlung der geometrischen Abstraktion, wie sie die ‚konkrete Kunst' ausübt. Verständliche Reduktion und sinnvolles Aufarbeiten der vor-abstrakten, der sozusagen abstraktiven Kunsttendenzen verhindert jedoch die notwendige geschichtsphilosophische Verbindung mit der modernen abstrakten Kunst.[8] Der Klassifizierung der neueren Abstraktion in drei Perioden (Lösung vom Gegenstand bis etwa 1910, ungegenständliche, konkrete Kunst bis etwa 1945, Auflösung der Form ab etwa 1945) folgen historische Belege für die Abstraktionsverwendung bei Novalis über Tiecks *Sternbald* und E. T. A. Hoffmanns *Goldenen Topf*, Stifters *Die Sonnenfinsternis am 8. Juli 1842*, Jean Pauls *Titan*, über Coleridge, Turner, Goethes Farbenlehre, bis zu Kellers *Grünem Heinrich* und Balzacs *Das unbekannte Meisterwerk*, alles bezogen selbstverständlich auf die bildende Kunst, weshalb die Belege vor allem Darstellungen eines vorkünstlerischen, psychischen Anfangszustandes zur Kunst bzw. Bildbeschreibungen oder Visionen enthalten. Die Retrospektive der abstrakten Kunst und Bildliteratur verführt Stelzer jedoch dazu, selbst bei der Beschreibung von Sterne's „Assoziationslust"[9] den rationalistischen Aspekt der ‚zweckästhetischen' Abstraktion zu vernachlässigen und, bedingt auch durch die Beispielsammlung aus dem Umkreis der Romantik, die autonomieästhetisch ausgerichtete Vorstufe der modernen Abstraktionsform vornehmlich zu untersuchen, ohne jedoch, wie gesagt, eine geschichtsphilosophische Einordnung zu wagen.

Richtig gesehen ist, daß nicht erst mit Kandinskys berühmten Aquarell von 1910 die neue Form von Abstraktion beginnt, sondern eben schon in der Romantik die beiden Tendenzen der Abstraktion (rationalistische Klassifikation und autonome Kombinatorik) polarisiert werden. Darüber jedoch wird der eindeutig rationalistische Aspekt gerade der Frühromantik nicht genügend berücksichtigt. Auch eine Unterscheidung von ‚absolut' und ‚abstrakt' gerade im Hinblick auf die Romantik und die in Stelzers Darstellung unmittelbar sich anschließende Beschreibung der abstrakten Lyrik wäre wichtig.[10]

Behandelt wurden innerhalb der Literaturwissenschaft bevorzugt die Erscheinungsformen einer sogenannten absoluten Dichtung, die aus dem ‚Zauber der Abstraktion' entstehen.[11] Der erkenntnistheoretisch-geschichtlichsphilosophische Übergang von der Abstraktion als rationalistischem Verfahren und einer resultierenden abstraktiven Kunst zum transzendentalen Begriff des Absoluten als Beginn einer neuen, uneingestandenen Transzendenz bestimmt die germanistische Rezeption des Idealismus und der Frühromantik auch zur nachträglichen Objektivierung eines subjektiven Idealismus. *Walter Muschg* spricht in seinem Aufsatz über den *Zauber der Abstraktion* von „dieser absoluten Freiheit des Ich"[12] der Romantik, unter besonderer Berücksichtigung von Kleists Marionettenaufsatz. Die neueren Künstler „mußten die Reise um die Sprache (als Abstraktum) antreten und das Bewußtsein von ihrer Fragwürdigkeit ins Absolute steigern, um überhaupt noch sprechen zu können."[13] Dagegen ist, wie auch gegen Hauser, zu fragen, ob denn die sogenannte Naturnachahmung (Mimesis) wirklich so unmittelbar auf ihre Gegenstände bezogen ist, wie behauptet wird. Wie konkret ist Fontanes Realismus der dialogisch-perspektivischen Spiegelung und wie abstrakt ist die von Muschg am Ende einer sich steigernden Naturentfremdung gesichtete manieristische „experimentelle Abstraktion"[14] der antirealistischen Poetik seiner Gegenwart? Muschg dient der Abstraktionsbegriff als Sammelbecken für romantischen bzw. romantisierenden Relationalismus der Dichtung. Schon der Titel des Aufsatzes deutet an, um was es in der Ausführung geht: um eine poetische Verzauberung, wie sie nur ein irrationales Verständnis von Abstraktion, das auf weite Teile der Literaturgeschichte appliziert werden kann, bietet. Muschg überträgt die Worringersche Dialektik von ‚Abstraktion und Einfühlung' auf die Literaturgeschichte. Er sieht die gesamte literarische Entwicklung als Prozeß der Auseinandersetzung um das Phänomen der Abstraktion an. Dabei sind ihm die „größten Beispiele dichterischer Abstraktion"[15] die *Göttliche Komödie*, der *Don Quijote*, *Nathan der Weise*, Kleists *Amphitryon*, Kafkas *Prozeß*. Vermutlich nicht unabsichtlich gerät ihm der Begriff der Abstraktion, die er als spielerisches Zeichen sprachlicher Distanzierung und Vergeistigung ganz später Zeiten versteht, zur Chiffre für einen Vorgang, den es tatsächlich, aber nicht so ausschließlich und allgemein, wie Muschg meint, gegeben hat: Sprache und Dichtung insbesondere sind ihm Medium für die „Abstraktion in der Wirklichkeit wie in der Algebra und im Märchen"[16]. Novalis bietet sich hierfür als Beispiel an, wie denn die Romantik immer wieder zum Beleg einer ‚poetischen Abstraktion' herangezogen worden ist.[17] Derart unmittelbare Kontrastierung von späten und frühen Zeiten erfaßt das gerade unter dem Abstraktionsaspekt wichtige Phänomen der Spätzeitlichkeit kaum und läßt entscheidende Vorstufen und Übergänge aus dem System herausfallen. So heißt es über die Frühaufklärung: „Die Tugend des Bürgers war die Seßhaftigkeit, die Treue zur Wirklichkeit. Einer verwüsteten Welt entspricht ein anderer Stil. Unruhe und Unsicherheit haben in der Kunst größeres hervorgebracht als Sicherheit und Ruhe."[18] Unter dem Stichwort der poetischen „Zauberei" findet bei Muschg eine in der Tat verwunderliche Mischung von Abstraktion und Realismus statt: „Es gibt eine geistgeladene Freiheit der Phantasie, die zugleich Willkür und Notwendigkeit ist. Sie findet eine neue Sprache, die darauf abzielt, einen fragwürdigen Weltzustand von innen heraus zu überwinden."[19] Das aber soll Muschgs Auffassung nach weniger eine gedankliche Abstraktionsdichtung, sondern eher die romantische Wortmagie leisten können, nämlich in dem Experiment, das „mit aller abstrakten Dichtung verbunden" ist: „[...] die Sprache als Abstraktion zu entlarven und ihren Zwang zu brechen."[20] Ebenso wenig aber, wie realitätsbezogene Dichtung konkret sein muß, muß irrationalistische Übersteigerung eines Abstraktionsbegriffs in Wirklichkeitsbewältigung umschlagen.

Rudolf Nikolaus Maiers im selben Jahr (1964) erschienene Studie zum *Paradies der Weltlosigkeit* (mit dem Untertitel: ‚Untersuchungen zur abstrakten Dichtung seit 1909') unternimmt eine vorläufige Begriffsklärung des ‚Abstrakten' und der ‚Abstraktion' für die Dichtung und Malerei der ersten Epoche des 20. Jahrhunderts. Maiers Unterscheidung von „tragischer"[21] und „reiner Abstraktion"[22] basiert auf einer Ableitung der modernen abstrakten Kunst aus ihrer idealistischen Vorgeschichte in Klassik und Romantik. Die Definitionen führen jedoch kaum über den Ansatz hinaus, der mit einer Fülle von Unbekannten den Fortgang der Untersuchung beherrscht: „Der Rätselbegriff ‚Abstraktion' mündet in den noch undurchdringlicheren Komplex ‚Moderne' ein."[23] So bleibt wenigstens klar, welche Hoffnung Maier mit der neuen Abstraktion verbindet:

> „Immer noch – wie vor fünfzig Jahren – sind die Zeichen von der Hoffnung auf den neuen Menschen und die neue Welt diktiert. Das ‚leidlose' Land spielt in der Theorie keine geringe Rolle. Nachdem das Hindernis ‚Welt' gefallen ist, betreten wir – so wird uns versichert – die ‚Welt ohne Gegenüber', die ‚Welt der Durchsichtigkeit', das ‚irdische Sein', das hinter den Dingen liegt, im Paradies der aufgehobenen Dualismen und der reinen Indifferenz, im Jenseits der ‚reinen Formen'."[24]

Die Zahl der Belege, die Maier gibt, um den Weg zur „reinen Abstraktion" zu zeigen, kann hier nur angedeutet werden. Die Subsumtion von erst zu deutenden Phänomenen wie Entfremdung, Weltlosigkeit, Nihilismus, Chiffrierung von Hofmannsthal bis Franz Mon und Max Bense unter den Begriff der Abstraktion ist bezeichnend für den literaturwissenschaftlichen Gebrauch des Wortes: Es dient zur Kennzeichnung teilweise ganz anderer Vorgänge, während das Phänomen der Abstraktion selbst nicht genauer beschrieben und definiert wird. Die „Abstraktion vom Gehalt“[25], von möglicher Sinndeutung, wie sie anhand von Hofmannsthals Lord Chandos-Brief und Rilkes *Malte* vorgestellt wird – als ‚falsche‘ Vergegenständlichung, als Entfremdung – ist nur dann mit Hilfe der Abstraktionskategorie zu begreifen, wenn der Vorgang auf die isolierende oder generalisierende Abstraktion (mit Analysis und Synthesis) bezogen wird. So bezieht Maier zwar „das Erlebnis der zerfallenen Personalität“[26] auf Abstraktion, lokalisiert es jedoch philosophiehistorisch nicht. Dies ist kein Kennzeichen der Moderne des 20. Jahrhunderts, sondern ein Ergebnis neuzeitlichen Wandels, denn das Ich, seit Descartes trotz aller Anfechtungen transzendentalphilosophischer Mittelpunkt von Erkenntnis und Geschichte, verliert in der Romantik seine Kraft der Synthese.[27] Friedrich Schlegels Vorstellung einer Identität von Kritik und Abstraktion zeichnet das Paradoxon des abstrakten Subjekts, das seine Gegenstände zerlegt, um sie wieder vereinigen zu können.[28] Das Zerlegen aber reduziert die Gegenstände auf ihren Eigenschafts- oder Zeichencharakter, sie verlieren ihre ‚Bedeutung‘, die sie erst durch das Absolutsetzen, durch die Transzendenz der ‚Tathandlung‘ wiedergewinnen. Die Kategorien der Zeit und Geschichte werden hier tendenziell aufgehoben.

Das moderne Chiffre dagegen, die Maier so unvermittelt mit romantischer Abstraktion in Zusammenhang bringt[29], hat nichts von romantischer Absolutheit an sich, sie ist nicht Ergebnis des ‚Sprungs in die Transzendenz‘, sondern Zeichen ihres eigenen fragwürdigen Charakters, der immer wieder mit der Abstraktion vermittelt bleibt. Das absolute Prinzip (z. B. der Satz der Identität) dagegen kann nicht durch Verbindung von Analysis und Synthesis erreicht werden, es ist ein Axiom, das sich durch Abstraktion nicht erschließen läßt. So ist das, was Maier ‚reine Abstraktion‘ nennt, eben keine, sondern Absolutes. Daher bleibt immer noch zu untersuchen, inwieweit die konkrete Poesie („die strukturelle Zuordnung von nominalen Elementen“[30]) abstrakt ist. Die dort vorgenommene semiotische Abstraktion ist nicht identisch mit dem Absoluten; die Einsetzung des Absolut-Begriffs für diesen Vorgang stellt eine Fehlinterpretation dar. Der von Maier aus der romantischen Abstraktionstheorie hergeleitete Zusammenhang von Abstraktion (Zerstörung idealistischer Weltbilder) und Absolutem (Übergehen von Realität)[31] stellt zwei grundverschiedene Vorgänge dar, die erst über eine Abstraktions-Systematik theoretisch kombiniert werden können.[32]

Richard Brinkmann beschreibt Tendenzen abstrakter expressionistischer Lyrik und klassifiziert folgendermaßen:

> „‚Abstrakt‘ ist der Oberbegriff, ‚gegenständlich‘ und ‚ungegenständlich‘ sind die Unterbegriffe. ‚Ungegenständlich‘ ist *eine* mögliche Ausprägung des Abstrakten. Was ‚abstrakt‘ ist, muß nicht ‚ungegenständlich‘ sein, aber was ‚ungegenständlich‘ ist, ist immer ‚abstrakt‘.“[33]

Auch Brinkmann grenzt davon die nicht-abstrakte Kunst mit Hilfe des Mimesis-Begriffs ab. Seine Definition der abstrakten Dichtung: Sie verläßt den überlieferten

Strukturzusammenhang der Sprache und schafft ihre eigenen Regeln, nach denen die Sprache im Kunstwerk funktional, kompositorisch eingesetzt wird.[34] Auch Brinkmann kommt, nach Darstellung der Beispiele Clemens Brentano, Arno Holz u. a., abschließend zur Definition einer ‚tragischen Abstraktion', die „aus einem fundamentalen Zweifel an der Wirklichkeit "[35] hervorgehe, und er zitiert die wichtige Frage Hausensteins, ob nicht die abstrakte Kunst sehr wohl konkret im landläufigen Sinne sei, indem sie einem „psychologistischen Naturalismus"[36] entspringe.

Die Ausschließlichkeit des Kompositionsgedankens verhindert, daß Brinkmann expressionistische Dichtung in Zusammenhang mit rationalistischer Abstraktion stellen und eine mögliche Ableitung versuchen kann. Eine Dichtung ist ihm dort abstrakt, wo sie ihren logisch-begrifflichen Sinn, ihre sachliche Aussagesubstanz verliert und ein eigenes Gefüge der Verknüpfung und Trennung, der Auswahl und Gliederung schafft. Sie ist abstrakt, wenn sie „nicht den allgemeinen grammatisch-syntaktisch-begrifflichen Zusammenhang der Sprache, der Muttersprache, in der sie spricht, beibehalten will, als Medium der Erfahrung nicht das Auswahlsystem dieser Sprache."[37] Demnach gibt es keine begrifflich-abstrakte Dichtung, und die Ebene der Fiktionalität wird auch und gerade in der sogenannten abstrakten Poesie nicht verlassen: „Abstrakt nenne ich also eine Dichtung, die in ihrer Sprache ein eigenes Gefüge der Verknüpfung und Trennung, der Auswahl und Gliederung schafft."[38] Danach wäre dann alle Dichtung abstrakt, da jede Poesie und selbst die Gedankendichtung eine eigene, unersetzbare Textur schafft. Das, was Dichtung bestimmt, wäre demnach auch zugleich Grund für die Abstraktion, deren Begriff hier ganz offensichtlich aufgelöst werden soll.

Die Verwandlung der idealistischen Abstraktion in die Emotion bei Novalis versucht *Winfried Weier* darzustellen. Auch ihm dient der Abstraktionsbegriff als Phasen-Terminus, der möglichst bald zu ersetzen ist.

Nach Fichtes Vorgang sucht Novalis die rationalistische Abstraktion zu überwinden, um gleich ihm das Absolute über den Weg der ersten Reflexion des absoluten Ich zu gewinnen. Diese Reflexion hat in der Tat nicht viel zu tun mit der Auflösung des Gegenstands in der modernen Malerei, sie hat auch nichts zu tun mit der ‚informellen Kunst', sie ist im Gegenteil eine neue Sakralisierung, die dem barocken Denken verwandter ist als der Moderne. Der objektive Idealismus Schellings mit seiner Ontologisierung des Gemüts, die Aufhebung der ursprüchlichen Transzendentalphilosophie kennzeichnet gewiß eine neue, eine irrationale Abstraktion, deren religiös-mythologischer Charakter sie unterscheidet sowohl vom Rationalismus der Aufklärung als auch von den Intentionen späterer konkreter Kunst. Doch es dürfte nur teilweise zutreffen, daß Novalis das „Erfassen transzendentaler Subjektivität in das Erspüren der Gemütstiefen in Traum und Todeserlebnis" verwandelt habe.[39] Novalis überführt nicht das abstrakte Denken in traumhafte Reflexion, selbst wenn es bei ihm heißt: „Ich muß viel reflektieren und nicht viel abstrahieren."[40] In Novalis' soge-

nanntem magischen Idealismus bleibt die rationalistische Komponente stets erhalten.[41] Auch im Aufsatz von Weier wird ein Zusammenhang zerrissen, der Neuzeit und insbesondere Moderne mitkonstituiert.
Die Verbindungen von abstraktiver Kunst/Literatur auf der einen und abstrakter/konkreter Kunst und Literatur auf der anderen Seite werden auch von *Leo Kofler* übergangen oder geleugnet. In seiner Darstellung *Abstrakte Kunst und absurde Literatur* zeigt dies schon der erste Satz: „Die Abstraktion in der bildenen Kunst ist uralt. Absurde Literatur ist, wenn man von gewissen Zügen in der Groteske und Satire absieht, eine moderne Erscheinung."[42] Dieser methodisch-ideologischen Trennung verdankt Kofler zweifellos einer Fülle wichtiger Einsichten über die soziale Rolle der modernen Kunst, deren Abstraktionsverfahren von dem der allgemeinen Abstraktion abzusetzen sei.[43] Bildet diese das Durchbrechen des Scheins zugunsten des Wesens, so ist „die Unfähigkeit, den ideologischen Schein zu durchdringen, die Bedingung der zweiteren, der modernen Kunst"[44]. Aber nicht nur von der allgemeinen Abstraktion, sondern auch von ihren ‚vormodernen' historischen Erscheinungsformen, die Kofler mit dem „Ornamentalen" identifiziert, das als Kunstgewerbliches auch in der populären Kultur der Gegenwart seinen von der ‚echten Abstraktion' zu unterscheidenden Platz erhalten habe, grenzt er diese ab: „[...] am Unregelmäßigen und Disharmonischen scheiden sich das Ornamentale und das Modern-Dekorative."[45] Die Moderne habe ihre abstrakte Ornamentik als satirische, groteske Verzerrung, eben als Absurdität entwickelt, die in eine „undeutbare Allegorie"[46] münde. Sie weise Eindimensionalität, Pluralisierung, Zerstörung von kritischen Potentialen durch gesellschaftliches Vereinnahmen ursprünglich kritischer abstrakter Kunstformen auf. Kofler, der aus der materialistischen Sozialpsychologie Max Adlers kommt und von Lukács und Herbert Marcuse beeinflußt ist, sieht richtig, daß die Formen der älteren und neueren Abstraktion sozialhistorisch und in ihrer gesellschaftlich-künstlerischen Funktion etwas vollkommen anderes sind; er verkennt jedoch die Bedeutung des erkenntnis- und darstellungstheoretischen Zusammenhangs, der beide, die Moderne und Vormoderne mit der die Neuzeit mitbegründenden rationalistischen Abstraktion in einen gesellschafts- und geschichtsphilosophischen Kontext bringt.[47]
Hannelore Links höchst aufschlußreiche Studie über *Abstraktion und Poesie im Werk des Novalis* geht von einer Trennung des Abstraktionsbegriffs in Philosophie und Kunstwissenschaft aus[48], was methodisch ergiebig ist, da so unzulässige Vermischungen der verschiedenen Abstraktionsbereiche vermieden werden, die ihrerseits mindestens so stark wie vom Abstraktionsimpetus vom Material bestimmt sind, mit dem sie bei allen Abstraktionstendenzen immer noch umgehen. Für Link stellt erst der hermeneutische Verzicht auf eine Definition die Verwendbarkeit des Begriffs sicher:

> ‚Abstraktion' soll [...] als Hilfsbegriff am Werk des Dichters erprobt und gegebenenfalls durch seine Anwendbarkeit gerechtfertigt werden, wenn sich nämlich zei-

gen sollte, daß gerade die Vielzahl der mit diesem Begriff aufgerufenen Aspekte es ermöglicht, einen konstitutiven Zug im Werk des Novalis zu erfassen und zu benennen."[49]

Link versucht den Abstraktionsbegriff frei zu halten von einer allzu großen Verschwommenheit auf der einen und einer „dogmatischen Definition" auf der anderen Seite. Folgerichtig geht sie vorerst nur vom Wortverständnis des ‚abs-trahere' aus, aus dem sie die beiden Grundmöglichkeiten der negativen (‚es wird *von etwas* abstrahiert') und der positiven Abstraktion (‚es wird *auf etwas* hin abstrahiert') entwickelt. Dabei geht es ihr – und bei Novalis mit Recht – um die Gleichzeitigkeit der beiden Abstraktionsweisen, die erst künstlerische Realisation des Abstrahierten ermöglicht.[50] Doch im Verlauf auch dieser Arbeit wird der angesprochene Doppelaspekt der Abstraktion zugunsten des ‚moderneren' Bestandteils[51] vernachlässigt; der Autonomiebegriff steht im Vordergrund. Dennoch wird auf die „Koinzidenz von philosophischer und poetischer Abstraktion bei Novalis[52] hingewiesen. Das theoretische Ergebnis, Abstraktion, ‚generiert' Wahrheit im poetischen Text[53] und wird von H. Link dann auf seine „praktische Relevanz [...] im poetischen Werk" untersucht.[54] Zahlreiche gut fundierte Belege zur romantischen Spielart der Abstraktion, die ein noch die gegenwärtigen Abstraktionsversuche konkreter Poesie beeinflussendes strukturtechnisches Verfahren darstelle, erweisen den Abstraktionsvorgang bei Novalis als „ausgezeichneten Modus der Vermittlung". Er „ermöglicht in dem Spannungsfeld zwischen Wirklichkeit und Poesie eine spezifische Integration außerfiktionaler Wirklichkeit in den poetischen Vorgang, ohne dessen immanente Konsequenz und Autonomie zu gefährden."[55]

Damit ist der Rahmen literaturwissenschaftlicher Anwendungen des Terminus ‚Abstraktion' abgesteckt: mystifikative Wirklichkeitsabstraktion (Muschg) einerseits und Abstraktion als Vermittlung von Poesie und Wirklichkeit (Link) andererseits. Muschg übernimmt die autonomieästhetischen Entscheidungen, stellt sie in den Bereich des Nichtfiktionalen, während H. Link die Abstraktion als entschieden fiktionales Moment einer unangetastet autonomen Poesie erkennt. Beide Ansätze berühren sich in der Anerkenntnis der Autonomie, der an den behandelten Autoren festgestellten Priorität der Poesie vor der Realität. Beide Ansätze beschreiben die autonome Fiktionalität auch des abstraktiven Vermittlungsvorgang, berücksichtigen nicht den poetologischen und literarhistorischen Stellenwert der „Abstraktionen des Verstandes"[56], die letztlich erst den Bezugspunkt auch für autonome Abstraktivität herstellen.[57] Dies gilt insgesondere auch für die ‚Moderne', wie es Alois Halder mit Bezug auf Adorno beschreibt:

„In der Affinität von Kunst und Philosophie verfehlt [...] ‚die Kunst ihre Autonomie ohne das ihr Heterogene', so wie auch das bloß ästhetische Bewußtsein die Kunst verfehlt: wird Kunst ‚strikt ästhetisch wahrgenommen, so wird sie ästhetisch nicht recht wahr genommen'. Im Zeitalter technischer Rationalität kann auch Kunst nur gelingen, wenn überhaupt, als begriffsähnliche, aber nicht begriffsgleiche Rationalität, ‚welche diese kritisiert ohne ihr sich zu entziehen'. Sie kann im Zeitalter der Technik, wenn überhaupt, nur gelingen als entwickelte Technologie, die allein den Gehalt herausarbeiten kann, der das technisch-industrielle System sprengt. Solcherart die technisch-industrielle Welt aufzubrechen, in der künstlichen Steigerung ihrer Technizität, hieße, sie vermöge ihrer eigenen Gehalte in ihrer Rationalität als fundamental irrational überführen. Es scheinen aber in so total gewordener Technizität keine anderen Gehalte – als mögliche Widersacher – möglich und zugelassen zu sein als die ins Äußerste getriebene Negativität: das ist ein entscheidendes Indiz für das ganz Neuartige der heutigen Situation."[58]

III. Abstraktion im System der philosophischen Disziplinen, der Wissenschaften und Künste. II

Der Abstraktionsbegriff ist in den *bildenden Künsten* besonderen Mißverständnissen ausgesetzt:

> „Die Bezeichnung ‚abstrakte Kunst' ist dabei insofern irreführend, als jedes Kunstwerk von der Natur ‚abstrahiert', d. h. nur das dem Künstler Wesentliche von ihr gibt. Man versuchte deshalb, den Ausdruck durch andere Begriffe zu ersetzen, wie gegenstandslose, ungegenständliche, nonfigurative, absolute oder gar konkrete Kunst."[1]

Die abstrakte Kunst der Moderne wurde theoretisch begründet vor allem durch Kandinskys Essay *Über das Geistige in der Kunst.*[2] Max Bill verweist im Vorwort auf den Übergang von „abstrakt zu absolut", im Sinne einer Abstraktion vom Inhalt, nicht einer begriffsmetaphysischen Verwandlung des transzendentalen Vorgangs, und er verweist auf die Weiterentwicklung zum „Konkreten", das als Begriff Theo van Doesburg 1930 in die Kunstgeschichte eingeführt hat.[3]

Die abstrakte Kunst nimmt ihren Ausgang bei der „Suche des Inneren im Äußeren"[4], beim Versuch also, ‚falsche' Gegenständlichkeit und mit ihr die Entfremdung des Menschen in die Verzerrungen der Außenwelt zu überwinden. Zeichnerisch artikuliert sich dies in der Verwendung des Dreiecks, der Pyramide[5] als bildlicher Darstellung der induktiven Abstraktion vom Besonderen zum Allgemeinen. In der durch die Komplementärfarben (Polarisierung von Gelb und Blaus, Rot und Grün, Orange und Violett[6]) signalisierten Einheitsidee zeigt sich auch hier der Übergang der Abstraktion zu einem ‚allegorisch Absoluten'.

Kandinsky verweist auf den humanen Charakter der rationalistischen Abstraktion früherer Zeiten gegenüber der sich vom Menschen wegbewegenden allegorischen Absolutheit[7]. Abstraktion wird hier also nicht grundsätzlich als inhumaner Akt angesehen; erst ihre Ausführung kann dazu werden.[8]

Diese Interpretation der Bedeutung von Farbgebung im kunstgeschichtlichen Wandel wird gestützt durch Beobachtungen an den Gemälden selbst: Kandinsky verwendet bis etwa 1910 (bis zum *Aquarell ohne Titel*), also bis zu seiner ‚Wende' zur abstrakten Kunst, vorwiegend Erdfarben (Braun- und Rostrottöne), ab 1910 dominiert das Blau ('Blauer Reiter'). Diese Beobachtung verweist auf das Vorhandensein der zwei verschiedenen Abstraktionsformen auch in der Kunstgeschichte: rationalistischer und kombinatorisch-artifizieller Abstraktion – einer Abstraktion, die noch einen direkten Bezug zum Inhalt hat, von dem sie sich löst, und einer Abstraktion, die basiert allein auf einer Funktionalisierung der gestalterischen Mittel (Farbe, Zeichnung)[9].

Seit Worringer und Kandinsky ist eine Vielzahl von Untersuchungen zur abstrakten Kunst erschienen.[10] Besonders hingewiesen sei auf eine Studie von Stephane Lupasco über das Verhältnis von Naturwissenschaft und abstrakter Kunst. Auch Lupasco macht zunächst deutlich, daß alles Abstraktion ist:

> „[...] alle Vorgänge des Stoffwechsels, der Sinnesorgane und der geistigen Tätigkeit, nicht nur beim Menschen, sondern bei jedem Tier, jedem lebenden System. Immer handelt es sich darum, aus einer bestimmten Umwelt, einer Außenwelt – ebenso gut übrigens auch einer Innenwelt – bestimmte Elemente herauszuholen und andere abzustoßen, daß heißt zu wählen und zu abstrahieren."[11]

Die Überlegung, die an einigen Beispielen aus der Physik exemplifiziert wird, führt zu jenem, besonders für die Dichtungsgeschichte (vgl. Benjamins Deutung der Barockallegorie) aufschlußreichen Gedanken, daß die ‚Abstraktion' immer ein „Verletzungspotential" enthalte, eigentlich also „der Anfang einer Aktualisierung des Todes" sei:

> „Die Grundlage jeder sinnlichen Erkenntnis, jeder sogenannten konkreten (optischen, akkustischen, olfaktorischen usw.) Anschauung vom Universum ebenso wie auch jeder geistigen Arbeit, bildet jene Abstraktion, deren Bedingungen und Methoden einen initialen Antagonismus implizieren, eine tödliche Aggression und eine Wiederherstellung, mit anderen Worten, eine wunderbare Abfolge von Toden und Auferstehungen."[12]

Diese Gedanken kann der biblische Josephs-Mythos originär und eindringlich belegen: Die Tötung symbolisiert eine Abstraktion von bildhaft-mythischer Zeitlosigkeit, und die Wiedergeburt die Einführung historischer Rationalität.[13]
Lupasco versucht, die „materiellen Systemzusammenhänge" zu beschreiben, die Natur und Kunst gleichermaßen beherrschen, um die künstlerische Abstraktion von dem grundlegenden Vorgang abzugrenzen, der jede psychisch-intellektuelle Tätigkeit bestimmt.[14] Lupasco entwickelt jene als „dritte System", das einer psychischen Affektation, „abstrahiert" aus dem physikalischen und biologischen System der Wahrnehmung und Erfahrung.
Künstlerische Abstraktion, auch der Moderne, verbleibt im Rahmen dieses Entwurfs

allerdings in bedenklicher Nähe zu einer zynischen Irrationalität, die das „Schauspiel des Weltentodes" durch „Entropievermehrung" vorwegnimmt.[15]
Unter dem Titel ‚Emotion und Abstraktion'[16] will Barbara Leuner – im Zuge der psychologischen Betrachtung auch abstrakter Kunst Ende der sechziger Jahre – die psychodynamischen Ursprünge von Abstraktion aufdecken: „Dieser Prozeß der Abstraktion steht in Beziehung zu Elementen der Regression, Elementen, die wesentlich aus einem durch Frustrationen unter Spannung gesetzten präverbalen Bereich zu stammen scheinen."[17]
Leuner erläutert diese These zunächst durch die Beobachtung „abstrakter Frustrationssymbole im Bild, z. B. als geballte anorganische Elemente wie Felsen, Schollen, Steine, Quader, unstrukturiertes Material"[18] anhand einiger Werke von Kandinsky, Cézanne und Klee. Sie greift dann zurück auf abstrakte Elemente im Jugendstil, führt ihre Beobachtungen weiter zur „Qualifikation der abstrakten Intelligenz"[19] des Bauhaus-Kreises, verweist am Beispiel von Franz Marc auf die „sinnliche Entsagung, eine Voraussetzung zur Abstraktion", die „aus dem Christentum, aus dem Begriff der Askese als positive, seelisches Erleben steigernde Erfahrung"[20] bekannt ist (hier vermittelt sie wichtige Einsichten in den Zusammenhang von Humor und Abstraktion[21]), zeigt anhand von Rodins Plastiken die Möglichkeit ‚sinnlicher Abstraktion'[22], deckt in der Malerei des Manierismus den angstbesetzten „Verzicht auf das Organische"[23] und die abstrakte Ritualisierung des Sinnlichen auf, um schließlich die Voraussetzungen romantischer Abstraktivität auch in der Literatur zu untersuchen[24], die sich im Surrealismus und in der mangelnden Erlebnisfähigkeit, wie sie z. B. moderne Comics kennzeichnet, fortsetzt.[25] Bei Kafka schließlich führe die emotionale Störung zu einer „Identifikation mit der Abstraktion"[26], was im übrigen auch Peter von Matt in einer Studie über die ‚literarische Physiognomie' belegt.[27]

Zunehmend setzen sich *Soziologie, Staats- und Gesellschaftstheorien* wie auch Wirtschaftswissenschaften mit dem Phänomen der Abstraktion auseinander.[28] Gesellschaftlich-soziale Implikationen der Abstraktionsdebatten sind allerdings zu jeder Zeit zu finden. Handelt es sich hier doch um einen Bereich, dessen faktische Gegebenheiten abstraktiver Klassifikation allererst zu widerstehen und diese besonders herauszufordern scheinen. Daß sich die Abstraktion und die Auseinandersetzung mit ihr gerade auch hierauf erstreckt, leuchtet ein, wenn man berücksichtigt, daß eine ja immer ersehnte Wirkung des Gedachten selbstversändlich nirgends größer und weiterreichend sein kann als in der Ordnung des Alltags, des Zusammenlebens der Menschen. Gerade aus dem in ihr enthaltenen Ordnungsanspruch heraus muß die Abstraktion notwendigerweise auf das scheinbar kaum zu Ordnende übergreifen. So wird der Entropie des Faktischen mittels abstrakter Modelle von Staat und Gesellschaft entgegengesteuert. Dies kennzeichnet auch den historischen Prozeß.[29]
Zivilisationsprozesse, soziologische Schichtung, Institutionenbildung u. v. a. sind

sozialhistorische Denk- und praktische Arbeitsbereiche, die mittels der Applikation erkenntnistheoretischer und geschichtsphilosophischer Abstraktionslehren auf die Gesellschaft begriffen werden. Auch die historische Ablehnung von Abstraktion hat soziale Bedingungen: die Feudalismus-Kritik im 18. Jahrhundert, die Zivilisationskritik Herders (dessen Volksbegriff allerdings ebenfalls abstraktive Züge trägt); auch die Romantikkritik durch den Vormärz, dessen Hoffnungen auf eine politische Erneuerung nicht zuletzt an der politischen Ohnmacht abstrakter Rhetorik gescheitert sind. Die rationalistische Abstraktion, gerade auch ihre erkenntnispraktische Ausformung in der ersten Hälfte des 18. Jahrhunderts, kann als Zeichen einer Verbürgerlichung lebensweltlicher Verhältnisse gedeutet werden.[30] So erscheint im bürgerlichen Trauerspiel der Staat als das ferne Abstraktum, demgegenüber die konkrete Privatwelt ‚erhöht' wird. Doch die konkretive Selbstbestimmung des aufgeklärten Menschen zieht eine abstrakte Gesellschaftstheorie, eine Gemeinschaft des Allgemeinen nach sich.[31] Sie zeigt sich z. B. in Klopstocks Publikumsbegriff[32] oder auch in der sozialen Funktion von Schillers Bürger-Rezension[33]. Sowohl der „ästhetische Staat", der „den Willen des Ganzen durch die Natur des Individuums" vollzieht[34], als auch Goethes „ästhetische Provinz" sind von einem Synthesedenken geprägt, dessen logische Konkretion ein hohes Abstraktionsvermögen voraussetzt: „Dem selbständigen Schein nach zu streben, erfordert mehr Abstraktionsvermögen [...]".[35]
Auch Novalis , Staatsideen (*Glauben und Liebe* und *Politische Aphorismen*) haben hier ihren Ort im Rahmen der Geschichte der Abstraktionen[36], ebenso die nachromantische anthropologische Abstraktion und die Idee des Nationalstaats[37]. Lehnt Hegel den Staatsbegriff der Romantiker ab, so kritisieren die Linkshegelianer dessen abstrakten Staat als reaktionär und inhaltsleer, wie Heine seinerseits Kritik am national-abstrakten Republikanismus übt[38]. Auch verschiedene Wirtschaftstheorien lassen sich über den Abstraktionsbegriff bestimmen: So ist z. B. die Kreislauftheorie der Physiokraten eine anachronistische Abstraktion; so führt z. B. Johann Heinrich Thünen ein abstraktiv-kombinatorisches Modell in die Wirtschaftslehre ein, so entbrennt in der zweiten Hälfte des 19. Jahrhunderts ein Methodenstreit in der Nationalökonomie zwischen einer individuell-historischen und einer allgemein-theoretischen Richtung, der die Entwicklung schließlich zuneigte. Auf die Problematik des Humanen und Gesellschaftlich-Sozialen im historischen Verlauf und seinen verschiedenen Abstraktionstheorien haben zahlreiche Arbeiten der neueren Soziologie und ‚Sozialgeschichte' hingewiesen. Auf einen zum Inhumanen tendierenden Zwang der Abstraktion haben schon Horkheimer und Adorno aufmerksam gemacht: „Die Abstraktion, das Werkzeug der Aufklärung, verhält sich zu ihren Objekten wie das Schicksal, dessen Begriff sie ausmerzt: als Liquidation."[39] Der Entfremdungsbegriff[40] spielt hier wie in den folgenden Untersuchungen eine zentrale Rolle. Abstraktion als reine Quantifikation – im Sinne der Hierarchie der Begriffe größeren Umfangs und kleineren Inhalts – so behauptet ein Soziologen-Kollektiv mit Bezug auf Kants und

Marx' Geschichtstheorie[41], schließe die „empirische Bedürfnisnatür" des Menschen[42] aus dem Erkenntnis- und Geschichtsprozeß aus und schaffe einen spezifisch kapitalistischen Mechanismus des abstrakten und entfremdeten Allgemeininteresses, innerhalb dessen der wünschenswerte dialektische Umschlag von Quantität zu Qualität, vom Abstrakten zum Besonderen nicht erreicht werden könne. Das „Geheimnis der bürgerlichen Geschichtstheorien" sei demgemäß: „Geschichte ist die Freilegung eines immer schon vorhandenen Sinns von Geschichte."[43] Die hier geübte materialistische Kritik an der menschenunwürdigen Verfestigung von Geschichtsstrukturen durch eine bürgerliche Geschichtsschreibung versäumt allerdings, sich selbst in diesen Prozeß zu stellen. Genau darauf weist die Sammlung zum Thema *Abstraktion und Geschichte* von Dietmar Kamper hin.[44] Karel Kosík rügt die „Pseudokonkretheit" eines Denkens, das ohne die Mittel der Abstraktion auskommen will.[45] Sowohl die Zerstörung als auch die Übersteigerung der Abstraktion entspringt einem „intellektuellen Totalitarismus", den Comte und Hegel gleichermaßen zeigen, und führt – als Folge einer ‚Tyrannei des Fortschritts'[46] – unweigerlich zu einer ‚abstrakten Gesellschaft'[47].

Mit der Anwendung auf *Geschichte* schließt sich der systematische Kreis des Abstraktionsgebrauchs. Gleichzeitig führt die Applikation des Abstraktionsbegriffs auf die Geschichte zu dessen Aufhebung und deckt die Ambivalenz des Geschichtsbegriffs auf: ‚Abstraktion' als gedankliches Verfahren der Bewältigung von Synchronie und Diachronie konstituiert allererst ‚Geschichte', indem der ordnende Blick auf Vergangenes dieses aus seiner Faktizität heraushebt. Gleichermaßen muß sich durch die Hinwendung auf Geschichtliches auch die Abstraktion in diesem Rahmen begreifen; mit der Anerkennung der Zeitfolge aber gibt sie ihren systematischen Anspruch der Gleichzeitigkeit auf. Daraus ergibt sich auch für den Begriff der Geschichte selbst eine paradoxe Situation:

> „Der Rekurs auf Geschichte – und damit jede Form von Theorie über Geschichte – ist entweder selbst durch Geschichte bedingt oder er steht außerhalb des durch Geschichte gedachten Geschehens. Ist er aber zugleich durch Geschichte bedingt und als sinnvoll garantiert, dann muß Geschichte als ein sinngebender Zusammenhang gedacht sein, der durch kein geschichtliches Ereignis in Frage gestellt werden kann, also in Wahrheit außerhalb des geschichtlichen Geschehens begründet ist. Andererseits: Ist der Rekurs selber nicht durch Geschichte bedingt, dann muß er gleichwohl als geschichtliches Ereignis gedacht werden, sofern er selbst unter der Frage der Sinnhaftigkeit steht und im Kontext anderer Ereignisse beurteilt zu werden verlangt. Als Paradigma von sinnhafter Totalität ist der Begriff von Geschichte zumindest ambivalent: er schließt sich selbst zugleich aus und ein."[48]

'Abstraktion' und ‚Geschichte' verlangen also beide sich selbst und ihre Negation zugleich. Das aber macht ihr historisches Verhältnis so spannungsreich und führt zur Ausbildung einer Geschichtsphilosophie sowie notwendig zu deren kontrastreicher

eigenen Geschichte. Daher ist, von ihrem Beginn an, in jeder Geschichtsphilosophie ein Abstraktionsbegriff zentral, der zugleich die höchste und weiteste Art von Abstraktion darstellt, dadurch daß ein intellektueller Ordnungsbegriff klassifizierend auf die Zufälligkeit historischer Fakten angewandt wird und ein kausales Erklären sich zu einem durch den Faktor ,Zeit' bedingten Sinnverstehen wandelt.[49]
Die Geschichtsphilosophie hat drei Entwicklungsmodelle entworfen: die Vorstellung eines zyklischen Geschichtsverlaufs, die Annahme eines geradlinigen und irreversiblen historischen Prozesses und eine Kombination aus beiden Modellen, eine Spiraltheorie, nach der Wiederholung auf höherer Stufe erfolgt.[50]
Die Zyklustheorie basiert auf der Annahme einer Wiederholungsstruktur gleicher, nicht notwendig aufeinander aufbauender und kaum zu höherer Entwicklung tendierender Kulturkreise (corsi e ricorsi), die jeweils durch die Abfolge von Aufstieg, Blüte und Verfall gekennzeichnet sind. Dieses Geschichtsbild bestimmt z. B. Vicos *Scienza nuova* von 1725. Vico blieb in Deutschland lange Zeit unbeachtet und wurde erst von Herder und dann wieder von Friedrich Schlegel für die Geschichtsauffassung aktualisiert, so in seinen *Vorlesungen über die Philosophie der Geschichte* von 1828, in denen – auch das ist bezeichnend – allerdings eine Vico fremde Abstraktivität im Postulat neuer Bewußtseinseinheit den Zyklusgedanken verändert.
Der zyklische Geschichtsverlauf, dessen Ende nicht absehbar ist, kann nur durch eine Heilstat, durch die Apotheose des Mythos, durch göttliche Erlösung und Transzendenz, durch die Überführung in einen grundsätzlich anderen Zustand beendet werden. Menschliche Erkenntnis, so hoch sie auch steigen mag, führt aus diesem Prozeß nicht heraus; erst der Sprung von einer erkenntnistheoretischen zu einer ontologischen Abstraktion, die vom Menschen, so wie er ist, nicht geleistet werden kann, vermag den Ablauf zu stoppen: so z. B. die Vorstellung im Barock, der damit augustinische und stoische Elemente verknüpft; so bei Nietzsche in der Idee der „ewigen Wiederkehr des Gleichen", die nur durch den „Übermenschen" beendet werden kann; so noch im Expressionismus und seiner Utopie des „neuen Menschen".[51]
Das zweite Entwicklungsmodell erarbeitet bekanntlich die Aufklärung in Reaktion gegen barocke Zyklustheorie und Heilsgeschichte. Zugleich führt jene mit Hilfe der klassifikativen Abstraktion die scholastischen Metaphysiksysteme, die im 17. Jahrhundert, vielfach repetiert, auch das statische Geschichtsbild bestimmten, auf ihre erkenntnistheoretischen Grundlagen zurück.[52] Der in dieser Verbindung für die Aufklärung typischen rational-teleologischen Betrachtung aber mußte sich die ungeordnete Historie als Problem darstellen. Erst ein neuer, Vernunft- und Tatsachenerkenntnis verbindender Telosbegriff kann daher erst die Lösung eines grundlegenden Problems in der Geschichtsauffassung bieten: Die Auseinandersetzung um die philosophisch-systematischen Ansprüche der Erkenntnis und die geschichtlichen Wahrheiten, um wissenschaftliche Genauigkeit und den Zufall historischer Fakten war Ausdruck einer tiefen Skepsis gegen die bisherige Personal- und Kriegsgeschichts-

schreibung, die ihre Darlegungen zudem an bestimmten konfessionellen oder politischen Motiven orientierte. Die gesamte Geschichtsschreibung der Aufklärung und vor allem die sich ausbildende Geschichtsphilosophie sind Ausdruck einer Reaktion gegen eine erkenntnistheoretischen Abstraktionsansprüchen nicht standhaltende Ansammlung von Geschichten. Verstand und Geschichte streben nach der Auffassung der aufklärerischen Poetik, Geschichtswissenschaft und -philosophie einem gemeinsamen Ziel, der Humanität, zu. Doch der dieser Vorstellung zugrundeliegende rationalistische Entwicklungsbegriff findet seine Erfüllung erst in der allgemeinen und uneingeschränkten Geltung des Begrifflichen, das sich als höchste und weiteste Form von Begrifflichkeit überhaupt ausweist durch das Zusammentreffen erkenntnistheoretischer und geschichtsphilosophischer Abstraktion.
Geschichtsschreibung wurde im Laufe des Jahrhunderts zu einer der Philosophie und den naturwissenschaftlichen Forderungen gleichgestellten vollwertigen Wissenschaft erhoben, nachdem die Spannungen zwischen Geschichte und Wissenschaft, zwischen Historie und Systematik scheinbar beseitigt worden waren. Das aber geschah eben über die Anwendung eines Abstraktionsbegriffs auf das Objekt ‚Geschichte' sowie durch Einführung einer abstrahierenden Methode in die Geschichtswissenschaft. Geschichte wurde als geradliniger und irreversibler Prozeß gedacht, der, als Ergebnis menschlicher Perfektibilität und Verstandeskultivierung, einen Endzustand, ein Telos an Verfeinerung, Entsinnlichung und Verbegrifflichung anstrebt, hinter das nicht zurückgegangen werden kann.
In diesem Sinne entwickelt Voltaire 1764 den Begriff der ‚philosophie de l'histoire'. Französische und englische Gesellschafts- und Geschichtstheorien wären hier vor allem zu nennen: von Robertson und Fénelon, der noch an der Wende zur Heilsgeschichte steht, bis zu Ferguson und Condorcet. Für Deutschland resp. die Schweiz wäre auf Iselins *Philosophische Muthmaßungen* sowie auf die 1770-1776 vor der Berliner Akademie gehaltenen Vorlesungen von Wegelin hinzuweisen, der behauptet, daß auch die Geschichte eine „partie raisonnée" habe, obwohl er bedauernd einschränkt, daß die historischen Begriffe doch nicht den Allgemeinheits- und Abstraktionsgrad der Metaphysik besitzen können. Im Rahmen dieses Abrisses kann auf die unterschiedlichen Geschichtsphilosopheme nicht im einzelnen eingegangen werden, sie dienen im historischen Teil der Arbeit zur Stützung der These einer ansteigenden poetologischen Abstraktion. Hingewiesen sie hier auf einige entscheidende Stationen, so auf Condorcets *Esquisse d'un tableau historique*, das 1795 posthum erschienen, in seiner einseitigen und extremen Betonung des Vervollkommnungsprinzips schon nicht mehr zeitgemäß war. Für die Einsicht in den Wandel eines geschichtsphilosophischen Abstraktionsbegriffs ist die von Friedrich Schlegel verfaßte Rezension aufschlußreich, der dem Autor neben der mangelnden Berücksichtigung der Fakten auch das Fehlen eines Einheitsgedankens vorwirft.
Geschichtsphilosophie ist – wie Poetik und Ästhetik – im Sinne des ‚Nachbildens'

von Vorgegebenem vor allem ein Phänomen der Rezeption, der historischen Reihenbildung, die sich primär aus dem divergierenden Abstraktionsverständnis herleitet.[53] Schon in den spätaufklärerischen Fortschrittstheorien kündigt sich eine Veränderung des Abstraktionsgedankens an – im Abrücken von der angenommenen Bedeutung theoretischer Systeme, wenn auch die Irreversibilität und die Geradlinigkeit der Entwicklung weiter vertreten wird. Die geschichtliche Entwicklung wird in der Spätaufklärung und in den Reaktionsformen gegen aufklärerischen Dogmatismus weniger nach einem theoretischen System verlaufend gedacht, sondern mehr nach dem aufkommenden Primat der praktischen Vernunft fortschreitend gefordert.[54] So stellt Kant in seiner Rezension von Herders *Ideen* fest: „Die Bestimmung des menschlichen Geschlechts im ganzen ist *unauffälliges Fortschreiten* [...]", das jedoch nicht im Individuum, sondern nur in der Gattung vollzogen werden soll:
„Am Menschen sollten sich diejenigen Naturanlagen, die auf dem Gebrauch seiner Vernunft abgezielt sind, nur in der Gattung, nicht aber im Individuum vollständig entwickeln."[55]
Ziel der Entwicklung ist die allgemeine Legalität einer „bürgerlichen Gesellschaft". Entscheidend aber ist: „Daß die Welt zum Besseren fortschreite, dies anzunehmen berechtigt keine Theorie, wohl aber die praktische Vernunft, welche nach einer solchen Hypothese zu handeln dogmatisch gebietet [...]".[56]
Der Chiliasmus des ewigen Friedens ist die geschichtsphilosophische Utopie Kants, die – verstärkt christlich gedeutet – interessanterweise weit später z. B. Immermann in seinen chiliastischen Sonetten wiederaufnimmt, um auf den Aspekt der Übergeschichtlichkeit hinzuweisen: „Es sollen unsres jetz'gen Tags Geschichten/Zu Fabeln erst sich ganz und gar vernichten". Kant weiß aber auch, daß die konstruierte Geschichte „Roman" zu werden droht, wie er umgekehrt die Abstraktheit der Geschichtsromane tadelt.[57]
Auch für Georg Forster stellt sich die geschichtliche Entwicklung als Abstraktion dar: Die europäische Menschheit müsse seiner Vorstellung nach in ein Allgemeines übergehen, um ein „gleichsam idealisiertes, vom Ganzen des Menschengeschlechts abstrahiertes Volk" zu werden.[58] Gegen Menschheitsgeschichte, samt einem abstrakten Volksbegriff, auf der einen und Kulturgeschichte auf der anderen Seite bietet Fichtes Geschichtstheorie, in der „Geschichte a priori" erkannt werden soll, einen Neuansatz, den auch die Dichtungstheorie aufgreift. Die Transzendenz göttlicher Erlösung aus dem Zeitlauf der Geschichte wird in die Immanenz menschlichen Bewußtseins übergeführt: Geschichte wird transzendentalisiert. So stellt Fichte 1800 in der ‚Bestimmung des Menschen' fest:

> „Das Universum ist mir nicht jener in sich selbst zurücklaufende Cirkel, jenes unaufhörlich sich wiederholende Spiel, jenes Ungeheuer, das sich selbst verschlingt, um sich wieder zu gebären, wie es schon war; es ist vor meinem Blicke vergeistigt, und trägt das eigene Gepräge des Geistes: stetes Fortschreiten zum Vollkommeneren in einer geraden Linie, die in die Unendlichkeit geht."[59]

Hier ist ein entscheidender Wandel auch gegenüber spätaufklärerischem Geschichtsdenken eingetreten. „Vergeistigung“ meint bereits etwas anderes als begriffliche oder menschheitliche Abstraktion. Zudem ist die Abschließbarkeit des Prozesses, in allgemeiner Verwissenschaftlichung, nicht mehr das Ziel der Entwicklung, sondern die ‚subjektive Unendlichkeit'. Auch dies greift die zeitgenössische Dichtung auf. Sie kann und soll aufgrund ihrer repräsentativen emotionalen Funktion in Abwehr begrifflicher Abstraktion den gedachten Zustand vorwegnehmen. Die in den vierziger Jahren des 18. Jahrhunderts bereits einsetzende Reaktion gegen einen aufklärerischen Perfektibilitätsgedanken und gegen das Vollkommenheitstelos betont die dadurch drohende Gefahr der Entfremdung, Entindividualisierung und Mechanisierung der historischen historischen Verhältnisse und erarbeitet aus der Kombination von Zyklus und des in ihm repräsentierten Lösungsbedürfnisses einerseits und der Nichtumkehrbarkeit einer Verstandes- und Vernunftentwicklung andererseits ein drittes Geschichtsmodell, die Theorie spiralförmigen Geschichtsverlaufs, in dem Wiederholung und Höherentwicklung verbunden sind. Ein Muster, in dem ebenfalls entweder der Erlösungsgedanke immanent wird oder der Bewußtwerdungsprozeß auf die Geschichte selbst übertragen wird, in deren Struktur er dann aufzudecken ist. Erst die Auflösung oder Umformung der ursprünglichen Irreversibilitätstheorie weist auf eine eigentliche geschichtsphilosophische Problematik hin, indem das gedachte gemeinsame Telos von Verstand und Geschichte aus der eindimensionalen Intelligibilität heraus und in den Zusammenhang einer philosophischen Anthropologie und Gesellschaftslehre gestellt wurde, deren Humanitätsgedanke antiaufklärerische Tendenzen entweder zu anderen Hoffnungen oder zu eschatologischen Spätzeitvisionen und Kulturpessimisums führte. Gegenaufklärerische oder Aufklärung modifizierende Geschichtsphilosophie wird für Ästhetik wie Literaturgeschichtsschreibung ein Instrument zur begründeten Abwehr der Abstraktion. Doch solche Geschichtsphilosophie kann diese Aufgabe nur deshalb erfüllen, weil sie – und das ist ihr Paradoxon – die notwendige systematische Ordnung der Erscheinungen, und d. h. eben Abstraktion, in ihre historischen Konstruktionen miteinbezieht.

Die Poesie leistet unter diesem Aspekt einen außerordentlichen Beitrag zur Geschichtsbewältigung, indem sie als retardierendes Moment in die Norm eines als abstraktiv bestimmten Geschichtsverlauf eingesetzt werden kann. Dadurch aber, daß die Methodiken geschichtsphilosophischer Abstraktion auch hier einbezogen werden müssen, stellt sich bei aller Ablehnung wiederum Abstraktivität ein, die, über eine geschichtliche Erhöhung des Konkreten, der Gefahr neuer Geschichtsmetaphysik nicht immer entrinnt. Herder, dessen ablehnende Äußerungen zur Abstraktion in Dichtung und Geschichte, gegen „Ideale“ und „Phantome“[60], gegen „Bücherstaub“ und allzu „feine Speculationen“[61], Bände füllen, vertritt die Auffassung der Nichterkennbarkeit des geschichtlichen Plans, dessen Endzweck dennoch gefordert werden könne: Sie liegt in der Humanität, in der Betonung der Individualität, der sinngebenden Einzelerscheinung. Die retrospektiven Utopien aber, die er zu diesem Zweck, vor allem über den Weg der Dichtung, entwirft, verraten eine versteckte Abstraktivität, die doch gerade abgewehrt werden soll. (Auch hier wird – neben anderem – Herders Zusammenhang mit der Aufklärung deutlich, gegen deren dogmatische Verkrustung allein er sich gewandt hat.) Herders Abstraktivität beruht auf der Übertragung der Geschichte in eine physiologische Naturentwicklung.[62] Neben den Typisierungs- und Idealisierungsversuchen von Voltaire, Iselin, Kant, Hamann und Herder besteht freilich in der späteren Aufklärung durchaus auch die Tendenz des Erbaulichen weiter (wie bei H. M. G. Köster[63]), die Nützlichkeitserwägungen aus der Geschichte zieht, um sie kausalpsychologisch zu verwenden.

Die Ausbildung von Ästhetik und Geschichtsphilosophie um die Mitte des 18. Jahrhunderts steht in engem zeitlichen und sachlichen Zusammenhang[64], die Diskussion um die Abgrenzung von Geschichte und Poesie steht am Anfang der Ästhetik.[65] Unter dem Abstraktionsaspekt wird die historisch dauerhafte Verbindung beider Bereiche kulturgeschichtlich signifikant: Das Aufkommen von Ästhetik und Geschichtsphilosophie drückt die Tatsache aus, daß sich die menschliche Erkenntnis auf Dinge zu richten beginnt, die ihr möglicherweise näherliegen als metaphysische und theologische Gegenstände – und drückt gleichzeitig die Tatsache aus, daß auch jene Ziele der Erkenntnis sich unter ihrem Zugriff abstraktiv verändern. Dies zeigt sich nicht nur am Anfang, sondern auch im Fortgang des Verhältnisses:

> „*Die Zunft der Geschichtschreiber*: Sie erfinden, wenn sie auf neue Art darstellen, und endecken, wenn sie das wirklich *Geschehene* herausbringen. Wer den Namen eines Geschichtsschreibers mit Recht führen will, muß beides vereinigen“[66]

– so Klopstock 1774 in seiner *Gelehrtenrepublik*; und Wilhelm von Humboldt berichtet an Goethe, daß Schiller davon sprach, man habe „seine historischen Aufsätze zu dichterisch gefunden und schloß: und doch muß der Geschichtsschreiber ganz wie der Dichter verfahren. Wenn er den Stoff in sich aufgenommen hat, muß er ihn wieder ganz neu aus sich schaffen.“[67] Hierin spricht sich eine Idealisierung des Geschichtsbegriffs aus, wie sie die zeitgenössische Philosophie und Wissenschaft propagiert haben (z. B. Fr. Maier in seinen *Briefen über das Ideal der Geschichte*). Idealisierung der Geschichte und poetische Synthesis sind gleichermaßen Ausdruck einer Abwehr nur-begrifflicher Abstraktion.[68]

Die vorstehend genannten philosophischen und wissenschaftlichen Disziplinen weisen fast durchgängig Abstraktionstendenzen auf – ebenso wie die ihnen komplementäre Abstraktionsfurcht. Gemeinsam ist überdies fast allen, daß die Problematik der Abstraktion nicht besonders häufig direkt gesprochen worden ist. Auch dies scheint Ausdruck der Furcht vor dem ‚unvermeidlichen Schicksal der Abstraktion' zu sein. Dichtungstheorie und Literaturwissenschaft sind im vorgestellten System besonders ausgezeichnet, da sie sich mit einem Gegenstand befassen, der das Phänomen erkenntnistheoretischer und geschichtsphilosophischer Abstraktion erstaunlicherweise am unmittelbarsten verarbeitet hat. Die zugeordnete Wissenschaft versucht – über die vorhandene Einsicht in diesen Tatbestand – sich zum Sachverwalter lebensphilosophischer Ansprüche zu machen, die zu erfüllen ihr solange mißlingen muß, wie sie die ‚verteufelte' Abstraktion unter anderem Namen wiedereinsetzt und damit einer unkritischen Irrationalität Tür und Tor öffnet.[69] Sie übersieht dabei, daß die ‚Funktion der Vernunft' auch im Entwurf abstrakter Theorien und in deren Tradierung zur Vorbereitung und Einrichtung des menschlichen Lebens besteht. Erst wenn Rationalität akzeptiert ist, werden sich ihre Gefahren möglicherweise vermeiden lassen:

> „Ein bloß blindes Streben aber wäre [...] ein Zufallsprodukt und könnte uns nicht weiterbringen. Neben ihm bemerken wir in unserem Erleben Vernunft und spekulative Phantasie am Werk, das Unterscheiden zwischen Strebungen nach Angemessenheit oder Unangemessenheit. Die Herrschaft der Vernunft ist schwankend, ungesichert, häufig verdunkelt und verdrängt. Aber es gibt sie.
> Und so verfügen wir – in einer Form, die den Fähigkeiten des Menschen angepaßt ist – über die Erkenntnis, daß im Universum eine Gegentendenz am Werk ist, die den Verfall einer vorhandenen Ordnung in das Entstehen einer neuen Ordnung überführt."[70]

IV. Der Abstraktionskreis und Definitionen

1. Geschichte des Abstraktionsbegriffs

Der Terminus ‚abstrakt' (gegen ‚konkret') ist von Boethius in die philosophische Sprache eingeführt worden, als Übersetzung des aristotelischen ta exaphaireseos. Dies bezeichnet das mathematisch Seiende. Daneben benennt das Abstrakte – nach aristotelischer Auffassung – auch die vom Einzelgegenstand getrennt gedachten Bestimmungen, Eigenschaften etc. (z. B. das Weiße gegenüber dem weißen Menschen). Es steht jedoch – aristotelisch – nicht für das Allgemeine im Sinne der Substanz, der Idee. Im Gegensatz zum ta exaphaireseos bezeichnet ta ek prosthesis das geometrisch Konkrete. Ontologisch setzt Platon gegen die aphairesis: to synolon, zu dessen Bestimmung die prosthesis (Konkretion) notwendig ist. Substanz aber haben nach Platon allein die Ideen, die dualistisch durch den chorismos von der Sinnenwelt getrennt sind. Aristoteles nimmt in seiner Interpretation und Kritik der Platonischen Abstraktionslehre das synolon ebenfalls für den ontologischen Status des Konkreten, dem nun freilich substantielle Bedeutung im Sinne der Entelechie zukommt.
Die scharfe Trennung, die das synolon impliziert, wird schon ab Boethius nicht

mehr genau vollzogen. Choriston (Separatum) als ontologische und Abstraktum als erkenntnispraktische Bezeichnung werden häufig verwechselt. Im Prinzip gilt die aristotelische Lehre über die Jahrhunderte: Abstrakte und konkrete Begriffe, Namen, Termini werden, gegenüber der real-ontologischen Verwendung durch Platon, weiterhin funktional-erkenntnistheoretisch gebraucht. Im Universalienstreit des Mittelalters flammt – unter theologischen Vorzeichen- die antike Auseinandersetzung noch einmal auf: Im radikalen Begriffsrealismus wird die (platonische) Theorie der von den Einzeldingen unabhängigen metaphysisch-objektiven Wesenheiten vertreten: Die Substanz steckt im Allgemeinen, das Abstrakte ist das Wesen (Johannes Scotus Eriugena). Der Nominalismus – extreme Gegenposition – hält die Allgemeinbegriffe lediglich für mehr oder weniger beliebige, konventionsabhängige Wörter, die Ähnliches zusammenfassen; der Konzeptualismus hält sie für intellektuelle Gebilde, für Konzeptionen, Schemata des Verstandes (Wilhelm von Ockham). Der gemäßigte Realismus nennt die Allgemeinbegriffe objektiv gültig, weil sich mit ihnen das Wesen der Dinge erfassen lasse (Thomas von Aquin); die Allgemeinbegriffe sind Bestandteile der Dinge selbst, die dem Verstand korrespondieren, von ihm aufgegriffen werden.[1]
In Auseinandersetzung mit Lockes problematischem Empirismus, in dem der Widerspruch zwischen „dispositions of the mind“ und der Priorität des Wahrnehmens bestehen bleibt, versucht Leibniz die Extreme zur Synthese zu bringen. Durch die Popularschule Wolffs bürgert sich die Unterscheidung von konkreten und abstrakten Begriffen ein (Individual- oder Einzelbegriffe gegen Allgemeinbegriffe). Gegenüber dieser Ontologisierung der Begriffe versucht Kant eine Neubestimmung: Alle Begriffe sind abstrakt, nur ihr Gebrauch ist konkret oder abstrakt. Kant nimmt damit den Abstraktionsbegriff selbst aus der Metaphysik heraus, um ihn zu instrumentalisieren. Mit Schopenhauer und später mit Nietzsche, denen ebenfalls alle Begriffe abstrakt sind, verschärft sich die Ablehnung von Abstraktion, indem gerade deren Instrumentalität zum Signum ‚sophistischer‘ Verstandestätigkeit gemacht wird. Damit hält irrationalistische Metaphysik erneut Einzug[2], und der ‚Begriff‘ hat, weil er nicht vollständig eliminiert werden kann, ex negativo und ganz gegen die Absicht derer, die ihn ablehnen, seinen ontologischen Status zurückgewonnen, dem weder die Versuche Hegels und Marx', den ‚Begriff‘ in seine konkrete Totalität zurückzuführen, noch der voluntaristische, lebensphilosophische Gegenentwurf entraten können. Diese Auffassung von Abstraktion als rationalistischem Verfahren zur Gewinnung von ontologischen Allgemeinbegriffen setzt sich bis in den heutigen Sprachgebrauch fort.[3]

2. Die Problematik von Begriff und Abstraktion

Da die Abstraktion der Begriffsbildung dient, ja Begriffe erzeugen soll, ist zu fragen, 1. wie sieht die logische Operation aus, nach der aus Wahrnehmung Begriffe entstehen, 2. in welchem Verhältnis steht der Begriff zum Gegenstand, zur Anschauung und zum Urteil und 3. welcherart sind die durch Abstraktion erzeugten oder beförderten Begriffe.

Es ist das Hauptproblem des traditionellen Empirismus zu klären, wie aus der Wahrnehmung des Einzelgegenstandes ein Begriff von ihm oder von einigen seiner Eigenschaften entstehen kann. Unproblematisch ist der Fall, wenn „ein empirischer Begriff lediglich aus bereits gegebenen anderen empirischen Begriffen entspringen soll“[4]. Hier ist eine schlichte Abstraktion als Analyse des gegebenen Begriffs nach seinen Begriffsstücken als Ausschluß eines der Begriffsstücke und als zusammenfassende Position der restlichen zu einer neuen Begriffseinheit (Der Fortfall der differentia specifica ermöglicht den Übergang von der Art zur Gattung etc.). Schwieriger ist eine Aussage über den Ursprung empirischer Begriffe dort, wo sie aus Nichtbegrifflichem, aus bloßen ‚Anschauungen' entspringen sollen.[1] Hier ist eine Mannigfaltigkeit von Anschauungen vorauszusetzen, die in einem ersten Schritt zusammengefaßt, dann verglichen werden (logische Komparation). Aus der Singularität und Unterschiedlichkeit der angeschauten Gegenstände kehren bestimmte Momente wieder. Nicht aber diese Momente als solche sind es, die einen empirischen Begriff ermöglichen, sondern die formale Tatsache, daß sich Verschiedenes, Unterschiedenes, Mehreres, Identisches, Singuläres, Gleiches, Ähnliches, Entgegengesetztes in den verschiedenen Anschauungen findet. Dies sind die ‚Leitfäden', die Regeln, die Konventionen, die Möglichkeitsbedingung für jenes Vergleichen; und sie müssen allererst für die Abstraktion, die dann folgt, vorausgesetzt werden.[3] Es sind die unhinterfragbaren Kategorien, die der Wahrnehmung Erkenntnischarakter verleihen. Auf diesen ‚Reflexionsbegriffen' beruht die eigentliche, die logische Abstraktion, mit ihr wird ein empirischer Begriff gewonnen, der nun Allgemeinheitscharakter besitzt und variabel auf andere Gegenstände übertragen werden kann und überdies die Fähigkeit besitzt, sich mit anderen Begriffen in positive Relationen zu setzen.[4]

Damit ist auch das Verhältnis des Begriffs zu Gegenstand und Anschauung bestimmt, denn jener greift über das Singuläre und Individuelle hinaus, umfaßt dieses und macht es zu einem Fall unter anderen. Die Funktion des Begriffs ist es, den Gegenstand zu begreifen. Er erfüllt seine Aufgabe, nicht indem er sich isoliert, sondern indem er affirmativ oder negativ im ‚Urteil' sich mit anderen Begriffen zusammenschließt, eine positive oder negative Relation eingeht. Dies ist die formallogische Struktur und Stellung von Begriff und Abstraktion.

Die traditionelle Theorie der Abstraktion hat dieser darüber hinaus eine metaphysische Bedeutung zugemessen, nämlich Wesenserkenntnis zu sein oder ihr wenigstens zu dienen, also durch Ablösen, ‚Wegabstrahieren' der singulären Materie die gültige Form (=Wesen) zu erkennen, sei diese nun als Substanz, als Akzidenz, als Verstandesbegriff oder als Terminus gedacht. Es ist dies eine spezielle inhaltliche ‚Aufladung' des logischen Abstraktionsverfahrens, über das selbst es nichts aussagt. Es drückt ledig-

lich den anthropologisch begründeten Wunsch aus, mit der menschlichen Erkenntnis über die Relationalität hinauszukommen.
Darauf basiert auch die Metaphorik von Individual- und Allgemeinbegriffen, von konkreten und abstrakten Begriffen. Begriffe sind ihrer Entstehung und ihrer Struktur nach tatsächlich alle abstrakt und allgemein, denn sie entstehen durch Abstraktion, und sie sind nur graduell, d. h. in ihrer Stellung zueinander, abgestuft. Lediglich ihr Gebrauch, ihre Verwendung kann, je nach der Plastizität, Stärke, der mit dem Begriff verbundenen Vorstellung, abstrakter oder konkreter sein. Demnach ist ein Individualbegriff eine konkrete, deutliche, bildhafte Vorstellung eines Einzelnen (einer Person, einer Situation etc.). Dies gilt es, als Folie für den historischen Abstraktionsprozeß stets zu berücksichtigen.[5]

3. Extension/Intension

Jeder Begriff ist durch zwei Momente definiert, die auch die Verbindung von Aussagen betreffen: 1. durch die Extension[1], seinen Umfang, und 2. durch die Intension[2], den Inhalt, die Bedeutung. Ihre Kombination (‚je größer der Inhalt, desto geringer der Umfang' und umgekehrt) erst ermöglicht Urteile und Schlüsse (Syllogismus).
Das Verfahren der Abstraktion vermittelt zwischen diesen beiden Momenten, indem jeweils das eine oder das andere Ziel der abstraktiven Bewegung wird. Ihre sprachliche Realisation[3] ist von besonderer Signifikanz und damit für die Dichtungstheorie und die Geschichte der Literatur zentral. Generell läßt sich feststellen, daß die Intension vornehmlich durch Verben[4], die Extension in der Hauptsache durch Substantive[5] zur Sprache kommt.
Literarisch stellt sich die Extension vor allem dar als Betonung der Mannigfaltigkeit, wie sie beispielsweise die aufklärerische Poetik und Baumgartens Ästhetik bestimmt.[6] Hier dominiert die Vielfalt des Dargestellten entsprechend der logischen Bedeutung der Extension als Begriffsumfang. Die Forderung nach ‚Klarheit', also nach der zur Abgrenzung von anderen ausreichenden Bestimmung eines Gegenstandes, genügt für die Poesie als ‚analogon rationis'.
Demgegenüber tritt die Bedeutung des Begriffsinhalts, die Intension, die zwar stets in der geschichtlichen Bewegung der Abstraktion vorhanden ist, an diesem historischen Ort nicht entscheidend hervor. Zu ihr wäre nämlich die Deutlichkeit verlangt, mit der jeder Gegenstand des Begriffs für sich erfaßt werden könnte. Das aber forderte eine vollkommene Analyse des betreffenden Begriffs und damit eine Reduktion des Umfangs und somit auch der Mannigfaltigkeit. Daher erscheint in der literarischen Theorie die Intension als Einheit bzw. Einheitsforderung, die historisch erst dann dominant werden kann, wenn der Begriff, dessen Moment sie ausmacht, genau bestimmt werden kann – und zwar so, daß er damit nicht zu einem philosophisch-

wissenschaftlichen Begriff erstarrt, sondern im Rahmen eines poetischen Systems verbleibt. Dies ist der Fall zu einem Zeitpunkt, an dem weniger die literarischen Gegenstände als vielmehr der Schreibende selbst thematisiert wird.[7]
So erweist sich das bekannte Schema dichterischer Darstellung, die einheitsbestimmte Präsentation mannigfaltiger Elemente, worin zunächst ja eine konkrete Haltung gesehen werden kann, als abhängig von der Begriffs- und Abstraktionslogik.[8]

4. Abstraktionsklassen

Die verschiedenen Abstraktionsklassen und -arten, die sich zwischen den Polen der Extension und Intension entwickeln lassen, leiten sich ab aus der syntaktischen Doppelrichtung des Wortes ‚abs-trahere' als ‚etwas von etwas abziehen' und ‚etwas auf etwas hinziehen'. Daraus ergeben sich die beiden Grundformen von Abstraktion, eine negative und eine positive Abstraktivität.
Die *erste Abstraktionsklasse* ist die *Extensionalabstraktion*. Sie verfährt *negativ-struktural*[1], indem sie aus einer Beobachtung, einem Begriff Nichtzugehöriges aussondert, um Merkmale, Eigenschaften, Relationen aufzudecken und damit quantitativ den Umfang des untersuchten Begriffs zu beschreiben. Negativ ist sie insofern, als sie vom Träger der Eigenschaften ‚wegabstrahiert'; struktural, als sie auf die Menge der die Elemente eines Systems miteinander verknüpfenden Relationen ‚hinabstrahiert'.
Die erste Abstraktionsart dieser Klasse ist die sogenannte klassifikatorische oder *klassifikative Abstraktion*, die „aus einer oder mehreren individuellen Ganzheiten spezielle Merkmale ausläßt und die übrigbleibenden allgemeinen Merkmale isoliert und diese dann generalisierend zu Allgemeinbegriffen zusammenfaßt“[2]. Auf der sprachlich-begrifflichen Ebene bildet diese Art der Abstraktivität die Generalia, Universalia und Kollektiva aus. Sie ist nominalistisch orientiert.
Von hier aus kann sie grammatisch (durch Substantivbildungen) oder ontologisch (durch philosophische Verselbständigung von formalen Begriffsnamen, von Abstrakta zu Mengen oder Klassen, die Subjektqualität erhalten) die in der ersten Abstraktionsart klassifizierten Merkmale oder Allgemeinbegriffe hypostasieren. Diese *hypostative Abstraktivität* sieht ebenfalls vom Träger, vom Substrat ab und zielt auf den Begriff der Eigenschaft, vor allem auf den Begriffs*namen*. Sie subsumiert das Ganze unter den Begriff, unter den Namen und konstituiert eine Metaphysik der Terminologien (wie sie z. B. die Popularphilosophie der Aufklärung und mit ihr die Dichtungstheorie extensiv betrieben hat). Sie formiert Abstraktes und Abstraktiva und hypostasiert ontische Wesenheiten, indem sie begriffsrealistisch wird. Auf der sprachlichen Ebene drückt sie sich aus in Personifikation, lyrischer Substantivierung oder auch rhetorischer Abstraktion. Sobald die Ausbildung von sprachlichen

Abstrakta zur Hypostasierung von ontischen Wesenheiten führt, geht der Abstraktionsbegriff von der Klassifikations- und Bezeichnungsfunktion eines Abstrakt-Namens weiter zur intendierten Bedeutungsqualität, und dieser wird ein bestimmtes vorgefundenes oder gedachtes Substrat unterlegt. Geht die Bedeutungsqualität auf das Substrat über, so daß sie unlösbar mit diesem verbunden ist, ist bereits die erste Stufe der intensionalen Abstraktion erreicht. (Dies ist im übrigen der Weg von der Allegorie zum Symbol.)

Die *zweite Abstraktionsklasse* ist beschreibbar als *positiv-intensionales Abstrahieren*, das nicht negativ oder isolierend, sondern bedeutungserweiternd und qualitativ verfährt. Es wird von den Eigenschaften ‚weg' und auf das Substrat ‚hinabstrahiert'. Es ist dies ein Abstrahieren, das nun unter dem Besonderen das Allgemeine, nicht aber die Klasse oder Menge von Relationen, nicht die eigenschaften oder Merkmale, sondern die inhaltliche Bedeutung, die Substanz, das Wesentliche eines Begriffs oder Dinges versteht. In der ersten Klasse entsteht die Erkenntnisqualität der beobachteten Dinge durch die erreichte Quantifizierbarkeit, in dieser Klasse durch die qualitativ allgemeine Gültigkeit. Ungegenständliche Gedankeninhalte werden vergeistigt, Dinge, Erscheinungen, Bilder, Bedeutungen erhalten Wesenscharakter.

Diese positiv-intensionale Abstraktion wird ab der Aufklärung literaturgeschichtlich zunehmend wichtiger (wenngleich sie natürlich auch vor dem 18. Jahrhundert im strukturlogischen Schema des Geschichtsverlaufs immer wieder Priorität erhielt). Erst ab der Mitte dieses Jahrhunderts aber wird sie das dominante Moment der Literaturgeschichte.

Die erste Art dieser Abstraktionsklasse bildet die *rationale* (nicht rationalistische) *Abstraktivität*, die „aus der Umhüllung einer oder mehrer sinnlicher Ganzheiten vergeistigend ungegenständliche Gedankeninhalte"[3] herausnimmt. Ihre historischen Höhepunkte erreicht diese Abstraktivität, indem sie auf einen nicht individuell gedachten Substanzbegriff, nicht auf das Individuum, sondern auf den –neuzeitlichen – Ichbegriff hinabstrahiert (z. B. bei Descartes und im romantischen Subjektivismus).[4] Das intelligible Ich ist ihr Ziel, das sich und sein Gegenüber durch Reflexion und Abstraktion setzt. Sie ist nur scheinbar konkretiv. Ihren neueren literarhistorischen Ausgang nimmt sie von der in der Aufklärung zentralen Möglichkeitsabstraktion; ihre Hauptausdrucksformen sind das Symbol und der Aphorismus.

Diese Art der Abstraktivität kann *irrational* werden, indem sie, von den Eigenschaften absehend, auf die Emotion, die Idee, das ‚Ding an sich', einen pantheistischen Gottesbegriff, eine absolute Vernunft usw. verweist. Diese Art der Abstraktivität steht an der Grenze zur Einbildung, zum Glauben, zum Glauben an „entsinnlichte Wesenheiten"[5], und sie produziert das ‚Weltphänomen', die ‚Gottesidee', insgesamt Sakralia und Divinalia.[6]

An dieser Stelle berühren sich die irrationale und die klassifikatorische Abstraktivität – und zwar im Unendlichkeitsbegriff.[7] Während dieser aus der Sicht der Irrationalität als intellektuell nicht mehr zu fassende Einheit vorgestellt wird, versucht die klassifikatorische Abstraktivität den Unendlichkeitsbegriff quantitativ zu umschreiben. Aus der Berührung der entgegengesetzten Abstraktionsarten ergibt sich ein systematischer Abstraktionskreis.

5. *Systematischer Abstraktionskreis*

Die vier vorgestellten, grundsätzlich möglichen Abstraktionsarten stehen in einem systematischen Abstraktionskreis (und in einer historischen Folge zugleich). Jede der Abstraktivitätsarten kann bestimmte Formen ausbilden, die den Übergang von der einen zur anderen Art ermöglichen.[1] Die *extensionale Abstraktion* lebt vom Wegfall der differentia specifica, die intensionale geht darauf hin. Die *klassifikative Abstraktivität* setzt einen Unendlichkeitsbegriff voraus und richtet sich – als Totalabstraktion – auf Generalia, Universalia und Kollektiva. Die Kollektiva führen zur *hypostativen Formalabstraktivität*, die zur akzidentellen Abstraktion werden kann. Sie formuliert sprachliche Abstrakta, Abstraktiva. Sie geht weiter auf hypostasierte ontische Wesenheiten. Von hier aus entwickelt sich die *rationale Abstraktivität*, die konkretiv, scheinbar individualisierend (in Richtung auf Substanz, Individuum, Ich-Begriff) verfährt und sich auf einen Allbegriff (Vernunftbegriff) hinentwickeln kann. Dieser führt zur *irrationalen Abstraktivität*, die religiösen Charakter hat und sich den Divinalia, Sakralia widmet.

Jede der zwei Hauptgruppen kann zum Ende hin begriffsrealistisch werden (hypostative und irrationale Abstraktion) die anderen Formen sind nominalistisch. Jede der Abstraktionsarten kann sowohl erkenntnistheoretisch als auch ontologisch orientiert sein.[2] Die extensionale Abstraktion verfährt induktiv[3], sie steigt vom Besonderen zum Allgemeinen auf. Sie tut dies mit Hilfe der Analyse[4], indem sie Beobachtungsterme, Merkmale oder Begriffe isoliert und über die Erkenntnis des Ähnlichen (Analogie[5]) oder des Gleichen einem hieraus entwickelten Oberbegriff unterordnet; sie fällt ein analytisches Urteil: ‚Alle Menschen sind sterblich'. Das intensionale Abstrahieren verfährt deduktiv[6], es geht vom Allgemeinen zum Besonderen (wobei das Besondere nicht das Konkrete ist) und faßt synthetisch[7] das Allgemeine mit einem Besonderen zusammen, um ein sogenanntes synthetisches Urteil zu fällen: ‚Sokrates ist ein Mensch'. Im Syllogismus[8] schließen sich Extensionalität und Intensionalität, Induktion und Deduktion, Analyse und Synthese zusammen: der Obersatz enthält ein analytisches Urteil, ein Begriffsurteil; der Untersatz enthält ein synthetisches Urteil; der Schluß wird gebildet durch die Eliminierung des Mittelbegriffs (tertium comparationis) und die Verbindung des Ober- und Unterbegriffs im Urteil.

6. Das Konkrete

Das Konkrete ist zunächst abzugrenzen vom Besonderen, das lediglich eine Abstufung im Bereich mehr oder weniger abstrakter Begriffe darstellt. Das Konkrete ist das unhinterfragbare Individuelle; es ist dort situiert, wo die Abstraktionsklassen der Extension und Intension sich berühren, deren Erkenntnisziel es bei stets nur approximativer Annäherung immer bleibt. Das Konkrete ist dadurch definiert, daß es letztlich unerkennbar ist, es ist unmittelbar evident.[1] Das Konkrete ist das ‚synolon', das Indiszernible, das Ineffabile, das Vollständige, Selbständige, Ungeteilte, Ganze.
Konkretion konstituiert das Ganze als Konglomerat von Einzelgegenständen im Sinne eines ununterscheidbaren ‚Zusammengewachsenseins' (concernere). Das Ganze in einem nicht mehr analytisch bestimmbaren Zusammenhang der Teile ist das Konkrete; nicht dagegen der Einzelgegenstand.[2] Das Konkrete ist nur dasjenige Sinnliche, das nicht durch eine der oben aufgeführten Abstraktionsarten erfaßt und aufgehoben werden kann; es ist das, was nur für sich selbst einsteht, das ‚da ist' nur als Zeitliches[3] – im Prinzip außerhalb jeder Systematik.
Wenn auch die Begriffe des Abstrakten und der Abstraktion historisch und systematisch unterschiedlich interpretiert worden sind, so bleibt doch, daß alle verschiedenen Deutungen von Vorgang und Ziel der Abstraktion nur Varianten einer immer gleichen Grundstruktur[4] sind, die – auf ihrer formalsten Ebene – im Erstellen einer wie auch immer qualitativ bestimmbaren Ordnung ungeordneter Quantitäten besteht.
Der Abstraktionsbegriff dieser Arbeit leitet sich ab von der historischen Polarität einer rationalistisch-klassifikatorischen und einer romantisch-kombinatorischen Abstraktivität. Beide und damit auch ihre Vorformen sowie der Begriff der modernen ‚abstrakten Kunst' stehen über den vorgestellten Abstraktionskreis in einem systematischen Zusammenhang, der sich auch im geschichtlichen Verlauf abbildet.[5]

V. Abstraktion als Geschichte

1. Das geschichtsphilosophische Paradoxon der Abstraktion

Die genannten Abstraktionsarten stehen nicht nur in einem systematischen Zusammenhang, sondern stellen, wie gesagt, ebenfalls eine historische Abfolge dar, bezogen auf Lebenswelt, Wissenschafts- und Literaturgeschichte. Die jeweils wechselnde Priorität der Abstraktionsarten wird gesteuert von bestimmten geschichtsphilosophisch-anthropologischen Bewertungen der Abstraktion. Damit schließt sich der Kreis der Abstraktionsverwendung, in dem Abstraktion sich, auf der Suche nach dem Konkreten, sämtlicher möglichen Denkformen und -bereiche ‚bemächtigt'.

Daraus erwächst freilich ein grundsätzliches *Abstraktionsproblem*. Aus der zunächst selbstverständlichen Anwendung auf die Geschichte in der Beschreibung historischer Abstraktionsphänomene ergibt sich ein Paradoxon, das sogar zurückwirkt auf die Beurteilung der Abstraktion auch in den systematischen Bereichen. Denn abgesehen von der Selbstverständlichkeit, daß die Tatsache der Beobachtung und Beschreibung selbst schon als Vorgang den Gegenstand, hier einen in erster Linie systematischen Gegenstand – wenn auch im historischen Kontext angesiedelt – , nämlich die Abstraktion, im Sinne eines historischen Prozesses verändert, ihn sozusagen in den historischen Verlauf der Beobachtung auflöst, einordnet, ihm als Ursache geschichtliche Ergebnisse zuordnet, findet durch den historischen Blick darüber hinaus auch eine implizite vorwissenschaftlich-lebensweltliche Bewertung des Abstraktionsgegenstandes statt, die dem systematischen, neutral-formalen Gegenstand als nunmehr geschichtlichem auch geschichtliche Normen, historisch manifeste Inhalte und Wertvorstellungen aufzwingt (exemplarisch im 19. Jahrhundert z. B. in der Absorption der Hegelschen Philosophie in Burckhardts *Renaissance*[1]). Solch unvermeidliche ‚historische' Strukturbildung faktischer Ereignisse, die ja immer erst (re-)konstruiert werden müssen[2], bevor sie als ‚Geschichte' erfahrbar werden, verstärkt sich im Falle der Abstraktion als eines systematischen Gegenstands.[3]
Der inhaltlichen ‚Historisierung' von Abstraktion komplementär zugeordnet ist die methodologische Übertragung des Abstraktionsbegriffs auf die Geschichtswissenschaft und auf deren Gegenstand, wodurch die Qualität der Geschichte als ‚so oder so geschehene' Wirklichkeit verändert wird im Sinne eines Gegenstandes abstraktiver Reflexion. Geschichte wird damit entdynamisiert und strukturell abstraktiv, auf die statische Struktur von Abstraktion fixiert.[4] Abstraktion wird umgekehrt inhaltlich durch Geschichte dynamisiert. Jedoch: Ohne die Übertragung der Abstraktion auf Geschichte ist geschichtliches Denken nicht möglich, und der Begriff der Geschichte kann überhaupt erst dadurch definiert werden, daß diese die ‚Fiktion der Faktizität' in gewisser Weise einbüßt.[5] Der Abstraktionsbegriff bekommt seinerseits in dieser Übertragung eine völlig neue Dimension, er verändert seinen ursprünglichen formalen Charakter als statischer Begriff der Logik, Erkenntnistheorie und Ontologie und wird von historisch variablen Normen bestimmt. Dennoch ist diese Übertragung und mit ihr die tendenzielle Selbstaufhebung unvermeidlich, da die Totalität des Geltungsanspruchs im ursprünglichen Begriff der Abstraktion angelegt ist. Erst die Übertragung des Abstraktionsbegriffs auf die Geschichte schafft einen gültigen, einen ableitbaren Begriff von Geschichte als erkennbarem Prozeß, um ihn jedoch zugleich im Sinne geschichtsphilosophischer Determination zu transzendieren.[6]
Wird – historisch anzusetzen mit dem Auftauchen des Terminus ‚Geschichtsphilosophie' um die Mitte des 18. Jahrhunderts in der Folge empiristischer Abstraktionskritik und motiviert durch die Ablösung metaphysischer Heilsgeschichte durch anthropologische Denkformen[7] – Abstraktion nicht mehr als Ontisch-Substantielles, son-

dern lediglich als erkenntnistheoretische Struktur auf die Geschichte übertragen, sei es in Form von geschichtstheoretischen Modellen, sei es als Theorie der Geschichtsschreibung[8], so wird – dies die geschichtsphilosophische These der vorliegenden Untersuchung – auch der historische Verlauf als geordneter, dem Denken und seiner abstraktiven Struktur entsprechender Prozeß geschichtlicher Linien verstanden. So wird Geschichte als gesetzmäßige Faktenfolge, als säkularisiertes Heilsgeschehen[9] vermeintlich vorhersehbar und deutbar als am denksystematischen Raster orientiert – wie umgekehrt der an sich wertneutrale Abstraktionsbegriff inhaltlich und seinerseits ebenso extern bewertet wird.[10] Damit wird die zufällige Faktizität der Ereignisse aufgehoben zugunsten eines schematisierten Geschichtsverlaufs, der letztlich eine Projektion mentaler Abstraktion und ihrer Ergebnisse darstellt. Ein so gewonnener denk-integraler Begriff von Geschichte beinhaltet notwendig die Abstraktion von der historischen Zufälligkeit.[11] Dies zeigt der tatsächliche Prozeß von Geschichte und Geschichtsauffassung: Geschichte differenziert sich im Laufe der Entwicklung, und ‚Abstraktion' stellt das Moment ihrer Zusammenfassung dar. Erst auf ihrer Basis kann die Geschichte als geordneter Prozeß sich dann erneut differenzieren.

Je verzweigter Geschichte nun wird, desto höher muß das Abstraktionsniveau werden, aufgrund dessen eine Integration von Geschichte wieder möglich ist; diese Integration aber ist umgekehrt eine conditio sine qua non für die unvermeidliche Spezialisierung[12] in der Geschichte. Damit ergibt sich der Zirkel: Geschichte spezialisiert sich, wird begrifflich, abstraktiv integriert und verzweigt sich dadurch noch mehr.[13] Diese geschichtsphilosophische oder Geschichtsphilosophie erzeugende Übertragung des Abstraktionsbegriffs auf die Historie erfaßt, sowohl als inhaltliche Anwendung auf historische Phänomene[14], die als solche gar nichts mit Abstraktion zu tun haben müssen, als auch in der Methodologie der Geschichtsbetrachtung sämtliche Spezialgeschichtsschreibungen.[15]

Realhistorisch verläuft der Prozeß im 18. Jahrhundert so, daß zuerst die Spezialgeschichtsschreibungen, im Interesse einer notwendig gewordenen neuen Integration, zu einem Zeitpunkt, da der metaphysisch-theologische Überbau der Heilsgeschichte brüchig wurde, von der Abstraktion erfaßt wurden, um von hier aus dann auf die allgemeine Geschichtsschreibung und -wissenschaft übertragen zu werden.[16]

Dieser Zirkel, das ‚Extensionalitätsdilemma'[17] von ständig steigender Spezialisierung und ebenso ansteigender abstraktiver Integration, produziert das geschichtsphilosophische Paradoxon der Abstraktion bzw. das Paradoxon der Geschichtsphilosophie. Diese wurde ja ausgebildet als Ausdruck der Abwehr metaphysischer Abstraktionen und sollte einen notwendigen neuen Integrationsanspruch erfüllen, nämlich Geschichte als idealtypischen Verlauf deduktiv aufzuschließen. Dies führte jedoch zu erneuten Abstraktionen und damit schließlich zu einer mehr und mehr sich verstärkenden und reaktiv auch in den systematischen Disziplinen, im synchronen Wissenschaftsbetrieb, zu beobachtenden Skepsis gegenüber einer fraglos angewandten Abstraktion.[18] So signalisiert ‚Abstraktion' auch eine fundamentale Rezeptionsstruktur der Wissenschafts- und Theoriegeschichte: An der vermeintlichen Abstraktivität des Vorgängers entzündet sich die philosophische Kritik des Nachfolgers, an dessen Abstraktivität wiederum die Kritik der nächsten Generation usw. Dies erzeugt – im Zusammenspiel von Lebenswelt, Wissenschaft und Kunst – ein Wechselspiel von verbalisierter Abwehr und tatsächlicher, wenn auch verdeckter Übernahme der ‚Abstraktion'.[19] Die Skepsis gegenüber der Abstraktion vermag, als Bestandteil der Rezeption, nicht zu verhindern, daß jene sich unaufhaltsam in Geschichte, Wissenschaft, Philosophie und Literatur ‚vollzieht'. Und gerade solche Unabwendbarkeit von Abstraktion berechtigt, sie als anthropologische Konstante zu verstehen. So wurde auch die historische Übertragung erkenntnistheoretischer, systematischer Abstraktion auf die Geschichte, nach dem Zerbrechen bislang geltender metaphysischer, mythologischer und religionsphilosophischer Erklärungsmodelle anthropologisch begründet.[20] Dieser kulturanthropologische Abstraktionsbegriff enthält einen erkenntnistheoretischen und geschichtsphilosophisch-sozialtheoretischen Bestandteil[21]; er ist aber zugleich auch dessen Negation. Der kulturanthropologische Begriff setzt Abstraktion als geschichtliche Stufe an und ordnet ihr dialektisch, d. h. um Vermittlung bemüht, ihre historisch variable Negation zu. Der lebensweltliche Grund dafür liegt in einer Furcht vor dem Verlust des Besonderen im gedanklich zu konstituierenden Ganzen oder Allgemeinen. Diese Furcht vor dem Verlust der Singularität – des Banners neuzeitlichen Denkens – ist Abstraktionsfurcht. Sie wird nicht von speziellen Wissenschaftsinteressen bestimmt[22], sondern sie ist elementar. Ihre Artikulation aber ist ihre eigene Kontradiktion: Indem sie sich abstrakt äußert, leistet sie dem tatsächlichen Abstraktionsprozeß Vorschub. Die vielfach festzustellenden Abwehrhaltungen gegenüber der Abstraktion sind nur je verschiedene Ausdrucksformen dieser einen, dialektischen Abstraktionsfurcht, die ihr Gegenteil miteinschließt, indem sie stets auch auf die Unausweichlichkeit der Abstraktion verweist.

Dieser ‚spiralförmig' verlaufende dialektische Prozeß nun wird in besonders hohem Maße von der Dichtung und ihrer Theorie teils implizit vertreten, teils explizit ausformuliert. Dichtung nimmt sowohl die Abstraktionen als auch die Abwehrelemente auf, sie macht die immanente Dialektik zum konstitutiven Prinzip ihrer eigenen Selbsteinschätzung in Theorie und Praxis[23] und zum Bewegungsmoment ihrer eigenen Geschichte.

Das hier skizzierte System von Abstraktion und Geschichte macht sichtbar, wie weit die Verwendung des Begriffs reicht. Zugleich mag aber auch deutlich geworden sein, daß es sich hierbei um höchst unterschiedliche Anwendungen und Auslegungen des Abstraktionsbegriffs handeln muß. Ja, die verschiedenen Anwendungsbereiche verändern aufgrund ihrer Eigengesetzlichkeit den Abstraktionsbegriff oft derart, daß jeweils Neudefinitionen, zumindest Modifikationen nötig werden.[24] Sie freilich sind oft als versteckte Abwehr deutbar. Gerade die Tatsache der prinzipiellen Unveränderlichkeit des formalen Begriffs der Abstraktion garantiert seine große Reichweite in System und Geschichte und seine zentrale Stellung als dialektischer Begriff der Kulturanthropologie und der Literatur. Aus diesem Anspruch der totalen Geltung von Abstraktion leiten Dichtung und ihre Theorie nun im speziellen die Notwendigkeit ab, literarische Modelle (und Gegenmodelle zu) der Abstraktion zu entwickeln, deren Ziel es ist, das Abstraktionsproblem mit den Mitteln der Poesie eindringlicher, als es verständlicherweise mit den Mitteln gerade der begrifflichen Sprache möglich ist, zu artikulieren, auch zu konterkarieren – und deren Effekt nichtsdestoweniger bleibt, die Unausweichlichkeit der Abstraktion als historischer und systematischer Verlaufsstruktur zu dokumentieren. Im historischen Neuansatz ist häufig auch eine Neusituierung des Konkreten angelegt; sie gelingt – paradoxerweise – allerdings nur insoweit, wie dieses durch erneute Systematisierung partiell aufgehoben wird.

2. Geschichtsphilosophische Grundmodelle und Abstraktion

Der geschichtliche Verlauf ist darstellbar in drei verschiedenen Formen[1], als kreisförmige Bewegung (Zyklus), als lineare Abfolge sowie als Verbindung von Zyklus und Linearität. Alle drei Formen sind zugleich Modelle der Deutung von Geschichte und insofern Abstraktionen. Als solche sind sie beziehbar auf die erwähnten theoretischen Abstraktionsklassen und -arten. Sie sind - wie diese – in einem Abstraktionskreis, der Übergänge zwischen den verschiedenen Formen erlaubt, und darüber hinaus ebenso in einem bestimmten historischen Zusammenhang anzuordnen.[2]

Die Geschichtsdeutung des Mythos wie der transzendentalen Heilserwartung ist im Prinzip zyklisch.[3] ‚Geschichte' bezeichnet hier Jahreszeitliches, Kosmologisches, Vorgeschichtliches, das seinen Abschluß nicht in sich selbst, sondern in einem ahistorischen, übergeschichtlichen Zustand findet.[4] Die Selbstverständlichkeit des Ganzen, das zum Ganzen erst durch Wiederholung, durch den endlichen oder unendlichen Kreislauf wird, ist eine Welt des Pseudokonkreten[5], das Unterscheidungen zwischen konkret und abstrakt noch gar nicht erlaubt – eine Welt ohne Entwicklung im neuzeitlichen Sinn[6]. Die Wahrheit dieser Welt liegt nicht in deren Inhalt, sondern in der Form der Bewegung und damit außerhalb der Geschichte, sie ist eschatologisch.

Erst die idee des Fortschreitens[7] löst den Zyklus auf in eine mehr oder weniger lineare Bewegung. Diese Bewegung kann reversibel oder irreversibel, sie kann abschließbar, endlich, teleologisch oder nicht abschließbar, unendlich sein; und zwar entweder innerhalb (historisch) oder außerhalb der Geschichte (metaphysisch). Die Wahrheit dieser Bewegung liegt in der Vorstellung eines historischen Ziels, im geschichtlichen Zustand selbst; sie ist deutbar als Abstieg oder Aufstieg, als Dekadenz oder als Progreß. Letztes Zeil dieser Bewegung ist die Welt des Allgemeinen als des Wahren[8], sie ist Evolution auf den Begriff hin.[9] Diese Theorie taucht bereits früh in der Antike auf (bei Hesiod), aber sie entfaltet ihre volle Wirkung erst in der Aufklärung des 18. Jahrhunderts.

Die dialektische Verbindung von Zyklus und Linearität stellt die ‚Spiraltheorie' dar. Sie ist der geschichtsphilosophische Ausdruck des Zweifels an der Wahrheit des Allgemeinen und liefert das geschichtstheoretische Modell einer konkreten Totalität.[10] Die Wahrheit dieser Geschichtsform liegt in der Gegenwärtigkeit des jeweils erreichten Zustands. Die implizierte Philosophie des Konkreten fordert die Gleichzeitigkeit des Ungleichzeitigen.[11] Die erkenntnistheoretischen Voraussetzungen dieses Modells bedingen seine sozialtheoretischen Konsequenzen: Indem das Allgemeine sich des Ganzen bemöchtigt, ist es lebensweltlich gesehen das Unwahre, es zerstört das Individuelle. Hier dagegen gewinnt das Konkrete als Humanum sein Recht zurück (‚individuum est ineffabile').[12]

Sowohl in systematischer als auch in historischer Hinsicht sind zwischen den einzelnen Theorien Übergänge und Mischformen möglich. Der historische Wandel, die Abfolge der Theorien ist ebenfalls geschichtsphilosophisch-anthropologisch begründet. Diese Begründungsebene bestimmt auch die jeweilige Priorität der verschiedenen erkenntnistheoretischen Abstraktionsmodelle und deren jeweilige Anwendungsgebiete. Über den Begriff der Abstraktion lassen sich somit die Struktur der Bewußtseinsgeschichte, die Wissenschaftsentwicklung, die Abfolge der Geschichtsphilosopheme sowie die ästhetische Theorie und Praxis in einen systematisch-historischen Zusammenhang stellen.[13]

3. Der geschichtliche Verlauf von ‚Abstraktion und Dichtung' (Schema)

Eine die Wissenschafts- und Kunstentwicklung sowie lebensweltliche Verhältnisse berücksichtigende historische Strukturanordnung von Abstraktion und Dichtung ergibt folgendes Schema:

Vor dem philosophischen Denken besteht die vorbewußte Einheit der Lebenswelt. Sie bildet die historische wie kognitive Voraussetzung der Erkenntnisbewegung und ist irrational konkret (to synolon). Eine klassifikatorische Konkretion, die die Dinge in einen Ordnungszusammenhang zu bringen versucht – dies allerdings schon Ausdruck des Verlusts der Einheit und Zeichen für eine arbeitsteilige Rationalisierung –, entwickelt sich zu einer hypostativen Konkretion, die Namen für bestimmte Dinge erzeugt und Stellvertretung ermöglicht. Dieser lebensweltlich-vorwissenschaftlichen Hypostase entspricht in der nachfolgenden, vorwiegend kosmogonischen Philosophie und Wissenschaft eine intensional-irrationale Abstraktion (der Mystik, der Magie und des Mythos), deren intuitiver Charakter sich allmählich mehr zu einer extensional-klassifikatorischen Abstraktivität verändert. Die lebensweltliche Deduktion aus dem konkreten Zusammenhang des Ganzen tritt hinter einer allmählich dominierenden wissenschaftlichen Induktion zurück. Aus dem Ganzen wird das Einzelne gelöst und zum Besonderen gemacht (Deduktion), um ein Allgemeines (Analyse, Induktion) und mit einem Namen, einem Begriff versehen zu werden.

Das utopische Moment der Kunst holt den Übergang von der klassifikatorischen zur hypostativen Konkretion, wie ihn die Lebenswelt vollzieht, sowie den wissenschaftlichen Weg von der Irrationalität zur Klassifikation ein und gibt dieser Bewegung ein retardierendes Moment, im beabsichtigten Rückgang auf den Ausgangspunkt der lebensweltlichen Verhältnisse, hier auf die irrationale Konkretion. In der Kunst wird der Versuch gemacht, auf der erreichten Abstraktionsstufe eine neue Einheit des Konkreten herzustellen. Dies setzt jedoch das Zerbrechen der sinnlichen Einheit, das schon dem frühesten Kunstwerk immanent ist, voraus. Kunst will in dieser und den folgenden Stufen des Abstraktionskreises die positiven Möglichkeiten der Abstraktion ‚aufheben'. In diesem Sinne ist sie eine retrospektive Utopie.

Der beschriebene Ablauf charakterisiert Lebenswelt, Erkenntnis- und Kunstbewegung nicht nur im Übergang von der Prähistorie zur geschichtlichen Zeit.[1] Das Schema läßt sich als – zumindest als Metapher für – das kognitive Strukturgesetz der Geschichte bezeichnen. Es verläuft bis zur klassischen Antike etwa so:

Die lebensweltliche hypostative Konkretion der Namensgebung weicht allmählich einer rationalen Konkretion der Entdeckung des empirischen Ich. Das *frühantike* Denken entwickelt die bisherige klassifikatorische zu einer hypostativen Abstraktivität der ‚einfachen' Welterklärung durch mythologische Modelle (Kosmogonie); die frühantike Kunst (Epos, bildende Kunst) faßt wiederum befürchtete lebensweltliche Entwicklung zu rationaler und die hypostative Abstraktivität der Philosophie als Basis auf, um eine hypostative Konkretion der Einzelnamen, der mythologischen Figuren in Erzählung und Bild anzustreben.

In der *vorklassischen Zeit* entstehen lebensweltlich magisch-mystische Tendenzen (im Übergang von rationaler zu irrationaler Konkretion), die philosophische Entwicklung geht zu einer rationalen Abstraktivität (Vorsokratiker) über, und die Kunstentwicklung, im Zusammenschluß der beiden Bezugssysteme, zu rationaler Konkretion (Lyrik), die Abstraktion dennoch nicht vermeiden kann.

In der *klassischen Antike* schließen sich zwei Bewegungen zusammen: lebensweltlich zunächst der Weg von der irrationalen zur klassifikatorischen Konkretion (zur spezifischen Ausprägung des Polis-Gedankens); philosophisch zunächst der Übergang von der rationalen zur irrationalen Abstraktion (Platonische Ideenlehre) und in der Kunstentwicklung eine Tendenz zu erneuter Irrationalität (Aischyleische Tragödie), eine kurze Phase, die mit Sophokles, Euripides[2] und Aristophanes unmittelbar darauf zu einer beabsichtigten klassifikatorischen Konkretion und einer tatsächlich erreichten Abstraktion weitergeht: eine Entwicklung, die der Hellenismus fortsetzt. Dem entspricht lebensweltlich der weitere Weg von der klassifikatorischen zur hypostati-

ven Konkretion; in Philosophie und Wissenschaft eine Wendung zur klassifikatorischen Abstraktion der Induktion und Analyse (Sokrates, Aristoteles).
Die im einzelnen zwar von raschen Phasen bstimmte, im ganzen aber recht *Spätantike* (die in diesem Zusammenhang etwa ab der späten Republik und frühen Kaiserzeit Roms angesetzt wird) geht lebensweltlich von der hypostativen zur rationalen Konkretion, zum einheitsbildenden Staatswesen, zur Idee des Caesarismus. Philosophisch-wissenschaftlich beginnt die hypostative Abstraktion zu dominieren, was sich ausdrückt z. B. im hohen Sprachbewußtsein der Stoa, im Kommentatoren-Wesen, in der lateinischen Grammatikkonstruktion. Die spätantike Kunst ist geprägt von hypostativen Konkretionsversuchen, die abstrakt geraten (Beginn des Abenteuerromans, Lehrdichtung, Dominanz der Popularphilosophie, Historismus).
Das Alltags- und Erfahrungsdenken des frühen bis hohen *Mittelalters* löst die rationalen Gesellschaftsansprüche in Irrationalismen auf, die Verbindung von Christentum, Mythos und Magie zeigt eine Dissoziierung der Entwicklung. Die patristische wie auch die vorscholastische Philosophie (und Wissenschaft) versuchen eine Einheit denkend wiederherzustellen, indem sie sich von einer hypostativen auf eine rationale Abstraktion hinbewegen; auch die Kunst beschreitet diesen Weg, wobei ihr Konkretionsbedürfnis – und dies ist das Kennzeichen aller retrospektiven Utopien der Kunst – abstraktiv wird: Der große Einzelne, das Herrscheridol als Gegenstand der Kunst ist keineswegs individuell, sondern als Typus gedacht. Die Kunst zeigt damit allerdings auch die Gefahren einer rationalen Abstraktion auf, die ihren Einheitsgedanken auf Kirche und Hof überträgt.[3] So wird die intendierte rationale Konkretion, gerade unter diesem Anspruch, auch zu einem relationalen Spiel (sichtbar im höfischen Epos, im Minnesang), das die Idolatrie ins Textgefüge auflöst.
Der Individualisierungsschub des *späteren Mittelalters* führt zu einbem erneuten Vordringen klassifikatorischer Konkretionsbestrebungen im Alltag, im Gemeinschaftsleben; in Philosophie und Wissenschaft dagegen zu einer irrationalen Abstraktivität von Mystik und Magie, zu Hexenwahn und Aberglauben, allerdings ebenfalls schon Tendenzen zu einer erneuten Klassifikation zeigt (naturkundliche Entdeckungen etc.). Auch in der Kunst lassen sich, anhand der Darstellung eschatologischer Visionen, im Manierismus, im Eskapismus (Orient statt Artus), irrationalistische Tendenzen entdecken, in der ungeheuren Stoffaufbereitung jedoch bereits klassifikatorische Momente.
In der ersten *Renaissance-Phase* verändert sich lebensweltlich die klassifikatorische zur hypostativen Konkretion einer neuen Ordnung durch Bezeichungen, Begriffe; empiristische Bestrebungen sind der Ausdruck einer wissenschaftlichen Entwicklung zur klassifikatorischen Abstraktion (Kopernikus); auch die reformatorische Spaltung steht in diesem Zusammenhang. Ebenso herrscht in der Kunst das klassifikatorische Extensionsideal (Volksballaden, vielstrophige Lieder, Gattungseinteilung in Scaligers Poetik u. v. a.).

In der *Spätrenaissance* verfestigen sich die Strukturen. Zwar wird lebensweltlich eine rationale Konkretion bevorzugt, die ein neues Einheitsstreben signalisiert, doch wissenschaftliche Hypostativität und ebenso künstlerische Hypostase zeigen fortschreitende Verbegrifflichung an.

Die lebensweltliche Irrationalität der *ersten Hälfte des 17. Jahrhunderts* ist Ausdruck der Verunsicherung durch den Dreißigjährigen Krieg; in Philosophie und Wissenschaft wird eine rationale Abstraktivität zentral (Zeichen dafür sind z. B. Bacons Aphoristik einerseits und auf der anderen Seite Descartes' Ich-Philosophie) – ebenso in der Theorie des politischen Absolutismus; auch die künstlerische Entwicklung tendiert zur rationalen Konkretion (Abstraktion), indem sie der hypostativen Verfestigung eine neue Intension entgegensetzt. (Dies zeigt, daß die Dichtung besonders gegen Ende des Dreißigjährigen Krieges keineswegs auf reiner Formelhaftigkeit beruht, sondern Ausdruck einer tatsächlichen Betroffenheit ist.) Die philosophische Intensionalitätswende ist das Kennzeichen der beginnenden Neuzit.

Im *späteren Barock* entstehen lebensweltlich klassifikatorisch konkretive Tendenzen, die sich im Interesse am Detail, in einer erneuten Weltzuwendung artikulieren; die Philosophie dagegen bekommt irrationale Züge (Spinozismus), auf die auch die Kunstentwicklung, trotz versuchter Konkretion, zusteuert (Lohensteinscher Manierismus etc.).

Die Entwicklung in der *Frühaufklärung* (ca. 1680 – 1710/20) zeigt lebensweltlich eine hypostative Verfestigung und philosophisch-wissenschaftlich eine neue klassifikatorische Abstraktivität im erkenntnispraktischen Empirismus, mit einer Neigung bereits zur hypostativen Sedimentierung (wie sie z. B. die ‚Moralischen Wochenschriften' zeigen). Auch die Kunst (Lehrdichtung, Malerei) zeigt eine starke Gegenstandsbezogenheit. *Die zweite Phase der Aufklärung* von etwa 1710/20 – 1740 ist bestimmt vornehmlich vom lebensweltlichen Versuch, der hypostativen Benennung von Gegenständen eine neue Einheitsidee abzugewinnen; dies führt in der Philosophie und Wissenschaft allerdings genau gegensätzlich zur Hypostase, zum Wiedererstarken einer rationalistischen Metaphysik und literarisch zur Kumulation von Namen, Termini und Begriffen in einer hypostativ abstrakten Poesie. *Spätaufklärung und Empfindsamkeit* zeigen eine Tendenz zu lebensweltlicher Irrationalität, deren Spektrum reicht von pietistischer Augenblickserfahrung über emotionalistische Verallgemeinerungstendenzen bis hin zu magischen Praktiken, die vernünftig abgeleitet werden sollen, im Bereich von Volksaufklärung, Bauernregeln etc. Die philosophisch-wissenschaftliche Entwicklung richtet sich auf eine rationale Abstraktivität (Kants Metaphysikkritik als Ausdruck neuer Intension); in der Kunst wird diese Entwicklung, im Wunsch der Rückkehr zur konkretiven Stufe, letztlich fortgeführt (Odentheorie, intensional-abstrakter Dichter-Begriff): die große literaturgeschichtliche Zäsur als Intensionalitätswende.

Sturm und Drang und Vorklassik zeigen lebensweltlich eine erneute Wendung zu den

Einzelgegenständen (klassifikatorische Konkretion), philosophisch-wissenschaftlich eine Abwendung vom rationalen Einheitsstreben der vorausgehenden Periode (Verwandlung der gerade entstandenen Geschichtsphilosophie in Geschichtsmetaphysik, Ablösung der Metaphysikkritik durch eine neue Irrationalität, wie sie sich in den *Kritiken* Kants zeigt). Der Geniekult offenbart irrationale abstrakte Züge, die Begründung des künstlerisch Schönen ist davon ebenfalls nicht frei ('interesseloses Wohlgefallen'). Die *erste Phase der Klassik* zeigt lebensweltliche Verfestigung zur hypostativen Konkretion, philosophisch-wissenschaftlich eine erneute Klassifikation (in der Kant-Nachfolge) und künstlerisch eine erneute Tendenz zur klassifikatorischen Konkretion, die in Abstraktivität übergeht (Moritz). In der *zweiten Phase* zeigt sich lebensweltlich ein neues Einheitsstreben in rationaler Konkretion, der Versuch, ein empirisches Ich (auf der Basis des intelligiblen) herzustellen; philosophisch-wissenschaftlich eine hypostative Verfestigung der allgemeinen Begriffsnamen, der Systeme und künstlerisch eine hypostative Konkretion, mit der Tendenz, in Abstraktivität auszuweichen (Schillers philosophische Lehrgedichte).

In der *Frühromantik* nun setzt eine generelle Intensionalisierung ein. Die vielfachen Versuche, Kants Erkenntnisse in Praxis umzusetzen, führen zu einer Irrationalität lebensweltlicher Verhältnisse und ihrer Einschätzung sowie zum philosophischen Versuch, die rationale Einheit eines intelligiblen Ich zu erhalten und zu begründen.[4] In der Kunst gelingt dies schon nicht mehr; sie richtet sich – wiederum in retrospektiver Utopie – auf die rationale Konkretion der früheren Stufe der Lebenswelt zurück, um letztlich doch über den Versuch, dies auch philosophisch-künstlerisch zu befestigen, von rationaler Abstraktion, die die Einheit der Person noch gewährleisten soll, in eine dissoziierende Irrationalität überzugehen. Die *späteren Phasen der Romantik* zeigen diesen Prozeß sehr deutlich: Einer lebensweltlich klassifikatorischen Konkretion, der allmählichen Zuwendung zu den Einzelgegenständen entspricht philosophisch eine Irrationalität (der Traumwelten, der ‚Nachtseiten der Naturwissenschaft') und künstlerisch eine irrationale Aufspaltung in Phantasie- und historisch rückwärts gewandte Glaubenswelten (E. T. A. Hoffmann, Eichendorff, Brentano).

Der Detaillismus des *Biedermeier* zeigt sich zunächst in der Verwendung von Namen für Gegenstände (hypostative Konkretion); in Philosophie und Wissenschaft als klassifikatorische Abstraktion, dem Versuch eines extensionalen Neuansatzes in der Bewältigung der Probleme, und in der Kunst – als Ausdruck dieser Detailfreude – in beschreibender, klassifikatorischer Konkretheit, ebenfalls mit der Tendenz, abstrakt zu werden (z. B. Drostes ‚christlicher Naturalismus').

Junges Deutschland und Vormärz führen diese Entwicklung fort, lebensweltlich von der hypostativen zur rationalen bzw. der rationalen zur irrationalen Konkretion; philosophisch-wissenschaftlich von der klassifikatorischen zur hypostativen bzw. von der hypostativen zur rationalen Abstraktion und literarisch-künstlerisch von einer hypostativen Abstraktion, wie sie die Schlagworte des Jungen Deutschland zeigen, zum Versuch einer neuen – auch explizit politisch gemeinten – Einheitsbildung durch rationale Abstraktivität in der Literatur des Vormärz.

Das hier vorgestellte Schema läßt sich fortsetzen[5]; es sollte jedoch gerade in seiner notwendigen Verknappung und der unvermeidlichen Unterdrückung historischer Einzelerscheinungen nicht der Eindruck erweckt werden, als ließen sich geschichtliche Phänomene auf einen einzigen strukturlogischen Stellenwert reduzieren. Selbstverständlich bestehen Überschneidungen zwischen den einzelnen Perioden, und ebenso selbstverständlich artikulieren sich in ein und demselben Kunstwerk häufig verschiedene Entwicklungsphasen.

C. Stationen der Geschichte von ‚Abstraktion und Dichtung'

I. Antike

Lebensweltliche Ausgangsbasis für die Ordnung des Alltags, des Zusammenlebens, für Erkenntnis und Kunst ist eine irrationale Konkretheit des dinglichen Zusammenhangs, in dem das Ganze einer naturgegebenen Ordnung sich auch als gesellschaftlich Integrales artikuliert. Dieser konstruierte Archetypus läßt sich anhand stammesgeschichtlicher Entwicklungen aufdecken.[1] Schon sie aber zeigen einen Prozeß zu allmählicher Abstraktion (so beispielsweise im Totemismus). Die Ausdifferenzierung eines vorwissenschaftlichen, präphilosophischen Denkens ist religiös-gesellschaftlich bedingt. Im Erlernen der Sprache, in der Erfindung von Namen (hypostative Konkretion) drückt sich eine Abstraktion von der Wirklichkeit und eine wachsende Fähigkeit zur Verallgemeinerung aus[2], die zur Spaltung einer ursprünglich integralen Gesellschaft und zu der von Theorie und Praxis führt. Hier liegt der Ursprung des abstrakten Denkens[3], das eine wesentliche Förderung durch ökonomische Neuerungen, insbesondere durch die Einführung der Geldwirtschaft erfährt[4]. Die Einführung des Geldes bezeichnet eine Ausgliederung des Menschen aus den ihn umgebenden Gegenständen, zu denen er sich durch einen Bewußtseinsakt distanziert. Dieser keineswegs monokausal zu begründende, sondern als Ausdruck gegenseitiger Beeinflussung aufzufassende Prozeß setzt ein theoretisches Bewußtsein frei, das die Außenwelt durch Klassifizierung und Symbolbildung zu dominieren beginnt.

Seinen artifiziellen Ausdruck findet dieser Vorgang in der Kunst der Zeichen, Hieroglyphen, in der Entwicklung der Schrift. In der klassischen Antike gilt dies für die sogenannte vorhomerische Zeit. In der Frühantike oder in dem, was man die Homerische Zeit nennt, zeichnet sich neben dem lebensweltlichen Versuch, die ‚erfundenen Namen' in eine neue, bewußtseinsbezogene Einheit zu bringen (rationale Konkretion), im mythologischen Denken eine anthropomorphische Konkretisierung ab, was sich ablesen läßt an der Transformation der hieroi logoi zur Götterbiographie, an der immer stärker ausufernden geneologischen Entfaltung einzelner Mythen und ihrer Zusammenhänge[5], an der Übertragung von Familienstrukturen auf die Götterwelt. Die Erfindung immer neuer mythischer Namen zeigt eine hypostative Konkretion auf, durch die implizite Eliminierung aller superstitiösen Momente und die Umformung dessen, was nicht verdrängt werden kann, ins Spielerische, enthält jedoch auch dieser Vorgang einen abstraktiven Zug.[6] Das ‚epische Gleichnis' Homers, die Entfaltung bestimmter Themen in der zeitgenössischen Vasenmalerei[7], Hesiods *Theogonie*, seine mythisch-historische Perspektive in *Erga kai Hemerai* bezeugen für die Kunst den Versuch, einer bereits drohenden Abstraktivität in Lebenswelt und

Religion die ‚Selbständigkeit der Teile' entgegenzusetzen. Die in der vorklassischen Zeit des 7./6. Jahrhunderts aufkommenden Mysterienkulte verschiedenster Provenienz signalisieren das Zerbrechen lebensweltlicher Einheit in Disparatheit. Xenophanes' Kritik an den Mythen weist auf deren Beliebigkeit hin, dergegenüber er seine eleatische Einheitsphilosophie ausbildet. Da volle Gewißheit über eine sich immer mehr diversifizierende Götterwelt zumal in anthropomorpher Bildlichkeit nicht zu erlangen ist, fordert er eine von den trügerischen Sinnen gereinigte ‚Weisheit', einen monotheistischen Gottesbegriff (der pantheistische Züge trägt). Aus der Ablehnung unzuverlässiger Sinneswahrnehmung und einer noch unsichereren Doxa entwickelt Parmenides seinen Begriff der Substanz, des ‚Seienden'. Die hypostative Benennung der beiden Urstoffe (Feuer, Masse) siedelt Parmenides zwischen einer hypostativen und einer darauffolgenden rationalen Abstraktivität an. Eine ähnliche Position nimmt Heraklit im Rahmen dieses strukturlogischen Schemas ein, der die reine Vernunft, den Logos, noch bildlich benennt und dessen Vorstellung eines ständigen Wechsels zwischen Vielheit und Einheit[8] Ausdruck für ein Pendeln zwischen hypostativer und rationaler Abstraktivität ist.

„[...] Tatsache jedenfalls ist die hohe Abstraktionsstufe, auf welcher die vorsokratische Philosophie steht. Die *Arkhai*, Ursprünge oder Prinzipien, das *Apeiron*, Unendliches oder Unbestimmtes, der *Logos*, Wort oder Weltgesetz, was sind sie anderes als Abstraktion in höchster Stufe. Für *Parmenides* waren das Denken (Noein) und das Sein (Einai), so auch das Denken und das Objekt des Gedankens dasselbe (Fragm. 5 und 8.34, Diels). Abstraktionen des Werdens als Scheinbegriffe kritisiert er in letzterem Fragment (8.38 ff.): ‚Daher sind alles nur *leere Namen* (Onoma), was die Sterblichen festgesetzt haben, in dem Glauben, sie seien wahr: ‚Entstehen' und ‚Vergehen', Sein' und ‚Nichtsein', ‚Veränderung des Ortes' und ‚Wechsel' der leuchtenden Farbe'. Eine der höchsten und zugleich tiefsten Abstraktionen ist der Logos in *Heraklits* Fragment (45): ‚Der Seele Grenzen kannst du nicht ausfindig machen, wenn du auch alle Wege absuchtest; so tiefgründig ist ihr Wesen (Logos)'."[9]

Einen Schritt weiter geht Pythagoras, dessen Zahlabstraktion eine einheitsbildende rationale Abstraktivität (allerdings mit einem Ansatz von Irrationalität) darstellt.[10] Die in dieser Zeit sich ausprägende neue Bewußtseinseinheit zeigt sich in einer verstärkten Rationalität (die allerdings keineswegs rationalistisch ist), wie sie auch in den Mythos eindringt: als immer differenziertere Individualisierung sowie als diffuse Manifestation des Göttlichen in Kollektivierungstendenzen (aus Eros werden die Eroten, aus Pan die Panes). Dem entspricht ein Konzentrationsprozeß, in dessen Verlauf kleine, bodenständige, lokale Gottheiten von den ‚großen' Göttern absorbiert werden.[11] Der Weg vom ‚Mythos zum Logos'[12] wird beschleunigt dadurch, daß eine metaphorische Beanspruchung der religiösen Begriffe durch Dichtung und später durch Philosophie jene ihres eigenständigen Charakters entkleidet, um sie zu funktionalisieren. Die Lyrik des 6. Jahrhunderts zeigt dies in extremer Deutlichkeit.[13]

Die lebensweltliche Ausrichtung der klassischen Zeit besteht aus einer Kombination von klassifikatorischer und unmittelbar darauffolgender hypostativer Abstraktivität. Sowohl die spezifisch griechische Ausprägung des Polis-Gedankens als auch seine Umsetzung in gesellschaftliche Hierarchien zeugen davon. Der in der Frühantike entstandene mythologische Ordnungsgedanke, wie er sich im Homerischen Epos deutlich zeigt, zerfällt mehr und mehr und fordert zu einer philosophischen Gegenbewegung heraus. Sie findet ihren, nach den Vorsokratikern, zweiten Höhepunkt weniger in der klassifikatorischen Abstraktivität eines Sokrates als in der Irrationalität der platonischen Ideenlehre. Sie ist Ausdruck und Summe von Mysterienkult und vorsokratischem Einheitsdenken sowie der Versuch, die Spaltung zwischen traditioneller Kultübung und einer rational-abstrakten Religiosität (vor allem der Gebildeten) zu überwinden. Platon verläßt damit den logischen Immanentismus Sokrates' sowie der Sophisten und erhöht den Begriff zur transzendenten Wesenheit. Die Priorität des ontologischen Substantialismus bei Platon führt zu einer metaphysischen Abstraktionslehre innerhalb seines dualistischen Weltbildes. So betrifft der ‚Chorismos' die Ideen, das ontologisch selbständige Allgemeine, während die ‚Aphairesis' im Bereich des Werdens als rein intellektueller Vorgang, der zur Erkenntnis nötig ist, verbleibt.[14]

Nimmt man die platonischen Dialoge auch als Kunstwerke, was sie zweifellos in hohem Maße sind, so zeigt die Integration des Mythos in zentrale Phasen des philosophischen Gesprächs eine strukturlogische Entwicklung zur Irrationalität auch hier auf (gegenüber dem rationalen Konkretionsversuch der Vorklassik). Abstraktion und Mythos zeigen sich an dieser historischen Schaltstelle in enger Verbindung. Der platonische Schlußmythos, der die strukturale Eschatologie der Dialoge ins Inhaltliche überführt, korrespondiert ihrer ontologischen Abstraktion, während die ‚Erzählungen' Aristoteles' auf exemplarische Fälle, auf Belege, auf rationalistische Konkretion seines Abstraktionsbegriffs angelegt sind.[15]

Die irrationale Abstraktivität Platons verstärkt sich im Laufe seines Schaffens.[16] Auf höherer Abstraktionsebene durchläuft er die Probleme seines Frühwerks erneut.[17] Das äußert sich auch im Bereich des Stils: Knappe Deduktion steht neben hochtönender Mythographie.[18] Zwei stilistische Extremformen verbinden sich hier unter dem Aspekt irrationaler Abstraktivität. Die platonische Mythographie hat eine geschichtsphilosophische Bedeutung, die auch die erkenntnistheoretische Abstraktion des deduktiven Verfahrens bestimmt. Dies findet seinen Ausdruck in der Lehre von einer zyklischen Anamnesis.[19]

Entsprechend den Verhältnissen in Lebenswelt und Philosophie ist die Bewegung der Literatur angelegt. Die griechische Tragödie entwickelt sich aus der intensionalen Abstraktivität des Dithyrambus. Die Aischyleische Monstrosität in Stoff und Sprache, sein Pathos und erhabener Stil, seine Metaphorik, der häufig jede Vergleichsebene fehlt, seine Verwendung von etymologischen Figuren als Ausdruck der ‚Identi-

tät des Identischen' verweisen auf eine künstlerische Entwicklung ebenfalls zum Irrationalen, das sich im Mythos geborgen weiß.
Gegenüber diesen Tendenzen zeigt – trotz der zeitlichen Priorität – das sophistische und sokratische Denken eine klassifikatorische Begrifflichkeit[20], die in mittelbarer Folge zum dritten Höhepunkt der griechischen Philosophie, zu Aristoteles und seiner Platon-Kritik, führt. Diese richtet sich vor allem gegen die Metaphysik seines Vorgängers, dergegenüber Aristoteles seine grundlegende, über eine Jahrtausend und darüber hinaus maßgeblich gebliebene erkenntnistheoretische Abstraktionstheorie des induktiven Verfahrens entwickelt. Aristoteles vertritt eine strikte Beschränkung des Begriffs der Abstraktion (Aphairesis) auf die Erkenntnistheorie. Seine Unterscheidung von ‚Mathematisch-Seiendem' und ‚Physisch-Seiendem' begrenzt den Abstraktionsbegriff auf den ersten Teil, unter nur gelegentlichen Hinweisen auf eine Verwendung von Abstraktion als erkenntnistheoretischem Verfahren im Bereich des Physischen, das durch Determination (Prosthesis) praktisch gesetzt wird, seinen Seinscharakter jedoch durch die Bewegung des Denkens auf sein Sein hin verlieren kann, da dieser in seiner Entelechie festverankert ist.[21]
Das Verhältnis von Poesie und Geschichte bestimmt sich ebenfalls nach dem Grad der Abstraktion.[22] Hier zeigt sich eine genaue Umkehrung des Verhältnisses gegenüber Platon, bei dem Poesie an das Wirkliche gebunden ist und damit allzu konkret, allzu sehr der Sinnenwelt verhaftet, allzu sehr der Doxa ausgesetzt ist, um mit der Idee konkurrieren zu können. Poesie kann aber wie die Mythologie als Medium der Beschreibung idealer Zustände dienen (irrationale Abstraktivität). Bei Aristoteles wird derart mythographische Poetologie bzw. Geschichtsphilosophie zugunsten einer konkreten Geschichtsschreibung zurückgedrängt, und Poesie erhält damit einen dem Begrifflichen, dem Allgemeinen näher zugeordneten Platz: Sie ist die Darstellung des Möglichen, im Übergang von zufälliger Wirklichkeit, mit der sich die Geschichtsschreibung befaßt, zu den notwendigen Gegenständen, die der Philosophie vorbehalten bleiben.
Die antike Auffassung der Geschichte kennt drei Modelle ihres Ablaufs: eine zyklische Vorstellung von der Abfolge unzähliger Kulturperioden[23], wie sie Platon und Aristoteles vertreten haben; eine frühere pessimistische Auffassung des stetigen ethischen und sozialen Niedergangs, wie sie Hesiod zuerst in aller Schärfe dargestellt hat; demgegenüber eine optimistische Geschichtsidee in der materialistischen Philosophie seit Demokrit und der Sophistik.
Auch den nicht-zyklischen Theorien eignet jedoch keineswegs die Vorstellung eines linearen Prozesses, der entweder zu totaler Perfektion oder zur vollständigen Auflösung führen könnte. So ist es nur folgerichtig, wenn Thukydides die anthropologischen Konstanten, die Physis, zur Grundlage seiner typologischen Geschichtsauffassung macht. Die Annahme einer unveränderlichen menschlichen Natur bestimmt sowohl die geschichtsphilosophischen Ansätze als auch Thukydides' Geschichts-

schreibung. Dessen Forderung nach Feststellung der Wahrheit statt der Weitergabe von zufällig Überliefertem (der Vorwurf gegen Herodot), seine Methode wissenschaftlicher Kritik, sein strenger Kausalitätsbegriff und die Hoffnung auf praktischen Nutzen der historischen Geschichtserkenntnisse ordnen ihn historisch einer klassifikativen Abstraktivität zu. Solchem Denken entstammt auch die Tragödie Sophokles', der dies schon durch die Einführung des dritten Schauspielers anzeigt. Denn erst das Dritte ermöglicht Klassifikation, Erweiterung des Analogen oder des Widerspruchs, wie ihn die Zahl ‚Zwei' symbolisiert. Auf sie, die Klassifikation, deutet auch die Veränderung des Stils, eine Synthese aus der bombastischen Erhabenheit des Aischylos und einer von Sophokles zunächst bevorzugten strengen Artifizialität. Das tragische Geschehen wird vom Mythos nicht mehr ‚eingeholt', die Isolation des Helden, sein Widerspruch zu Welt und Nemesis stürzen ihn in den Untergang.
Das Handeln der Götter ist den Helden der Euripideischen Tragödien vollends unverständlich geworden; die Welt, aus Antinomien bestehend, zeigt nur die Isolation dessen auf, der sich darin nicht mehr zurechtfinden kann. Katharsis erfolgt weder über mythische Geborgenheit noch über Furcht und Schrecken des tragischen Untergangs, sondern letztlich in der Immanenz des Humanen, das Euripides' Tragödien nicht mehr oder noch nicht darstellen können. Die Apotheose Medeas wirkt wie eine Karikatur dessen, was dieses Schema zu leisten nun vergeblich noch vorgibt. Es ist hypostatisch abstrakt, indem allein der Name geblieben ist. Auch in Aristophanes' Komödien verbinden sich verschiedene Abstraktionselemente: im älteren Typ der politischen Parodie klassifizierendes Ethos; in der mittleren und späteren Periode überwiegt das begrifflich Märchenhafte, das Utopische (im phantastischen Friedensappell der *Lysistrate*) sowie skeptische Distanz und Tragödienparodie (*Koklos*). Die ältere Stoa[24] gesteht der Abstraktion, die als Erkenntnisverfahren zugelassen wird, keinerlei entscheidende Bedeutung zu. Eine Wesenserkenntnis kann über sie nicht erreicht werden; die von ihr gebildeten Allgemeinbegriffe (Ennoemata) bezeichnen weder das Wahre noch das Falsche, sie sind Ergebnisse reiner Verstandestätigkeit, die von den Stoikern vornehmlich psychologisch interpretiert wird.[25] Ihr hohes Sprachbewußtsein, ein ausgeprägtes Verständnis für das relationale Spiel der Sprache dokumentiert ihre hypostative Abstraktivität.[26] Dies gilt für den gesamten Hellenismus.
Der römische Eklektizismus in Philosophie und Literatur sowie der Pragmatismus des Römertums[27] setzt die bewußtseinsgeschichtliche Entwicklung auf der Stufe des eben Erreichten relativ fest. Dominant ist in der späteren Antike lebensweltlich eine Tendenz zur rationalen Konkretion, auf die sowohl die gesellschaftlichen Verhältnisse der römischen Republik als auch der Kaiserzeit hinsteuern. Eine hypostative Abstraktivität in Philosophie und Wissenschaften benennt und systematisiert das bisher Gedachte, um es praktisch anzuwenden. In ähnlicher Weise verfährt sowohl die philosophische Literatur als auch die römische Poesie, seien es die Anfänge der Komödie in der Mitte des 3. vorchristlichen Jahrhunderts, die Werke der Lyriker, sei

es Horaz' *Ars poetica*, Vergils Staatsepos, Lukrez' Lehrgedicht, der Ciceronianische Dialog, Ovids Mythologie oder Livius' Geschichtsschreibung. Sie alle tragen zur Neuordnung des politischen und des Alltagslebens bei, indem sie in je abgewandelter Form aussprechen oder zusammenfassen, was bisher gedacht oder getan wurde. Auch die ‚silberne Latinität' eines Seneca, Lukan, Petron, Martial, Tacitus und Juvenal, auch die *Institutiones* Quintilians sind Ausdruck einer nun allerdings schon nicht mehr so festen, sondern von einem gebrochenen Verhältnis zum imperialen römischen Gedanken gerade noch getragenen Hypostativität. Von ihr ist auch die römische Religion, sind ihre funktionellen Gottheiten, deren Namen ihr Wesen ausdrückt, sind die Götter ohne Lebensgeschichte eines abstrakter gewordenen Mythos, ist die Pathologie eines Polybios, sind die ethischen Allgemeinbegriffe, die das gesellschaftliche Leben bestimmen[28], sind auch noch die *Annalen* Tacitus' und vor allem die Biographiensammlung Suetons geprägt.[29]

II. Mittelalter

Es kann hier nicht der Ort sein, die ‚Lebensformen im Mittelalter'[1] sowie Literatur und Philosophie der Zeit zu untersuchen. Einige Hinweise müssen genügen. Lebensweltlich zeigt sich am Ende der Spätantike und zu Beginn dessen, was man frühes Mittelalter nennen mag, eine neue Tendenz zur Irrationalität. Bereits institutionalisierte, aus der Antike fortwirkende und vom Christentum integrierte Normen mischen sich mit der heimischen Überlieferung der zu christianisierenden Länder, gegen deren Traditionen die Kirche einen anstrengenden und dauerhaften Kampf zu bestehen hat.

Auch wenn man die Tatsache der lückenhaften Überlieferung berücksichtigt, läßt sich wohl behaupten, daß die althochdeutsche Literatur der Karolingischen Epoche, des 9. und 10. Jahrhunderts noch kaum als eigene Institution, die sich vom Alltagsbereich abgrenzt, aufzufassen ist. Insofern vertritt sie dessen Tendenzen und Entwicklungen. Sie dient der Transformation christlichen Gedankenguts in germanische Sozialstrukturen, in der christlichen Deutung weltlicher Ereignisse; daneben obliegt ihr die Fixierung einheimischer Riten und Zaubersprüche. So zeigt sich hier bereits, was die klerikale Dichtung entschieden verkörpert: der Versuch, auf dem Wege der Übertragung der christlichen Religion eine neue Einheit des Disparaten herzustellen. Dem entspricht die augustinische Prädestinationslehre;ihre Geschichte des Kampfes zwischen irdischem und göttlichem Reich, der letztlich nur in einer von Gott getragenen Selbstgewißheit des menschlichen Bewußtseins aufgehoben werden kann. Auch der Neuplatonismus Augustins ist vom Einheitsgedanken beherrscht und stark von der Irrationalität der lebensweltlichen Verhältnisse geprägt. Auch die in dieser Zeit von christlichen Kommentatoren antiker Philosophie unternommenen Definitionen, Übertragungen und Neudeutungen des Abstraktionsbegriffs sind vom erwähnten Widerspruch beherrscht.

> „Nachdem Alexander v. Aphrodisias und die folgende Aristoteles-Kommentatoren-Schule überhaupt zum ersten Mal den Allgemeinbegriff als immanentes Resultat des abstrahierenden Denkens verstanden hatten, wurde diese gegenüber der aristotel. Lehre grundlegende Neueinsicht dem Mittelalter durch Boethius vermittelt, nach dessen einschlägiger Lehre das Allgemeine in der A. als ‚für sich Bestehendes' erkannt wird, ohne jedoch in Verbindung mit Sinnfälligem ein subsistierendes Seiendes zu sein."[2]

Ganz so geradlinig verläuft die Vermittlung aristotelischen Denkens ins Mittelalter allerdings nicht. Der Neuplatoniker Porphyrius schwankt zwischen der realistischen Behandlung der Allgemeinbegriffe und ihrer grammatikalischen Verwendung, und auch Boethius weist der Theologie die Aufgabe zu, das von der Materie ‚Getrennte', das von ihr freie ‚rein Geistige' zu behandeln[3], das keineswegs etwas Nur-Begriffliches ist. Der Akademiker und Kommentator Simplicius betrachtet Abstraktion zunächst im Sinne der Begriffsbildung wie Alexander von Aphrodisias[4], doch auch ihm bleibt die Trennung des im Verstande Erkannten vom Gegenstand ein Problem.[5] Die mit diesen Bestimmungen im abendländischen Denken erstmals vorgebrachte Lehre, man könne von einem sinnfälligen Einzelding aus zu einem Allgemeinen gelangen, indem das Denken die das Einzelseiende bestimmende Wesensform (forma essendi), eben das, was intelligibel ist, heraushebt und gesondert betrachtet, wurde im 10. und 11. Jahrhundert durch die neueinsetzende Aristoteles-Überlieferung noch einmal ausführlich rezipiert und modifiziert.[6]

Im 11. Jahrhundert beginnt unter dem Einfluß der cluniazensischen Reform eine Erneuerung und Vertiefung des religiösen Lebens, die auch die zeitgenössische Literatur erfaßt. Asketische und Strömungen der Selbstbesinnung zeigen eine Verfestigung des kirchlichen Einflusses; auf der anderen Seite wird in der starken Verweltlichung weiter Kreise der Gegensatz zum Geistlichen und seiner Literatur immer deutlicher. Gegenüber einer stärker inhaltsbezogenen oder sich in grammatischer Tätigkeit der Glossen, Interlinearversionen, Übersetzungen erschöpfenden Literatur wird jetzt ein sich entwickelnder Formanspruch immer sichtbarer. Ein neuer, literarischer Einheitsgedanke signalisiert, daß Literatur zur Institution im weltlichen (wie auch im geistlichen) Bereich wird. Aus der Fülle frühmittelhochdeutscher Literaturgattungen (Lehrgedicht, Predigt, Satire, Nacherzählung biblischer Stoffe, Marienlyrik, allmähliche Ausbildung des Dramas) kristallisieren sich zwei Formen heraus, die den Anspruch rationaler Konkretion erfüllen sollen: Lyrik und Epos. Sie leben von der Umsetzung des ritterlichen Tugendsystems und dienen seiner Verfestigung.

Schon die romanische Kunst hatte Abstraktionstendenzen gezeigt:

> „Der rhythmische Wechsel der Stile gelangt in der romanischen Kunst – nach dem Geometrismus der frühen und dem Naturalismus der späteren Antike, der

Abstraktion des frühchristlichen und dem Eklektizismus des karolingischen Zeitalters – wieder in eine Phase der naturfernen Typik und des Formalismus."[7]

Arnold Hauser sieht den Formrigorismus und die Abstraktion von der Wirklichkeit in der romanischen Kunst parallel mit der Ausbildung autoritärer Herrschaftsformen. Dies ist zweifellos nur eine von vielen Parallelen. Gewiß aber ist, daß um 1200 eine Kultur entsteht, deren Abstraktionsgrad mindestens ebenso hoch ist. In scholastischer Philosophie, gotischer Architektur und idealisierender Plastik artikulieren sich ein Universalismus sowie eine einheitsbetonende Reichsidee (rationale Abstraktion), deren literarische Themen von allem höfische Sitten, idealisierte Geschichte, abstrakte Abenteuer (im vorhöfischen und höfischen Roman) sowie das Phänomen der Minne sind.

Besonders hier läßt sich Abstraktion zeigen: Minnelyrik dient bekanntlich der Sublimation enttäuschter gesellschaftlicher Erwartungen und religiöser Zwänge. Den kulturellen Voraussetzungen entsprechen die dichterischen Formen: Minnelyrik ist keine individuelle Selbstäußerung, sondern exercitium und servitium, eine durch und durch idealistische Konzeption, die Sinnlichkeit nur als Negativfolie zur Läuterung zuläßt. Dies zeigt sich in festen formalen Regeln, in einer artifiziellen Strophik, in festdefinierten Rollen- und Dialogstrukturen, in der Funktion der Motive und Metaphern etc.[8] Vergleichbare Tendenzen vertritt auch die höfische Epik, deren Verfasser stets ihre Bildung, ihre Belesenheit betonen (mit Ausnahme Wolframs), um ihre Abstraktionen zu beglaubigen. Diese werden nicht nur in der Tatsache der versepischen Formung bestimmter Stoffe, aondern auch und vor allem in diesen selbst ausgesprochen: Artus, Gral, Tristan u. v. a. – sie alle sind rational abstrakte Konzentrate detailfreudiger Sagenberichte, die hier auf ihre Wahrheit hin angelegt werden.[9]

An einer literarhistorisch und poetologisch entscheidenden Stelle wird eine neue Tendenz in der höfischen Dichtung, aus dem Netz von Bildung, Traditionen und festen Normen zu einer veränderten rationalen Abstraktion, nämlich zur Einheit von Autor und Idee zu finden, deutlich: im ‚Sin'-Begriff aus Gottfrieds berühmter Literaturstelle im *Tristan*.[10] Aus der Ratlosigkeit, für seine eigene Beschreibung Hilfe bei den Dichtern seiner und der unmittelbar voraufgegangenen zeit gesucht und nicht gefunden zu haben, findet der Autor zu seinem eigenen intellektuellen Vermögen und zu dem ihm korrespondierenden substantiellen Gedanken, eben zum ‚sin' seiner eigenen Tätigkeit.[11]

Eine entscheidende Neuerung in der Geschichte der Abstraktionstheorien stellt Abaelards frühscholastischer Konzeptualismus[12] dar. Abaelard interessiert – zum ersten Mal in der Philosophiegeschichte – der psychologisch-logische Erkenntnisvorgang selbst, der nach ihm durch ‚Aufmerksamkeit' geschieht. Diese Lehre geht davon aus, daß es möglich sei, bei der Erkenntnis eines konkreten Einzelseienden nur bestimmte Momente, also beispielsweise nur die Körperlichkeit dieses Menschen zu ‚bemerken'.[13] Dies ist eine entscheidende Neuerung gegenüber der Nachwirkung des neuplatonischen Begriffsrealismus eines Johannes Scotus Eriugena und der konventionellen Aufarbeitung überkommener Theorien durch Averroes[14].

Der Universalienstreit der Hochscholastik besteht in der Diskussion um Entstehung und Art der Allgemeinbegriffe. Thomas von Aquin erörtert die Voraussetzungen, die gegeben sein müssen, damit die Erkenntnis eines Seienden überhaupt zustandekommt. Dies ist nach Thomas eine reflexive Analyse der Bedingungen der Möglichkeit geistiger Erkenntnis. Der Wesensbegriff ist in der thomistischen Philosophie unselbständig, er ist Bestandteil eines Urteils, das eben in der Zusammensetzung eines im ‚lumen intellectuale' apriori Erkannten, also eines reflexiv Begriffenen, mit einem durch das Licht der Vernunft von den phantasmata abstrahierten Wesensbegriff besteht. Dies macht den abstrakten Begriff zum Prädikat und trennt ihn vom konkreten Begriff des intuitiv Erfaßten.[15]

Abstrakte Namen benennen einen Akt, eine Tätigkeit oder Eigenschaft oder eine Form ohne ihr Subjekt, während konkrete Begriffe den Akt oder die Form als ‚zusammengewachsen' mit ihrem Träger bezeichnen.[16] So durchleuchtet der Verstand vermöge seiner Teilhabe am Licht der göttlichen Vernunft die Vorstellungsbilder und abstrahiert aus ihnen die Form, die urbildlich in Gottes Verstand vor den Dingen (ante res), zugleich abbildlich in den Dingen (in rebus) und schließlich als Allgemeinbegriff im menschlichen Verstand nach den Dingen (post res) existiert.[17] Der ‚gemäßigte Begriffsrealismus' Thomas' zeigt sich darin, daß er unter dem konkreten Begriff auch all das begreift, dem ein wahres Sein zukommt; daher muß mit dem im ‚verbum interius' ausgesprochenen Urteil auch das Sein der Seienden erfaßt werden. Gegenüber dem platonischen Realismus eines Clarenbaldus von Arras (das Abstrakte ist Grund und Urbild des Konkreten), seiner späteren Fortsetzung durch Meister Eckhart und der entschiedenen Veränderung durch Nikolaus von Kues bezeichnen bei Thomas von Aquin die konkreten Begriffe etwas zusammengesetztes Vollständiges, etwas an sich Subsistierendes. Abstrakte Begriffe hingegen bezeichnen etwas nach Art und Form, die einfach ist, aber nicht für sich besteht, und so bezeichnen sie etwas „non ut quod est, sed ut quo est".[18]

Schärfste Kritik an diesem, wenn auch gemäßigten Realismus übt, aus nominalistischer Perspektive, Wilhelm von Ockham. In seiner umfangreichen Abhandlung über abstrakte und konkrete Namen[19] geht er vom gesprochenen oder geschriebenen Wort aus, das er allerdings auf das ‚verbum mentis' bezieht.[20] Seine Kritik richtet sich vor allem gegen den springenden Punkt des Realismus, nämlich auf die von diesem eingestandene Notwendigkeit, eine reflexive Erkenntnis des Allgemeinen, das durch die von den phantasmata abstrahierte species intelligibilis repräsentiert wird, vorauszusetzen, um die Erkenntnis eines konkreten Einzeldings oder des Individuellen erklären zu können.[21] Ockham dagegen ist, weit über Duns Scotus hinausgehend[22], nur das Individuelle das real erkennbare Objekt des Intellekts. So supponiert der abstrakte Name lediglich für ein Akzidenz oder eine real dem Subjekt inhärierende Form, der konkrete Name für das Subjekt der Akzidenz oder Form. Der abstrakte Name supponiert den Teil, der konkrete das Ganze. Ockhams Ontologie negiert ein irgendwie reales Allgemeines in den Dingen und postuliert eine reale Verschiedenheit von Substanz und Quantität.[23] So ist ihm, unter dem Aspekt der Priorität des Individuellen, Abstraktion kein ontologischer Vorgang, sondern ein natürlicher Prozeß der Erkenntnis. Auch Ockhams Nominalismus verbleibt im Rahmen rationaler Abstraktivität (er ist nicht hypostativ, wie man vermuten könnte), indem er versucht, die Einheit des Erkennens, seine ‚Natürlichkeit' zur Basis scholastischer Definitionen zu machen.

Der universalistische Begriffsrealismus, der platonische Standpunkt, daß die Ideen das eigentliche und wahre Sein sind, das ohne jede Verkörperung auch vor unserem Bewußtsein vorhanden ist, stellt die Grundform auch des späteren abstraktiven Individualismus dar, wie sich verschiedene voridealistische Strömungen der deutschen Philosophie der Neuzeit von Leibniz an bezeichnen lassen.[24] Hier im extremen Begriffsrealismus des Mittelalters leigt die Wurzel jener späteren subjektiven Abstraktion, der Transformation des Subjekts ins Allgemeine, der Ontologisierung der Subjektivität am Beispiel des Ich, wie sie sich im 18. Jahrhundert insbesondere literarisch entfaltet. Demgegenüber vertritt der gemäßigte Realismus bekanntlich die Auffassung, daß das Allgemeine dem Individuellen innewohnt (Quiddität), es ist eben ‚in rebus'; ‚ante res' vermag nur Gott es zu schauen, ‚post res' erkennen wir es durch die Abstraktion unseres Verstandes. Ist der allgemeine Begriff im extremen Realismus eine Realität nicht nur unseres Bewußtseins, sondern objektiv wirklich, so stellt sich die Frage, wie wir diese Allgemeinheit erkennen. Dies geschieht durch das individuelle Anschauen der idealen Verhältnisse. Dadurch aber werden Ideen einer Subjektivität anheimgegeben, die sich im ‚Anschauen' abstraktiv verändert. Im gemäßigten Realismus hingegen ist das objektiv Wirkliche das Einzelne, das in sich das Allgemeine enthält. Der menschliche Verstand abstrahiert dieses, den abstrakten Begriff, aus dem Einzelnen. Das Einzelne, das das Allgemeine in sich enthält, ist das substantielle Konkretum, während im strengen Platonismus nur die körperlose Idee die Substanz ist. Das Konkretum aber ist ein abstraktives Konkretum, das die Ausbildung des Individualismus in der neuzeitlichen Philosophie überhaupt erst ermöglicht. Diese beiden Formen, den extremen und gemäßigten Realismus, wird Leibniz zusammenfassen und poetologisch wirksam machen.

Die dritte Antwort auf die Frage nach der Existenz der Universalien gibt der Nominalismus, der die allgemeinen Begriffe als Namen zur Bezeichnung von Ähnlichem[25] verstanden wissen will und die Universalien als nachträglich durch Abstraktion gebildet (post res) ansieht. Diese Reduktion des Abstrahierens auf ein technisches Verfahren wird später bei Locke und bei Berkeley vorherrschen. So werden sich im 18. Jahrhundert zwei Grundansichten der Abstraktion, in Ableitung bestimmter Ergebnisse des Universalienstreits, gegenüberstehen: erstens die ontologische Abstraktion aus extremem und gemäßigtem Begriffsrealismus und zweitens die nominalistische Abstraktion aus gemäßigtem Begriffsrealismus und Nominalismus. Beiden gemeinsam ist die Beziehung auf den „psycho-technischen" Vorgang.[26]

Der ontologische Individualismus, der sich in vorsichtigen Ansätzen nach der Stauferzeit zu Beginn des sogenannten Spätmittelalters zeigt, tendiert zur Irrationalität. Dies entspricht dem inhärenten Platonismus. Die Auflösung einer homogenen politischen Ordnung, die Delegation politischer Gewalt an territoriale und nationale Institutionen, der Aufstieg der Städte, Unruhe in den bäuerlichen Unterschichten, die Erweiterung des literarischen Publikums durch Stadtbürgertum und Landadel, schwindendes Elitebewußtsein, Neuerstarken der Kirche durch Ordensgründungen, Naturkatastrophen – all dies ist derart heterogen und zeigt, wie sehr die Zeit von überlieferten Idealen und ihrer Kodifizierung Abstand nimmt. Der einsetzende Individualisierungs- und Diversifizierungsschub ist bereits Ausdruck einer Abkehr von irrational einheitlicher Konkretion der Lebenswelt und Zeichen eines neuen Interesses an der Welt, an einer neuen klassifikatorischen Konkretion. So ist die Zeit des Spätmittelalters, zumindest auf der lebensweltlichen Ebene, durchaus rationalistisch, von den Grundsätzen praktischer Erfahrung bestimmt, doch keineswegs optimistisch, sondern geplagt von chiliastischen Visionen, einer Stimmung von Untergang und Weltende.[27]
Die entstehende Neidhart-Tradition, die Bedeutung des geistlichen Spiels, der Maere, der Ballade, von Didaxe und Satire sind – neben vielem anderen – der literarische Ausdruck einer Epoche, die die Vertauschbarkeit des Milieus (gegenüber der Identität des höfischen Denkens) zum literarhistorischen Stilprinzip macht. Daher ist, literarhistorisch gesehen, das Primäre jener Epoche die Entdeckung der Gattung.[28] Die Stoffe werden in verschiedene Formen verpackt, zu denen auch die Geschichtsschreibung als personen-, stadt- oder regionenbezogene Historie zählt. Das Aufkommen einer vielfältigen religiösen Dichtung (Marienlieder, geistliche Minne, Mystik) neben Schwank und Satire sowie die Abkehr vom höfischen Artus-Ideal und eine neue Orient-Sehnsucht, dazu ein preziöser Manierismus, zu dem schon Wolframs Alterstil sowie Gottfrieds Klangspiele Ansätze gezeigt haben, dokumentieren eine Hinwendung zu fernen, geglaubten Wirklichkeiten, die sich in der Pseudowissenschaft einer Nigromantie, in Aberglauben und Hexenwahn, aber auch im mystischen Irrationalismus ausdrücken. So gewinnt bei Meister Eckhart beispielsweise das Abstrakte seine ontologische Priorität zurück; das Konkrete präexistiert im Abstrakten, „wie das Teilnehmende in dem, an dem es teilnimmt"[29]. Gegen die in der Theorie des Aquinaten vollzogene Angleichung der Dinge an den Verstand (die Materie wandelt sich im Akt des Erkennens in die ‚forma cognita'), gegen eine Fixierung des Bildes, der Träume etc. an einen unbeweglichen Verstand wollen die Kritiker der Abstraktion die tatsächliche Existenz der Dinge erkennen, die im abstraktiven Verfahren im Grunde unbe-

rücksichtigt bleibt. Indem das ontologische Konkretum zum erkenntnistheoretischen Abstraktum ‚hinaufgehoben' wird, gerät Realität außeracht.[30]
Duns Scotus[31] hatte bereits zwischen abstraktiver Erkenntnis (cognitio abstractiva) und intuitiver Erkenntnis (cognitio intuitiva) unterschieden. Erst die intuitive Erkenntnis stelle die reale Unmittelbarkeit (immediate), Gegenwart (praesentia) und das Dasein (existentia) des Dinges sicher.[32] In der skeptisch-kritischen Philosophie des 14. Jahrhunderts verstärkt sich die Kritik am Abstraktionsverfahren der Scholastik. Die Intuitionisten dieser Epoche halten „fest an den drei klassischen scotistischen Merkmalen der intutiven Wissensvermittlung"[33]. Jedoch wandelt sich die Stellung der Intuition, sie wird jetzt nicht mehr nur komplementär zur Abstraktion gesehen wie noch bei Scotus, sondern „als klarer Gegensatz zu Begriffen"[34].

Nikolaus von Kues

Die im 14. Jahrhundert verstärkt einsetzende Bevorzugung des nominalistischen Standpunkts – neben einem extremen Begriffsrealismus in der Mystik – attackiert die ontologisch ausgerichtete Abstraktion. Diese „verliert den Bezug zum Ding, da der ihr angemessene Gegenstand, die Gemeinnatur der Dinge (natura communis), im Zuge der (überwiegend) nominalistischen Deutung des Allgemeinen verschwindet"[35]. Darüber hinaus verbreitet sich der Ockhamsche Grundsatz, den auch Leibniz noch beherzigt wissen will: „entia non sunt multiplicanda sine necessitate."[36] Für das 14. Jahrhundert bedeutet daher die ‚Intuition' einen Ausweg aus der Evidenzkrise der Wissenschaft.[37] Nikolaus von Kues zieht zu Beginn des 15. Jahrhunderts die Summe aus den vorausgegangenen und zeitgenössischen Tendenzen: „[...] das Abstrakte sei kontrahiert im Konkreten, wobei den wesentlich endlichen Abstrakten, wie Weißheit, freilich kein selbständiges Eigensein zugeschrieben wird"[38] Die Leistung Nikolaus' von Kues ist im Zusammenhang der Geschichte der Abstraktion von so großartiger Bedeutung, daß eine ausführliche Darstellung seines Abstraktionsbegriffs geboten ist.
Der aristotelische Möglichkeitsbegriff, entstanden aus dem Versuch einer Bestimmung des Verhältnisses von Hyle und Morphe (Eidos) von ‚materia' und ‚forma', wird von der scholastischen Philosophie des Mittelalters großenteils unverändert übernommen.[39] Doch bei Nikolaus von Kues zeigt sich eine aufschlußreiche Abwandlung, ja eine Ablehnung dieser Verhältnisbestimmung, eine Ablehnung, die selbstverständlich noch weit entfernt ist von der aufklärerischen[40] – und für den literarhistorischen Begriff der Abstraktion wichtigen – Möglichkeitsdefinition, die aber bereits gewisse Momente der ‚Möglichkeit' betont, die später zentrale Bedeutung innerhalb der philosophischen Diskussion erlangen und damit auch die Literatur bestimmen.
Die von Aristoteles betriebene, nicht unproblematische Trennung von Möglichkeit

und Wirklichkeit lehnt der Cusaner ab. Die Möglichkeit oder der Stoff des gesamten Seienden („possibilitas sive materia universis"[41]) ist für ihn nicht trennbar vom Wirklichen:

> „Aber diesen Stoff oder diese Möglichkeit fassen sie (die antiken Philosophen) in einer irrigen, nur für die absolute Notwendigkeit gültigen Art der Schlußfolgerung, indem sie durch Abstraktion der körperlichen Gestalt vom Körper (per abstractionem formae corporeitatis e corpore) diesen nicht körperlich verstehen wollen."[42]

Die Aporien der Vorsokratiker hatten Aristoteles zu dem Schritt veranlaßt, die ‚Möglichkeit' als Zwischenstufe zwischen ‚Nichts' und ‚Etwas' zu sehen, welche die Materie, die Hyle, als etwas, das nicht Nichts ist, aber auch nicht etwas, das also ein Etwas erst ermöglicht und damit das potentielle Sein repräsentiert. Durch Hinzufügen einer forma, einer aktuellen Gestalt, erhält dann dieses ‚Noch-nicht-Etwas' seine tatsächliche Wirklichkeit, sein bestimmtes und konkret erfahrbares Sein. Die Möglichkeit oder der Stoff ist somit nur durch den abstrahierenden Schritt zurück zu erkennen, indem die jeweilige ‚Ausformung' des stofflichen Substrats weggedacht wird. Der Begriff der Möglichkeit stellt einen durch eine logische, abstraktive Operation erkannten ontologischen Urzustand ohne nähere Bestimmung dar. Er ist selbst ein Abstraktum. Als dieses ist er auch zugleich das abstrakte Fundament der Wirklichkeit.

Gegen solche Abstraktsetzung des Stoffes aber wendet sich Nikolaus von Kues. Konsequent innerhalb des Relationalismus seiner Philosophie, kann er nicht ein separates Abstraktum, das zudem noch in viele Einzelabstrakta zerfallen würde, da ja jedes Ding seine eigene abstrakte Möglichkeit hat, als Begründungsinstanz für die Realität gelten lassen. Wirklichkeitsbegründende Funktion kann daher die Möglichkeit nur als Teil eines Wirklichkeit und Möglichkeit umfassenden Bezugssystems, eines religiös bestimmten Relationalismus, erhalten. Nikolaus von Kues lehnt daher die immaterielle Interpretation der Materie ab, ohne dem seinerseits eine materielle oder gar eine materialistische Deutung der Materie entgegenzusetzen. So stellt er seine Interpretation in den platonischen Ansatz zur Lösung des Möglichkeitsproblems: „Die Gestaltlosigkeit [...] ist gleichsam die Gestalt der Möglichkeit, die, wie die Platoniker wollten, der Stoff der Gestalten ist."[43] Der Cusaner reduziert also das problematische Verhältnis von Materie und Form (Gestalt) auf einen Teilaspekt, um von diesem her das Verhältnis neu zu bestimmen. Stoff und Form werden zu Gestaltlosigkeit und Gestalt. Die theologische Implikation ist deutlich:

> „[...] die Seele der Welt verbindet sich dem sogenannten Lebenssproß entsprechend mit dem Stoff: den wenn sich die Seele der Welt [als forma, Morphe, Gestalt] mit der Möglichkeit [als Gestaltlosigkeit] vereinigt, wird aufgrund einer von der Weltseele ausgehenden Bewegung und der Beweglichkeit der Möglichkeit – oder Lebensmöglichkeit – eben diese gestaltliche Lebensmöglichkeit zur lebendigen Seele verwirklicht."[44]

Das Abstrakte wird nicht als ontologisch Selbständiges gedacht; es ist nur in Verbindung mit dem Konkreten ontologisch vorhanden. Erst die Verbindung, die relative Verschränkung, läßt das Abstrakte ontologisch interessant werden. Es ist aber letztlich eine Gleichheitsrelation, die hier entsteht: Das Größte ist das Kleinste und umgekehrt; das Abstrakte ist das Konkrete und umgekehrt. Denn nur in einer gewaltsamen Verstandesoperation, der Abstraktion nämlich, läßt sich beides trennen. Es soll aber im Prinzip nicht getrennt gedacht werden, denn erst in der Verbindung ist echte Erkenntnis möglich:

> „Alle Möglichkeit ist also verschränkt, und zwar wird sie durch die Wirklichkeit verschränkt. Darum findet man auch keine Möglichkeit, die rein und völlig unbestimmt durch irgendeine Wirklichkeit wäre."[45]

Die Aufhebung der relativen Selbständigkeit der Verhältnisteile ‚Möglichkeit' und ‚Wirklichkeit' in die Teile einer Gleichheitsrelation setzt die Cusanische Definition deutlich von der scholastischen Aristoteles-Nachfolge ab und weist auf einen neuen erkenntnistheoretischen Ansatz hin.[46] Doch auch hier bleiben die theologischen Fundamente des Cusanischen Weltbildes deutlich zeittypisch.[47] Das Abstrakte ist etwas, das gemeinsam mit dem Konkreten produziert ist. Insofern weist Cusanus tatsächlich auf die idealistische Philosophie voraus, in der ja das Abstrakte ebenfalls ein vom Subjekt bzw. von der Identität oder vom Begriff (Fichte, Schelling, Hegel) Produziertes ist. An eine abstrakte Identität allerdings denkt Cusanus keineswegs, obwohl man beim ihm „eine Vorwegnahme des monadologischen Ansatzes [aus dessen Konkret-Begriff sich ja der Idealismus entwickelt hat] und der Einsicht in das Wesen des Konkreten und Individuellen sehen"[48] kann. Der Gedanke der ‚Verschränkung', der letztlich unlösbaren Verknüpfung von Abstraktem und Konkretem - solcher Relativismus hebt Cusanus aus der scholastischen Tradition heraus und weist voraus auf die erkenntnistheoretische wie poetologische Relevanz der ‚Möglichkeit'.[49] Doch es muß festgehalten werden, daß „diese echte, ‚differenzierte' Erkenntnis des Konkret-Individuellen nur von der Idee des personalen Wesens her möglich und verständlich [ist], woraus wieder die zentrale Stellung des Menschen erhellt"[50]. Dies ist die besondere Ausprägung einer rationalen Abstraktion in der Philosophie Nikolaus' von Kues. Weder die rationalistische Monadologie noch die ans Irrationale grenzende Abstraktivität der Identitätsphilosophie erfassen das Konkrete in dieser Weise vom Menschen aus, dessen Singularität zwar zugleich eine „Totalität in der Differenz"[51], aber eben doch von der Personalität her zu begreifen ist. Die Deutung der Abstraktion, wie sie Jahrhunderte später für Philosophie und Ästhetik zentral wird, ist bei Cusanus in der Überführung eines ontologisch fixierten Zustandes in eine metaphysische und erkenntnistheoretische Relation lediglich angelegt: „Die spätere transzendental-kritische Ermöglichungs- und Fundierungsproblematik scheint hier noch unentfaltet, aber in einem weiteren erkenntnis- und seinstheoretischen Horizont gegenüber ihrer späteren Gestalt angedeutet."[52] Das Abstraktum ‚Möglichkeit', eingebunden in die Personalität religiöser Erfahrungen, enthält zugleich auch ein Element der Wirklichkeitsbewältigung.

> „Die *Wirklichkeit* ist nicht nur das Nichtwissen in seinem Bezug, sondern steht zugleich als Bezug auch im Abstand, in Distanz zu jedem Vergleichbaren und jedem Gewußten. Damit wird das Nichtwissen als unendliche *Möglichkeit* zur eigentlichen Positivität des Denkens und der menschlichen Existenz, sofern es vom Wissen als solches erfahren wird. Die im Nichtwissen aufgeschlossene Möglichkeit ist damit die eigene und eigentliche Positivität der Wirklichkeit und Existenz."[53]

Damit ist die Erfahrung und Wirklichkeit konstituierende Funktion der abstrakten Möglichkeit, der unendlichen Möglichkeit des Wissens im Nichtwissen, der ‚docta ignorantia', in ihrer positiven Anwendung deutlich. So ist die Frage, ob „sich hier nicht gegenüber dem aristotelischen Verhältnisbezug von Möglichkeit und Wirklichkeit ein Ausschlag zugunsten der Möglichkeit"[54] zeigt, eindeutig zu bejahen. Es hat den Anschein, daß in der langen Entwicklung der philosophischen Reflexion auf das Denken und seiner Bezüge zur Wirklichkeit hier in der Betonung der ‚Bezüglichkeit' und in der Stellung, die der ‚Möglichkeit' zugewiesen wird, ein Schritt zu einer humanen Abstraktivität getan ist, die über extensionale, funktionale Klassifikation hinaus ist, ohne sie durch Irrationalismen zu ersetzen. Dabei ist die „integrierende Struktur"[55] eines Denkens nicht zu übersehen, das neben der rein philosophischen Theorie (im wissenden Nichtwissen) auch als wirklichkeitsbezogenes, empirisches Wissen und als wissenschaftliche Reflexion erscheint.[56]

Methode der philosophischen „Grundlogik", die den Gegenstand konstituiert, ist das „symbolice investigare"[57], das in der Vergegenwärtigung, in der Repräsentation des einen durch das andere besteht und damit genau der Bezüglichkeit der Cusanischen Philosophie entspricht. Im Symbol auch zeigt sich die Stellung zwischen Konkretion und Abstraktion, die Unlösbarkeit des Bezuges noch einmal. Die „coincidentia oppositorum" ist der höchste Ausdruck dieser durch Gott geleisteten „complicatio" aller Weltdinge.[58] Die ständige Gegenwart des abstrakten Elements zeigt sich in der von Cusanus behaupteten „die Substanz in Relation überführenden Struktur der Wirklichkeit"[59]: „Der Geist stellt sich im Sinnlichen dar, um dieses wieder als Verstand mit sich selbst zu verbinden [...]".[60]

Die Betonung der ‚Möglichkeit' bei Cusanus impliziert auch eine Modifizierung des aristotelischen Verhältnisses von ‚materia' und ‚forma'. Ist die Materie des Abstraktum, das als Element in die Erfahrung der konkreten Wirklichkeit mit eingeht, so wird sie doch zugleich in einer prä-aristotelischen, auf platonischen Gebrauch hinweisenden Umdeutung als Form gesehen. Die Kombination ist in ihrer Potentialität angelegt.[61] Die Materie wird nach platonischer Manier als abstrakt-konkreter Grund, als Möglichkeit, als „possest" (=„Können-Ist") bestimmt, wobei nun eben der Materiebegriff sich nicht mehr scharf vom Formbegriff trennen läßt: Cusanus wendet sich gegen die Abstraktion der Aristoteliker, die sagten, „die Gestalten hätten kein anderes Sein als nur im Stoff und – durch Abstraktion – im Intellekt, der offenkundig dem Ding folgt“[62] .Die Möglichkeit als reines Abstraktum, als den abstrakten Begriff der Wirklichkeit und also die Materie als abstrakten Zustand der sich konkretisierenden Form lehnt Nikolaus von Kues ab. Für ihn ist die Möglichkeit zugleich Element der Wirklichkeit, die Materie Bestandteil der Form; das Konkrete wird in mystischer Weise abstraktiv und umgekehrt. Das Konkrete ist die Repräsentation des Abstrakten und das Abstrakte die urbildliche Präexistenz des Konkreten. Die Möglichkeit ist nicht die Möglichkeit der Materie, sondern die Möglichkeit der Materie als Form. Cusanus schließt sich daher konsequenterweise an die Platoniker an, die nach seiner Ausführung behaupteten, „daß die wahren Gestalten in der Weltseele früher seien als in den Dingen, aber nicht der Zeit, sondern der Natur nach“[63]. Nicht summativ läßt sich die aller Möglichkeit und Wirklichkeit vorausgehende Unendlichkeit und Notwendigkeit erfassen, sondern integrativ.[64] Die symbolische Methode ist daher als ‚superlatio‘ etwas ganz anderes als die wissenschaftliche ‚comparatio‘, die sich mit dem Messen und Vergleichen der endlichen Dinge beschäftigt.[65] Die materiale Qualität der Möglichkeit gilt nur in ihrer Beziehung auf die formale Qualität der höchsten Wirklichkeit, nicht als Erkenntnisobjekt selbst. Daher kann das Erkennen der höchsten Wirklichkeit, wodurch der menschliche Geist sich selbst und zugleich dem ‚quiescere‘ in Gott zugeführt würde, nicht auf intellektuelle Weise erfolgen, sondern sich nur auf symbolischem Wege vollziehen, der besteht in der Kontraktion der möglichen Materie und der wirklichen Form, die sich verbinden zum Bild und als solches nicht mehr trennbar sind:

> „Sie [die Platoniker] geben [...] zu, daß die Gestalt, wie sie in der Materie ist, durch die Tätigkeit des Geistes [der ordnenden Bewegung, wie sie durch die Weltseele, das Schicksal, die Vernunfterkenntnis etc. vollzogen wird] vermittels der Bewegung das Bild der wahren, vernünftigen Gestalt wird und so nicht das Wahre, sondern das dem Wahren ähnliche Bild.“[66]

So wird auch die Kunst bestimmt: „Die Kunst ahmt die Natur nach, soweit sie kann, doch wird sie niemals zu einer genauen Übereinstimmung mit ihr gelangen können.[67] Sie bewegt sich in Richtung auf das religiöse Abstraktum, dessen Urbildlichkeit die Harmonie des Universums bedingt, wie sie in der höchsten Wirklichkeit, in Gott, erscheint. Da aber das Größte auch gleichzeitig das Kleinste ist und damit das höchste Abstrakte auch das Individuelle, hat die Kunst einen hohen Erkenntniswert, wenn sie die individuellen Arten des „symbolice investigare“ darstellt.

Indem Nikolaus von Kues die rationalistische Auffassung einer abstrakten Materialität, die zwar Erkenntnisobjekt werden kann, ablehnt und demgegenüber einen Standpunkt vertritt, der in der „beschränkten Möglichkeit“ der Materie die Form als das Abstrakte ansieht, das aber gerade erst in der Konkretisierung seine Funktion erfüllt[68], führt er die Erkenntnistheorie und Ontologie seiner Zeit zu einer mystischen, platonisch-pythagoreischen Vision höherer Einheit. Cusanus vertritt damit ganz offensichtlich eine intensionale Abstraktivität[69], deren ungeheure Wirkung in der Dichtungspraxis und -theorie sich erst sehr viel später entfalten sollte. Die mystische visio reicht über die endliche Abstraktion des Aufsteigens von der Art zur Gattung etc., über eine rationalistische Verbindung von Gleichem und den Ausschluß des Gegensätzlichen weit hinaus:

> „Da wir im Gegensätzlichen, ebenso im Einfachen und Zusammengesetzten, Abstrakten und Konkreten, Formalen und Materialen, im Vergänglichen und Unvergänglichen usw., Hervorgehendes und Hervorgegangenes finden, gelangt man in den Gegensätzen weder zu einem gänzlich Anderen, noch zu etwas, in dem sie in genau gleicher Weise zusammenlaufen. Alles aus Gegensätzlichem Bestehende hat in verschiedenen Abstufungen an dem einen mehr, an dem anderen weniger Anteil, und zwar dadurch, daß es durch den Sieg über einen Gegensatz die Natur des andern erlangt. Aus diesem Grund wird der Begriff der Dinge auf der Ebene des Verstandes erforscht, da wir wissen, daß in dem einen die Zusammensetzung in Einfachheit und im andern die Einfachheit in Zusammensetzung vorhanden ist[...]".[70]

Auf diese Weise aber „gibt es keinen Fortgang ins Unendliche "[71], weil das Unendliche nicht ‚komparabel' ist, denn es gibt kein ‚Unendlicheres' oder ähnliches, wie es immer Größeres oder Kleineres in der endlichen Welt gibt[72]. Die Unendlichkeit wird gegeben durch Gott und repräsentiert durch die Urbilder des Cusanischen ‚christlichen Platonismus'[73]. Und dieses Unendliche ist nur durch eine der intensionalen Abstraktion nahestehende, teils schon zur Irrationalität tendierende ‚Intuition' zu erfassen, die nicht die abstraktive, zur logischen Operation notwendige Trennung von Natur und Vernunft im Sinne von Objekt und Subjekt enthält:

> „Wenn es einen Begriff der Abstraktion gibt, dann es gewiß jener, von dem die Platoniker reden. Dieser stammt nicht von den Dingen, sondern die Dinge entsprechen ihm. Daher nahmen die Platoniker nicht an, daß dieser Wesenssinn der Dinge etwas von der Vernunft Unterschiedenes und Verschiedenes sein, sondern glaubten vielmehr, derartige unterschiedene Wesenssinne bewirkten eine einheitliche, einfache, alle Gründe in sich einschließende Vernunft, so daß, obwohl der Wesenssinn des Menschen nicht der des Steins ist, sondern beide voneinander verschieden, die Menschheit, aus der der Mensch stammt wie das Weiße vom Weißsein, dennoch kein anderes Sein besitzt als in der Vernunft, und zwar der Natur gemäß auf vernünftige Weise, im Ding aber real."[74]

Diese religiöse Identität läßt nur ein letztes Urbild, „eine unendliche Gestalt der Gestalten"[75], nämlich Gott, zu. Hier verbindet Cusanus den Platonismus mit dem Christentum:

> „Man muß also genau verstehen, daß die Weltseele gewissermaßen als allgemeine, alle Gestalten in sich einschließende Gestalt zu betrachten ist, die jedoch nur in den Dingen verschränkt wirklich ist."[76]

Auch die neuplatonischen Versuche des 14. und 15. Jahrhunderts, der voraristotelischen Philosophie Geltung zu verschaffen, sind Ausdruck einer Abwehr extensionaler Abstraktion, und zwar sogar ihrer Struktur, denn die Neuplatoniker heben selbst den ‚Chorismos', das Kennzeichen der platonisch-metaphysischen Abstraktion, zugunsten einer Emanationslehre auf.

„Die Kritik am Abstraktionsverfahren (via abstractiva) stellt wohl eine der schärfsten und tiefgreifendsten Gegenstände dar, die altes und neues Denken entzweien. Die Geschichte dieser Kritik verläuft beispielsweise in grob erkennbaren Zügen von der Position der Lehre des Thomas v. Aquin über die scharfsinnigen Einwände des Duns Scotus, der eigentlich nur das abstrakte Verfahren durch das intuitive ergänzen wollte, bis hin zu den Philosophen, die diesem Standpunkt skeptisch-kritisch gegenüberstehen und bemüht sind, dieses Verfahren zugunsten der Intuition zu überholen."[77]

Gerade die Intuitionisten aber haben, wie viele Antiabstraktionisten nach ihnen, ex negatione erwiesen, daß letztlich kein anderer Erkenntnisweg als der über die Abstraktion möglich ist.[78]

III. Renaissance und Barock

Die klassifikatorischen Tendenzen, die sich im Spätmittelalter zeigten, verfestigen sich im Zeitalter der Renaissance. Es ist ein deutliches Zeichen für die Übergänge zwischen den Epochen, ob man an die ausklingende Ordensmystik, an die Devotio moderna eines Thomas a Kempis, an Predigtliteratur und geistliche Prosatraktate, an die belehrenden und erbaulichen Kleinformen als Nachfolger des höfischen Epos, an den Beginn eines Prosaromans, an den Wandel von der Maere zur Kurzerzählung, an die Lebens- und Tugendlehre eines Wittenwiler, an die Reimsprecherdichtung, an die wissenschaftliche Fachprosa, das Fastnachtspiel, an die frühhumanistische Historiographie, an die Ständekritik eines Sebastian Brant oder an Fabeln, Schwänke und Fazetien denkt.

Gegenüber dem rational-abstrakten Ordo-Denken des hohen und gegenüber der klassifikatorischen Diversifizierung des späteren Mittelalters drückt sich in den verschiedensten Lebensbereichen der Frührenaissance ein neues Ordnungsdenken aus, das einer hypostativen begrifflichen Verfestigung zustrebt. Die Ausbildung einer frühneuhochdeutschen Gemeinsprache, neben der Vermittlung neuer Stoffe durch Übersetzungen eines der Kernanliegen der Frühhumanisten (Peter Luder, Rudolf Agricola, Niklas von Wyle), ist sichtbares und repräsentatives Zeichen dafür. Neben den Genannten stehen die Bemühungen von Johann von Neumarkt, Heinrich von Langenstein, an denen sich auch der Wandel der Religiosität belegen läßt, ebenso wie an Johann von Gmunden und Georg von Peuerbach Ansätze einer empirischen Wissenschaft.

Ein neues Menschenbild prägt sich aus, das nicht individualistisch ist[1], sondern vom *Begriff* des Menschen und seiner Würde getragen wird. Hierin zeigt sich die lebensweltliche Entwicklung von einer klassifikatorischen zu einer hypostativen Konkretion. Auf dieser Basis wandelt sich auch die im wesentlichen irrational orientierte Philosophie und Wissenschaft des späteren Mittelalters zu einer aktiven, auf Ordnung der Dinge, zu einer erfahrungsorientierten Bewältigung der neuen Fragen an Universum und Geschichte. Peter Luders Heidelberger Vorlesung[2] zeigt das Programm: die Synthese von Entdeckungsreise durch die seinerzeit bekannte Welt und einem Studium der Humanitas, das eigenen Ruhm und eigenes Ansehen vergrößert und dem Vaterland zur Zierde gereicht. Auch Rudolf Agricola fordert dazu auf, das Studium vor allem dem Erlernen nützlicher Fähigkeiten, dem klaren und richtigen Auffassen des Gelernten, dem Bewahren und schließlich der Gestaltung von Eigenem zu widmen.[3] Die Bewegung der Vita activa faßt zusammen, was angestrebt wird: Aufhebung der Beschränkungen, sinnvolle Verarbeitung des Überlieferten, vor allem der antiken Literatur (wobei Platons Einfluß sehr stark zurückgedrängt wird[4]) und Beschäftigung mit Fragen der Natur, des menschlichen Zusammenlebens ('Ehe-Traktate'), mit den Lastern und Tugenden der Menschen. Bereits die beiden Richtungen im deutschen Frühhumanismus, die mathematisch-naturwissenschaftliche Richtung der Georg von Peuerbach und Johannes Regiomontan und die frühe literarisch-stilistische Richtung eines Enea Silvio Piccolomini zeigen die Tendenz der Ordnung ihrer Gegenstände deutlich.

Schon an den frühen Formen eines Prosaromans zu Beginn des Jahrhunderts ist das klassifikatorische Interesse ablesbar[5]. Die gemeinschaftliche Rezeption volkssprachlicher Epik eines hohen artifiziellen Standards, wie sie im Mittelalter dominierte, verändert sich in zweifacher Hinsicht: Die entstehenden Texte werden – klassifikatorisch – auf ihre Gegenstände bezogen, sie werden in diesem Sinne ‚trivialisiert', und überdies treten Autor und Publikum weit auseinander, während sie bisher in einem relativ engen gesellschaftlichen Konnex standen. Diese entscheidende Veränderung des literarischen Markts zu Beginn der Neuzeit besteht im besonderen darin, daß ein Autor nicht mehr einem ihm bekannten Publikum seine Texte vorträgt, sondern fernab von diesem schreibt und dessen Erwartungen einschätzen muß. Einschätzen läßt sich das Publikum jedoch nur dann, wenn man seine Interessen kennt, und diese kann man nur kennen, wenn sie klar bestimmbar sind, also in einem Klassifikationssystem ausgebreitet vorliegen. Dies darf aber nicht als Unterordnung des Schreibenden unter die Interessen eines vorgestellten Publikums verstanden werden, sondern durchaus im Sinne einer Dominanz, die schon Sebastian Brants ‚explanationes' eines verborgenen Sinns überlieferter Monstrenbilder anstreben.[6]

Der im Bildungsprogramm des Humanismus, besonders ausgeprägt bei Conrad Celtis, vorhandene enzyklopädische Zug belegt die in Philosophie und Wissenschaften dominierende klassifikatorische Abstraktion auf genaueste, während die Zahlenmystik Johannes Reuchlins (*De verbo mirifico, De arte cabbalistica*) noch auf die irrationalen Wurzeln der neuen klassifikatorischen Abstraktion zurückverweist[7], die Tatsache des Dialogs zwischen drei Personen jedoch eindeutig der klassifikatorischen Abstraktion zuzurechnen ist.

Celtis' Ingolstädter Antrittsrede enthält in der Forderung nach Belesenheit und Eloquenz zwei Grundpfeiler des Bildungsprogramms des deutschen Humanismus.[8] Das Lob der Beredsamkeit, als Topos humanistischer Rhetorik, weist schon darauf hin, daß sich in der zweiten Hälfte des 16. Jahrhunderts die Klassifikation zu einer hypostativen Abstraktivität im Bereich von Philosophie und Wissenschaft verfestigt.

Ein auffälliges literarisches Phänomen ist neben der Dichterkrönung und der Verleihung von Poetendiplomen etc.[9] die Funktion des Ruhms, den man sich gegenseitig in vielen Lobgedichten zu Lebzeiten oder posthum zuspricht: Mutianus Rufus an Eobanus Hessus, Pirckheimer auf Albrecht Dürer, Petrus Lotichius auf Ulrich Hutten usw. – diese Suche nach Vorbild und Selbstvergewisserung basiert strukturlogisch auf der Verbindung einer hypostativen Konkretion der Lebenswelt, deren Abstraktwerden befürchtet wird und der klassifikatorischen Abstraktion der Wissenschaften; beides zusammen dient den Künsten als Grundlage, ein eigenes extensionales Klassifikationsideal zu entwickeln. Hier wird dem Namen ein Begriff unterlegt, und derart ist die humanistische Literatur prinzipiell strukturiert. Solchem Schema entspricht auch die Idee der ‚Wiederkehr', der Wiedergeburt großer antiker Autoren, der Anruf der Musen, der Bezug auf das ganze Personal und alle Requisiten der die Poesie befördernden antiken Mythologie. Auch die Tatsache, daß die Elegie eine der literarischen Hauptgattungen wird, zeigt nicht nur die Wiederkehr eines antiken Musters, sondern den Versuch, einer relativ strengen Form Offenheit für verschiedene Gegenstände abzugewinnen und zeigt, wie selbst die Klage dem Rühmen sich unterordnet. Die Vorliebe für das Wort, wie sie sich äußert nicht nur in der Bibelübersetzung, in der raschen Entwicklung des Neuhochdeutschen oder in der Bevorzugung von Literatur und Rhetorik vor anderen Künsten, sondern auch in der sprachlichen Ausdifferenzierung vorschiedener Wissenschaftsbereiche, ist ein Grundzug des Zeitalters und greift tief in die Struktur und Intention der einzelnen Dichtungen ein.

So dienen einer Entsprechung von res und verba sowohl die zahlreichen balladesken Geschichten, die Vielzahl der erzählenden Lieder geistlicher und weltlicher Art, historisch-politische Lieder – und vor allem deren eigene Vielstrophigkeit. Letzlich tragen alle Gattungen, voran die Elegie, der Hymnus und das Schuldrama zur Pflege der Rhetorik und des Stils bei, was sich schließlich auch in der Diversifizierung der Gattungen, besonders der Kleinformen, ausdrückt. Die Kunst steckt in der Natur, „wer sie herauß kan reyssenn, der hat sie."[10] ‚Entsprechung' und ‚Verständigkeit' werden Zentraltermini einer Poetik, deren Folgen noch im 18. Jahrhundert abzulesen sind. Das Schreiben ‚auf etwas hin', die sich entwickelnde Kunst der literarischen Emblematik gehorcht, selbst in der satirischen Verspottung, einem Ordnungsprinzip, das sich selbst am mei-

sten bewundert.[11] ‚Die Ethik des Frühprotestantismus'[12], ablesbar an Wickrams Romanen beispielsweise, sowie die Rezeption des Kopernikanischen Weltbildes zeigt, wie andere Erscheinungen in Literatur, Philosophie und Wissenschaften eine zunehmende Selbstbezüglichkeit, die in der Spätrenaissance lebensweltlich einer rationalen Konkretion zustrebt, während die Wissenschaften sich hypostativ verfestigen, enzyklopädischer werden und die Kunst sich auf eine hypostative Abstraktivität hinentwickelt, die zwar von dem Konkretionswunsch der Vergegenwärtigung von Ereignissen, Namen, Geschichten beseelt ist, einer Abstraktivität aber nicht entraten kann – man denke nur an das späte Schuldrama Nikodemus Frischlins, aber auch an Fischarts Rabelais-Übersetzung, an den Meistersang sowie an die allegorischen ‚Volksbücher' und natürlich generell an die Tendenz zu vermehrter sprachlicher Substantivierung.[13]
Den Eindruck des Abstrakten und Allgemeinen erweckt sowohl die humanistische als auch die reformatorische Literatur insgesamt. Dies ist sicher zum Teil auch durch den historischen Abstand, primär freilich durch die geschichtlichen Verhältnisse selbst bedingt, beispielsweise durch die grundsätzliche Gelehrsamkeit, die selbst noch eine weit verbreitete ‚Tierdichtung' kennzeichnet. Eine – gegenüber dem Mittelalter[14] geradezu aufblühende Poetologie fordert und fördert diesen Zug. An der Spitze aller Gattungen steht das große Epos, was im Rahmen des hier vorzustellenden Strukturschemas der Geschichte unmittelbar einleuchtet, wenn man sich vergegenwärtigt, daß die Strukturlogik dieser Epoche analog ist derjenigen der Frühantike, also der Zeit Homers, ebenso wie dem Ende der römischen Kaiserzeit (Vergils Epos).[15] Ob bei Vadianus[16], der das Epos unter die drei wichtigsten Gattungen reiht, bei Vida[17], bei dem das Epos bereits an der Spitze steht oder in Scaligers berühmter Poetik, dessen Vorliebe für das Epos sicher auch seinem Vergilkult entspringt und der es unter die drei Hauptgattungen rubriziert[18] – sie alle ordnen nach antiken Mustern und nach Überlegungen, die der Rhetorik entstammen.
Die grundlegende Bedeutung, auch für spätere Epochen, von Scaligers Systematisierung der vielschichtigen Auslegungen aristotelischer Poetik ist bekannt. Scaligers Unternehmen ist die erste vollständige Dichtungstheorie, die ihre Resultate aus fast der gesamten literarästhetischen Tradition der Renaissance herleitet. Auch Scaliger beruft sich natürlich auf Horaz und seine Zweckbestimmung der Poesie, doch bleibt er nicht dabei stehen: Seine Poetik zeigt wie sehr Dichtung die Aufgabe zugewiesen wird, eine sozusagen universale Wissenschaft zu werden, wozu eben eine universale Bildung der Autoren gehört. Der Universalismusanspruch gründet sich auf Aristoteles und seine Unterscheidung zwischen einer vom Allgemeinen redenden und deswegen philosophischen und edlen Dichtung gegenüber einer Geschichtsschreibung, die vom Besonderen handle. In dieser Weise wird auch der Mimesis-Begriff gefaßt, nicht als Nachahmung des Wirklichen, sondern als Darstellung des in den Dingen enthaltenen Universalen. Das oben erwähnte Epochencharakteristikum der Dominanz über die Welt und ihre Dinge zeigt sich auch hier:

„Während für Aristoteles die Nachahmung (und das durch sie bewirkte Wohlgefallen) das Ziel der Dichtung ist, erscheint die Nachahmung den Theoretikern (des 16. Jahrhunderts) lediglich als Funktion der Dichtung, deren Ziel durch die pädagogische Kunsttheorie festgelegt ist. Demzufolge deutet man die aristotelische Feststellung, der Dichter berichte, was geschehen könnte, in die moralische Forderung um, der Dichter hätte darzustellen, was geschehen sollte."[19]

Diesem Anspruch ordnen sich auch die einzelnen Forderungen an die Dichtungsgattungen unter, wie die Bedeutung der Katharsis oder die Frage der Einheit der Handlung. Der klassifikatorisch und in der zweiten Jahrhunderthälfte hypostativ verfahrenden Literatur entspricht auch die bereits angedeutete Tatsache, daß das Epos im allgemeinen an der Spitze der Gattungen rangiert, denn es bietet die Möglichkeit, den vollkommenen Helden und damit einen vorbildlichen Idealtypus darzustellen.[20]

Generell wird den Leistungen des inspirierten ‚poeta' (gegenüber dem ‚versificator') eine Fähigkeit zugestanden, und ein Erfolg dazu, die ihn neben dem Philosophen erheblich zur ‚beatitudo' des Menschen beitragen lassen sollen. So ist auch die geforderte Entsprechung von ‚res' und ‚verba' im Hinblick auf die Produktion wie die Wirkung der Dichtung zu modifizieren:

„Der Dichter schildert sozusagen eine andere Art Natur und eine Menge verschiedener Schicksale, und indem er das tut, verwandelt er sich in der Tat in einen zweiten Gott."[21]

Um dies zu erreichen, bedarf es aber nicht nur eines ingenium, sondern auch der ars, der techne, die Scaliger in seiner Poetik ausführlich darstellt. Dazu gehört u. a. die Wahrung des Dekors, der Adäquatheit von Form und Gegenstand (der universale Mensch im Epos, hohe Standespersonen in der Tragödie etc.) sowie die Beachtung zahlreicher Einzelanweisungen zur Komposition, die fast alle der Rhetorik entlehnt sind.[22]

In der ‚Krise der Renaissance'[23] entwickelt sich jene Stilrichtung, die, schon aus der Antike bekannt, auch in den folgenden Jahrhunderten immer wieder Ausdruck einer bestimmten kunstpsychologischen Veränderung der Darstellungsinteressen ist: der Manierismus.[24] Im Lauf des 16. Jahrhunderts äußert sich in ihm ein Widerspruch gegen das hypostative und klassifikatorische Ordnungsideal, wenngleich der Manierismus – wie es die Strukturlogik der Abstraktions-Abfolge belegt – im Rahmen des neuzeitlichen Entwurfs verbleibt. Die Verbindung der Gegensätze von hohem und niedrigem Stil, von Kürze und Weitschweifigkeit in der manieristischen Literatur, das Eindringen von Elementen des Anorganischen[25] in eine Kunst, die gerade eben sich ein neues Bild vom Menschen geschaffen hatte, zeigt die Brüchigkeit eines Ansatzes, der gleichwohl die folgenden Jahrhunderte prägt.

Wenn Renaissance und Humanismus sich lebensweltlich, philosophisch-wissenschaftlich und künstlerisch der Extensionalität anheimgegeben haben, so greift der Manierismus in der Folge das Wiedererstarken einer intensionalen Abstraktionsbewegung auf und vermittelt deren Widerspruch zum früheren Ideal künstlerisch. Ein analoger Widerspruch kennzeichnet auch den Manierismus selbst und sein zwei Stilrichtungen[26] der deduktiven und induktiven Tendenz, einerseits also die Dinge zu vergeistigen und zu sublimieren und andererseits ihrer unmittelbaren, sinnfälligen Natur Rechnung zu tragen. Die Idee des Individualismus[27], die schon die Reanissance nicht durchweg bestimmt und noch weniger vom Mittelalter abgegrenzt hatte, wird bereits in ihren Ansätzen vom Manierismus durchkreuzt. Aufgrund seiner Erscheinung darf der neuzeitliche Einsatz des 16. Jahrhunderts keineswegs überschätzt werden. Denn im Manierismus insbesondere zeigt sich die Einbindung auch einer ‚kopernikanischen Wende' in frühere Traditionslinien und deren Fortführung in die folgende Epoche.[28]

Das frühe 17. Jahrhundert, vor allem das, was man ‚vorbarocken Klassizismus' nennt[29], greift auf die hypostative Abstraktivität des vorausgehenden Jahrhunderts zurück, um sie allmählich zu einer neuen Intensionalität, und zwar zu rationaler Abstraktion, zu führen. Auf diese Weise wird die verkrustete Begrifflichkeit des Späthumanismus in ein neues Substanzdenken aufgelöst, das in der Entdeckung des intelligiblen Ich (Descartes) einen Höhepunkt findet. Diese Periode ist daher auch gekennzeichnet durch die Diskussion um die Notwendigkeit oder Überflüssigkeit einer Metaphysik/Ontologie[30] und um die Begründung eines humanistisch-empirischen Realismus.[31]
Was in dieser Weise für die Institutionen der Philosophie und der Wissenschaften gilt, wird vom ‚Alltagsdenken' bereits weit überstiegen; es ist geprägt von den Notzeiten der ersten Hälfte des 17. Jahrhunderts, vor allem von der Katastrophe des Dreißigjährigen Krieges, die den Bereich der Lebenswelt unter dem strukturlogischen Gesichtspunkt einer neuen Irrationalität zutreibt. Auch die Kunst greift hier wiederum auf das utopische Moment der irrationalen Abstraktion vor, die nicht nur Verzweiflung, sondern auch Hoffnung auf Erneuerung des Glaubens signalisiert; sie nimmt gleichzeitig die neue Substantialität von Philosophie und Wissenschaften auf, um beides tendenziell zur rationalen Konkretion der Lebenswelt, d. h. hier auf die vorgängige Entdeckung des Menschen und seines empirischen Ich zurückzuführen.
Gegenüber den erstarkten Nationalstaaten Frankreich, England und Spanien bezeichnet der deutsche Territorialismus auf der politisch-gesellschaftlichen Ebene genau den Verlust an Einheit, der sich lebensweltlich spiegelt als Wandel von der rationalen zur irrationalen Konkretion. Ebenso bezeichnend ist die Tatsache, daß Religion und Kirche den Einheitsanspruch übernehmen, ohne ihn erfüllen zu können. Er wird schließlich von der Philosophie des 17. Jahrhunderts aufgegriffen und in verschiedenen Modellen ausgeführt. Auch die weitreichende Bedeutung der neulateinischen Poesie, der weitaus größere Flügel der Barockliteratur, bildet diesen Vorgang ab. Auch hier drückt sich ein Einheitsstreben aus, das es allerdings der kaum erwach-

ten deutschsprachigen Literatur recht schwer macht, diesen Anspruch ihrerseits zu übernehmen. So vermittelt die deutsche Literatur auf weite Strecken den Eindruck des Zerklüfteten[32], auch wenn eine gewisse schablonenartige Gleichartigkeit der literarischen Gattungen neben ihrer gemeinsamen religiös-metaphysischen Motivierung dem Einheitswunsch korrespondiert.

Dieser hat auch politische Zwecke: Die im 16. Jahrhundert ohnehin nur bedingt vorhandene Volkstümlichkeit auch der literarischen Formen[33] weicht einer Bindung an den Hof, an den erstarkten Absolutismus. Hier findet eine Elite-Gesellschaft den ihr adäquaten Ausdruck: in der ausgeklügelten Festlichkeit eines zeremoniellen Alltags, der keiner mehr ist und an dem eine schmale, repräsentative Öffentlichkeit zur Erbauung ihrer eigenen Langeweile, ihrer Melancholie[34] in kunstvoll illuminiertem Dunkel teilnimmt.[35] Wiedererstarkender Grobianismus (Grimmelshausen), ausufernde Fortuna-Emblematik, effektvolle Szenerien, übersteigerte und ausgedehnte Terminologie, Synonyme, Metaphern und Umschreibungen, Strukturantithesen, grelle Kontraste und christlicher Stoizismus sind nur je verschiedene Ausdrücke für eine Bewegung, die zwischen Irrationalität und dem Versuch, eine neue Ordnung zu installieren, hin und her schwankt.[36]

1613 stellt Rudolphus Goclenius in seinem *Lexicon philosophicum*[37] unter dem Artikel ‚Abstractio, Abstrahere, Abstractum'[38] ausführlichst die diversen Interpretationen des Abstraktionsbegriffs seit der Antike dar. Dieses wohl bedeutendste philosophische Lexikon[39] der Zeit faßt den bisherigen philosophischen und allgemeinen Gebrauch des Terminus gültig und für lange Zeit maßgeblich zusammen; noch Leibniz hat oft aus ihm entlehnt.[40] Trotz der offensichtlichen Vorliebe für sehr und nicht selten allzu differenzierte Unterscheidungen, in denen sich eine späte scholastische Einteilungssucht dokumentiert, darf bei der Behandlung des Abstraktionsbegriffs durch Goclenius nicht übersehen werden, daß die erste, sozusagen eigenständige Definition den Abstraktionsvorgang entschieden als reinen Verstandesakt bezeichnet („Abstractio est actio intellectus [...]"[41]), dessen Bindung an ein ontologisches Substanzdenken gleichwohl gegeben ist, wie sich in der einleitenden ‚Proprie'-Rekapitulation der scholastischen Definitionen zeigt, die jedoch ihrerseits ebenso auf die intellektuelle Funktion des Abstrahierens verweist: „Sic corpus mathematicum est abstractum a materia, qui instructae forma inest. Sic universalis naturae seu ta katholou (universalia) abstrahuntur a suis particularibus."[42] Diese aristotelische Tradition, die Betonung der Negativität der Abstraktion (Aphairesis, ‚Privatio', ‚Ablatio', ‚Separatio'), erfährt um die Wende zum 18. Jahrhundert eine die Wissenschaften und Poetik stark verändernde Bedeutung. Über die aristotelische intellektualistische Interpretation hinaus stellt Goclenius die platonische Lehre der Abstraktion als ein „improprie" vor:

> „Sic Nous, id est, mens sei intelligentia est forma abstracta Aristoteli 12.1.Philos. id ist, substantia abiuncta seu separata (re ipsa) à materia, à materiae sordibus sei-

uncta, seu simpliciter immaterialis. Hanc intellige, cum dicit Zabarella: Substantia abstracta es haec, id est, individua, per se ipsam. Graece Ousia chorizomene."[43]

Die drei Stufen der Abstraktion sind abstractio mentalis (generalis, logica, specialis, mathematica), realis und metaphysica. Damit sind auch die drei grundsätzlichen Anwendungsbereiche der Abstraktion benannt.

In einem zweiten Schema stellt sich Abstraktion dar als: pragmatodes (realis), als tatsächliche, äußere Trennung (Gegenbegriff: coniunctio, concretio, copulatio) – oder als Noetike (intellectionis simplex), als Trennung zweier Verbundener, z. B. prius a posteriori und umgekehrt.[44] Entscheidend ist hier also, daß Goclenius den Abstraktionsbegriff sehr stark auf das intellektuelle Verfahren bezieht, ihn überdies den Wissenschaften zuordnet („Abstractio in omni scientia & disciplina est universalium a particularibus."[45]). Dennoch bleibt die scholastische Grundhaltung deutlich („abstractio est ab Existentia [...] Positiva", „[...] ab Essentia [...] Privativa"[46]). Das von Goclenius aufgestellte Abstraktionsschema wird im wesentlichen durch das gesamte 17. Jahrhundert tradiert.[47]

Einen wissenschafts- und bewußtseinsgeschichtlichen Neueinsatz kennzeichnet das Werk Francis Bacons, nach dessen Auffassung die bisherige Wissenschaft lediglich eine Akkumulation von Einzelerkenntnissen (sine fundamento) geleistet habe, dergegenüber Bacon eine einheitliche Methode erstellen will. Der Versuch, ‚Abstraktion' zum Bestandteil einer neuen wissenschaftlichen und intellektuellen Methode zu machen, ist das Spezifikum dieses Neuansatzes, wie ihn – in anderen Zusammenhängen, aber ebenfalls mit Hilfe der Abstraktion als Methode – auch Descartes beabsichtigt. Das sinnlich Wahrnehmbare bekommt Vorrang vor den nichtgreifbaren, transzendenten oder auch rein gedanklichen Experimenten: "*Emblema* vero deducit intellectuale ad sensibilie; sensibile autem semper fortius percutit memoriam, atque in ea facilius imprimitur, quam intellectuale."[48]

Die Einteilung der Wissenschaften, nach der Natur des menschlichen Vorstellungsvermögens, ist allerdings durchaus noch deduktiv: An der Spitze steht die scientia universalis (prima philosophia), sie enthält zunächst die ratio (Philisophie und theologia naturalis sowie andere Wissenschaften), dann folgt die phantasia (poesia narrativa, dramatica, parabolica), dann die memoria (Geschichte). Logik und Ethik werden die Schlüsselwissenschaften; dies ist ein entscheidender Schritt, der auch die Stellung der Logik in der Aufklärung noch sehr stark bestimmen wird. Das bisherige Verfahren einer metaphysisch bestimmten Abstraktion wird abgelehnt zugunsten von Analyse und Induktion: „Der menschliche Verstand neigt seiner eigenen Natur nach zu Abstraktionen [...], aber es ist besser, die Natur in ihre gehörigen Teile zu zerlegen als zu abstrahieren."[49] Abstraktion gilt weiterhin lediglich als zusammenfassende Verallgemeinerung; Voraussetzung für die Sinnfälligkeit einer späteren Abstraktion wird das Experiment, als wichtigstes Hilfsmittel der Analyse.

Mit dieser Wendung, gegen Deduktion und Syllogismus und für die Analyse, hat Bacon der induktiven Methode der modernen Naturwissenschaften nachhaltige Geltung verschafft. Mit Hilfe seiner neuen Methode, dem rationalistischen Archetyp neuzeitlicher Abstraktion, geht Bacon in seinem *Novum Organum* gegen die bisherige Idolenlehre, gegen Vorurteile und Trugschlüsse vor. Durch die ungeheure Wirkung seiner Konstruktion auf die Aufklärung insgesamt, auf Helvétius und Holbach (übrigens bis hin zu Marx), bei deren Entwicklung der Ideologiebegriffe, gerät Bacon aus dem strukturlogischen System sowohl der Spätrenaissance als auch des Frühbarock hinaus. Seine Methode hat erst ein Jahrhundert darauf und einiges später explizite Nachfolger gefunden. Von diesen haben allerdings nur wenige den durchaus unsystematischen Zug Bacons fortgeführt: „Bacons Organon soll eigentlich ein heuristisches Hebzeug sein."[50] – und Lichtenberg sieht ebenso, was eine Wissenschaft zum Erliegen bringen kann: „Der berühmte Baco von Verulam hat schon gesagt und wir haben es wahr befunden, das in einer Wissenschaft nicht mehr viel erfunden wird, sobald sie in ein System gebracht worden."[51]

Das induktive Aufsteigen des Erkennens ist die erste Aufgabe des denkenden Menschen; sie impliziert die Kritik an den bisherigen Verfahren und vor allem an den Vorurteilen, die die Gültigkeit der sinnlichen Erfahrung einschränken: gegen die Idola tribus, die angeborene Neigung des Verstandes zu Abstraktion und zu abstrakten Konstruktionen, gegen die Idola fori, das Verkennen der Funktion der Sprache, die Bacon zufolge nur dem Verkehr, der Kommunikation, nicht jedoch der Erzeugung leerer Begriffe anstelle der Erfahrung dienen soll, gegen die Idola theatri, gegen abstraktiv und formalistisch konstruierte Weltbilder einer einseitig metaphysisch-rationalistischen Philosophie. Fehlleistungen dieser Art können vermieden werden in einer durch planmäßige Experimente methodisch gestalteten Erfahrung. Sie beobachtet das Vorhandensein oder Fehlen einer anderen Natur im Verhältnis zu der zu prüfenden Natur. Sie ermittelt und schließt alle diejenigen Naturen aus, die jedesmal dann fehlen, wenn die zuerst ins Auge gefaßte vorhanden ist. Darauf werden alle positiven Instanzen miteinander in Verbindung gebracht und zusammengefaßt. Das gewonnene Resultat wird an den Prärogativen derjenigen Instanzen geprüft, in welchen die zu erkennende Erscheinung sich in besonderer Deutlichkeit darbietet, die unverkennbare Ähnlichkeit miteinander besitzen und die durch das wiederholte Zusammenbestehen einen neuen Wirkungszusammenhang ergeben. Dies führt zur Erkenntnis der ‚Formen', der allgemeinen Begriffe bzw. der Gesetze, die in den Dingen ständig anwesend sind, dies führt zu den Eigenschaften der Dinge. So ist die Mathematik wertlos, da hier keine Induktion möglich ist.

Seine Erkenntnisabsicht, die in einer ausgeprägten Religiosität wurzelt, faßt Bacon folgendermaßen zusammen:

> „Modulos ineptos mundorum & tanquam simiolas, quas in Philosophiis phantasiae hominum exstruerunt, omnino dissipandas edicimus. Sciant itaque homines,

quantum intersit inter humanae mentis Idola & divinae mentis Ideas. Humanae mentis Idola nil aliud sunt quam abstractiones ad placitum: Divinae mentis Ideae sunt vera signacula Creatoris super creaturas, prout in materia per lineas veras & exquisitas imprimuntur & terminantur. Itaque ipsissimae res sunt Veritas & Utilitas: atque opera ipsa pluris facienda sunt, quatenus sunt veritatis pignora, quam propter vitae commoda."[52]

Francis Bacons *Essays* stellen eine wichtige Etappe in der Geschichte dieser literarischen Form dar. In ihrer Distanziertheit und dem Anspruch der didaktischen Vermittlung sozialer Verhaltensnormen als allgemeingültiger Maximen, sind die inhaltlich zum Teil so konkreten Essays[53] ganz anders intendiert als z.B. die von Montaigne, deren Subjektivismus und Reflexionsniveau mögliche normative Setzungen von vornherein verhindern. Bacons Skizzen sind von antiemotionaler, pragmatischer Nüchternheit, sie vermitteln eine utilitaristische Ethik (external goodness gegen internal goodness), sie zeigen, wie der Mensch ist, und nicht, wie er sein soll. Trotz der großen Anzahl privater Themen liegt der Schwerpunkt dennoch im politischen-öffentlichen Bereich. Die Form des Aphorismus, die Bacon in den neuzeitlichen Formenkanon eingeführt hat, schlägt auch hier zumindest teilweise durch: Während bei Montaigne Kolloquialität und Assoziation herrschen, glänzen Bacons Essays durch sentenzenhafte Pointierung und einen durchaus systematischen Aufbau. Die Argumentation gipfelt stets in einem aphoristisch verkürzten Gedanken, vorgeführt durch logische Antithesen und mit syntaktischem Parallelismus. Auch die rhetorischen Kunstmittel leben von der Klarheit der Begriffe und Diktion, von der Transparenz der Argumentation des Aufbaus, von der gesamten logischen Funktionalität.

Bacons neues Verfahren, gewiß auch eine Reaktion gegenüber dem manieristischen Euphuismus in England, signalisiert zwar eine neue Erfahrungsphilosophie, aber keineswegs einen mechanistischen Empirismus, sondern eine Philosophie, die durchaus noch im aristotelisch-scholastischen System verbleibt. Auch Bacon überläßt schließlich immer noch das „in höherem Grade Feststehende und Abstrakte„, das „Konstante" in der Natur der Metaphysik als der trefflichsten der Wissenschaften. Auch die Anordnung seiner *Instauratio magna* ist vollkommen deduktiv.[54]

Der Stellung Bacons in dieser Hinsicht durchaus vergleichbar, sind auch Descartes' ‚denkendes Ich' und seine Selbsterfahrung, vor allem seine Erfahrung, als vereinzeltes Individuum der ganzen Welt gegenüberzustehen, durch den Gottesbegriff noch abgeschwächt.[55]

Der Abstraktionsbegriff der Neuzeit hat seine entscheidenden Bedeutungsinhalte von Descartes erhalten. Auch bei ihm zielt Abstraktion nicht mehr in traditioneller Weise auf Begrifflichkeit, auf Begriffsbildung im Rahmen einer ontologischen Erkenntnis, sondern auf den ‚Satz', auf die Methode hin. Im zweiten Kapitel „Die hauptsächlichen Regeln der vom Autor gesuchten Methode" seines *Discours de la*

Méthode – kurz vor der Nennung der vier Grundregeln des Vernunftgebrauchs, an zentraler Stelle also – wird nicht nur das Ergebnis bisheriger Abstraktion, des Schulverfahrens, abgelehnt, sondern zugleich mit der Abwehr jener unnützen abstrakten Materie auch eine methodisch unklare, dunkel verfahrende Abstraktionsmethode:

> „Was dann die *Analysis* der Alten und die *Algebra*[56] der Neueren betrifft, so ist, abgesehen davon, daß sich beide nur auf sehr abstrakte und unnütze Materien erstrecken, die erste dergestalt an die Betrachtung der Figuren gebunden, daß sie den Verstand nicht üben kann, ohne die Einbildungskraft zu ermüden; und in der zweiten hat man sich gewissen Formeln und Chiffren so sehr unterworfen, daß man daraus eine verworrene (confus) und dunkle (obscur) Kunst macht, die den Geist belästigt, statt einer Wissenschaft, die ihn bildet."[57]

Beide Mängel sind Kennzeichen der bisherigen Schulphilosophie, der überkommenden Mathematik, deren figural-schematisches Denken Abstraktion als Ordnungssystem für vorgegebene Inhalte eingesetzt hatte. Das gerade will Descartes vermeiden. Jede inhaltliche und formale Voraussetzung, die sich noch weiter auflösen läßt, muß auch aufgelöst werden. Übrig bleibt die ‚neue' Art von Abstraktion, die aus vier Grundregeln besteht: 1. „klares und deutliches" Begreifen, 2. Zerlegen (diviser), 3. aufsteigendes Ordnen von den einfachsten zu den kompliziertesten Dingen und 4. Vollständigkeit.

Enthält schon jede Einzelregel das Abstraktionsverfahren als Formalelement, so ergeben auch die vier Regeln zusammen die Abstraktion als Isolation (1. und 2.) und Generalisation (3. und 4.). Das Neue also ist: Abstraktion wird gesehen als reine Verhältnismäßigkeit[58], unter Ablehnung aller metaphysischen Spitzfindigkeiten. Der erkenntnistheoretische Aspekt tritt in den Vordergrund: „Ego cogito, ergo sum, sive existo„. An der entscheidenden Stelle neuzeitlicher Philosophie wird Abstraktion begründet durch die Ablehnung der Abstraktion. Dies hat Tradition und wird auch weiterhin ein kulturgeschichtliches Strukturmerkmal bleiben.

Auch schon in den frühen *Regulae ad directionem ingenii* [59] ist bezüglich der Wahrheit der klaren und deutlichen Intuitionen als Voraussetzung die verknüpfende Beziehung, die Verhältnismäßigkeit als Konstituens angesprochen. Intuitive Wahrheiten, von denen die spätere Deduktion auszugehen hat, sind also nicht bloße Begriffe, sondern Begriffsverknüpfungen. Das Denken dieser Beziehungen – und das unterscheidet Descartes von Bacon grundlegend – ist mathematisches Denken, in einem neuen Sinne freilich. Nur als solches kann Denken sein und wahr sein. Hier ist die Idee der Universalmathematik angedeutet.

Die Methode der ‚Mathesis universalis' ist die Verbindung von Intuition und Deduktion, ein hochgradig abstraktes Verfahren, das zwar, nach der Regel des Deduzierens, der Konkretion zustrebt. Doch Ergebnis ist schließlich die Erkenntnis der „naturae simplices". Daß Descartes ohne die Intuition nicht auskommt, zeigt, wie sehr auch seine Philosophie sich auf eine rationale Abstraktivität hinbewegt, die Intuition nicht nur zuläßt, sondern fordert[60]:

„Man kann demnach behaupten, daß zwar die unmittelbar aus den ersten Prinzipien erschlossenen Sätze, je nach der verschiedenen Betrachtung, bald durch Intuition, bald durch Deduktion, die ersten Prinzipien selbst dagegen allein durch Intuition, hingegen die entfernteren Folgerungen allein durch Deduktion erkannt werden."[61]

Was Descartes hier im Sinn hat, ist das, was Bacon nicht interessierte, dessen erster Bestandteil (die Intuition) aber auch sein induktives Verfahren allererst begründet: „Diese zwei [Intuition und Deduktion] sind nun die sichersten Wege, die zur Wissenschaft führen und man darf auch von seiten des Geistes keine weiteren zulassen[...]„.[62]

Diese Verfahren sind so einfach und allgemein, daß man sie gar nicht erklären muß, denn sie sind „ja schlechthin die einfachsten und ersten [...], und zwar in dem Maße, daß, wenn unser Geist sie nicht von vornherein anwenden könnte, er überhaupt keine, sei es auch noch so einfache Vorschrift der Methode begriffe."[63]

Diese ‚Metamathematik' ist das, was Erkenntnis erst begründet, denn es ist nicht möglich, von Wahrnehmungen, Beobachtungen zu Begriffen aufzusteigen[64], ohne eine ‚Vorentscheidung' zu treffen, die Descartes nicht im Sinne einer Philosophie der Praxis, sondern mathematisch beschreibt. Der Begriff der Intuition aber verweist auf die nämliche Struktur, nach der erst eine – so oder so interessengelenkte – Sicht auf die Dinge ihre konkrete Einheit auflöst, um jene überhaupt unterscheidbar zu machen. Hier zu einer Begriffsklärung zu kommen, ist das Anliegen der ‚Universalmathematik'[65]:

„Die ganze Methode besteht in der Ordnung und Disposition dessen, worauf sich der Blick des Geistes richten muß, damit wir eine bestimmte Wahrheit entdecken. Wir werden sie exakt dann befolgen, wenn wir die verwickelten und dunklen Sätze stufenweise auf die einfacheren zurückführen und sodann versuchen, von der Intuition der allereinfachsten aus uns auf denselben Stufen zu der Erkenntnis aller übrigen zu erheben."[66]

In den folgenden ‚Regulae' weist Descartes auf die wichtige Rolle der Erfahrung, der Wahrnehmung hin, die das Material liefert. Die zur Erkenntnis notwendigen vier Fähigkeiten sind: Verstand, Einbildungskraft, Sinne und Gedächtnis (Regel XII).

In diesem Zusammenhang kommt der Dichtung, als Umsetzung der Phantasie, der Einbildungskraft, im Rahmen des Abstraktionsvorgangs eine entscheidende Rolle zu. Der in der zwölften Regel beschriebene Vorgang des Erkennens gliedert sich nämlich 1. in Gestaltwahrnehmung, 2. in die Übertragung der Gestalt auf den inneren Gemeinsinn (ein Terminus, der in der erkenntnispraktischen Abstraktivität der Frühaufklärung eine entscheidende poetologische Funktion übernimmt), 3. in das über den Gemeinsinn erfolgende Einprägen von bereits verallgemeinerten Erscheinungen ins Gedächtnis, 4. in die Phantasie als körperliche Substanz (Nerven), die die ursächlich bewegende Kraft für die Organisation der Eindrücke ohne Vernunft ist, und 5. in

den eigentlichen mathematischen Akt: „[...] muß man sich schließlich darüber klar werden, daß die Kraft, vermöge der wir die Objekte eigentlich erkennen, rein geistiger Natur und von dem Körper [...] verschieden ist [...]"[67].
Die methodologische Abstraktion der Vereinfachung des Zusammengesetzten und seine Abkürzung durch Symbole konstituiert die Erkenntnisobjekte: „Wir sagen also erstlich, daß die einzelnen Dinge anders anzusehen sind der Ordnung unserer Erkenntnis nach, als wenn wir von denselben reden rücksichtlich ihrer tatsächlichen Existenz."[68]
Abstrakt sind die einfachen Dinge, konkret die zusammengesetzten:

> „Da wir nun hier von den Dingen nur insoweit handeln, als sie vom Verstande erfaßt werden, so bezeichnen wir nur die als einfach, deren Erkenntnis so durchsichtig und distinkt ist, daß sie von unserem Geiste nicht weiter in eine Mehrheit von noch distinkter erkannten geteilt werden können; von dieser Art sind Gestalt, Ausdehnung, Bewegung und dergleichen. Von allen übrigen aber nehmen wir an, daß sie sich in gewisser Weise aus diesen zusammensetzn. Dies ist so allgemein zu verstehen, daß nicht einmal diejenigen ausgenommen sind, die wir bisweilen aus den einfachen selbst abstrahieren, wie es z. B. der Fall ist, wenn wir die Gestalt als die Grenze der ausgedehnten Sache bezeichnen, wobei wir uns unter Grenze etwas noch Allgemeineres als ‚Gestalt' denken, da man ja auch von einer Grenze der Dauer, Grenze der Bewegung usw. reden kann. Es darf nämlich in diesem Falle, wenn auch der Begriff der Grenze von der Figur abstrahiert wird, dieser deshalb noch nicht für einfacher gehalten werden als der der Figur, sondern da man ihn auch anderen Dingen zuschreibt, wie dem Endpunkt der Dauer oder der Bewegung usw., Dingen, die von der Figur gänzlich verschieden sind, so mußte er auch von diesen abstrahiert werden und ist demnach eine Zusammensetzung aus einer Reihe vollkommen verschiedener Naturen, auf die er nur in mehrdeutiger Weise angewandt wird."[69]

Auch die Begriffe der Negation und Privation werden hier bereits in den Vorgang des Erkennens eingesetzt (auch sie erhalten über die entscheidende Position, die sie in der Logik der Aufklärung einnehmen, später eine dichtungstheoretisch zentrale Rolle):

> „Übrigens muß man zu diesen einfachen Dingen auch ihre Privationen und Negationen zählen, sofern wir sie klar denken, da es eine ebenso wahre Erkenntnis ist, die mich intuitiv erfassen läßt, was das Nichts, oder der Augenblick oder die Ruhe, wie die ist, vermöge deren ich einsehe, was Existenz, Dauer oder Bewegung bedeuten."[70]

Die Deduktion bewegt sich ebenfalls im Bereich der einfachen, intuitiv erfaßten Dinge, sie stellt deren notwendige Verknüpfung her. Sie aber setzt bereits Abstraktion voraus. Diese notwendige Voraussetzung der induktiven Abstraktion übersieht Descartes, oder er problematisiert sie wenigstens nicht, indem er den Begriff der Intuition für diesen Prozeß insgesamt einsetzt. Das ist insofern richtig, als es eine

Ableitung vom ursprünglichen und irrational Konkreten gibt; es ist jedoch insofern nicht ganz zutreffend, als vom Konkreten nicht primär der Begriff des Besonderen abgeleitet wird, sondern zunächst einmal die Regel, die der Induktion vorausliegt, nämlich die Tatsache der Unterschiedenheit, der Einheit etc.[71]. Die Vernachlässigung der ‚Induktionsregel' ist bezeichnend für die implizite Ablehnung einer klassifikatorischen Abstraktivität, wie sie schon die Intuitionisten des 14. und 15. Jahrhunderts kennzeichnet.[72] Indem sowohl dort auch auch hier bei Descartes übersehen wird, daß diese Art von Abstraktion immer der Deduktion, die ja an sich schon wieder eine Determination ist (wie Descartes am Beispiel der Grenze zeigt), vorausgehen muß, ja daß aus der sogenannten ersten und unmittelbaren Intuition sich, genaugenommen, der Bestandteil der Induktion herausschälen läßt, wird Abstraktion zwar abgelehnt, tatsächlich aber verdeckt rezipiert.[73]

In seinen *Meditationes de prima philosophia* wird ganz offensichtlich, was Descartes von der epochal vorausliegenden hypostativen Abstraktivität trennt, die er auf eine rationale hin weiterentwickelt: Auch in seinen*Meditationes* will Descartes zunächst in durchaus antiabstraktiver Absicht den Geist von den Vorurteilen der Sprache (hypostative Abstraktivität) befreien[74]. Ziel der philosophischen Untersuchung gerade in der zweiten Meditation ist das Erweisen des cartesischen Zentralsatzes vom Denken und Sein, die Trennung von res cogitans und res extensa, auf der Basis radikalen Zweifels, dem die bisherigen abstrakten metaphysischen Systeme zum Opfer fallen müssen. Die von aller Existenz getrennte (abstrahierte) res cogitans aber, das ‚Ich denke', das denkende Subjekt unterliegt zwar selbst nicht dem Zweifel, kann sich aber nicht die eigene Begründung liefern. Der sich anschließende Gottesbeweis zur Begründung des subjektiven Ich überfremdet die methodologische Abstraktion Descartes' erneut mit der Substanzkategorie (‚meam essentiam in hoc uno consistere, quod sum res cogitans')[75]:

> „Daraus also, daß ich weiß, ich existiere und daß ich inzwischen bemerke, daß durchaus nichts anderes zu meiner Natur oder Wesenheit gehöre, als allein, daß ich ein denkendes Wesen bin, schließe ich mit Recht, daß meine Wesenheit allein darin besteht, daß ich ein denkendes Wesen bin."[76]

Diese neue Substantialisierung wird später stark kritisiert werden.[77]

Der Verstand wird zum Wesen der körperlichen Dinge erklärt[78], und dies ist der Ausgangspunkt des neuzeitlichen Abstraktionsbegriffs, gegen den, ohne ihn allerdings prinzipiell zu verändern, die Ästhetik um die Mitte des folgenden Jahrhunderts ‚antritt'.[79] Denn die Einbildungskraft nimmt zwar eine wichtige Stufe im Zusammenhang des Erkenntnisvorgangs ein, zur ‚Selbstvergewisserung' allerdings trägt sie gar nicht bei:

> „Ich erkenne daher, daß nichts von dem allen, was ich mit Hilfe der Einbildungskraft erfassen kann, Bezug hat auf die Kenntnis, die ich von meinem Ich habe, daß ich vielmehr meinen Geist auf das sorgfältigste hiervon abwenden muß, wenn ich mir seine Natur recht deutlich zum Bewußtsein bringen will."[80]

Das Medium der Einbildungskraft, die von einem Äußeren[81] abhängen muß, da sie nicht substantiell zum denkenden Ich gehört[82], läßt auf die tatsächliche Existenz der eingebildeten Dinge schließen[83]. Hier hat die Poesie ihren Ort: Sie leistet die Hervorbringung der Wirklichkeit, sie ist nicht Abschilderung noch reine Imagination, sondern beruht auf einer Aktivität des Ich, das in der Einbildungskraft einen Wahrheitsakt vollzieht.
Entsprechend kommt Descartes in seinen *Principia philosophiae* zur Definition des Attribut-Begriffs.[84] Da ja die Substanz dem Ich beigelegt wird, lassen sich von den Gegenständen zwar Eigenschaften abstrahieren; sobald sie aber vom Denken ergriffen werden, macht dieses sie zu Universalien im Sinne des Nominalismus: „So ist auch die Zahl nur ein Zustand des Denkens, wenn man sie nicht in den erschaffenen Dinge, sondern bloß abstrakt oder im allgemeinen betrachtet. Dies gilt von allem was man die *Universalien* nennt."[85]

Auch für Thomas Hobbes hat das korrekte Anwenden einer korrekt definierten Methode Vorrang gegenüber metaphysischer Abstraktion. Im ersten Teil seiner *Elementa philosophiae* definiert er jene: „Philosophie ist die rationelle Erkenntnis der Wirkungen oder Erscheinungen aus ihren bekannten Ursachen oder erzeugenden Gründen und umgekehrt der möglichen erzeugenden Gründe aus den bekannten Wirkungen."[86]
Die Frage der Kausalität wird zur methodisch bestimmenden Richtlinie. Kausalität ist aber letztlich auf das Rechnen rückführbar. So geht die „rationelle Erkenntnis [...] jedenfalls auf zwei Geistesoperationen zurück: auf Addition und Subtraktion."[87] Die gesamte Philosophie ist Rechnen, die methodisch klar definierte Anwendung abstraktiver Vereinfachungen durch Zahlen, Symbole und Namen: „Ratiocinari[...] idem est, quod addere et abstrahere,[...] multiplicare et dividere. Computare est plurium rerum simul additarum summam colligere vel una re ab alia detracta cognoscere residuum."[88]
Diese Wissenschaft dient nicht der Erkenntnis metaphysischer Wesenheiten, sondern der Vermehrung von Machtansprüchen[89]. Hobbes' Abstraktionsbegriff, wenn man so will, resultierend aus anthropologischem Nominalismus, steht ebenso zwischen hypostativer (Namen) und rationaler Abstraktivität. Denn die Namen, die Definitionen, die sich aus dem Wahrgenommenen ableiten lassen, sind Merkzeichen für die Erinnerung und Voraussetzung zu einer ‚Kommunikation des Dominierens'[90]. Namen, die mehreren Dingen gemeinsam sind, werden Universale genannt[91]: „Der im höheren Grade gemeinsame Name wird mit Rücksicht auf den niederen auch Gattung oder das Allgemeine genannt; der letztere aber heißt Art des ersten oder Besonderes."[92]
Hobbes' Sprachphilosophie und die in ihr enthaltene Abstraktionstheorie ist zeittypisch und ausgesprochen modern zugleich. Sie begründet als Prädikamentenlehre

und in Verbindung mit einer deterministischen Auffassung vom Menschen nicht nur die barocke Metaphorologie, wobei sie sich allerdings auf deren religiös-metaphysische Motivation nicht erstreckt, sondern wirkt, in einer durchgehenden logikgeschichtlichen Linie auf Leibniz, Locke über Karl Wilhelm Jerusalem bis zu den Abstraktionisten und zur modernen analytischen Philosophie.[93]
Die Intensionalität, die sich im Denken von Hobbes ausspricht, hat sich von allen theologischen Rücksichten losgerissen, die in der zweiten Hälfte des 17. Jahrhunderts wieder stärker wirksam werden. Beides zusammen kennzeichnet die Strukturlogik der Barockliteratur, und in ihr spiegelt sich auch die Abfolge jener beiden Voraussetzungen wider, vom ‚vorbarocken Klassizismus' mit seinen strengen Regulativen und einer technizistischen Allgemeinheit zum Wiedererstarken einer Gefühlsmystik gegen Ende des Jahrhunderts (Francke, Spener) und zum neuen Manierismus der Zweiten Schlesischen Schule. Der bewußtseinsgeschichtliche Wandel im Laufe des 17. Jahrhunderts kündigt sich bei Pascal an, der, aus der Schule von Port-Royal kommend, die Grenzen der mathematischen Methode erkannte, um eine ‚logique du coeur' zu begründen, die der Mystik nahesteht. In diesem Sinne erweitert er auch den Gebrauch der Termini ‚abstrakt' und ‚konkret', die nun der "étude de l'homme„ und nicht mehr den „sciences abstraits"[94] dienen sollen.

Die von Spinoza propagierte ‚mathematische Methode' ist scharf zu trennen von den Inhalten, auf die sie angewandt wird.[95] Sein psychophysischer Parallelismus tendiert zu einer irrationalen Abstraktivität, und sein Intuitionismus basiert auf der Priorität der ‚Vorstellungsbilder'[96]: „Und so wird auch bei allem übrigen sich jeder je nach der Beschaffenheit seines Körpers allgemeine Vorstellungsbilder von der Dingen bilden."[97] Naturwissenschaftlich führt dies zur Ablehnung einer ‚causa prima', die außerhalb Gottes irgendwo gegeben sein könnte. Der Verstand hat zwar seine Ordnung, und ‚secundum ordinem intellectus' können die Vorstellungen verbunden werden (Wahrnehmungsbilder aus Einzeldingen, Erinnerungsbilder, die über bestimmte Zeichen vermittelt werden, ‚Gemeinbegriffe' und adäquate Ideen von den Eigenschaften der Dinge), doch die „veritates aeternae" können nur durch eine „dritte Gattung" ermittelt werden: durch „das anschauende Wissen"[98]. Dies ist die intensionale Abstraktivität der späteren ‚anschauenden Erkenntnis', mit der die Poetologie des 18. Jahrhunderts operiert.
Daher wendet sich Spinoza konsequent gegen die Abstraktionen sowohl Francis Bacons als auch René Descartes', die für das weltliche Zusammenleben ethisch irrelevant seien.[96]
Der Begriff der Abstraktion wird von Spinoza als Mangel-Begriff bezeichnet: So entstehen Gattungsbegriffe lediglich durch die Unfähigkeit des Geistes, alle individuellen Unterschiede gleichzeitig aufzufassen, und daher bleiben nur die am stärksten affizierenden Eigenschaften haften, die allen gemeinsame Attribute sind.[100] Daß implizit

der Abstraktionsbegriff, über die eben genannte Funktionalisierung hinaus, auch in die Theologie Spinozas zurückkehrt, erhellt aus seinem Begriff der Negation (determinatio est negatio)[101]: Aus seiner Unendlichkeit grenzt Gott sich gleichsam als Gestalt, durch Determination, Konkretion und das heißt durch die Negation seiner Unbestimmbarkeit, aus. Bekanntermaßen wird der aus dieser Idee folgende Pantheismus Spinozas um die Mitte des 18. Jahrhunderts entschieden aufgegriffen und gegen den Vorwurf des Atheismus gerechtfertigt.[102]

Auch die Staats- und Gesellschaftslehre des 17. Jahrhunderts, die Diskussionen um Natur- oder positives Recht, bilden eine „Problemmatrix[103] für Entwicklungen und Entscheidungen, wie sie im 18. Jahrhundert getroffen werden und zu beobachten sind.[104]

Die „Ablösung der gesellschaftlichen Selbstinterpretation und der vorwissenschaftlichen technologischen Naturbeherrschung von der theologischen Ursprungs-Kategorie"[105], um die in Spätrenaissance und in der ersten Hälfte des 17. Jahrhunderts diskutiert wird, signalisiert ein neues Verhältnis von Theorie und Praxis, das kognitiv abgesichert ist durch die immer noch vorhandene Gewißheit, der Ursprung der Dinge in Gott (prima causa) werde durch eigenes Nachdenken und die Erkenntnis von Prinzipien, die den Naturgegenständen inhärent sind, nicht gestört.

Die „essentielle Dichotomie zwischen den irreduziblen Anstößen des Schöpfergottes"[106], der jedem Gegenstand seine Essenz verleiht, und den in diesen Gegenständen selbsttätig wirksamen Prinzipien „findet im soziohistorischen Bereich ein Gegenstück in der ebenso fundamentalen Unterscheidung von Naturzustand und gesellschaftlichem Zustand"[107] – wofür vor allem Grotius' und Pufendorfs Arbeiten stehen[108]. Auch sie repräsentieren die geschichtslogische Entwicklung zu einer intensionalen Abstraktion, die sich hier ausdrückt in der Abwendung von einem „in Ursprüngen denkenden Legitimationsstreben"[109] und der Hinwendung zu einer „Kategorie des nützlichen Gebrauchs von Herrschaft"[110]. Daß auch diese in Ansätzen empirische Funktionalisierung einem Abstraktionsideal unterliegt, wird deutlich aus der Tatsache der Projektion des ‚Gebrauchs' auf einen Idealzustand, der sich vor den Instanzen von Natur und Vernunft zu rechtfertigen hat.[111]

Das zyklische Geschichtsdenken des 17. Jahrhunderts findet hier seine Ergänzung und vorausweisende Modifikation durch die Logik der Staats- und Rechtslehre, die die zyklische Struktur einer von aller Zeitlichkeit abstrahierten Geschichte aus der Sphäre idealer Heilsgewißheit heraushebt, um sie an den Prinzipien einer praktischen Vernunft zu messen.[112] Diese Entwicklung korrespondiert dem wissenschafts- und philosophiegeschichtlichen Wandel vom Polyhistorismus zum Skeptizismus[113], wie er gegen Ende des 17. Jahrhunderts zu beobachten ist.

Die Idee der Entsprechung von Mikro- und Makrokosmus, die Vorstellung einer (prästabilierten) Harmonie beherrscht die Literatur des 17. Jahrhunderts fast ausnahmslos. die ‚Signatura Rerum' ist von Gott gegeben: „Die Schöpffung der gantzen Creation ist anders nichts als eine offenbahrung deß allwesenden ungründlichen Gottes [...]."[114]

Noch im Zeichen hypostativer Abstraktivität (Begrifflichkeit, Legitimierung durch ‚Namen') steht Opitz' Poetik, wie ihr Rückgriff auf Scaliger bezeugt. Sie ist darüber hinaus theoretische Rechtfertigung seiner eigenen deutschsprachigen Dichtung als auch autoritative Unterweisung für künftige Dichter. Hierin kündigt sich ein neues Einheitsideal an, das vor allem an der Entwicklung der deutschen Sprache ‚festgemacht' wird. Schon Theobald Höck hat diese neue „Art der Deutschen Poeterey" implizit gefordert, wenn er ironisiert:

> „Die Deutschen haben ein bsonder art und weise/
> Daß sie der frembden Völcker sprach mit fleisse/
> Lernen unnd wöllen erfahrn/
> Kein müh nicht sparn/
> In jhren Jahren.
>
> Wie solches den ist an jhm selbs hoch zloben/
> Drauß man jhr geschickligkeit gar wol kan proben/
> Wenn sie nur auch jhr eygene Sprachen/
> Mir unwerth machen/
> durch solche sachen."[115]

Die von Opitz beschriebene Entsprechung von res und verba, die die Dichtung auszeichne, gehört noch ganz der hypostativen Abstraktivität an.[116] Ihr folgt auch die Gliederung der einzelnen Gattungen, vom Heroischen Gedicht über Dramatik, Hirtenlieder und Elegien zur Ode etc. Auch die Forderung nach muttersprachlichen Neologismen steht auf dieser Ebene.[117]

Ebenso beruft sich August Buchner noch auf die Renaissance-Poetik, wobei allerdings bereits ein entscheidender Wandel in der Betrachtung der „Redens-Art" eingetreten ist, die der Poet „höher, kühner, verblümter und fröhlicher[118] anzusetzen habe als der gewöhnliche Sprecher. Diese Höhe darf allerdings nicht überall angestrebt werden; der Grundsatz der Adäquatheit bleibt also erhalten. Auch die Wirkungsaufgabe der Poesie bestimmt sich nach der überlieferten Formel des Horaz: „aut prodesse aut delectare".

Die durchgehende Forderung nach Abwechslung der Rede, wozu auch die Topik beiträgt, indem sie variable Gemeinplätze (loci communes) findet, dient einem konstitutiven Stilprinzip der gesamten Barockdichtung, der amplificatio. Die stetige Wiederholung, Umkreisung und Beleuchtung eines behandelten Motivs aus verschiedenen Perspektiven (insistierende Nennung) hat nicht nur schlicht artistisch-deiktische

Gründe, sondern resultiert aus dem geannten hypostativen Abstraktionsschema. So leuchtet es auch ein, wenn das Kunstwerk nicht nur das Typische, Gesetzmäßige seines Gegenstandes zur Erscheinung bringt, indem es diesen immer wieder neu in verschiedenste Relationen zerlegt und paraphrasiert, sondern darüber hinaus selbst vollkommener als die Vorlage werden soll."[119]

> „Deswegen wird er auch ein Poet/oder Dichter genennet/ das er nemlich aus dem/ wz nichts ist/ etwas machet; oder das/ wz bereits ist/ wie es seyn könte/ kunstzierlich gestaltet/ [. . .]."[120]

Diesem Ziel dient auch die enzyklopädische Kenntnis und Ausbildung in den Wissenschaften, die dem Poeten nottut. Erst gegen Ende des Jahrhundets, z. B. bei Christian Weise, wird die autoritative Vorschrift abgelöst von der Idee der Selbstregulierung der Sprache.[121]

So bleibt weniger zu fragen, ob in der deutschen Barockpoetik, die noch fest in der lateinischen Tradition verankert ist, nicht nur durch Verschiebung einzelner Schwerpunkte eine neue Qualität der Dichtung propagiert wird, sondern ob nicht, viel fundamentaler, im Bereich von Philosophie, Wissenschaft und Kunst ein Intensinalitätsschub schließlich zu einem Horizont- und Institutionenwandel beiträgt.

Auch im Bereich von Motiv und Topos ließe sich der Wandel von einer hypostativen zur rationalen Abstraktion belegen. Gryphius' Vanitas- Gedichte[122] zeigen dieses Schwanken ganz deutlich: Umfangen von einer zusammenstürzenden Welt, bleibt dem menschen nur die hyperbolische Sprache, bleibt ihm die Bezeichnung, aus der sich ganz allmählich die Frage nach ihm selbst herauskristallisiert („Soll denn das Spiel der Zeit, der leichte Mensch, bestehen?„). Auch am häufigen Spiegelmotiv und an seiner metaphorischen Verwendung, an der religiösen Einbindung des Zeitbegriffs sowie an der generellen Aufhebung der Geschichte, vor der Ewigkeit Priorität hat, zeigt sich ein entsprechender Übergang: die Quantifizierung, die im Jahrhundert zuvor eine schon entscheidende Rolle gespielt hatte, wird hier einem theologischen Qualitätsbegriff untergeordnet, der in der trotz allker Leiderfahrung nie bezweifelten Entsprechung beider Welten das Interesse an der wissenschaftlichen, quantifizierenden Erforschung der Außenwelt zurücktreten läßt.[123]

Auch die Verwendung der Metapher hat keineswegs den extensional-klassifikatorischen Charakter, den sie als Ausdruck einer erkenntnispraktischen Ordnung der Gegenstände in der Aufklärung gewinnt, sondern dient, vor allem als sogenannte Bindestrichmetapher, der selbstverständlichen Zusammenstellung heterogener Bildelemente, deren Zusammengehörigkeit letztlich schon immer garantiert ist. Das ist nicht mehr die hypostative Verbegrifflichung der vorausgehenden Epoche, sondern ein fast willkürlich zu nennendes Spiel mit Wörtern, deren Entsprechungen miteinander und mit der Realität durch einen intensionalen Gottesbegriff[124], durch ein Substanz-Denken verbürgt ist.

Summationsschema und pleonastische Häufung können diesen Vorgang verdeutlichen. Was hier geschieht, ist die vertikale Reduktion eines allgemeinen Sachverhalts auf dessen unterste Stufe, auf einen scheinbar konkreten Stand, der jedoch keineswegs das Individuelle ist, sondern als ‚Besonderes' immer noch im Bereich des Abstrakten verbleibt. Von hier aus wird horizontal erweitert, wobei nicht die Inhalte als solche den Wahrheitswert verbürgen, auch nicht die Tatsache der Relation allein, sondern die vorausgesetzte, bedingungslose Gültigkeit des qualitativen Allgemeinen der Substanz. Das läßt sich als Allegorie-Abstraktion bezeichnen (sie gilt, verändert zur Analogie, noch in der Frühaufklärung), die zwar mit Hilfe von Gattung, Art und spezifischer Differenz vorgeht, deren tertium comparationis jedoch so weit gefaßt ist, daß sie sich grundsätzlich von der extensionalen Abstraktion unterscheidet. In dieser Weise sind Emblem[125] und Allegorie, selbst in ihrer personifizierenden Variante, abstrakt.[126]

Realität und Bedeutung sind eins, sie treten nicht auseinander, sondern das eine erklärt das andere.[127] So wird die Metapher im Barock Definitionsersatz, vor allem in der Lyrik.[128] Dies führt zum Teil zur tautologischen Definition, wie sie die im Spätbarock vornehmlich gebrauchte ‚figura etymologica' darstellt. Sie setzt die mit sich selbst identische Substanz voraus, die sie mit identischen Wortstämmen beschreibt.[129] Hier gerät die rationale in die irrationale Abstraktion, die durch Emphase versucht, ein Weltbild zu restituieren, das sich bereits entscheidend gewandelt hat.

(In ähnlicher Weise ist, unter dem Abstraktionsaspekt, der Manierismus Lohensteins zu bewerten.) Auch die Abenteuer eines Simplicius, das Durchlaufen der großen und kleinen Welt, das Aufbegehren im Grobianismus u.v.a. sind Ausdruck des Versuchs, der Welt ihren religiösen Sinn zu bestätigen, was Gotthard Heidegger[130] gegen Ende des Jahrhunderts ex negativo bestätigt. Dies gilt nicht nur für den Abenteuer- und Schelmenroman, sondern auch für seine galanten und höfisch-historischen Gegenstücke. Einer politischen Umsetzung der Sinnkonstitution im Interesse des höfischen Absolutismus dienen die schier uferlosen Festbeschreibungen, angefangen bei Weckherlin[131] bis hin zu der ‚Fundgrube' des *Theatrum Europaeum*, dessen Darstellungen vielfach in Barockromanen ausgeschrieben werden.[132]

Der fraglos vorausgesetzten sinnvollen Struktur des Lebens entspricht auch die Gliederung des Barocksonetts[133], das der syllogistischen Strenge der Aufklärung noch nicht bedarf. Eines der im Wortsinne sichtbarsten Zeichen dieser Tendenz aber sind die Figuren- oder Bildgedichte, in denen die Identität optisch sichtbar gemacht wird.

Eine entscheidende Wende erfährt die Zuversicht auf die trotz aller Katastrophen vorhandene Einheit der Welt in den Begräbnisliedern und Leich-Abdankungen. Motiv und Form tendieren, entgegen aller sonstigen Vielrednerei, zum Verstummen; kaum eine der sonst so beliebte Konklusionen schließt die Begräbnislieder ab.[134] Ohne diese Erscheinung, die noch eingehender zu untersuchen wäre, einseitig interpretieren zu wollen, läößt sich an ihr, zumal da sie sich zum Jahrhundertende, selbst bei einem Lohenstein, verstärkt, die gesamtkünstlerische Entwicklung zur irrationa-

len Abstraktivität ablesen, die sich hier in einem neuen schweigenden Erstaunen, einer Ergriffenheit vorsichtig ausdrückt.
Das historische Drama erlebt im 17. Jahrhundert eine erste ‚Blüte'. Es muß jedoch zugleich hinzugefügt werden, daß die Geschichtsauffassung, die einem *Carolus Stuardus*, einem *Papinian* oder auch einem *Ibrahim Bassa* zugrunde liegt, weniger vom Interesse an den tatsächlichen historischen Ereignissen getragen wird, als vielmehr von zeitgeschichtlicher Aktualität, auch hier also von der Analogie zwischen Vergangenheit und Gegenwart. Die Immanenz der Geschichte wird beschrieben als in der Transzendenz des Ewigen[135] aufgehoben, die typisierend auf das Geschichtsbild einwirkt. Auch dies ist jedoch keine extensionale Abstaktivität der Klassifikation oder der hypostativen Begriffsbildung; keine Bewunderung für den großen Einzelnen, wie sie die vorausgehende Epoche hin und wieder zeigte, drückt sich hier aus, sondern die unzerstörbare Heilsgewißheit, daß auch die schrecklichsten Ereignisse der Geschichte sowie der Gegenwart in christlichem Stoizismus zu ertragen sind. So erhalten die Inhalte Exempelcharakter, sie werden Beispiele bewährter, „unaussprechlicher Beständigkeit", die der Stabilisierung einer einmal gegebenen Bedeutung der Welt dient.[136]

Insbesondere am Wandel der Epigramm-Auffassung läßt sich die strukturlogische Entwicklung der Literatur verfolgen: Opitz' ein Jahrhundert lang immer wiederholte Definition des Epigramms:

> „[...] die kürtze ist seine eigenschafft/ und die spitzfindigkeit gleichsam seine seele und gestallt; die sonderlich an dem ende erscheinet/ das alle zeit anders als wir verhoffet hetten gefallen soll: in welchem auch die spitzfindigkeit vermeintlich bestehet."[137]

Opitz greift hier die Renaissance-Erklärung Scaligers auf um sie jedoch entscheidend einzuschränken. Das Epigramm ist im Prinzip zwar auf alle Gegenstände anzuwenden [138], doch wird es nun bestimmten Ereignissen zugedacht (Lob, Liebe, Begräbnis, Gebäude, Scherzreden), insonderheit findet jedoch eine Literarisierung des Epigramms statt. Es befaßt sich mit einer Fülle von literarischen Themen, häufig erhält es Vorreden-Charakter, mit dem es sich an den Leser wendet, die Buch- und Spiegelmetapher sind ihm häufig anzutreffen, seine Verwandtschaft mit dem Emblem sichert ihm den Rätsel- und Überraschungseffekt und somit die Eigenschaft, eine literarische Kernform barocken antithetischen Denkens auf der Basis intensionaler Qualität zu sein.[139] Erst die spätere Aufläsung des Überraschungsmoments in logische Ableitung (Wernicke), hebt die pointierte Symmetrie auf, und signalisiert damit den aufkommenden Zweifel an der Zuverlässigkeit des Einheitsgedankens, der erst sehr viel später, in der Immanenz des Irdischen zurückgeholt, in einer aus dem Epigramm unter diesem Aspekt historisch abzuleitenden literarischen Form, dem Aphorismus, wiedererscheinen wird.[140]

IV. Aufklärung I

Gegenüber den enzyklopädischen Definitionen des Abstraktionsbegriffs und gegenüber den philosophischen Neuansätzen des 17. Jahrhunderts finden sich zu Beginn des neuen Jahrhunderts sowohl in lexikalischen als auch in den populärphilosophischen Darstellungen nur knappe Bemerkungen zur Abstraktion, die sich zudem meist auf die lexikalische Aufarbeitung des Materials sowie auf die originalen Entwürfe des vorausgegangenen Jahrhunderts beziehen.[1] Sieht man von Leibniz ab, dessen über die ‚Schule' hinausgehende Wirkung sich erst später entfaltet, so bietet der Beginn der Aufklärung keinen prägnanten Neuansatz zur Deutung des Abstraktionsbegriffs. Gerade das aber ist das Neue und verdient Aufmerksamkeit.

Hatten die Abstraktionstheorien bis dahin relativ ungebrochene metaphysische Gültigkeit in der Auseinandersetzung um Ontologie und Erkenntnistheorie, so wird nun radikale Kritik an einer metaphysisch abgesicherten Abstraktion geübt. Dies drückt sich eben auch in der lexikalischen Vernachlässigung des Terminus aus. Ein neuer Pragmatismus, eine erkenntnispraktische Haltung artikuliert sich hier, so z. B. in Jablonskis *Allgemeinem Lexicon der Künste und Wissenschaften* von 1721, in dem das Lemma ‚Abstraktion' auch unter den gebräuchlichen Eindeutschungen nicht erscheint, dafür aber unter dem Stichwort ‚Methode' (!) ausgeführt wird:

> „Eine geschickte weise, seine gedancken in einer richtigen ordnung also zu fassen, und vorzutragen, das dadurch eine noch unbekannte wahrheit erforschet, oder eine schon bekannte behauptet werde: oder eigentlich: eine geschickte einrichtung unterschiedlicher aussprüche von einer sache, die nach ihrer beschaffenheit also geordnet werden, das derselben verbindung und folge deutlich erkannt und füglich ins gedächtniß gefasset werde."[2]

Die Tendenz zum Nominalismus ist unverkennbar; sie wird im folgenden verstärkt, wenn von Deduktion und Induktion die Rede ist, der die Vorliebe gilt. Man beruft sich auf Aristoteles und – erstaunlicherweise – auf Descartes.[3] So geht – und dies gilt es für Dichtung und Poetik zu bedenken – bereits in der populären Darstellung durch Jablonski, mit einem neuen Klassifikationsideal etwas einher, was sich – vorerst noch ganz im Sinne einer empirischen Psychologie – als Dynamisierung einer bisher statisch begriffenen Intellektualität bezeichnen ließe. Unter dem Stichwort ‚Verstand' schreibt das Lexikon:

> „Nach der neuen und gemeinsten beschreibung, die krafft der vernünfftigen seelen, nach welcher sie zuforderst sich in sich selbst und denn die dinge außer ihr, wenn sie das maas ihrer endlichkeit nicht übertreffen, betrachtet, und was an einem jeden wahrs zu befinden[...]"[4]

Der Begriff der Dynamis, der Kraft, der Bewegung einer vernünftigen Seele, wird das Komplement der eingestandenen Endlichkeit des Verstandes, der sich erst selbst zu bestimmen hat, um dann die Außendinge erkennen zu können. Eine ‚ethische Pragmatisierung' zeigt vorerst auch der Wahrheitsbegriff, der von der Metaphysik abgezogen wird, um vor allem in Logik und Sittenlehre eine wichtige Rolle zu spielen. Seine Verbindlichkeit beruht nicht mehr auf einem von außen vorgeschriebenen Gesetz, „sondern auf der überzeugung der vernunfft und des gewissens, die der grund aller tugenden ist."[5]

Die 1681 in Leipzig von Otto Mencke gegründeten ‚Acta eruditorum' bezeichnen, wissenschafts- und institutionengeschichtlich, den Beginn der Aufklärung.[6] Mit ihnen setzt das ‚Zeitalter der Kritik' ein, einer Kritik in vielfacher Hinsicht: Zum ersten wird aufgrund einer zunehmenden Verbürgerlichung der Institutionen des alltäglichen Zusammenlebens und der Politik dem absolutistischen Staatsgefüge ein kritisches, insbesondere merkantilistisch ausgerichtetes Korrektiv zur Seite gestellt, zum anderen führt solche Bewegung allmählich zu einer ‚Autonomie des Bürgerlichen' auch in Wissenschaften und Künsten, mittels derer eine institutionalisierte Gegenöffentlichkeit (Gelehrtenrepublik) gegen die Bindung an Hof und Staat eingerichtet wird.
Die Orientierung an der Instanz der Vernunft, die die Aufklärung insgesamt durchzieht, und an ihrem praktischen Endzweck, der Utopie der ‚vollkommenen Glückseligkeit' der Menschen[7], führen zu einer Kombination von Logik und Moral, die unvermeidliche Widersprüche zwischen der Idee und ihrer interessengelenkten Ausführung, zwischen der Utopie einer befriedeten Menschheit und einer auf instrumentelles Wirtschaften zugerichteten Lebensplanung unter der alle bestimmenden Trias von Gegenseitigkeit, Gleichheit und Gesetzmäßigkeit aufheben soll. Der immanente Systematisierungszwang, der die Individuen sich auf Gesetz und Prinzip einschwören läßt, zeigt sich in der fortgeführten Diskussion um das ‚Naturrecht', wie sie vor allem auf philosophisch-wissenschaftlicher Ebene in der Entgegensetzung von abstrakter Mechanik und sozial bestimmtem Organismus-Denken geführt wird.[8] In einer sich neu formierenden Öffentlichkeit entsteht, mit Hilfe der Ideen des Naturrechts, ein Prozeß räsonnierender Wahrheitsfindung, der alle, die an ihm teilhaben, zumindest tentativ gleichmacht und in der staatskritischen Moralität der Privatleute Distanz zum absolutistischen Staat ankündigt. Die versachlichte Öffentlichkeit der aufgeklärten Vernunft, Element einer begrenzten, protestantisch-städtischen Teilkultur[9] und stets noch in der Bindung an den Hof (Leibniz), entwickelt neue Redeformen, die das Klassifikationsideal eines pyramidal geordneten höfischen Absolutismus auf der lebensweltlichen Ebene hypostativ zu transformieren versuchen. Begriffe und ihre Durchschaubarkeit, neue – auch widerständige Terminologien werden wichtiger als ständische Zuordnung. Der Prozeß verläuft allerdings retardierend. Die ‚Handlungsnormen des galanten Romans' beispielsweise[10], auch die Konzeption des Politischen, wie sie Christian Weise in Romanen und Traktaten vertreten hat, „ist zunächst nicht auf bürgerliche Praxis gerichtet."[11] Beides dient durchaus der Integra-

tion des Bürgers, des Beamten und Staatdieners in die höfische Welt. Allmählich aber verselbständigen sich die Anleitungen, die vorerst der Unterordnung dienten, um schließlich zur moralischen Instanz der Beurteilung des am Hof geführten Lebens zu werden.

Die strukturlogische Übereinstimmung der ersten Hälfte des 16. Jahrhunderts mit der frühen Aufklärung bestätigt diesen Gedanken, der in der Tatsache des Wiederaufgreifens von Konzepten der ‚res publica literaria', die im Humanismus entwickelt wurden, eine zusätzliche Absicherung findet.[12] Zu verweisen ist hier auf Erasmus' *Antibarbari* von 1520 und Leibniz' Akademiepläne[13] sowie auf Christian Thomasius' ‚Monatsgespräche', die den wissenschaftlichen Diskurs allgemein lesbar machen und ihm einen praktischen Nutzen verleihen sollen. So kann Thomasius' Stellung, vor allem angesichts der Absicht seiner ‚Monatsgespräche', als der Versuch gelten, die hypostative Exklusivität einer sich abschließenden ‚Gelehrtenrepublik' mit Hilfe einer klassifikatorisch orientierten Popularisierung philosophischer Erkenntnisse zu durchbrechen, um eine praktische Philosophie für Weltleute[14] zu schaffen. Sie steht in der Tradition der sozial orientierten Naturrechtslehre von Grotius und Pufendorf, die beide Geselligkeit und die Formen des menschlichen Zusammenlebens durch Vernünftigkeit definieren.

Um die Wende vom 17. zum 18. Jahrhundert setzt im gesamten europäischen Denken ein eigentümlicher theoriegeschichtlicher Prozeß ein, der zeitlich verschoben – auch Dichtung und Poesie so maßgeblich erfaßt, daß sie lange gebraucht hat, um die damals aufgeworfenen Fragen zu verarbeiten. Die Frühaufklärung greift insbesondere auf die Methoden der vorhanden Theorien zurück, auf Spinozas geometrische Methode, Bacons induktives Verfahren, Hobes' Nominalismus; wichtig wird aber auch deren Erkenntnisinteresse, voran der kartesianische Subjektbegriff und Spinozas Verteidigung der „etude de l'homme" gegenüber den „sciences abstraits"[15], seine Ablehnung also abstrakter Kenntnisse und Wissenschaften, soweit sie ohne Nutzen für den realen und konkret gedachten Menschen und die menschliche Gemeinschaft sind. Diese Haltung ist generell kennzeichnend für den Beginn der europäischen Aufklärung. Sie findet sich bei Thomasius, bei Locke und dem späteren Hume ebenso wie in der französischen Aufklärungsphilosophie, von Bayle bis zu Condorcet und Holbach, genauso wie bei Leibniz und in den Anfängen Wolffs.

Die popularisierende Entfaltung der die Neuzeit begründenden philosophischen Entwürfe stellt einen entscheidenden theorie- und bewußtseinsgeschichtlichen Einschnitt dar: auf breiter Basis eine kritische Einstellung gegenüber der Welt und ihren bisher mehr oder weniger fraglos übernommenen heilstheologischen Orientierungen, eine neue Empirie und einen methodischen Rationalismus, der die Welt in ihren Strukturen durchschaubarer machen will. Die Popularisierung neuer Ansätze beruht auf einer allgemeinen Tehoriemüdigkeit zu Jahrhundertbeginn, die zunächst nur die Frage nach der Praktikabilität und Anwendbarkeit der überlieferten Systeme zuläßt.

Diese Tendenz zur rein methodischen Vergewisserung korrespondiert inhaltlich einem Konkretionsbedürfnis, das – mit oft gegenteiligen Ergebnissen – die Bewußtseinsgeschichte weiterhin begleiten wird.

Paradigmatisch artikuliert sich die neue Erkenntnishaltung in der veränderten Rolle, die der ‚Abstraktion' zugewiesen wird. Dies äußert sich zunächst, wie gesagt, in der extremen Vernachlässigung expliziter Abstraktionstheorien. Soweit der Begriff verwendet wird, fügt er sich dem neuen Erkenntnisinteresse ein: Abstraktion wird in einem empirisch-psychologischen, erkenntnispraktischen Sinn verwendet; sie wird zu einer sprachlichen Konvention im intersubjektiven Gebrauch des Verstandes. Die der Vernachlässigung neuer Theorien entsprechende Vorsicht vor der Abstraktion bildet den Auftakt für eine seitdem immer wieder unter neuen Aspekten gestellte Frage nach deren *Sinn.*[16] Die Stellung zur Abstraktion am Beginn des 18. Jahrhunderts ist gegenüber dem Traditionszusammenhang von der Antike über den mittelalterlichen Universalienstreit bis zur lexikalischen Aufbereitung im Barock grundlegend verändert, da der Abstraktion nun nicht mehr substantielle Bedeutung zugesprochen wird. Stand sie bis dahin, trotz allen immer wiederkehrenden Tendenzen zur Klassifikation, zur Instrumentalität, stets im Zusammenhang ontologischer Begründungstheorien, so rückt nun die rationalistische Einschränkung des Abstrakten und des ihm zugeordneten Verfahrens beide ab von ihrer ontologischen Qualifikation im Hinblick auf Substanz oder Akzidenz und legt sie fest auf das logisch Erkennbare, auf ihren aussagenlogisch prädikativen Charakter, motiviert durch eine kausalpsychologische Reflexion und Selbstbesinnung des denkenden Menschen, die in zunehmendem Maße gegen die geschichtlich wirksamen oder als wirksam gedachten, selbständig werdenden Ergebnisse der ‚Abstraktionen des Verstandes' auftritt, der sich zur metaphysischen Vernunft erhoben hatte. Daß der hier einsetzende Prozeß, sozusagen ein frühes Phänomen der Spätzeitlichkeit, nicht geradlinig verläuft, sondern als Ergebnis von Widerständen und kritisch modifizierender Rezeption zu sehen ist, bedarf selbst nicht der Begründung, kann aber gerade an der analog variablen Bewegung von Lebenswelt, Philosophie und Dichtung in seiner besonderen Eigenart deutlich gemacht werden. Das die Philosophie der Neuzeit einleitende und begründende Subjektivitätsdenken und insbesondere seine frühaufklärerische Ausprägung verändern den Systembegriff von einer in sich abgeschlossenen Theorie zu einem erfahrungsorientierten Experiment. Damit wird der überlieferte Abstraktionsbegriff als Kennzeichen geschlossener Systeme problematisiert und zur Methode experimentell-offener ‚Untersuchungen' instrumentalisiert, wie denn auch neben ‚Versuch', ‚Abhandlung', ‚Traktat', ‚Essay', ‚Diskurs' usw. die Titel philosophischer und auch poetologischer Arbeiten der Zeit lauten. Unabgeschlossenheit, Überprüfbarkeit durch den gesunden Menschenverstand, den common sense, den bon sens, sind die Kennzeichen der neuen pragmatischen Abstraktion der Frühaufklärung. Eine konventionalistische, nominalistische Tendenz macht Abstraktion zu einem

Mittel der Benennungsvereinfachung, der Bezeichnungsübereinkunft, der Namensgebung. Damit allerdings kündigt sich bereits ein weiterer Schritt an, der zusammen mit der Rückkehr metaphysischer Systeme einer hypostativen Abstraktion zustrebt, wie sie bereits die Popularphilosophie Christian Wolffs ab 1710 zeigt.

Methodisch beinhaltet die Auflösung geschlossener Systeme[17] den Vorrang von Intuition (wenn auch nur begrenzt), von Analyse und Intduktion vor einer vorausgesetzten Abstraktivität metaphysischer Synthese und Deduktion. Hier beginnt also erneut eine aristotelische Tradition zu wirken, die erst durch die späteren Programme des Neuplatonismus und wiederaufgenommene plotinische Elemente (samt deren intuitionistischen Methoden) in der zweiten Jahrhunderthälfte zumindest teilweise in ihrer Geltung eingeschränkt wird, ihre kulturgeschichtliche Bedeutung jedoch nicht mehr verliert.

Bereits Descartes setzte eine nicht-metaphysische, sondern eine logische Deduktion ein (mit allen Einschränkungen) und ordnete sie der Intuition nach. Sein Erkenntnisziel waren nicht die ontische Substanz oder Begriffsysteme, sondern der prädizierbare Satz und das methodische Subjekt des Denkens und Seins. Der logische Ursprung dieser neuzeitlichen Abstraktion liegt in der gedachten Trennung von ‚Geist' und ‚Körper', von ‚res cogitans' und ‚res extensa', im Versuch also, mittels streng geschiedener Denkbereiche auch ein methodisch abgesichertes Denkverfahren zu finden. Die Frühaufklärung setzt diesen Versuch fort, kann jedoch mit ihren mehr oder minder eklektisch-populären Ansätzen, in der Unsicherheit zwischen dem Gebrauch eines rein logizistischen Abstraktionsbegriffs und dem Festhalten an einem immer noch metaphysisch abgesicherten Rahmen die implizierten Probleme, vor allem das der nötigen Vermittlung der philosophischen Bereiche und Methoden, also von ‚Körper' und ‚Geist', von Intuition und Analyse, von Induktion und Deduktion nicht lösen.

Die Unsicherheit der theoriegeschichtlichen Stellung gerade der deutschen Frühaufklärung, in der eben weniger der englischen Empirismus und Skeptizismus sich durchsetzt als das Leibnizsche Harmonieprinzip samt einer natürlichen und Physikotheologie, zeigt sich im unklaren Verhältnis von extensionaler und intensionaler Abstraktion. Eine der Barocktradition immer nochverpflichtete intensionale Deutung der Abstraktion liegt letztlich auch dem frühaufklärerischen Gebrauch zugrunde, vor allem den Dichtungen eines Brockes, die damit ihren relativ geringen Abstand zur Lyrik der Canitz, Besser und Amthor sowie auch eines Günther offenkundig machen. Es gilt immer noch die metaphysische Sicherheit der konkret gedachten und logisch intensional-abstrakten Substanz, wie sie auch Spinozas Verbindung von mathematischer Denkweise mit einem monistischen Rationalismus, wie sie auch die Leibnizsche Monadologie (wenngleich der Begriff der Dynamis schon darüber hinausweist) kennzeichnet. Die rationalistische Auffächerung und Quantifikation des Unendlichkeitserlebnisses zeigt immer noch den Ausgangspunkt einer intensionalen Weltdeutung, deren Ziel allerdings eine extensionale Klassifikation wird.[18]

Die frühaufklärerische Erkenntnisbewegung um und nach der Jahrhundertwende bewegt sich von einer vorhandenen irrationalen zu einer klassifikatorischen Abstraktivität. Die lebensweltliche Entwicklung richtet sich, wie beschrieben, von klassifikatorischer auf eine hypostative Konkretion (mit der Gefahr des ‚Abstraktwerdens'). Die frühaufklärerische Kunst greift die drohende Gefahr der Abstraktion auf, und versucht, vorausliegende klassifikatorische Konkretion wiederherzustellen, beispielsweise mit Hilfe der Kasuallyrik der Hofpoeten. Dies ist die ‚kopernikanische Wende'[19] der Literatur, die sich auch als eine Art Neuhumanismus, als Konzentration auf menschliche Belange (Pope: „The proper study. . .") bezeichnen läßt; die sich deutlich in physikalischer Quantifikation der Inhalte sowie in einer Mathematisierung der Texte zeigt und die sich in der ‚Möglichkeitspoetik' als literarischer Umsetzung logischer Widerspruchsfreiheit[20] eine zentrale Stellung erobert.

Locke's *Essay concerning human understanding* von 1690[21] enthält das Programm des nominalistischen Abstraktionsgebrauchs für die folgenden Jahrzehnte: „Allgemeinheit durch Abstraktion ist Erfindung des Verstandes, sie kommt nicht den Dingen zu."[22] Die Frage nach der Möglichkeit und Gültigkeit der Allgemeinvorstellungen wird durch einen entschiedenen Individualismus beantwortet. Irrationale Abstraktion wird als Ausdruck religiös-metaphysischer Wesenskonstitution abgelehnt und in ein klassifikatorisches Schema (das die Tendenz zur hypostativen Verfestigung zeigt) verwandelt. Die Ergebnisse einer neuen empiristischen Psychologie, als die sich die Philosophie hier versteht[23], werden auf die geschichtliche Welt übertragen. Das naturrechtliche Denken – Geschichte und Gesellschaft sind mit der Struktur unseres Geistes identisch – das auch bei Locke vorherrscht, führt zu einer extensionalen Abstraktivität.[24] So wird auch nicht mehr die Frage nach einer metaphysisch zu beantwortenden Notwendigkeit unserer Allgemeinvorstellungen gestellt, sondern nach deren Möglichkeit, welchen Begriff die pragmatischen Erkenntnisansätze schon immer für aufschlußreicher gehalten haben als den der Notwendigkeit.[25]

'Abstraktion' gilt als eine Tätigkeit des Verstandes, allgemeine Ideen aus den ‚sensations', über die die Außenwelt sich dem Menschen vermittelt, herauszuziehen und zur Bezeichnung dieser Ideen allgemeine Wörter zu finden, mit deren Hilfe jene von zeitlichen und örtlichen Umständen und von anderen Ideen getrennt werden können. Bei der Abstraktion werden die Merkmale, die für die Einzelideen eigentümlich sind, weggelassen und nur diejenigen zurückbehalten, die allen gemeinsam sind.[26] Dadurch werden diese Ideen zu allgemeinen Repräsentanten für alle Dinge von derselben Art, und diese lassen sich in Klassen einteilen.[27] ‚Wesen' oder ‚Wesenheit' ist dementsprechend eine vom Menschen geschaffene allgemeine Idee.[28] Abstraktion hat nur den Sinn der Zusammenfassung und Klassifizierung. Dies ist der Prototyp der empiristischen Abstraktionstheorie, die dann zu Berkeley und Hume und der durch sie vollzogenen Verschärfung führt.[29]

Bezeichnenderweise erläutert Leibniz die traditionellen Abstrakt-Unterscheidungen in der Auseinandersetzung mit Locke. Nach Locke können die Abstrakta nicht einmal mehr zur Bestimmung der Substanz eingesetzt werden. Abstrakta können nicht bejahend voneinander ausgesagt werden[30], weil sie selbst lediglich bestimmt sind. So lassen sich mit ihnen eben keine Prädikationen bilden, die noch irgendwie zur Erkenntnis der „realen Wesenheiten der Substanzen"[31] beitragen könnten. Wenn bei Leibniz mit den „logischen" und den „realen Abstrakta" Aussagen gemacht werden können, die einen auch ontologisch definierten Erkenntnisvorgang verdeutlichen, so ist bei Locke das Abstraktum, die „abstract idea", nur noch eine konventionelle Benennungsvereinfachung, eine Idee im Sinne eines psychologischen Empirismus. Mit Hilfe der klassifikativen Abstraktivität entsteht aus vielen „simple ideas" die „zusammengesetzte Idee", die sich durch ein Wort ausdrücken läßt und deren Aufgabe es ist, viele Einzelperzeptionen und Einzelbegriffe zusammenzufassen sowie bereits zusammengesetzte, komplexere Begriffe noch weiter zu vereinfachen[32]: „Die zusammengesetzten Ideen sind bei Locke die *Zustände* (modi), die *Substanzen* und die *Relationen*."[33] Diese Zustände, Substanzen und Relationen deklarieren aber weder metaphysische Zusammenhänge noch sind sie in der Erfahrungswelt anzutreffen oder geben gar die Inhalte der Vorstellungen wieder. Sie sind nur die verschiedenen Weisen der Vorstellung selbst.

Gerade das, was hier mit Substanz bezeichnet wird, wird für die Vorstellung nicht als fest mit einem Substrat verbunden gedacht, sondern nur logisch hypostasiert[34]. Nur in dieser Weise, nur durch Hypostasierung, kann für die Substanz ein abstrakter Name gebraucht werden. Aus sich selbst kann die Substanz keine abstrakten Namen bilden, weil sie keine abstrakten Wesenheiten hat[35]. Die zusammengesetzte Idee, das Abstraktum, bekommt Zeichencharakter. Die kommunikative Komponente des Zeichens wird betont und führt zur Ausbildung einer Semiotik als Teil der Logik. So entwickelt Locke eine Art von Abstraktion, die von klassifikatorischem Verfahren auf eine Hypostativität (und sogar darüber hinaus) verweist.

Ergebnis des strukturalen Abstrahierens ist das Wort. Die Funktion des Wortes aber reicht über die Kollektivierung von einfachen Vorstellungen hinaus: Es kann seinen eigenen Bezeichnungsgrad vergeistigen, indem sich die Bezeichnung für Nicht-Anschauliches aus der Bezeichnung für Wahrnehmbares entwickelt[36]. Hier geht die Leistung des Wortes über die Bildung von Begriffen (hypostative Abstraktivität) in das intensionale Abstrahieren über, zur rationalen Abstraktivität, indem ein bereits ungegenständlicher Denkinhalt, nämlich die Bezeichnug für sinnlich Wahrnehmbares, einer weiteren Intellektualisierung unterzogen wird, deren Absicht jedoch eine gegen die Hypostase zu entwickelnde Konkretheit ist. Hier entsteht das Paradoxon der individualisierenden Abstraktion, die das spätere 18. Jahrhundert beherrscht; und

hier liegt auch der Grund für Lockes terminologische Unterscheidung von individuellen und abstrakten Namen.[37]
Eine große Wirkung auf die Dichtungstheorien der Aufklärung haben die Abstraktionsvorstellungen Berkeleys[38] ausgeübt, dem die Abstrakta nur die Zusammenfassung von Einzelperzeptionen sind; damit aber, im Zusammenhang von Berkeleys radikalem Zweifel an der von der Wahrnehmung unabhängigen Existenz der Außenwelt, aufgewertet werden zu Schemata unseres Verstandes, mit denen Wirklichkeit erst hergestellt wird.[39] Berkeley kennzeichnet mit seinen *Principles of Human Knowledge* von 1710 den Übergang zu einer zweiten Phase innerhalb des aufklärerischen Denkens, das stark von der philosophisch-wissenschaftlichen Bevorzugung der Hypostativität geprägt ist. Der ‚Begriff' wird zur „anschaulichen Vorstellung im Geist" – ein Gedanke, der der sich allmählich herauskristallisierenden Aufwertung der Poetik entgegenkommt, die sich, über die vielfache Beschäftigung mit ‚Rätseln', ‚Denkbildern'[40], zur Sachwalterin dieser pragmatischen Definition des Begriffs als Vorstellung[41] macht. Die hier vollzogene Ablehnung nicht attribuiert verwendeter allgemeiner und abstrakter Begriffe wird zum Topos, der für die beschreibende Literatur der ersten Hälfte des 18. Jahrhunderts geradezu konstitutiv wird. Diese erhält damit eine neue theoretische Dignität, wenn das Abstraktum auf eine Bezeichnungsfunktion für eine oder mehrere konkrete Vorstellungsbilder reduziert wird.
Solchen Erkenntnispragmatismus vertritt auch Leibniz: Das Mittel der Abstraktion erfaßt nur die unselbständigen Attribute der Substanz und dient lediglich der Formulierung und Verbreitung der Erkenntnis. Leibniz' Unterscheidung zwischen extensionaler (die für die Erfassung der Attribute gilt) und intensionaler Abstraktion (die zur Erkenntnis der Substanz beiträgt) deutet jedoch bereits eine weitere bewußtseinsgeschichtliche Phase an, von der auch die späte Rezeption seiner *Nouveaux Essais*, die erst 1764 erschienen sind, getragen wird.[42] Schon der von der Leibniz, dessen Harmonisierungsprinzip der Logifizierung die von anderen behauptete Willkürlichkeit nimmt, ausgeführte Parallelismus zwischen Geist und Physis zeigt den neuen Ansatz:

> „[...] daß es keinen abstrakten Gedanken gibt, der nicht von einigen materiellen Bildern und Spuren begleitet wäre, und ich habe einen vollkommenen Parallelismus aufgestellt, zwischen dem, was in der Seele vorgeht, und dem, was sich in der Materie ereignet [...]."[43]

Der Leibnizsche Abstraktionsbegriff nimmt eine Vermittlungsfunktion zwischen Besonderem und Allgemeinem ein, die – vermittelt – die individuelle Substanz ausmachen, der die metaphysische Wahrheit zuerkannt wird.[44] Nicht das Allgemeine allein und nicht das Besondere nur, sondern erst deren Verbindung garantieren rechte Erkenntnis und rechtes Verhalten. Dieser Bedeutung der Abstraktion bei Leibniz entspricht, daß für ihn die einfachen Ideen, gegenüber Locke, nicht lediglich abstrahierte Bezeichnungen für ein wirklichen Sein sind, sondern die Möglichkeit darstellen, essentieller Grund für die Realisation der Dinge zu werden; die einfachen Ideen stehen in einem ursächlichen, nicht nur in einem abbildlichen Verhältnis zur Wirklichkeit.

Mit seiner erkenntnistheoretisch-ontologischen Auffassung von Abstraktion, Begriff und Idee korrespondiert auch Leibniz' Geschichtstheorie, in der sich Ansätze einer erst später weithin wirksam werdenden Vorstellung eines ‚spiralförmigen Geschichtsverlaufs' zeigen.[45] Die Diskussion um logische und reale Abstaktion hat für die Folgezeit und insbesondere auch für die Dichtungstheorie entscheidende Bedeutung erlangt. Die realen Abstrakta können Substanzen (Wesenheiten) sein, deren ontologische Selbständigkeit ihre metaphysische Voraussetzung ist. Sie zielen – nach der Lehre vom persönlichen Gott – auf eine Individualisierung, als Ausdruck der Rechtfertigung des individuellen Menschen. Sie sind das, was aus der Verbindung des „genauen und unvollständigen Subjekts oder des einfachen und ursprünglichen Konkreten entsteht, das mit dem Attribut verbunden die vollständige Substanz ausmacht [...]"[46]. Gleichzeitig aber ‚betreiben' die ‚realen Abstrakta' die Erhöhung der Substanz ins Allgemeine.[47] Sie tendieren damit zum Begriff und leiten über zur zweiten Gruppe, den ‚logischen Abstrakta', den Begriffen als Prädikationen der Subjekte: „So ist die Unabhängigkeit des Begriffs kein Merkmal der Substanz, weil es noch mit dem zusammentreffen muß, was für die Substanz wesentlich ist."[48]

Diese Attribute der Substanz, die Begriffe, sind „durch das Mittel der Abstraktion" und d. h. der negativ-strukturalen (klassifikatorischen und hypostativen) Abstraktion zu erfassen; dagegen wird die Substanz bzw. das, „was [für sie] wesentlich ist", nicht auf diese Weise, sondern mittels der rationalen, der positiv-intensionalen Abstraktion begriffen.

Hier ist eine deutliche Wende innerhalb der Geschichte der Abstraktionstheorien greifbar: die Aufstellung zweier fundamental unterschiedener Abstraktionsklassen und ihre Bewertung unter dem Aspekt des Substanzbegriffs. Der Zweifel impliziert die Antwort, die sich auch gegen Lockes erkenntnistheoretischen Atomismus richtet: „Man wird [...] mit Grund zweifeln, ob wir eine Idee eines unendlichen Ganzen [intensional] oder eines aus Teilen zusammengesetzten Unendlichen [struktural] haben."[49]

Genau mit dieser Frage korrespondieren die erkenntnistheoretisch-geschichtsphilosophischen Überlegungen in der Schrift *Über den Fortschritt ins Unendliche*.[50] Leibniz nimmt eine spiralförmige Bewegung der Entwicklung an, in der etwas Gewesenes wiederkehrt und doch nicht als Gleiches wieder erscheint. Darin liegt eine Entscheidung für die Intensionalität, die Priorität der Bedeutung des menschlichen Lebens und seiner Entwicklung gegen reine Extension. So beginnt der Bedeutungsinhalt philosophisch wichtiger zu werden als die Klassifikation von Elementen. Die Vorstellung des Aufstiegs in einer Spirale[51], die Vorstellung einer nicht umkehrbaren Weiter- und Höherentwicklung entspricht relativ genau der erkenntnistheoretischen Abstraktionstheorie Leibniz; es ist die Projektion des intensionalen Abstrahierens in

Raum und Zeit der Geschichte. In der klassifikativen Abstraktivität einer geradlinigen Entwicklung ist eine Rückkehr (Reversibilität) ständig möglich, ja logisch selbstverständlich (wenn auch nicht gewünscht), denn sie wird verifiziert durch ihre Umkehrbarkeit. Die intensionale Abstraktion der geschichtlichen Spiralbewegung dagegen setzt ‚Einsicht' voraus:

> „Wenn alles, was ansteigt, wieder absteigt und nicht geraden Weges fortschreitet, so fragt sich, auf welche Weise der Fortschritt ins Unendliche bestimmt werden soll, ob er Anstieg oder Abstieg oder neutral ist. Wenn wir sagen, daß etwas ansteigt, so wird ein anderer sagen, daß es nach langer Zeit wieder absteigt, wenn es auch irgendwann wieder ansteigt. Ich sage daher, daß der Anstieg das Wahre ist, wenn jetzt ein Punkt angenommen werden kann, unter den nicht weiter abgestiegen wird und wenn man nach irgendeiner Zeit, wie lang sie auch immer sein möge, zu einem höheren Punkt gelangt, unter den nicht weiter abgestiegen wird usw. ins Unendliche. Dasselbe gilt umgekehrt vom Abstieg. Wenn es keinen Punkt gibt, von dem jetzt oder einmal gesagt werden kann: *hierher kehrt man nicht zurück*, so wird eine Umdrehung stattfinden, in der es weder Anstieg noch Abstieg gibt."[52]

Der teleologische Anspruch des Vollkommenheitsdenkens wird hier relativiert, wie auch in der Behandlung der Frage „Ob die Welt an Vollkommenheit zunimmt"[53]. Der intensionale Bedeutungsgehalt, der im utopischen Entwurf des Unendlichen erst verwirklicht ist, ist aus dem Modellfall der gegenwärtigen Welt abgeleitet, in der das Gleichgewicht, die Harmonie des Bestehenden für Leibniz Priorität hat vor einer einseitigen Vollkommenheitsentwicklung:

> „Es fragt sich, ob die ganze Welt an Vollkommenheit zunimmt oder abnimmt, oder ob sie immer die gleiche Vollkommenheit bewahrt, was ich eher glaube, obgleich die verschiedenen Teile die Vollkommenheit untereinander verschiedenartig austauschen, so daß sie sie gegenseitig aufeinander übertragen."[54]

Die Vollkommenheit kann sich nur relativ vergrößern, so daß letztlich nur eine andere Verteilung des harmonischen Zustands, wie er schon immer herrschte, vorgenommen wird. Denn:

> „Wenn die gleiche Vollkommenheit der Welt bestehen bleibt, so können gewisse Substanzen nicht dauernd an Vollkommenheit zunehmen, da ja andere dann dauernd an Vollkommenheit abnehmen. Die an Vollkommenheit zunehmende Substanz nimmt entweder dauernd zu oder sie nimmt zu oder wieder ab, aber so, daß dennoch gefunden wird, sie habe mehr zu- als abgenommen."[55]

Die Verschränkung der Vollkommenheitsentwicklung mit der der Glückseligkeit („Die Glückseligkeit besteht nicht in einem höchsten Grade, sondern in einem ständigen Wachstum der Freuden."[56]) auf der Basis der „harmonia mundi" verneint die Möglichkeit einer einseitigen Entwicklung; angestrebt wird eine Entwicklung auf der Basis der intensional wirksamen Harmonie, eines abstrakten und zugleich konkret

wirkenden Kraftgesetzes. Abstraktion auch klassifikativer Natur ist möglich und sinnvoll nur auf dieser Grundlage.
Die ‚Bewertung' der Abstraktionsklassen bei Leibniz erfolgt genau umgekehrt zu derjenigen im Idealismus des späteren 18. Jahrhunderts (vor allem der frühromantischen Philosophie). Für Leibniz ist Grundlage jeder Ekenntnis eine noch ‚barock' zu nennende Intensionalität des metaphysisch gesicherten Weltbildes, auf dem eine klassifikative Abstraktion möglich wird, deren Ziel allerdings – und dies unterscheidet Leibniz von seinen frühaufklärerischen Rzipienten wie von seinem großen Gegenspieler Locke – nicht bei der klassifikatorischen Abstraktion, sondern im Aufbau einer neuen Intension, der Dynamis, einem Kraftbegriff, liegt.
In der Philosophie der Frühromantik ist Erkenntnisgrundlage eine klassifikatorische Abstraktion, deren Ziel ebenfalls ihre eigene Überwindung ist, im Hinblick auf die Intensionalität einer Ich-Substanz, deren Mangel an Integrationsfähigkeit jedoch vielfach offensichtlich wird (E. T. A. Hoffmann[57], auch Kleist[58]) und die durch das relationale Spiel extensionaler Bezüge – vergeblich – gestützt werden soll. Bei Leibniz steht das Individuum in einem theologischen, dort in einem wissenschaftlich-philosophischen Kontext.
Der Dichtung kommen in diesem Zusammenhang der Erkenntnistheorie (und einer impliziten Geschichtsauffassung) grundverschiedene Funktionen zu. Bei Leibniz (und insgesamt bis zur Mitte des 18. Jahrhunderts) hat sie die Aufgabe, einen erkenntnistheoretischen Zustand zu verdeutlichen, sie ist nicht selbst erkenntniskritisch, sondern lediglich veranschaulichend. Sie ist Ausdruck der rationalistischen Arbeit, die auf der Basis einer intensional begriffenen Harmonie möglich wird. Ihre Ausdrucksmittel sind demgemäß statische Bilder, Kleinausschnitte – keine großen Bildentwürfe – Hypostativa, substantivische Abstraktbildungen, die die Festigkeit der Bilder (Haller, *Unvollkommene Ode*) erst recht unterstreichen.
Im Verlauf der zweiten Hälfte des 18. Jahrhunderts[59] und verstärkt in der Romantik erhält die Dichtung erkenntniskritische, ja sogar erkenntniskonstituierende Funktion, sobald nämlich ein – gegenüber dem Dynamis-Begriff Leibniz' unendlich abstrakter gewordenes – intelligibles Ich die Integrationsaufgabe nicht mehr erfüllen kann. An diesem Punkt greift Dichtung selbst in den Prozeß ein, um ihn zu stabilisieren.[60] Die extensional unendlichen Bezüge der romantischen Poesie sind daher nicht Ausdruck der Sicherheit eines ‚gewonnenen' Ich, sondern des Gegenteils. Demgegenüber ist die Unendlichkeit der strukturalen Abstraktion (beispielsweise in Leibniz' Infinitesimalrechnung) auf der Grundlage der Intension, innerhalb einer gegebenen Qualität nicht etwas Bedrohliches.[61]
Selbstverständlich wird somit auch der mediale Charakter des Menschen zwischen unendlicher Abstraktion der Natur und intensional fester Bedeutung einer religiös bestimmten Welt akezptiert: „Denn was ist schließlich der Mensch in der Natur? Ein Nichts gegenüber der Unendlichkeit, ein All gegenüber dem Nichts, ein Mittelding

zwischen Nichts und All"[62] – und dem korrespondiert auch seine Urteilskraft:

> „Seine Urteilskraft nimmt in der Reihe der intelligiblen Dinge denselben Platz ein wie sein Körper in der Ausdehnung der Natur; und alles, was er vermag, ist einen gewissen Schein von der Mitte der Dinge zu begreifen, während er auf ewig daran verzweifeln muß, ihren Anfang und ihr Ende zu erkennen."[63]

Wie sehr Leibniz in seinem Denken letztlich spätbarocken Strukturen verhaftet ist, die auch die Dichtung der Frühaufklärung noch erheblich mitbestimmen, zeigen seine Ausführungen zur „doppelten Unendlichkeit" Pascals.[64]

Ein literarisch und dichtungstheoretisch weitreichender Gedanke ist der der ‚Möglichkeit'[65]. Sie ist derjenige abstrakte Zustand, der vor der Existenz der Dinge liegt und auf die „absolut ersten Wahrheiten" hinweist.[66] Der Möglichkeitsbegriff, von Aristoteles in die Poetik geführt, wird unter dem Aspekt der ‚Wahrscheinlichkeit' von den Schweizern zunächst als Korrektiv gegen eine Regelpoetik gebraucht, die die Poesie auf das, was geschieht, und weniger auf das, was geschehen könnte, festlegen wollte.[67]

Die Sprachphilosophie Leibniz' enthält den Gedanken einer medialen Abstraktion. Einerseits dient die Sprache der Kommunikation[68], darüber hinaus aber gehören die allgemeinen Begriffe, die durch Abstraktion entstehen, zur „Wesensverfassung" der Sprache[69]:

> „Die *allgemeinen Begriffe* dienen nicht nur der Vervollkommnung der Sprachen, sondern gehören sogar notwendig zu deren Wesensverfassung. Denn wenn man unter den *besonderen Dingen* die individuellen versteht, so wäre es unmöglich zu sprechen, falls man nur *Eigennamen* und keine *Appellativa* hätte, das heißt falls es nur Worte für die Individuen gäbe, denn man kommt in jedem Augenblick von neuem darauf zurück, sobald es sich um individuelle Akzidentien oder Handlungen handelt, die das sind, was man am meisten bezeichnet. Versteht man aber unter den besonderen Dingen die untersten Arten (*species infimas*) – abgesehen davon, daß es oft sehr schwierig ist, diese zu bestimmen – so ist offenkundig, daß diese schon auf Ähnlichkeit gegründete Allgemeinbegriffe darstellen. Da es sich nur um mehr oder weniger große Ähnlichkeiten handelt, dergemäß man von Gattungen oder Arten spricht, ist es nur natürlich, alle Arten von Ähnlichkeit oder Übereinstimmung zu bezeichnen und folglich alle Grade von Allgemeinbegriffen zu gebrauchen. Die allgemeinsten sind sogar die nützlichsten und am leichtesten zu bilden, da sie mit Beziehung auf die Idee nur der Wesenheiten, die sie in sich schließen, weniger erfüllt sind, wenn sie auch im Hinblick auf die Individuen, auf die sie zutreffen, einen größeren Umfang besitzen [...]. Und es ist sicher, daß alle *Eigennamen* oder individuellen Bezeichnungen ursprünglich *Appellativa* oder allgemeine Bezeichnungen gewesen sind."[70]

Eine im Hinblick auf Herders Ursprungstheorie verblüffende Feststellung.[71] Bei Leibniz heißt dies zunächst, die Bedeutung der benannten Individuen ist nicht in

Frage gestellt und kann auch durch klassifikatorische Merkmalsabstraktion nicht gefährdet werden. So ist es nur konsequent, wenn Leibniz für eine natürliche Grundlegung der Zeichen plädiert und keinesfalls einer rein willkürlichen Festlegung der Worte und ihrer Bedeutung zustimmt.[72]

Die Festlegung des sogenannten Individuellen auf einen Gattungs- oder Artcharakter ist bezeichnend nicht nur für die Leibnizsche Sprachlehre, sondern auch für seine Abstraktionstheorie. Denn das, was die Sprache als Individuelles bezeichnet, kann solches in der Tat nicht sein, denn wie wäre es dann möglich, vom konkreten Zusammenhang zu einem Begriff von ihm zu kommen? So weist Theophilus/Leibniz seinen Gegenspieler Philalethes/Locke auf das Empirismusproblem hin, das im unreflektierten Sprung zwischen Gegenstand und Begriff respektive Bezeichnung besteht. Auch dies hat für Leibniz noch nichts Beunruhigendes (im Gegensatz zur Kant-Rezeption Ende des Jahrhunderts), da es ihm nur versichert, daß die grundsätzliche Intension des Individuellen nicht gefährdet ist.[73] Diese ist nur intuitiv zu erfassen, indem man als Teil des Universums an der Bewegung und gegenseitigen Beeinflussung der Individuen selbst teilnimmt.[74] Dies heißt aber nun nicht, daß die abstrakten Begriffe lediglich reine Verstandesbegriffe seien, ontologisch völlig irrelevant. Diese Ansicht Lockes korrigiert Leibniz[75], da sich unsere Erkenntnis auf die Gegenstände der Natur richtet und dort Unterschiede und Ähnlichkeiten wahrnimmt, die tatsächlich existieren (dies nimmt Leibniz fraglos an), sind auch unsere durch Abstraktion gebildeten Ideen deutlich unterschiedene oder ähnliche Wesenheiten. Sowohl die logisch-erkenntnistheoretische als auch die metaphysische Abstraktivität ist also unabhängig von allem Dazutun, sie ist selbständig, dies aber nicht durch sich selbst, sondern durch die vorausgesetzte Intension der Individualität, als Modellfall des Gesamtzusammenhangs der Welt.[76] Sowohl die Fähigkeit des Menschen, Ideen miteinander zu verknüpfen, als auch die Art der Verbindung selbst wird, ebenso wie die „innere Struktur oder Wesensverfassung“ einer Sache[77], von der gleichen Kraft gelenkt.[78]

Die abstraktive Tendenz der Metaphysik Leibniz' korrespondiert der logisch größeren Abstraktheit der Lockeschen Philosophie.[79] Das ‚Wesenseigene' ist das Zentrum der Leibnizschen Philosophie. Er stellt es in sein System ein, indem er es zum klassifizierenden (aber selbst nicht klassifizierbaren) Prinzip der Welt, zu deren prästabilierter Harmonie macht. Nicht die Klassenvielzahl konstituiert das Universum, sondern das bedeutungsgebende Weltgesetz erschafft und ordnet die Gattungen und Arten. Die ununterbrochene Stufenfolge wird bewirkt durch das „Gesetz der Kontinuität“, „daß die Natur nichts Leeres in der Ordnung läßt, der sie folgt“.[80] Daraus spricht ein aufklärerischer Optimismus, der eine Höherentwicklung von Natur und menschheitlicher Geschichte jedoch nicht als real gesicherten Verlauf annimmt, sondern als die Möglichkeit, die in der Harmonie bereits mitangelegt ist: „[...] halte ich dafür, daß es um etwas von der Vollkommenheit der Geister über uns zu erkennen, sehr dienlich sein wird, sich auch die Vollkommenheiten in den Organen der Körper auszumalen, die die des unseren übersteigen."[81]

Hier nun kommt dem Dichtungsvermögen, kommt der Erfindung eine die gesamte Aufklärung hindurch vertretene Aufgabe zu:

> „An dieser Stelle wird die lebendigste und reichste Vorstellungskraft und um mich eines italienischen Ausdrucks zu bedienen, *l'invenzione al piu vaga* am Platze sein, damit wir uns über uns erheben. Und das, was ich gesagt habe, um mein System der prästabilierten Harmonie zu rechtfertigen, welches die göttlichen Vollkommenheiten und alles, was man davon zu denken wagte, erhebt, wird auch dazu dienen, von den Geschöpfen ungleich viel größere Ideen zu haben als man sie bisher gehabt hat."[82]

Leibniz ist, was die Lösung des Universalienproblems angeht, Nominalist, der nach der ‚generalis regula' verfährt: „entia non sunt multiplicanda praeter necessitatem". Leibniz richtet sich ebensowenig wie Locke in seiner Lehre von den „zusammengesetzten Ideen" gegen die Methode der Abstraktion, noch leugnet er deren Brauchbarkeit für die Begriffsbildung. Seine Kritik wendet sich gegen die Wesensmetaphysik der Scholastik, die den herausgearbeiteten Begriffen und Abstrakta substantiellen Charakter verlieh. Mit anderen Worten: Leibniz steht, indem er die metaphysischen Implikationen einer auf die Bildung von Universalien gerichteten Abstraktivität ebenso wie die durch ontologische Hypostase aus Prädikationen hergestellten Begriffe ablehnt, nur die Methode übernimmt und neue Ziele setzt, zwischen den Universalisten, die die Wahrheit nur ‚ante rem' und denen, die sie ‚in re' sehen wollen, auf der einen und denjenigen, die wie z. B. Hobbes[83] behaupten, „daß die Wahrheit selbst von den Namen abhänge, sogar von dem menschlichen Denken (ab arbitrio humano), weil die Wahrheit von der Definition der Termini abhängt, diese wiederum vom menschlichen Denken", auf der anderen Seite. Demgegenüber betont Leibniz, daß gerade die Wortbildung nicht aus Willkür geschehen dürfe.[84] Die Abstrakta sind für Leibniz notwendige Prädikabilien. Sie ermöglichen dank ihrer Bestimmtheit präzise Aussagen über konkrete Dinge. Sie selbst aber, insbesondere die „realen abstrakten Begriffe"[85], bezeichnen nur eben die „abstrakten und unvollkommenen Seienden".

Leibniz' nominalistisches Begriffssystem stellt die Frage nach der Substantialität der Kategorien nicht mehr, die klassifikative Abstraktivität bietet ihm keine Möglichkeit, das Problem der Substanz und ihrer Erkennbarkeit zu lösen. Idee oder Substanz sind nicht mehr als genus und species bestimmbar. Die Abfolge von Gattung und Art gilt nur für die aus Prädikaten durch Substantivierung entstandenen Begriffe[86], die ihrerseits zur Bestimmung der Substanz eingesetzt werden können – als Denkbarkeiten, als Namen. Die Substanz selbst aber drücken sie unmittelbar nicht aus. Durch diese klassifikative Abstraktivität und grammatische Hypostasierung, deren Verwendung das kausale Verknüpfen von Perzeptionen anzeigt, gelangt Leibniz zu einer neuen

Art von Abstraktivität, deren Richtung zu derjenigen, die Allgemeinbegriffe gewinnen will, genau umgekehrt verläuft und deren Ziel in etwas scheinbar Konkretem besteht. In der *Monadologie* heißt es:

> „Durch die Erkenntnis der notwendigen Wahrheiten und durch ihre Abstraktionen werden wir auch zu den reflexiven Akten erhoben, die uns den Gedanken ‚Ich' fassen und Betrachtungen darüber anstellen lassen, daß dieses oder jenes ‚in uns' ist. Indem wir unsere Gedanken auf uns selbst richten, richten wir sie auch auf das ‚Sein', auf die ‚Substanz', auf ‚Einfaches' und ‚Zusammengesetztes', auf ‚Unstoffliches' und selbst auf ‚Gott', insofern wir das, was in uns beschränkt ist, in ihm als unbeschränkt begreifen. Jene reflexiven Akte liefern somit die Hauptgegenstände unseres Vernunftgebrauches."[87]

Die zu Beginn des 18. Jahrhunderts herrschenden Abstraktionstheorien stehen damit im weitern in der Nachfolge der Abstraktionsproblematik des Universalienstreits. Beide Formen, die ontologische und die nominalistisch orientierte, beziehen aufgrund ihrer Psychologisierung Stellung gegen den Schulgebrauch, der den „abstrakten Entitäten" vielleicht mehr Interesse, als angemessen war, gewidmet habe.[88] Im weiteren Verlauf setzt sich auch in der Schulphilosophie die Beschränkung auf das logische und sprachliche Abstrakte durch, wenngleich diese Art der rationalistischen Abstraktion insbesondere bei Wolff noch stark ontologische Züge trägt: „notio abstracta aliquid, quod rei cuidam inest vel adest (scilicet rerum attributa, modi, relationes) repraesentat absque ea haec, qui inest vel adest."[89]
Mit der Beschränkung auf den logischen Abstraktionsvorgang ist eine neue Richtung, ein neues Ziel der Abstraktion verbunden, das Ziel, die apperzeptive Gestalt des Wissens zu erkennen. Die Ontologie des Substanzbegriffs wird in den erkenntniskritischen Vorgang der Reflexion einbezogen, der bedingt ist durch Abstraktion und Apperzeption[90]. Substanz ist ein metaphysisches Konkretum, dessen Wahrheit sich aus einer individuellen „aktiven Kraft", aus seiner Entelechie ableitet[91]. Damit erhalten das Abstrakte und der Abstraktionsvorgang eine neue Bestimmung in der Philosophie: Nur als erkenntniskritische Methode, als funktionales Moment der Erkenntnis der Substanz gilt Abstraktion. Indem die metaphysische Wahrheit in das Konkretum verlegt wird, erhält das Abstraktum die Aufgabe seiner Prädikation. Nun aber bedeutet das Konkrete durchaus nicht das sinnlich Wahrnehmbare; es ist nicht die Körpersubstanz der Ausdehnung. In dieser Hinsicht hat Leibniz die Descartes'sche Extensionalitätsthese korrigiert. Die Substanz, das Konkrete, hat ihr Wesen in der aristotelischen Dynamis, die „ein Mittleres zwischen der Fähigkeit des Wirkens und dem Wirken selbst"[92] und der ontologische Ausdruck für die prästabilierte Harmonie ist. Gleichzeitig zeigt die Stellung der Dynamis auch die strukturale Übereinstimmung zwischen Ontologie und Erkenntnistheorie an.[93]
Das Individualitätsprinzip, durch das Substanz begründet und erkannt wird, bedarf

der Abstraktion und zwar der klassifikatorischen als Ergänzung. Das Ziel dieses Vorgangs ist nun aber weniger das in der Realität Auffindbare wahrnehmend und begrifflich zu erfassen, als nur sein Prinzip zu erkennen. Hier setzt die intensionale Abstraktion ein. Sie bedeutet das Übergehen von der Erkenntnis der notwendigen Wahrheiten, mit Hilfe der klassifikativen Abstraktivität, durch Einbezug des Satzes vom Widerspruch und des zureichenden Grundes[94], zu den „reflexiven Akten, die uns den Gedanken ‚Ich' fassen lassen"[95]. Insofern ist die ‚Monade' ein reines Hilfskonstrukt, das der Struktur des Ich analog ist, und ebenfalls ein Abstraktum; nicht jedoch ein Gattungsbegriff, sondern ein konkretives Abstraktum, das Ergebnis einer intensionalen Abstraktion die „Ungegenständliches vergeistigt"[96].

Zusammenfassend läßt sich der Wandel von Metaphysik und Erkenntnistheorie bis zum letzten Drittel des 18. Jahrhunderts folgendermaßen beschreiben:
Bei Thomasius wird die Intension zur Extension, die Irrationalität des Barock wird in die klassifikatorische Abstraktion verwandelt; bei Leibniz, Wolff und Gottsched zeichnet sich eine Veränderung der klassifikatorischen zur hypostativen Abstraktion ab, das Zusammengesetzte wird in Einfaches verwandelt, z. B. in die ‚Monade' – wobei Leibniz, wie dargelegt, auf eine neue Intensionalität hinweist, die von Kant schließlich ausgeführt wird: Die ‚Namen' der Metaphysik verwandeln sich ins Subjekt der Transzendentalphilosophie.
Den Zusammenhang zwischen frühaufklärerischer Philosophie und einer folgenden Dichtungstheorie stellt Christian Wolff her, obgleich seine Erörterungen in den *Vernünfftigen Gedancken von Gott*[97] an verschwindend wenigen Stellen eine Beziehung zur Kunst verraten. Obwohl sich bei Wolff kaum Ansätze zu einer Ästhetik finden, enthält insbesondere seine deutsche Metaphysik manches, was die Neuorientierung der Kunsttheorie anregt und schließlich indirekt zur Ästhetik Baumgartens führt. Das Verhältnis von Wirklichkeit und Möglichkeit ist auch bei Wolff zentral. Durch seine Wirklichkeit beweist das opus, daß es möglich ist: „[...] da nichts würcklich werden kan, als was möglich ist [...], so ist alles würckliche auch möglich und kan man von der würcklichkeit auf die möglichkeit jederzeit ohne Anstoß schliessen."[98]
Umgekehrt setzt das Sein eines Dinges also seine Möglichkeit voraus: „Daher ist das Wesen eines Dinges seine Möglichkeit, und derjenige verstehet das Wesen, welcher weiß, auf was für Art und Weise ein Ding möglich ist. Man weiß aber, wie etwas möglich ist, wenn man verstehet, wie es in seiner Art determiniret wird."[99]
Gegenüber den auf die ‚poetische Regel' vertrauenden Anweisungspoetiken des 17. Jahrhunderts bezeichnet Wolff als eine Grunderfordernis auch des Dichters die Fähigkeit, Ähnlichkeiten wahrzunehmen[100]; und vollkommen ist ein Werk dann, wenn es als qualitativ vollkommen beurteilt werden kann. So wie das Vermögen des Verstandes darin besteht, das Mögliche deutlich vorzustellen, so wird es Aufgabe der Poesie, diese Vorstellungen wenigstens klar, wenn schon nicht deutlich zu repräsentieren.[101]

Auch der Artikel ‚Abstraktion' im Zedlerschen Lexikon weist auf den neuen Wesensbegriff hin, indem es dort heißt:

> „Einige Metaphysici erweisen, daß das Wesen eines Dinges in der Möglichkeit desselben bestehe; da nun ein Ding gar wohl möglich seyn kan, ob es gleich nicht würcklich vorhanden ist, so bleibet allerdings das Wesen eines Dinges übrig, wenngleich seine Würcklichkeit weggenommen wird."[102]

Die frühaufklärerischen Gedanken über Dichtung sind grundsätzlich von der Absicht getragen, Poesie könne Vehikel begrifflicher, nicht-metyphysischer Abstraktionen bzw. konkreten Wissens sein. In dieser erkenntnispraktischen Linie stehen sowohl die zahlreichen ‚Anleitungen zur Posie' als auch die Lehr- und Beschreibgedichte, Rätsel etc. selbst. Sie signalisieren eine Stufe von empirisch-rationaler Kunstbegründung, die nach dem Verlust der Sicherheit eines metaphysischen ‚furor divinus' den neuen erkenntnistheoretischen Ansprüchen gerecht werden muß.

Die Entwicklung der Poesie geht von 1680 bis etwa 1710 von hypostativer Konkretion der Lebenswelt und klassifikatorischer Abstraktion der Philosophie zur klassifikatorischen Konkretion der Kunst, was sich nachweisen ließe am Typus des kalkulierten Gelegenheitspoems der ‚Hofdichter' (gegenüber Schwärmerei und Schwulst eines Kuhlmann oder Zigler und Kliphausen) und an ihrer erkenntnispraktischen Haltung (Canitz' *Einladungsschreiben*), aber auch und zuerst an der Umgestaltung der zentralen Gattungen des Epos und des (Schicksals-)Dramas zu Lehrgedicht und dramatisierter Morallehre.

Von etwa 1710 bis 1740 zeigt sich eine rationale Konkretion in der Lebenswelt und eine hypostative Abstraktion in der Philosophie, aus der die Kunst versucht, eine hypostative Konkretion (Namen für Sachen, Brockes' und Hallers Weltraum- und Moralpoesie) zu entwickeln. Günthers Studentenlieder z. B. tragen – zu Beginn dieses Zeitraums – nicht mehr den berechnenden Zug einer Kasuallyrik, sie entstammen einer (klassifikatorisch) festgelegten Gattung, der sie eine neue Bestimmung zu geben versuchen.

Ab etwa 1740 macht sich eine irrationale Konkretion der Lebenswelt bemerkbar sowie eine rationale Abstraktion in der Philosophie, der eine versuchte rationale Konkretion der Kunst (Emotion, Empfindsamkeit) begegnet[103], die aber gleichwohl abstrakt bleibt. Eine Übergangserscheinung ist in dieser Hinsicht die Anakreontik[104], die bei allem Namenfetischismus (mythologische und hirtenpoetische Nomenklatur) eine Befreiung vom Regelzwang fordert (so z. B. Drollinger). Auch die Versfabeln Gellerts[105] nehmen hier eine Zwischenstellung ein.

Sowohl die Wolffsche Philosophie auf der einen als auch die Naturrechtstradition von Grotius und Pufendorf wie die rationalistische Vico-Schule auf der anderen Seite vertreten eine Erkenntnistheorie, in der, ausgehend von der Klassifikation eine neue hypostative Abstraktion zum Zentrum der Systeme gemacht wird. Dies ist ein Zeichen der Strukturverfestigung.[106] Ab etwa 1720 zieht der Abstraktionsbegriff in die poetologischen Überlegungen verstärkt ein. Dem trägt die dichterische Praxis Rechnung. Zu verweisen ist etwa auf die *Discourse der Mahlern*, die einen Begriff der „Distraction“ bestimmen, der als psychologische Reduktionsstufe einer empirisch begriffenen Abstraktion genau diesen Übergang signalisiert. Deutlich wird dies bei dem berühmten Breslauer Anonymus und seiner *Anleitung zur Poesie*[107] von 1725. Auch Johann Ulrich Königs *Untersuchung von dem guten Geschmack*, auch Erdmann Uhse, Johann George Neukirch u. a. zeigen in der Poetik, teils mit den Mitteln des Syllogismus, neue abstraktive Systematik. Vor allem das Lehrgedicht nimmt sich in Inhalt und Form ihrer Vermittlung an. Zunächst dominiert zwar das kritische Element, im Sinne von Unterscheidung, also eine pragmatische Abstraktion; doch die aus Barockliteratur und Barockenzyklopädistik übernommenen, aber logifizierten Summationsschemata weisen auf einen neuen Theoriebeginn.

Die Periode von 1710 bis 1740 führt allmählich auch zu einer (vor-)geschichtsphilosophischen Ergänzung pragmatischer und sich begrifflich verfestigender Abstraktion und Literatur. Die geschichtsphilosophische ‚Unterstützung‘ der Abstraktion, wie sie z. B. zahlreiche didaktische Poeme über das frühe ‚graue‘ und das eigene goldene Zeitalter bieten, zeigt sich in vielen Erscheinungen, auch auf sprachlicher Ebene und theologiegeschichtlich wirkungsvoll wie beispielsweise in der Bibelübersetzung von 1735 durch Johann Lorenz Schmidt[108], dessen sogenannte Wertheimer Bibel im 1. Buch Mose die verwendeten Bilder durch Begriffe ersetzt, worauf Lessing in *Von Duldung der Deisten* Bezug nimmt. Die gesamte Beschreibungsliteratur[109] wandelt sich von der Anwendung konkreter Namen zur Verwendung von Begriffen (Aufsteigen von der Art, Beschreibgedicht, zur Gattung, Lehrgedicht); dazu gehört auch die häufige Verwendung der Fabel, und selbst Teile der Rokokolyrik sind nur eine eskapistische Variante dieser Tendenz. Dem entspricht auf der Theorieebene die Einführung neuer naturwissenschaftlicher Klassifikationssysteme z. B. eines Linne, eines Vogel.[110] Entsprechend korrespondieren Geschichtsauffassung und Vernunftbegriff: Entweder ist Vernunft „das natürliche Licht, welches dem menschen gegeben ist, das gute von dem bösen zu unterscheiden“[111] und Geschichte ein Repertorium zum Auffinden übertragbarer und exemplarischer Fälle.[112] (Dieser ethische Pragmatismus schränkt notwendigerweise Ansätze zu einer tiefergehenden Interpretation der Vernunft ein auf Formulierungen wie, sie sei eine Kraft, in die Eigenschaften der Dinge einzudringen, oder sie sei ein Mittel zur Selbstreflexion.) – Oder, so besonders die Schweizer, Geschichte diene als unwidersprechliche Basis für eine vernunftgemäße Imagination[113], denn Vernunft müsse auch als Begründungsinstanz der Geschichte angesehen werden.

Die konkretive Verwendung der Dichtung zu Beginn des Jahrhunderts veranlaßt eine Besinnung auf die dichtungsspezifischen Gesetze und auf eine Abgrenzung der Künste gegeneinander. Konkretes Beschreiben und poetisches Malen allein macht Dichtung nicht aus, erst ihre Einordnung in einen zugleich religiös und rational gefärbten Vernunftbegriff gibt ihr die Bedeutung einer Wissenschaft.[114] Die Konkretion ruft eine dialektische Gegenbewegung hervor, die im Hervorheben des Erkenntnischarakters der Dichtung besteht (später einmündend in eine Aufwertung der Vermittlungsfunktion als solche). Die Selbständigkeit des dichterischen Vermögens und seine Bindung an einen objektiven Vernunftbegriff wird verbürgt durch die historische Herleitung der Poesie als Wissenschaft, wie sie von manchen philosophischen, poetologischen und weltanschaulichen Positionen der Zeit unternommen wird.[115] Damit wird die alte Horazische Formel, die noch durch die französische Vermittlung, insbesondere durch Boileau, in Deutschland an Einfluß gewinnt, langsam abgewertet bzw. verengt auf den Bestandteil des Nutzens.[116] Überhaupt ermöglicht die Tatsache der Erarbeitung bestimmter poetologischer Grundbegriffe bereits eine rationale Bewertung der literarischen Produktion.[117]

So bildet sich in Deutschland ein Bezugssystem philosophischer Begriffe aus, das schnell über die Bedeutung hinausgeht, die es in seinen englischen und französischen Ursprüngen noch hatte. Der ‚common sense' oder ‚bon sens' wird in idealistischer Stilisierung zur Grundlage der literarischen Kritik. Bedeutet er zunächst nichts weiter als ‚gesunder Menschenverstand' und weltanschaulicher Grund einer hauptsächlich empiristisch verstandenen Philosophie in Abwehr materialistischer und sensualistischer Tendenzen, so wird er in Deutschland bald zum Kernstück klassizistischer Vollkommenheitsansprüche auf der einen und irrationalistischer Reduktionsversuche auf der anderen Seite.[118]

Der Leibnizsche Zweifel, ob wir die Idee eines unendlichen Ganzen (Intension) oder eines aus Teilen zusammengesetzten Unendlichen (Extension) haben, soll von der Dichtung beseitigt werden. Dadurch erhält sie nicht nur philosophische Würde, sondern auch einen entsprechenden Stellenwert in der Bewußtseinsgeschichte der Neuzeit – und es fällt ihr damit eine mehr als nur propädeutische Erkenntnis- und Wissenschaftsfunktion zu. Dichtung kann die schwierige Aufgabe, wie es wenigstens die Theoretiker des späteren 18. Jahrhunderts formulieren, erfüllen, da sie als anschauliche Gestalt und ebenso als erkenntnisvermittelnde Instanz mit logischer Strenge sowohl Intuition als auch Analyse, sowohl Induktion als auch Deduktion verbindet.[119]

Klarer noch zeigen sich die anfänglich abstraktiven Tendenzen der Poetik des 18. Jahrhunderts in der Auffassung von der Literaturgeschichte: Als Inbegriff vollkommener Dichtung dient vielen die hebräische Poesie.[120] Sie habe in einer zwar noch frühen und noch weniger wissenschaftlichen Weise Erkenntnischarakter gehabt. Sie habe einem rauhen Volke gute Sitten beigebracht – die moralische Bindung der Erkenntnis und damit auch des Abstraktionsbegriffs wird auch hier sichtbar[121] – und die Moral verbessert. Nicht zuletzt aber habe ihr Zweck darin bestanden, einen ungegenständlichen Gott zu verherrlichen.[122]

Die ‚harmonia mundi' bleibt auch in der Dichtung der mittleren Aufklärung Grundlage möglicher Abstraktionen. Gegenüber Wolffs Vorwurf, die Einbildungskraft, die Kraft zu erdichten, würde auch oft leere Einbildungen hervorbringen[123] – und somit etwas, was nicht möglich ist –, rechtfertigt Gottsched die Dichtung, indem er sie auf den Verstand, auf Scharfsinn und Witz bezieht, denn eine Einbildungskraft, die nach dem Satz des zureichenden Grundes verfährt, kann unmöglich Widersprüchliches oder Ungereimtes produzieren. Der Keim zur rationalistischen Fiktion ist damit gelegt – gleichzeitig aber auch ihre Überwindung. Denn schon im Geschmacksbegriff (vereinzelt bereits aufgetaucht bei Harsdörffer, Menantes, der sogenannten Breslauer Anleitung und in den *Discoursen der Mahlern*) hatte sich das neue Verständnis der Dichtung angekündigt, ein Verständnis, das abzielt auf die Verbindung von Extension und Intension. So definiert bereits Johann Ulrich König 1727[124]:

> „der Geschmack des Verstandes ist [...] die zusammengesetzte Krafft der Seele zu empfinden und zu urtheilen, vermittelst welcher sie durch die Werck-Zeuge der Sinnen einen gewissen Eindruck empfindet, und über denselben alsdann ihre Entscheidung, durch eine Zuneigung oder Abneigung äußert."[125]

Geschmack bleibt allerdings zunächst noch die Fähigkeit der Kritik, der Unterscheidung des Wahren vom Falschen, des Schönen vom Häßlichen etc. Bereits im frühen Lexikon Jablonskis ist, ganz behutsam, die Ablösung einer statischen Literaturauffassung durch den Begriff des Dynamischen angelegt. Bewegung, Wirkung, Kraft, Möglichkeit (beim Lehrgedicht) sind auch hier vorsichtig eingesetzte poetologische Kernstücke.[126] Auch die *Discourse der Mahlern*[127] zeigen schließlich schon eine vermittelnde Einstellung auf rationalistischer Basis an, ohne daß die Gegenposition noch recht ausgebildet wäre: Wenn die Vernunft den Stand vor ihrem Verfall einzunehmen vermag, so sind Exaktheit und Freiheit der Vernunft wieder möglich. Das geschieht jedoch nicht, wie z. B. später von Herder[128] gefordert, über einen Rekurs auf den in Analogie zu den äußeren Sinnen postulierten inneren Sinn, die Besonnenheit, sondern gerade durch das Mißtrauen gegenüber dem Vermögen der Sinne, durch die Feststellung ihrer Unzuverlässigkeit. In den *Discoursen der Mahlern* wird der Begriff der „Distraction" auf der Grundlage der Lehre Descartes' eingeführt:

> „Wenn ihr curios seyd zu wissen, wie die Soenderung der Seelen von dem Leib eigentlich zugehe; so kan euch ein gescheider Cartesianer, der das Systema seines Meister grundlich verstehet, diesen Scrupel leicht benehmen; Er wird euch sagen: Der unvergleichliche Descartes hat der Seelen, ihren Sitz gewiesen in dem Conario, allwo die Aederlein, die sich durch den gantzen Leib ausbreiten, und dem Blut seinen ordentlichen Lauff geben, zusammen stossen; Wenn nun die Seele in sich selbst gewichen ist, und einer Sache eyfrig nachdencket, so nimmet sie nicht Weile, die Eindrücke, welche durch die aussern Objecte den Instrumenten der Sinnen und von denselben dem Conario mitgetheilet werden aus einander zu lesen/ und den Lebens=Geistern die allezeit fertig stehen und auf den Dienst warten, den

gemessenen Befehl zu ertheilen, dies des oder jenes Glied des Menschen auf diese oder eine andere Weise zu bewegen, dieses ist die ursache, daß bey solchen Menschen der Leib unbeweglich ist, und daß sie keine klare und distincte Begriffe von den aussern Objecten haben."[129]

Eine solche „Distraction"

„überfällt einen Menschen, wenn ihm eine gewisse Sache aufstoeßt, für die er aeußerst paßionirt ist; dennzumahlen ruffet die Imagination oder die Seele allen ihren Kraefften zusammen, und fixiret sie auf dieses einige Objecte, so daß der Leib inzwischen unthaetig und unempfindlich wird, da die Seele von dem Leib gleichsam abwesend und in sich selbst gekehret ist: Je groesser die Paßion ist die einer fuer eine Sache heget, desto tieffer wird auch die Entzueckung der Distraction seyn, in die er faellt."[130]

Die Ausbildung eines auf die Praxis des menschlichen Lebens und der Kunst bezogenen, medialen Abstraktionsbegriffs wird auch deutlich in der Ablehnung der „Abstracta, die nicht durch die Sinne erkannt werden können". Sie sind allzu „general", von ihnen haben wir nur dunkle und undeutliche Begriffe[131]. Demgemäß ist das Ziel von Wissenschaft und Poesie in der menschlichen Glückseligkeit zu suchen; es zu erreichen, bedarf es des Mittelweges zwischen „Unachtsamkeit" und „Curiositet", d. h. zwischen Interesselosigkeit und Übereifer. Für die Kunst aber heißt das, die Seele als ein „white paper", als eine Tabula rasa, anzufüllen mit klaren Vorstellungen.

Wenn Baumgarten sechszehn Jahre später von ‚Distraktion' oder ‚Zerstreuung' spricht, so ist sie zwar immer noch hauptsächlich ein Problem der rationalen Psychologie, dennoch hat bereits ein entscheidender Wandel stattgefunden. Während der frühe Begriff die Abstraktion in sich enthielt, wird sie nun ein Verfahren, beruhend auf einem Bewegungsgesetz der Seele, die Distraktion einzuschränken. Die „abstractio animi distracti" wird eine „collectio animi". Aus einer negativen ‚Abstraktion von etwas hinweg' ist eine positive ‚Abstraktion auf etwas hin' geworden. Dieser Begriff einer merkmalsisolierenden Abstraktion, der die Vorstufe der „attentio", der ‚Aufmerksamkeit', darstellt, wird in die Dichtungstheorie übernommen und erlangt hier eine zentrale Stellung, die er bis etwa 1770, bis Kant die Abstraktion wieder als negativ bezeichnet und sie in den Gegensatz zur positiven Aufmerksamkeit stellt[132], nicht verliert.

Der Begriff der Abstraktion taucht unter diesem Terminus zum ersten Mal in der deutschen Poetik bei Breitlinger auf, in dessen *Critischer Dichtkunst* von 1740, und zwar im Kapitel „Von der Verwandlung des Würcklichen ins Mögliche". So heißt es bei Breitinger, daß Dichtung aus der historischen wie der moralischen Welt wunderbare Vorstellungen hervorzubringen habe und zwar mittels der ‚Abstractio Imaginationis', „welches ihr von mir unverwehrt auf Deutsch die Abgezogenheit der Einbildung geben könnt." Diese Abstraktion ist eine seelische Funktion. Daß der Terminus bis dahin zumindest in der Poetik unbekannt war, geht daraus hervor, daß Breitinger glaubt, den Begriff übersetzen zu müssen. Diese Abstraktion besteht nach Breitinger

„darinne, daß der Poet den Zusatz von dem Widerwärtigen, der die Vollkommenheit oder Unvollkommenheit eines Gegenstandes auf einen gemässigten Grad/ setzet, in seiner Nachahmung weglasse, und hergegen, was die Natur von verschiedenen Arten der Vollkommenheit oder Unvollkommenheit in verschiedenen Gegenständen mit ungleichem Maasse vertheilet hat, aufmercksam und sorgfältig zusammensuche, und diejenigen Arten, die er zu erhöhen gedencket, in seinem vorzustellenden Bilde geschickt vereinige. Durch das Mittel dieser Abstraction der Phantasie werden die einzelnen und absonderlichen Bilder, welche uns die Natur und die Historie vorlegen, allgemein und für mehrere Wesen gerecht gemachet."[133]

Der Bezug der Abstraktion auf die Einbildungskraft bezeichnet eine Anhebung des dichterischen Vermögens auf der einen und eine Absenkung der theoretischen Interessen auf der anderen Seite. Auch das Neue, das Wunderbare wird hiermit einer Kontrolle durch abstraktive Fähigkeiten unterworfen und auf das poetisch Wahre oder – hier setzt der Streit mit Gottsched ein – Wahrscheinliche reduziert, das in Übereinstimmung mit den Grundsätzen nicht nur des subjektiven menschlichen Verstandes, sondern auch mit den metaphysischen Gesetzen stehen muß. Die „Abziehung der Einbildungskraft" ist eine seelische Funktion und eine Methode zur poetischen Darstellung eben jener moralisch-metaphysischen Grundsätze; der vorhandene Abstand des Wunderbaren zur Wirklichkeit wird logisch beschreibbar.

In den Sätzen Breitingers ist die gesamte leibnizianisch-rationalistische Poetik in nuce enthalten, wie sie von den Schweizern gegenüber Gottsched vertreten wurde und noch in der Poetik Lessings über die Mitte des Jahrhunderts hinaus gültig blieb. Das „Mögliche", auf dessen Bezug zur Abstraktion schon das Zedlersche Lexikon hingewiesen hatte und dessen Herkunft aus der Leibniz-Wolffschen Schule die bei allen erkenntnispraktischen und empiristischen Bestrebungen in Deutschland ungebrochene Tradition der Metaphysik bestätigt, kann den philosophisch bestimmten Aufgabenbereich für die Dichtung bezeichnen.[134] Der Begriff der Abstraktion also wird in den dreißiger Jahren in eine neue ‚Möglichkeitstheorie' gestellt, wenngleich immer noch auf den Empirismus bezogen: Daher seien „alle unsere Abstracta zu den Sinnen wiederum zurückzuführen", dann werde sich zeigen, „ob es leere ideen und unnütze entia rationis seyen"[135].

Der abstraktive Begriff der Möglichkeit wäre z. B. anhand der Lichtmetaphorik, am Vorgang des Sehens zu verdeutlichen: Hier zeichnet sich nämlich die erneute Vergeistigung des Sinnlichen ab; eine Abstraktion vom physikalischen Körper, vom individuellen, empirischen Ich setzt ein, das später transzendentalisiert und Erkenntnissubjekt werden sollte. Die Aufgabe der Poesie besteht nun darin, die Struktur der ‚Möglichkeit' nachzuvollziehen – nicht allegorisch-abstrakt, sondern induktiv-abstrahierend. Eine Pragmatisierung der statischen Bildentwürfe, der Allegoresen

und Emblemreste, der Hypostativa kennzeichnet diesen allmählichen Wandel zur Möglichkeitspoetik, zu einer poetischen Mitte zwischen Intension und Extension, zwischen positiv-rationalem und negativ-strukturalem Abstrahieren. Gleichzeitig bahnt sich eine Rückkehr zum christlichen Mythos an, wie Bodmers Patriarchaden und Klopstocks *Messias* zeigen; Engel werden für möglich erklärt.[136]
Das später aus der Möglichkeitsabstraktion sich entwickelnde Individualprinzip der Ästhetik ist eine Fortschreibung dieser Unterscheidung. Der Vorgang zeigt also zugleich die Rezeption und Abwehr von Abstraktion zugunsten eines poetologischen Mitte-Begriffs. Denn im ‚Möglichen' ist einerseits ein der Phantasie mehr Raum gebender Bereich gefunden als in der strengen Notwendigkeit, zum anderen aber bietet seine gegenüber dem rein Faktischen leichtere Systematisierbarkeit einen adäquateren Stoff für die menschliche Erkenntnis als das Wirkliche der tatsächlichen Begebenheit. Die rationalistische Fiktion läßt Nützlichkeits- und Glückserwartung fragloser darstellbar werden.
So bekommt die Kunst Erkenntnischarakter in dem Moment, da Substanz in der Möglichkeit gesehen wird. Denn das Mögliche ist das widerspruchsfrei Vorstellbar. Damit wird das Prinzip der Naturnachahmung modifiziert zur Nachahmung des Möglichen. Diese ‚Möglichkeitsabstraktion' weist auf eine neue Art des Abstraktionsziels hin: Ziel ist nicht mehr die rein extensional-wissenschaftsimmanente, die fraglose Abstraktivität (natur-)wissenschaftlicher Untersuchungsergebnisse, sondern: die apperzeptive Gestalt des Wissens zu erkennen.[137]
Vor allem die aus der Metaphysik Wolffs sich herleitende ‚Ästhetik' Baumgartens macht den Wandel deutlich. Schon in seinen *Meditationes* von 1735 fragt er: „Quid enim est abstractio, si iactura non est?", eine Frage, die er allerdings noch mit einer Forderung nach der Extension beantwortet, nach einer durch Induktion extensiv klar werdenden neuen Konkretion. Damit grenzt sich die beginnende Ästhetik – und zwar über eine Kritik am Abstrakten sowohl gegen die Vernunftwahrheiten der Metaphysik als auch gegen eine streng rationalistische Poetik ab. Gleichzeitig aber stellt sich Abstraktion wieder ein, denn die Poesie steht im System Baumgartens nicht mehr auf der unteren Stufe der verschiedenen Erkenntnisvermögen, als dunkle, sinnliche Erkenntnis, sondern sie bekommt einen neuen Platz als „analogon rationis"[138], als etwas also, das dem Verstand weder über- noch untergeordnet ist.[139]
Die poetologische Verwendung von ‚Abstraktion' ist Zeichen für den Versuch, die Dichtung in das besonders durch die Popularphilosophie noch herrschende und wiedererstarkte system-abstrakte Denken einzubauen. Die Ausbildung konkretiver Disziplinen aber, die den Bereich sinnlicher und historischer Erfahrung betreffen, wie die Ästhetik und die Geschichtsphilosophie, sind andererseits als Zeichen der Ablehnung abstrakter Spekulationen zu werten. Sie geraten jedoch sehr bald in die Rolle, die abgelehnten abstrakten Systeme unter anderem Namen, aber mit gleicher Tendenz zu ersetzen. So führt die Geschichtsschreibung schließlich zu einer Geschichts-

philosophie, die konkret sein will, indem sie die Destruktion einer Historiographie betreibt, die alles auf göttliches Eingreifen zurückführt. Aber in der Wertschätzung eines erreichten oder zu erreichenden Vernunftzustandes setzt die Geschichtsphilosophie inhaltlich das Abstraktionsmoment wieder ein und verwendet es auch methodisch – selbst in der disziplin-immanenten Gegenbewegung Herders –, indem sie auf eine abstrakte Klassifizierung der geschichtlichen Epochen nicht verzichten kann. Und die Ästhetik, aus dem Pragmatismus der Poetik schnell herausgegangen, mit der Aufgabe, eine Theorie des nicht-abstrakten Erkenntnisvermögens zu erstellen, wertet diese Gegenvorstellung selbst bald abstraktiv auf. Dies alles ist Ausdruck einer Spätzeitlichkeit, die das geschichtliche Problem der Abstraktion erkannt hat, ihr durch konkrete Bestrebungen wie Geschichtsphilosophie und Ästhetik sowie durch den Rückgriff auf die ältere Dichtung zu begegnen versucht und damit der Abstraktion mehr und mehr anheimfällt.

Um die darzustellende literaturgeschichtliche Entwicklungsstruktur nicht zu verwischen, beschränke ich mich im folgenden auf die Hervorhebung einiger weniger Stationen der Literaturgeschichte, unter – vorläufiger – Auslassung diverser Einzelergebnisse, wie z. B. der Adäquatheitstheorie bei Johann Georg Neukirch[140], der Überlegungen des Breslauer Anonymus zu Ursprung, Wachstum, Beschaffenheit und rechtem Gebrauch der Poesie, auch der Ausführungen zu einzelnen Gattungen. Entfallen muß fernen eine ausführliche Darstellung des Geschmacksbegriffs bei Johann Ulrich König und seiner Theorie der Denkbilder[141]. Wichtig wäre in diesem Zusammenhang Gottscheds Ausführung zur Didaxe, die keine eigenständige Gattung sein müsse, da jede Dichtung lehrhaften Charakter habe.[142] Dies dürfte ein Beleg für eine hypostative Verfestigung des Kunstbegriffs sein, wie er sich vor der Intensionalisierung durch Baumgarten ausbildet. Auch auf eine eingehende Untersuchung des Literaturstreits zwischen Leipzig und Zürick kann im Rahmen der vorliegenden Arbeit nicht weiter eingegangen werden.[143] Manches davon ist im ersten Teil dieser Arbeit bereits angedeutet worden. Lediglich auf einen besonderen Aspekt sei noch hingewiesen:
Baumgartens Theorie der ästhetischen Anschauungen, die er in seinen frühen *Meditationes*[144] bereits entwickelt hat, führt an zentraler Stelle die auch in seiner Metaphysik[145] sowie in der späteren ‚Ästhetik'[146] behandelten Begriffe der intensiven und extensiven Klarheit aus. Hieran nun zeigt sich das noch einmal offensichtlich, was oben beschrieben wurde: die Verbindung von extensionaler und intensionaler Abstraktion. Baumgarten schätzt die extensive Klarheit (für die Poesie), durch die die Zahl der Merkmale zunehme, das Ganze stärker bewußt werde, einzelne Merkmale ineinander überfließen, auch verworren werden können.[147] Dies führe zu einer lebhafteren Gesamtvorstellung, zu Stärke, Anschaulichkeit und Glanz extensiv zusammengesetzter und inhaltsreicher Begriffe. Demgegenüber kennzeichnet die intensive

Klarheit einen Verlust an inhaltlicher Fülle[148], eine Bewegung zu einfachen Begriffen, die nicht weiter zerlegbare Grundwahrheiten bezeichnen. Hier ist also ganz offensichtlich, daß intensive Klarheit (intensionale Konkretion) nicht eine tatsächliche Konkretheit der Anschauung und des Vorgestellten bewirkt, sondern im Gegenteil einer neuen Abstraktivität zustrebt, die einen ihrer unmittelbar folgenden Höhepunkte in der Literatur der Empfindsamkeit finden wird. Wenn Baumgarten gegenüber der ‚Tiefe der Erkenntnis'[149] der intensiven Klarheit mit der Betonung größerer Lebhaftigkeit und Konkretheit der extensiven Klarheit eine Bresche für die zeitgenössische Beschreibungsliteratur schlägt, so übersieht er dabei freilich, daß diese nur scheinbar konkret ist, indem sie nämlich unter einem Abstrakten lediglich summiert, was für sich selbst kaum von Bedeutung ist. (Natürlich soll hier der Beschreibungsliteratur eine Absicht der Konkretion nicht abgesprochen werden.) Genauso meint es z. B. die populäre Zusammenfassung, die im Zedlerschen Lexikon 1741 erscheint:

> „Poesie ist eine Art der Wohlredenheit, da wir durch Hülffe des Ingenii unsere Haupt-Gedancken in allerhand sinnreichen und artigen Neben-Gedancken, oder Bildern und Vorstellungen einkleiden, es geschehe dieses in ungebundener oder gebundener Rede. Das Wesen der wahren Poesie bestehet in der Art und Weise, artig und geschickt zu dichten, das nemlich die Dichtungen wenigstens den Schein einer Wahrscheinlichkeit haben, und der Haupt-Sache, welche darunter vorgestellet wird, in allen Sachen gemäß sind."[150]

Es wäre hochinteressant, unter dem Aspekt der Abstraktion den Begriff der Naturnachahmung eingehender, noch wichtiger wäre es, da Forderung nach einem ‚natürlichen Stil' anhand der Rhetoriklehrbücher zu untersuchen[151], ebenso den Wahrscheinlichkeitsbegriff oder die psychodynamischen Begriffe von Leidenschaft und Gelassenheit, dazu den Einfluß der englischen, französischen und italienischen Poetik[152]. Ein eigenes Thema wäre z. B. das in zahlreichen Lehrdichtungen behandelte Verhältnis der eigenen Gegenwart zur ‚grauen' oder ‚goldenen' Vergangenheit.[153]

Der erkenntnispraktische Begriff von Abstraktion zeichnet sich in der frühaufklärerischen Dichtung auch als Strukturelement einzelner Werke ab: so in der Klassifikation durch Analogie, in der Ausarbeitung einer syllogistischen Struktur, durch welche das Sonett, geordnet nach dem Muster: terminus maior, terminus minor und conclusio, allenfalls zugelassen wird. Übergangen werden muß in diesem Zusammenhang auch eine weitere Betrachtung der Motive und Topoi, der Tropen und Figuren (Intellektualisierung der Lichtmetapher, Buch- und Schriftmetaphorik, akustische Metapher[154]. Die Kritik an der barocken Metaphorik[155] erfolgt in der Aufklärung unter der Forderung nach Natürlichkeit.

Kennzeichnend für die aufklärerische Poesie, vor allem die Lehrdichtung, ist das Auseinanderfallen von Bild und Gedanke: Detaillierte Bildlichkeit soll zur Grundlage des beschreibenden als auch des belehrenden Gedichts werden. Sie aber muß durch den Autor erst aufgestellt werden. Die ständigen Bildverweise, d. h. die Betonung, dies

oder jenes sei ein Bild von ..., zeigen, daß die Bildlichkeit bewußt konstituiert wird. Bilder werden den einfachen Lesern erklärt; Literatur wird pädagogisch. So gilt einem Brockes, wie später noch Herder, die echte, die kühne Bildlichkeit in der Frühzeit der Menschheit verwirklicht; zur Widerlegung der barocken Bildlichkeit wird auf die Frühzeit zurückgegriffen; daher erscheint bei Bodmer das Nibelungenlied als Vorbild. Brockes allerdings, besonders auch Haller, ist diese ‚echte' Bildlichkeit zu asianisch, zu manieriert (eine Verfälschung der Tatbestände, denn die Literatur der Frühzeit hat keine ausufernden, sondern eher knappe Metaphern), während sie für Herder bereits den vollen Reichtum der Sprache ausmacht. Demgegenüber verlangen Brockes und Haller eine natürliche Metaphorik, die leicht verständlich und überdies einem intellektuellem Programm, einer Idee subsumierbar ist. So wird kein Bild um seiner selbst willen ausgeführt. Auf diese Weise kann das verwendete Bild der Abstraktion dienen. Gerade der schnelle Wechsel von Bild zu Bild bewirkt weniger einen dynamischen Schwung der Gedichte, als daß er Zeichen ist für den Verweischarakter, die Unselbständigkeit eines Realen, das erst durch Hinzugügung eines Abstrakten in die selbständige Gestalt des Konkreten übergeführt werden soll. Die Doppelstruktur der Epoche – aus Begrifflichkeit und Bild – drückt sich hier aus. In diesem Sinne ist auch die Diskussion um das dichterische Bild, des poetischen Gemäldes in Abgrenzung vom echten Gemälde, von der Malerei zu verstehen.
Ich übergehe im folgenden eine Untersuchung der verschiedenen Topoi und Motive bei Brockes (Unsagbarkeitstopos, Unendlichkeits- und Vollkommenheitsmotiv), die insgesamt zeigen, wie sehr der Autor sich bemüht, mit Hilfe extensionaler Klassifizierung etwas anschaulich zu machen, das sich der Quantifizierung jedoch letztlich entzieht. Auch hier stellt sich allmählich die Erkenntnis ein, daß der Glanz der extensiven Klarheit nicht unbedingt zu einem vertieften Verstehen führt und daß es der intensionalen Abstraktion bedarf.[156]

Zur ‚Verwissenschaftlichung' der Dichtung in der Aufklärung

Die Präsentation des Bildes als Bild ermöglicht eine von diesem getrennte begriffliche Reflexion. Sie wird getragen vom Interesse an der Kommunikation aller an einem Erkenntnisprozeß Beteiligten. So wird insbesondere die Metaphorisierung des Kopernikanischen Weltbildes zum bedeutenden Stadium der Bewußtseinsgeschichte.[157]

> „Die Übertragung [...] zog zum Teil noch eine weitere Umdeutung nach sich. Soweit Kopernikus mit seiner Weltvorstellung anthropologische Konsequenzen verband, besagten sie eine Erhöhung des Menschen. Indem die Welt zu einem Stern unter Sternen wurde, schloß sich die alte Kluft zwischen der Erde und den Himmelssphären. Die Desillusion einer vermeintlich glaubwürdigen sinnlichen Anschauung bedeutet eine tiefgreifende Rechtfertigung der menschlichen Vernunft."[158]

Wenn die Dichtung des 17. Jahrhunderts vom Himmel häufig als ‚Dach', ‚Haus' oder ‚Saal' spricht, so drückt sich darin die Sicherheit eines intensional abstrakten Gottesverständnisses aus. Darüber führt das 18. Jahrhundert hinaus, zunächst extensional in die Fülle der Details, in der Empfindsamkeit erneut intensional in die Erhöhung des Selbstbewußtseins:

„Hier stehe ich Erde!
Was ist mein Geist
Gegen diese selbst den Engeln
Unzählbare Welten!
Was sind diese selbst den Engeln
Unzählbare Welten
Gegen meine Seele!"[159]

Die Erhabenheit des Sujets tendiert zur Abstraktion vom Detail. Die Ausbildung einer naturwissenschaftlichen Hymnik ist Ausdruck einer erneuten intensionalen Abstraktion, auf der Grundlage der Extensionalität der Frühaufklärung. Die Eigentümlichkeit der frühen kosmologischen Lyrik beruht auf dem gesteigerten Vorstellungsvermögen, das die leibliche Kleinheit des Menschen einer ungezählten Fülle der Welten gegenüberstellt. Doch die Kluft zwischen Groß und Klein blieb literaturgeschichtlich nicht unversöhnlich, sie hatte eine konstruktive Funktion bei der Entfaltung des hymnischen Stils. Die in ihm enthaltene ‚Bewegung' als dichterische Struktur ist eine Folgeentwicklung des Bewegungsgedankens der Frühaufklärung, der sich gegen die Statik des Barock entwickelt hatte. Die poetische Dynamik der Hymnen ist damit eine Konsequenz der philosophischen Dynamis, des Bewegungsgesetzes, wie es – nach Leibniz' theoretischer Grundlegung – wenigstens im Ansatz schon Brockes' und Hallers Gedichte zeigen.

> „Das erhabene wie das hymnische Sprechen läßt sich aus Impulsen ableiten, die vom Weltbild der Naturwissenschaft ausgingen. Aber ihrer primären Erscheinung nach bedeutet diese Wissenschaft doch gerade Sachlichkeit, Beschreibung, Argumentation, Umgang mit Maßen. Die Lyrik des 18. Jahrhunderts hat sich auch der Forderung solcher Sachlichkeit nicht entzogen, wie andererseits die Tendenzen der Verinnerung den Gegenschlag gegen das Bewußtsein der um sich greifenden Versachlichung einschloß. Der Geist der Naturwissenschaften wirkt in die Forderungen der Poetik hinein, die die Dichtung an das Naturgesetzliche und Wahrscheinliche binden; aber auch die Rechtfertigung des Wunderbaren mit dem Argument möglicher Welten hat sich unmittelbar auf ihn gestützt [...]".[160]

V. Aufklärung II, Empfindsamkeit, Sturm und Drang, Vorklassik

Die folgenden Jahrzehnte sind bestimmt von einem Intensionalitätsschub, der das Aufkommen insbesondere zweier neuen Disziplinen unterstützt: der Ästhetik und der Geschichtsphilosophie.[1] Beide sind als Ausdruck der Abwehr extensionaler Abstraktion zu verstehen. Bereits die 1760 von Gottsched mit einer Vorrede versehene Übersetzung von Helvétius' *Discurs über den Geist des Menschen* dokumentiert einen Grundzug des Zeitalters: die Zusammenfassung und kritische Analyse aufklärerischer Ideen und Methoden. Der eklektische Materialismus des Helvétius bezeugt in Konzeption und Methodik das überkommene deduktive Schema ('Vom Geist an sich' bis ‚über die verschiedenen Namen des Geistes'). Zugleich aber belegen die inhaltlichen Ausführungen, insbesondere dort, wo sie noch vom Sensualismus Lockes abhängig sind, ein entschiedenes Bemühen um „spezifische Differenzen", um konkrete Bestimmungen. Die empiristische Zielsetzung der „Organisationsmodelle" verweist die Abstraktion in den Stand eines technischen, unmetaphysischen Verfahrens, ähnlich dem Vorgehen frühaufklärerischer Abstraktionskritik.
Sozial- und moralphilosophische Individualisierung (individuelle Glücksvorstellungen), Auflösung starrer Systematisierungszwänge durch Aufwertung des Interessebegriffs, die Einbettung subjektiven Denkens in ein gesellschaftlich verstandenes Allgemeines, in ein Nationalinteresse spiegeln den Wandel des Abstraktionsbegriffs um die Mitte des 18. Jahrhunderts. So erhalten Gesetzgebung und Sittenlehre die Aufgabe, die jeweils nötige Anpassung der Begriffe aufzuzeigen, um einen sittlichen Fortschritt zu garantieren. Der Fortschrittsbegriff hat hier nicht systematischen, sondern intensionalen Sinn. Dem Gedanken der Auflösung starrer naturgegebener Veranlagung des Einzelnen korrespondiert die erhöhte Bedeutung der Milieubeobachtung, dem Einzelinteresse die „Leidenschaft"[2]. Der ‚Skandalerfolg', der dem Werk bei seinem Erscheinen in Frankreich 1758 beschieden war, dokumentiert freilich die noch bestehende Vorherrschaft gesellschaftsphilosophischer wie theologischer Dogmatik[3], und die kritische Helvétius-Rezeption in Deutschland zeigt, wie sehr die vorsichtige Intensionalität des Autors auch hier als abstrakt betrachtet wird. Herder setzt sich dagegen entschieden ab[4]:

> „Die Philosophie der Franzosen, die in der Sprache liegt, ihr Reichtum an Abstraktionen ist gelernt; also nur dunkel bestimmt, also über- und unterangewandt, also keine Philosophie mehr! [...] die Philosophie der französischen Sprache hindert also die Philosophie der Gedanken.[...] Helvétius und Rousseau bestätigen noch mehr, was ich sage, jeder auf seine Art."[5]

Gleichzeitig aber räumt Herder ein, daß die französische Sprache „einen Reichtum an feinen und delikaten Abstraktionen zu Substantiven[...]" habe. Er führt dies jedoch weiter zu einer Anthropologiekritik, die ihrerseits auf dem Kriterium der Abstraktion beruht.[6] Derselbe Vorbehalt gegen eine abstrakte Geschichtsbetrachtung bestimmt auch seine Einstellung gegenüber Iselin.

In diesem Kontext erhalten nun Dichtung und Dichtungslehre entscheidende neue Aufgaben. Gegenüber immer noch wirksamen Relikten eines Hobbes'schen Nominalismus, einer erstarrten Schulphilosophie und Regelpoetik ist es jetzt die Dichtung, die auch zum methodischen Wegbereiter einer nicht-mechanistischen Natur- und Geschichtsauffassung führen soll. Insbesondere Hamanns ‚Ästhetik' ist eine Möglichkeit der Auseinandersetzung mit dem Phänomen der Abstraktion. Gegenüber der Orientierung an Abstraktion und Regel setzt sich ein Interesse an der sinnlich-seelischen Natur des Menschen durch, es entsteht das Ideal des *ganzen* Menschen[7]. Dementsprechend läßt sich eine Bewegung zu einer neuen Universalgeschichte (der Bildung der Welt und des Menschen) feststellen, weg von der alten enzyklopädischen Universalgeschichte, hin zu einer neuen, organologisch aufgefaßten Geschichte.
Aus der Ablehnung sowohl frühaufklärerisch-utilitaristischer Abstraktionstendenzen als auch der materialistischen Bewegungen Frankreichs entsteht nun allerdings nicht eine Konkretion, wie Herders Schriften insbesondere belegen. Deutlich wird der Wunsch nach der Abstraktion des Individuellen schon bei ihm selbst, mehr noch in seiner Nachfolge und in den klassizistischen Idealisierungsversuchen. Sowohl Jakob Michael Reinhold Lenz zeigt dies in seiner Schrift *Über die Natur unseres Geistes*[8] als auch Karl Philipp Moritz im *Anton Reiser*. Lessings Fabeln sowie seine Fabeltheorie sind schlagende Beispiele für einen Wechsel von hypostativer zu rationaler Abstraktion; sie gehen mit bereits abstrakt gewordenen Tiernamen im Hinblick auf ein Wirkungsprinzip um, das in der allgemeinen Leistung der Gattung, im Nutzen für den Rezipienten einer allgemeinen Humanität liegen soll. Demgegenüber betont Herder die Priorität des Bildes, mit Hilfe derer er die Fabel (und die Dichtung) aus der Sackgasse der Abstraktion herauszuführen beabsichtigt. Ebenso ist hier hinzuweisen auf Herders Anteil an der Ausbildung des klassischen Symbolbegriffs.
Am Anfang der Ästhetik steht also die Auseinandersetzung mit der Abstraktion und eine Abwehr erkenntnistheoretisch extensionaler Abstraktivität – die ihrerseits vorher große Gültigkeit gegenüber der metaphysischen Abstraktion hatte – zugunsten stärkerer Betonung des intensionalen Anteils. Schon in der Poetik wurde dem vorgearbeitet, wie oben beschrieben.
Diese Kritik an der abstrakten Extensionalität und einer in dieser Weise abstrakten Dichtung wird ab 1750/60 insbesondere geschichtsphilosophisch motiviert. So beruht Herders ‚Erhöhung des Konkreten' auf einer Wiedereinsetzung zyklischen Geschichtsdenkens in Verbindung mit einer aufklärerischen Lineartheorie. Doch mit dem ‚Einzug' der Geschichtsphilosophie zeigt sich auch ihre Problematik, zeigt sich das geschichtsphilosophische Paradoxon der Abstraktion. Anfangs durchaus abstraktionsfreundlich, wird Geschichtsphilosophie für die Ästhetik und Literaturgeschichtsschreibung bald ein Instrument zur begründeten Abwehr von Abstraktion. Die Geschichtsphilosophie kann diese Aufgabe aber nur deshalb erfüllen, weil sie, indem sie die Abstraktion übergreift, die notwendige systematische Ordnung vielfäl-

tiger Erscheinungen (Harmonie und Partikularität) in ihre historische Konstruktion bei aller Ablehnung des Systems letztlich doch wieder miteinbezieht. Die Poesie leistet nun unter diesem Aspekt einen außerordentlichen Beitrag zur Geschichtsbewältigung, indem sie entweder als beschleunigendes oder als retardierendes/retrospektives Moment in die Norm eines als abstraktiv bestimmten Geschichtsverlaufs einbezogen werden kann.

Ist die pragmatisch-didaktische Geschichtsbetrachtung eines Johann Christoph Gatterer oder August Ludwig von Schlözer von einer rationalistisch-abstraktiven Teleologievorstellung geleitet, als deren poetischer Ausdruck die antiprimitivistischen Hoffnungen auf irreversible Herbeiführung eines philosophischen goldenen Zeitalters in vielen Lehrgedichten anzusehen ist, so impliziert beispielsweise die genetische Methode Herders eine Geschichtsvorstellung, deren Kennzeichen die Furcht vor einer irreversiblen Entwicklung zur Abstraktion ist.

In diesem Zusammenhang wird die gegenwärtige (die jeweils gegenwärtige oder unmittelbar vorausgehende) Dichtung als Verfallserscheinung abstraktiver Kulturentwicklung eingeschätzt. Nur *eine* Konsequenz aus dieser Einschätzung ist die einfache Umkehr linearen Geschichtsdenkens (Abstiegstheorie, Reversibilität); die andere besteht in der Verbindung von Linearitäts- und Zyklusmodell zu einer ‚Spiraltheorie'. In dieser wird der Terminus Abstraktion, der in den Lineartheorien gleichmäßig gebraucht wird, abgelehnt, ersetzt oder äquivok benutzt. Dadurch aber, daß hier, unbeabsichtigt und oft unbemerkt, eine neue Art von Abstraktion sich einstellt – die implizierte Retrospektive ist ja eine verstellte Abstraktion von der eigenen Gegenwart –, wird aus der Ablehnung eine ‚verdeckte Rezeption' und eine gegen stetig ansteigende Abstraktivität gedachte Poesie ihrerseits zum Medium einer neuen Abstraktion gemacht.[9]

Auch die Funktion der Poesie innerhalb der Geschichtsauffassung geht im Grunde auf Baumgarten zurück: Schon er setzte mit seiner Bestimmung des dichterischen Vermögens ein Zeichen, das jenes – mittels seines Analogiebegriffs – der intellektuellen Sphäre nicht nur wieder annäherte, sondern den Weg zur Autonomie der Kunst freimachte. So ist es nur konsequent, wenn die Poesie – auf ganz andere Weise als in der aristotelischen Definition – erneut Geschichte übersteigt, indem sie zunächst eine abstraktiv verlaufende Geschichtsbewegung aufhalten soll, um schließlich zur Ästhetisierung der Auffassung von Geschichte selbst beizutragen.

Aus dieser Bewegung leitet sich der Begriff der intensionalen Abstraktion ab, der auch in der zeitgenössischen Theologiedebatte (Lessings Äußerungen zur Transsubstantiantionslehre, „intensive Unendlichkeit") eine zentrale Rolle spielt. Analog entwickeln sich die ästhetischen Anschauungen: Herder führt Baumgartens Ansatz weiter, wenn er, obgleich er sich mit der Definition des Gedichts als „oratio sensitiva perfecta" durchaus einverstanden erklärt, 1767 an Baumgartens Denkart das in ihr immer noch enthaltene Moment der Extensionalität tadelt. Das deduktive Verfahren scholastischer Prägung könne keine „naturempfindende“ Kunstlehre vermitteln. Die Baumgartensche Ästhetik, so meint Herder, „sey daher was sie wolle; was ihr Name sagt, ist sie nicht: *Aesthetik*, eine Lehre des *Gefühls* [...]. Wie oft sieht man von oben herab Hauptsätze kommen, zu denen erst auf der Erde Raum gesucht werden soll!“[10] Wie sehr Ablehnung und verdeckte Rezeption aber miteinander verbunden sind, zeigt sich auch an dieser Stelle sehr deutlich, wenn Herder sich sogleich genötigt sieht, einem möglichen Mißverständnis seiner eigenen Einstellung gegenüber vorzubeugen: „Ich will mit meiner Induktion nichts weniger, als eine Baumgartensche Philosophie nach Grundsätzen in ein Vernünfteln St. *Mard's* nach Empfindungen verwandeln [...]“.[11]

„Vernünfteln nach Empfindungen“, diese Formel trifft eine Art des Denkens um die Jahrhundertmitte, das die Konsequenzen aus der alten Abstraktion noch nicht gezogen hatte, indem es das traditionelle Abstraktionsverfahren nur mit anderem Namen versah. Eine solche Konsequenz zieht als erste die neue, psychologische Wirkungsästhetik, in der sich überdies bereits ein Autonomiegedanke ankündigt. Mendelssohn 1771: „Der Künstler muß sich also über die gemeine Natur erheben, und weil die Schönheit sein einziger Endzweck ist, so steht es ihm frey, diese allenthalben in seinen Werken zu koncentriren, damit sie uns stärker rühre.“[12]

Das „idealische Schöne aus der Natur zu abstrahiren“[13], ist das Mittel zur beabsichtigten Wirkung. Die Konzentration bedeutet den Wunsch, von der extensionalen Mannigfaltigkeit des Natürlichen zur intensionalen Bedeutung des Schönen überzugehen. Die intensionale Wirkung wird garantiert durch das korrespondierende Grundvermögen der Seele, durch ihre Bewegung, durch ihre Bewegtheit und ihre Kraft. Kant legt in seiner ersten Schrift von 1746 dar, daß unter Kraft Intension zu verstehen sei, und 1755 stellt er fest, daß die quantitative Abstraktion extensionaler Art abgelöst werde von einer qualitativen intensionaler Richtung.

Eine verstärkte Emotionalisierung der Abstraktion vertritt Herder: „Die Logik des Affekts ist die kürzeste und schwerste aller Logiken im Reich der Wirklichkeit und Möglichkeit.“[14] Und auch Jean Paul[15] wird diese Position noch vertreten, die es ihm ermöglicht, „unprogrammatisch Poetisches“, eine kosmologisch-emotionale Abstraktion in die Dichtung einzuführen.

So wird im Gefolge gegenaufklärerischer Tendenzen die rationale Abstraktion allmählich zur irrationalen ausgebildet, wie in der späten Empfindsamkeit (F. H. Jacobi), im Neuplatonismus und wiederauflebenden Spinozismus. Aus der Ablehnung rationalistischer Extensionalabstraktion (so bei Herder, aber auch selbst bei Kant, der Abstraktion nur als Negativ-Schema der Erkenntnis zuläßt) findet daneben eine Transzendentalisierung statt: Das unerkennbare ‚Ding an sich' als paradoxes Erkenntnisziel ist irrational abstrakt.

Es mag verblüffend sein, Kant einem Modell irrationaler Abstraktion zuzurechnen, die ihn in die Nähe des Geniekult des Sturm und Drang rückt, aber was ist jenes berühmte ‚Ding an sich' anderes als eine Metapher für Wesen, Göttliches, Originales, das dem Zugriff der Erkenntnis entzogen wird? Und was anderes ist jene berühmte Ossian-Fälschung? Hier zeigt sich eine ‚Dialektik der Aufklärung', in der sich das abstrakte Selbst einem abstrakten Material gegenüber findet. „Damit schlägt Aufklärung in die Mythologie zurück, der sie nie zu entrinnen wußte. Denn Mythologie hatte in ihren Gestalten die Essenz des Bestehenden: Kreislauf, Schicksal, Herrschaft der Welt als die Wahrheit zurückgespiegelt und der Hoffnung entsagt. In der Prägnanz des mythischen Bildes wie in der Klarheit der wissenschaftlichen Formel wird die Ewigkeit des Tatsächlichen bestätigt und das bloße Dasein als der Sinn ausgesprochen, den es versperrt."[16]

An der Grenze der irrationalistischen Abstraktion steht Klopstocks ‚abstrakter Enthusiasmus', bezogen auf die Erneuerung des ‚vates'- Anspruchs Zeichen retrospektiver Geschichtsabstraktion. Emotionalistische Begrifflichkeit, Personifikation (Scheinrückkehr zum Barock auf einer erhöhten Stufe), Auslassung von Präpositionen, Intellektualisierung emotional aufgeladener Motive ('Mond' gleich ‚Gedankenfreund') sind nur einige der Erscheinungsformen. Man denke vor allem auch an Klopstocks elitäre Allgemeinheitsansprüche, wie sie sich im Aufsatz *Von dem Publico* dokumentieren, oder auch an Schillers vernichtende Bürger-Rezension, die der geschmähten Popularität philosophisches Fortschreiten und Idealisierung der Poesie gegenüberstellt. Eine pietistische Gefühlsabstraktion, wie sie sich auch im Freundschaftskult der Empfindsamkeit zeigt, ist als Dichtung konstituierendes Moment noch im *Anton Reiser*[16] anzutreffen.

Ab 1770, sozusagen im Gegenzug gegen die Sturm-und-Drang-Bewegung und theoretisch wie praktisch weiterreichend, bestimmt Abstraktion verstärkt die Stellung von Poesie und Ästhetik im System der Wissenschaften und Philosophie. Die bisher vorrangig wissenschaftsimmanente Abstraktion schlägt um in eine oder wird erweitert um eine wissenschaftstranszendente (-transzendentale) Funktion.[18] Wissenschaft wird zusehends vorwissenschaftlich, lebensweltlich begründet. Die Abwehr von wissenschaftsimmanenter Abstraktion kann als Ursache gesehen werden für den Aufstieg der Ästhetik an die Spitze der philosophisch-wissenschaftlichen Disziplinen. Die sich entwickelnde Autonomieästhetik ist Ausdruck antirationalistischer Abstraktionsabwehr, die ihre eigene Kontradiktion bereits beinhaltet.

Bereits bei Lessing und Karl Philipp Moritz ist diese Entwicklung angelegt. So führt die Medialisierung[19] zur Besinnung auf die Autonomie der Dichtung, und überdies erzeugt die Vermittlung zwischen Vernunft und Offenbarung einen abstrakten Menschheitsbegriff, wie er sich auch in der Struktur von Lessings Dramen[20] artikuliert. Hinzuweisen wäre hier nochmals auf die ‚Schaltstelle' Kant, dessen Ästhetik den Widerspruch von praktischer (intensionaler) und theoretischer (extensionaler) Vernunft lösen soll. Es deutet sich damit eine Entwicklung an, die auf Fichtes oder Schellings Begriff einer ‚höheren' Abstraktion gegenüber der empirischen Abstraktion leitet[21], ein Begriff, der der romantischen Literaturtheorie ihr transzendentalphilosophisches Fundament geben wird. Dieser ‚höhere' Abstraktionsbegriff beinhaltet genau die erwähnte ‚vorwissenschaftliche Wissenschaftstheorie' für Poesie und Ästhetik.

Die zunehmende Ästhetisierung von Wissenschaft und Philosophie führt gegen Ende des 18. Jahrhunderts zu neuer Systembildung.[22] Abstraktion wird vornehmlich verstanden als regulatives Prinzip in einer sich praktisch nennenden, in Wahrheit vortheoretisch abstrakten Philosophie, die nichts mehr zu tun hat mit einem pragmatischen Individualitätsanspruch z. B. Lichtenbergs.[23] Auch eine geschichtsphilosophische Kunsttheorie, z. B. bei Johann Georg Forster, tritt für ein ‚Übersteigen' der Wissenschaft durch die Kunst ein: Kunst als „Pflegerin der Wissenschaft" erzeugte durch ihre Bilder „jene abgezogenen Begriffe, mit denen der Mensch das Sinnenall umfaßte"[24]. Das Bewußtsein der Spätzeitlichkeit aber kann Abstraktion nicht einschränkungslos gutheißen: „So stieß die alternde Menschheit mit ihrer vernünftelnden Kälte die neugeborene Kunst in die Sphäre der Dienstbarkeit hinab. Dennoch streben viele hinan den steilen Pfad zum Künstlerruhme. Ihnen winkt das Ziel der überwundenen Schwierigkeit. Nur durch das Tor der Wissenschaft dürfen sie herannahen zum Tempel der Kunst."[25] Ein synthetischer Wahrheitsbegriff, der Sinnlichkeit und Wissenschaft verbindet, wird hier der Kunst zugeschrieben. Dahin zielt Moritz' Wahrheitsbegriff, der die Schönheit übersteigt, und dahin zielt schließlich auch Schillers Kunstutopie.[26]

J. G. Herder

Indem sich in Reaktion auf die Aufklärung und damit zugleich in Abhängigkeit von ihr der Blick auf das Konkrete richtet, erfährt das rationalistische Abstrakte eine weitere Ablehnung. Im Entwurf seiner geschichtsphilosophischen Ideen in *Auch eine Philosophie zur Geschichte der Bildung der Menschheit* von 1774 stellt Herder verschiedene Entwicklungsstufen des Griechentums und des 18. Jahrhunderts einander gegenüber. Dabei ist die eigene Gegenwart gekennzeichnet von dem typischen extensionalen Abstraktionsmerkmal des größten Umfangs und der größten Inhaltsleere: „Wir *sprechen über hundert Stände*, Klaßen, Zeiten, Menschengattungen *auf einmal*, um für jede *nichts* zu sprechen: unsre Weisheit ist so fein und unkörperlich – ist *abgezogener* Geist, der ohne Gebrauch *verfliegt*."[27] Bei den Griechen dagegen herrschte das Konkrete vor: „Dort war's und blieb's Weisheit des *Bürgers*, Geschichte *Eines Menschlichen Gegenstandes*, Saft voll *Nahrung*."[28] Aufschlußreich ist, wie hier das Konkrete politisch gedeutet wird[29]; aufschlußreich ist ferner, daß der Begriff des ‚Gegenstandes'[30] als Gegensatz zum Abstraktum aufgestellt wird. Ursache der ‚Inhaltsleere' der Gegenwart ist die ‚Methode', die „Form der Wissenschaft"[31]: Der nachbarocke enzyklopädische Anspruch der Aufklärung ließ schöpferische, originale Ideen nicht mehr zu:

„In Europa sollte das *Gewächs* der Alten *Weltjahrhunderte* nur gedörret und getrocknet werden. [...] Alles war schon *erfunden*, *gefühlt*, fein *ersonnen*, was vielleicht ersonnen werden konnte: hier war alles nun in *Methode*, in *Form* der *Wißenschaft* geschlagen - und denn kamen nun eben die neuen, kältesten Mechanischen *Erfindungen* hinzu, die es ins Große spielten: *Maschinen* der *kalten* europäisch nordischen *Abstraktion*, für die Hand des Allenkers *große Werkzeuge*!"[32]

Hier zeigt sich deutlich die ambivalente Haltung gegenüber der Abstraktion, deren Standort in der geschichtsphilosophischen Konstruktion bestimmt wird. Als solche ist die Abstraktion eine wenig förderliche Einrichtung des menschlichen Verstandes; im Zusammenhang der Gesamtgeschichte, zumal einer religiös-philosophisch gedeuteten geschichtlichen Entwicklung aber ist sie eine notwendige Erscheinung der unvermeidlichen Verwissenschaftlichung des Menschen. Ähnlich wird auch Schiller die Abstraktion geschichtsphilosophisch-poeotologisch bestimmen. Bei ihm wird sie zum nichtauswechselbaren ‚modernen' Bestandteil einer geschichtsutopischen Synthese, die in der Dichtung präludiert werden soll. So stellt auch Herders Zukunftsprognose letztlich eine distanzierte Einsicht in die Notwendigkeit der menschheitlichen Entwicklung zur ‚Modernität' dar:

„Wie nun? wenn einst alle das *Licht*, das wir in die Welt säen, womit wir jetzt viel Augen blenden, viel *elend machen* und *verfinstern*, allenthalben gemäßigt *Lebens Licht* und Lebenswärme würde – die Maße von *todten* aber *hellen Känntnissen*, das Feld voll Beine, was auf – um – und unter uns liegt, würde – woher? wozu? – belebt – befruchtet – welche neue Welt! wie glücklich, seiner Hände Werk in ihr genießen! *Alles* bis auf *Erfindungen*, *Ergötzlichkeiten*, *Noth*, *Schicksal* und *Zufall*, strebt uns über eine *gewisse gröbere Sinnlichkeit voriger Zeitalter* zu erheben, uns zur *höheren Abstraktion* in *Denken*, *Wollen*, *Leben* und *Thun* zu *entwöhnen*. – Für uns nicht immer angenehm, oft mißlich!"[33]

Die Entwicklung zur Abstraktion ist eine schmerzliche Erscheinung innerhalb der gesamten Menschheitsgeschichte, aber sie ist unumgänglich. Und was sich im Augenblick noch als *„leidige Abstraktionströster* und *Sentenzen"* gegenüber einer glücklicheren Sinnenwelt darstellt, kann in ferner Zukunft, im *„höheren Zeitalter"* *„erhebend* und *veredelnd"* wirken.[34] Die Bestrebungen der Menschheit, zum „Gipfel" ihrer Entwicklung zu gelangen, können und werden sich als sittliche Veredelung zeigen. Eine *„unsinnlichere*, sich *gleichere* Menschheit" wird als *„verjüngtes* Geschöpf" erscheinen. *„Verfeinerung* und *läuternder Fortgang* der *Tugendbegriffe* aus den *sinnlichsten Kindeszeiten hinauf durch alle Geschichte ist offenbar* [...]"[35]. Doch ist festzuhalten: Diese intendierte Abstraktion ist eben eine „höhere" als die „leidige Abstraktion" mechanistisch-aufklärerischen Verstandesdenkens. Sie ist, und damit kündigen sich idealistische Spekulationen an, Abstraktion mit dem Schein ihrer eigenen Aufhebung. Diese „höhere Abstraktion" steht gegen die niedere „empirische Abstraktion"[36], gegen die einfache syllogistische Strukturierung der intelligiblen Welt, sie erhebt magisch-mystischen Anspruch, und in diesem Zusammenhang wird das Konkrete umgekehrt das Gefühlsabstrakte, so wie das Verstandesabstrakte scheinbar auf die Ebene der Vernunftkonkretion transponiert wird.

Die intendierte Verbindung von Abstraktion und Konkretion mit dem Ziel einer utopischen Synthese der psychischen Vermögen des Menschen kommt in Herders späten Kantkritik von 1799, *Verstand und Erfahrung, eine Metakritik zur Kritik der reinen Vernunft*, klar zum Ausdruck. Es heißt dort im Kapitel über „Vernunft und Sprache“:

> „[...] das wesentliche Amt der Vernunft ist die Abstraktion. Ohne Abstraktion wäre weder Vernunft noch Sprache. Also darf sie auch soweit ihr Vermögen und der Ausdruck derselben reicht, ihre Abstraktionen verfolgen. Eine Vernunft, die auf halbem Wege stehenbleibt, und ein Richter, der die Akten halb liest, sind gleich lässig. Der genaue Richter liest sie vor und rückwärts. Da sich nun durch Sprache und Zeichen *alles* Denkbare ausdrücken läßt, so ist die Vernunft Richterin über *alle* Abstraktionen. Sie lebt im Allgemeinen; zu keinem Zweck aber, als daß sie sich verständlich mache und im Allgemeinen das Besondere finde.“[37]

Gerade an der Struktur der Sprache zeigt sich für Herder die dem einseitig mechanistisch orientierten Verstandeskult der Aufklärung gegensätzliche und dialektisch-fruchtbare Ordnung auch der menschlichen Vernunft, die „ein *anwendend*-höherer *Verstand* sey“. Der Charakter der Vernunft ist medial: „Was in der einfachen Anerkennung [d. h. im Verstand] *Merkmal*, im Urtheil *Prädikat* hieß, heißt in ihm [im „ausführlichen Vernunftschluß“] Mittelbegriff [medius terminus]: dort aber wie hier war der Urtheilsactus der Seele Ein und derselbe.“[38] Der Mittelbegriff bindet die allgemeine Gattung an das konkrete Besondere. Im Bereich des Verstandes und der Sprache heißt er „Merkmal“. Das Merkmal ist eine Abstraktion aus dem Bild oder dem Klang einer Sache, eines Gegenstandes, der bezeichnet werden soll. So entsteht Sprache:

> „Der ganze Bau der morgenländischen Sprachen zeigt, daß alle ihre Abstrakta voraus Sinnlichkeiten gewesen [...]. Die allgemeinern Begriffe wurden ihr [...] erst später durch Abstraktion, Witz, Phantasie, Gleichnis, Analogie usw. ausgebildet – im tiefsten Abgrunde der Sprache liegt keine einzige!“[39]

Notwendig liegen den Abstraktionen Sinnesempfindungen zugrunde:

> „So wie die menschliche Seele sich keiner Abstraktion aus dem Reiche der Geister erinnern kann, zu der sie nicht durch Gelegenheiten und Erweckungen der Sinne gelangt, so hat auch keine Sprache ein Abstraktum, zu dem sie nicht durch Ton und Gefühl gelangt wäre. Und je ursprünglicher die Sprache, desto weniger Abstraktionen, desto mehr Gefühle.“[40]

Abstraktion ist also eine späte, aber notwendige Stufe der Sprachentwicklung: „Eben weil die menschliche Vernunft nicht ohne Abstraktion sein kann und jede Abstraktion nicht ohne Sprache wird, so muß die Sprache auch in jedem Volk Abstraktionen enthalten, das ist: ein Abdruck der Vernunft sein, von der sie ein Werkzeug gewesen."[41] Ja sogar jedes Wort ist Ausdruck einer Abstraktion: „Das leichteste Beispiel, das keine Nation in ihrer Sprache mehr und andere Wörter habe, als sie abstrahieren gelernt, sind die ohne Zweifel sehr leichten Abstraktionen, die *Zahlen*."[42] Und als den „leichtesten Schritt zur Abstraktion" bezeichnet Herder den Prozeß der Bildung von Nominal- aus Verbalformen[43], eine abstraktive Erscheinung, die als rhetorische Abstraktion in vielen Gedichten seit der aufgeklärten Didaxe zu finden ist. Die Verbindung von Gedanklichkeit und Sinnlichkeit ist im Wesen der Sprache schon angelegt. Es kann nämlich nur so sein,

> „[...] daß soviel feine, verflochtene Handlungen, als Aufmerksamkeit, Reflexion, Abstraktion usw. nicht füglich ohne Zeichen geschehen können, auf die sich die Seele stütze; allein dies nicht füglich, nicht leicht, nicht wahrscheinlich erschöpft noch nichts. So wie wir mit wenigen Abstraktionskräften nur wenige Abstraktionen ohne sinnliche Zeichen denken können, so können andere Wesen mehr dartun ohne zu denken; wenigstens folgt daraus noch gar nicht, daß an sich selbst keine Abstraktion ohne sinnliches Zeichen möglich sey. Ich habe erwiesen, daß der Gebrauch der Vernunft, nicht die einfachste, deutliche Anerkennung, nicht das simpelste Urtheil einer menschlichen Besonnenheit ohne Merkmal möglich sey, denn der Unterschied von zweien läßt sich immer mehr durch ein Drittes erkennen. Eben dies Dritte, dies Merkmal, wird mithin inneres Merkwort: also folgt die Sprache aus dem ersten Actus der Vernunft ganz natürlich."[44]

Durch die Abstraktion des Merkmals, durch Emporheben aus dem Bereich der Sinnlichkeit in den des Geistigen, erhält auch Sprache den Charakter der Abstraktion. Aber die psychische Kraft der „Besonnenheit", die das Merkmal als ein geistiges konstituiert, ist eben nicht rein verstandesmäßige „Anerkennung", sondern steht in der Mitte zwischen Sinnlichkeit und Geistigkeit, wodurch die mediale Funktion auch des Merkmals begründet wird. Die Tatsache der Abstraktion und ihre Bezeichnungsfunktion ist nur eine Konsequenz, eine Mangelerscheinung aus der Unfähigkeit zu totaler Anschauung: „Alle Kräfte unserer und der Tierseelen sind nichts als metaphysische Abstraktionen, Wirkungen! Sie werden abgeteilt, weil sie von unserm schwachen Geiste nicht auf einmal betrachtet werden konnten [...]".[45] Die Rubrizierung der psychischen Vermögen geschieht

> „nicht, als wenn je eine einzige Handlung des Geistes möglich wäre, wo der Witz oder die Vernunft allein würkt, sondern nur, weil wir in dieser Handlung am meisten von der Abstraktion entdecken, die wir Witz oder Vernunft nennen, z. E. Vergleichung oder Deutlichmachung der Ideen: überall aber würkt die ganze unabgeteilte Seele."[46]

Gegen die einseitige Betonung und den ausschließlich-extremen Gebrauch einer abstrakten und von Abstraktionen getragenen Sprache wendet sich Herder in den *Fragmenten*:

„Wir sind Menschen, ehe wir Weltweise werden, wir haben also schon Denkweise und Sprache, ehe wir uns der Philosophie nähern, und beide müssen also zum Grunde liegen, die Sprache des Verstandes, der Vernunft, die Denkart des Lebens, – der Spekulation. Und wieviel liegt damit zum Grunde? *Muttersprache*, der ganze Umfang von Begriffen, die wir mit der Muttermilch einsogen – Muttersprache, die ganze Welt von Kenntnissen, die nicht gelehrte Kenntnisse sind – Muttersprache, das Feld, auf welchem alle Schriften des guten Verstandes hervorwuchsen – was ist sie also für eine Menge von Ideen! Ein Berg, gegen welchen die kleine Zahl philosophischer Abstraktionen, ein künstlich aufgeworfener Maulwurfshügel – einige Tropfen abgezogenen Geistes gegen das Weltmeer!"[47]

Die Sicherheit der praktischen Erfahrung ist Vorbedingung für alle Philosophie und ihre sprachliche Äußerung. Auch hinsichtlich der Begriffsbildung wendet sich Herder gegen die ‚unechte' Abstraktion, die die Anschauung ersetzen soll, aber nicht ersetzen kann:

„Man kann zu einem Begriffe kommen, sinnlich, wo man mit dem anschauenden Blicke zugleich den Namen verbindet; dieser Weg zu Begriffen zu gelangen, ist offenbar nicht die Straße der Philosophie, sie verirrt sich unter qualitates occultas, wann sie mit dem Verstande empfinden will und das Empfundene mit einem von ihm unabtrennbaren Namen umgibt. Ich weiß nicht, ob ich mich deutlich genug erkläre, damit man nicht glaube, ich wollte die Weltweisheit dem Boden der Beobachtung entwenden. Ich sage nur, jeder Begriff, den ich glaube, anschauend zu erkennen, da er doch bloß eine Wirkung der Abstraktion ist, ist ein Scheinbegriff in der Philosophie und wenn ich ihn mit einem Namen gatte, so ist dieser ein leerer Name, den ich nicht entwickeln und der andere also sich nicht erklären kann, auf gut Glück annimmt und ein Wort spricht, wobei er nichts deutlich denkt. Ein großer Teil der scholastischen Wortkrämerei kam daher, weil sie abstrakte Begriffe, wie anschauende Gedancken, sich vorbildeten, etwas wahrzunehmen glaubten, was sie schlossen und sich unter unerklärlichen allgemeinen Namen versteckten."[48]

Herder ist gegen eine deduktive Begriffsbildung nach dem Prinzip des Widerspruchs, so wie er gegen eine Ästhetik als Geschmackslehre ist.[49] In dieser Ablehnung steckt bereits eine Charakterisierung der späteren idealistischen Methode der Konkretion des Abstrakten. Herders Methode verbindet die sinnlich gegebenen Elemente eines zu erstellenden Begriffs zu einem Kennwort, dessen Herkunft ersichtlich bleibt: „Man kann zu einem Begriffe kommen, wörtlich, wenn der Name genetisch und aus dem Wesen der Sache hergenommen ist.„ Die Bedeutung des Allgemeinen wird jedoch von Herder nicht bezweifelt:

„Wir sind da als Teile in der Welt, niemand von uns ist ein isoliertes Weltall. Menschen sind wir, im Leibe einer Mutter empfangen und als wir in die größere Welt traten, fanden wir uns sogleich mit tausend Banden unserer Sinne, unserer Bedürfnisse und Triebe an ein Universum geknüpft, von welchem sich keine spekulierende Vernunft trennen mag. Ohne dies *Allgemeine*, dem wir angehören, ist nichts in uns anwendbar oder erklärlich. Wir sind selbst nur als Glieder einer großen Kette da, ohne welche so wenig unser Verstand als unsere Vernunft stattfände. Wir existieren nur als ein *Besonderes im Allgemeinen*."[50]

Dieses Allgemeine stellt den Anspruch, erkannt zu werden: „Aus den dunklen Empfindungen seiner müssen wir uns helle und deutliche Begriffe mit Mühe sondern." Die Struktur der menschlichen Sprache ist demnach so ausgerichtet: „In der menschlichen Sprache trat also auch das Allgemeine dem Besonderen vor, obgleich jenes nur an diesem erkannt wurde. Nicht nur der Kürze und der Erinnerung halber. Der Sache und dem Begriffe des Verstandes selbst nach sah man das Eine im Vielen und baute damit auf eine große Grundlage." Hier in der *Metakritik* kehren Leibnizsche Gedanken wieder. Das richtig verstandene Allgemeine ist das Einzelne, es ist das, was nicht verbalisiert werden kann, wenn es nicht mit nebulosen Begriffen wie Seele, Geist, Person, Substanz, Materie benannt werden soll. Das Allgemeine als historisches Universalprinzip, als genetische Begründung des Besonderen ist es etwas ganz anderes als die „neugefundenen Allgemeinheiten", als die „Puppenworte" der neuen Philosophie[51]. Die Universalien, die Vernunftbegriffe sind wie „Wortschatten„; Philosophie: *„konstruierte Begriffe durch Worte"*.[52] Herder wendet sich entschieden gegen eine Ontologisierung der Generalia, wie sie der Idealismus später erneut betreiben wird; auch damit steht es in der Nachfolge von Leibniz, der die Substanz in das einzelne, die Monade verlegt hatte. Dieses Einzelne wird bei Herder erkenntnistheoretisch generalisiert zum Merkmal. Insoweit verfährt Herder durchaus rationalistisch: Die Struktur des Einzelnen ist das Allgemeine. Dagegen kritisiert er die Methode der neueren Philosophie, die das „unbestimmt Allgemeine", das „Unbedingte" bedingen will, indem sie es „partikularisierend totalisiert".[53] Das nennt er „nichtige Abstraktionen", „verworrene Begriffe", die „nicht vor den Richtstuhl der Vernunft" gehören.[54] Eine völlige Partikularisation ist wegen der Notwendigkeit, Ähnlichkeiten zu bezeichnen, nicht möglich. Umgekehrt aber muß man sich vor vorschnellen Verallgemeinerungen, die mehr als Benennungsvereinfachungen sind, hüten. Die Analogie darf nicht zu einer Wesensmetaphysik führen.

Ist aber Herders ‚Merkmal' tatsächlich nur eine sprachliche Bestimmung von Ähnlichkeiten in der vorgegebenen Realität, oder ist es nicht darüber hinaus ein erneut irrationalistischer Versuch der Substantiierung eines Begriffs? In den *Ideen*[58] zeigt Herder die Konsequenz der Merkmalsabstraktion auf:

> „So kam er [der Mensch] auf den Weg aller Künste durch nichts als die innere Genesis eines abgesonderten Merkmals und durch Festhaltung desselben in einer Tat oder sonst einem Zeichen, kurz durch Sprache. Durch sie und durch sie allein war Wahrnehmung, Anerkennung, Zurückerinnerung, Besitznehmung, eine Kette der Gedanken möglich und so wurden mit der Zeit die Wissenschaften und

Künste geboren, Töchter der bezeichnenden (im Gegensatz zur spekulativen) Vernunft und einer Nachahmung mit Absicht."[56]

Das Merkmal wird „inneres Merkwort" durch das Vermögen der „Besonnenheit", eine Vorstufe der Vernunft und damit in der Tat eine Abstraktionsstufe, der auch die Dichtung angehört. Es ist die „höhere Abstraktion", der Verinnerlichung von äußeren Eindrücken, die zwar nicht ein spekulatives, aber ein empfindsames Eigengewicht bekommen. „Die Natur tönte das Merkmal nicht bloß vor, sondern tief in die Seele hinein."[57] Die Poesie entstand auf dieser vorrationalistischen Abstraktionsstufe, deren Wiederkehr als „höhere Abstraktion" utopische Zielvorstellung Herders ist: „Denn was ist *diese erste Sprache als eine Sammlung von Elementen der Poesie*?". Die vorrationalistische Abstraktion Herders, die er in der Sprache und in der Bildung der Sprache gegeben sieht, ist auch im Zusammenhang seiner mißverstehenden Interpretation der Kantschen Transzendentalphilosophie zu sehen: „Tatsächlich faßt Herder diesen Sinn des Apriori mißverstehend als ‚Isolierung von aller Erfahrung', was für ihn der Aufgabe sinnvoller Sprache und der Verführung durch leere Worte gleichkommt."[58] Herders Mißverständnis und Ablehnung der „transzendentalen Sinnreflexion" führt ihn zur Konstitution einer „linearen Gegenstandsintention"[59]: „Das unziemende Wort *Kritik* der *Vernunft* verliert sich also in das anständigere Wahre: *Physiologie der menschlichen Erkenntniskräfte*." ‚Vorrationalistischen' Charakter erhält Herders Philosophie erst durch die Wendung gegen den Transzendentalrationalisums Kants. Erich Heintel betont, daß Herder „die biologische Hilfslosigkeit des Menschen, seine Weltoffenheit und die ‚Zerstreutheit seiner Begierden' in ihrem inneren Zusammenhang sieht", „dann auf die Frage der Schadloshaltung kommt und an dieser Stelle dann die Sprache (Vernunft, Besonnenheit) aus diesem neugefundenen ‚Charakter der Menschheit' ableitet, als einem aus der Mitte dieser Mängel entstehenden Ersatz."[60] Die Transzendentalphilosophie geht nach Herders Auffassung weit über die abstrahierte Mitte und sinnvolle aufklärerische Kategorie der Mitte als Sammelpunkt von Ähnlichkeiten, als Extensionalitätszentrum, hinaus.

„Herder sieht eben in der Transzendentalphilosophie nicht mehr als eine Reihe willkürlicher Abstraktionen aus dem Gegebenen unter Mißbrauch der Sprache. Weil der das Logosartige intendiert wie alles im natürlichen Sinn ‚Gegebene', ist im Grunde eine andere Stellungnahme für ihn unvollziehbar, und so entlädt sich sein ganzes Pathos gegen ‚leere Reflexion' überhaupt auch gegen die Transzendentalphilosophie, deren ‚Gegenstände' dann ohnehin nichts anderes sein können als verabsolutierte psychologische Abstraktion."[61]

Herder betont die positive Identität von Gegenstand und Vernunft:

„Die Vernunft, sehe ich, gehört zum Gegenstande, wie der Gegenstand zur Vernunft; Nach *einem* Gesetz zueinander *geordnet*. Hierauf ruht apotiktische [!] Gewißheit, oder es gibt keine. Mein Setzen und Legen schafft sie nicht; sie muß in mir durch eine unwandelbare Regel gesetzt und außer mir in jedem gegebenen Gegenstand erkennbar sein; sonst wäre mir jenes eine unanwendbare, mithin keine Regel. Wer mir die Welt der Gegenstände, an denen sich die Vernunft erprobe, entwendet, hat mir die Vernunft selbst entwandt, die fortan mit ihr selbst im kritischen Idealismus, d. i. in einem synthetischen Traum nur dichtet, nur spielt."[62]

Das Ding an sich ist für Herder wie auch für viele Kritiker Kants[63] eine Abstraktion. Herder weist die „sich nicht selbstverstehende transzendentale Konstitution des unmittelbaren Sinns durch Abstrakta wie Ding an sich und Ich an sich" ab.[64] Aber er erfaßt mit seiner Ablehnung nur einen Aspekt des ‚Ding an sich', die Negation aller Bestimmtheit, das Ding an sich vor und unabhängig von aller Erfahrung, als das Allgemeine, ddas allem Endlichen zugrundegelegt ist. Herder lehnt es ab als Noumenon, sofern es nicht enphainomenois zu erkennen ist. Das ‚Ding an sich' als transzendentales Objekt ist ihm reine Abstraktion ohne jeden Erkenntniswert. Die positive Bedeutung des ‚Ding an sich', das es auch bei Kant erhält, nämlich als Grenzbegriff der Erfahrung, als „an sich gesetztes *Moment der Endlichkeit* alles wirklichen und bestimmten Verstandes oder die gegenständlich an sich gesetzte Negation der Absolutheit dieses Verstandes"[65] wird auch von Herder anerkannt.

„Herder [...] argumentiert [...] gegen Kant, wenn er einerseits in ontologischer Beweisführung den in transzendentaler Reflexion vorausgesetzten unmittelbaren Sinn, an dem sich unser Verstand als endlicher [...] erweist, wenn er in diesem Sinne die *natürliche und geschichtliche Bedingtheit* unseres ‚immer schon in der Welt seienden' Daseins betont, wenn er andererseits das ‚Ding an sich' in der Wirklichkeit des Verstandes aufgehen, d. h. im unmittelbaren Sinn sich aufheben läßt."[66]

Das Abstrakte wird also abgelehnt und erscheint doch wieder auf der Ebene des Konkreten. Die Einsicht in den vorausgesetzten unmittelbaren Sinn alles menschlichen Erkennens[67] wird bei Herder sofort auch zum Argument gegen das ‚Ding an sich' als eine abstrakte Fiktion:

„[...] das Ding an sich heißt anerkennbare Wahrheit. Es existiert in dir, in mir, wie in allen Gegenständen, und daß es in uns allen *harmonisch* existiert, das es sich im Zusammenhange der Welt wie im innersten Zusammenhange meiner Gedanken finde, dies sichert mich über das Ding an sich, wie über mich selbst.[...] Gäbe es also auch eine reine Transzendentalwissenschaft des gesamten Weltalls, und ließe sich das Ding an sich nackt und verbindungslos im Raum und in der Zeit anschauen, ich mag sein nicht. Anerkennen will ich das Universum, wie es mir gegeben ist und ich ihm gegeben bin, nicht von oben herab, sondern von unten hinauf soll die Menschheit bauen und sich durch ihre eigne Müh ihre Kenntnisse erwerben."[68]

Der mediale Charakter einer linear-induktiven Abstraktion trennt Herders wissenschaftliche Methode sowohl von früheren Induktionsmethoden als auch von der deduktiv-reflexiven Transzendentalphilosophie. Die Bedeutung des Konkreten in seiner Genese, in seiner natürlichen und kulturellen Erscheinung, steht ihm höher als die erkenntnistheoretische Problematik der transzendentalen Abstraktion. Aber – auch das Geschichtskonkrete Herders sowie sein philosophisch-anthropologisch gewonnener Menschheitsbegriff – geraten ihrerseits wiederum in die Stufenfolge einer neuen Abstraktion. Die Begründung des Ursprungs der menschlichen Sprache letztlich aus dem vorausliegenden Mangel einer intensionalen Fähigkeit; die Hervorhebung der Extensionsfähigkeit des Menschen zur Bildung von ‚Merkmalen' ist eine Anerkennung abstraktiven Geschehens in der Menschheits- und Sprachentwicklung. Herder sieht eine „wunderbare umgekehrte Proposition zwischen der niederen Extension" der Tiere und der Spezialisierung ihrer Triebe und Künste. Die Intension der Sprachlosen steht gegen die Extension der sprachbegabten Wesen. Doch führt Herder diesen – für ihn wohl erschreckenden – Gedanken nicht weiter, denn er leitet daraus sofort seine Intensionalitätsforderung an Sprache und Vernunft, an eine aus Wohllaut und Wohlklang entstehende Bedeutungsqualität der Sprache ab: eine intensionale Gefühlsabstraktion. Auch das Leibnizsche Verfahren war zwar eine intensionale Abstraktion, aber noch an der Grenze zum negativ-strukturalen Abstrahieren angesiedelt. Bei Herder ist die Trennung von der negativen Abstraktion in Sprach- und Dichtungstheorie bereits ganz deutlich und unwiderruflich. Das „Merkmal" ist kein ‚Kriterium', sondern ein onomatopoetisch gebildeter Sinngehalt eines Einzelnen und seiner Gattung. Hier zeigt sich deutlich, daß die Ablehnung einer bestimmten Abstraktion auch in der Dichtungstheorie nicht zur Aufhebung, sondern nur zur Veränderung des abstraktiven Vorgangs führt. Eine neue Art von Abstraktion wird konstituiert.[69]

VI. Klassik, Romantik

Die lapidare Überschrift dieses Kapitels impliziert keine Fortschreibung traditioneller Epochenbegriffe. Es geht auch hier, wie im Hinblick auf die anderen historischen Phasen lediglich um den Aufweis einer Prozeßstruktur, der zum Nachdenken über Grenzen und Zusammenhänge von Perioden anregen soll. Die Abgrenzung der Klassik gegen den Sturm und Drang ist bekannt und bleibt gleichermaßen diffizil. Fließende Übergänge sind auch hier vorhanden. Das vorzutragende Schema weist eine Bewegung von irrationaler zu erneut klassifikatorischer Abstraktion (mit dem ständigen Wunsch nach Konkretion) in der Dichtung aus. Danach liegt es nahe, den Beginn dessen, was man Klassik nicht im Sinne einer überzeitlichen Erscheinung, sondern als historische Periode nennen kann, mit dem Ende der achtziger und dem Beginn der neunziger Jahre anzusetzen. Die Geschichte der literarischen Gattungen erhärtet diesen Einschnitt in zweierlei Hinsicht: Da ist einmal das Erscheinen des *Egmont*, der – wie allerdings schon in gewisser Weise der *Götz* – als historisches Drama nicht nur durch die Sicht auf Geschichte, sondern in seiner Struktur eine Verbindung von Partikularität und Totalität anstrebt. (Die Exposition ist sozusagen eine umgekehrte Klassifizierung: Nicht bestimmte Merkmale des ‚Volkes' werden herausgefiltert, sondern umgekehrt eine Gestalt, die dann später mit der Idee des ‚Daimon' besetzt wird.) Die Tatsache, daß dieses Drama gleichzeitig Goethes „Abschied vom Geschichtsdrama"[1] bedeutet, zeigt, wie der Klassifikationsgedanke hier nur gleichsam blitzartig aufleuchtet, um einem Totalitätsanspruch zu weichen. Zu zeigen wäre der Prozeß ebenso deutlich am *Tasso* oder an der *Iphigenie*. Insofern bietet das Erscheinen der philosophischen Gedichte Schillers einen komplementären Aspekt, der auf eine bereits gleichzeitig einsetzende Tendenz zur hypostativen Abstraktivität hinweist. Weitere Linien kreuzen sich hier: Die Publikation der *Kritik der Urteilskraft*, deren Bedeutung jedoch nicht überschätzt werden sollte (die frühen Schriften scheinen mir weit ergiebiger zu sein), trifft fast mit der von Schelling vorgenommenen Übersteigerung des Abstrakten durch das Absolute[2] zusammen, die bereits ein neues irrationales Moment ankündigt. Überdies sind all diese Versuche auf der Grundlage und parallel zu einer Popularisierung und Trivialisierung der Spätaufklärung zu sehen, gegen die sie sich absetzen.

F. Schiller

Die beabsichtigte Kunstsynthese der Klassik zeigt sich beispielhaft an der widersprüchlichen Rezeption, die Schillers philosophische Gedichte ab 1788 erfahren haben, und an seiner Theorie der Dichtung. Gerade die immer wieder diskutierte Frage nach dem Verhältnis von Sinnlichkeit und Geistigkeit, von Anschauung und Verstand, auch unter dem geschichtsphilosophischen Aspekt, zeigt die Problematik der intendierten Synthese auf. Die Gedichte selbst beweisen in ihrer immanenten und thematisierten Poetologie, wie schwer es Schiller fällt, die Frage der Einheit, der Integration der bildlichen und gedanklichen Momente zu beantworten und künstlerisch zu lösen. Die geschichtsphilosophischen Voraussetzungen werden gleichermaßen als ästhetische Qualifikationskriterien geltend gemacht:

„Schöne Welt, wo bist du? – Kehre wieder,
Holdes Blütenalter der Natur!
Ach! nur in dem Feenland der Lieder
Lebt noch deine goldne Spur.
Ausgestorben trauert das Gefilde,
Keine Gottheit zeigt sich meinem Blick,
Ach! von jedem lebenswarmen Bilde
Blieb nur das Gerippe mir zurück."[3]

Im Brief an Körner vom 25.12.1788 stellt Schiller anläßlich der *Götter Griechenlandes* fest: „Der Künstler und dann vorzüglich der Dichter behandelt niemals das *Wirkliche*, sondern immer nur das *Idealische* oder das kunstmäßig Ausgewählte aus einem wirklichen Gegenstand.“[4]

Der Gegensatz von Wirklichkeit und Möglichkeit, von ‚konkret‘ und ‚abstrakt‘ führt zum Gegensatz von ‚Wirklich‘ und ‚Idealisch‘. Daß aber gerade in der scheinbar erreichten Synthese des Idealischen, die das banal Wirkliche und das rein Gedachte zusammenfaßt, noch immer der Vorgang der Abstraktion und zwar sogar in einem praktischen Sinne enthalten ist, zeigt sich darin, daß Schiller die Gegenstände seiner Dichtung nicht nimmt, „wie sie *sind*, sondern erst wie sie nach einer gewaltsamen Operation, d. i. nach Absonderung und neuer Zusammenfügung, wurden“[5]. Darüber hinaus ist dieses mehr technische Verfahren der Trennung vieler Vorstellungen und ihres erneuten Zusammenschlusses „in eine Vorstellung“ auch ein Teil der philosophischen Abstraktivität speziell der Kunst, die sich auf einer neuen Formstrenge, die sich das Werk selbst gibt, gründet:

> „Kurz, ich bin überzeugt, daß jedes Kunstwerk nur sich selbst, d. h. seiner eigenen Schönheitsregel Rechenschaft geben darf und keiner andern Forderung unterworfen ist. Hingegen glaube ich auch festiglich, daß es gerade auf diesem Wege auch alle übrigen Forderungen *mittelbar* befriedigen muß, weil sich jede Schönheit doch endlich in allgemeine Wahrheit auflösen läßt.“[6]

Praktische und philosophische Abstraktion dienen der zentralen Kategorie der „ästhetischen Anordnung“, Terminus technicus der poetischen Synthesis der Autonomieästhetik. Die Auseinandersetzungen um das Gedicht entzünden sich jedoch mehr an der inhaltlichen geschichtsphilosophisch-religiösen Frage nach dem poetischen Wert des Monotheismus gegenüber der antiken polytheistischen Mythologie. Dadurch aber, daß diese inhaltliche Frage unlösbar mit der poetologischen Einstellung verbunden ist, erhalten auch die Rezensionen des Gedichts den Wert literaturkritischer Äußerungen. Gegen die orthodoxen Angriffe Friedrich Leopold Stolbergs[7] verteidigt den Autor Georg Forster, bei dem es zwar heißt: „Wie reizend in der Phantasie die Regierung jener ‚schönen Wesen aus dem Fabelland‘ erscheinen mag, so passen sie doch, denke ich selbst, nicht in unsere Zeiten [...]“[8], doch geht es ihm nicht um die Frage der „Moralität der griechischen Götter“[9] und um die Bewertung der antiken und modernen Religion, wie Stolberg Schiller mißversteht, indem jener den philosophischen mit dem geoffenbarten Gott verwechselt, sondern um die adäquate poetische Darstellung eines geschichtlichen und geschichtsphilosophisch gedeuteten Zustandes der Jugend der Menschheit:

> „Er [Schiller] wird hingerissen von den poetischen Schönheiten einer Fabellehre, welche der Jugend des Menschengeschlechts angemessen ist, lauter Szenen des tätigen, leidenschaftlichen Lebens schildert, nicht in transzendenten Worten, sondern in anschaulichen Bildern das Gefühl und nicht das Abstraktionsvermögen

beschäftigt und statt Gesinnungen begrenzte Ideale von menschlicher Schönheit und Vollkommenheit aufstellt."[10]

Das Abstraktionsvermögen der Neuzeit mit seinem wesentlichen Moment der Negation wird der sinnlicheren Welt, der stärkeren Bildhaftigkeit des Altertums gegenübergestellt. Die poetologische Frage nach der Abstraktion im Gedicht stellt sich hier in zweifacher Weise: einmal, inwieweit macht Schiller in den *Göttern Griechenlandes* nur die Anschaulichkeit der Antike zum inhaltlichen Moment des Gedichts; zum anderen, tritt diese Anschaulichkeit auch als programmatische Forderung in der modernen Poesie auf?[11] Die Deutung Forsters gibt die für die Folgezeit bezeichnende Antwort auf beide Fragen zugleich. Die inhaltliche Rückwendung auf die Antike ist eine Konsequenz aus dem Versuch, die geschichtsphilosophisch begründete Spannung zwischen Verstand und Sinnlichkeit zu lösen und zu einer neuen poetischen Qualität zu machen. Die Abstraktivität der Poesie soll deutlich unterschieden sein von der rein wissenschaftlich-philosophischen Abstraktion, zugleich aber auch abgegrenzt von einer Nur-Sinnlichkeit, wie sie eine einfache Reproduktion, eine nicht-idealisierte Rezeption der Antike ergeben hätte. Forster betont, daß es ihm darum zu tun sein, „Schillers ‚G.G.' bewundern [zu können], ohne ihre fabelhaften Urbilder anbeten zu wollen"[12]. Forster gibt eine ästhetische Rechtfertigung für die programmatische Beschäftigung mit der Antike, mit der Vergangenheit überhaupt, soweit sie einen Nutzen für die poetologische Situation der Gegenwart haben soll: „Natur und Geschichte sind die nie versiegenden Quellen, aus welchen er [der Dichter] schöpft; sein innerer Sinn aber stempelt die Anschauungen und bringt sie als neu geprägte Bilder des Möglichen wieder in Umlauf."[13]

Demgemäß soll der Dichter auch nicht einen bestimmten Stoff vermitteln, einen „ästhetischen Satz"[14], eine dezidierte Lehre. „Lehrreich soll eine jede Dichtung sein"[15], das bedeutet die Aufhebung der konkretiven Lehrdichtung und die Konstituierung eines neuen, erweiterten Lehrbegriffs, der relativ genau korrespondiert mit der abstraktiven Möglichkeitsfunktion einer freien Einbildungskraft. Didaxe bedeutet die Darstellung der „Begriffe des Wirklichen in dem Gemälde des Möglichen"[16], die Integration des konkreten Falls und der allgemeinen Wahrheit in ein denkbares und mit poetisch-anschaulichen Mitteln vor- und darstellbares Ganzes. „Für den erkünstelten Zustand der kalten Besonnenheit gehört freilich diese Vorstellungsart nicht [...]".[17] – Der Verlust der Integration von Dichtung und Wahrheit und das Problematischwerden ihrer Verbindung in der modernen Welt bleibt der kunstphilosophische Kern auch der zweiten Fassung der *Götter Griechenlandes* von 1800, in der Schiller sonst die scharfe Antithese der ersten Fassung abmildert: „Da der Dichtung zauberische Hülle/ Sich noch lieblich um die Wahrheit wand [...]." Es bleibt aber der grundsätzliche Gegensatz von ‚antik' und ‚modern', dessen Spannung sich folgenreich auf die Dichtungstheorie auswirkt: So entspricht auf der inhaltlichen Ebene: „*Einen* zu bereichern unter allen,/ Mußte diese Götterwelt vergehen" – die poetologische Konsequenz:

„Ja, sie kehrten heim, und alles Schöne,
Alles Hohe nahmen sie mit fort,
Alle Farben, alle Lebenstöne,
Und uns blieb nur das entseelte Wort."[18]

Aus der Erkenntnis geschichtlicher Abstraktion, aus dem Faktum des Alterns der Menschheit ergibt sich zwangsläufig die Frage nach der Möglichkeit einer anschaulichen Poesie überhaupt in neuer Zeit. Die philosophischen Gedichte Schillers versuchen dieses Problem aufzuzeigen und Lösungen anzubieten: Daß darin ein zeitgeschichtlicher Zündstoff lag, zeigt die Fülle der Rezensionen, die starke Anteilnahme, die diese Gedichte erfahren haben. Die intendierte Synthesis von „Sinnlichkeit und Geistigkeit des Menschen"[19] durch die Kunst wird im Gedicht *Die Künstler*, ebenfalls von 1800[20], noch deutlicher hervorgehoben. Zugleich aber zeigt sich eine klare Verschiebung des Schwerpunktes der Synthese auf den Anteil des Geistigen hin:

„Nur durch das Morgentor des Schönen
drangst du in der Erkenntnis Land.
An höhern Glanz sich zu gewöhnen,
übt sich am Reize der Verstand."[21]

Der Versuch, die Synthese auf immer höherer künstlerischer und erkenntnistheoretischer Ebene zu vollziehen, deutet auf die Abstraktivität des Ganzen hin. Die „alternde Vernunft"[22] mit ihren Erfindungen wurde antizipiert im „Symbol des Schönen und Großen/ Voraus geoffenbart dem kindischen Verstand"[23]. Das Ethos der Kunst allein vermag eine neue Einheit von Schönheit und Verstand herzustellen. Abstraktiv aber ist die gesamte Synthesis, weil sie vollzogen wird unter dem Konkretes übergreifenden Prinzip der Wahrheit: „Was wir als Schönheit hier empfinden, /Wird einst als *Wahrheit* uns entgegen gehen."[24] Die Wahrheit ist die Utopie über der Synthesis. Die Künstler sind Vorboten einer höheren Kultur: „In die erhabene Geisterwelt/Wart ihr der Menschheit erste Stufe."[25] „Kunst ist", wie Schiller im Brief an Körner vom 22.1.1789 schreibt, „nicht die Bestimmung des Menschen, sondern die Blüthe einer höhern Frucht."[26]

In Schillers Gedankendichtung findet auf höchster Stilebene erkenntnistheoretische und geschichtsphilosophische Abstraktivität ihren adäquaten dichterischen Ausdruck. Die direkte Äußerung der *poetischen* Abstraktion aber ist unmöglich, wie Schiller im Brief vom 24.06.1789 an Charlotte von Lengefeld schreibt, in dem er eine aus dem *Don Carlos* ausgelassene Stelle mitteilt: „Schlimm, daß der *Gedanke* Erst in der *Worte* totale Elemente/Zersplittern muß, die Seele sich im Schalle/Verkörpern muß, der Seele zu erscheinen."[27] Dieser Wunsch, daß der Gedanke selbst poetische Qualität haben sollte, um als Zeichen seiner selbst erscheinen zu können, ist der nach der Abstraktion selbst – und ihrem Verschwinden im Medium der Poesie.

Ähnlich äußert sich Kleist im *Brief eines Dichters an einen anderen* aus dem Jahre 1811: „Wenn ich beim Dichten in meinen Busen fassen, meine Gedanken ergreifen, und mit Händen, ohne weitere Zutat, in den deinigen legen könnte: so wäre, die Wahrheit zu gestehn, die ganze innere Forderung meiner Seele erfüllt."[28] Gegenüber den Gedanken sind alle traditionellen poetischen Ausdrucksmittel nur ein „notwendiger Übelstand"[29]:

> „Nur weil der Gedanke, um zu erscheinen, wie jene flüchtigen, undarstellbaren, chemischen Stoffe: mit etwas Gröberen, Körperlichen, verbunden sein muß: nur darum bediene ich mich, wenn ich mich dir mitteilen will, und nur darum bedarfst du, um mich zu verstehen, der Rede."[30]

„Sprache, Rhythmus, Wohlklang usw." hüllen den Geist ein; „die Kunst kann, in bezug auf sie, auf nichts gehen, als sie möglichst *verschwinden* zu machen"[31]. Dies geht weit über Herders Forderung nach einer Verbindung des geistigen Vermögens der Besonnenheit[32] mit dem Wohllaut[33] und ihrem Erscheinen im Wohlklang hinaus. Der „Wohlklang" selbst ist jetzt das reine, körperliche und eigentlich inadäquate Medium des Gedankens, die Stufe, die es zu überwinden gilt. Bei Kleist wird in aufschlußreicher Weise der „Kern der Poesie", den er in der Absolutheit des Gedankens sieht, gegen die „bis zur Krankheit ausgebildete Reizbarkeit für das Zufällige und die Form" der romantischen Schule[34] ausgespielt. Damit wird die These der bewußtseinsgeschichtlichen Unterscheidung bestätigt[35], denn obwohl Kleist den Anspruch der vermeintlich abstrakten Form der romantischen Lyrik ablehnt, zielt auch seine Theorie auf das „Verschwinden" des sinnlichen Elements der Dichtung. Tatsächlich aber gehen die Romantiker umgekehrt von der sinnlichen, der im engeren Sinne ästhetischen (eben nicht ethisch-ästhetischen) Formvalenz des Kunstwerks aus, um ihre Abstraktion gerade hier weiterzutreiben.

Die Rezensionen bzw. Äußerungen zu Schillers *Künstlern* in den Jahren nach 1788 bzw. 1789 zeigen bereits die allmählich in der Lyriktheorie sich verfestigende Tendenz zur Inhaltsabstraktion (Abstraktion vom Inhalt), zur Vernachlässigung der inhaltlichen Aussage.[36] Eine anonyme Rezension in Bürgers ‚Akademie der schönen Redekünste' stellt 1790 anhand von Schillers *Künstlern* eine „Rangfolge didaktischer Gedichte"[37] auf: Die höchste Stufe der nun anders als in der Aufklärung verstandenen Didaxe ist die „vortheoretische Begeisterung", das „Wahrheitsgefühl". Es folgt der Erkenntnisprozeß, die rationalistische Verstandesuntersuchung. An dritter und letzter Stelle steht die sinnliche Konfrontation mit dem Gegenstand. Hier wird deutlich, in welcher Weise die intendierte Synthese Schillers aus Abstraktheit und Sinnlichkeit des Menschen durch die „idealistische Kunst" rezipiert wird als Standpunkt nicht der nachwissenschaftlichen (so Herders Lehrgedichttheorie), sondern der vorwissenschaftlichen Grundlegung von Kunst und Wissenschaft. Noch ist zwar die Subjektivität an das Wahrheitsgefühl gebunden, die Abstraktion „welthaltig"[38], doch kündigt sich bereits die in der romantischen Folgezeit maßgebliche Formalabstraktion der Inhaltlosigkeit zugunsten des dichterischen Subjekts an. Daß diese Subjektivität wenig mit einer konkreten Individualität gemein hat,[39] erhellen folgende Sätze in

Georg Forsters Aufsatz *Die Kunst und das Zeitalter*, der 1789 anläßlich von Schillers *Künstlern* in der ‚Thalia' erscheint. Hier wird die geschichtsphilosophische Entwicklung im organologischen Bild der Einzelentwicklung des Menschen vorgeführt[40]. Über das Stadium der ‚Reife', der Spätzeit, heißt es:

> „Das reifere Alter ist selten jener Hingebung fähig; die Erkenntnis des Mannigfaltigen, indem sie das Bewußtsein schärft, hat ihm seine Unbefangenheit geraubt. Vergleich und Wahl gehen vor allen seinen Handlungen her; Selbsterhaltung ist hier Zweck und Selbstverherrlichung. Der Genuß des eigenen Daseins schließt jedes Wirken aus, wobei die Individualität verleugnet werden muß; die Vernunft usupiert die Rechte des Gefühls, ihre Gesetze beschränken die Taten des Herzens."[41]

Forster treibt den Vergleich noch weiter: Er stellt eine Analogie der „Dauer der gesamten Menschengattung, als Einheit betrachtet" mit unserem individuellen Wachstum her, stellt eine Entwicklungsreihe auf, die von „Kindes tierischer Sinnlichkeit" über „des Jünglings ideenreiche Blüte der Gefühle", „des Mannes richtenden Ernst" bis zu „des Greises Gewohnheitsspiel" reicht.[42] Die „größte aller Veränderungen", die die Kunst in diesem „Zirkel" erfuhr, ist die, daß sie „Pflegerin der Wissenschaft" wurde: „Das schöne Ebenmaß ihrer Bilder erzeugte jene abgezogenen Begriffe, mit denen der Mensch das Sinnenall umfaßte und bald auch die unabsehbaren Gefilde der intellektuellen Sittenwelt durchdrang."[43]

Die Kunst als Wegbereiterin des wissenschaftlichen und philosophischen Zeitalters der Modernen: Das bedeutet, daß ihr, der Kunst selbst, zumindest ein abstraktives Moment zukommt. An Körner schreibt Schiller am 12.1.1789 über den Inhalt der dritten Strophe seiner *Künstler*:

> „Daß die Kunst zwischen der *Sinnlichkeit* und *Geistigkeit* des Menschen das Bindungsglied ausmache, und den gewaltigen Hang des Menschen zu seinem Planeten contraponderire; daß sie die Sinnenwelt durch geistige Täuschung veredele, und den Geist rückwärts zu der Sinnenwelt einlade, u. dgl."[44]

Zweifellos wird hier die genannte Synthesis-Aufgabe der Kunst betont vor einer möglichen Einseitigkeit der künstlerischen Funktion, unverkennbar aber ist auch dei Anteil des Abstrakten, des Geistigen, der klassifikativen Abstraktivität negativstrukturaler Herkunft an dieser Synthese. In der Abhandlung *Über den Gebrauch des Chors in der Tragödie* wird die Identität von Naturnachahmung und freier Einbildungskraft unter dem Wahrheitsbegriff der Kunst zum klassizistischen Programm erhoben: „[...] die Kunst [ist] nur dadurch wahr [...], daß sie das Wirkliche ganz verläßt und rein ideell wird."[45] Diese Aufgabe soll in der *Braut von Messina* der Chor als *lyrisches* Element übernehmen. Das sinnliche Moment der Kunst wird zwar nicht verleugnet, ihre Aufgabe ist jedoch erst beendet, wenn sie „den Geist des Alls in einer körperlichen Form"[46] gebunden hat. Es ist eben der „Geist des *Alls*", der „unter der Decke der Erscheinungen" liegt, den die Kunst erkennen und erfassen soll, denn „die Natur selbst ist nur eine Idee des Geistes, der nie in die Sinne fällt"[47].

Der Vorgang der klassifikatorischen Abstraktion, der induktive Schritt vom Besonderen zum Allgemeinen ist bezeichnend für Schillers eigenes Vorgehen auch in der lyrischen Praxis[48]. Theoretisch wird dieser Vorgang jedoch relativiert durch die Anstrengung der Synthese:

> „Alles, was der Verstand sich im allgemeinen ausspricht, ist ebenso wie das, was bloß die Sinne reizt, nur Stoff und rohes Element in einem Dichterwerk und wird da, wo es vorherrscht, unausbleiblich das Poetische zerstören; denn dieses liegt gerade in dem Indifferenzpunkt des Ideellen und Sinnlichen."[49]

Ein Hinweis auf den klassischen Symbolbegriff. – Da der Mensch „so gebildet" sei, „daß er immer von dem Besonderen ins Allgemeine gehen will"[50], muß auch die „Reflexion" im Kunstwerk „ihren Platz erhalten". In der Tragödie geschieht diese Verallgemeinerung durch das lyrische Element des Chors, der „selbst kein Individuum, sondern ein allgemeiner Begriff"[51] ist. Zwar ist der Chor repräsentiert „durch eine sinnlich mächtige Masse"[52], doch ist er selbst weder etwas konkret Sinnliches, noch stellt er es dar. Seine Sinnlichkeit beruht auf der „ganzen sinnlichen Macht des Rhythmus und der Musik in Tönen und Bewegungen"[53].

Die Sinnlichkeit der Musik ist aber bereits etwas Abstraktes, es ist die ‚reine' Sinnlichkeit eines unkonkreten Mediums.[54] Darüber hinaus hat das lyrische Moment des Chors eine praktisch-poetische Abstraktionsaufgabe: „Der Chor *reinigt* also das tragische Gedicht, indem er die Reflexion von der Handlung absondert und eben durch diese Absonderung sich selbst [die Reflexion] mit poetischer Kraft ausrüstet"[55]. So erscheint als Konsequenz des abstraktiven Vorgangs die Sinnlichkeit, die „sinnliche Gewalt des Ausdrucks" als „Erhebung des Tons, die das Ohr ausfüllt, die den Geist anspannt, die das ganze Gemüt erweitert." „In der neueren Tragödie wird [der Chor] zu einem Kunstorgan, er hilft die Poesie *hervorbringen*."[56] Das abstrakte lyrische Moment des Chors bewirkt in der Tragödie das ideelle Pathos der Sprache und Ruhe in der Handlung.[57] Diese „kühne lyrische Freiheit", welche auf den hohen Gipfeln der menschlichen Dinge wie mit Schritten der Götter einhergeht"[58], befreit auch den Zuschauer von seiner Gebundenheit an den Stoff („Denn das Gemüt des Zuschauers soll auch in der heftigsten Passion seine Freiheit behalten [...]"[57]), sie erlöst von der „blinden Gewalt der Affekte", und hebt die Täuschung auf[60]. Demgemäß sind auch die tragischen Personen und Repräsentanten ihrer Gattung, die das Tiefe der Menschheit aussprechen."[61] Damit kehrt Schiller – über die Einsicht in die Funktion des Lyrischen – zu dem abstrakten Menschheitsbegriff der Aufklärung zurück.[62] Die Kunst ist das adäquate Ausdrucksmittel einer so verstandenen Menschheit.

Am 9.2.1789 äußert Schiller gegenüber Körner über *Die Künstler*, das die „Hauptidee des Ganzen die *Verhüllung der Wahrheit und Sittlichkeit in die Schönheit*"[63] sei. Dies geschieht durch die „Einführung der Zweyten historischen Epoche, der Wiederauflebung der Künste nehmlich"[64]. Denn Wieland hatte es sehr „unhold" empfunden, „daß die Kunst nach seiner bisherigen Vorstellung doch nur die Dienerin einer höheren Kultur sey"[65]. Schiller läßt sich von Wieland überzeugen, daß alles, „was wissenschaftliche Kultur in sich begreift", „tief unter die Kunst" zu stellen sei, und verarbeitet diese geschichtsphilosophische Idee ganz im Sinne seiner intendierten Kunsttheorie: „Wenn ein wissenschaftliches Ganzes über ein Ganzes der Kunst sich erhebe, so sey es nur in dem Falle, wenn es selbst ein Kunstwerk werde."[66] Schiller meint, diese Idee liege unentwickelt schon in seinem Gedicht.[67] So heißt es in den *Künstlern*:

> „Der Schätze, die der Denker aufgehäufet,
> Wird er in euren Armen erst sich freun,
> Wenn seine Wissenschaft, der Schönheit zugereifet,
> Zum *Kunstwerk* wird geadelt sein."[68]

Die Form des Gedichts entspricht – zumindest in Schillers Selbsteinschätzung – genau dem dargestellten Inhalt und hat somit großen Anteil an der Entwicklung einer poetischen Abstraktivität im Bereich der Lyriktheorie und -praxis gegen Ende des 18. Jahrhunderts:

> „[Wieland] wollte [*Die Künstler*] nicht für ein Gedicht erkennen, sondern für philosophische Poesie, in der Art, wie Youngs Nächte und dergl. Eine Allegorie, die nicht *gehalten sei*, sich alle Augenblicke entweder in eine neue Allegorie verliere oder gar in *philosophische Wahrheit* übergehe, das Durcheinanderwerfen *poetisch-wahrer* und *wörtlich-wahrer* Stellen incommodire ihn."[69]

Wieland „nennt dieses Poesie in englischem Geschmack [...]". Schiller selbst stimmt dem Urteil modifizierend zu:

> „Ich glaube, daß diese Manier sich selbst schaden muß, wenn sie fehlerhaft ist, wenn man nicht weiß und faßt, was der Dichter will, wenn man von der Idee des Ganzen durch das Ueberladen in die Details zurückgezogen wird, so ist die Poesie natürlicherweise falsch; ist zwar immer derselbe Gedanke, den man in diesen neuen Formen wiederfindet, und schließen sie durch eine natürliche Fortschreitung aneinander, so muß, denke ich, diese Ueppigkeit in der Ausführung ein Vorzug seyn."[70]

Die Abstraktivität der Theorie äußert sich in einer überhöhten Rhetorik des Gedichts. Damit ist zugleich umgekehrt der durchgehenden Forderung nach Anschaulichkeit auch der philosophischsten Gedanken Genüge getan. Wie schwer Schiller diese Verbindung gerade in der Lyrik fällt, belegt eine Fülle von Äußerungen. Im zitierten Brief an Körner schreibt er: „Das lyrische Fach, das Du mir anweist, sehe ich eher für ein *Exilium*, denn eine *eroberte Provinz* an. Es ist das kleinlichste und undankbarste unter allen."[71] Zugleich aber findet er es notwendig, immer wieder zu betonen, wie sehr *Die Künstler* Poesie und nicht Philosophie sind: „Es ist ein *Gedicht* und keine Philosophie in Versen; und es ist *dadurch* kein schlechtes Gedicht, wodurch es mehr als ein Gedicht ist."[72] In einem weiteren Brief an Körner, vom 30.03.1789, wird die bisher vorgestellte immanente Kunsttheorie auf die historische, geschichtsphilosophisch gedeutete Entwicklung der Kunst selbst bezogen:

„Jedes Kunstwerk, jedes Werk der Schönheit ist ein Ganzes und solange es den Künstler beschäfigt, ist es sein einziger Zweck [...]. Nun sage ich aber, wenn die Kunst weiter fortschreitet, so verwandelt sie dieses Einzelne Ganze in Theile eines Neuen und Größten Ganzes d. i. ihr letzter Zweck ist nicht mehr in ihnen, sondern außer ihnen, darum sage ich, sie habe ihre *Krone* verloren."[73]

Aber: „Je reicher je vollkommener die Kunst wird, desto mehrere einzelne Ganze gibt sie uns in einem größern Ganzen als Theile zu genießen, oder desto verwickelter und üppiger ist die *Mannichfaltigkeit* in der sie uns *Einheit* finden läßt."[74] Das heißt: Gerade die Vielzahl von Bildern läßt auf größere, umfassendere Stringenz schließen, die größere Mannigfaltigkeit ist umgekehrt auch eine Folge der größeren, umfangreicheren Einheit. Das ist die Formel der Schillerschen Abstraktivität, und nach diesem Prinzip sind seine philosophischen Gedichte und insbesondere seine *Künstler* aufgebaut.[75] Wenn auch der Begriff der Einheit oder der Ganzheit mehr enthält als nur ein technisch-wissenschaftliches Vorgehen, so impliziert er doch auch das abstraktive Verfahren der Klassifikation, das Erstellen eines möglichst umfangreichen Gattungsbegriffs, in der tatsächlichen und geschichtsphilosophisch gedeuteten Entwicklung der Kunst die Tendenz zur Totalität einer Universalkunst. Indem aber Schiller geschichtsteleologischer Begriff der Kunst nicht allein das Moment der Totalität enthält („Totalität des Ausdrucks wird von jedem dichterischen Werk gefordert, denn jedes muß Charakter haben, oder es ist nichts; aber der vollkommene Dichter spricht das Ganze der Menschheit aus."[76]), sondern darüber hinaus den strukturell wirksamen Begriff der Ganzheit, des poetischen Ganzen, setzt er das Kunstwerk wieder ab von einer nur als umfassend-quantitativ bestimmten Pluralität des höchsten Gattungsbegriffs („Der Verstand braucht aber von einer Vorstellung der Einbildungskraft nicht alle Theile, nicht das *Ganze* und Mannichfaltige. Sie [die Einbildungskraft] gibt ihm also mehr als er braucht, und gerade dadurch entsteht die Schönheit."[77]).

Dieser Redundanzbegriff, der sich trifft mit modernen mathematischen Theorien der poetischen Schönheit[78], legt Schillers Auffassung der Kunst auf der Grenze zwischen negativer und positiver Abstraktion fest[79]: hypostative Abstraktivität mit einer Tendenz zur rationalen Abstraktivität, so lautet die begriffliche Formel für das abstraktive Element in Schillers Kunsttheorie.

Die Stellung der Lyrik in diesem Zusammenhang ist entsprechend differenziert. Schillers äußere Neigung zum Lyrischen war nur selten spontan: „Es fehlt mir dieses Jahr an aller Lust zum Lyrischen, ja ich habe sogar eine Abneigung dagegen [...]"[80], schreibt er am 15.8.1798 an Körner. Am 10.7.1800 äußert er sich im Brief an Cotta: „Zum Lyrischen fehlt es mir gänzlich an Neigung [...]"[81]. Daß sein Begriff der Lyrik immer stärker der zeitgenössischen Philosophie Fichtes korrespondiert und damit einer reflexiven und abstraktiven Haltung zustrebt, zeigt seine Äußerung über epische und dramatische Dichtung im Brief an Wilhelm von Humboldt vom 27.6.1798: „[...] können wir [Goethe und Schiller] die Tragödie sich nicht zu sehr in das lyrische verlieren lassen, sie ist absolut plastisch wie das Epos [...]. An das lyrische grenzt sie allerdings, da sie das Gemüth in sich selbst hineinführt."[82] Lyrik ist also nicht plastisch – sie ist musikalisch; eine Abgrenzung, die konstitutiv auf die folgenden Lyriktheorien einwirkt. Ferner ist die Lyrik reflexiv, sie enthält das Moment des Selbstbewußtseins, der Selbstvergewisserung, sie wird zur Funktion eines ‚lyrischen Ich'. Lyrik ist musikalisch und reflexiv – das sind die Bereiche, die jetzt für die Gattung das strukturale und das intensionale Abstrahieren kennzeichnen, zwischen denen sich das Gedicht bewegt. Karl August Böttiger berichtet über Schiller am 4.2.1803: „Er äußert selbst [...], daß es ihm wünschenswert wäre, die ganzen lyrischen Teile des Chors in Musik gesetzt zu sehen."[83] Anläßlich des *Wallenstein* schreibt Schiller am 18.3.1796 an Goethe über die Entstehung der Idee zu einem Kunstwerk: „Bey mir ist die Empfindung anfangs ohne bestimmten und klaren Gegenstand; dieser bildet sich erst später. Eine gewisse musikalische Gemütsstimmung geht vorher und auf diese folgt bey mir erst die poetische Idee."[84]

Das Musikalische selbst ist die Synthese von Sinnlichkeit und Abstraktheit. Im Kunstwerk leistet diese Mitte der Rhythmus:

> „Der Rhythmus leistet [...] auch dieses große und bedeutende, daß er, indem er alle Charactere und alle Situationen nach Einem Gesetz behandelt und sie, trotz ihren innern Unterschiedes, in Einer Form ausführt, dadurch den Dichter und seinen Leser nöthiget, von allen noch so characteristisch-verschiedenen etwas Allgemeines, rein Menschliches, zu verlangen. Alles soll sich in dem Geschlechtsbegriff des Poetischen vereinigen, und diesem Gesetz dient der Rhythmus sowohl zum Repraesentanten als zum Werkzeug, da er alles unter Seinem Gesetze begreift. Er bildet auf diese Weise die Atmosphaere für die poetische Schöpfung, das Gröbere bleibt zurück, nur das Geistige kann von diesem dünnen Elemente getragen werden."[85]

Den Rhythmus, das Musikalische als gliederndes Element im Kunstwerk selbst fordert Schiller auch für das Drama. Die poetische Sinnlichkeit, die grundsätzlich notwendig ist, wird erreicht durch einen „etwas feierlicheren und pathetischeren Vortrag der lyrischen Stellen."[86] Lyrik als Theorie einer höheren Rhetorik: „Goethen ist es so ergangen, er meint, der theatralische Boden wäre durch diese Erscheinung [den Chor] zu etwas höherem geweiht worden."[87] Der Chor dient der ‚poetischen Freiheit' des Kunstwerks, durch ihn wird die Idealität gegen den platten Naturalismus sichergestellt.[88] Diese poetische Freiheit aber ist nicht der kunstphilosophisch-technische Selbstzweck einer bloßen Form; die abstraktive Formalisierungstendenz Schillers hat einen humanistischen Anspruch:

> „Die Künste des Schönen und Erhabenen beleben, üben und verfeinern das Empfindungsvermögen, sie erheben den Geist von den groben Vergnügungen des Stoffes zum reinen Wohlgefallen an bloßen Formen, und gewöhnen ihn, auch in seinem Gemüthe Selbstthätigkeit zu mischen. Die wahre Verfeinerung der Gefühle

besteht aber jederzeit darin, daß der höhern Natur des Menschen und dem göttlichen Theil seines Wesens, seiner Vernunft und seiner Freiheit, ein Antheil daran verschafft wird."[89]

Inwieweit Schiller selbst die Funktion der Lyrik auch als abstraktiven Anspruch seines dichterischen Vermögens auffaßte, zeigen viele Äußerungen zu seinen Gedichten und zum Vorgang der dichterischen Produktion überhaupt. Über das Gedicht *Poesie des Lebens* schreibt er am 12.6.1795 an Goethe:

„[...] der Übergang von einem Geschäft zum andern war mir von jener ein harter Stand und jetzt vollends, wo ich von Metaphysik zu Gedichten hinüberspringen soll. Indessen hab ich mir, so gut es geht, eine Brücke gebaut, und mache den Anfang mit einer gereimten Epistel, welche *Poesie des Lebens* überschrieben ist und also wie sie sehen, an die Materie, die ich verlassen habe, grenzt."[90]

Über die Abhandlung *Über naive und sentimentalische Dichtung* schreibt Schiller am 25.12.1795 an Wilhelm von Humboldt:

„Das Ideal entsteht ja auch, logischer Weise, nur durch Abstraction von aller Erfahrung [...]. Ist aber die Erzeugung des Ideals nur durch Abstraction von aller Erfahrung möglich, wie soll es Erfahrung werden? Das griechische plastische Ideal ist zwar auch durch Abstraction erzeugt, aber nur durch Eine Abstraction mit *bestimmten* Erfahrungen, nicht von aller Erfahrung, und das ist ein unendlicher Unterschied."[91]

Abstraktion von aller Erfahrung ist romantisch und intensional, nur Abstraktion von bestimmter Erfahrung ist klassisch (und vorklassisch) und extensional: Es werden nur bestimmte Merkmale weggelassen, um die anderen umso deutlicher bestimmen zu können. So muß die Abstraktion ständig relativiert werden; denn eben nicht von allen Erfahrungen soll abstrahiert werden – dies geschieht durch die übergreifende Funktion der Einbildungskraft:

„[...] und möchte behaupten, daß es kein Gefäß giebt, die Werke der Einbildungskraft zu fassen, als eben die Einbildungskraft selbst, und daß auch Ihnen [Humboldt] die Abstraction und die Sprache ihr eigenes Anschauen und Empfingen nur unvollkommen hat mitteilen und ausdrücken können."[92]

An Körner schreibt Schiller am 27.4.1798 über den *Ibykus* und *Polykrates*:

„Er [Goethe] hält Deinen Begriff, aus dem Du sie beurtheilst und tadelst, für zu eng, und will diese Gedichte als eine neue, die Poesie erweiternde Gattung angesehen wissen. Die Darstellung von Ideen so wie sie hier behandelt wird, hält er für kein Dehors der Poesie, und will dergleichen Gedichte mit denjenigen welche abstrakte Gedanken symbolisieren, nicht verwechselt wissen etc."[93]

Für Schiller aber ist die Ballade nicht eine hohe Gattung der Poesie: „Ich habe von der Ballade keinen so hohen Begriff, daß die Poesie nicht auch als bloßes Mittel dabei statthaben dürfte."[94] Dennoch ordnet sich auch hier das Individuelle dem Allgemei-

nen unter, so daß „[...] die Personen darinn nur um der Idee willen da sind, und sich als Individuum derselben subordinieren."[95]
Zur Herausgabe seiner Gedichte schreibt Schiller am 3.9.1800 an Körner, er (Schiller) habe „der Rundung des Ganzen das Einzelne, wo dies störte, aufgeopfert."[96] Aber die Abstraktheit wird nicht offen zugegeben; im Gegenteil: „Besonders habe ich die Gedichte von gewissen abstracten Ideen möglichst zu befreien gesucht; es war eine Zeit, wo ich mich allzu sehr auf jene Seite neigt."[97] Schiller bestätigt damit die Hauptthese der Untersuchung: Dichtung und insbesondere Lyrik neigt zur Abstraktivität, bekommt hier sogar eine reflexiv-abstrahierende Funktion für andere Gattungen[98], dennoch aber scheut sich Schiller, diese Abstraktheit auch auszusprechen, sie einzugestehen. Das liegt nicht nur daran, daß Dichtung generell durch das Medium der Sprache sowohl den Anteil des Sinnlichen als auch den des Geistigen aufweist; es ist mehr eine geschichtsphilosophisch begründete Furcht vor den „kahlen Sandbänken trockener Abstraktionen", die Folge eines Entwicklungsdenkens, in dem die Lyrik das retardierende und zugleich paradoxerweise bestätigende und vorwärtstreibende Moment darstellen soll. Das „poetische Abstractum"[99] wird selten als solches bezeichnet, meist wird es umschrieben.
Inwieweit aber das Abstraktionsvermögen als negatives Moment dem positiven der Einbildungskraft stets gegenübersteht, zeigt eine Äußerung Schillers über persönliches Unglück an Körner am 10.12.1793: „Ich wehre mich dagegen mit meiner ganzen Abstraktionsgabe, und wie es angeht mit der ganzen Fruchtbarkeit meiner Einbildungskraft [...].[100] Daß Schiller beides als unerläßlich für seine poetische Produktion erachtet, schreibt er am 16.10.1795 an Goethe:

> „Aber freilich spannt diese Thätigkeit sehr an [Gedichte zu schreiben], denn wenn der Philosoph seine Einbildungskraft und der Dichter seine Abstraktionskraft ruhen lassen darf, so muß ich, bei dieser Art von Produktionen, diese beiden Kräfte immer in gleicher Anspannung erhalten und nur durch eine ewige Bewegung in mir kann ich die 2 heterogenen Elemente in einer Art von Solution erhalten."[101]

Die Einheit von Gedanklichkeit und Poesie ist nach Schillers eigener Auffassung in der sogenannten Elegie, dem *Spaziergang* von 1795 hergestellt: „Mein eigenes Dichtertalent hat sich [...] in diesem Gedichte erweitert: noch in Keinem ist der *Gedanke* selbst so poetisch gewesen und geblieben, in Keinem hat das Gemüth so sehr als *Eine* Kraft gewirkt."[102] Die Abstraktivität als sprachphilosophisches und poetisches Problem impliziert ihre eigene Aufhebung. Denn indem der Gedanke selbst poetisch sein soll, wird versucht – ähnlich wie bei Kleist – das rationale Medium der Sprache, die verfremdenden Impulse, die der Gedanke durch das Wort erhält, auszuschalten. Zugleich aber erhöht sich der Ausdruck des rein Gedanklichen. Abstraktion in der Lyrik erweist sich bei Schiller als geschichtsphilosophisch begründeter Versuch ihrer Aufhebung durch sich selbst. Die Aufhebung geschieht im ästhetischen Begriff der

Freiheit, den Schiller im Gedicht *Das Ideal und das Leben*[103] auf eine praktische Formel gebracht hat.

„Wenn das Tote bildend zu beseelen,
Mit dem Stoff sich zu vermählen,
Tatenvoll der Genius entbrennt.
Da, da spanne sich des Fleißes Nerve,
Und beharrlich ringend unterwerfe
Der Gedanke sich das Element."[104]

An den „heiteren Regionen" der „reinen Formen" wird die ethische Erlösung unter dem ästhetischen Signum des Ideals vollzogen.[105] So schreibt Schiller am 7.9.1795 an Wilhelm von Humboldt: „Mir däucht, daß die *Freyheit der Gedanken* doch weit mehr auf das aesthetische als auf das rein moralische hinweiset. Dieses wird durch den Begriff *rein* und jenes durch den Begriff *frey* vorzugsweise bezeichnet."[106] Kant- und Fichte-Rezeption scheinen hier durch.[107]

„Der Begriff des uninteressierten Interesses [gegen Sulzer] am reinen Schein, ohne alle Rücksicht auf physische oder moralische Resultate, der Begriff einer völligen Abwesenheit einschränkender Bestimmungen und des *unendlichen Vermögens* im Subjecte des Schönen und dgl. leiten und herrschen durch das Ganze."[108]

Die Abstraktivität als ihre eigene Negation in einer poetischen Synthesis soll das grundlegende dichterische Vermögen sein. Den Stellenwert der Lyrik unter diesem Aspekt notiert Schiller am 29.10.1795 an August Wilhelm Schlegel: „Diese Gedichte (*Schatten* und *Natur und Schule*) zeichnen nebst einigen anderen meinen Uebergang von der *Speculation* zur Poesie. Ich hoffe aber, wenn ich nur Zeit und Stimmung finde, nicht immer so ängstlich mehr am Ufer der Philosophie hinsteuern zu müssen, sondern weiter ins freye Meer der Erfindung zu segeln."[109] Noch am 25.1.96 bestätigt Schiller gegenüber Humboldt, daß zu den *Schatten* „ein mehr speculativer Geist nöthig war"[110]. Das „freye Meer der Erfindung" glaubt Schiller mit seinem Plan zu einer *Idylle* zu befahren. Hier wollte er „das Ideal der Schönheit objektiv [...] individualisieren"[111]. Die Idylle als höchste Stufe der sentimentalischen Poesie[112] sollte sich direkt an das *Reich der Schatten* anschließen, in dem die poetischen Regeln dazu gegeben waren: „Ich habe ernstlich im Sinn, da fortzufahren, wo das Reich der Schatten aufhört, aber darstellend und nicht lehrend." Die reine Darstellung soll den lehrhaften Charakter der lyrischen Dichtung ablösen. Die Autonomie des Ästhetischen zeigt sich als Befreiung vom Zwang, einen bestimmten Stoff zu vermitteln zu sollen:

„Eine solche Idylle würde eigentlich das Gegenstück der hohen Comödien seyn; und sie auf einer Seite (in der Form) ganz nahe berühren, indem sie auf der andern und im Stoff das direkte Gegentheil davon wäre. Die Comödie schließt nehmlich gleichfalls alles Pathos aus, aber ihr Stoff ist die Wirklichkeit. Der Stoff dieser Idylle ist das Ideal."[113]

Auch an dieser Stelle wird wiederum sichtbar, daß Schillers poetische Abstraktion auf der Grenze zwischen strukturaler (hypostativer) und intensionaler (rationaler) Abstraktivität steht. Wie sehr Schiller bemüht ist, die Mitte der poetischen Abstraktion einzuhalten, die Mitte zwischen rein philosophischer Gedanklichkeit und materialer Bildlichkeit, und wie sehr er sich damit von der romantischen Theorie abgrenzt, zeigt eine Äußerung über das Gedicht *Die Ideale*, die er am 7.9.1795 gegenüber Humboldt macht: „Es [das Gedicht] ist zu subjectiv (individuell) wahr, um als eigentliche Poesie beurtheilt werden zu können [...]". Gedanklichkeit und Materialität aber stehen im ständigen Kampf gegeneinander; so könne das Gedicht streng genommen nicht als Poesie beurteilt werden, „[...] denn das Individuum befriedigt dabey ein Bedürfniß, es erleichtert sich von einer Last, anstatt daß es in Gesängen von anderer Art von innerm Ueberfluß getrieben dem Schöpfungsdrange nachgiebt"[114]. Ein Zuviel an Abstraktion, an rationalistischer Abstraktion, an gedanklicher Wahrheit, könnte die poetische Abstraktion zerstören, indem sie ihre Mittelstellung aufhebt. Die rationalistische Abstraktion ist die unfreie, an Bedürfnis und Notwendigkeit, an Geist und Materie gleich fest gebunden. Poetische Abstraktion ist die Abstraktion von der intellektuellen Abstraktion. Das Potenzierungsbemühen der Romantiker deutet sich bereits an[115]. Was Schiller als ‚subjektiv' bezeichnet und was dem Poetischen noch entgegengesetzt ist, wird von den Romantikern als notwendige Vorstufe des Poetischen angesehen. Was bei Schiller als intellektuelles Abstraktum dem Poetischen entgegensteht, gilt bei den Romantikern als Teil eines poetischen Abstraktum. ‚Subjektivität' und „interesseloses Interesse" sind die Kernbegriffe einer aus der Kant-Rezeption abgeleiteten und geschichtsphilosophisch orientierten autonomieästhetischen Abstraktivität: „Nur in dem stilleren Selbst vernimmt es [das Orakel, die Natur] der horchende Gott noch,/Und den heiligen Sinn hütet das mystische Wort."[116] Die direkte Äußerung der Natur, die Bildlichkeit früherer Zeiten ist für immer verschwunden, an ihre Stelle ist eine subjektiv-selbstbezügliche Rationalität des Wortes getreten, dessen poetische Qualität in einem mühsamen Prozeß der Reflexion und Negation hergestellt werden muß. Wilhelm von Humboldt fordert die Beachtung der Emotion, wenn er an Schiller über dessen Gedicht *Der Genius* (*Natur und Schule*) am 7.9.1795 schreibt:

> „Die Auflösung [der Entfremdung von der Natur] soll durch das Herz aber nicht durch den Verstand verrichtet werden; die Betrachtung, daß der Mensch sich von der Natur entfernen *mußte*, kann nie verhindern, daß der Verlust jenes reinen Zustandes nicht schmerzt, und nur an diesen hält sich der Poet."[117]

Die mechanistische Abstraktion mit ihrem induktiven Vorgehen in Anlehnung an die sinnliche Wahrnehmung (Gesichtssinn), wie sie die Aufklärung vertreten hatte, wird von Schiller abgelehnt, ebenso auch der romantische Relativismus. Dem stellt er eine ‚ganzheitliche Abstraktivität' entgegen, deren positives Ziel nicht in einem ‚Summenbegriff', sondern in einer unteilbaren Totalität besteht. Im *Verschleierten Bild zu Sais* fragt der Jüngling den Hierophanten:

Gibts etwa hier ein Weniger oder Mehr?
Ist deine Wahrheit wie der Sinne Glück
Nur eine Summe, die man größer, kleiner
Besitzen kann und immer noch besitzt?
Ist sie nicht eine einzge, ungeteilte?"[118]

Schillers poetische Abstraktionen sind natürlich nicht ohne Vorbilder, nicht ohne historische Zusammenhänge zu sehen. Da ist einmal die „Neigung für Klopstocks Werke", die von seiner Schwester bereits für die Zeit der „Karlshohenschule in Stuttgart" bezeugt wird.[119] Auch Andreas Streicher belegt in *Schillers Flucht*: „Unter den Dichtern war es Klopstock, der sein Gefühl, was noch immer am liebsten bei den ernsten, erhabenen Gegenständen der Religion verweilte, am meisten befriedigte."[120] Aber auch mit Haller hatte sich Schiller auf der Karlsschule bereits beschäftigt.[121] Welche Stellung Klopstock durch Schiller in der Geschichte der Poesie zuerkannt wird, zeigt eine Äußerung in einem Brief Schillers vom 18.6.1795 an Sophie Mereau:

„Mit vielem Vergnügen las ich ihre Gedichte. Ich entdecke darin denselben Geist der Kontemplation, der allem aufgedrückt ist, was Sie dichten. Ihre Phantasie liebt zu symbolisieren und alles, was sich ihr darstellt, als einen Ausdruck von Ideen zu behandeln. Es ist dies überhaupt der herrschende Charakterzug des *deutschen poetischen Geistes*, wovon uns Klopstock das erste und auffallendste Muster gegeben und dem wir alle, der eine weniger, der andre mehr, nicht sowohl nachahmen als durch unsere nordisch-philosophierende Natur gedrungen, folgen. Weil leider unser Himmel und unsere Erde, der eine so trüb, der andere so mager ist, so müssen wir sie mit unsern Ideen bevölkern und ausschmücken und uns an den Geist halten, weil er unsere Körper so wenig fesselt."[122]

Abhängigkeit von Bürger läßt sich für die Jugendgedichte belegen. Das Gedicht *Venuswagen* weist starke Anklänge an Bürgers balladesken Sturm- und Drang-Stil auf[123], in „Interjektionen und lautmalerischen Wortbildungen"[124]. Ferner äußert Schiller in seiner Selbstbesprechung der ‚Anthologie auf das Jahr 1782' im ‚Wirtenbergischen Repertorium', daß der *Triumph der Liebe* „wahrscheinlich auf Veranlassung der Nachtfeier der Venus von Bürger geschrieben" sei[125].

Wie sehr aber Schiller sich andererseits von den Gedichten Bürgers distanzierte, zeigt seine Kritik aus dem Jahre 1789 (Erstdruck 1791), die nicht nur den Schillerschen Abstraktionsvorgang in der Lyrik nochmals kennzeichnet, sondern auch die sozialen Implikationen der Abstraktion anzeigt. Bereits in einem persönlich gehaltenen Urteil über Bürger, das Schiller im Brief an Charlotte von Lengefeld und Karoline von Beulwitz vom 30.4.1789 äußert, deutet sich die literatursoziologisch relevante Kritik auch an der Dichtung Bürgers an: „Der Karakter von Popularität, der in seinen Gedichten herrscht, verläugnet sich auch nicht in seinem persönlichen Umgang, und hier, wie dort, verliert er sich zuweilen in das Platte."[126] Schillers Versuch, die Lyrik mit dem philosophischen Zeitgeist zu verbinden, der neuen Lyrik eine ganz bestimmte Stellung und Aufgabe innerhalb der geschichtlichen Entwicklung zu geben, wird in einer dialektischen Argumentation zu Beginn seiner Bürger-Kritik vorgeführt:

„Die Gleichgültigkeit, mit der unser philosophierendes Zeitalter auf die Spiele der Musen herabzusehen anfängt, scheint keine Gattung der Poesie empfindlicher zu treffen als die *lyrische*. Der *dramatischen* Dichtkunst dient doch wenigstens die Einrichtung des gesellschaftlichen Lebens zu einigem Schutze, und der *erzählenden* erlaubt ihre freiere Form, sich dem Weltton mehr anzuschmiegen und den Geist der Zeit in sich aufzunehmen. Aber die jährlichen Almanache, die Gesellschaftsgesänge, die Musikliebhaberei unserer Damen sind nur ein schwacher Damm gegen den Verfall der lyrischen Dichtkunst." [und nun die Antithese:] „Und doch wäre es für den Freund des Schönen ein sehr niederschlagender Gedanke, wenn diese jugendlichen Blüten des Geists in der Fruchtzeit absterben, wenn die reifere Kultur auch nur mit einem einzigen Schönheitsgenuß erkauft werden sollte." [Die Aufgabe ist daher:] „Vielmehr ließe sich auch in unsern so unpoetischen Tagen, wie für die Dichtkunst überhaupt, also auch für die lyrische, eine sehr würdige Bestimmung entdecken; es ließe sich vielleicht dartun, daß, wenn sie von einer Seite höhern Geistesbeschäftigungen nachstehen muß, sie von einer andern nur desto notwendiger geworden ist." [Die Dichtung selbst soll die Harmonie der seelischen Vermögen herstellen; sie hat eine synthetische Aufgabe:] „Bei der Vereinzelung und getrennten Wirksamkeit unserer Geisteskräfte, die der erweiterte Kreis des Wissens und die Absonderung der Berufsgeschäfte notwendig macht, ist es die Dichtkunst beinahe allein, welche die getrennten Kräfte der Seele wieder in Vereinigung bringt, welche Kopf und Herz, Scharfsinn und Witz, Vernunft und Einbildungskraft zu harmonischem Bunde beschäftigt, welche gleichsam den *ganzen Menschen* in uns wieder herstellt." [Die Dichtung soll also weder eine emotionale Reduktion noch eine einseitig verstandesorientierte Höherentwicklung unterstützen. Ihre Aufgabe liegt in der Mitte:] „Sie allein kann das Schicksal abwenden, das traurigste, das dem philosophierenden Verstande widerfahren kann, über dem Fleiß des Forschers den Preis seiner Anstrengungen zu verlieren und in einer abgezogenen Vernunftswelt für die Freuden der wirklichen zu ersterben." [Die geschichtsphilosophische Stellung wird klar umrissen:] „Aus noch so divergierenden Bahnen würde sich der Geist der Dichtkunst wieder zurechtfinden und in ihrem verjüngenden Licht der Erstarrung eines frühzeitigen Alters entgehen. Sie wäre die jugendlich-blühende Hebe, welche in Jovis Saal die unsterblichen Götter bedient."[127]

Die synthetische Stellung der Mitte aber erfordert, daß die Dichtung gerade die zu verhindernde „Erstarrung eines frühzeitigen Alters" erst einmal mitvollzieht bzw. Elemente der neuen Zeit aufnimmt, um sie verändern zu können. Genau jene Abstraktivität der Lyrik wird hier gefordert, die sich – wie oben beschrieben – in der rezeptiven Ablehnung ausdrückt. Demgemäß heit es weiter:

„Dazu aber würde erfordert, daß sie selbst mit dem zeitalter fortschritte, dem sie diesen wichtigen Dienst leisten soll; daß sie sich alle Vorzüge und Erwerbung desselben zu eigen machte. Was Erfahrung und Vernunft an Schätzen für die Menschheit aufhäuften, mußte Leben und Fruchtbarkeit gewinnen und in Anmut sich kleiden in ihrer [der Dichtung] schöpferischen Hand. Die Sitten, der Charakter, die ganze Weisheit ihrer Zeit müßte sie, geläutert und veredelt, in ihrem Spiegel sammeln und mit idealisierender Kunst aus dem Jahrhundert selbst ein Muster für das Jahrhundert erschaffen."[128]

Die idealisierende Abstraktionstendenz verbindet Schiller mit einem dezidiert moralischen Anspruch und schafft so für die Dichtung einen neuen, erweiterten Begriff von Didaxe[129]. Aus diesem Grund ist auch Bildung Voraussetzung für den Dichter:

„Dies aber setzte voraus, daß sie selbst in keine andre als *reife* und *gebildete* Hände fiele. Solange dies *nicht* ist, solange zwischen dem Dichter ein andrer Unterschied stattfindet, als daß letzterer zu den Vorzügen des erstern das Talent der Dichtung noch als Zugabe besitzt; solange dürfte die Dichtkunst ihren veredelnden Einfluß auf das Jahrhundert verfehlen, und jeder Fortschritt wissenschaftlicher Kultur wird nur die Zahl ihrer Bewunderer vermindern."[130]

Die Frage nach der Abstraktivität in der Dichtung stellt sich hier erneut – und gegenüber der Aufklärung entschieden gewandelt - als Problem des Verhältnisses von Wissenschaft und Dichtung. Dies ist der wissenschaftstheoretische wie -geschichtliche Aspekt der poetischen Abstraktivität, die sich aus der Erkenntnis der verschiedenen Vermögen und ihrer gegenseitigen Abgrenzung (nach der Wolffschen Psychologie) entwickelt hatte und die für die Romantik, insbesondere durch Fichtes Philosophie eine fundamentale Bedeutung erlangt.

Bei Schiller wird noch der Versuch unternommen, die Tendenz zur Autonomie des literarischen Produkts und der künstlerischen Tätigkeit zurückzubeziehen auf eine den unvermeidlichen Fortschritt human veredelnde, erhöhende ‚Wissenschaftlichkeit' der Poesie, der auch die Moral zugeordnet wird. Jedoch wird der Autonomieanspruch der Dichtung dadurch nicht zurückgenommen, er tritt nur umso deutlicher hervor. Die poetische Abstraktion erscheint als Ausdruck einer ‚Wissenschaft der Poesie', die sich und dem Zeitalter die Gesetze gibt. Damit ist ein wesentlicher historischer Wendepunkt markiert. Während – pauschal gesprochen – die Aufklärung sich großenteils dem klassifizierenden Abstrahieren zugewandt hatte und die Romantik den individualisierenden, positiven Gestus der Abstraktion, künstlerisch verwirklichen wird, versucht Schiller noch die Verbindung der Gegensätze herzustellen:

„Es ist also nicht genug [für die Dichtung], Empfingung mit erhöhten Farben zu schildern; man muß auch erhöht empfinden. Begeisterung *allein* ist nicht genug; man fordert die Begeisterung eines gebildeten Geists. Alles, was der Dichter nur geben kann, ist seine *Individualität*. Diese muß es also wert sein, vor Welt und Nachwelt ausgestellt zu werden. Diese Seine Individualität ist so sehr als möglich zu veredeln, zur reinsten herrlichsten Menschheit hinaufzuläutern, ist sein erstes und wichtigstes Geschäft, ehe er es unternehmen darf, die Vortrefflichen zu rühren."[131]

Der Begriff des ‚Interesses' erfaßt den spätzeitlichen Charakter der Abstraktion. Sie äußert sich als Reife, als Vollkommenheit. „Der höchste Wert eines Gedichts kann kein andrer sein, als daß es der reine vollendete Abdruck einer interessanten Gemüthslage eines interessanten vollendeten Geistes ist."[132]

Das ‚Interesse' wird einer der literaturphilosophisch grundlegenden Begriffe der ‚modernen', der romantischen Poesie. Er kennzeichnet die abstraktive Haltung des ‚modernen' Autors gegenüber der ‚frühen' Poesie. Das Interesse ist gleichzeitig – und nur als solches ist es auch abstraktiv wirksam – „ein Grundbegriff zum Verständnis geschichtlicher Entwicklungen"[133]. Es steht für die Zeit ab 1790 in direkter Nachfolge der negativ-strukturalen Aufmerksamkeitsabstraktion der Aufklärung. Sein Ziel aber ist nicht mehr die Klassifikation von Merkmalen, sondern die zunächst organologische (Herder), dann kombinatorische (Romantik) Totalisierung der (selbst-)bewußten Subjektivität.

Im Zusammenhang der Abhandlung *Über naive und sentimentalische Dichtung* schreibt Goethe im April 1795 über Schiller (*Die Einwirkung der neuen Philosophie*):

„Er legte hierdurch [durch die Abhandlung] den ersten Grund zur ganzen neuen Aesthetik: denn *hellenisch* und *romantisch* und was sonst noch für Synonymen mochten aufgefunden werden, lassen sich alle dorthin zurückführen, wo von Uebergewicht reeller und ideeller Behandlung zuerst die Rede war."[134]

Das ‚Ideelle' wird charakterisiert durch das ‚Interessante'. Friedrich Schlegel meint in der „Vorrede" seines Aufsatzes *Über das Studium der griechischen Poesie*:

„Merkwürdig und bestätigend war es mir, daß in Schillers treffender Charakteristik der drei sentimentalen Dichtarten das Merkmal eines Interesses an der Realität des Idealen in dem Begriff einer jeder derselben stillschweigend vorausgesetzt oder sichtbar angedeutet wird."[135]

'Subjektiv' und ‚sentimental'(-isch) ist die Poesie, „die mit einer Reflexion über das Verhältnis des Idealen und Realen verknüpft ist."[136] Für den ‚objektiven' griechischen Dichter stellte sich diese Frage nicht, denn die Einheit von Natur und Spiel war fraglos angenommen[137]. Nun ist aber die Frage nach dem Verhältnis von Ideellem und Reellem selbst noch nicht abstraktiv. In der Antwort jedoch, die Schiller darauf zu geben versucht, zeigt sich deutlich die Tendenz, dem Ideellen den Vorzug zu geben und das Ideelle als Funktion eines Abstraktionsvorgangs zu begreifen. Am 26.10.1795 schreibt Schiller an Wilhelm von Humboldt, „daß ein [dichterisches] Produkt immer ärmer an *Geist* ist, je mehr es *Natur* ist."[138] Auch Schiller beabsichtigt – selbstverständlich – eine ‚naturorientierte' Einheit, wie er – mit manch anderen – sie im antiken Griechenland verwirklicht sah. Aber er wagt doch die Frage zu stellen, ob

„der moderne Dichter nicht recht haben" solle, „auf seinem ihm ausschließend eigenen Gebiet sich einheimisch und vollkommen zu machen, als in einem fremden, wo ihm die Welt, seine Sprache und seine Cultur selbst ewig widersteht, sich von dem Griechen übertreffen lassen? [...] Sollten, mit Einem Wort, neuere Dichter nicht besser thun, das *Ideal* als die *Wirklichkeit* zu bearbeiten?"[139]

Kennzeichnend für Schillers Einschätzung der ,modernen' Dichtung ist die Forderung nach einer neuen Realität, die das Ideal in sich faßt. Dies bedeutet die Rückbeziehung des Abstrahierten in eine konkrete Gestalt (Hypostasierung). Im gleichen Zusammenhang schreibt er an Herder (4.11.1795):

„Es läßt sich, wie ich denke, beweisen, daß unser Denken und Treiben, unser bürgerliches, politisches, religiöses, wissenschaftliches Leben, Wirken wie die Prosa der Poesie entgegengesetzt ist. Diese Uebermacht der Prosa in dem Ganzen unseres Zustandes ist, meines Bedünckens, so groß und entscheidend, daß der politische Geist, anstatt darüber Meister zu werden, nothwendig davon angesteckt und also zugrundegerichetet werden müßte."[140]

Daß dies nicht geschieht, beruht auf der Übernahme der in der Prosa wirkenden Abstraktivität durch und in die Poesie. Eigentümlich für die ,poetische Abstraktion' ist die auch sozial wirksame Tatsache, wie sich an der Bürger-Kritik zeigt, daß sie sich eben nicht der Alltagsprosa angleicht, sondern – obwohl sie ihre Methodik doch übernehmen muß – in ständiger Distanz zur Realität gehalten wird, solange die sich nicht verändert hat:

„Daher weiß ich für den poetischen Genius kein Heil, als daß er sich aus dem Gebiet der wirklichen Welt zurückzieht und anstatt jener Coalition, die ihm gefährlich sein würde, auf die strengste Separation sein Bestreben richtet. Daher scheint es mir gerade ein Gewinn für ihn zu seyn, daß er seine eigne Welt formiret und durch die Griechischen Mythen der Verwandte eines fernen, femden und idealischen Zeitalters bleibt da ihn die Wirklichkeit nur beschmutzen würde."[141]

Allerdings darf die „Separation" nicht zur „Überspannung" als Erscheinungsform des „Sentimentalischen" führen, so wie die „Plattitüde" die Extremgefahr des „Naiven" darstellt.[142] Zur eigenen Methode in der Abhandlung äußert Schiller im Brief vom 25.12.1795 an Humboldt:

„Mir ist diese Arbeit auch viel näher liegend als manche andere; sie scheint mir in einem höhern Grade mein zu seyn, sowohl des Gedankens wegen, als wegen seiner Anwendung auf mich selbst. Auch hat sie etwas wohlthuenderes für den Geist, weil sie zu den Abstractionen auch die Erfahrungen giebt, und dadurch subjectiv etwas ganzes leistet."[143]

Die Bedeutung des Gattungsbegriffs für Schillers Kunsttheorie erhellt aus dem Brief an Wilhelm von Humboldt vom 25.12.1795[144]. Schiller verlangt einen reinen „Gattungsbegriff der Poesie, der allerdings Individualität mit Idealität vereinigt fordert", aber mehr – gegenüber Humboldt – in der tatsächlichen Ausführung der *Gattung* besteht, zu der die Arten nur „Grenzen" darstellen. Die „sentimentalische Poesie" hat eine „weniger vollkommene Form", weil sie freier über die gegebenen Stoffe verfügen kann als die „naive Poesie", deren „Gehalt" dafür begrenzter ist. Aber „jede dieser Dichtweisen ist eben nur eine – begrenzte – Art der Dichtung. Erst ihre Gesamtheit, ihre Synthese erfüllt den Gattungscharakter. Umgekehrt formuliert: „Freylich nimmt jede in demselben Grade mehr von dem Vorzug der andern an, als sie sich dem absoluten Dichtungsbegriff mehr annähert und den Artcharakter mehr ablegt."[145] Auf den kulturanthropologischen Stellenwert des poetischen Gattungsbegriffs verweist Schiller ebenfalls:

> „Naive *Poesie* verhält sich zur Sentimentalischen [...] wie die naive *Menschheit* zur Sentimentalischen. Nun werden Sie (Humboldt) aber gewiß nicht in Abrede seyn, daß die bloß naive Menschheit den Gehalt für den Geist nicht hat, welchen die sentimentalische in der Cultur begriffene besitzt, und daß diese in der Form, in dem Gehalt für die Darstellung der ersten nicht gleichkommt."[146]

Nichtsdestoweniger kann die sentimentalische die naive Poesie weit übertreffen. Dann aber hat sie sich selbst, ihren Artcharakter zugunsten der Gattung aufgelöst und ist „idealisch" geworden. Der Begriff der „Vollendung" wird hier von Schiller als Kriterium des Idealischen gegen die „Vollkommenheit" der Form beim naiven Kunstwerk gesetzt:

> „Die sentimentalische wird von mir nur noch als nach dem Ideale *strebend* vorgestellt [...], daher ich ihr auch, in effectu, weniger Poetisches zugestehe als der Naiven. Sie ist auf dem Wege zu einem höhern poetischen Begriff, aber die Naive hat einen nicht so hohen *wirklich* erreicht, ist also der That nach poetischer."[147]

Damit spannt sich über das 18. Jahrhundert ein kulturgeschichtlicher Bogen, dessen erkenntnistheoretische und geschichtsphilosophische Struktur von einer bevorzugten Extensional- zu einer ausgeprägten Intensionalabstraktion reicht, von empiristischen über erneut metaphysische Deutungen des Abstrakten zu einem kombinatorischen Begriff von Abstraktion, den schon Salomon Maimon 1790 in einen engen Zusammenhang mit der Dichtung gestellt hat.

In der Frühromantik setzt dann eine regelrechte Abstraktions-Euphorie ein:

> „Die wahre *Abstraktion* selbst, was tut sie anders, als die Vorstellungen von ihrem irdischen Anteile reinigen, sie erheben und unter die Götter versetzen? Nur durch Abstraktion sind alle Götter aus Menschen geworden."[148]

Eine Fülle von Belegen dieser und ähnlicher Art ließe sich beibringen (wie dies Hannelore Link für Novalis bereits getan hat) – eine Fülle von Äußerungen, mit denen eine ganze Literaten- und Philosophen-Generation die Summe des 18. Jahrhunderts zieht, mit der sie sich keineswegs eskapistisch und irrational gegen ihre Vorgänger abgrenzen will, sondern ihre Rationalität und eine teilweise erheblich mathematisierte Poesie in feste Traditionslinien stellt.

Das 18. Jahrhundert zeigt somit auch einen strukturlogisch bestimmbaren historischen Zusammenhang von Zweck- und Autonomieästhetik. Die Entwicklung setzt sich konsequent fort: Sobald die Einheit der Person, die Kombinatorik ermöglicht, nicht mehr gewährleistet ist, dringen irrationale Elemente in Literatur und Wissenschaften ein, die später teilweise einer klassifikatorischen Detailverliebtheit weichen. Darauf reagiert eine explizit politische Literatur des Jungen Deutschland (hypostative Schlagworte), die im Vormärz erneut einer intensionalen Einheit, welche auch die Probleme des konkreten Menschen begreift, zugeführt werden soll. Der sogenannte poetische Realismus wird dann wiederum irrationale Tendenzen zeigen, und zwar im Versuch, das Konkrete unmittelbar zu erfassen.

Vieles konnte in der vorliegenden Arbeit lediglich angedeutet, nur einiges ausgeführt werden. Manch wichtige Erscheinung ist gar nicht zur Sprache gekommen. Das Thema selbst bietet große systematische Abgrenzungschwierigkeiten. Dies und der Umfang des darzustellenden Zeitraums bergen die Gefahr, entweder zu detailliert oder allzu summarisch zu verfahren; beidem ist die Arbeit an manchen Stellen erlegen. Ihre Intention – um einen Zentralterminus ein letztes Mal und abgewandelt zu strapazieren – ist es jedoch, lediglich einen Entwurf zu liefern, Überlegungen zu einer Theorie und Geschichte der Literatur und der sie begleitenden und begründenden Instanzen vorzutragen.

Anmerkungen

In vielen Anmerkungen konnten die erforderlichen Exempel für manche Thesen aufgeführt werden, Beispielfälle, deren Darstellung im Textteil diesen beträchtlich erweitert hätte.
Die bei Gelegenheit der Abhandlung der verschiedenen Wissenschaftsdisziplinen gehäuften Titelnennungen dienen nicht durchweg dem Beleg von Thesen, sondern sollen einen möglichen ‚Einstieg' ins jeweilige Spezialthema erleichtern.

Einleitung

1 Norm ist grundsätzlich abstrakt, auch als normatives Verhalten im Alltag. Freilich gibt es hier wie sonst auch Abstufungen, an deren anderem Ende das Individuelle steht. Vgl. Scheler, Wissenschaft, 72; allerdings setze ich mich ab von Schelers biologistischem Ansatz („Trieb zur Herrschaft und Macht"), übernehme aber die Folgerung: „Eine *Einheit* des theoretischen und praktisch tätigen Verhaltens zur Welt und *gemeinsame* Strukturformen in beiden sind schon hierdurch (durch den Trieb) garantiert." Vgl. auch Scheler, Wissensformen.

2 Vgl. Mikkola, Abstraktion, auf dessen sprachphilosophischer Unterscheidung verschiedener Abstraktionsformen der erkenntnistheoretische Ansatz der vorliegenden Arbeit basiert.

3 Eine methodologische Gefahr des Abstraktionsbegriffs ist allerdings in seiner großen Extensionalität angelegt. – Zu phasenübergreifenden Prozessen vgl. auch die neuere Geschichtswissenschaft von Kocka, Sozialgeschichte, und Wehler, Modernisierungstheorie, sowie Koselleck, Sozialgeschichte, bes. 182 ff.

4 Analog zu Dux, Logik; vgl. die Systemtheorie Niklas Luhmanns, v. a. Soziale Systeme, bes. 377 ff. Zu ‚Struktur' und ‚Prozeß' s. Luhmann, Zweckbegriff, bes. 66 f., sowie zur Funktion des Zweckbegriffs als „koordinierende Generalisierung", 189 f. Zur Kritik an der Methode der Systemtheorie v. Habermas in: Habermas/Luhmann, Theorie, 146 ff. Zum ‚Diskurs' dann Luhmann, ebd. bes. 292 und zum Verhältnis von – methodischer – Reduktion von Komplexität zu deren Steigerung, 309.

5 Vgl. Mannheim, Konkurrenz, sowie Scheler, Wissensformen und Prozeß, Konkurrenz, 64 ff.

6 Worringer, Abstraktion, 173.

7 Vgl. die in Anm. 4 herangezogene Debatte zum Verhältnis ‚System/Diskurs' (= abstrakt/konkret).

8 Elias, Zivilisation, Bd. 2, 314 f.

9 Vgl. Elias, Zivilisation, Bd. 3, 348 u. ö.

10 Dux, Logik, 15 sowie Luhmann (Anm. 4). Vgl. auch Holz, Mythos.

11 Blumenberg, Neugierde, 194.

12 Vgl. Schillers und Forsters Bestimmungen einer ‚modernen' Poesie des wissenschaftlichen Zeitalters; zu dem hier implizierten Verhältnis Rationalität und Irrationalität vgl. auch Max Weber, Ethik sowie Bürger, Funktionswandel, 12.

13 Vgl. das Definitionskapitel.

14 Die Entwicklung beginnt selbstverständlich wesentlich früher, wird aber im 18. Jahrhundert prägnant; vgl. dazu Hauser, Sozialgeschichte, 576 u. ö. Siehe auch Kap. ‚Untersuchungszeitraum'.

15 Dazu vgl. Kuhn, Revolutionen.

16 Wild, Literatur, 72.

17 Proß, Naturgeschichtliches Gesetz.

18 Bürger, Funktionswandel, 12 f.

19 S. Anm. 8.

20 Vgl. Worringer, Abstraktion, 70: „eine große jahrtausendelange Auseinandersetzung mit den beiden genannten Polen" sowie Hauser, Sozialgeschichte, 82, 194f. u. ö. zum Verhältnis von Abstraktion und Geometrismus, Formrigorismus etc. Hugo Kuhn, Sozialgeschichte hat Hausers Ahistorismus kritisiert, bes. 66 f., 70 f.

21 Zur Institution ‚Literatur' s. Bürger, Funktionswandel, 12; zur Mittelstellung der Literatur s. Steinwachs, Epistemologie, 73: „Eine disziplinäre Matrix, wie die hier interessierende Kunst- und Literaturhistorie, ist nur als Vermittlung zwischen praktisch-gesellschaftlichem und theoretisch-wissenschaftlichem Wissen konturierbar."

22 Pfaffenberger, Blütezeiten, 274: „Literaturgeschichtsschreibung entwickelt sich nicht als festgefügt-organisierte Wissenschaft, sondern entspringt[...] dem politisch motivierten Bewußtsein, zur Bil-

dung von Nationalbewußtsein aktiv und eingreifend beizutragen." Wie sehr Literaturgeschichtsschreibung, die in ihren Anfängen identisch war mit Literaturwissenschaft, zur gesellschaftsgeschichtlichen und politischen Abstraktion beigetragen hat, stellt Pfaffenberger in der Folge dar: „Deutschland war zwischen 1806 und 1848 nicht vielmehr als eine projektierte Abstraktion."

Zur Methode

1 Vgl. Anm. 4 zur Einleitung. Zur Kritik am systemtheoretischen Ansatz s. auch Hermann Pfütze, Theorie, bes. 311.

2 Zum Vermittlungsvorgang vgl. bes. Metzner, Physikalische Gesetze, 8: „Ein eigentümlicher Rezeptionsvorgang zeichnet sich ab: In der Literatur werden die Konsequenzen aus der naturwissenschaftlichen Diskussion eines physikalischen Satzes gezogen, und als Ergebnis erscheinen Argumente, die gegen die Gültigkeit des Satzes zu sprechen scheinen."

3 Vgl. Anm. 2. 4 Oelkers, Rekonstruktion, 137.

5 Gemeint sind hier die generalisierende und isolierende Abstraktion.

6 Vgl. Grimminger, Subjekt sowie Bürger, Avantgarde und die Rezension von Bernd Witte in ‚Germanistik' 16 (1975), 404: Es „ist daran festzuhalten, daß gerade in einer Zeit unbeschränkter Verfügungsmöglichkeiten über historische Formen und Ziele, das einzelne Werk mehr denn je geschichtsphilosophischer Standortbestimmung und ‚errettender Kritik' bedarf."

7 Oelkers, Rekonstruktion, Anm. 2.

8 Jäger, Politische Kategorien, 62 und vgl. Meier, Prozesse, 65.

9 Rüsen, Ursprung, 85 f. Vgl. Rossi, Theorie. 10 Stegmüller, Erklärungen, 170 ff.

11 Vgl. auch Groh, Geschichtswissenschaft; Rüsen, Rationalität; Kofler, Geschichte; Dux, Logik; Pfaffenberger, Blütezeiten.

12 Meier, Prozesse, 56.

13 Meier, Prozesse, 15; vgl. auch 16, 22 f., 58 f. sowie zur Prozeß-Kategorie Elias, Zivilisation; Wild, Literatur; Scheler, Wissenschaft und seine Ausführungen zur Prozessualität gegenüber der Hypostase eines Substantialismus; Blumenberg, Neugierde; Bürger, Funktionswandel; Whitehead, Prozeß sowie die Sammelbände von Herzog/Koselleck und Gumbrecht/Link-Heer. Prozeßgeschichte wurde traditionell im Rahmen der Kirchen- Universitäts- und Staatengeschichte (als Darstellung des Prozesses von Institutionen) betrieben.

14 Burger, Annalen zitiert nach Arnold/Sinemus, Grundzüge, Bd. 1, 427.

15 Meier, Prozesse, 22.

16 Meier, Prozesse, 61 sowie Marquard, Kompensation, 330, 334, 336 f. Vgl. auch Koselleck, Krise sowie Herzog/Koselleck, Epochenschwelle. Freilich ist gerade im Bereich der Künste das historische ‚Moment' der individuellen Einzelleistung nicht zu übersehen.

17 Meier, Prozesse, 66. 18 Vgl. Foucault, Ordnung.

19 Oelkers, Rekonstruktion, 138 f. – Nicht einer additiven Reihung, sondern nur einer konstrastiven Prozeßdarstellung erschließt sich das Problem der Abstraktion; vgl. auch Reichmann, Herrschaft der Zahl, dessen Verfahren denkstrukturell, nicht einflußphilologisch orientiert ist.

20 Wehler, Modernisierungstheorie.

21 Solcherart modifizierte Chronologie sowie die jeweils relativ gleiche Gliederung des Fragenkatalogs, also Theorem und geschichtswissenschaftliche Konstruktion, sind bei diesem Thema nötig.

22 Vgl. zur Definition von Rationalität im Zusammenhang mit Abstraktion Kondylis, Aufklärung, bes. 36 ff. Anders verfährt z. B. Link, Abstraktion, 9 ff. in ihrer sonst vorzüglichen Arbeit über Novalis. Bei ihrem historischen Wunsch, die Quellen sprechen zu lassen, stellt sich die methodische Schwierigkeit ein, daß die Quellen erst befragt werden wollen, um zu antworten (vgl. Benjamin, Geschichtsphilosophische Thesen).

23 Jauß, Literaturgeschichte, 167 ff.; vgl. auch Link, Rezeptionsforschung, 41 f. Hans Robert Jauß' weiterer Begriff der Rezeptionsgeschichte verbindet sich hier mit wissenssoziologischen und sozialge-

schichtlichen Ansätzen, die auch für die Untersuchung des Abstraktionsphänomens herangezogen werden müssen.

24 Mannheim, Konkurrenz, 330. 25 Mannheim, Konkurrenz, 332 f.

26 Mannheim, Konkurrenz, 340; vgl. Elias, Zivilisation und Bühl, Wissenschaftssoziologie, der von der unaufhaltsamen historischen Spezifikation und der sich daraus ergebenden notwendigen abstrakten Zusammenfassung spricht.

27 Mannheim, Konkurrenz, 345.

28 Vgl. Mannheim, Konkurrenz, 354 – 365.

29 Die vorliegende Arbeit verbindet struktur-, rezeptionsgeschichtliche und literatursoziologische Fragestellungen, sie ist bewußtseins- und sozialgeschichtlich orientiert – in Sinne und unter Vermeidung der Gefahren, wie sie u. a. Werner Conze, Reinhart Koselleck, Jürgen Kocka und Hans-Ulrich Wehler definiert haben. Zur gegenwärtigen Geschichtstheorie vgl. Koselleck/Rüsen, Objektivität sowie Kocka/Nipperdey, Theorie und Koselleck/Lutz/Rüsen, Geschichtsschreibung; zur geschichtsphilosophischen Standortbestimmung vgl. noch Schmidt, Geschichte sowie Schmidt, Geschichtsphilosophie; zur wissenssoziologischen Grundlegung s. Meja/Stehr, Wissenssoziologie; zur Literaturgeschichtsschreibung vgl. Cerquiglini/Gumbrecht, Diskurs und Pfaffenberger, Blütezeiten, 273 ff.

30 Vgl. Matt, Angesicht. 31 Link, Abstraktion, 10 ff.; vgl. Bayerdörfer, Poetik.

32 Doch soll hier nicht die epochale Leistung A. G. Baumgartens mit seiner Bestimmung der Dichtung als „sinnlicher Rede“ geleugnet werden, auch nicht die dichterische Bedeutung des ‚Bildes'. Es geht hier um die erkenntnistheoretische Grundlegung möglicher literarischer Konkretionen. Vgl. Karpa, Kunst, 56; auch Kofler, Abstrakte Kunst, 102 f.

33 dazu Strich, Klassik sowie Staiger, Zeit.

34 Doktor/Sauder, Empfindsamkeit, 204; Promies, Lyrik, 596; Grimminger, Sozialgeschichte, 68.

35 Vgl. Goethes ‚Wahlverwandschaften' sowie die späten Maximen und Reflexionen.

36 Muschg, Abstraktion.

37 Sie ist nicht entscheidbar in der Polarisierung von konkreter Emotion und vierallgemeinernder Rationalität. Vgl. die Kritik von Hugo Kuhn an Hauser, Sozialgeschichte.

38 Zur Definition und Einordnung des Konkreten s. Claessens, Das Konkrete; Seiffert, Concretum sowie Kosik, Konkretes – vier Mischformen sind möglich: abstrakte und konkrete Extensionalstruktur des Textes; abstrakte und konkrete Intensionalstruktur. Vgl. Definitionskapitel.

39 Vgl. das Kapitel zur Literaturwissenschaft. Hier geht es um den Prozeß, in dessen Verlauf widersprüchliche Phänomene wie anschauliche Darstellung und Konkretion auf der einen und Wortabstraktivität auf der anderen Seite geschichtsphilosophisch vermittelt werden; zwei grundsätzliche methodologische Verfahren benennt Wild, Literatur, 72 im Programm seiner Arbeit: „Es soll dargelegt werden, auf welche Weise die Erkenntnis eines konkreten, individuellen literarischen Zeugnisses in der Literaturwissenschaft angemessen zur Sprache gebracht werden kann, ohne das Zeugnis als ein vereinzeltes, der Zeit enthobenes zu begreifen, sondern in seiner historischen Bestimmtheit, aber auch ohne das Zeugnis auf ein bloßes Dokument des Prozesses der Zivilisation zu reduzieren [...], sondern in seiner Individualität und Besonderheit zu verstehen, die jedoch stets, im Hinblick auf Produktion wie Rezeption, eine historisch konkretisierte ist.“

A. Kategorien und Epoche

I. Erscheinungsformen in Dichtung und Poetik

1 Vgl. Proß, Konkurrenz; auch Rohrmoser, Autonomie, 157 f., 162 f. zur Bestimmung des Begriffs und zum ‚Autonomie-Exzeß' der Frühromantik. Die Poesie als Teil des unteren Erkenntnisvermögens wird aus der theoretischen Dienstleistungsaufgabe herausgehoben, um zusammen mit ihrer äs-

thetischen Begründung an die Spitze der Disziplinen zu treten – bevor sie von der Philosophie abgelöst zu werden droht. Vgl. auch Fallbacher, Zweck.

2 Vgl. Brockes' Präambel zum ersten Band des *Irdischen Vergnügens*, 2: „Ach, möchte dieses Buch euch doch zu zeigen taugen".

3 Gomringer, konkrete poesie, bes. 159; dazu auch Hartung, Experimentelle Literatur, 9 u. ö.

4 Hier wäre festzustellen, wieweit die empfindsame Rousseau-Rezeption in Deutschland wirklich konkret war.

5 Die Intensionalität des späten 18. Jahrhunderts ist allerdings gegenüber der im Barock völlig verändert. Zur Terminologie siehe Definitionskapitel.

6 Vgl. Scherpe, Gattungspoetik, 26 ff. sowie Behrens, Einteilung.

7 Joswig, Leidenschaft.

8 Die Belege dieser These sind Legion; vgl. bes. Lichtenberg, bei dem das Problem der Polarisierung von rationalistischer Klassifikation auf der einen und irrationalistischer Begeisterung auf der anderen Seite angesprochen wird: Lichtenberg, Schriften Bd. 3, 213, 306, 331, 333, 370, 420, 577, 895, 994; Bd. 4, 252 u. ö.

9 Vgl. Blackall, Literatursprache, 293, 313.

10 Blackall, Literatursprache, 322 sowie 294.

11 Blackall, Literatursprache, 307.

12 Ebenso wie die Stellung des ‚Humors', der ‚Komik' (Pointe!).

13 Zu Lichtenberg vgl. Schriften, Bd. 1, H 72, GH 86; Bd. 3, 70 u. ö. Zu Jean Pauls Witz- und Humortheorie s. bes. die Schriften bis 1804.

14 Auch die Belege für die Zentralbegriffe der Dichtungstheorie können hier im Rahmen der Einleitung nicht aufgeführt werden, sie erstrecken sich von Gottsched, Bodmer und Breitinger über Winckelmann, Lessing (vgl. seinen Kollektaneen-Artikel ‚Lana'), Herder, Sämtliche Werke (bes. 282; I, 43-56; XXXII, 15; XXII, 318), Sulzer bis zu Goethe, Schiller, Kleist, Hölderlin, Schelling, Wilhelm von Humboldt, Solger, Johannes von Müller u. v. a.

15 Aristoteles, Poetik; vgl. auch Jacobi, Möglichkeit.

16 Abstraktion kann sich daher aus der Fiktion entwickeln; vgl. Feuerbach, Philosophie der Zukunft.

17 Dazu s. vor allem Herder an zahlreichen Stellen sowie Feuerbach.

18 Das nur noch als Vision beschreibbar ist. Vgl. Bohrer, Brief und Hörisch, Fröhliche Wissenschaft sowie den Wandel der Bedeutung des Erhabenen.

19 Vgl. Kleist, Marionetten-Aufsatz.

20 Von Herders *Die Schöpfung ein Morgengesang* (VI, 188 sowie XXIX, 437) bis Friedrich Schlegel, *Vom Ursprung der Poesie* (Texte und Zeugnisse V/1, 522 – 525).

21 Vgl. Böckmann, Lyrik sowie Scherrer, Anschaulichkeit.

22 In Gedichten wie *Steigende Gelehrsamkeit*, *Als die Gelehrte Brüderschaft* (Gottsched 1724), in Gedichten, in denen bezeichnenderweise primitivistische Tendenzen zurückgewiesen werden und das sogenannte Goldene Zeitalter nur als trübe „graue Zeit" erscheint).

23 Zur Definition des philosophischen Begriffs der ‚Form' vgl. Wiehl, Form, bes. 453 – 455; zur Beliebigkeit s. Nietzsche *Vom Nutzen und Nachteil der Historie für das Leben* sowie Lange, Spätzeiten; exemplarisch Heine, Sämtliche Schriften V, 153 über Walter Scott.

24 Es muß jedoch darauf hingewiesen werden, daß nicht jede spätzeitliche Verwendung der Kunstformen beliebig und damit abstraktiv im Sinne eines Abstrahierens vom jeweils bestimmten Formanspruch sein muß. So geben z. B. gerade Brechts Versuche, ältere Formen (Exempel-Rekurs) in einen neuen sozialen Kontext zu stellen, jenen einen verstärkt konkreten Bezug, dem Inhalt dagegen aber einen parabolisch-exemplarischen Charakter. Eine literaturgeschichtliche Funktion geschichtsphilosophischer Abstraktivität ist beispielsweise der Versuch, alle Formen wieder zugänglich zu machen, die ein realistischer Kunstanspruch der zweiten Hälfte des 19. Jahrhunderts abgesetzt hatte. – Vgl. Lehmann, Lyrik.

25 Vgl. Sengle, Biedermeierzeit zur rhetorischen Abstraktion.

26 Richter, Lyrik und Richter, Naturwissenschaft.

27 Neben aller speziellen Abstraktivität der Motive selbst (später besonders bei Eichendorff).

28 Vgl. Wuthenow, Leser; grundlegend Curtius, Lateinische Literatur; auch in diesem Zusammenhang sowie unter dem Quantifikations-Aspekt Reichmann, Herrschaft der Zahl, 36 u. ö.

29 Vgl. Thalmann, Stadt und Klotz, Stadt.
30 Opitz, *Der Spiegel der Welt* (Hederer, Barock, 21 f.) – vgl. auch Hofmannswaldau *Die Welt*: „Komm Seele, komm und lerne weiter schauen, /Als sich erstreckt der Zirkel dieser Welt." (ebd., 269 sowie die Beschreibung vollkommener Schönheit, ebd., 257). Vgl. Hart-Nibbrig, Spiegel.
31 Vgl. Angelus Silesius (Neumann, Epigramme, 75 u. ö.; auch *Ewiges Leben in der Zeit* (ebd., 199).
32 Angelus Silesius (Hederer, Barock, 194) sowie Simon Dach *Das große Licht* (ebd., 48 f.): „Ein Licht, durch das wir schauen,/ In Gottes Herz hinein [...]" und Andreas Gryphius *Betrachtung der Zeit* (ebd., 101), *An den Sternen* (ebd., 116).
33 Knorr von Rosenroth *Morgenandacht* (Hederer, Barock, 154 f.); Angelus Lilesius *Das Große im Kleinen* (ebd., 197); Kuhlmann (ebd., 200 ff.); Hanke (ebd., 277); Hunold *Über die Zeit* (ebd., 278); Günther *Der Seelen Unsterbligkeit* (ebd., 313 f.).
34 Vgl. zum Abschluß des hier untersuchten Zeitraums Immermanns *Chiliastische Sonette*; zur Utopie Biesterfeld, Utopie sowie Voßkamp, Utopie und Ueding, Utopie.
35 Zum Phänomen der Vergeistigung des Sinnlichen in der Kunst vgl. auch Glaser, Phantasie; darin bes. Klaus Laemann zur Abstraktion in der Diskursivität und zum Vorgang des Sehens als Abstraktion vom eigenen Körper; ferner s. Scherpe/Mattenklott, Literatur, 103 – s. dazu auch Schopenhauer und Nietzsche.
36 Eine besonders von Herder vielfach gebrauchte Figur. 37 Vgl. Worringer, Abstraktion.
38 Mikkola, Abstraktion, 111. 39 Dazu auch Thalmann, Stadt. 40 Bieser, Bild, 248.
41 Zum Verhältnis von Analogie und Induktion z. B. bei Musil vgl. Anton, Analogie.
42 Holz, Analogie, bes. 52.
43 Vgl. bes. Grassi, Macht des Bildes; s. auch Schöne, Emblematik.
44 Vgl. Holz, Analogie, 52 sowie Alewyn, Barock und Benjamin, Trauerspiel, 174 ff.
45 Ebenfalls Holz, Analogie und Goethes bekannte Unterscheidung von Allegorie und Symbol.
46 Dazu s. auch Blackall (Zur sprachlichen Abstraktion) sowie Lessing, *Wie die Alten den Tod gebildet* und Klopstocks dichterisches Verfahren.
47 Holz, Analogie, 52 ff. sowie Calin, Allegorie und Söhngen, Analogie; zum Symbol bes. die spätromantische Darstellung durch Creuzer, Symbolik; Mikkola, Abstraktion, 121 – 130.
48 Dazu und zum folgenden vgl. generell Blackall, Literatursprache.
49 Vgl. Doktor/Sauder, Empfindsamkeit.
50 Das Phänomen wiederholt sich in der Vormärzliteratur.
51 Eine Entwicklung, die sich bis in die moderne Literatur fortsetzt (vgl. die Vielzahl von expressionistischen und Gedichten der jüngsten Zeit, die nur aus Abstrakta bestehen).
52 Vgl. Sengle, Formenlehre. 53 Hocke, Manierismus, 301.
54 Blackall, Literatursprache, 126; vgl. auch Windfuhr, Barocke Bildlichkeit.
55 Blackall, Literatursprache, 151; auch Windfuhr, Barocke Bildlichkeit.
56 Blackall, Literatursprache, 152 ff. 57 Blackall, Literatursprache, 164 f.
58 Blackall, Literatursprache, 178. 59 Blackall, Literatursprache, 205 f.
60 Blackall, Literatursprache, 281 ff. 61 Blackall, Literatursprache, 253.
62 Blackall, Literatursprache, 253; s. auch 255 – 257. 63 Blackall, Literatursprache, 260.
64 Blackall, Literatursprache, 264 u. ö.
65 Diese Voraussetzung impliziert auch den epochenübergreifenden Kampf gegen die Abstraktion, ob bei den genannten Autoren, bei Hamann, Herder oder Hölderlin.
66 Vgl. Nivelle, Gattungen und Scherpe, Gattungspoetik. 67 Scherpe, Gattungspoetik, 7 ff.
68 Wellek/Warren, Theorie der Literatur, 249; dazu auch Scherpe, Gattungspoetik.
69 Vgl. Scherpe, Gattungspoetik, 140.
70 Scherpe, Gattungspoetik, 105 ff. sowie Behrens, Einteilung, 180 ff.
71 Sengle, Formenlehre, 14 ff. 72 Sengle, Formenlehre, 15.
73 Maler, Versepos, 367. 74 Maler, Versepos, 401.
75 Grimminger, Roman, 635 ff.
76 Schon Mitte des 18. Jahrhunderts unter englischem Einfluß, vor allem dem Sterne's.
77 Vgl. dazu besonders Hahl, Reflexion.

78 Die Abstraktion von der Abstraktion ist scheinbar konkret.
79 Hegel, Ästhetik, 205. 80 Vgl. vor allem Seiffert, Concretum.
81 Irreversible und zyklische Abstraktion.
82 Hamann, Briefe II sowie Lessings ‚Literaturbriefe' (Werke V, 114).
83 Vgl. Herder, Sämtliche Werke XXIV, 119 sowie Kayser, Vers und Storz, Vers.
84 Proß, Lyrik, 549. 85 Proß, Lyrik, 547. 86 Proß, Lyrik, 547 f.
87 Proß, Lyrik, 552 ff. 88 Proß, Lyrik, 560. 89 Proß, Lyrik, 564.
90 Vgl. dazu Jäger, Lehrgedicht sowie Albertsen, Lehrgedicht und Promies, Lyrik, 569 ff.
91 Vgl. dazu Scherpe, Gattungspoetik; Behrens, Einteilung und historisch bes. Vischer, Ästhetik, 3. Teil, 2. Abschnitt, 3. Gattung: §§ 884 – 886.
92 Zur Lyriktheorie und Abstraktion s. Herder, Sämtliche Werke XXVII, 16, 182; XXXII, 85, 148: maßgeblich seine beiden Aufsätze von 1764 über die Ode und der *Versuch einer Geschichte der lyrischen Dichtkunst* – dies gilt noch bis zu Weisse 1830, zu den Hallischen Jahrbüchern 1840 – 1843, Fontane 1853, Carrière 1854. Zur Problemgeschichte der Lyrik im 17. und 18. Jahrhundert vgl. vor allem Kemper, Gottebenbildlichkeit – anhand der ‚verdeckten Rezeption' kann im übrigen deutlich gemacht werden, wie sehr Herder mit der Aufklärung verbunden ist.
93 So auch in der sogenannten Gedankenlyrik der Klassik, in der eine philosophisch-rhetorische Intellektualität den Stoff beherrscht.
94 Der Gebrauch des Liedes z. B. deutet auf eine versuchte Abwehr sowohl der reflexiven Subjektivität als auch der rationalistischen Abstraktion des frühaufklärerischen Lehrgedichts (vgl. Herder, Sämtliche Werke I, 406 sowie Klassen, Logik – bis zu Feuerbach und den Hallischen Jahrbüchern 1842).
95 Der onomatopoetische oder stoffunabhängige Klang des romantischen Gedichts wird durch Heine rhetorisiert, um im vormärzlichen ‚Kampfgedicht' sozialpolitisches Fanal zu werden.
96 Vgl. romanische Formen wie das Triolett, das neue Auftreten des Sonetts bei A. W. Schlegel, Platen u. a.; s. dazu auch Pickerodt, Epochen VI sowie Schillemeit, Epochen VII.
97 Goethes Alterlyrik ist – trotz der zahlreichen gnomischen Elemente und neben seiner Symboltheorie – vom Versuch geprägt, der Abstraktion zu entgehen. Letztlich ist auch die Spruchdichtung selbst dieser Abstraktionsflucht zuzurechnen, die entschieden geschichtsphilosophisch empfunden wird. Vgl. auch die exotischen Gegenstände in der Dichtung von Sealsfield bis Rückert sowie Eichendorffs und Immermanns Bewußtsein der Epigonalität.
98 Überhaupt signalisiert die Verwendung des lyrischen Zyklus bei Lenau, Grün, Meißner, Heine eine neue Tendenz, in der die romantische Gleichsetzung von ‚abstrakt' und ‚absolut' aufgehoben wird in einer objektivistischen Relativierung des lyrischen Sprechens. Die Gültigkeit der lyrischen Aussage ergibt sich hier weniger aus dem Selbstwertgefühl des lyrischen Ich als aus der Gültigkeit des poetischen Gegenstandes.
99 Es würde zu weit führen, das antike Drama, mittelalterliches Mysterienspiel und humanistisches Schuldrama unter diesem Gesichtspunkt zu untersuchen. Überdies ergibt sich eine sachliche Eingrenzung: Bis zum 16. Jahrhundert ist das Drama weniger Ausdruck einer eigenen geschichtstheoretischen Standortbestimmung als eines scheinbar unzerstörbaren Kanons religiöser und sittlicher Werte (von der griechischen Nemesis bis zum christlichen Schuldbegriff). Solcher übergeordneten Sicherheit der transzendenten Bestimmung und der daraus abgeleiteten kultischen Typologie und Funktion des Dramas entsprechen selbstverständlich auch seine einzelnen Elemente: Regulierung des Dialogs (stichomythische Wechselrede), Gerichtstopik, Heldencharakteristik, Stilhöhe etc.
100 Vgl. dazu Hasler, Drama.
101 Besonders Schiller, über die neuzeitliche Funktion des Chors; vgl. Sengle, Braut von Messina.
102 Bastian, Mummenschanz sowie Huizinga, Herbst; s. auch Simm, Fest, 406 ff. und die dort angeführte Literatur. Auch im sogenannten Schuldrama (vom lateinischen Drama über Wickram, noch in der Theorie Hamanns verfestigt, Werke V, *Briefe über das Schuldrama*; vgl. auch Herder, Sämtliche Werke II, 311) zeigt sich eine Abstraktivität, eine Schematisierung der Figurenkonstellation bzw. die Auflösung des Handlungsbegriffs zugunsten einer reflektierenden Passivität (des Entweder-Oder; schematische Charakterisierung und Konstellation) – zur schematischen Konstellation gehört auch das ad-spectatores-Sprechen sowie der Prolog, der vom Inhalt abstrahiert.
103 Benjamin, Trauerspiel, 145 f. u. ö. sowie Sengle, Historisches Drama, 12 u. ö.

104 Meyer, Theater, 200 sowie Sengle, Historisches Drama, 18.
105 Schulte-Sasse, Drama, 443 ff., 457 sowie Proß, Konkurrenz.
106 Vgl. Scherpe/Mattenklott, Literatur sowie Szondi, Trauerspiel.
107 Schulte-Sasse, Drama, 467.
108 Vgl. den Briefwechsel zwischen Mendelssohn und Lessing über das Trauerspiel.
109 Vgl. Anm. 3.
110 Vgl. Sengle, Historisches Drama, 57 – 59, 104 u. ö. – gegen Goethes klassische Definition in *Wilhelm Meisters Lehrjahren* V, 7 – gegenüber der klassizistischen und der klassischen läßt sich auch eine romantische Abstraktion im Drama konstatieren: in der Auflösung der sinnfälligen Realbeziehungen, in der Neudefinition des Begriffs der Komödie, bes. bei Tieck; vgl. Thalmann, Stadt und Kayser, Groteske – auch Sengle, Braut von Messina, 97, 100, 102, 108 f.
111 Lämmert, Verkündigungsdrama, 141; vgl. auch Brinkmann, „Abstrakte" Lyrik, 88-91 sowie den gesamten Band von Steffen, Expressionismus; zu weiteren abstraktiven Tendenzen im modernen Drama s. Mittenzwei, Drama.
112 Bes. bei Botho Strauß, in dessen Theaterstücken selbst verzweifeltes Agieren nicht von der Passivität, einer nicht nur gesellschaftlich, sondern auch metaphysisch gedachten, erlöst. Eine starke Abstraktivität findet sich in der Inszenierungstechnik der sechziger Jahre.
113 Klotz, Geschlossene Form, 30. 114 Klotz, Geschlossene Form, 106 f.
115 Sengle, Formenlehre zur vierten Gattung, s. Anm. 52.
116 Gattungstrias besteht seit der Antike, vgl. Sengle, Formenlehre (Anm. 48).
117 Sengle, Formenlehre (Anm. 48). 118 Jäger, Lehrdichtung, 500.
119 Jäger, Lehrdichtung, 501. 120 Jäger, Lehrdichtung, 502.
121 Jäger, Lehrdichtung, 510. 122 Das hat allerdings seine Tradition seit der Renaissance.
123 Jäger, Lehrdichtung, 528. 124 S. oben zur ‚Lehrode'.
125 Vgl. auch Dithmar, Fabel. 126 Jäger, Lehrdichtung, 535 ff.
127 S. oben zum ‚Bild'. 128 Lessing, Werke V, 382 f.
129 Jäger, Lehrdichtung, 541. 130 Jäger, Lehrdichtung, 543.
131 Hermand, Formenwelt, 79. 132 Vgl. Sengle, Biedermeierzeit.
133 Hermand, Formenwelt, 86.
134 Vgl. Requadt, Lichtenberg, 136 – das ‚Rätsel' der Frühaufklärung kann noch als Kurzfassung eines Systems gelten; zum Aphorismus vgl. auch Schalk, Moralisten I, Einleitung.
135 Das barocke Epigramm, dessen pointierte Symmetrie der in ihm oft verwendeten Spiegelmetapher entspricht, ist eine Erscheinungsform der strukturellen Gleichheit von Abstraktum und Konkretum. Die Auflösung der Pointe in der aufklärerischen Epigrammatik korrespondiert dem aufkommenden Zweifel an der Zuverlässigkeit metaphysisch-statischer Abstraktionsvorstellungen. Die Epigramm-Theorien Lessings und Herders eröffnen die beiden grundsätzlichen Möglichkeiten, aus dieser Kritik eine neue, eine historisch-systematische Theorie des Epigramms zu erstellen. Die Ablösung abstrakter, zweckgebundener Epigrammatik durch den individuelleren Aphorismus mit all seinen Schattierungen belegt exemplarisch den Einfluß und die Geltung der Abstraktionstheorien innerhalb der Dichtungslehre. Insbesondere ist hier auf die Literarisierung der Epigrammthematik hinzuweisen, die zu bestimmten Zeiten (Klassik insbesondere) das Epigramm eindeutig auf eine geschichtsphilosophische Situation bezieht.
136 Vgl. Nürnberger, Fontanes Briefstiel, 165. 137 Vgl. Feilchenfeldt, Romantik; Bohrer, Brief.
138 Vgl. Neumann, Autobiographie sowie Wuthenow, Autobiographie und Sloterdijk, Autobiographie.
139 Tismar, Idylle.
140 Vgl. auch die Utopie als Genre; s. Anm. 32. Die Aufzählung scheinbar heterogener Elemente zur Beschreibung des Abstraktionsvorgangs hat ihre Berechtigung, steht aber natürlich in der Gefahr der Nivellierung.
141 Vgl. den Heine-Börne-Streit sowie die literarischen Intentionen der ‚wahren Sozialisten'.
142 Sauder, Gelehrtenrepublik sowie Sauder, Moralische Wochenschriften.
143 Vgl. Scherpe/Mattenklott, Literatur.
144 Vgl. Hauser, Sozialgeschichte sowie Jäger, Politische Kategorien, 8.

145 Weitere Probleme wären: Erhebung in den Adelsstand, Schriftstellervereinigungen, scheiternde Selbstverlage, die teils zu unkonkret waren, wie Lessings und Bodes Bemühungen in Hamburg. Der Adel des Ästhetischen setzt sich bekanntlich mit all seinen – auch fatalen – Derivaten bis weit ins 20. Jahrhundert fort.

146 Scherpe, Gattungspoetik, 4 – die Versuche des 17. und des 18. Jahrhunderts, eine Gattungspoetik zu erstellen, sind geprägt von abstraktivem Vorgehen: „Es ist ein allgemeiner Grundsatz der klassizistischen Anschauung, daß die Gatungen etwas voneinander Gesondertes sind und auch gesondert gehalten werden sollen." (Wellek/Warren, Theorie der Literatur, 249) Diese Sonderung erfolgt durch Abstraktion, durch Merkmalsklassifikation, sei sie formaler, stofflicher oder zweckbestimmter Art. – Eine Analyse der Beziehung von thematischem, gegenstandsbestimmtem und methodologischem Abstraktionsbegriff könnte dazu beitragen, das wissenschaftstheoretische Selbstverständnis der historischen Literaturtheorie sowie der modernen Literaturwissenschaft aufzudecken, wenn es gelänge, die Phasen der Koinzidenz und des Gegensatzes als Prozeß durchsichtig zu machen. Vgl. Caudwell, Illusion, 156: Wissenschaft und Kunst „bilden eine vollständige, leere Welt – eine abstrakte Welt, die nur durch die Einbeziehung des konkreten Lebens der konkreten Menschen, von denen sie geschaffen werden, gefestigt und lebendig wird." Nach der Kritik an der Metaphysik wird Abstraktion zunächst auf das Methodenelement eingegrenzt. Ihr Einfluß erweitert sich jedoch mit dem Ausgreifen von Methodenfragen (Verlust der Spontaneität, Bedrohung der Alltagswelt durch Methodik). So weist die Abstraktion in ihrer totalen Übersteigerung letztlich wieder aus der Wissenschaft hinaus und fordert den außerwissenschaftlichen Zugang auf das Wissenschaftliche.

147 Über den Begriff der Kritik hängt selbstverständlich auch die konkrete Literaturkritik mit der Abstraktion zusammen.

148 Pfaffenberger, Blütezeiten, 161.

149 Dieser Tatbestand ist Anlaß zur vorliegenden Arbeit. Die Tatsache der Verdrängung des Abstraktionsproblems ist offensichtlich, entgegen der eigenen wissenschaftlichen Methode der Literaturwissenschaft und sogar angesichts bestimmter Schübe innerhalb der Wissenschaftsgeschichte, von der Organologie, der Geistesgeschichte über die immanente Interpretation zu Strukturalismus und Strukturgeschichte.

II. Untersuchungszeitraum

1 Koselleck, Kritik, 86 ff. 2 Koselleck, Kritik, 90.

3 Koselleck, Kritik, 85. 4 Wild, Stadtkultur, 114 ff. u. ö. Sauder, Gelehrtenrepublik, 219 ff.

5 Grimminger, Sozialgeschichte, 22.

6 Die bei Schopenhauer verengte Bedeutung des Begriffs der Abstraktion als Verfahren, Gedankliches, Allgemeines zu produzieren, hat sich im allgemeinen Sprachgebrauch durchgesetzt; vgl. Duden, obwohl es sich eigentlich nur um eine Teilbedeutung, also um ein spezielles Abstraktions*ergebnis*, handelt. Der Sprachgebrauch setzt damit eine philosophische Entwicklung fort, wie sie seit der Abstraktionskritik durch den Empirismus im frühen 18. Jahrhundert geläufig wurde.

7 Kant, Logik, § 16 (IV, 108 f.). 8 Vgl. Rüsen, Ästhetik.

9 Koselleck, Kritik, 133, 154. 10 Grimminger, Sozialgeschichte, 17 ff.

11 Rüsen, Geschichtsschreibung, 39 f. 12 Scheler, Wissenschaft, 68.

13 Rüsen, Historik, 197.

III. Struktur des Verlaufs

1 Vgl. Koselleck, Kritik, 86 ff. 2 Vgl. Benjamin, Kunstkritik, 46.

3 Schlegel. Literary Notebook, 23 (Nr. 39).

4 Vgl. Koselleck, Kritik sowie Ritter, Wörterbuch III: Art. ‚Geschichtsphilosophie' sowie Krings, Handbuch IV, Art. ‚Philosophie', bes. 1081.

5 Zur Rezeptionsästhetik s. Jauß, Literaturgeschichte; Link, Rezeptionsforschung; s. auch die Kritik an der Rezeptionsästhetik von Naumann, in: Weimarer Beiträge 8. 1974. Hier wäre auch der Ort, um

Kritik zu üben an der Vorstellung von einem allzu direkten Ineinandergreifen von Rezeption und Tradition, wie es bestimmte Gruppen in der Rezeptionsästhetik postulieren.

6 Vgl. Grimminger, Sozialgeschichte, 71.

7 Bucher, Realismus.

8 Vgl. Janota, Wissenschaft, 7 – 11 sowie insbesondere Bölsche, Poesie und Scherer, Poetik.

9 bes. die Scaliger-Kritik durch den Sturm und Drang.

10 Vgl. Abschnitt C I zur Antike. 11 Vgl. Sandkühler, Schelling.

12 Vgl. oben zum Autonomiebegriff, Anm. 1 (Kapitel Erscheinungsformen).

13 C I zur platonischen Chorismos-Theorie. 14 Lec, Spätlese, 61.

15 Unter den ‚reinen' Disziplinen sollen hier verstanden sein die wissenstheoretischen Gattungen, die wissenskonstitutiv sind für den einzelnen und allgemein; demgegenüber stehen die ‚angewandten' Disziplinen, die konstituiertes Wissen verarbeiten, es aber nicht im einzelnen produzieren. Die ersten sind sozusagen die bewußtseinstheoretischen, die anderen die anthropologisch extrovertierten Gattungen. Die Pole werden je gebildet von formaler Logik auf der einen und Geschichtswissenschaft auf der anderen Seite; eine funktionelle Mittelstellung nimmt die Anthropologie ein: Logik bestimmt die Wissensgesetze aus sich heraus, Kulturanthropologie insbesondere ist bestimmt durch Umweltfaktoren im weitesten Sinne (vgl. Mühlmann, Kulturanthropologie, 11). Damit ist die grundsätzliche anthropologische Fähigkeit des Menschen angesprochen; vgl. Plessner, Anthropologie, 6 sowie Lorenzen, Mathematik, 257.

16 vor allem philosophische Ethnologie.

17 vor allem die Arbeiten von Adorno und Horkheimer, Hans Blumenberg, Norbert Elias, Jürgen Kocka, Hans-Ulrich Wehler, Günter Dux, Jürgen Habermas, Niklas Luhmann, Wolf Lepenies, Dietmar Kamper, Karel Kosik, Anton Zijderveld u. a.

18 Glockner, Gegenständlichkeit, 287; vgl. auch Oeser, Abstraktion, 8.

19 Oeser, Abstraktion, 452.

20 Vgl. Koselleck, Kritik, 86 ff., bes. 90; die Kritik durch B ist die Negation der Prädikation durch A = Konkretionsversuch gegenüber der Abstraktion von A. Nicht nur ist der Begriff der philosophisch-wissenschaftlichen Kritik selbst maßgeblich von der Auseinandersetzung um die Abstraktion bestimmt, sondern diese artikuliert sich auch im Verhältnis von Schulphilosophie und ‚wissenschaftlichen Revolutionen'. Vgl. Bormann, Kritik: „So ist zwar Kritik gegeben mit Sprache überhaupt und entfaltet sich in ausgezeichnetem Maße mit Philosophie, aber dennoch ist Kritik in pointierter Weise ein Begriff der Neuzeit." (810) Und zur historischen Verschärfung: „Die wirkungsträchtige Kritik, die unsere Zeit fast total bestimmt und in dieser Totalität ihr ursprünglich nur kritisches Motiv längst hinter sich gelassen hat, ist die Wissenschaft, verstanden als die methodisch ermittelte demonstrative Gewißheit durch Reflexion, die von allen Vorgegebenheiten abstrahiert." (816) Vgl. auch Bormann, Ursprung - die hier vorgetragenen Überlegungen beziehen sich auch auf Ergebnisse eines Münchner Hauptseminars von Hermann Krings im WS 1969/70.

21 Vgl. Kuhn, Revolutionen sowie Stegmüller, Rekonstruktion.

22 Bes. Frege, Abstraktion. 23 Fichte, Wissenschaftslehre, 60.

24 In Schellings Identitätsphilosophie an zahlreichen Stellen, bes. System, 102 ff..

25 Bei Kant ist die Abstraktion „negative Aufmerksamkeit" (*Negative Größen*, 2. Abs. 1; V 1, 97)

26 So wird nicht selten ‚feudal' mit traditioneller Abstraktheit gleichgesetzt, so Hauser, Sozialgeschichte und Oeser, Abstraktion.

B. Abstraktion als System

I. Abstraktion im System... I

Die Kapitel ‚Abstraktion im System I und II' dienen dem Aufweis eines stets zu gewärtigenden Einflusses der einzelnen Wissenschaftsdisziplinen untereinander sowie deren Einfluß auf die systematische wie historische Struktur von Literatur. Nützlich im Sinne einer ‚Kulturgeschichte der Dichtung' wären Spezialuntersuchungen sowohl theoretischer Art, mit einem wissenssoziologischen Ansatz zum Problem der wechselseitigen Erhellung der Disziplinen und Künste, als auch in historischer Hinsicht, indem z. B. der Einfluß von Rechtsphilosophie auf Literatur unter dem Abstraktionsaspekt, derjenige der Ethik, der Theologie, der Mythologie, der Naturwissenschaften etc. im geschichtlichen Verlauf verfolgt würde. Dies alles kann im systematischen und historischen Teil der vorliegenden Arbeit nur angedeutet und allenfalls punktuell ausgeführt werden; ihr Zweck liegt im Hinweis auf eine bisher kaum untersuchte Problematik und in der Beschreibung des weiten Spektrums, in dem diese erscheint. Die Arbeit soll eine Perspektive eröffnen, mit deren Hilfe teils neue und vor allem erhellende systematische wie historische Zuordnungen möglich werden. Die Fülle der Fragen, die sich während der Arbeit ergeben haben und die hier keineswegs sämtlich beantwortet werden können, zeigt jedenfalls, wieviel eine Bewußtseins- und Institutionengeschichte der Literatur zu leisten vermag, auch wenn sie kaum neue Quellen erschließt. Daß diese Art der literaturgeschichtlichen Betrachtung sich selbst in der abstraktiven Strukturlogik der Geschichte sieht, ist nur folgerichtig; daß sie in vieler Hinsicht auf Kritik und Widerspruch stößt, ist unvermeidlich und nützlich für eine weiterführende, vertiefende und modifizierende Diskussion.

1 Vgl. Lorenzen, Methodisches Denken.

2 Vgl. Link, Abstraktion: Abstraktion als ‚etwas von etwas abziehen' enthält eine syntaktische Doppelrichtung im ‚wegsehen von etwas' und im ‚Hinblick auf etwas'; vgl. auch dasDefinitionskapitel.

3 Harbeck, Logik, 12. 4 Lorenzen, Logik, 145 ff.

5 Seiffert, Wissenschaftstheorie I, 40. Abstraktion ist in der modernen Logik nicht zur Bildung von Begriffen aus der Erfahrung geeignet, wie z. B. Locke behauptete, sondern sprachtheoretisch orientiert: sie dient der Zuordnung von Abstraktoren und konkreten Termen (relational in der Prädikatenlogik, vgl. Mittelstraß, Wissenschaft) oder als Zuordnung von theoretischen Termen und konkreten Normen wie in der Mengenlehre (vgl. Leinfellner, Erkenntnistheorie).

6 Mittelstraß, Wissenschaft, 150; vgl. auch 71: zum Verhältnis Erfahrung und Prädikation sowie Seiffert, Wissenschaftstheorie I, bes. 26: zur Zuordnung von ‚Eigenschaft', ‚Relation', zu ‚Prädikation'; s. auch Rossi-Landi, Semiotik.

7 Zu Zeichentheorie und Abstraktionismus vgl. Art. ‚Abstraktion' in: Krings, Handwörterbuch I sowie Seiffert, Wissenschaftstheorie I, 81, 89 und Morris, Zeichentheorie; Rossi-Landi, Semiotik; Foucault, Diskurs; ferner Froebel, Logik, 15 f., 27 f. Zu Frege (vgl. auch Speck, Grundprobleme), 31 41, 55 (Dilemma der Abstraktionsverwendung); s. auch Vuillemin, Abstraktion sowie Richter, Logik, 45; zur Intension/Extension: Philosophie der idealen Sprache, 15, 24 f. zu Quine, 11 zu Russell, 26 f. zum Nominalismus; ferner Harbeck, Logik; Lorenzen, Methodisches Denken; Scholz, Logik; Menne, Logik; Stegmüller, Metaphysik und Wissenschaftstheorie sowie Lorenzen, Logik. – Einige der folgenden Anmerkungen enthalten lediglichHinweise auf Titel, in denen bestimmte Aspekte der Abstraktion vertieft und weitergeführt werden könnten. Sie sind für eine eingehendere Beschäftigung mit dem Thema aufgenommen worden.

8 Klaus/Buhr, Wörterbuch II, 809.

9 Menne, Logik, 73 f..

10 Schnelle, Sprachphilosophie, 153 f.

11 Zugleich zeigt die Deutung der Abstraktion in einem operationalen Sinn die pragmatische Seite auf.

12 Mittelstraß, Wissenschaft, 150 vgl. auch Ritter, Historisches Wörterbuch I, 63: „Der Terminus ‚A' dient in der modernen Logik zur Bezeichnung einer logischen Operation, mit der durch *invariantes* Sprechen über Gegenstände neue Gegenstände konstruiert werden. Gegenstände, von denen man

dabei ausgeht, heißen *konkret*, die gewonnenen neuen Gegenstände *abstrakt*." – Es kann hier nicht die Aufgabe sein, die Abstraktion im gesamten Bereich der neueren Logiktheorien darzulegen. Die Erwähnung einiger Definitionen dient lediglich der heuristischen Grundlegung und Abgrenzung eines für die Untersuchung der Literaturgeschichte zu enbtwickelnden Abstraktionsbegriffs. Vgl. das Definitionskapitel. – Zur Geschichte der Logik zusammenfassend Risse, Logik und Kneale, Logic; Prantl, Logik.

13 Zum Verhältnis von Poetik und Logik in der Aufklärung vgl. Klassen, Logik. – Das hier angesprochene historische Spektrum reicht von der Aufklärung bis zum Symbolismus.

14 Vgl. das Definitionskapitel.

15 Der Begriff der Negation ist auch in philosophiegeschichtlicher sowie in geschichtsphilosophischer Hinsicht ein Zentralbegriff: Philosophische Kritik ist die Negation der vorausliegenden Position; vgl. oben Einleitung sowie Adorno/Horkheimer, Dialektik der Aufklärung. Hier wären ‚Wortfelduntersuchungen' heranzuziehen.

16 Vgl. Nietzsche, Sämtliche Werke VII, 173: die dionysische Allgemeinheit als Erlösung und Bejahung.

17 Vgl. Klassen, Logik; Baeumler, Irrationalitätsproblem: Gaede, Logik; Fallbacher, Zweck; Schmidt-Biggemann, Topica.

18 Vgl. Russell; Whitehead, Principia mathematica. – An Spezialuntersuchungen vgl. Wundt, Abstrakte Begriffe; Scholz-Schweitzer, Abstraktion; Weinberg, Abstraktion. Zum logischen Positivismus vgl. Dürr, Positivismus sowie Peirce/James/Schiller/Dewey, Pragmatismus; zur Kritik der logischen Konstanten s. Lenk, Kritik; zur transzendentalen Logik vgl. Krings, Logik; zur traditionellen Logik s. Erdmann, Logik; Wundt, Logik; Strombach, Gesetze; Kries, Logik; Drobisch, Logik; Wildschrey, Syllogistik; Leisegang, Philosophie; Bochenski, Studien sowie Logik; vgl. ferner Husserl, Logische Untersuchungen; Huxley, Works; Quine, Logical point; Essler, Logik; Strombach/Emde/Reyersbach, Logik; Essler Analytische Philosophie; Beth, Symbolische Logik; Berka/Kreiser, Logik; Käsbauer, Logik; Hasenjaeger, Logik; Carnap, Logik; Schütte, Beweistheorie; Hilbert/Ackermann, Logik; Bocheński/Menne, Logistik; Lorenzen, Operative Logik; Fraenkl, Logik. Auch die Grundlegung der Mathematik erfolgt über Abstraktion; vgl. Lorenzen, Metamathematik sowie zum Einfluß von Mathematisierungstendenzen in die Lebenswelt Frey, Mathematisierung 40, 45; ferner Becker, Mathematische Denkweise und zur Geschichte Becker, Grundlagen sowie Hilbert/Bernays, Grundlagen; Schmidt, Mathematische Gesetze; Scholz/Hasenjaeger, Grundzüge; über den Identitätsbegriff in der Mathematik Taureck, Mathematische Identität; zur Methodologie Ruzavin, Mathematisches Wissen; zur Philosophie Körner, Mathematik; zum 17. und 18. Jahrhundert De Angelis/Risse/Tonelli, Mathematische Methode; sowie zur Anthropologie Lorenzen, Mathematik; zur mathematischen Logik Quine, Logic; Churd, Mathematical Logic; Hermes, Mathematische Logik; Westerstähel, Model theory; speziell und einführend Rinkens, Abstraktion, bes. 9 f., 20-22. Die Rolle der Abstraktion in den einzelnen historischen Sprachtheorien wird am jeweiligen geschichtlichen Ort der Arbeit untersucht; hier soll lediglich auf einige grundsätzliche Fragen eingegangen werden.

19 Zur Geschichte vgl. Schottel 1641; Harsdörffer 1651; Leibniz 1670/80; Gottsched 1748; Herder 1773 (Werke I, 229; XXIII, 81; II, 346); Fichte, Werke VIII, 312: Gesicht wird vom Gehör abgelöst; Signalcharakter reduziert die Sprache auf das reine Zeichen; G. H. Schubert 1808; Stolberg 1810; Kanne 1818; Arndt 1818; Jacob Grimm 1804/19; W. von Humboldt 1820 – 1835; Jochmann 1828; Uhland 1870.

20 Vgl. Seiffert, Wissenschaftstheorie I, 40; Bach, Sprache; de Saussure, Sprache, 163 sowie Fränkel, Abstrakta; Mikkola, Abstraktion; Hempel, Abstraktum; vgl. Schnelle, Sprachphilosophie.

21 Whorf, Sprache, 103 f. sowie Chomsky, Syntax.

22 Hempel, Abstraktum, der eine gefährliche Ontologisierung der Sprache vornimmt, bes. 137.

23 Hempel, Abstraktum, 144 sowie 147 mit der Überlegung, daß nicht alles, was als Abstraktion in der Sprache angesehen wird, es dem Denken nach auch tatsächlich ist – vgl. auch Buyssens, Abstrakt; Ermecke, Abstrakta; Porzig, Abstrakta.

24 Eco, Kunstwerk, 46.

25 Coseriu, Synchronie, 7 f. sowie 11: „[...] die Sprache, die sich nicht wandelt, ist die *abstrakte Sprache* [...]"; vgl. auch 77 zur ‚extensiven' und ‚intensiven Allgemeinheit'.

26 Bayer, Abstraktion, 77, 79-82.

27 Bayer, Abstraktion, 80; vgl. auch 84 f. über die ideologische Bestimmtheit des sprachlichen Stereotyps sowie 93 f. über die Gefahr, daß die Entlarvung von Abstrakta und Stereotypen zu neuen führt; ferner vgl. Gustafsson, Sprache, bes. 110 ff. und insgesamt zur Sprachphilosophie des 19. Jahrhunderts – vgl. im weiteren Foucault, Diskurs; Morris, Zeichentheorie; Rossi-Landi, Semiotik; Montague/Schnelle, Grammatik; Lorenz, Sprachkritik; Searle, Sprechakte; Chomsky, Sprache; Savigny, Sprache; Chomsky, Syntax; Apel, Sprachanalytik; Gerhardt, Sprachphilosophie; Trier, Wortschatz; Strawson, Sprachphilosophie; Koch, Linguistik; Kloepfer, Poetik; Weinrich, Negativität; Helbig, Sprachwissenschaft; Marx, Sprache; Henle, Sprache; Schaforschik, Sprache; Heintel, Sprachphilosophie; Frey, Sprache; Schmidt, Zeichen; Martinet, Sprachwissenschaft; Otto, Sprachwissenschaft; Hankamer, Sprache; Müller, Sprache; Marty, Sprachphilosophie; Saumjan, Linguistik; Mauthner, Sprache; Matthes, Sprachform; Christmann, Sprachwissenschaft; Altmann/Lehfeld, Sprachtypologie; Hönigswald, Sprache; Schneider, Sprache; Kutschera, Sprchphilosophie; Bayerdörfer, Poetik; Weisgerber, Sprachwissenschaft; Arens, Sprachwissenschaft; Schober, Sprache;Martinet, Linguistik; Helbig, Sprachwissenschaft; Stenzel, Sprache; Katz, Sprache; Simon, Sprache; Patzig, Sprache; König, Sprachphilosophie; Lipps, Sprache; Simon, Linguistische Theorie; Eschbach, Zeichen; Hirt, Sprache; Schiwy; Zeichensysteme; Raul, Sprachgeschichte; Fietz, Strukturalismus; Piaget, Strukturalismus; Wahl, Strukturalismus; Eco, Semiotik; Krenn, Transformation; Lyons, Linguistik; Brekle, Semantik; Breuer, Texttheorie; Huber/Kummer, Syntax; Immler, Syntax; Schmidt, Texttheorie; Palmer, Grammatik; Plett, Textwissenschaft; Ollmann, Semantik; Schaff, Sprache; Savigny, Sprache; Dittmar, Soziolinguistik; Hund, Strukturalismus; Glinz, Grundbegriffe; Grewendorf/Meggle, Linguistik; Dressler/Schmidt, Textlinguistik; ten Cate/Jordens, Perspektiven; Silbermann/Krüger, Massenkommunikation; Finck, Sprachbau; Broekman, Strukturalismus; Langacker, Sprache; Siewerth, Sinne; sowie Oeser, Abstraktion und Mikkola, Abstraktion; ferner Couturat/Léau, Langue; Chvatik, Strukturalismus; Adorno, Jargon; Simon/Amon, Thesen; Cherubim, Sprachwandel.

28 Oeser, Abstraktion, bes. 79. 20 Oeser, Abstraktion, 97.

30 Oeser, Abstraktion, 98; vgl. ferner Arsleff, From Locke.

31 Vgl. Seiffert, Wissenschaftstheorie; Mittelstraß, Wissenschaft; Lorenzen, Methodisches Denken; Kutschera, Wissenschaftstheorie; Leinfellner, Struktur; Leinfellner, Theorie; Betti, Hermeneutik; Gadamer, Wahrheit; Habermas, Erkenntnis; Hönigswald, Abstraktion; Bubner, Dialektik; Stichweh, Entstehung.

32 Bühl, Wissenschaftssoziologie; Gadamer, Wahrheit.

33 Mittelstraß, Wissenschaft, 60. bes. auch 56 ff. 34 Kutschera, Wissenschaftstheorie II, 494.

35 Kutschera, Wissenschaftstheorie II, 476 ff., insbes. 488.

36 Vgl. Mittelstraß, Wissenschaft zum ‚Abstraktor' sowie Kutschera, Wissenschaftstheorie II, 498; Abstraktion ist in allen Systemen enthalten, nicht nur in den dualistischen Welterklärungsmodellen, auch im Empirismus, hier vermeintlich zur Bildung von Begriffen – aber auch implizit als theoretisches Begründungsprinzip („das viel allgemeinere Verfahren einer impliziten Definition"). Begriffsbildung und Theorienkonzeption sind nicht unabhängig voneinander, sondern ein und derselbe Prozeß: Abstraktion ist ein Faktor bei der Bildung von Begriffen bzw. im Empirismus von Beobachtungstermen sowie ein Faktor der Theorienkonzeption und theoretische Voraussetzung von Modellen, die ihrerseits erst Begriffsbildung ermöglichen; vgl. auch Speck, Grundbegriffe I, 3 f.; ferner zur Wissenschaftsgeschichtsschreibung, die mit dem Abstraktionsparadigma arbeitet Kuhn, Struktur. Vgl. auch dasDefinitionskapitel.

37 Vgl. Diemer, Philosophie II. Ursache der Hermeneutik ist grundsätzlich die Reaktion auf systematisiertes wissenschaftliches Erklären; der hermeneutische Zirkel als Antisystem; vgl. W. von Humboldt sowie Droysen, Historik: „Wir haben nicht genetisch zu *erklären*, sondern forschend zu *verstehen*."

38 Vgl. Heidegger, Sein und Zeit: „Verstehen ist das existenziale Sein des eigenen Seinkönnens des Dasein selbst."

39 Hermeneutik 1. als Kunst des Verstehens (Schleiermacher), 2. als Kunst*lehre* von Verstehen (Emilio Betti u. a.), 3. als allgemeine philosophische Hermeneutik = Teil der geisteswissenschaftlichen Wissenschaftstheorie (Gadamer). – Die Arten des Verstehens: 1. allgemeine menschliche Welt- und

Lebenseinstellung (Heidegger), Verstehen erfordert immer ein ‚Vorweg', einen ‚Entwurf', ein ‚Selbstverstehen', 2. objektive Arten des Verstehens a) in der Theologie, der typologische Auslegungssinn der Heiligen Schrift im Rahmen der fünf Auslegunssinne, b) philologische Hermeneutik (von Boeck, Wolff, Ast) als grammatisches Verstehen sprachlicher Objekte, als historisches Verstehen des Zusammenhangs, als individuelles, psychologisches Verstehen des Autors, als genetisches Verstehen der Gattungstypen, der stilistischen oder kompositorischen Elemente, c) als juristische Hermeneutik, der subjektiven Methode, den historischen Willen des Gesetzgebers, der objektiven Methode, den lebenspraktischen Willen des Gesetzes zu erkennen und zu verstehen. Von Savigny versuchte, diese systematische Integration, das Gesetz als Regel zu sehen, indem er es als logischen, grammatischen und historischen Bestandteil des Lebens erfaßte.

40 Die heutige Hermeneutik erfährt I. nach dem 1. Mensch-Verstehen und 2. dem Personen-Verstehen (Spranger), ausgerichtet an der Wertorientierung des zu Verstehenden und des Verstehenden. Das historische Verstehen (Simmel) sucht dem zu Verstehenden eine geschichtliche (Be-)Deutung zu geben, das Erlebnisverstehen (Dilthey) betont die Subjektivität, das Akt- und Handlungsverstehen (Max Weber) die soziale Integration des Gegenstandes, das Sprachverstehen die verbale Interaktion, das pädagogische Verstehen die Rolle der Erziehung und derentwicklungsgeschichtlichen Integrationsvorgänge. Als 3. Verfahren gilt das Situationsverstehen. Neben diesen Formen des personal bezogenen Verstehens gibt es II. das sogenannte Sachverstehen als 1. objektiver Geist, 2. objektivierter Geist, 3. das Ordnungs-Verstehen. Daneben steht III. das Verstehen in oder der Kulturbereiche, nach Emilio Betti gegliedert in: 1. rekognitives Verstehen, a. philo-logische, b. historische c. technische Auslegung, in 2. reproduktives Verstehen als a. Vortrag oder Übersetzung, b. musikalischer Interpretation, c. dramatischer Interpretation und 3. die Auslegung mit normativer Funktion in a. juristischer Auslegung, b. theologischer und c. psychologischer Auslegung. IV. Die subjektiven Arten des Verstehens (anthropologische Arten des elementaren einerseits und des höheren Verstehens andererseits) – Gliederung nach Dilthey – in 1. vitalem, 2. seelischem und 3. geistigem Verstehen oder 1. emotionales, 2. theoretisches und 3. praktisches Verstehen. (In der Existenzphilosophie gilt das Angesprochensein 1. in existenziellem und 2. existenzialem Verstehen.) – Grundsätzlich trennen sich die hermeneutischen Theorien in heteronome und autonome Auffassungen, in mittelbare (Dilthey, Husserl) und unmittelbare (Scheler) Erfahrungsweisen. Gegenüber dem Menschverstehen und Selbstverstehen stehen die Theorien des Theoretischen, das Erkennen des Erkannten (von Boeckh) und die Theorien des Praktischen als funktionale Auffassungen: 1. eine vom Objekt ausgehende poetische Auffassung (Dilthey und Romantik) des Nachschaffens oder Neuschaffens und 2. das vom Subjekt ausgehende engagierte, dogmatische oder neutrale Verstehen, gerichtet gegen eine Wertung im Verstehen der Werte. (Die Grundprobleme der Hermeneutik verweisen auf ihre immanente Systemanfälligkeit und Abstraktivität: so z. B. das Problem des hermeneutischen Zirkels (Diemer, Grundriß II, 48 f.): die Stufung des Verstehens, die Wahrheit des Verstehens, die Evidenz des Verstehens (Verifikation oder Falsifikation), Distanz oder Engagement, Verbindlichkeit und Grenzen des Verstehens. – Die Ziele der Hermeneutik als solche sind zweifellos einer Antiabstraktivität entsprungen: 1. Ahn(d)en, Fühlen, Sich-Einfühlen, Einstimmung, Intuition, 2. Verstehen als intel-legere, dazwischen lesen, Intellekt, Einsicht, Verstand als Vermögen des Verstehens, 3. Erklären als ex-plicari, Auseinanderfalten, Auslegen, Entwickeln; hier übrigens Zusammenhang mit der Geschichtsphilosophie als deuten, interpretari, als begreifen, comprehendere, umfassen, erfassen.

Zur Wissenschaftstheorie und -geschichte vgl. Diederich, Wissenschafts-Geschichte; Seiffert, Wissenschaftstheorie; Leinfellner, Wissenschaftstheorie; Pilz/Merleau-Ponty, Wissenschaftskritik; Feyerabend, Weltbild; Arnold/Hartmann, Geisteswissenschaft; Rothacker, Geisteswissenschaften; Lorenzen, Wissenschaftstheorie; Lorenzen, Methodisches Denken; Essler, Wissenschaftstheorie; Dobrov, Wissenschaftswissenschaft; Lenk, Wissenschaftstheorie, Diemer, Wissenschaften, Rupp, Wissenschaftstheorie; Bürgerliche Wissenschaftstheorie; Ströker, Wissenschaftstheorie; Wright, Erklären; Frühauf, Wissenschaft; Timm, Wissenschaftsgeschichte; Schüling, Axiomatische Methode; Kuczynski, Wissenschaft; Bühl. Wissenschaftssoziologie; Lay, Wissenschaftstheorie; Klüver, Operationalismus; Schäfer, Wissenschaften; Stegmüller, Wissenschaftstheorie; Carnap, Naturwissenschaft; Schulz, Verwissenschaftlichung; Rombach, Wissenschaftstheorie; Stegmüller, Aufsätze; Kambartel, Wissenschaftstheorie; Luhmann, Zweckbegriff; Seiffert, Bürgerliche Wissenschaft; Hirsch, Philoso-

phie; Bubner u. a., Hermeneutik; Menne, Methodologie; Kulenkampff, Methodologie; Gadamer, Wahrheit; Foucault, Ordnung; Günther, Marxismus; Hochstetter-Preyer, Beschreiben; Weyl, Philosophie; vgl. auch Meja/Stehr, Wissenssoziologie; Mannheim, Wissenssoziologie; sowie die speziellen Untersuchungen von Iljenkow, Dialektik; Bubner, Theorie; Heisenberg, Tendenzen; Erdmann, Abstraktion – sowie ferner Cassirer, Philosophie; Wohlgenannt, Wissenschaft; Schmidt, Bedeutung; Baron, Wissenschaftsgeschichte; Geiger, Wissenschaften; Grünwald, Soziologie; Rothacker, Einleitung; Laskowski, Geisteswissenschaft; Jöhr, Wissenschaftstheorie; Wiesenthal, Wissenschaftstheorie; Kaulbach, Beschreibung; Klaus, Kybernetik; Henke, Kritik; Lakatos/Musgrave, Kritik; Diemer, System; Theobald, Wissenschaftsphilosophie; Usinger, Wissenschaft; Haller/Götschel, Philosophie; Weber, Wissenschaft; Reichenbach, Aufstieg; Specht, Innovation; Bachelard, Bildung.
Auch kommunikations- und informationstheoretische Probleme werden zu einem nicht unbeträchtlichen Teil über die Verwendung des Abstraktionsbegriffs geklärt.

41 Beides wirkt – als Erfahrungslehre und als Kombinatorik – auf die Dichtung ein; s. das Definitionskapitel.

42 Vgl. Hessen, Wissenschaftslehre, 85.

43 Auch im Erkennen findet die Einheitsbildung des Mannigfaltigen statt; vgl. Art. ‚Erkennen' in: Krings, Handwörterbuch II, bes. 400 f. Erkenntnis und Dichtung werden vermittelt über ihre Beziehung zur extensionalen und intensionalen Abstraktion: Von der Logik und Erkenntnistheorie herkommend, haben für die gesamte Aufklärung die Bezeichnungen ‚Extension' und ‚Intension' eine große literaturtheoretische Bedeutung. Unter Verlagerung dieses Interesses für eine dieser Bezeichnungen läßt sich auch die veränderte logische Abstraktivität literarischer Theorie ablesen. Extension wird literaturtheoretisch gebraucht im Sinne von Präsentation des Mannigfaltigen, als Vielfalt des Dargestellten entsprechend der logischen Extension als Begriffsumfang. Dieses Verständnis herrscht noch bei Baumgarten vor, der allerdings bereits versucht, die Extension mit der Intensionalität zu verbinden. Die einheitsbildung des Mannigfaltigen, die im Erkennen vorherrscht (vgl. Kulenkampff, Erkennen, bes. 400) wird bis etwa 1735 (also bis zu Baumgartens ‚Meditationes') noch als mitgegeben in der Deskription des Mannigfaltigen gedacht, weil das Erkenntnissubjekt noch nicht problematisiert worden ist. Vgl. das Definitionskapitel.

44 Vgl. Scherpe, Gattungspoetik.

45 Vgl. Kessler/Schöpf/Wild, Erfahrung, bes. 379 ff.; vgl. ferner Geach, Mental acts, bes. 18 ff. über den Abstraktionismus: „I shall use abstractionism as a name for the doctrin that concept is acquired by a process of singling out in attention someone feature given in direct experience – *abstracting* it – and ignoring the other features simultaniously given – *abstracting from* them." Ferner „my own view is that abstractionism is wholy mistaken; that no concept at all is aquired by the supposed process of abstraction" und V: „Abstractionism, being a muddled theory, cannot be established experimentaly." – Abstraktionismus, nach dem Begriff von William James, Truth eine Theorie, nach der dem begrifflichen Denken, das rein abstrakt bleibt, keinerlei Beziehungen zu den konkreten Gegenständen zukommt. Es „schafft Schwierigkeiten [...], und ist eine der größten ursprünglichen Sünden des rationalistischen Denkens." So seien die logischen Grundformen nicht durch Abstraktion entstanden (dies durchaus kantianisch), denn in der Wirklichkeit entspreche nichts z. B. der logischen Alternative oder z. B. der Negation (23). – VI: „Abstractionism is an unworkable theory for arithmetical concept, even at the level of school arithmetic." – Vgl. auch 107 ff. über die Ablehnung des „inner sense", über den Erfahrungen in Abstraktion vermittelt werden, sowie 130 f. über Thomnas von Aquin, der in der *Summa theologica* sich als Antiabstraktionist entpuppt. – Der Pragmatismus (Pluralismus gegen Abstraktion als Methode abgeschlossener Theorien) steht mit seinem Beginn um etwa 1870 in der Folge antiabstraktiver, antizirkulärer Wissenschaftstheorien; vgl. auch die aufkommende Finalisierung d. h. externe Zwecksetzung abgeschlossener Theorien (Justus von Liebig), auch den Zusammenhang mit den aufkommenden psychologischen, tiefenpsychologischen Theorien. – Zur Begriffsbildung durch Abstraktion s. Richter, Logik 47 f., 133 ff. sowie Achenbach, Abstraktion; Rothacker, Anschauungen; Vuillemin, Abstraktion; Hönigswald, Abstraktion – zur Psychologie der Erkenntnislehre und dem enthaltenen Abstraktionselement vgl. rationalistische, statische Psychologie ebenso wie moderne Entwicklungspsychologie in: Denken; Erismann, Psychologie II, 172 ff.; Freud, Witz, 173 zum ‚Abstraktionsaufwand'; Haier, Abstraktion; Seiffert, Abstraktion; Pikas,

Abstraktion – zum Erkenntnisproblem vgl. Cassirer, Erkenntnisproblem. – Zur speziell erkenntnistheoretischen Abstraktion vgl. Ränsch-Trill, Abstraktes Denken sowie Fränkel, Abstraktion, bes. 38-42; Rothacker, Anschauungen, bes. 184 sowie Marouzeau, Naissante abstraits; bes. Pikas, Abstraktion, 9: „The problems involved in abstraction and concept formation have a long history. Attempts to give a survey of them soon tend to be co-extensive with the history of research and speculation as to the genesis of human knowledge. It was, above all, two classical philosophers, Aristotle and Berkeley, who were most often quoted and discussed, the former because of his definition of the process of abstraction as disregarding the particulars in order to extract what is in common and the latter on account of his consistent denial of the possibility of abstract ideas, which he based on different kind of argument. The best-known of these is probably the following. Abstract ideas are not found by an introspective analysis of the contents of consciousness. Since perception is the pre-requisits condition for existence. (*esse est percipi*, whatever is not perceived has no existence." (Abhängigkeit der psychologischen Abstraktionstheorie von Berkeley); so auch in der Beschreibung von Wilhelm Wundts Psychologie (1894) und seiner Darlegungen zur isolierenden und generalisierenden Abstraktion. Isolierende A. ist die originale A., sie geht der generalisierenden immer voraus. Isolierende A. geht auf *ein* Merkmal des Objekts, generalisierende geht auf das Objekt selbst unter Auslassung der Attribute, (10) oder über William James („perhaps the most influential of all English-speaking philosopher-psychologists [...]") (13): Zit. von James: „The function by which we just identify a numerically distinct and permanent subject of discourse is called CONCEPTION [...]„; ferner über Thomas Huxley und Külpe (1904); dazu Referat der frühen psychologischen Abstraktionstheorien des 20. Jahrhunderts: Ach, Mittenzwey, Grünbaum. 19: „As we have seen, those who took part in the early discussion used the term ‚abstraction' in their experimental approaches in its basic etymological and Aristotelian sense of ‚taking away'." – 20.: zu Fisher (1916): „Abstraction is generalizing abstraction when the abstracted contents are features which are common to a group of experiences; in other words, when the previous conscious situation is one on which features which are similar to the ones at present attended to habe likewise been stressed." – Die Entwicklung der psychologischen Abstraktionstheorien in den ersten beiden Jahrzehnten des 20. Jahrhunderts verläuft von einer einfachen Anwendung des Abstraktionsbegriffs im Sinne von Weglassen, Absehen zur Bedeutung als abstrakte Apperzeption und generalisierende Abstraktion. Ergebnis der Abstraktion ist nicht mehr die reine Unterscheidung, sondern der Begriff oder der allgemeine Begriff. Dann wird die weitere Entwicklung von den 20er zu den 50er Jahren dargstellt: Hull, Smoke, Goldstein und Scheerer, Hanfmann und Kasanin, Rapaport, Heidbreder. – 64: „As regards the actual headings and even the essential arguments are concerned, we may note a decline in the use of the term ‚abstraction', which is being in creasingly replaced by ‚concept formation." Weiter werden dargestellt „Modern Explicit Approaches„: die Lösung von der einfachen Polarisierung von ‚abstrakt' und ‚konkret': Wolfe, Harvey, Schroder, Saarinen, Gardner, Schoen. Die Bezeichnung ‚Abstraktion' scheint einer Aufweichung zu unterliegen und von allen Schulen (von den Behavioristen bis zu den Strukturalisten) im Sinne ihrer Zentralthesen gebraucht zu werden. Weiter werden dargestellt „Nonexplicit Approaches", so z. B. in der Symboltheorie Erich Fromms.

Ferner s. Stegmüller, Induktion; Stegmüller, Universalienproblem; Kirchgässner, Erkenntnisprozeß; Flach, Anschauung, Reinhardt, Antinomie; Haering, Verstehen; Mercier, Erkenntnis; Lakatos/Musgrave, Kritik; Habermas, Erkenntnis; Leinfellner, Erkenntnistheorie; Bachelard, Epistemologie; Born/Röska-Hardu, Erklären; Bubner, Dialektik; Riedel, Verstehen; Horkheimer, Instrumentelle Vernunft; Adorno, Negative Dialektik; Betti, Hermeneutik; Gosztonyi, Erkenntnis; Gadamer/Boehm, Hermeneutik; Popper, Erkenntistheorie; Habermas, Hermeneutik; Kambartel, Erfahrung; Guzzoni, Grund; Titze, Rational; Kulenkampff, Antinomie; Piaget, Epistemologie; (Begriff der ‚reflexiven Abstraktion', den Wolfgang Krohn aus der Psychologie in die Wissenschaftsgeschichte übertragen hat, vgl. Krohn/Daele/Böhme, Philosophie); König, Intuition; Kohn, Aufmerksamkeit; Schmidt, Erkenntnistheorie; Sachsse, Naturerkenntnis; Cramer, Grundlegung; Shibles, Bilder; Klaus, Erkenntnistheorie; Oliveira, Subjektivität; Spinner, Pluralismus; Ratzenhofer, Kritik; Heimsoeth, Dialektik; Kruse, Erkenntnis; Landmann, Erkenntnis; Sandkühler, Erkenntnistheorie; Prauss, Erkenntnistheorie; Holz, Transzendentalphilosophie; Hönigswald, Erkenntnistheorie; Szilasi, Phantasie; Jaszi, Erkenntnis; Moure, Common sense; Knüfer, Vorstellung; Stammler, Zahlbegriff; Wach,

Verstehen; ferner Cohn, Unendlichkeitsproblem; Lewes, Problems; Gätschenberger, Symbola; Marrou, Erkenntnis.

'Abstraktion' bringt den Denkvorgang aber auch auf seinen entwicklungsgeschichtlichen Begriff im Hinblick auf individuelle (individualpsychologische) und allgemeine historische Abläufe. Die *Psychologie* aller Schulen und Methoden hat sich mit dem Phänomen befaßt: unter dem Aspekt der Entwicklung von Sprechen und Denken, der Begriffsbildung, der Pathologie u. a.

46 So spielt z. B. der Begriff der ,Distraction' in der empirischen Psychologie des 18. Jahrhunderts eine große Rolle; vgl. Joswig, Leidenschaft; Ewert, Entwicklungspsychologie; Helmers, Sprache; Achenbach, Abstraktion, bes. 412-418; Seifert, Abstraktion, bes. 78-98; Heiss, Abstraktion, bes. 289 f.; Haier, Abstraktion; Eng, Abstrakte Begriffe; Kuenburg, Abstraktionsfähigkeit; Eliasberg, Abstraktion; Weigl, Abstraktionsprozesse; Goldstein/Scheerer, Behaviour; Saarinen, Thinking; Schottlaender, Abstraktion; Paulhan, Abstraktion; Pikas, Abstraktion; vgl. ferner Jung, Bewußtes, bes. 11-13, 20 f.; Freud, Witz; Erismann, Psychologie; Flügel, Psychologie.

47 Vgl. Gethmann, Allgemeinheit; Foss, Abstraktion; Schmidt-Biggemann, Topica.

48 Metaphysisch orientiert ist natürlich schon die *Poetik* Aristoteles'.

49 Der Begriff der Notwendigkeit gelangt mit metaphysischer Doppeldeutigkeit in die Poetologie: entweder als Vorstellung von der Notwendigkeit abstrakter Bestimmungen im Ding, demgegenüber Determination sich zufällig vollzieht, oder als Vorstellung von der Notwendigkeit des Konkreten, dessen abstrakte Eigenschaften zufällig sind. Vgl. die ,frühe Lösung', die Nikolaus von Kues anbietet (im entsprechenden Kapitel dieser Arbeit).

50 Vgl. dagegen Feuerbach, der den Begriff der Existenz gegen Abstraktion einsetzt. – Die Dichtungstheorie gerät zu Beginn des 19. Jahrhunderts unter den Einfluß einer vermeintlich konkretiven Metaphysik (die ihrerseits die Priorität der Transzendentalphilosophie abgelöst hatte) und erhält die Aufgabe, das metaphysisch Konkrete als das Substantielle zu vermitteln. Dabei aber entsteht eine neue Art von literaturmetaphysischer Abstraktheit, innerhalb derer die Dichtung ihre Bildlichkeit als Begriffsersatz anbietet und so den Eindruck schafft, sie könne direkt metaphysische Wahrheit aussprechen. Dies ist die bewußtseinsgeschichtliche Position des ,poetischen Realismus'. Schon Baumgarten hatte, in langer Tradition stehend, das Besondere als das metaphysisch Wahre bezeichnet – die Diskussion wird im Pragmatismus des 19. Jahrhunderts noch einmal aufgegriffen, in der Auseinandersetzung zwischen James (Konkretismus) und Peirce (Abstraktionismus); vgl. Peirce/James/Schiller/Dewey, Pragmatismus, 38 sowie Peirce, Pragmatismus.

51 Raum und Zeit stehen als die reinen Formen der Anschauung außerhalb des Abstaktionsmechanismus (Kant).

52 Der Zeitbegriff ist außerordentlich wichtig für die Poetologie: Abstraktiv kann sowohl die Einführung der Zeit als auch ihre Aufhebung sein, in metaphysischer, erkenntnistheoretischer und geschichtsphilosophischer Hinsicht; vgl. Herder ,Geist der Zeit', Sämtliche Werke XVII, 77, 95 sowie XVIII, 292; vgl. auch Mikkola, Abstraktion sowie Salamander, Mehrdimensionalität.

53 Das Besondere ist nicht das Individuelle, von dem es qualitativ unterschieden ist, sondern es ist eine graduelle Abstufung des Allgemeinen; vgl. den Einfluß Shaftesburys in Deutschland und weitere neuplatonische Tendenzen; zur Ästhetik des Besonderen s. Lukacs, Ästhetik; vgl. ferner Jordan, Abstraktion, 48, 52, 54, 157-160; vgl. auch Balthasar, Abstraktion; Foss, Abstraktion, der eine existentialistische Metaphysik entwickelt, s. bes. 34: Das Gegebene wird von der Abstraktion nicht erfaßt, es dient ihr als Direktive; Foss setzt sich für eine positiv-intensionale Abstraktion ein, vgl. 40 (zu Sein und Symbol), 49 (Prozeßbegriff, Dynamis), 81 f. (gegen teleologische Abstraktion, für Wirklichkeit und Geschichte), 132-134 (Stilbegriff gegen Abstraktivität in der Kunst); ferner Schmidt, Separation und Verdú, Abstraktion (über abstraktive Versenkung im hinduistischen und buddhistischen Yoga und sein intuitiven Vollzug der Zen-Erleuchtung in der sino-japanischen Weltanschauung: Verdú geht im Prinzip von der üblichen Abstraktionsdefinition aus (Isolation und Generalisierung), er will Noesis und Ontologie zusammensehen. Seine Untersuchung mündet in die Frage: Muß man die natürliche religiöse Erfahrung des Absoluten als bloß subjektive Erfahrung des Selbst (Entase) betrachten, wie es die traditionelle christliche Literatur tut, oder gibt es nicht doch die metaphysische Möglichkeit für eine natürliche und dennoch über den Einzelnen hinausgreifende Sinnerfüllung in der religiösen Erfahrung (Ek-Stase)? – Vgl. auch Schottlaender, Abstraktion, der existenzialistische

Abstraktionskritik übt und von einem Evidenzbegriff ausgeht, zu dem Adjektion (Determination), Intuition und generalisierende Abstraktion gehören (228); vgl. auch 225 f. zur Dämonie der Abstraktion und 234 zum Zweifel an der Abstraktion.
Ferner Reiter, Metaphysik; Teichmüller, Welt; Wechßler, Esprit; Buhr/Irlitz; Vernunft; Meyer, Weltanschauung; Sachsse, Erkenntnis; Arendt, Nihilismus; Pilz/Merleau-Ponty, Wissenschaftskritik; Metzger, Metaphysik; Laas, Idealismus; Klein, Vernunft; Cramer, Grundlegung; Rombach, Substanz; Baczko, Weltanschauung; Ansenbacher, Intentionalität; Horn, Monade; Arnold, Entelechie; Bandmann, Blumenberg, Wirklichkeitsbegriff; Risse, Metaphysik; Hartmann, Metaphysik; Elsässer, Ich; Cassirer, Substanzbegriff; Kaulbach, Metyphysik; Pape, Modalität; Driesch, Metaphysik; Heimsoeth, Metaphysik; Cassirer, Individuum; Stegmüller, Universalien-Problem; Ritter, Subjektivität; Scholz, Metaphysik; Schrader, Ich; Schulz, Metaphysik; Kaulbach, Bewegung; Hartmann, Grundzüge; Hartmann, Ontologie; Ehrlich, Metaphysik; Söhngen, Analogie; Ogden/Richards, Bedeutung; Lange, Materialismus; Heidegger, Metaphysik; Anacker, Natur; Weischedel, Wirklichkeit; Cramer, Subjektivität; Martin, Metaphysik; Geyser, Begriffe; Beierwaltes, Plantonismus; Moser, Metaphysik; Wolandt, Idealismus; Taureck, Konstruktion; Otto, Anfang; Baumann, Raum; Jammer, Raum; Gosztonyi, Raum; Ströker, Raum; Heyde, Objektivität; Loux, Universals; Dalos, Value; Stegmüller, Glauben; Stegmüller, Metaphysik; Armstrong, Universals.

54 Vgl. Hoerster/Birnbacher, Ethik, 17; Art. ‚Sittlichkeit' in: Krings, Handbuch; Kibéd, Ethik, 5; Kambartel, Praktische Philosophie; Schwemmer, Praxis; Schrey, Ethik; Reiner, Ethik; Jodl, Ethik; sowie Hörster, Verallgemeinerung; Singer, Verallgemeinerung; Litt, Konkrete Ethik; Cysarz, Ethik.

55 Ellscheid, Naturrecht, 976.

56 Vgl. Proß, Natur.

57 Vgl. Koselleck, Kritik zur Trennung von Moral und Politik.

58 Vgl. Ellscheid, Naturrecht sowie Winters, Naturrecht, 269-276; Riegel, Recht, 312; Hart, Allgemeine Geschäftsbedingungen, 15; Schmidt, Gesetz, 140 f. sowie Hommes, Recht, 1192 und Engisch, Konkretisierung sowie Dux, Rechtssoziologie; Leinweber, Naturrecht; Lasson, Rechtsphilosophie; Blühdorn/Ritter, Rechtswissenschaft; Blühdorn/Ritter, Recht; Coing, Methodenlehre; Coing, Rechtsphilosophie; Vorländer, Rechtslehre; Schmidt, Rechtsraum; Cassirer, Naturrecht; dazu Ostermeyer, Gesellschaft und Pospisil, Anthropologie.

59 Vgl. Ritter, Historisches Wörterbuch I, Art. ‚Ästhetik'.

60 Vgl. Kamper, Einbildungskraft, 185-190 zur ‚Abstraktion des Herzens' s. auch Simm, Klassik (Aufsatz von Ulrich Gaier).

61 Vgl. Hartmann, Ästhetik; Heidegger, Kunstwerk; Werckmeister, Ende der Ästhetik; Gadamer, Aktualität.

62 Vgl, Lukács, Ästhetik; „Hypostasis der Ästhetik zur alleinigen Metaphysik", vgl. Benjamin, Kunstwerk: l'art pour l'art gegen Reproduktion; Werner, Heinrich Mann; Heissenbüttel, Frankfurter Vorlesungen; Helmut Kuhn, Ästhetik; Giannaris, Ästhetik heute, Canetti, Gewissen, 23 zum Gegensatz von konkret und abstrakt sowie 218.

63 Vgl. Bense, Aesthetica; Eco, Kunstwerk, 46-48; Eisenstein, Schriften: zur nicht-sujetbezogenen Bildlichkeit.

64 Adorno, Ästhetische Theorie, 28, 39 f., 143 f., 522; Benjamin, Denkbilder; Stoessel, Aura; Enzensberger, Ästhetik; auch Szondi, Poetik; vgl. auch kulturphilosophische ‚Tageskritik': „Nach Gehlen gehören wir einer nachgeschichtlichen Spätkultur an, Margaret Mead spricht vom postfigurativen Zeitalter. Der Regensburger Philosoph Ulrich Hommes, der sich Gehlen verpflichtet weiß, prophezeit in der Phantasie angesichts der Wirklichkeit, in der wir leben, keine rosige Zukunft. [...] sie zu vermissen, dazu gibt uns die Welt, wie sie ist, Anlaß genug. Hommes zeichnete ihr graues Bild. Bild? Zu ihrer Phantasiefeindlichkeit gehört es gerade, daß sie bildlos, gestaltlos geworden ist. Die schöpferischen Möglichkeiten des Menschen scheinen alle verwirklicht, was noch kommt, ist Kombination. Den Möglichkeitsmenschen, die [...] mit einem Gespenst von Dunst, Einbildung, Träumerei und Konjunktiven leben, geht mehr und mehr der Atem aus. [...] Denken ist unwissenschaftlich, sagt Adorno. Im Herrschaftsbereich des Wissenschaftsabsolutismus hat die Phantasie keine Überlebenschancen. Zu den Aufgaben des Denkens gehört es also, den eingeschränkten Begriff von Wirklichkeit, den das wissenschaftliche Zeitalter unserem Wahrnehmungsvermögen vorgibt, in Frage zu stellen. Die Phantasie ist dann aber nicht nur ein Thema philosophischer Reflexion, sondern darf und

soll auch ihre Methode bestimmten [...]" (Albert von Schirnding in: Süddeutsche Zeitung Nr. 282, 4./5. Dezember 1976); vgl. Rüsen, Ästhetik; Goth u. a., Ästhetik; Münzberg, Rezeptivität; Stein, Ästhetik; Paetzold, Ästhetik; Marcuse, Ästhetik; Schmidt, Ästhetik; Schmidt, Ästhetizität; Michel, Ästhetik; Henckmann, Ästhetik; Ingarden, Kunstwerk; Sklowskij, Kunst; Baeumler, Ästhetik; Caudwell, Illusion; Scheer, Ästhetik; Autonomie der Kunst; Kaiser, Benjamin; Tomberg, Ästhetik; Girnus, Ästhetik; Schasler, Ästhetik; Ehrlich, Kunst; Philosophische Ästhetik; Pott, Ästhetik; Bolzano, Ästhetik; Renner, Ästhetische Theorie; Croce, Ästhetik; Karbusicky, Ästhetik; Morris, Ästhetik; Wittgenstein, Ästhetik; Nohl, Wirklichkeit; Mukarovský, Funktion; Bridges, Beauty; Sontag, Kunst; Logstrup, Ästhetische Erfahrung; Grassi, Macht des Bildes.

65 Adorno, Ästhetische Theorie, 40.

66 Blumenberg, Mythos, 319; vgl. Dupré, Mythos.

67 Vgl. LdAW II, 113. 68 Vgl. Kerényi, Religion.

69 So der Anonymus von 1725; vgl. auch Herder, Sämtliche Werke I, 126; XXIV, 311. Abstraktion in der aufklärerischen Theologie ist eines der großen Gebiete literarischer Rezeption. Zu denken ist hier vor allem an Wolff, an den Reimarus-Streit, an Abstraktionen in der aufklärerischen Bibelübersetzung sowie an die Diskussionen um die Transsubstantiationslehre.

70 Vgl. Moritz 1791; Friedrich Schlegel 1800; Görres 1810; Creuzer 1810.

71 Vgl. auch die Arbeiten von Roland Barthes; sowie Thomas Manns Josephsroman und ferner Kobbe, Mythos; vgl. auch Mann, Christentum; Pfister, Religion; Rückert, Theologie; Berger, Religion; Mann, Theologie; Maier, Revolution; Topitsch, Gottwerdung; Dux u. a., Religion; Spranger, Philosophie; Otto, Gestalt; Asmussen, Religionsgeschichte; Vonessen, Mythos; Trillhaas, Religionsphilosophie; Dempf, Religionssoziologie; Splett, Heiliges; Mann, Religionsphilosophie; Jedin, Kirchengeschichte; Meinhold, Geschichte; Kehrer, Religionssoziologie; Wiedengren, Religionsphänomenologie; Fries, Theologie; Goldammer, Religionen; Ruh, Mystik; Brunner, Theologie; Eliade, Heiliges; Hauck, Kirchengeschichte; Fries, Mythologie; Herrmann, Symbolik; Schäffer, Mythos; Biehlmeyer, Kirchengeschichte; Hirsch, Religionsphilosophie; Koeniger, Geschichte; Radbruch/Tillich, Religionsphilosophie; Weber, Religionssoziologie; Cassirer, Mythisches Denken; Overbeck, Kirchengeschichte; Hartmann, Religionsphilosophie; Werner, Theologie; Seyfarth/Sprondel, Religion; Nestle, Mythos; Kantzenbach, Christentum; Pfeil, Christus; Bröcker/Buhr, Theologie; Lenin, Religion; Matthias, Protestantismus; Fries/Kretschmar, Theologie; Trillhas, Evangelium; Farner/Post, Religionskritik; Dembowski/Breuning, Theologie; Metz/Moltmann/Oelmüller, Aufklärung; Otto, Heiliges; Löwith, Weltgeschichte; Tillich, Religionsphilosophie; Stephan/Schmidt, Theologie; Schmidt, Kirchengeschichte; Gatzemeier, Theologie; Fuhrmann, Terror; Goldammer, Formenwelt; Eliade, Mythos sowie Graevenitz, Mythos und einige Beiträge in Bohrer, Mythos; Metz, Abstrakte Kunst; Weischedel u. a., Theologie; Winter, Katholizismus; Jacobs, Staatslehre.

72 Vgl. Hempel. Naturwissenschaften; Horkheimer, Instrumentelle Vernunft 91, 167; Schmidt, Erkenntnistheorie, 87 f.; Physik; vgl. Heisenberg, Quantentheorie und Tendenz; Physik; s. ferner auch die unter dem Stichwort ‚Wissenschaftstheorie' aufgeführten Titel; überdies zur Abstraktion in der Landschaftsideologie: Wormbs, Natur.

73 Nach der ‚geometrischen Methode' des 17. Jahrhunderts und als intendierte Konkretion.

74 oben zur ‚Un-bildung' und zur Negation. Vgl. Reichmann, Herrschaft der Zahl; s. auch Richter, Lyrik. Verstärkte Extensionalisierung führt zum Verlust der qualitativen Intension; die Bedeutung selbst wird dem Abstraktionsprozeß unterzogen sowohl durch die Einführung eines abstrakten Erkenntnissubjekts (vgl. Brockes' *Unumstößliche Gründe*: „alle menschliche Vernunft") einerseits und durch die Anwendung eines naturwissenschaftlichen Raumverständnisses andererseits (etwa im Gedicht *Das Firmament* von Brockes, 1721), das die personale Gottesvorstellung aufzulösen beginnt. Die Kopernikus-Rezeption, aus der auch Klopstock noch seinen abstrakten Enthusiasmus speist, sowie die zugehörigen Weltraumgedichte der Frühaufklärung sind als Erscheinungsformen dieser Entwicklung anzusehen. – Während im Barock die extensionale Abstraktion auf der Grundlage selbstverständlich vorhandener qualitativer Intension der letzten Begriffe möglich war, ist das direkte Ineins von Abstraktum und Konkretum jetzt, weil die grundsätzliche Absicherung dieser Beziehung selbst ins Abstrakte aufgelöst wurde, nicht mehr gegeben, weshalb z. B. nötig wird, auf den Bildcharakter der Dichtung und auf ihre Abbildungsfunktion besonders hinzuweisen („seid mir ein Bild der

Ewigkeit"). Die geschichtstheoretische Aufgabe der Dichtung entsteht auf der Basis dieser Rationalisierung – die Quantifikation auch höchster Gattungsbegriffe führt zu einer Quantifikation des gesamten poetischen Arsenals, z. B. im Motiv des Erhabenen, der Alpen, der Ewigkeit, Unendlichkeit. – In Klopstocks Dichtungstheorie und -praxis wird der Umbruch, eine Reaktion zugleich deutlich, die in der naturwissenschaftlich orientierten Abstraktivität der Aufklärung bereits angelegt ist (vgl. Braubach, Geschichte X). In der Verbindung von Naturwissenschaft und ‚aufgeregter' Subjektivität, die zu einer enthusiastischen Variante der Abstraktion führt, zeigt sich deutlich das Umschlagen der rationalistischen Epochenstruktur in eine emotionalistische Tendenz, die gleichwohl den methodischen Vorsprung der Aufklärung nicht aufgeben will. Sie widmet sich lediglich anderen Zwecken: eine Parallel- und Gegenentwicklung zugleich.

75 Vgl. oben zur konkreten Poesie; s. auch den Vorrang der Mathematik in der romantischen Theorie. – Ferner vgl. Clifford, Gartenkunst; Schröter, Technik; Lenk/Moser, Technik; Medawar, Individuum; Lichtenthaeler, Medizin; Heitler, Mensch; Heitler, Streifzüge; Rádl, Theorie; Carnap, Naturwissenschaften; Krüger, Naturwissenschaften; Hausen/Rührup, Technikgeschichte; Goldbeck/Keppler/Kucnezow, Physikalische Ideen; Jonas, Organismus; Menz, Elektrizität; Blumenberg, Genesis; Blumenber, Pseudoplatonismen; Feyerabend, Weltbild; Jordan, Physik; Blumenberg, Kopernikus; Kreuzer, Intelligenz; Pauli, Physik; Teinz/Wollgast, Dialektik; Lotze/Sihler, Naturwissenschaft; Heisenberg, Physik; Koyré, Universum; Schäfer, Erfahrung; Ehrlich, Naturphilosophie; Binder, Wirklichkeit; Wagner, Naturwissenschaft; Büchel, Naturwissenschaft; Mason, Naturwissenschaft; Heisenberg, Naturbild; Kron, Finalisierung; Diederichs, Wissenschafts-Geschichte; Krüger, Empfindsamkeit; Gerndt, Garten.

76 Im Rahmen der anthropologischen Einzeldisziplinen; zur Grundlegung einer notwendigen Anthropologie s. Plessner, Anthropologie VII, 6: „Man schert die je spezifische Funktion als Lieferanten eines Substrats des Denkens über einen Kamm, um einen Gegen- und Mitspieler der rationalen Komponente im Erkennen zu haben. Auch diese Denkfigur ist alt und wesentlich vom menschlichen Erkenntnisinteresse her gesehen. Das Vermögen des Menschen zur Abstraktion und Ideation macht es ihm natürlich möglich, sich vom Sinnlichen zu lösen und es als eine unwesentliche Eigenschaft anzusehen. Er gefällt sich auch darin, und die religiöse Bewertung von Askese und Innerlichkeit gibt ihm obendrein noch ein gutes Gewissen."

77 Vgl. Narr, Menschnatur IV, 29 f.; Bredenkamp/Graumann, Verhaltenswissenschaften V, 53 f.; Lorenzen, Mathematik VII, 257; Logstrup, Ästhetische Erfahrung IV, 307; ferner Mauss, Anthropologie.

78 Die Anthropologie als Wissenschaft greift alle Lebensbereiche ein und bezeichnet das gesamte subjektive und objektive Wissen, sie ist Zentralwissenschaft; vgl. Kamlah/Wilhelm, Utopie, 14: „Alle Wissenschaften vom Menschen, auch die historischen, bedürfen einer anthropologischen Terminologie, die im vorläufigen Entwurf schon ausgebildet sein muß, *bevor* die besondere historische oder philologische oder soziologische Forschung einsetzt." Ähnlich auch Kamlah, Philosophische Anthropologie, 14; s. auch Lepenies, Soziologische Anthropologie, 9 f.; der Habermas' Beschreibung der philosophischen Anthropologie zitiert, die keine Einzelwissenschaft sei, sondern Zusammenfassung aller Wissenschaften, die sich mit dem Menschen beschäftigen, und daher Teil der Philosophie. Diese Deutung gilt nicht unbestritten; demgegenüber vertritt Lepenies bereits eine eingeschränktere Form der Anthropologie unter dem Terminus ‚soziologische Anthropologie', unter Berufung auf Joachim Ritter und dessen schon 1933 geübte Kritik an der ‚scientia generalis' der philosophischen Anthropologie Arnold Gehlens (12 f.). Tendenz Lepenies' ist es, die interdisziplinäre und generalisierende Bewegung in den anthropologischen Disziplinen zu übernehmen, sie aber auf die Basis einer anthropologischen Sozialwissenschaft zu stellen (15). Vgl. auch Kofler, Aggression, der von einer anthropologischen Erkenntnistheorie spricht.

79 Lepenies, Kritik an der Anthropologie. Gegen die Zerstörung der philosophischen Anthropologie wendet sich wiederum Dietmar Kamper, Geschichte, 153.

80 und ihre Herkunft von Adorno/Horkheimer nicht verleugnet.

81 Kamper, Geschichte, 153; der Zusammenhang von Abstraktions- und Anthropologie*kritik* übrigens schon bei Herder; vgl. auch Fahrenbach, Mensch IV, 910 f.; ferner Mercier, Anthropologie; Tänzler, Strukturanthropologie; Mühlmann, Anthropologie; Mayer, Mensch; Langeveld, Anthropologie; Keller, Anthropologie; Popitz, Geschichtsphilosophie; Landmann, Anthropologie; Scheffczyk,

Mensch; Kirn, Mensch; Ehrlich, Anthropologie; Boer, Mensch; Landsberg, Anthropologie; Cocchiara, L'eterno; Landmann, Mensch; Lester, Anthropologie; Roger, Sciences; Plessner, Anthropologie; Strasser, Phänomenologie; Hodgen, Anthropologie; Scheler, Mensch; Rombach, Mensch; Groethuysen; Anthropologie; Haddon, Anthropologie; Wein, Anthropologie; Eucken, Menschheit; Dempf, Anthropologie; Kampbell, Mensch; Gustorf, Sciences; Kardiener/Preble, Anthropologie; Holz, Mensch; Baruzzi, Mensch; Martius, Anthropologie; Müller, Anthropologie; Gerner, Anthropologie; Probst, Anthropologie; Gehlen, Mensch; Passmore, Mensch; Taylor, Mensch; Cramer, Geist; Gadamer/Vogler, Anthropologie; Vranicki, Mensch; Höltershinken, Anthropologie; Widmer, Anthropologie; Mühlmann, Kulturanthropologie; Michelet, Anthropologie; Wellek, Anthropologie; Hummel, Anthropologie; Piaget, Erkenntnistheorie; Lippe, Naturbeherrschung; Flügge, Anschauungskraft; Scheler, Ewiges; Burkhardt, Anthropologie; König, Mensch; Strombach, Natur; Lersch, Mensch; Dickapt, Anthropologie; Füsslein, Mensch; Rôcek/Schatz, Anthropologie; Litt, Bildung; Litt, Naturwissenschaft; Kofler, Aggression; Stagl, Kulturanthropologie; Shannon, Automaten; Balandier, Anthropologie; Brüning, Anthropologie; Friedmann, Anthropologie; Glockner, Anthropologie; Hengstenberg, Anthropologie; Anthropologie und die Klassiker; Gehlen, Anthropologie; Lipps, Menschliche Natur; Rothacker, Kulturanthropologie; Gehlen, Anthropologische Forschung; Purrmann, Menschenbild; Gabel, Ideologie; Gehlen, Seele; Anders, Antiquiertheit; Kamper, Einbildungskraft; Gehlen, Urmensch; Bell, Primitivismus.
Aus der Anthropologie abgeleitet, wirkt der Abstraktionsbegriff auch in kulturphilosophische Theorien und die angeschlossenen Wissenschaften hinein, sowohl im synchronen Bereich als auch in der Kulturentstehungs-, Kulturbegründungs- und Kulturzyklentheorien. Vgl. Malinowski, Kultur; Elias, Zivilisation; Foucault, Ordnung; Schwemmer, Kulturwissenschaften; ferner Freud, Kultur; Brunner, Lehre; Cassirer, Kulturwissenschaften; Ehrlich, Geistesgeschichte; Metzger, Automation; Freyer, Kulturphilosophie; Lepenies, Naturgeschichte; Koypers, Universalismus; Windelband, Philosophie; Samuel, Kultur; Eliot, Kultur; Blaga, Kultur (von Worringer beeinflußt), Pannwitz, Kultur; Gebser, Werke; Bitterli, Wilde; Narr, Urgeschichte; Corte, Ende.

82 Vgl. Benjamin, Kunstwerk; Hauser, Sozialgeschichte; Hauser, Soziologie; Hauser, Ursprung; Silbermann, Kunstsoziologie; Turk, Literaturtheorie; Heisenberg, Abstraktion; Mukarovsky u. a., Kunstwerk; Ruskin, Kunst; Schmitt/Schramm, Realismus-Konzeptionen; Fiedler, Kunst; Geiger, Kunst; Lukács, Kunst; Valéry, Kunst; Heissenbüttel, Moderne; Lukács, Seele; Lukács, Realismus; Utitz, Kunstwissenschaft; Kondylis, Aufklärung; Henrich/Iser, Theorien.

II. Literaturwissenschaft...

1. Systematische Grundformen der Abstraktion in der Dichtung

1 Logstrup, Ästhetische Erfahrung IV, 307.
2 Vgl. Link, Abstraktion, 9 ff.; auch das ‚Besondere' ist abstraktiv bestimmt, es ist nicht das Konkrete, Individuelle; vgl. Baumgartens ‚analogon rationis'.
3 Heissenbüttel, Konkrete Poesie.
4 Zum Zusammenhang von Fiktion und Abstraktion vgl. oben Einleitung sowie Feuerbach, Philosophie der Zukunft.
5 Wellek/Warren, Theorie der Literatur.
6 Die Frage nach dem Vorrang des Allgemeinen oder Besonderen in der Dichtung ist wohl die häufigst gestellte überhaupt.
7 Vgl. Link, Abstraktion, 9.
8 Vgl. Mikkola, Abstraktion sowie das Definitionskapitel.
9 Vgl. Poetiken der Frühaufklärung, Metaphernverbot sowie Grassi, Macht des Bildes.
10 Vgl. Heissenbüttel, Konkrete Poesie sowie Tendenzen im amerikanischen Postmodernismus.
11 S. Eco, Kunstwerk.

2. Der anthropologische Standort der Dichtung

1 Analog sind der ästhetische Ansatz der Geschichtsphilosophie (vgl. die Arbeiten von Kosellek und Meier) und die Modellfunktion, welche die Kunstgeschichtsschreibung um die Mitte des 18. Jahrhunderts innehatte.

3. Die besondere Vermittlung

1 Vgl. Max Scheler, s. oben Einleitung.
2 Vgl. Metzner, Physikalische Gesetze, bes. 8; Heißenbüttel, Literatur, 171-191.
3 Vgl. Lange, Spätzeiten zu den Phänomenen der Reflexion, Distanz, Gedanklichkeit im weitesten Sinne; aber auch zur Subjektivierung, zum Formalismus u. a.; Kant, KdU.

4. Literaturwissenschaft und Abstraktion

1 Abstraktion ist selbst ein Vermittlungsvorgang: in der Logik die Verbindung des terminus minor mit dem terminus major bei deren Kongruenz und unter Ausschluß des Mittelbegriffs. Die methodische Vermittlung funktioniert aber nur, wenn darüber reflektiert wird. Vgl. Seiffert. Wissenschaftstehorie I, 49 und das Definitionskapitel.
2 Link, Abstraktion, 9. 3 Vgl. auch Proß, Konkurrenz.
4 Lessing/Mendelssohn, *Pope, ein metaphysischer Dichter!;* Schiller, Ästhetische Erziehung, 22. Brief.
5 Vgl. Hüppauf, Methodendiskussion. 6 Vgl. Szondi, Hermeneutik.
7 Diese literaturwissenschaftliche Ansicht wird abgeleitet aus den ästhetizistischen Theorien der ‚poésie pure', des Symbolismus, des Hermetismus.
8 Vgl. Stelzer, Abstrakte Kunst. 9 Vgl. Barta, Lyrik (auch Anm. 67).
10 Vgl. Sengle, Biedermeierzeit; Richter, Literatur; Reichmann, Herrschaft der Zahl.
11 Vgl. Staier, Grundbegriffe; Staiger, Zeit (Einfühlungsästhetik). – S. auch unten zum ‚Rhythmus' (Anm. 67) – Vgl. Krings, Handbuch, Art. ‚Abstrakt' und ‚Absolut'. – Selbst in zahlreichen Untersuchungen und Darstellungen, die in letzten Jahren zur Methodendiskussion erschienen sind (vgl. Hüppauf, Methodendiskussion), findet sich keine Analyse des methodologischen Abstraktionsphänomens. Diese Tatsache ist auch deutbar als dialektischer Umschlag in eine zu starke theoretische Fundierung, der die Gegenstände ‚davonschwimmen' (vgl. Meja/Stehr, Wissenssoziologie: Schelting über Max Weber).
12 Vgl. Markwardt, Poetik III, 323-326.
13 Vgl. Szondi, Hermeneutik. Gegenüber dem Gebrauch in Deutschland scheint der Terminus in Frankreich (wo er allerdings kein Fremdwort ist) häufig positive Verwendung gefunden zu haben.
14 Vgl. Lange, Spätzeiten, der jedoch die geschichtsphilosophischen Implikationen kaum zur Sprache bringt; dagegen Sengle, Biedermeierzeit. – Ein erstaunliches irrationales Abstraktionsphänomen der Literaturwissenschaft ist die z. B. an Hebbel vorgenommene Erhöhung sozialer Unterschichten.
15 Vgl. Weimar, Literaturwissenschaft. 16 Vgl. Krings, Handbuch, Art. ‚Absolut'.
17 Die spätere Rezeption dieser Vorgänge durch die Literaturwissenschaft beruht auf einer Fehlinterpretation der historischen Stellung und Absichten Herders, der mit seinem kritischen Interesse an für Individualisierungsvorgängen die Denkrichtung eines Lessing beispielsweise keineswegs zurücknehmen, sondern sie nur modifizieren und damit verschärfen wollte.
18 Eichendorff, Ahnung. 19 Vgl. Benjamin, Kunstkritik; Link Abstraktion.
20 Vgl. Adorno/Horkheimer, Dialektik der Aufklärung.
21 Dageben hatte schon Kant in seiner Metaphysikkritik polemisiert.
22 Vgl. Bucher/Hahl/Jäger/Wittmann, Realismus. 23 Weimar, Literaturwissenschaft, 309.
24 Vgl. Titze, Faustforschung, 95-108 über Hermann Friedrich Wilhelm Hinrichs.
25 Koberstein, Grundriß. 26 Gervinus, Geschichte; vgl. Weimar, Literaturwissenschaft, 313 ff.
27 Vgl. Lutze, Gervinus, 106. 28 Schmidt, vgl. Hüppauf, Literaturgeschichte, 10-18.

29 Mundt, Geschichte; vgl. Quadfasel, Mundt sowie Weimar, Literaturwissenschaft, 321.
30 Prutz, Geschichte; vgl. Kreutzer, Prutz sowie Weimar, Literaturwissenschaft, 324 und Wiese, Prutz.
31 Vgl. Weimar, Literaturwissenschaft, 324 f..
32 besonders in den *Kritischen Gängen*. Vgl. Schlawe, Vischer.
33 Vgl. Koischwitz, Eichendorff; Hass, Eichendorff; Thurnherr, Eichendorff sowie Weimar, Literaturwissenschaft, 328 f.; Vilmar, Vorlesungen sowie Danzel, Goethezeit.
34 Dazu vgl. Weimar, Literaturwissenschaft, 330 f. sowie die dort angegebene Literatur.
35 Hettner, Literaturgeschichte; dazu Boucke, Aufklärung und Weimar, Literaturwissenschaft, 330. – Haym, Romantische Schule sowie Haym, Herder.
36 Vgl. Weimar, Literaturwissenschaft, 334 f. 37 Klieme, Haym, 81 f.
38 S. Weimar, Literaturwissenschaft, 338 ff. sowie Janota, Wissenschaft, 7-11 und Salm, Literaturwissenschaft.
39 Rothacker, Geisteswissenschaften, 245; zu Scherer bes. Lie, Scherer.
40 Vgl. Weimar, Literaturwissenschaft, 348 ff.; Dilthey, Erlebnis.
41 Vgl. Scherer, Dilthey; vgl. Nietzsche, Tragödie, 35 sowie Dilthey, Geisteswissenschaften, 191.
42 Vgl. Weimar, Literaturwissenschaft, 351 ff.
43 Wölfflin, Grundbegriffe. Wölfflin führt die Kategorien von 1. linearem und malerischem Prinzip, 2. Fläche und Tiefe, 3. geschlossener und offener Form, 4. Vielheit und Einheit, 5. zeichnerischer Klarheit und malerischer Unklarheit anhand einer vergleichenden Untersuchung von Renaissance und Barock auf und verallgemeinert sie stiltyplogisch. Methodisch verfährt Wölfflin nach dem Prinzip: Analyse-Abstraktion von Merkmalen. Wölfflin verweist auf die Konkretion (= Synthese) in der kunstgeschichtlichen Entwicklung von Renaissance zu Barock (vgl. 27), die mit einer Verselbständigung der künstlerischen Elemente einhergeht (29). Wölfflin schreibt, daß der Fortschritt in der malerischen Auffassung mit immer größerer Einfachheit zusammengehen kann (Beispiel Rembrandt). Die offene Form des 17. Jahrhunderts habe etwas Transitorisches. Die Vielheit und Einheit synthetisiere sich in vielheitliche Einheit und einheitliche Einheit (181 ff.). So bedeute der Wechsel von Koordination der Akzente als selbständiger Teile zu deren Subordination (185) einen Wandel von der Intension zur Extension und darüber von der Extension zur Intension. Vgl. 272 zur Spiralbewegung der Kunstgeschichte.
44 Vgl. Weimar, Literaturwissenschaft, 353.
45 Walzel, Gehalt; vgl. Salm, Literaturwissenschaft, 41.
46 Walzel, Gehalt, 18. Natürlich ist der Ganzheitsgedanke Walzels für die Aufnahme des Kunstwerks wichtig und unumgänglich; er ist allerdings zu relativieren, oder besser zu erfüllen mittels auch begrifflicher Annäherung ans Kunstwerk.
47 Müller, Seinsweise, 95 weist 1939 die Vermittlungsaufgabe der Dichtung, ausgehend von Roman Ingarden, folgendermaßen aus: „[...] das literarische Werk hat [...] niemals dingliche Realität (wie sie das Buch hat), sondern stets allein aktualisierbares intentionales Sein; das Sein von satztragenden Bedeutungsgefügen, die sich in dem ‚Raum' zwischen Satz und Realität an mannigfachen Stellen befinden können." – Die traditionelle Möglichkeitsästhetik verbindet sich hier einer Theorie der „texturalen Verweisungszusammenhänge" (Emrich), wie sie erst in der „modischen Begeisterung für das ‚rein' Formale" (Hermand, Synthetisches Interpretieren, 140) zum vollen Ausdruck kommt. Nun ist aber der zitierte ‚Raum zwischen Satz und Realität' nichts anderes als die Fiktionsebene der Abstraktion, auf der Gesprochenes, Geschriebenes und Wirkliches vermittelt und als ‚Bedeutungsgefüge' zur ‚Erscheinung' gebracht werden.
48 Hermand, Synthetisches Interpretieren. 49 Müller, Seinsweise, 104.
50 Vgl. auch Dilthey, Geisteswissenschaften.
51 Gegen die sprachphilosophischen Erkenntnisse bereits des 19. Jahrhunderts; vgl. auch Korff, Goethezeit; vgl. ferner Markwardt, Poetik III, 23, 326, 8 f.; 10 f.; 12 f.; 454 f.; 552 f.; IV, 284 f.; 288 f.; 296 f.; 302 f.; 340 f. – Jost Hermand, Synthetisches Interpretieren, 240 verweist auf die Ähnlichkeit dieser Methode mit dem „menschheitsbezogenen Universalismus" Herders, der tatsächlich aus der Abwehr rationalistischer Abstraktion zu Begriffsreduktionen gelangte, die zumindest auf einer ebenso hohen Abstraktionsstufe wie das Abgewehrte selbst stehen. Auch hier ist also eine verfälschte Rezeption am Werk. Vgl. auch Petersen, Romantik, 7, dem die Literaturgeschichte eine „progressive Universalwissenschaft" ist.

52 Vgl. dazu Weimar, Literaturwissenschaft, 355 ff.; bes. aber zur Abgrenzung Kommerells gegen den George-Kreis (358).

53 Strich, Klassik, 21 u. ö. 54 Walzel, Gehalt, 96 u. ö.

55 Wie bei Lämmert, Bauformen.

56 Salm, Literaturwissenschaft, 41; vgl. Müller, Poetik; vgl. Strick, Klassik, 21.

57 Vgl. Strich, Klassik, 21 zu Schiller, Nietzsche, Wölfflin, Worringer.

58 Vgl. Strich, Klassik, 126, 162, 170, 173 f.; 224, 277, 286, der den Begriff widersprüchlich gebraucht: mal ist Abstraktion romanisch streng und mathematisch; mal dient sie der „Darstellung des Gemüts, der Inhalte in ihrer Gesamtheit" (126).

59 Das „Erlebnis des Leben selbst" macht Abstraktion zu einem polaren Bestandteil. So kam der Mensch immer wieder dazu, „zwei Grundbegriffe zur Umfassung des gesamten Menschentums aufzustellen. Schiller nannte sie naiv und sentimentalisch, Nietzsche apollinisch und dionysisch, Wölfflin, Klassik und Barock, Worringer Abstraktion und Einfühlung." (Strich, Klassik, 21).

60 Strich, Klassik, 21. 61 Allemann, Dichterisches, 74.

62 Allemann, Dichterisches, 80. 63 Allemann, Dichterisches, 77.

64 Allemann, Dichterisches, 74.

65 Allemann, Dichterisches, 75 f. Bei Allemann, Staiger korrespondiert dem Gegensatz von Historie (= abstrakt) und Geschichte (= überabstrakt) der Gegensatz von existentialistisch und phänomenologisch.

66 Vgl. Allemann, Dichterisches, 53 ff.: *Der frühromantische Begriff einer modernen Literaturwissenschaft*: „Die Vergangenheit mitsamt ihrem Urgrund, der Natur, will im universalen Kunstwerk wiederholt und verwunden werden. Damit ist die wesentliche Geschichtlichkeit des Kunstwerks postuliert, diesseits aller so oder anders gearteten Geschichtsauffassung: das Kunstwerk hat nicht nur eine Geschichte, steht nicht nur in ‚der' Geschichte, sondern *ist* von seiner Grundstruktur her geschichtlich beschaffen." (70).

67 Vgl. Strube, Stilinterpretation, bes. 576 f. Gerade die Lyrik eignet sich besonders gut, exemplarisch darzulegen, welche Vorurteile gegen die Abstraktion in der Literaturwissenschaft bestehen. – Offensichtlich leitet sich die gängige Auffassung von Lyrik aus der Ablehnung rationalistischer, intellektualistischer Abstraktion ab. Die historische Berechtigung dieser Interpretation beruht auf dem von etwa 1760 – 1820 entwickelten Lyrikbegriff, dessen Historizität jedoch nur selten berücksichtigt wird. Vgl. Markwardt, Lyrik: „So wird der junge Herder zum theoretischen Wegbereiter der echten Gefühlsausdruckslyrik [...]". Gerade der Gefühlsbegriff steht jedoch historisch oft in unmittelbarer Nähe zur Abstraktion (vgl. die Odentheorie der Aufklärung, so wie später Hebbels Gefühlsbegriff). Es scheint ein Strukturmerkmal der poetologischen Auseinandersetzung mit der Abstraktion zu sein, daß die aus ihr vermeintlich abzulesende Übergeschichtlichkeit zu einer Ahistorisierung auch der situationsbedingten Gegensätze führt. Markwardt, Lyrik, 240: „Frühzeitig wurde das Wesen der Lyrik erfaßt als ein unmittelbar sich im Wort Erlösung setzendes Erleben, als reiner Gefühlsausdruck einer ichbezogenen Stimmung [...]„; er meint damit barocke und frühaufklärerische Lyriktheorien, die durch solche Formulierungen in die Vorläuferschaft eines bestimmten Lyrikverständnisses gedrängt werden, dessen ebenso vorhandene historische Bedingtheit hier nicht mitartikuliert wird. In Anlehnung an Goethe spricht Wilpert, Lyrik von ihr als der subjektivsten „der 3 Naturformen [...] der Dichtung [...]". Sie, die Lyrik, sei die „unmittelbare Gestaltung innerseelischer Vorgänge im Dichter, die durch gemüthafte Weltbegegnung [...] entstehen, in der Sprachwerdung aus dem Einzelnen ins Allgemeingültige, symbolisch erhoben werden und sich dem Aufnehmenden durch einfühlendes Mitschwingen erschließen." Und mit unausgesprochenem Bezug auf Herder heißt es weiter: „Die Unmittelbarkeit des Gefühlsausdrucks läßt die Lyrik als Urform der Dichtung erscheinen [...]". Braak, Poetik, 114 formuliert vorsichtig: Die Bezeichnung „Das Lyrische" weise ihrer Bildung nach ‚Lyra' „auf den Urgrund und Ursprung aller Dichtung (auch des Epischen und Dramatischen): die Bindung an die Musik." Die hiermit implizierten Abstraktionsformen, wie sie gerade in der Musik verwendet werden, finden keine Berücksichtigung, wenn es komplex weiter heißt: „Die durch Musik kompositorisch-rhythmisch und klanglich verwandelte und durch die Beschwörungskraft des dichterischen Bildes gesteigerte Sprache heißt Lyrik." Das Musikalische und das Bildhafte, deren teilweise hoher Abstraktivitätsanteil im Verlaufe dieser Arbeit noch verdeutlicht werden wird, wird dem

Begrifflichen als sprachlich sichtbarem Abstrakten entgegengesetzt. Denn Lyrik sei zu „verstehen als Grunderfahrung im Medium der tönenden Sprache und nicht, wie z. B. bei der Philosophie, als Grunderfahrung im Medium des Begriffs". – Aufschlußreicherweise wird hier der Ausgangspunkt nicht vom Gattungsbegriff der Lyrik, sondern von einer Erlebnis- und Gestaltungskategorie des „Lyrischen" genommen, in der sich individuelle ‚Grunderfahrungen' emotionalistisch direkt artikulieren können. – Differenzierter und historisch genauer benennt Killy, Lyrik, 333 ff. den Terminus: „Die Lyrik wird in großen europäischen Sprachen mit dem Wort *poesie* (poetry) bezeichnet, das ursprünglich der Dichtkunst überhaupt galt. Damit ist die Vorstellung angedeutet, das eigentlich Dichterische komme in ihr am reinsten zur Sprache; der deutsche Name hingegen, vom griechischen ‚Leier' abgeleitet, erinnert an die ursprüngliche Verbindung der (lyrischen) Poesie mit Gesang und Musik." Aus der gesellschaftlichen Aufgabe der griechischen lyrik wird ein alle Formen übergreifendes Gattungsmerkmal abgeleitet: der Wiederholungscharakter lyrischen Sprechens. Damit ist auf ein rhetorisches Element jeder Lyrik hingewiesen, das in der ahistorischen Rezeption der ‚neuen Lyrik' ab 1760 fast ausnahmslos unbeachtet blieb. Auf der poetischen ‚imitatio' beruht nämlich ein abstraktives Moment auch in der Lyrik, die aus einem Originalitätsdenken produziert und rezipiert wurde: Das in der Lyrik „zur Sprache kommende Individuelle hat einen allgemeinen Charakter, der zweifellos den vom heutigen Ohr noch bevorzugten persönlichen Gehalt überwog." (335) Killy spricht hier den unübersehbaren sprachphilosophisch begründeten Abstraktionsvorgang der Lyrik an, vermeidet aber, den Begriff anzuführen. Noch deutlicher wird diese implizite Auffassung eines engen Verhältnisses von Abstraktion und Lyrik, wenn Killy seine Gewährsmänner für die genannte Feststellung zitiert: „Seitdem, insbesondere in Deutschland, sich der einengende Grundsatz befestigt hatte, daß es ‚im Lyrischen das Subjekt ist, das sich ausdrückt', durch ‚die Innerlichkeit nämlich der Stimmung und Reflexion' (Hegel), ist die Lyrik früherer Zeiten noch unerreichbarer geworden, als sie es durch die historische Distanz ohnehin ist. Nicht allein bei den Griechen, auch im hohen Mittelalter und in vielen Produktionen der sogenannten Barockzeit war ‚das Urteil Ich... immer repräsentativ gemeint' (Fränkel)" (335); vgl. auch Kosch, Lyrik. – Nur die sogenannte Gedankenlyrik bildet hier eine – allerdings bestätigende – Ausnahme. Bereits in der knappen Darstellung, die Wilpert, Gedankenlyrik von diesem besonderen Lyrik-Genre liefert, wird deutlich gemacht, daß der „unproblematische Begriff [...] die falsche Auffassung nahe[lege], als sei Lyrik im allg. gedankenlos und nur Empfindung." – Vgl. Adorno, Lyrik, 74: „[...] der Gehalt eines Gedichts (ist) nicht bloß der Ausdruck individueller Regungen und Erfahrungen. Sondern diese werden überhaupt erst dann künstlerisch, wenn sie, gerade vermöge der Spezifikation ihres ästhetischen Geformtseins, Anteil am Allgemeinen gewinnen." (u. ö.) – Unter dem Aspekt der Moderne und ihrer Dehumanisierung sieht Barta, Theorie das Problem der Lyrik: Das Problem des lyrischen Subjekts führe zu der Kategorie der Rollenlyrik und zur Unterscheidung von individueller und gemeinschaftlicher Lyrik (8). Neben den Richtungen, die kollektives Ich als Subjekt der Lyrik nehmen, wie die Unanimisten und Expressionisten, Surrealisten bringen die extremen Varianten der modernen Lyrik auch neuere Formen der Unpersönlichkeit, der Subjektlosigkeit hervor. Die persönliche Ergriffenheit und Leidenschaft wollte schon Edgar Allan Poe aus der Lyrik verbannen; mit ihm beginnt der Prozeß, der bei den Autoren des 20. Jahrhunderts schließlich zum Verschwinden des lyrischen Subjekts, zur Dehumanisierung der Lyrik, parallel mit der Dehumanisierung der bildenden Künste geführt hat. (9) Neben der Hauptfunktion der lyrischen Dichtung, die von Grimm bis Staiger in ihrer Innerlichkeit und Erinnerung („Verinnerung" Kayser) besteht; zeigt sich die Ausdrucksfunktion nicht nur in bildhaften Elementen, sondern auch in Form- und Konstruktionselementen. Der Formanspruch, der generell an Dichtung gestellt wird, drückt sich selbstverständlich auch in der Lyrik aus, besonders offensichtlich im Neuklassizismus (vgl. schon Schillers Rezension der Bürger-Gedichte). Diese Art der Lyrik hat immer eine Bedeutung gehabt neben ihrer Funktion spontaner Gefühlsentladung. Die agitative Funktion der Dichtung beeinflußt im weiteren Sinne auch die Formelemente des Gedichts. So werden um nur ein Beispiel zu nennen, in der Lyrik Majakowskis alte Kunstgattungen erneuert und neue Kunstgattungen geschaffen. – Entsprechend den grundlegenden Funktionen der Lyrik (Gefühlsausdruck und Erlebnismitteilung) entwickelt diese zwei Typen (Bekenntnislyrik und Werklyrik). – Die lyrischen Stationen zeigen ebenfalls diese Antithetik: eine geschlossene, einheitliche, zusammenhängende Situation im Gedicht oder die sogenannte Erlebnisisolierung, die Gefühlsprozesse fast in einem situationslosen Raum sich abspielen läßt. – Dementsprechend sind die

Strukturantithesen: einfach und kompliziert, intimer und entfernter, natürlich und gekünstelt, klar und angedeutet, konkret-individuell und allgemein-abstrakt, monologisch und dialogisch. So entsprechen die überlieferten lyrischen Kategorien dieser sprachpsychologischen Strukturbildung: Das Lied als Gattung stellt mit seiner psychischen Einsamkeit einen typischen lyrischen Monolog dar; die Hymne und die Ode als Arten des sogenannten lyrischen Ansprechens setzen ein überpersönliches Wesen oder eine große Persönlichkeit voraus, dem gegenüber die Affektivität des Dichters angeregt wird. – Die individualpsychologische Situation läßt sich charakterisieren entweder als'harmonische Persönlichkeit mitten in einer Situation' oder als Antagonismus, Konflikt, Gegensatz zwischen dem schreibenden Ich und den Situationselementen. (Hinweis auf Petöfis Gedicht *Die Dichter des 19. Jahrhunderts*) – Die dichterische Haltung läßt sich ebenfalls in Antithesen darstellen: Natürlichkeit, Unmittelbarkeit, Ungeziertheit gegen Stilisierung, Pose, Unnatürlichkeit, das Gesuchte, die Affektation. – Es gab lyrische Richtungen, die nicht nur keinen unmittelbaren Selbstausdruck boten, sondern die es gar nicht beanspruchten; sie erforderten eben Mittelbarkeit, Verborgenheit als Kennzeichen der wahren Lyrik. (21) – Auch Barta, dessen Antithesenbildung einer gewissen Naivität nicht entbehrt, zieht die Konkretion in der Lyrik vor: „Je lyrischer ein Gedicht ist, desto einfacher und elementarer ist seine sprachliche Form: die Satzrahmen sind locker, die Sätze meistens parataktisch, Bindewörter kommen selten vor, und statt abstrakter Bestimmungen herrschen konkrete Bestimmungen vor." (26) Barta leitet dies ab aus der Gegenüberstellung der beiden Grundmöglichkeiten der Lyrik, der Unmittelbarkeit und der Mittelbarkeit (vgl. Voege, Unmittelbarkeit). Unmittelbar ist die reine Stimmungslyrik, die musikalische Lyrik, der gegenüber die epische und gegenständlich-malerische Lyrik das andere Extrem darstellen. Dazwischen liegt die sogenannte metaphorische Lyrik. – Die individuelle Lyrik sei eine entwicklungsgeschichtlich frühere Stufe, dergegenüber die gemeinschaftliche Lyrik eine spätere darstelle. – Dem Problem der Anschaulichkeit in der Lyrik widmet sich Scherrer, Lyrik, bes. 147: „[...] nicht dadurch wirkt ein Dichter ohne weiteres anschaulich, daß er die Gedankendichtung vermeidet und konkrete Situationen und individuelle Erlebnisse darstellt. Anschaulichkeit ist ein spezifisch ästhetisches Phänomen." Scherrer differenziert, nach dem Vorgang der zeitgenössischen Erkenntnis- und Kunsttheorie, und kommt zu der Ansicht, daß Anschaulichkeit keineswegs eine reine Konkretion bedeute. So diene z. B. auch der Rhythmus der Anschaulichkeit (Scherrer bezieht sich in vielen seiner Ansichten auf die poetologischen Äußerungen im ‚Kunstwart'.) Als Beispiele führt Scherrer Gedicht von Goethe und Claudius an sowie Schillers *Das verschleierte Bild zu Sais*. Scherrer argumentiert mit Külpe und Max Dessoir, die Forderung nach Anschaulichkeit sei ein Vorurteil, das man endgültig ablegen müsse (151). – Scherrer bezieht sich ferner auf Max Webers Äußerungen im ‚Kunstwart', der am Beispiel von Spittelers, Gedicht ‚In trägen haufen' den Konkretionsvorgang in der Dichtung zu beschreiben versucht. – So bedeute Anschaulichkeit keineswegs immer Sichtbarkeit, sie könne auch an akustisches Material gebunden sein (Beispiel Mörikes *Feuerreiter*) – diese Auseinandersetzung hat auch historisch den ‚Kampf um oder gegen die Abstraktion' mitveranlaßt. Die Bevorzugung des Rhythmus, des ‚inneren Hörens', einer ‚gedanklichen Sinnlichkeit' steht in der Reihe der Ansichten des beginnenden 20. Jahrhunderts von Gross, Erdmann, Dessoir, Külpe, Roettecken, Broder, Christiansen, Jonas Kohn, Theodor Meyer und Müller-Freienfels. – Vgl. ferner Petsch, Dichtkunst sowie Lehmann, Grundsituation, der Zivilisationskritik übt (203): Der Dichter revoltiere gegen die vorgängige Festlegung aller Dinge, ihrer Relationen und spreche gegen den üblichen Sprachgebrauch an. – Zur Lyrik-Diskussion vgl. auch Grimm, Lyrik sowie Geiger, Lyrik; Sieburg, Grade, die beide einer Autonomie des Lyrischen das Wort sprechen; ferner Closs, Lyrik; Jahn, Lyrik; Peper, Lyrisches Ich; Dieckmann, Lyrik; sowie zur neueren Lyrik Hartung, Welt,, bes. 15; Heissenbüttel, Dilemma, bes. 18 f.; Mohn, Gleichgültigkeit, bes. 27-29 u. a.; vgl. auch Bender/Krüger, Lyrik sowie Weinrich, Lyrik, bes. 29, 34 f., 42; dazu die Rezeptions-Untersuchung von Piontkowski/Gröben, Lyrik, bes. 215-217, die auf den Doppelcharakter des Abstraktionsbegriffs in der Moderne hinweisen. – Der Abstraktionsbegriff ließe sich selbstverständlich auch verfolgen in den literaturwissenschaftlichen Untersuchungen zum Roman (besonders Bildungsroman) sowie zum Drama: vgl. Pabst, Roman; Martini, Roman, Martini, Wandlungen; Martini, Bildungsroman; Hamburger, Präteritum; Hamburger, Strukturproblem; Müller, Erzählen; Reichert, Staatsroman; Touaillon, Bildungsroman; Martini, Poetik sowie Kohlschmidt, Drama und Markwardt, Drama; ferner vgl. Jäger, Empfindsamkeit sowie Hahl, Roman.

68 Hermand, Heine, 28. 69 Vgl. Hermand, Synthetisches Interpretieren.

70 Vgl. die Arbeiten von Peter von Matt sowie das Sonderheft Lili; ferner Frank, Einführung.

71 Vgl. die Arbeiten von Jauss und Iser sowie Ehrismann, Thesen; Wyss, Kritik; Link, Rezeptionsforschung.

72 Vgl. Grimminger, Sozialgeschichte und die weiteren in den 70er Jahren entstandenen sozialgeschichtlich orientierten ,Literaturgeschichten' sowie die Reihe ,Literaturwissenschaft und Sozialwissenschaften'; ferner die in der Einleitung genannten Arbeiten sowie Bauer, Literatur; Turk, Literaturwissenschaft; Mattenklott/Scherpe, Literaturgeschichte; Schulte-Sasse, Literatursemantik; ferner die Kritik von Naumann an der Literatursoziologie und Rezeptionsästhetik in: Weimarer Beiträge. 1974. H. 8 sowie den Band von Manfred Naumann zur Rezeptionsästhetik, bes. 430 zum Abstraktionsvorgang in der Rezeption (die *Odyssee* als abstrakte mythische Rezeption), Naumann richtet sich insbesondere gegen das Konstrukt des ,idealen Lesers', gegen Isers und Jauss' abstrakte Modernität; vgl. auch Kreutzer, Volksbuch über literaturwissenschaftliches Abstraktionsverfahren; ferner Engelsing, Sozialgeschichte sowie Sommer, Funktion; Böhler, Soziale Rolle; Steinbach, Sozialtheorie; Hohendahl, Sozialgeschichte.

73 S. die in der Einleitung genannten Titel. Ferner vgl. zur Literaturgeschichtsschreibung un ihren abstrakten Blütezeitmodellen Pfaffenberger, Blütezeiten. – Zur Methodengeschichte vgl. noch Heselhaus, Auslegung; Ruprecht, Literaturwissenschaft; Burger, Interpretation; Frankl, Geisteswissenschaften; Rodenwaldt, Wandel; Sengle, Einheit; Friedrich, Dichtung; Meyer, Struktur; Vietor, Geistesgeschichte; Wiese, Kritik; Kluckhohn, Literaturgeschichte; Hamburger, Zeitlosigkeit; Cassirer, Symbolproblem; Bierwisch, Strukturalismus; May, Literaturwissenschaft; Oppel, Methodenlehre; Henrich, Kunst. Die geschichtsphilosophische Einschätzung der Abstraktion durch die Germanistik bestimmte und bestimmt sich nach ihrer eigenen bzw. der vermuteten geschichtlichen Stellung ihres Gegenstandes. Utopistische Offenheit auf der einen und retrospektive Veränderungssehnsucht (Doehlemann, Germanisten, 13, 97) auf der anderen Seite leisten der Abstraktion vom Gegenstand jedoch gleichermaßen Vorschub. So wirft Werckmeister, Ende der Ästhetik, der Kunsttheorie Adornos vor, daß „sie die Kunstwerke überhöht zu Metaphern einer imaginären geschichtlichen Bewegung: der ungeschehenen Revolution, der unerreichten Utopie." (30; vgl. auch Doehlemann, Germanisten, 13; dazu s. auch Kamper, Abstraktion). – Demgegenüber spricht Lämmert von dem Interesse der Philologien „an der Vorbilderhebung vergangener Zustände für die gegenwärtigen." (Lämmert, Germanistik, 86). – Weitere Hinweise bei Doehlemann mittelbar auch zur Abstraktionseinschätzung durch die Germanistik von der Weimarer Republik bis zur Gegenwart (17: zur Gedanklichkeit des Gedichts und seiner politischen Sprengkraft, 21: zum Innovationsvermögen von Kunst, 27: zur Entwicklung der Philologien im Zusammenhang der technischen Umwertung im 20. Jahrhundert; statt sich einzuschalten als kritisches Korrektiv, übt die Germanistik noble Rückschau: „An der Verwissenschaftlichung der Gesellschaft sind die traditionellen Geisteswissenschaften kaum mehr beteiligt."; ferner 31, 58, 63: zur Abstraktion des Begriffs ,deutsch'; 97, 111, 119, 153 d., 155 f.: zur Abstraktion; 177, 183, 203 zur Zeit- und Menschheitsabstraktion. – Vgl. dazu ferner Germanistik und deutsche Nation 1806-1848 (Literatur- und Sozialwissenschaften II).

Literaturwissenschaftliche Untersuchungen

1 Hauser, Sozialgeschichte führt Abstraktion erkenntnistheoretisch und historisch zutreffend auf die Freisetzung des „Ich-Bewußtseins" (82) zurück. Dies betrifft erkenntnislogisch jede, in der umwälzenden historischen Bedeutung aber die neuzeitliche Abstraktion. Der darauf folgende Vorgang ist für ihn die Abstraktion vom Inhalt zugunsten der äußeren Form. So kommt er zur gleichermaßen sozialhistorisch wie formtypologisch gedeuteten geometrischen Abstraktion (194 u. ö.), die den Formalismus feudaler Kultur repräsentiere. Ihr gegenüber sei das Fortschrittsprinzip in der neueren Kunstgeschichte ein allem Formrigorismus abgeneigter Naturalismus (650 f.). ,Abstraktion' und ,abstrakt' sind als Ordnungs- und mehr noch als Wertungsbegriffe vieler literarischer Epochen und Autoren, ja sogar als Grundbestimmung literarischen Denkens und Gestaltens gebräuchlich. Die Übertragung von „naturferner Typik", „Abstraktion von der Wirklichkeit", „Allgemeinheit und Gleichartigkeit",

getragen von einer „feudalen Kultur", deren Gesellschaftsbild „antiindividualistisch" und deren religiöse Haltung von „strengem Dogmatismus" (195) gekennzeichnet ist, auf verschiedenste Epochen nimmt den zutreffenden Einzelbeobachtungen ihre Prägnanz und Überzeugungskraft. In diesem Sinne auch *Kritische Reflexionen zu Arnold Hauser* Hugo Kuhns in: Text und Theorie II, 70. Aber nicht nur die Ersetzung von geschichtlichen Darstellungsinhalten durch die Substitution eines „neuzeitlichen Wirklichkeitsbegriffs" gibt, wie Kuhn meint, ein verfälschtes Bild historischer Prozesse, sondern ebenso wird durch den Gebrauch eines starren Abstraktionsbegriffs und zugleich eines nicht definierten, die Anwendbarkeit des literaturgeschichtlichen Modells beeinträchtigt. Abstraktion gilt letztlich als der immer gleiche Vorgang, der in vielfältigen Phänomenen erkennbar ist. – Vgl. auch Hauser, Soziologie, 3 und die Begriffe der extensiven und intensiven Totalität sowie Hauser, Ursprung über die antinaturalistische Intention des Manierismus; dazu auch Höver, Abbild sowie Schreyer, Abstrakte Kunst.

2 S. die ‚Literaturgeschichten' von de Boor-Newald, Martini, F. J. Schneider, Burger, Gaede, Wehrli-Kohlschmidt sowie Szyrocki, Barock, 80 f., 98 f., 204 f., 198 f., 214 f.

3 Abstraktion als direkte Präsentation von philosophisch Abstraktem, von Gedanklichem, von Nicht-Anschaulichem; vgl. Sengle, Biedermeierzeit I, bes. 580 f.

4 Was die historische Literaturtheorie aus einem zweifellos oft humanen Bemühen heraus forderte, sollte in der Literaturwissenschaft jedoch nicht fraglos übernommen und als wissenschaftliches Ergebnis ausgegeben werden, ohne den historischen Ort der theoretischen Forderungen mit dem praktischen Verfahren und das heißt, ohne die theoretische Abwehr bzw. Integration eines philosophischen Verfahrens auf seine Möglichkeit zu überprüfen, einen vermeintlich sicheren Dichtungsbegriff zu verändern.

5 Worringer, Abstraktion, 18. 6 Vgl. auch Landmann, Absolute Dichtung.

7 Stelzer, Vorgeschichte; seinen Hinweisen auf Sterne, Goethe, Novalis, E. T. A. Hoffmann, Stifter, u. a. verdankt die vorliegende Arbeit zahlreiche Anregungen.

8 Im Gegensatz zu Kofler, Abstrakte Kunst, der die Vorgeschichte nicht genügend berücksichtigt.

9 Stelzer, Vorgeschichte, 68.

10 Das Phänomen der ‚abstrakten Lyrik' ist, bis auf die Darstellung Brinkmanns, Abstrakte Lyrik, bisher so gut wie nicht untersucht. Vgl. die oben in Anm. 67 (Kap. Literaturwissenschaft) zur Lyrik angegebenen Titel.

11 Muschg, Abstraktion. 12 Muschg, Abstraktion, 231.

13 Muschg, Abstraktion, 234. 14 Muschg, Abstraktion, 239.

15 Muschg, Abstraktion, 234. 16 Muschg, Abstraktion, 229.

17 Vgl. die Titel von Link, Weier sowie auch Stelzer, Maier und die oben angeführten Belege zu Strich.

18 Muschg, Abstraktion, 242. 19 Muschg, Abstraktion, 242.

20 Muschg, Abstraktion, 234. 21 Maier, Paradies, 43 ff.

22 Maier, Paradies, 54 ff. 23 Maier, Paradies, 4.

24 Maier, Paradies, 3. 25 Maier, Paradies, 10 ff.

26 Maier, Paradies, 17.

27 Maier, Paradies, 134: Dies wird angedeutet im Wandel von „Substanz zu Funktion".

28 Vgl. E. T. A. Hoffmann, Goldener Topf oder Kater Murr.

29 Maier, Paradies, 35: „Vom Symbol zur Chiffre". 30 Maier, Paradies, 118.

31 Maier, Paradies, 69 ff.

32 Maier, Paradies, 126 ff.: den Zusammenhang von rationalistischer Abstraktion und der Dichtung der „deutungslosen Zeichen" berührt Maier nur kurz, ohne ihn anszuführen.

33 Brinkmann, Abstrakte Lyrik, 89 f. 34 Brinkmann, Abstrakte Lyrik, 90.

35 Brinkmann, Abstrakte Lyrik, 110. 36 Hausenstein, Expressionismus, 310.

37 Brinkmann, Abstrakte Lyrik, 90. 38 Brinkmann, Abstrakte Lyrik, 90.

39 Vgl. Weier, Abstraktion, 548, 557 f., 561, 565, 569, 573.

40 Vgl. die neueste Arbeit von Strack, Novalis zu dessen Traumbegriff.

41 Vgl. die mathematischen Studien Novalis'. 42 Kofler, Abstrakte Kunst, 9.

43 Kofler, Abstrakte Kunst, 103; vgl. dagegen Tomberg, Mimesis, 5. 44 Kofler, Abstrakte Kunst, 104.

45 Kofler, Abstrakte Kunst, 105. 46 Kofler, Abstrakte Kunst, 106.

47 Vgl. dagegen Sedlmayr, Verlust. 48 Link, Abstraktion, 10 f.
49 Link, Abstraktion, 9. 50 Link, Abstraktion, 10 und 26 f.
51 Link, Abstraktion, 14. 52 Link, Abstraktion, 79 f.
53 Link, Abstraktion, 96.
54 Link, Abstraktion, 97 ff.
55 Link, Abstraktion, 177.
56 Hegels Schlagwort gegen rationalistische Abstraktion, das zum geflügelten Wort wurde.
57 Erst wenn der Vermittlungscharakter der Abstraktion erkenntnistheoretisch und geschichtsphilosophisch systematisiert ist, können die verschiedenen Abstraktionsformen der Literaturgeschichte einen auch historisch überzeugenden Zusammenhang ergeben. – Die Arbeit von Iéhl, Abstraktion zu Rilke bringt keine neuen Erkenntnisse.
58 Halder, Kunst III, 842 – Zur ‚modernen' Abstraktion wären auch die Sektoren der Literaturkritik, der Rhetorik, der Publizistiuk und Editorik bis hin zu Theater, Film und Filmästhetik zu untersuchen (vgl. bes. Eisenstein, Kinematograph; Knilli, Semiotik sowie Eisenstein, Oktober, 27, 350).

III. Abstraktion im System ... II

1 Begriffslexikon I, 6. 2 Kandinsky, Geistiges, 13.
3 Doesburg, Manifeste; vgl. auch Kandinsky, l'Art Concret, der ‚konkret', ‚abstrakt' und ‚ungegenständlich' alternativ gebraucht.
4 Kandinsky, Geistiges, 50. 5 Kandinsky, Geistiges, 54 ff.
6 Kandinsky, Geistiges, 88 ff., 97. 7 Kandinsky, Geistiges, 102.
8 Vgl. auch Kandinsky, Essays.
9 Vgl. auch Erscheinungsformen der sogenannten poésie pure sowie der Zwölftonmusik.
10 Eine einführende Auswahlbibliographie zur abstrakten Kunst bietet Lennartz, Abstrakte Kunst – Hinweise zum Verhältnis von rationalistisch-abstrakter Kunst zur funktional-abstrakten Kunst (der konkreten Kunst) seit etwa 1910 gibt auch Sedlmayer, Moderne Kunst. Mit den Kriterien einer ‚Pathologie des Kunstorganismus' verweist Sedlmayr, Verlust, 143 ff. auf die Vorgeschichte der modernen Kunst, um jene mit dem Autonomiebegriff zu definieren. Die Autonomie werde bedroht – in der Kunst – durch das „neue Vordringen der Fläche" (174), das ein „elementares" ist; vgl. Seuphor, Abstrakte Malerei; Ragon, Abstrakte Kunst; Fabri, Faden; Baumeister, Kunst; Staudenmaier, Abstraktion; Blok, Abstrakte Kunst; Everitt, Abstrakter Expressionismus u. a. – Bachmeier führt mißverständlich die Malerei des 19. Jahrhunderts und ihr behauptetes abstraktives Verfahren an, um die ‚Ideologie' der modernen Abstrakten zu entlarven. – Als „geometrische Abstraktion" bezeichnet Berrelt, Stilgeschichte, 120 ff. die Abstraktion der 20er und 30er Jahre. - Eine übersichtliche Zusammenfassung über Formen der abstraktiven und abstrakten/konkreten Malerei sowie über Geschichte und Vorgeschichte der künstlerischen Richtungen bietet Fassmann, Abstrakte Malerei, 13, 10-25.
11 Lupasco, Naturwissenschaft, 12. 12 Lupasco, Naturwissenschaft, 14.
13 Vgl. aber auch den Todes- und Wiedergeburtsgedanken in den mythischen Festen. Diese stellen eine kurzzeitige Abstraktion (Freisetzung) vom zyklischen Verlauf des Lebens dar, zur Erneuerung des Zyklus (vorrational-magische Form der Abstraktion). Vgl. auch Thomas Manns Josephsroman.
14 Lupasco, Naturwissenschaft, 12 ff.
15 Lupasco, Naturwissenschaft, 63; s. oben dagegen Halder, Kunst.
16 Leuner, Abstraktion: ‚Eine Sammlung psychodynamischer Studien'.
17 Leuner, Abstraktion, 27. 18 Leuner, Abstraktion, 32.
19 Leuner, Abstraktion, 60. 20 Leuner, Abstraktion, 68 f.; vgl. auch Höver, Abbild, 12 f.
21 Leuner, Abstraktion, 72. 22 Leuner, Abstraktion, 76.
23 Leuner, Abstraktion, 98 f. 24 Leuner, Abstraktion, 106 f.
25 Leuner, Abstraktion 110-112, 121. 26 Leuner, Abstraktion 148 f.
27 Matt, Angesicht. – Vgl. noch Domnick, Abstrakte Malerei; Haftmann/Grohmann, Abstrakte Maler; Neuwirth, Abstraktion; Poensgen/Zahn, Abstrakte Kunst; Hasenpflug, Abstrakte Maler;

Roh, Abstrakte Bilder; Brion, Abstrakte Kunst; Seuphor, Abstract painting; Seuphor, Abstrakte Malerei; Mercier, l'art abstrait: Nach einer Definition der Titelbegriffe werden in einem historischen Abriß die ‚Negativ-Haltungen' der Abstraktion in der Kunst vorgeführt: Jüdische Kunst, Ikonoklasten, Zisterzienser, Reformisten, Jansenisten: das Nicht-Figurative als Konsequenz fremder ästhetischer Prinzipien. Demgegenüber stehen ‚Positiv-Haltungen': die Ästhetik des Nicht-Figurativen im Dienste des Christentum: Byzantinische Kunst, Romanische Kunst und weitere Entwicklung: Gotik, Barock, Symbolismus. Im Hauptteil, Beginn 1850, werden zunächst die hieratischen Bestrebungen der Präraffaeliten und Nazarener angeführt, dann die Schule von Beuron, dann Albert Gleizes, Gino Severini, zusammengefaßt als intellektualistische Bestrebungen, demgegenüber steht die „Exaltation de la sensibilité: tentatives pour renouer le contact avec les masses populaires": z. B. Maurice Denis, Desvallières. Dann, nach 1939: Die nicht-figurative Kunst resultiert aus dem rationalen Gebrauch der Technik und des ganz modernen konstruktivistischen Materials. Nach einer Aufzählung der verschiedenen Kunstformen des christlichen Abstraktionismus wird auf die Perspektiven und Grenzen der nicht-figurativen christlichen Kunst hingewiesen. Psychologische Probleme: Die kubistische oder expressionistische Kunst wird beschuldigt, die heiligen Gestalten zu deformieren; der religiösen nicht-figurativen Kunst wird Hermetismus und Undeutlichkeit vorgeworfen. – Vgl. auch Bayer, l'art abstrait über gegenwärtige französische Kunst, mit Bezug auf Kandinsky und Mondrian u. a., über Neokonstruktivisten, Musikalisten, Surrealismus, Dadaismus usw.: abstrakte Kunst als ein Akt des Nachdenkens über neue Möglichkeiten; ferner Tomberg, Mimesis; Kofler, Abstrakte Kunst; The New York School; Rowell, Peinture: über die amerikanische Aktionsmalerei oder die gestische Malerei, auch die New Yorker Schule, über europäische existentialistische Kunst; Ashton, New-York School; Apollinio, Mondrian; Scheffler, Kunst; Kunstwerk; Lützeler, Abstrakte Malerei; Hess, Moderne Malerei; Leonhard, Fläche; Kuh, Kunst; Gehlen, Zeit-Bilder; Baumeister, Magie; Kandinsky, Farben; Hofmann, Plastik; Gideon-Welker Plastik; Gertz, Plastik; Trier, Plastik; Händler, Maler; Winkler, Psychologie; Hofstätter, Symbolismus; vgl. auch Kaschnitz-Weinberg, Römische Kunst I, 51 ff., 56, 58, 63 ff. – hinzuweisen wäre auch auf Abstraktionserscheinungen in der Musik, vgl. Adorno, Impromptus sowie Adorno, Philosophie, 129 zur Auflösung der Stoffe und Formen; ferner auf den sogenannten Mannheimer Seufzer, auf Kierkegards *Don Juan*', bestimmte Erscheinungen bei Beethoven, Schönberg und auf Thomas Manns Faustus-Roman.

28 Hierzu gehören auch die einzelnen wirtschafts- und sozialwissenschaftlichen Fachdisziplinen, in denen der Abstraktionsbegriff nach Methode und Inhalt auftaucht. Vgl. auch Gleichmann u. a., Macht und Zivilisation; Haferkamp/Schmid, Sinn sowie die Arbeiten von Luhmann und Schütz/Luckmann.

29 Vgl. Elias, Zivilisation; Hesse, Revolution, 97 weist auf James Harringtons Versuch hin, der Logik der Geschichte auf die Spur zu kommen: „[...] Harringtons historischer Ansatz ist bereits von der neuen Weltsicht angerührt: Aus der Geschichte sucht er die abstrakten allgemeingültigen Prinzipien zu gewinnen, durch die überhaupt politische Veränderungen bewirkt werden, er will auf Grund solcher unumstößlichen Gesetze der geschichtlichen Logik ein ‚commonwealth' (Gemeinwesen) von so perfektem Mechanismus schaffen, daß die Geschichte selber in ihm aufgehoben wird."

30 ‚Abstraktion' ist verschiedentlich als Zeichen des Aufstiegswillens des Bürgertums gedeutet worden, indem sie Feudalstrukturen reproduzierte.

31 Vgl. Lessing, Anfang des 14. Stücks der *Hamburgischen Dramaturgie* (Werke IV, 294); vgl. auch Schiller über *Wallenstein* sowie Koselleck, Kritik; s. auch die Fragmente von Reimarus, die Lessing veröffentlichte.

32 Vgl.Klopstock, *Von dem Publico.*

33 In Schillers Bürger-Rezension verbinden sich dichtungstheoretische und soziologische Überlegungen.

34 Düsing, Schiller, 166. 35 Vgl. Düsing, Schiller, 101.

36 Vgl. auch Literatur- und Sozialwissenschaften III: Deutsches Bürgertum und literarische Intelligenz 1750 – 1800; Novalis' abstrakter Monarchismus ist eine Folge seiner ästhetisierten Geschichtsauffassung; vgl. auch Fichtes Staatsbegriff.

37 Vgl. die nachromantische anthropologische Abstraktion bei Feuerbach, die utopistischen Ideen vor

1848 sowie Marx' *Kritik des Hegelschen Staatsrechts.*

38 Heine, Sämtliche Schriften V, 173 ff.; vgl. auch Hauser, Sozialgeschichte. – Die Feudalisten, die mit dem Idealismus verbunden sind, lehnen die Demokratisierung (mit ihren Industrialisierungstendenzen) als Abstraktion ab, die Sozialisten, Linkshegelianer u. a. lehnen die Abstraktion ab als bürgerliche, reaktionäre Inhaltsleere; vgl. auch Grillparzer zur Zivilisation, Herwegh 1839 sowie Herbarts *Allgemeine Staatslehre.* – Ferner Hesse, Revolution, 19: „Der Liberalismus ist laut Hegel eben diejenige Sozialphilosophie, die ‚an der Abstraktion festhält' und über die ‚das Konkrete immer siegt' (Philosophie der Weltgeschichte).„; zu Marx: „Marx hält sich [...] im **Kapital** lieber an die analytische Abstraktionstechnik. Diese behält freilich [...] auch innerhalb der dialektischen Totalisierungen eine beschränkte Gültigkeit, aber sie bildet zugleich die wahre Ursache für gewisse dogmatische Verhärtungen innerhalb des orthodoxen Marxismus. Denn der Abstraktionsprozeß bedeutet, auch bei Marx, ein Außer-Kraft-Setzen der Geschichte und der Zeit sowie eine Verdinglichung des Denkens: Menschen werden auf diese Weise zu Sachen, Gruppen zu Mechanismen reduziert." (108 f.); zur Abstraktion des ‚Tauschwerts' vgl. Schmidt, Praxis IV, 1114 f.; vgl. ferner Krader, Ethnologie sowie Eichendorff, Werke, 1542 zum abstrakten Weltbürgertum, zur abstrakten Deutschtümelei; s. auch Baumgart, Kritik sowie Eucken, Nationalökonomie.

39 Adorno/Horkheimer, Dialektik der Aufklärung, 15. 40 Brinkmann u. a., Sinnlichkeit.

41 Brinkmann, Sinnlichkeit, 81 f., 134 f. 42 Brinkmann, Sinnlichkeit, 136.

43 Brinkmann, Sinnlichkeit, 116. 44 Kamper, Abstraktion.

45 Kosík, Dialektik.

46 Salomon, Fortschritt – zitiert bei Zijderveld, Abstrakte Gesellschaft, 90.

47 Zijderveld, Abstrakte Gesellschaft; vgl. auch Breysig, Gesellschaftslehre sowie Leroy, Histoire; ferner Adorno, Jargon, 79; Goux, Marx, 138 f.; Halfmann/Rexroth, Marxismus, 25 ff.; Bubner, Dialektik, 55 ff.; Krohn, Finalisierung; vgl. auch Aubin/Zorn, Wirtschaftsgeschichte. – Ferner vgl. Philippi, Interpretation; Buyssens, Abstraktion; Farner, Aufstand; Warnke, Abstrakte Gesellschaft; Horkheimer, Philosophie; Maurer, Entfremdung II, bes. 349-51; Mannheim, Konkurrenz, 330 ff. sowie Soziologisches Denken, bes. 292 f. zu Mannheim. – Auch die Sozialutopie ist von Abstraktion nicht frei: vgl. Voßkamp, Utopieforschung; Brenner, Utopiediskussion I, 15; Kilminster, Utopiediskussion I, 78, 90 f.; Seibt, Utopiediskussion I, 97 ff.; ferner Fuller, Utopie; Volkmann-Schluck, Utopie, 22 f.; Biesterfeld, Utopie, 1, 5, 10, 18, 21 f.; Servier, Harmonie; Gnüg, Utopie; Grimm/Hermand, Utopisches Denken; Recktenwald, Politische Ökonomie; Mead, Sozialität; Spranger, Lebensformen; Weber, Kultursoziologie; Bölcke, Nationalökonomie; Grassi, Humanismus; Klein, Wirtschaftstheoretiker; Diedrich, Physiokraten; Hubert, Staat; Marcuse, Gesellschaft; Morgan, Urgesellschaft; Kuczynski, Wissenschaft; Albert, Traktat; Hardach/Karras, Wirtschaftstheorie; Ricardo, Wirtschaft; Horkheimer, Kritische Theorie; Horkheimer, Gesellschaft; Böhm, Wissenschaftsordnung; Stiehler, Gesellschaft; Wunder, Feudalismus; Hubatsch, Absolutismus; Beltle, Menschenwürdige Gesellschaft; Kofler, Bürgerliche Gesellschaft; Winkel, Volkswirtschaftslehre; Lenk, Revolution; Jaurès, Sozialismus; Wehler, Geschichte; Schumann, Konservativismus; Topitsch, Sozialwissenschaften; Euchner, Egoismus; Kluxen, Parlamentarismus; Fleischer, Marxismus; Damus, Spätkapitalismus; Seibt, Utopica; Bohrer, Utopie; Heiss, Utopie; Wehler, Sozialgeschichte; Otmar, Absolutismus; Riedel, Aporien; Claessens, Kapitalismus; Schluchter, Aspekte; Brandt, Eigentumstheorie; Gross, Reflexion; Schwarz, Sachgüter; Wehler, Ökonomie; Wehler, Sozialgeschichte; Schneider, Wirtschaftstheorie; Berger/Jetzschmann, Forschungsprozeß; Blasius, Bürgerliche Gesellschaft; Krawitz, Staatsphilosophie; Hofstetter, Gesellschaft; Weber, Soziologie; Braun/Hahn, Gesellschaft; Jochimsen/Knobel, Nationalökonomie; Mantaner, Volkswirtschaftslehre; Fürstenberg, Soziologie; Fürstenberg, Wirtschaftssoziologie; Atteslander, Sozialforschung; Hager/Haberland/Paris, Soziologie; Prim/Tilmann, Sozialwissenschaft; Rucktäschel, Gesellschaft; Simmel, Soziologie; Knaul, Fortschritt, Habermas/Luhmann, Gesellschaft; Luhmann, Zweckbegriff; Bottomore, Elite; Schilling, Soziale Ideen; Tourraine, Gesellschaft; Berber, Staatsideal; Butschek, Wirtschaft; Ineichen, Erkenntnistheorie; Maurer, Revolution; Holz, Gesellschaft; Greven, Systemtheorie; Ryan, Sozialwissenschaften; Gäfgen, Wirtschaftspolitik; Hauser, Gesellschaft; Zippelius, Staatsideen; Gordon, Tradition; Born, Wirtschaftsgeschichte; Habermas, Öffentlichkeit; Hofmann, Entstehung; Scheler, Wissensformen; Kimmerle, Geisteswissenschaften; Childe, Gesellschaft; Winch,

Sozialwissenschaft; Bourdieu, Symbolische Formen; Godelier, Rationalität; Schulze, Soziologie; Steffen, Bildung; Engelsing, Sozialgeschichte; Schlumbohm, Freiheitsbegriff; Tönnies, Gemeinschaft; Michel, Idee; Schmitt, Idealstaat; Lenin, Staat; Freyer, Wirtschaft; Weber, Wirtschaft; Troeltsch, Schriften; Groethuysen, Entstehung; Ziegenfuß, Bürgerliche Welt; Minder, Gemeinschaft; Altheim, Utopie; Ehrlich, Staatsphilosophie; Breysig, Gesellschaftslehre; Marcuse, Kultur; Behrens, Grundriß; Althaus, Ästhetik; Wiese, Soziolo-gie; Zorn, Wirtschaftsgeschichte; Haussher, Wirtschaftsgeschichte; Beutin, Wirtschaftsgeschichte; Born, Wirtschaftsgeschichte; Fordl, Gesellschaftslehre; Buchheim, Ultramontanismus; Meineke, Staatsräson; Mannheim, Ideologie; Kellenbenz, Merkantilismus; MacPherson, Politische Theorie; Staatensystem; Hess, Gesellschaft; Jenker, Totalitarismus; Beyme, Ideengeschichte, Hobsbawm, Industrie; Berger/Luckmann, Konstruktion; Kreuzer/Hamburger, Gestaltungsgeschichte; Demokratie; Vester, Proletariat; Herrmann, Menschheit; Schneider, Wirtschaftstheorie; Mensching, Totalität; Dreitzel, Sozialer Wandel; Topitsch, Sozialphilosophie; Görlitz, Politikwissenschaft; Tödt, Humanum; Lypp, Absolutismus; Lenk, Ideologie; Neuendorff, Interesse; Adorno, Gesellschaftstheorie; Heinrichs, Reflexion; Robinson, Wirtschaftswissenschaft; Treue, Wirtschaftsgeschichte.

48 Oeing-Hanhoff, Fortschritt II, 547. Vgl. auch Eliade, Kosmos und Geschichte; Vossler, Geschichte; Rossi, Geschichtsschreibung.

49 Salamander, Sinnverstehen; geschichtsphilosophische Abstraktion beinhaltet auch die Aufhebung der Zeit.

50 Vgl. Proß, Organismus zur ‚Baumtheorie'. 51 Vgl. auch Spengler, Untergang.

52 Und gewinnt damit die Abstraktion erneut im Sinne der des Aristoteles zurück. Vgl. Schmidt-Biggemann, Topica.

53 woraus sie ihr geschichtliches Verhältnis zueinander ableiten.

54 Damit beziehen sich die späteren Theorien auf frühere hedonistische Ansätze zurück.

55 Kant, *Geschichte in weltbürgerlicher Absicht* (VI, 6-8).

56 Kant, *Fortschritt der Metaphysik*. Auflösung der Aufgabe. II. Fortschritt der Theologie (V, 139 f.).

57 VIII, 109, 29.

58 *Leitfaden zu einer künftigen Geschichte der Menschheit*, 1789. 59 II, 217.

60 *Ideen* (Sämtliche Werke XIV, 145).

61 *Adrastea* 1801 (Sämtliche Werke XXIII, 277).

62 Eine anti-intellektualistische Abstraktion vertritt Hamann: eine Typologie, derzufolge die biblischen Ereignisse „zeitliche und ewige Wahrheiten" zugleich sind und geschichtsbildend wirken.

63 *Über die Philosophie der Historie* 1775; vgl. Hahl, Reflexion zur moralischen Digression im Roman, in der die erbauliche Tendenz weit ins 19. Jahrhundert transportiert wird. Geschichte gilt in diesem Zusammenhang als Repertorium zum Auffinden exemplarischer Fälle.

64 Vgl. Winckelmanns Kunstgeschichtsschreibung und die häufige Beziehung von Geschichte und Poesie, wie sie sich in den zahlreichen Titeln „Zur Geschichte und..." ausdrückt.

65 Vgl. Aristoteles' Poetik; s. auch Collier, Verzweiflung, 529 zur ästhetischen Struktur des Erzählablaufs im Homerischen Epos; vgl. auch Marquard, Kompensation, 330 ff. zur Verwandlung von Geschichte in ‚Prozeß' im juristischen Sinne (Mythos und Geschichte werden im antiken Drama zum – juristischen – Prozeß verdichtet).

66 Klopstock, *Gelehrtenrepublik* (Werke, 881). 67 W. von Humboldt, Briefe.

68 Vgl. Rüsen, Ästhetik; Meier, Prozesse; Faulenbach, Geschichtswissenschaft; Thyssen, Geschichtsphilosophie; Rossmann, Geschichtsphilosophie; Kamper, Abstraktion; Horkheimer, Geschichtsphilosophie; Freund, Geschichtsphilosophie; Simmel, Geschichtsphilosophie; Jaspers, Geschichte; Kirn, Mensch; Groh, Geschichtswissenschaft; Wehler, Geschichte; Stiehler, Entwicklungsgedanke; Kluxen, Geschichtstheorie; Engel-Janosi, Geschichte; Treue, Geschichte; Schöne, Säkularisation; Burck, Fortschritt; Mann u. a., Geschichte; Ponschab, Revolution; Löwith, Weltgeschichte; Vogt, Universum; Goll, Evolutionismus; Baumgartner/Rüsen, Historik; Danto, Geschichte; Kamlah, Utopie; Krüger, Freiheit; Plumb, Geschichte; Kracauer, Geschichte; Scheffler, Geschichtsphilosophie; Rombach, Philosophie; Diller/Schalk, Epochenbegriff; Marquard, Geschichtsphilosophie; Stern, Geschichtsphilosophie; Acham, Geschichtsphilosophie; Schulz, Geschichte; Wehler, Historiker; Jonas, Wandel; Vetter, Zeit; Marrou, Erkenntnis; Schilson, Geschichte; Gembicki, Geschichts-

philosophie; Joel, Wandlungen; Helfenstein, Lebensalter; Diedrich, Geschichtsbetrachtung; Ritter, Entwicklungsgeschichte; Brandi, Geschichtswissenschaft; Barth, Philosophie; Mehring, Geschichtsphilosophie; Heuß, Weltgeschichte; Ehrlich, Philosophie; Heuptner, Zeit; Jonas/Linsbauer/Marx, Produktivkräfte; Bartsch, Materialismus; volkmann-Schluck, Metaphysik; Zimmermann, Evolution; Hübner/Menne, Natur; Schulin, Universalgeschichte; Bauer u. a., Geschichte; Wundt, Völkerpsychologie; Troeltsch, Historismus; Lübbe, Säkularisierung; Streisand, Geschichtswissenschaft; Wittram, Interesse; Wagner, Geschichtswissenschaft; Renthe-Fink, Geschichtlichkeit; Rothacker, Geschichtsphilosophie; Faber, Geschichtswissenschaft; Baumgartner, Kontinuität; Koselleck/Stempel, Geschichte; Bellow, Geschichtsschreibung; Blumenberg, Wende; Vodizka, Entwicklung; Hochkeppel, Zeitalter; Schieder, Geschichtswissenschaft; Böhm, Geschichtsgesetz; Plessner, Utopie; Plessner, Nation; Schulze, Geschichtswissenschaft; Schieder/Gräubig, Geschichtswissenschaft; Thiel, Geschichtswissenschaft, Horkheimer, Vernunft; Hardtwig, Geschichtsschreibung; Schmidt, Geschichtsphilosophie; Schlobach, Zyklentheorie; Vossler, Geschichte; Jaeschke, Geschichtsphilosophie; Steffen, Modernität; Windfuhr, Epigone; Baruzzi, Maschine; Landmann, Vernunft; Lenk, Philosophie; Berlinger, Freiheit; Popper, Historismus; Brunner/Conze/Koselleck, Grundbegriffe; vgl. auch zur Pädagogik: Flitner, Erziehung; Frank, Deutschunterricht; Röhrs, Bildungsphilosophie; Moog, Pädagogik; Raumer, Pädagogik; Garin, Pädagogik.

69 Vgl. oben Halder, Kunst.
70 Whitehead, Vernunft, 73 f.

IV. Der Abstraktionskreis

1. Geschichte des Abstraktionsbegriffs

1 Radikaler Realismus: Substanz im Allgemeinen, der Sache nach und zeitlich vor dem Konkreten (ante res); gemäßigter Realismus: Substanz im Konkreten, von dem sich die Begriffe, die es erfassen, lösen lassen (in rebus); Nominalismus: Substanz im Konkreten, zu dem der Verstand die Benennungen hinzufügt (post res).

2 Gegen die Gefahren einer metaphysischen Abstraktion haben schon Descartes und Pascal gekämpft; sie basiert auf einer Übernahme augustinisch-stoischer Elemente, die prozessuales Denken verhindern. Im Skeptizismus verschärft sich die Kritik.

3 Vgl. z. B. den Großen Brockhaus I, 37; Meyer I, 173, Herder I, 30.

2. Die Problematik...

1 Wagner, Begriff I, 197.
2 Wagner, Begriff I, 198.
3 Vgl. Kategorienlehre.
4 Wagner, Begriff I, 199.

5 Erst aufgrund dieser Unterscheidungen werden die im folgenden aufgeführten Abstraktionsbegriffe auch historisch deutlich; zum Begriffsproblem vgl. ferner Arnheim, Anschauliches Denken; Metzger, Begriff; Cassirer, Substanzbegriff; zum logischen und zur Aporie des traditionellen Empirismus bei der Bildung von Begriffen vgl. die im Systematik-Kapitel genannten Titel.

3. Extension/Intension

1 Wagner, Begriff, 203.
2 Heinekamp/Schupp, Intensionale Logik.
3 Vgl. Kubczak, Intension.
4 Vgl. die deverbativen Substantive Klopstocks, Hölderlins, der Romantik.
5 Vgl. frühaufklärerische Lehrgedichte, Begriffsdichtung generell.
6 Vgl. Baumgartens *Meditationes*, Breitingers *Critische Dichtkunst*.

7 Dies ist als ‚Intensionalitätswende' in der Literaturgeschichte zu bezeichnen. Selbstverständlich taucht die Intension, nach dem strukturlogischen Schema, das hier aufgestellt werden soll, in den früheren Epochen auf, sie hat aber dort nicht einen derart weitreichenden und den Dichtungsbegriff verändernden Einfluß. Hierin ist das bewußtseinsgeschichtliche ‚Erbe' der Empfindsamkeit zu sehen.

8 Vgl. auch die Romanentwicklung: von der Vielfalt abenteuerlicher und moralisch erbaulicher Episoden zur Integration im Realismus.

4. Abstraktionsklassen

1 Hier und im folgenden vgl. Mikkola, Abstraktion, dessen sprachwissenschaftliche Gliederung der Abstraktionsklassen in der vorliegenden Arbeit auf die ‚Logik der Geschichte' übertragen wird.

2 Mikkola, Abstraktion, 10; ist diese Abstraktionsart als ‚Totalabstraktion', in der vom Ganzen des Gegenstandes abgesehen wird und nur das Typische, die Art, die Gattung übrigbleibt, anzusehen, so läßt sich die folgende Abstraktionsart als Formalabstraktion bezeichnen, in der vom Träger, dem Substrat abgesehen wird, um den abstrakten Begriff einer Eigenschaft hervorzuheben (vgl. Menne, Logik, 25, 73).

3 Vgl. Mikkola, Abstraktion, 10 ff.

4 Der Subjektbegriff ist bei Descartes vom Substanzdenken ‚überfremdet'; dies gilt im Prinzip auch noch für die Romantik.

5 Mikkola, Abstraktion, 10. 6 Mikkola, Abstraktion, 339.

7 S. dazu auch den folgenden Abschnitt und die Bemerkungen zum ‚Konkreten', das an genau dieser Stelle im Abstraktionskreis anzusiedeln ist. Vgl. auch dioe verschiedenen Formen der Kosmogonie, z. B. die Welterklärungstheorien der Vorsokratiker; aber auch den romantischen Unendlichkeitsbegriff.

5. Abstraktionskreis

1 was auch beinhaltet, daß an ein und demselben historischen Ort verschiedene Abstraktionsarten gleichzeitig auftauchen.

2 Vgl. dazu die Bemerkungen zum Universalienstreit des Mittelalters sowie zu Nikolaus von Kues. – Vgl. ebenso unten zu den korrespondierenden geschichtsphilosophischen Modellen. – Entscheidende historisch-systematische Schaltstellen im Zusammenhang des Prioritätenwandels der Abstraktionsklassen sind literaturgeschichtlich: Zweckästhetik (als Übergang von der intensionalen zur extensionalen) und Autonomieästhetik (als Übergang von der extensionalen zur intensionalen Abstraktion).

3 Vgl. Popper, Grundprobleme; Seiffert, Wissenschaftstheorie I; Essler, Wissenschaftstheorie III.

4 Vgl. Engfer/Essler, Analyse I. 5 Vgl. Holz, Analogie, bes. 52.

6 Vgl. Seiffert, Wissenschaftstheorie II sowie Stachowiak, Rationalismus.

7 Hier ist literarisch die Allegorie zu orten, während das Symbol der Induktion zugehört – dies gilt allerdings nur für die ontologische Priorität des Allgemeinen oder Besonderen in den beiden literarischen Formen, nicht für dessen Konzeption durch den Betrachter/Leser.

8 Der Syllogismus ist die Verbindung eines Formal- und Materialurteils (Analyse und Synthese); vgl. Jacobs, Formal-Material III, 457.

6. Das Konkrete

1 Vgl. Kulenkampff, Evidenz II, bes. 433 f. zu Husserls aporetischen Evidenzbegriff; dagegen zu Stegmüllers Evidenz-Agnostizismus 434. – Zur Unerkennbarkeit des Empirisch-Faktischen vgl. Pieper, Individuum III, 729 f.

2 Nicht im Sinne einer kollektivistischen Dogmatik.
3 Vgl. Seiffert, Concretum, 113: „[...] der einzige wirkliche zuverlässige Anhaltspunkt zur Unterscheidung zwischen ‚konkret' und ‚abstrakt' [ist] die Frage der Zeitimprägniertheit, der zeitlichen Verfangenheit des Gemeinten." – Vgl. ferner Brand, Lebenswelt sowie Hempel, Konkretum.
4 ohne daß diese These die Negation des Historischen impliziert.
5 Über die Relationalität der Abstraktion s. Lorenzen, Methodisches Denken und Menne, Logik, 75 f. Der von Boethius in die philosophische Sprache eingeführte Terminus ‚abstractio' meint zunächst nichts weiter als ‚Abziehung', ‚Absonderung', ‚Trennung' (dieses sind auch die häufigsten deutschen Synonyme in der Aufklärung): Etwas wird von einem Anderen abgetrennt zum Zweck gesonderter Betrachtung und erneuter Applikation (Konkretion ist mit der prädikativen Anwendung der Abstraktion immer zugleich vorhanden). Erst die gesonderte Betrachtung ermöglicht Erkenntnis und Deutung. Gesonderte Betrachtung und damit Erkenntnis basieren auf einer vorausliegenden Ordnungssystematik. Das ist der Bereich regulativer Prinzipien (vgl. oben Ausführungen zum ‚Begriff'). Wie weit Abstraktion dem eigentlichen logischen Abstraktionsverfahren selbst vorausliegt, inwieweit also die Regel, das regulative Prinzip selbst abstrakt ist, ist eine Frage der Terminologie; daß aber die Regelsetzung eine Begrenzung des ursprünglich Konkreten bedeutet, ist eine Tatsache. Sie beruht auf der praktischen Vorentscheidung, die jedem Verhalten und Erkennen vorausliegt. – Die eben angeführte Definition des Abstrahierens liegt als formales Schema allen Abstraktionsarten zugrunde; vgl. Oeser, Abstraktion, 15 der Abstraktion zunächst verwendet im Sinne eines bloß formalen Mittels zur denkökonomischen Ordnung und Klassifikation; vgl. Link, Abstraktion, 9 („Leerstelleneigenschaft"). Dieser kombinatorische Begriff von Abstraktion wird in der Frühaufklärung erkenntnistheoretisch und in der Romantik poetologisch ‚aufgeladen'.

V. Abstraktion als Geschichte

1. Das geschichtsphilosophische Paradoxon

1 Vgl. auch Pfaffenberger, Blütezeiten.
2 Vgl. oben Einleitung und die Sedimentierungs-These von Alfred Schütz.
3 Die Historisierung von Systematik und die gegenläufige Systematisierung von Geschichte entspricht dem erkenntnistheoretischen Paradox, wie es beispielsweise Goethe in *Dichtung und Wahrheit* (IV, 19) formuliert hat, daß nämlich nur analysieren dürfe, wer die Synthese bereits spontan im Gefühl besitze. Zur Typologie der Geschichtsbetrachtung s. auch Ohly, Typologie.
4 Es wäre ein Mißverständnis, dies als Enthistorisierung zu sehen.
5 Vgl. oben Einleitung. 6 Vgl. oben Abschnitt zur Geschichtsphilosophie.
7 Vgl. Krauss, Anthropologie sowie Moravia, Vernunft.
8 Hier hat die Kunstgeschichtsschreibung eine Paradigmafunktion (vgl. Jauss, Literaturgeschichte).
9 Hier setzt das lineare Geschichtsdenken eines anthropologischen Immanentismus ein.
10 Vgl. die Auseinandersetzung zwischen Iselin und Herder.
11 Vgl. Bühl, Wissenschaftssoziologie, 184; s. auch Kamper, Abstraktion.
12 Vgl. Bühl, Wissenschaftssoziologie, 184 zum Abstraktionsdilemma.
13 Extensionalitätsdilemma, gegen das historisch die intensionale Abstraktion eintritt.
14 Der geschichtliche Blick selbst stellt schon eine Klassifikation dar.
15 Voltaire z. B. hält die „histoire des arts" für die nützlichste Form der Historie. Durch Winckelmann wird die Kunstgeschichtsschreibung Paradigma der allgemeinen Geschichtsschreibung. Vgl. auch Jauss, Geschichte der Kunst, 210: „Die epochale Wendung, mit der sich die singularisierte Geschichte einerseits mit der neubegründeten *philosophie de l'histoire* gegen die Pluralität der Geschichten durchsetzte, ist zu Beginn des Jahrhunderts durch Erkenntnisse der Kunstbetrachtung eingeleitet worden." – Später berichtet Möser über Abbts Wunsch, eine allgemeine Geschichte in der Art der Winckelmannschen Kunstgeschichte zu schreiben.

16 Vgl.l Kamlah, Utopie, 36 zur Teleologie und Heilsgeschichte; ferner 45 f.: Durch die ‚Abstraktion der Profanisierung' ergibt sich erneute Abstraktion; Übertragung naturwissenschaftlicher Modelle und Methoden auf Geschichte; zur Profanisierung und Säkularisierung s. 40 f.; ferner vgl. Seiffert, Wissenschaftstheorie II.

17 S. Bühl, Wissenschaftssoziologie, 184.

18 so schon im Primat der Praxis in der Philosophie des ausgehenden und auf eine andere Weise im Positivismus des 19. Jahrhunderts; vgl. Einleitung zur philosophisch-wissenschaftlichen Kritik.

19 Zur verdeckten Übernahme vgl. oben zum Vermittlungsaspekt der Literatur; exemplarisch s. Rückert, Gedichte, 72: trotz Ablehnung ist die historisch jeweils folgende Stufe vergeistigter, abstrakter; s. auch beispielsweise Hegel, Phänomenologie.

20 Vgl. Moravia, Vernunft; Lepenies, Naturgeschichte.

21 Vgl. Adorno, Negative Dialektik.

22 Umgekehrt leiten sich die speziellen Wissenschaftsinteressen hieraus ab.

23 Vgl. Kamlah, Utopie, 39.

24 Auch dies ist eine Folge der Abstraktionsfurcht: Modifikation signalisiert versteckte Abwehr.

2. Geschichtsphilosophische Grundmodelle

1 Vgl. generell Schlobach, Kreismetapher; auch Koselleck/Meier, Fortschritt, 352 u. ö.; Evolutionismus, 39 ff.

2 Vgl. LdAW sowie Ritter, Historisches Wörterbuch, Art. Geschichte.

3 Vgl. Eliade, Kosmos; Kerenyi, Religion; Dodds, Fortschrittsgedanke; dazu Schlobach, Kreismetapher; s. auch Graevenitz, Mythos und Blumenberg, Mythos.

4 S. unten zu Antike und Mittelalter. 5 S. eben dort.

6 So noch Nietzsche in der Metapher von der ‚ewigen Wiederkehr des Gleichen'; vgl. auch Spengler, Abendland.

7 Koselleck/Meier, Fortschritt, 352, 371, 375 f., 382, 386, 389, 391, 397; vgl. Passmore, Vollkommener Mensch.

8 Vgl. Adorno/Horckheimer, Dialektik der Aufklärung; Kamlah, Utopie.

9 Vgl. Goll, Evolutionismus.

10 Nach Hegels Geschichtsbild und Marx''Korrektur'; vgl. Bloch, Tübinger Einleitung (Exkurs); auch Adorno, Negative Dialektik; Fuller/Buckminster, Konkrete Utopie.

11 Vgl. oben zum ‚Konkreten'; Kosík, Konkretes. 12 Vgl. oben zum ‚Konkreten'.

13 Das Raster besteht aus den vier Abstraktionsarten (klassifikatorisch, hypostativ, rational, irrational), aus der Wissenschaftsformation von Mathematk, Natur–, Geistes- und Sozialwissenschaften, aus dem methodologischen Dualismus von Deduktion und Induktion, aus den geschichtsphilosophischen Modellen von Zyklus, Linearität und Spiraltheorie sowie aus den von der jeweiligen philosophischen Ästhetik bestimmten Aufgaben der Poesie. – In der Vorstellung einer linear-irreversiblen Entwicklung der Geschichte wird Abstraktion, in Analogie zur Erkenntnistheorie, grundsätzlich bejaht. Problematisiert wird dagegen nur eine Metaphysik der Abstraktion (Barockscholastik). Der aufklärerische Geschichtsoptimismus ermöglicht auf der Basis fragloser Intension der vorausgegangenen Epoche unendliche Extensionen (Quantifikation des Erkannten). Moralität und Geschichtsoptimismus geben der Dichtung eine paradigmatische Rolle der prospektiv-utopischen Entwürfe menschlicher Glückserwartungen und humaner Verwissenschaftlichung. – Das Gegenmodell, der Zyklus, ermöglicht keinen Geschichtsoptimismus (vgl. Vico). Der Zyklus beinhaltet strukturell eine theologisch-metaphysische Sicherheit, die die Irreversibilität lediglich voraussetzen muß. Ihr Ziel aber ist nicht die Rückkehr dorthin, sondern die Perfektion einer verstandesanalogen Geschichtsentwicklung. Dichtung repräsentiert im Rahmen zyklischer Geschichtsauffassungen die Entsprechung von Mikro- und Makrokosmos. – Die Spiraltheorie (schon bei Leibniz) stellt die Applikation der Bewußtseinsentwicklung irreversibler Art auf die Geschichtsentwicklung dar. Daraus entsteht eine Idee von Geschichte, die Abstraktion problematisiert, nicht um sie von der Geschichte selbst überwunden zu sehen (was wieder das zyklische Modell wäre), sondern

um das Abstraktionsproblem eben mittels der Anwendung abstraktiver Bewußtseinselemente auf die geschichtliche Struktur zu lösen. Dichtung erhält in dieser Theorie eine zentrale Stellung (vgl. Moritz, bes. Forster, Werke, 80), Herder (Naturentwicklung), Klassik (Legalitätsentwicklung), Kleist (Freiheitsbegriff), Frühromantik (Fr. Schlegel, Dissoziation des Bewußtseins und ihre Überwindung).

3. Der geschichtliche Verlauf

1 Gegenüber einem geschichtlichen Verständnis, das in der Zuordnung aller Institutionen zu einem gleichartigen Prozeß besteht, der von einem naiv erfahrenen Konkreten über die Analyse zum Abstrakten, von dort über die Synthese zur Konstitution des Konkreten als historische Totalität fortschreitet, soll hier gerade der Widerspruch der einzelnen Bereiche (Lebenswelt, Philosophie und Wissenschaft, Literatur) zueinander berücksichtigt werden: die Gleichzeitigkeit des Ungleichzeitigen.

2 Euripides' Tragödien sind weit begrifflicher angelegt (vgl. die Schlußapotheose) als die des Aischylos.

3 Vgl. Kosík, Konkretes zur ‚Suprakonkretion', zur ‚falschen' Vergegenständlichung. S. auch Williams, Innovationen, bes. 28 ff.

4 Im einzelnen hat dies jüngst K. H. Bohrer, Brief dargelegt; v. a. S. 79/80 zu den Unterschieden in der Erkenntnistheorie von Novalis/Fr. Schlegel einerseits und Kleist/Brentano/ der Günderrode andererseits.

5 Realismus und Gründerzeit: Lebenswelt (von irrationaler zu klassifikatorischer Konkretion), Philosophie (von rationaler zu irrationaler Abstraktion), Kunst (von irrationaler Abstraktion und klassifikatorischer Konkretion zu irrationaler Konkretion und Abstraktion); Naturalismus: Lebenswelt (von klassifikatorischer zu hypostativer Konkretion), Philosophie (von irrationaler zu klassifikatorischer Abstraktion), Kunst (von klassifikatorischer Abstraktion und hypostativer Konkretion zu klassifikatorischer Konkretion und Abstraktion), Impressionismus: Lebenswelt (von hypostativer zu rationaler Konkretion), Philosophie (von klassifikatorischer zu hypostativer Abstraktion), Kunst (von hypostativer Abstraktion, rationaler Konkretion zu hypostativer Konkretion und Abstraktion); Symbolismus und Jugendstil: Lebenswelt (von rationaler zu irrationaler Konkretion), Philosophie (von hypostativer zu rationaler Abstraktion), Kunst (von rationaler Abstraktion und irrationaler Konkretion zu rationaler Konkretion und Abstraktion); Expressionismus: Lebenswelt (von irrationaler zu klassifikatorischer Konkretion), Philosophie (von rationaler zu irrationaler Abstraktion), Kunst (von irrationaler Abstraktion und klassifikatorischer Konkretion zu irrationaler Konkretion und Abstraktion). Das Schema ließe sich bis in die Gegenwart verlängern.

C. Stationen der Geschichte

I. Antike

1 Vgl. Thomson, Philosophen, 37, der am Beispiel des Totemismus zeigt, „wie sich die Ideologie des Totemismus in einem Umformungsprozeß zu einer abstrakteren und objektiveren, wenngleich immer noch mythischen Weltordnung befindet." – Vgl. auch 195 zum Abstraktionsprozeß in Griechenland, der sich durch die Naturphilosophie ergeben habe. – Die folgenden Ausführungen zur Antike können naturgemäß lediglich Hinweise sein; eine genaue Ausführung der These bliebe der Fachwissenschaft vorbehalten.

2 Thomson, Philosophen, 18 über Wörter als ‚Signale der Signale'.

3 Thomson, Philosophen, 292 zur Spaltung von Theorie und Praxis.

4 Thomson, Philosophen, 93; vgl. auch Hauser, Sozialgeschichte, 82: „Die Abstraktionsfähigkeit des Denkens, die zur Autonomie der Formen führt, erfährt neben diesen, mit den Umständen der Kolonisation zusammenhängenden Erfahrungen und Erlebnissen durch die Mittel und Methoden der Geldwirtschaft die wesentlichste Förderung. Die Abstraktheit der Tauschmittel, die Beziehung der verschiedenen Güter auf einen gemeinsamen Nenner, die Scheidung des Güteraustausches in die beiden selbständigen Akte des Einkaufes und des Verkaufes sind lauter Momente, die den Menschen an das abstrakte Denken gewöhnen und mit der Vorstellung von einer gleichen Form bei verschiedenen Inhalten und einem gleichen Inhalt bei wechselnden Formen vertraut machen." – Vgl. auch Finley, Griechen sowie Wirtschaft; Burckhardt, Kulturgeschichte.

5 Zur griechischen Mythologie und ihren Konkretionsbestrebungen in der genealogischen Entfaltung s. Ranke-Graves, Mythologie; zur Philosophie s. Schadewaldt, Anfänge der Philosophie.

6 Vgl. LdAW, Art. Mythos sowie Kerényi und Simm, Fest.

7 Vgl. Hampe, Vasenmalerei; zur ‚ästhetischen Geschichtsauffassung' bei Homer vgl. Collier, Geschichte.

8 Die hier festzustellende Geschichtsstruktur entspricht der des vormärzlichen Denkens, woraus sich die Rezeption Heraklits durch Hegel und Marx (über den Begriff der Dialektik) zusätzlich erklärt.

9 Mikkola, Abstraktion, 131, der allerdings behauptet, daß hier reine hypostative Abstraktivität vorliege.

10 Vgl. Mikkola, Abstraktion, 131 f. sowie Dodds, Griechen.

11 LdAW, Art. Religion, 197. 12 Vgl. die Untersuchung von Nestle.

13 Vgl. LdAW, Art. Religion, 191 ff. Sowie die ‚Freisetzung' eines dichterischen Ich in der griechischen Lyrik. Vgl. z. B. Archilochos, 24-27 *Elegie auf den Tod des Schwagers*: „Wenn Archilochos im Klagelied auf den Gatten seiner Schwester, der auf See bei einem Schiffbruch umgekommen war und dem daher nicht die übliche Bestattung zuteil wurde, sagt, man hätte gefaßter den Verlust getragen,/‚wenn des Toten Haupt, wenn seine liebe Gestalt/läge in schneeweißen Linnen,/betreut und umhegt von Hephaistos',/so hat er das Feuer mit diesem Namen bezeichnet, nicht den Gott." Vgl. ferner LdAW, Art. Religion, 199.

14 Vgl. Platon, *Politeia*, 534 b/c „[...] ὃς ἂν μὴ ἔχῃ διορίζασθαι τῷ λόγῳ ἀπὸ τῶν ἄλλων πάντων ἀφελὼν τὴν τοῦ ἀγαθοῦ ἰδέα [...]". Zitat an prägnanter Stelle; vorher Gegenüberstellung von νόηὄις (ἐπιστήμη, διάνοια) = οὐσία und δοξα(πίστις, εἰκασία) = γένεσις. So erfasst die begriffliche Trennung (Abstraktion, διαίρεσις) nur den Bereich des Werdens, während das ὁρίζεσθαι den Bereich des Seins betrifft. – Vgl. auch Mikkola, Abstraktion, 139 f. sowie Hönigswald, Abstraktion, 13-16. Zur platonischen Abstraktion (διορίζασθαι) vgl. auch *Laches* 194 c 8, *Gorgias* 475 a 3, *Phädrus* 265 d 3 sowie 277 b 6 und 247 b 7; s. noch *Theätet* 185 d, e; 186 b 7. Zur Beziehung des ἄπειρον, der ἄπέρας zur Abstraktion s. noch Parmenides und bes. *Philebos* 17 a.

15 S. den Kulturentstehungsmythos im *Protagoras*; *Symposion*: Mythos von Sokrates und Aristophanes; s. auch *Politikos*, 2. Teil und die Schlußmythen *Politeia* 510 b und das 10. Buch sowie *Gorgias* und *Phaidon*.

16 S. die Abstraktion in den Titeln, z. B. *Sophistes*: mehr allgemeine Namen (vgl. auch Goethe).

17 Vgl. dazu Gohlke, Abstraktion, bes. 16 f., 19, 22-24, 29 f., 48-52.

18 Vgl. *Timaios* und den Atlantis-Mythos (17 a – 27 b).

19 S. *Phädrus* 249 b – c 4; *Phaidon* 68 a 7 f, 66 b 3, 68 d 3 f, wo von der Tatsache der Beimischung des Sinnlichen in diesem Leben die Rede ist. Demgegenüber orphische Unbestechlichkeit und orphische Abstraktion in der Ideenlehre. – In der Entwicklung Platons verstärkt sich im Laufe der Zeit die kritizistische Tendenz: sie reicht von frühen skeptizistischen Anfängen (Abhängigkeit Platons von Skeptiker Antisthenes, dessen auch sensualistische Theorie von Platon rezipiert wurde) über dogmatische Theorien zu einem ‚geläuterten' Kritizismus.

20 Vgl. Gohlke, Abstraktion, 1 f.; 7 zu den Sophisten; 9-12 zu Platons Verhältnis zu ihnen; ferner Mikkola, Abstraktion, 131 ff.; sowie Krämer, Platon.

21 Die aristotelische Abstraktion dient anderen Zwecken. Nicht mehr die Erkenntnis der ursprünglichen Zusammenhänge, die die Erkenntnis selbst konstituieren, ist Ziel der Abstraktion, sondern die Erfahrbarkeit des Begrifflichen und umgekehrt die intellektuelle Fixierung des Erfahrenen. Vgl. Hönigswald, Abstraktion, 13-16 sowie Gohlke, Abstraktion, 70-72, 80, 84, 88 f., 94 f., 97 f., 102-110;

Aristoteles über das Mathematisch-Seiende, *De coelo* III, 1, 299 a 15-17. Zur Gegenüberstellung Platon-Aristoteles und ontologische und erkenntnistheoretische Abstraktion s. auch *De anima* I, 403 b 15; vgl. auch *De anima* III, 4, 429 b 18; *De anima* III, 7, 431 b 12-17; *De anima* III, 8, 431 a 3-6. Aristoteles' *Metaphysik* VII, 4, 1029 b 23 – 1030 a 39 (VII handelt von der Wesenheit, das Kap. 4 behandelt das Wesenswas (οὐσία, τὸ τί ἦν εἶναι): „Da es aber auch nach den anderen Kategorien Zusammengesetztes gibt – denn ein Substrat gibt es für ein Jedes, wie für das Qualitative, das Quantitative, das Wann, das Wo und die Bewegung – so ist zu fragen, ob es für ein Jedes derselben einen Begriff des Wesenswas gibt und ob auch für sie ein Wesenswas vorhanden ist, z. B. ob für weißer Mensch ein Wesenswas, weißer-Mensch-sein vorhanden ist. Man setze dafür den Namen Kleid. Was ist nun das Kleid-Sein? Aber dies gehört gar nicht zu dem, was an sich angesagt wird. Indessen das ‚nicht an sich' wird in zweierlei Bedeutung gebraucht, einmal so, daß es eine Hinzufügung bezeichnet, einmal so, daß es sie nicht bezeichnet. Denn einerseits wird einiges als,nicht an sich' bezeichnet darum, weil es selbst an einem anderen, welches definiert wird, haftet, z. B. wie jemand das Weißsein definierend, den Begriff von weißer Mensch angibt, andererseits deshalb, weil ein anderes welches definiert wird, ihm anhaftet, z. B. wenn Kleid bedeutete weißer Mensch, und man definierte Kleid als ein weißes; aber weißer Mensch ist zwar ein Weißes, aber auch nicht das Weißsein. Gibt es nun aber für das Kleidsein überhaupt ein Wesenswas oder nicht? Denn das Wesenswas ist einzelnes Etwas, wenn aber etwas nun von einem anderen ausgesagt wird, so ist nur ein einzelnes Etwas; z. B. der weiße Mensch ist nicht ein einzelnes Etwas, da ja ein einzelnes Etwas-sein nur den Wesenheiten zukommt. Ein Wesenswas gibt es also von allen denjenigen, deren Begriff Wesensbestimmung (Chorismos) ist. Eine Wesensbestimmung aber gibt es nicht überall da, wo überhaupt ein Name (onoma) mit einem Begriff dasselbe bezeichnet (sonst würden ja alle Begriffe Wesensbestimmungen sein; denn es würde für jeden beliebigen Begriff einen gleichbedeutenden Namen geben, so daß auch die Ilias eine Wesensbestimmung würde), sondern wo der Begriff eines Ersten (πρωτουτινός) ist; der Art aber ist alles, was nicht dadurch bezeichnet wird, daß es von einem von ihm selbst verschiedenen Substrate ausgesagt wird. – Es gibt also ein Wesenswas für nichts, was nicht Art (εἶδος) eines Geschlechts (γένος) ist, sondern nur für diese Arten allein, denn diese werden ja nicht bezeichnet als der Teilnahme nach seiend und als Affektion noch als Akzidens. Einen Begriff nun, der die Bedeutung angibt, eine Nominaldefinition, wird es auch von jedem der übrigen geben, wenn es einen Namen gibt, nämlich die Angabe, daß dieses diesen beigelegt wird, oder statt der einfachen Angabe eine genauere; eine Wesensbestimmung wird es dafür nicht geben, noch ein Wesenswas. [...] So wird denn also, da deutlich ist, was wir meinen, das Wesenswas im ersten und absoluten Sinne der Wesenheit zukommen, dann auch dem übrigen, in ähnlicher Weise wie das Was, nämlich nicht schlechthin (ἁπλῶς) als Wesenswas, sondern als qualitatives oder quantitatives Wesenswas. Denn entweder muß man sagen, dies sei nur dem gleichen Namen nach Seiendes, ober durch Hinzufügung und Weglassen, wie auch das nicht Erkennbare erkennbar. [... Aber] weder bloß gleichnamig (ὁμώνομος) noch identisch (ὡσαυτός) [...] *Metaphysik* XI (Die Philosophie, Möglichkeit, Wirklichkeit, Bewegung), 3 (Die Einheit der ersten Philosophie), 1061 a 28 – b 12: „Wie die Mathematiker das aus Abstraktion Hervorgegangene untersucht, indem er nämlich alles Sinnliche, z. B. Schwere und Leichtigkeit, Härte und das Gegenteil, ferner Wärme und Kälte und die anderen Gegensätze der sinnlichen Wahrnehmung wegläßt und nur das Quantitative (τὸ ποσόν) und das nach einer oder zwei oder drei Richtungen Kontinuierliche (τὸ συνεχές) übrigläßt und die Affektationen derselben nicht in einer anderen Beziehung, sondern nur, insofern sie ein Quantum und ein Kontinuum sind, untersucht und bei einigen die gegenseitigen Lagen und das an ihnen sich Findende betrachtet, bei anderen die Meßbarkeit und Unmeßbarkeit, bei anderen die Verhältnisse, und wie wir dabei noch die Geometrie als eine einzige Wissenschaft von diesen allen und als diesselbe aufstellen: ebenso verhält es sich auch mit dem Seienden. Denn die Akzidenzen (συμβεβηκότα) desselben, sofern es seiend ist, und seine Gegensätze, insofern es seiend ist, zu betrachten, gehört keiner anderen Wissenschaft an als der Philosophie. Denn der Physik kann man ihre Untersuchung nicht zuteilen, insofern es etwas Seiendes ist, sondern insofern es teilhat an Bewegung. Die Dialektik und die Sophistik aber gehen zwar auf die Akzidenzen des Seienden, aber nicht insofern es ein Seiendes ist, und nicht auf das Seiende als solches. Also bleibt nur übrig, daß der Philosoph die genannten Gegenstände, insofern sie Seiende sind, zu behandeln hat." *Metaphysik* XIII

(Die Ideen und die Idealzahlen), 2 (Die Gegenstände der Mathematik können nicht selbständige Wesen sein), 1077 b 1 – 16: „Dem Begriff nach (λόγῳ) also mögen die Gegenstände der Mathematik früher sein, aber nicht alles, was dem Begriff nach früher ist, ist es auch der Wesenheit nach. Der Wesenheit nach (οὐσία) nämlich ist dasjenige früher, was abgetrennt dem Sein nach den Vorrang hat, dem Begriff nach aber alles das, dessen Begriff aus dem des andern abstrahiert ist; dies beides findet aber nicht zugleich statt. Denn wenn die Affektionen nicht selbständig neben den Wesenheiten existieren, z. B. ein Bewegtes oder ein Weißes, so ist das Weiße dem Begriff nach früher als der weiße Mensch, aber nicht dem Wesen nach. Denn es hat nicht abgetrennt selbständige Existenz, sondern ist immer nur in dem Vereinigten (σύνολον); unter dem Vereinigten aber meine ich den weißen Menschen. Daran ist denn offenbar, daß weder das durch *Abstraktion* (ἀφαίρεσις) Entstandene früher noch das durch Determination (πρόσθεσις) Entstandene später entstanden ist; denn aus Determination durch den Begriff weiß entsteht der Begriff des weißen Menschen. Daß also die Gegenstände der Mathematik weder in höherem Sinne Wesenheiten sind als die sinnlichen Körper noch dem Sein nach früher als das Sinnliche, sondern bloß dem Begriff nach, noch endlich abgetrennt Realität haben können, ist hiermit genügend erklärt. Da sie nun aber auch nicht in dem Sinnlichen sein konnten, so müssen sie entweder gar nicht sein oder nur in gewisser Weise und deshalb nicht schlechthin; wir gebrauchen ja das Sein in vielen Bedeutungen." *Metaphysik* VI (Die Wissenschaft vom Seienden als solchen. Ihr Gegenstand ist nicht das Wahre, Falsche und Akzidentelle), 1 (Die erste Philosophie), 1026 a 7 -9, 16: „Daß also die Physik eine betrachtende Wissenschaft ist, ist hieraus offenbar. Aber auch die Mathematik ist eine betrachtende Wissenschaft. Ob ihr Gegenstand das Unbewegliche (ἀκίνητα) und Trennbare (χωριστά) ist, bleibt für jetzt unentschieden, doch so viel ist klar, daß sie einiges Mathematisches betrachtet, insofern es unbeweglich und insofern es selbständig trennbar ist. [...] die erste Philosophie aber handelt von dem, was sowohl trennbar wie unbeweglich ist." *Metaphysik* XIV, (Kritik an den Lehren der Platoniker und Pythagoräer, über die Prinzipien und das Mathematische), 2 (Lehre von den Prinzipien, Fortsetzung) Die Lehre von den Zahlen und dem Mathematischen, 1089 b 23 -31: „Bei den anderen Kategorien ist nun auch noch eine andere Antwort auf die Frage, wie dem Seienden Vielheit zukomme, möglich, nämlich die: weil es nicht selbständig existiere, so gäbe es dadurch, daß das Substrat vieles werde und sei, eine Vielheit von Qualitativem und Quantitativem. Allein einen gewissen Stoff (ὕλη) muß doch jedes Geschlecht haben; nur kann es nicht selbständig trennbar von den Wesenheiten sein. Bei den Einzeldingen hingegen ist es einigermaßen fraglich, wie das einzelne Etwas viel sein kann, wenn es nicht ein gewisses einzelnes Etwas und eine Wesenheit von der Art geben soll. Diese Frage führt vielmehr auf die zurück, weshalb es viele Wesenheiten der Wirklichkeit nach gibt, nicht aber eine." – In der lateinischen Tradition, schon bei Boethius, wurde ‚choriston' sowohl durch ‚abstractum' als auch durch ‚separatum' wiedergegeben. So wurden im Mittelalter sowohl diese intelligiblen Wesen wie auch das aristotelische Allgemeine (καθόλου) mit ‚abstracta' (auch im Sinne von ‚separata') benannt. Es gilt als aristotelischer Grundsatz: Die Streichung eines dem Subjekt wirklich gehörenden Prädikats „durch das Denken" (τῇ νοήτει, κατὰ τὸν λόγον), (Phys. I, 2, 193 b 34; I, 1, 193 b 5) ist nur insofern zulässig, als sie sich als solche ausdrücklich gibt. – Abstrahentium non est mendacium; scholastisch: Thomas von Aquin: „non separata, sed separatim". Vgl. ferner: zur Abstraktion bei Aristoteles De anima 403 b 12, Met. XIII 1077 b 17. VII 4, 1029 b 23 ff.; Gohlke, Abstraktion, weist auf die Kritik an Platon, aber ebenso auch auf die Konsequenzen aus Platon hin (107); EN VI 1142 a 18, De part. anim. I 641 b 11, De coelo III, 1, 299 a 15 ff.; Met. B 6, 1002 b 30. Z 15, 1040 a 8; Met. 1036 a 2-6. 1039 b 28. De anima 417 b 22. An. post. 81 b 6. 87 b 31; Met. 1010 b 3-26; zum katholou, koinon s. An.pr. 24 a 18; Met. 1023 b 30; Met. 1038 b 16. de part. an. 644 a 27; zum kathekaston, dem Speziellen, nicht Individuellen (!) als untere Art s. De anima 414 b 32. de part.an. 644 a 29. An post. 97 b 26-39; Gohlke, Abstraktion, 72 S, 78, 80; Met. 1029 b 19; An.post. I, 27, 87 a 31-37; Met. 1035 b 28. 1036 a 10; Gohlke, Abstraktion, 86; Met. M 2-3, 1077 b 12 ff.; s. ferner Eidos gegen Abstraktallgemeines, Gohlke, Abstraktion, 92; Aristoteles gegen Platon, Gohlke 93; De anima 431 b 12; Gohlke, 94/95; zur psychologischen Theorie der Abstraktion s. De anima III 4-8; Gohlke, 103; nous pathetikos, phantasia als erste Grundlage der Abstraktion; zur Induktion und Deduktion s. Gohlke, 106. – Kritik wird vor allem an der Hypostasierung geübt. Die Wahrnehmung richtet sich auf das Individuelle. Zugleich wird die Wahrheit der Wahrnehmung eingeschränkt. Das Allgemeine bekommt systematisierende, zusammenfassende Funktion. Das Allgemeine hat prädikative Aufgaben. – Die Bedeutung der aristotelischen Abstraktion wird immer wieder in der Rezeptionsgeschichte des Aristoteles deutlich, die sich stark mit dessen Abstraktionslehre auseinandergesetzt hat. Die breite Bedeutungsskala auch des Abstraktionsbegriffs, wie er sich zumal in der Rezeptionsgeschichte entfaltet, hat aber auch zu Verwirrungen und unscharfen Trennungen geführt. Bereits die beiden extremen und ältesten Formen der erkenntnistheoretischen und metaphysischen Abstraktion, die nun allerdings auch bei Aristoteles und Platon selbst nicht scharf zu trennen sind – es entstehen hier ja keine Revolutionen in der Philosophie, die zu einer Trennung von Erkenntnistheorie und Metaphysik erst nötig würden –, die aristotelische und platonische Art der Begriffsbildung also, deren Abstraktivitätsart zugleich den Kreis der Abstraktion schließt, indem sie sich im Bereich der unendlichen Zahlen treffen, sind durch die Einführung des Terminus ‚Abstraktion' unscharf geworden. Denn ‚Abstraktion' bezeichnet einerseits „den Prozeß, durch den die mathematischen Wesenheiten (τὰ μαθηματικά) aus dem sinnlich Wahrnehmbaren (ἐκ τῶν αἰσθητῶν) her konstituiert werden" (Ritter, Handwörterbuch I, Sp. 42) – und dient andererseits seit dem Mittelalter dazu, den von Aristoteles für das Verfahren der Platoniker gebrauchten Ausdruck ‚Chorismos' lateinisch wiederzugeben. Hier bedeutet dann Abstraktion nicht die Trennung des mathematisch Erkennbaren vom sinnlich Wahrnehmbaren, sondern die ontische Getrenntheit der sinnlich erfahrbaren Welt von den selbständigen, intelligiblen Wesenheiten. Diese beiden extremen Abstraktionshaltungen sind im Verlauf der philosophischen und ästhetischen Theorien immer wieder einander gegenübergestellt worden – über die dogmatische und kritische Philosophie, über den Idealismus und seine Synthesen bis hin zur modernen, erkenntniskritisch orientierten analytischen Philosophie. – Vgl. auch Mikkola, Abstraktion, 140-145; Oeser, Abstraktion, 102-174; bes. 159-168.

22 Aristoteles, *Poetik*, Kap. 9: ἡ μὲν γαρ ποίησις μᾶλλον τὰ καθόλου, ἡ δ' ἱστορία τὰ καθ' ἕκαστον λέγει.

23 Platon, *Timaios* 39 c; Aristoteles, *Metaphysik* I, 14.

24 Vgl. Ueberweg/Praechter, Philosophie I, 415; vgl. Mikkola, Abstraktion, 145-152 sowie zu Zenon 135; zu den Kynikern, zum Epikureismus und Skeptizismus 137 ff.; zu den Sophisten 133.

25 Nach der Lehre der Stoiker wird der Mensch mit dem 14. Lebensjahr ein τελεῖος ἄνθρωπος, weil er jetzt Allgemeinvorstellungen in sich aufnehmen könne.

26 Vgl. auch Gronbech, Begriffe. 27 Vgl. Büchner, Römertum, bes. 103-108.

28 Vgl. Maurer, Entfremdung II, 349 ff. sowie Dodds, Fortschrittsgedanke. – Ferner zur Antike: Höffe, Philosophie, Bubner, Philosophie; Speck, Grundprobleme; Gigon, Grundprobleme; Vorsokratiker; Ruge, Ästhetik; Fuhrmann, Dichtungstheorie; Färber, Lyrik; Grassi, Theorie; Fritz, Grundprobleme; Krämer, Platonismus; Kafka, Ausklang; Welter, Ästhetik; Kerényi, Religion; Gilbert, Religionsphilosophie; Riegl, Kunstindustrie; Kafka, Vorsokratiker; Gomperz, Denker; Gigon, Studien; Wehrli, Hauptrichtungen; Otto, Theophania; Capelle, Vorsokratiker; Kirchner, Philosophie; Diels, Schriften; Pater, Greek Studies; Höhn, Einteilungsarten; Zeller, Philosophie; Gigon, Philosophie; Pfister, Religion; Stenzel, Metaphysik; Teichmüller, Begriff; dann Vorländer, Geschichte I, 94 f., 123, 194. – In der spätantiken Geschichte des Abstraktionsbegriffs hat bes. Alexander von Aphrodisias, Peripathetiker, Doxograph und Kommentator, neue Anregungen gegeben; er erläutert eine Stelle aus Aristoteles' *Metaphysik*, an der dieser über die formelle Abstraktion hinausgeht (M, 2, 1077 b, 4 ff.). Alexander gibt zwei Verständnismöglichkeiten: 1. λέγοι δ' ἄν ἐξαφαιρέσεως τὸ μαθηματικόν, 2. ἢ ἐξ ἀφαιρέσεως λέγοι ἄν(δύναται γὰρ τις καὶ οὕτως ἀκούειν) τὸ λευκόν. (In Met. 733, 20 ff.; vgl. 129. 21). Wenn es so nach Aristoteles möglich ist, daß Weiße gesondert als Getrenntes zu denken, so ist damit aber noch nicht ein Allgemeinbegriff gewonnen, da ja vielmehr diese oder jene d. h. jeweils ein einzelnes ‚Weißes' abstrahiert bzw. getrennt worden ist. Das Resultat solcher Abstraktion ist nicht λευκότης, sondern τὸ λευκόν Trennung einer Qualität von ihrem Subjekt (In Met. 733, 30; In Top. 109, 19 ff.) neben der Konstituierung der mathematischen Wesenheiten sind die zwei Möglichkeiten der aristotelischen Abstraktion. Alexander geht darüber hinaus (vgl. auch Mikkola, Abstraktion, 134): Hier wird der Begriff des Allgemeinen, der durch Abstraktion vom Einzelnen zu gewinnen sei, angeführt (In Met. 463, 19 ff.). Alexander vertritt eine entschieden erkenntnistheoretische Einschränkung. Vgl. auch Ueberweg/Praechter, Philosophie I, 564. Bei Alexander wird zum ersten Mal der Allgemeinbegriff als

Wirkung des abstrahierenden Denkens gefaßt: Vgl. auch Moraux, Alexander, 120-122, 128. – Zum Neuplatonismus, vor allem zu Porphyrios vgl. Mikkola, Abstraktion, 152; vgl. ferner Gruber, Abstrakte Begriffe sowie Schmidt, Induktion.

II. Mittelalter

1 Vgl. Borst, Lebensformen. 2 Lex MA I, Sp. 58; vgl. auch Mikkola, Abstraktion, 152-163.

3 Mikkola, Abstraktion, 152 ff.; vgl. Boethius, *De Trinitate* II MPL 64, 1250 (Vgl. Aristoteles, *Metaphysik* VI, 1, 102 a 1): Übersetzung von χωριστά mit ‚abstracta'.

4 S. oben zur Antike (Anm. 28).

5 Simplicius, In Phys. 18, 18 ff.; vgl. auch 144, 2: Abstraktion im Sinne der Begriffsbildung wie bei Alexander. „Die das Ganze umfassende, aus Abstraktion entstandene reine Erkenntnis der Allgemeinheit" ist gleich „die gemäß dem reinen Begriff (ἔννοια) des geistig Erkennbaren (γνώστου) entstandene Erkenntnis". (17, 38 ff.; 17, 40). – Das geistig Erkennbare ist das Allgemeine (τὸ κοινόν) (In Cat. 83,6). Der abstrahierte Begriff nimmt den Gedanken der Allgemeinheit und Ununterschiedenheit, d. h. der indifferenten, universalen Prädikation, auf. Dies deutet auf den Universalienstreit hin: Im Prozeß der Abstraktion werde das den Dingen immanente Gemeinsame gewonnen und der durch den Gedanken ununterschiedener Allgemeinheit konstituierte Allgemeinbegriff gebildet (In Cat. 83, 3 ff.) – Simplicius spricht von drei Seienden: 1. das ‚erste Lebewesen', das Lebeesen an sich; 2. den verschiedenen Arten eingegebene Lebewesen; 3. das in unseren Gedanken durch Abstraktion bestehende Lebewesen.

6 Vgl. Gilbert de la Porée, *In De Trinitate* MPL 64, 1266 f.: inabstractum = concretum; die einfachen Formen und Urbilder sind abstrakt, aber keineswegs konkret (abstractae et eis minime concretae). – Vgl. In Proph. comm. I MPL 64, 84: „Boethius hatte aber oft selber im Rahmen seiner Lehre von der Abstraktion (ἀφαίρεσις) erklärt, die ‚unkörperliche Natur', d. h. die Art oder Gattung sei mit dem Körper ‚zusammengewachsen' (concreta) und könne vom Intellekt in der Abstraktion aus dieser Verbindung herausgelöst werden." – Boethius nennt die so gewonnenen Begriffe und mathematischen Gegenstände jedoch nicht Abstrakta. – Isidor von Sevilla spricht in diesem Sinne von „abstrakter Quantität" (Etymol. II, 24); vgl. auch Hugo von St. Victor sowie Ueberweg/Praechter II, 264. – Die durch das Abstraktionsverfahren gewonnenen Begriffe werden nicht insgesamt ‚abstrakt' genannt, weil mit der vollen Ausbildung der Abstraktionstheorie auch die Unterscheidung der abstrahierten Begriffe in abstrakte und konkrete Termini sich ausprägen. – Vgl. auch Perler, Patristische Philosophie (mit weiteren Literaturangaben). Die frühmittelalterliche Auffassung der Geschichte steht ebenfalls unter dem Eindruck des Dualismus von Civitas Dei und Civitas Diaboli, der sich die Periodisierungen nach den vier Weltreichen der Daniel-Prophetie und nach den sechs Weltaltern in Analogie zu den Lebensaltern zuordnen, orientiert an der Abfolge von Schöpfung, Offenbarung und Weltende.

7 Hauser, Sozialgeschichte, 194; vgl. auch Höver, Abstrakte Kunst, 12 ff.

8 Vgl. Schnell, Minne; Borke, Mittelalter;M de Boor/Newald, Geschichte II, 252 ff.; Wapnewski, Minne; Wapnewski, Wolfram; Herrmann, Walter zum genre subjectif; Schweikle, Minnelyrik I; Krauss, Morungen; Krohn, Texte; Kolb, Minne; Spiewok, Minneidee; Kuhn, Soziale Realität; Mohr, Vortragsformen; Heeder, Bauformen; Kolb, Terminologie. – eine rationale Abstraktivität läßt sich auch in der zeitgenössischen Spruchdichtung feststellen.

9 Eine gewisse Ausnahme bildet das Nibelungenlied; vgl. aber Müller, Nibelungenlied.

10 Gottfried, Tristan, 4827-30: vgl. Stein, Tristan, 323 ff.; auch Knapp, Hartmann sowie Haug, Symbolstruktur.

11 Zur Ästhetik vgl. Assunto, Theorie sowie Schweikle, Dichter; ferner Müller, Kritik; Boesch, Kunstanschauung; Curtius, Europäische Literatur. – Zur Kunsttheorie s. Konrad von Würzburg, Die Klage der Kunst, Vom Wesen der Kunst (aus: *Trojanerkrieg*), Würde der Kunst; Marner, Zwei Programmstrophen; Friedrich von Sonnenburg, Apologie des Wandersängers, Würde der Kunst; Der Meißner, Ehrgefühl des Wanderdichters; Der Unverzagte, Vorrang des Gesanges vor der Instrumentalmusik; Der Meißner, Würde des Gesanges; Der wilde Alexander, Königliche Kunst; Meister

Boppe, Gott liebt den Gesang; Heinrich Frauenlob, Kunst lebt immer neu; Der Kanzler, Die Dichtkunst und die sieben freien Künste; Anonymus, An die Gesangsgesellen; Anonymus, Dichtkunst und Artes; Anonymus, Werbelied; Anonymus, Regeln des Dichtens (vgl. de Boor, Mittelalter I, 1, 663 ff.); vgl. auch Curtius, Literatur.

12 Zu Roscellinus' Nominalismus (flatus vocis) vgl. Mikkola, Abstraktion, 153 f.

13 Lex MA I, Sp. 58.

14 Die Abstraktionstheorie des Averroes basiert hauptsächlich auf der Änderung des Ausdrucks ‚mathematisch' in ‚abstrakt', wie sie im 13. Jahrhundert allgemein üblich wurde. Die ontologische Unterscheidung von ‚Leben' und ‚Lebendes' als Form ohne Träger bzw. Form in ihrem Subjekt zeigt eine konventionelle Aufarbeitung überkommener Abstraktionstheorien. Vgl. In Met. XIII, 3; s. auch Ritter, Handwörterbuch I, Art. Abstraktion sowie Oeser, Abstraktion.

15 Thomas übernimmt das Axiom der Verschiedenheit abstrakter und konkreter Begriffe (rationis seu intentionis): „Laufen und Sein werden in abstracto bezeichnet wie auch die Weißheit (albedo), aber was ist, d. h. Seiendes wird in concreto bezeichnet wie auch das Weiße (album)". (In De Hebd. 2, 22).

16 Dies übernommen von Alanus de Insulis; vgl. Theologicae Regulae XXX MPL 210, 635 f.: nomina mathematica siva principalia, die mathematisch, d. h. abstraktiv (mathematice, id est abstractive) eine Eigentümlichkeit bezeichnen ohne den Hinblick auf das Subjekt, wie albedo; und konkretive oder angewandte Namen (concretiva sive sumpta), die die Eigentümlichkeiten konkretiv, d. h. als den Subjekten inhärierend, bezeichnet, wie album.

17 Hier zeigt sich eine Verbindung von Aristotelismus und Platonismus; Vgl. *Summa theologica* I, 84, 6; I, 85, 1; 40, 3; ferner vgl. Thomas, *De ente*, 22 f., 30-33. – Vgl. auch Wilhelm von Auvergne: deitas – deus nomen abstractum – nomen concretivum; *De universo* I, 1 c 1 – sowie Bonaventura, (der die Kunst auf die Theologie zurückführt): Der abstrakte Name oder Terminus wird der Form und von der Form her beigelegt, der konkrete Name werde zwar von der Form, aber nicht der Form, sondern dem Suppositum beigelegt; I Sent. 4, 1, q 1 – vgl. Albertus Magnus: das Abstrakte werde nicht vom Konkreten prädiziert und umgekehrt; *De bono* I, art. 5.

18 Vgl. Lex MA I, Sp. 59 sowie zum platonischen Realismus des 12. Jahrhunderts: Clarenbaldus von Arras: Jansen, Clarenbaldus; ferner Thomas von Aquin I Sent. 33, 1, 2, 5; 34, 1, 1; sowie De Trin. 4, 5: „[...] wie eine substantiale Form eine Substanz, so begründet eine auch in einem abstrakten Begriff zu fassende akzidentelle Form die konkreten Eigenschaften oder Tätigkeiten der Substanz [...]„; *Summa theologica* I, 13, 1, 2: „Weil abstrakte Namen Einfaches, und nicht Subsistierendes, konkrete Namen aber Zusammengesetztes bezeichnen, ist Gott mit konkreten und abstrakten Namen zu benennen, deren Bezeichnungsweise (modus significandi) jedoch stets teilweise zu negieren ist." Vgl. Heinzmann, Thomas, bes. 212 f. sowie Hönigswald, Abstraktion, 7-10, 76-80, 133 f.; 162 f.; 255-257; ferner Habermehl, Abstraktionslehre; Blanche, Theorie; Honecker, Lichtbegriff; Geiger, Abstraktion; Leroy, Abstraktion; Lonergan, Thomas; Riet, Abstraktion; Merlan, Abstraktion; Venance, Abstraktion; Siewerth, Abstraktion, bes. 22-28, 39, 48-51, 59; Oeing-Hahnhoff, Abstraktion; Rohmer, Abstraktion; Geßner, Abstraktionslehre; Oeser, Abstraktion; bes. 206-216 – sowie Dähnert, Erkenntnislehre; vgl. Duns Scotus, *Theoremata* IX; quaest. supp. lib. Met. III, 1 sowie Ord. I, 8, p. 1, q. 4, n. 219: „Dieser in seiner reinen Möglichkeit auch notwendige Sachverhalt ist real im Sinne der natura communis." Das Abstrakte wird als Wesenheit angesehen.

19 Wilhelm von Ockham, *Summa totius logicae*, pars prima c. 5-9 = 16-33.

20 Summa... c. 2-3 = 10-14; vgl. auch C. 5 = 16.

21 Vgl. Lex MA I, Sp. 59. 22 Vgl. Lex MA I, Sp. 59.

23 Vgl. Ockham, *Summa*... c. 5 = 16-18; 22-27; 28-32 u. ö.; s. auch Mikkola, Abstraktion, 158 ff.

24 Vgl. Caudwell, Illusion. 25 Vgl. den Witzbegriff der Aufklärung.

26 Vgl. Sprengard, Philosophie, 90; ferner Wilpert, Universalismus; Wilpert, Metaphysik; Dempf, Metaphysik; Bubner, Geschichte; sowie Gewehr, Augen. – Dem universalistischen Anspruch eines nominalistischen oder realistischen Denkens, der politischen Reichsidee und der ihr zuzuordnenden Literatur entspricht auch eine universalistische Weltgeschichtsschreibung in Annalen, Chroniken, Viten, die sämtlich von einem zyklisch-chiliastischen Denken bestimmt sind.

27 Vgl. de Boor/Newald, Geschichte III, 1.

28 Vgl. de Boor/Newald, Geschichte III, 1, /; vgl. Titzmann, Neidhart sowie Stählein, Oswald. – Vgl.

ferner den *Ackermann* von Johannes von Tepl.

29 Eckhart, In Joh. n. 14 (Werke III, 13); s. auch Predigten, 48 f.; vgl. auch Hönigswald, Abstraktion sowie Sprengard, Philosophie, 90 ff.; 190 ff. u. ö.; ferner Bayer, Ethik.

30 Sprengard, Philosophie, 90. 31 Sprengard, Philosophie, 92.

32 Sprengard, Philosophie, 92. 33 Sprengard, Philosophie, 93.

34 Sprengard, Philosophie, 93. 35 Sprengard, Philosophie, 93.

36 Eine populäre, philosophisch wenig entschiedene, aber für die angewandten philosophischen Disziplinen (also auch die Poetik) wichtige historische Konsequenz ist die im 18. Jahrhundert wiederauflebende – naturrechtlich mitbegründete – Gleichsetzung von Verstand und Natur, von Erkennen und Erkanntem; vgl. auch Sprengard, Philosophie, 190 ff.

37 Sprengard, Philosophie, 95; überspielt werden kann das Problem der Angleichung nur, indem vor aller angleichenden Erkenntnis eine weiterreichende Gleichsetzung vollzogen wurde: die strukturelle Analogie von Natur und Verstand; die gegenläufige Projektion des Einen auf das Andere; eine Vermischung auf der religiösen Basis der grundsätzlichen Gleichheit, prästabilierten Harmonie. Zentrum und ständig wiederkehrender Repräsentant dieser Analogie ist das Concretum schlechthin, die Substanz. Medium ist die anschauende, die repräsentative, die figürliche Erkenntnis gegenüber der reinen Erkenntnis. – Die individualisierende Abstraktion hat in der Kritik der Intuitionisten am Abstraktionsverfahren ihren Ursprung. – Die ontologische Seite der Abstraktionstheorien des 18. Jahrhunderts kennzeichnet das Festhalten an der begriffsrealistischen Abstraktion im Universalienstreit; die nominalistische Abstraktion ist die abstraktive Konsequenz aus dem Intuitionismus.

38 Nikolaus, *De docta ignorantia* II, 4; vgl. II, 1 sowie II, 9.

39 Vgl. Klaus/Buhr, Wörterbuch, Art. Materie.

40 Die abstraktive Trennung der Möglichkeit von der Wirklichkeit und die ontologische Begründungsfunktion, die das intellektuelle Abstraktum ‚Möglichkeit' übernimmt, ist eine typisch aufklärerische Konsequenz aus der Metaphysiktradition. Vgl. unten zu Nikolaus von Kues.

41 Schriften I, 61-63. 42 Schriften I, 360-63.

43 Schriften I, 362 f. 44 Schriften I, 364 f.

45 Schriften I, 366 f. 46 wie er in der Aufklärung neu ausgebildet wurde.

47 Vgl. Schriften I, 368 f. 48 Schriften I, X f.

49 die weit über die den frühaufklärerischen Möglichkeits-Begriff hinausreicht und schließlich zur Autonomieästhetik der Romantik führt.

50 Schriften I, XI. 51 Schriften I, X.

52 Schriften I, XI. 53 Schriften I, XII f.

54 Schriften I, XIII. 55 Schriften I, XIV.

56 Schriften I, XIV. 57 Schriften I, 228-232.

58 Schriften I, XVIII f. 59 Schriften I, XX.

60 Schriften I, XXI.

61 Vgl. Clarenbaldus von Arras; s. auch Ritter, Historisches Wörterbuch I, Sp. 36; vgl., auch Meister Eckhart.

62 Schriften I, 372 f. 63 Schriften I, 372 f.

64 Auch dies weist auf den deutschen Idealismus voraus.

65 Vgl. Vorländer, Geschichte II, 140; vgl. Goethe, Zahme Xenien VI, Artemis I, 668.

66 Schriften I, 370. 67 Schriften I, 318 f.

68 Aristotelische Materie-Abstraktivität und entelechetische Form-Konkretion stehen gegen platonische Form (Gehalt) – Abstraktivität und Materie-Konkretion; ‚Möglichkeit' und ‚Wirklichkeit' der Erkenntnistheorie und Ontologie Aristoteles' gegen die Aufhebung von Möglichkeit und Wirklichkeit in einer mystischen, platonisch-pythagoreisch gedachten höheren Einheit.

69 Die intensionale Abstraktivität entwickelt im poetischen Realismus einen irrationalen Zug (Darstellung des Konkreten); vgl. Otto Ludwig, Romanstudien.

70 Schriften I, 318 f. 71 Schriften I, 318 f.

72 Schriften I, 320 f. 73 Schriften I, 374-377.

74 Schriften I, 376 f. 75 Schriften I, 381 -383.

76 Vgl. Schriften I, 370 f.; 382 f.; – Zur Wirkung auf Friedrich Schlegel s. Körner, Krisenjahre sowie Hoffmann, Kues.

77 Sprengard, Philosophie, 90.

78 Vgl. Sprengard, Philosophie sowie Schulze, Zahl; Blumenberg, Aspekte; Elias, Zivilisation; Blumenberg, Neugierde; Stammler, Mystik; Ruh, Mystik; ferner Wilpert, Beiträge; Grabmann, Geistesleben; Beierwaltes, Platonismus; Steenberghen, Mittelalter; Bernhart, Mystik; Asmussen/Laesse, Religionsgeschichte sowie Vorländer, Geschichte II, 104, 121; Volkmann-Schluck, Cusanus; Beierwaltes, Cusanus; Stadelmann, Geist.

III. Renaissance und Barock

1 Diwald, Anspruch, 134; vgl. auch Heger, Spätmittelalter I.

2 Vgl. Heger, I, 557 ff.   3 Vgl. Heger, I, 560.

4 Vgl. Pico della Mirandola, *Oratio de hominis dignitate*, 1486, der trotz seiner Verehrung für Platon dessen Einfluß zurückgedrängt hat; vgl. schon die Modifikation des Platonismus bei Nikolaus von Kues.

5 Vgl. Müller, Hug Schapler sowie Funktionswandel; Gattungstransformation; Melusine; Panegyrik.

6 Vgl. Müller, Poet. – Interessant wäre auch für das 16. Jahrhundert eine Untersuchung des Gebrauchs des Terminus ‚Abstraktion' in den zeitgenössischen Wörterbüchern und Enzyklopädien (Johannes de Janua, Gerhard Scheuren u. a.).

7 Die Stellung von Reuchlin, auch von Celtis sowie von Erasmus im historischen Abstraktionsprozeß wäre noch genauer zu untersuchen, vor allem auch im Hinblick auf den zeitgenössischen Enzyklopädismus eines Scaliger, Ringelberg, Zwinger, Stephanus, Dasypodius, Serranus, Maaler, Kiliaan, Toxites, Ambrosius Callepinus. Auch auf die Geschichtsschreibung der Renaissance wäre einzugehen, vlg. Keßler, Petrarca; Buck, Renaissance; Keßler, Theoretiker; sowie zur Entwicklung des politischen Denkens Münkler, Begründung und Reibstein, Völkerrecht.

8 Vgl. Heger, II, 4 f.; 9-11.

9 Vgl. auch die Verleihung des Diploms an Vadianus durch Maximilian I.; Heger, II, 13 dd. – sowie Vadianus: *Ad poetices tyrones elegia*, Heger, II, 88 f.

10 Dürer, Ästhetischer Exkurs; vgl. Heger, II, 120.

11 Vgl. die Entwicklung die Verwandung des Emblems in den Schulen der Meistersinger.

12 Vgl. Max Weber, Ethik.

13 nicht nur im Kanzleistils, sondern auch in den Volksbüchern (vgl. Historie von Amadis); vgl. auch die Romane von Wickram sowie Kreutzer, Volksbuch.

14 Haug, Literaturtheorie, 9 u. ö.

15 Hier ist keine ‚Geschichtsklitterung' beabsichtigt, sondern die Herausarbeitung erkenntnisleitender Strukturen.

16 Vgl. Behrens, Einteilung, 68-70.   17 Vgl. Behrens, Einteilung, 70 f.

18 Vgl. Behrens, Einteilung, 20 – die Epoche ist auch strukturlogisch analog zu derjenigen Vergils.

19 Buck, Scaliger, X; vgl. auch XVIII zum Epos als höchster Gattung wegen seiner universalen Gegenstände.

20 Buck Scaliger, XII zu den Problemen der Lyrik.   21 Buck, Scaliger, XIV.

22 Vgl. Buck, Scaliger, XV f. – s. auch die Forschungen Ernesto Grassis zu Theorie des Schönen in der Renaissance; ferner vgl. Borinski, Poetik.

23 S. Hauser, Ursprung.   24 Vgl. auch Hocke, Manierismus.

25 Vgl. Leuner, Abstraktion.   26 S. Hauser, Ursprung, 16 f.

27 Gegen Burckhardt, Renaissance; vgl. Hauser, Ursprung, 34.

28 Vgl. Diltheys Einschätzung; s. dazu Proß, Natur, 41; vgl. ferner Proß, Renaissance; Wölfflin, Klassische Kunst sowie im einzelnen Michael, Drama; Roloff, Prosa; Scheffler, Geistesleben; Buck, Dichtungslehren; Schneider, Libertin; Stammler, Mystik; Engelsing; Bürger; Gaede, Realismus sowie die Arbeiten von Hans Blumenberg und Rupprich, Mittelalter.

29 Vgl. Alewyn, Klassizismus.   30 Lewalter, Metaphysik, bes.21. ff.

31 Garni, Pädagogik, bes. II, 21. ff. 32 Vgl. Newald, Späthumanismus, 5.
33 Zur scheinbaren Volkstümlichkeit der literarischen Formen des 16. Jahrhunderts s. Kreutzer, Volksbuch.
34 Vgl. Lepenies, Melancholie.
35 S. Alewyn, Welttheater sowie Newald, Späthumanismus, 18 ff. zum Menschenbild.
36 Vgl. Flemming, Auffassung; Hauser, Sozialgeschichte; Alewyn, Barock; Dyck, Ticht-Kunst; Curtius, Literatur; Schöne, Emblematik; Windfuhr, Bildlichkeit; Heckmann, Elemente; Fischetti, Barock; Szyrocki, Barock.
37 Frankfurt 1613. 38 Goclenius, Lexicon, 13 ff.
39 Vielleicht neben J. Micraelius, *Lexicon philosophicum*, 1653.
40 Vgl. Eucken, Geschichte. 41 Goclenius, Lexicon, 13.
42 Goclenius, Lexicon, 13. 43 Goclenius, Lexicon, 13 f.
44 Goclenius, Lexicon, 14. 45 Goclenius, Lexicon, 14.
46 Goclenius, Lexicon, 15. Auch für diesen Zeitraum wäre es nützlich, die lexikographische Ebene genau zu untersuchen.
47 Vgl. dazu Henne, Wörterbücher. 48 Bacon, *De dignitate*, 374.
49 Bacon, *Novum organum*, Aph. 51. 50 Lichtenberg, J 1242.
51 Lichtenberg, C 209. 52 Bacon, *De interpretatione*; Works I, 218.
53 Bacon, Essays, 1597, erweitert 1612 und 1625.
54 Dagegen vgl. Bacon, *Nova Atlantis*, 1624 englisch geschrieben, 1627 lateinisch veröffentlicht; hier wird die Methode der Induktion am Aufbau des ‚Gelehrtenstaats' utopisch exemplifiziert; vgl. auch Krohn, Bacon I, bes. 271-275.
55 Vgl. Elias, Zivilisation I, LII. 56 Vgl. auch Descartes, *Discours*, 20 (2. Kap.).
57 Descartes, *Discours*, 18 (2. Kap.). 58 Vgl. Descartes, *Discours*, 20 (2. Kap.).
59 Die *Regulae* sind erst 1701 posthum erschienen.
60 Der Begriff der Intuition meint hier nicht diffuse Anschauung, sondern unmittelbares Erfassen; vgl. Regula III, 26 f.
61 Regula III, 8. 62 Regula III, 9.
63 Regula IV, 3.
64 S. Definitionskapitel. 65 Vgl. auch Regula IV, 9.
66 Zusammenfassung der Regel V. 67 Regula XII.
68 Regula XII, 13. 69 Regula XII, 14.
70 Regula XII, 15. 71 S. Definitionskapitel.
72 Vgl. den Abschnitt über Nikolaus von Kues.
73 Eine verdeckte Rezeption, wenn auch in ganz anderer Weise, findet ebenso bei Bacon statt.
74 Vgl. die zweite ‚Meditation'. 75 Vgl. oben die Anm. zu Elias.
76 *Meditationen*, 67. 77 Vgl. Feuerbach, Geschichte III, 208.
78 Vgl. Feuerbach, *Philosophie der Zukunft*, § 16. 79 Vgl. Feuerbach, *Philosophie der Zukunft*, § 36.
80 Zweite Meditation, 21; hier wird die Unterordnung der Dichtung unter die Philosophie im neuzeitlichen Sinne begründet, ein Vorgang, der erst von der ‚Ästhetik' des folgenden Jahrhunderts allmählich umgekehrt wird.
81 Vgl. die dritte Meditation. 82 Ebenda.
83 Vgl. dazu die sechste Meditation. 84 Vgl. *Principia philosophiae*, 19.
85 *Principia philosophiae*, 20; Röd, Descartes sowie Specht, Descartes.
86 *Elementa philosophiae*, *De corpore* I, 2.
87 *De corpore* I, 2. 88 Zitiert nach Ziegenfuß, Lexikon.
89 *De corpore* I, 6.
90 Vgl. *De corpore* II. Die Namentheorie mutet ausgesprochen modern an und deutet in manchen bereits auf die neuere Kommunikationstheorie hin.
91 *De corpore* I, 9. 92 *De corpore* I, 9.
93 Vgl. auch *De corpore* III, 2 sowie Röd, Hobbes, 283 f., 290 f. 94 *Pensées* Nr. 144.
95 Vgl. Proß, Spinoza. 96 Spinoza, *Ethik* I, 88.
97 Spinoza, *Ethik* I, 89. 98 Spinoza, *Ethik* I, 90.

99 Spinoza, *Ethik* II, 419 f. 100 Spinoza, *Ethik* II, 132 ff.
101 Spinoza, *Ethik* II, 409 f.
102 Vgl. Herder; die Spinoza-Rezeption in Deutschland wird erst mit Beginn des Sturm und Drang wiederbelebt; vgl. Specht, Spinoza, bes. 354-357.
103 Vgl. Proß, Natur, 44. 104 S. Proß, Herder, 164 f.
105 Proß, Natur, 44. 106 Proß, Natur, 45.
107 Proß, Natur, 45. 108 Proß, Natur, 45.
109 Proß, Natur, 45. 110 Proß, Natur, 45.
111 und der gleichzeitig den Menschen vor sich selbst schützen soll (bellum omnium contra omnes); vgl. auch Hesse, Revolution, 97.
112 Auch hier wäre die Geschichtsauffasung des 17. Jahrhunderts im einzelnen zu berücksichtigen; im literarischen Bereich vgl. Voßkamp, Geschichtsauffassung.
113 Morhof; Stolle.
114 Böhme, De signatura rerum, Kap. 16; vgl. auch Kepler, Harmonienlehre.
115 Schöne, Barock, 3. 116 Opitz, *Poeterey*, 5. Kap.
117 Vgl. Opitz, *Poeterey*, 6. Kap. 118 Buchner, *Poeterey*, 2. Kap.
119 Vgl. Philipp Zesen, *Deutscher Helicon*; Johann Peter Titz u. a..
120 Harsdörffer, *Poetischer Trichter* I, 1.
121 Christian Weise, *Curiöse Gedancken* I, 130; vgl. auch Behrens, Einteilung, 131-134. – Diese Entwicklung wäre zu erhellen an verschiedenen Fragestellungen zur literarischen Rezeption, zur Abgrenzung der Künste, zur Aufgabenstellung für die Poesie, zu dichtungstheoretischen Grundbegriffen, zu Entstehungsfragen u. a.
122 Hederer, Barock, 110 f.
123 Vgl. Reichmann, Herrschaft der Zahl und die oben zur Bildlichkeit und zum Motiv aufgeführten Beispiele.
124 S. oben zu Descartes und Spinoza. 125 Schöne, Emblematik, 124 ff.; bes. 128 f.
126 S. Benjamin zum Wandel der Allegorie um 1700 in: Alewyn, Barockforschung; vgl. auch Benjamin, Ursprung; Calin, Allegorie; s. dazu die oben aufgeführten Beispiele.
127 Vgl. dazu Reichmann, Herrschaft der Zahl sowie insbesondere Greiffenberg-Gedichte; die Spiegelmetapher ist unmittelbarer Ausdruck dafür.
128 Vgl. Dyck, *Ticht-Kunst*, 46 ff..
129 Bes. häufig bei Quirinus Kuhlmann; dies wäre auch an weiteren sprachlichen Elementen zu verdeutlichen.
130 Heidegger, *Mythoscopia*; vgl. Voßkamp, Romantheorie sowie Lämmert, Romantheorie.
131 Vgl. Weckherlins, Beschreibungen von Stuttgarter Hoffesten; dazu Krapf/Wagenknecht, Stuttgarter Hoffeste.
132 August Bohse 1694.
133 Vgl. Kircher, Sonette, 425. Bei Opitz ist von innerer Struktur des Sonetts nicht die Rede, seine Definition als ‚Klinggedicht' gibt ihm einen höchst formalen Charakter, der teilweise hymnisch und enkomiastisch (Weckherlin) ausgeführt wird, teilweise aber auch – und das ist hier gemeint – zur Darstellung einer antithetischen, von einer Einheitsidee überragten Lebensstruktur, was sich in der schnellen Abfolge von zeilenweise verschränkten Antithesen zeigt.
134 Vgl. z. B. Heinrich Mühlpfort, *Auff eine Leiche*, in: Schöne, Barock, 846 – 849.
135 S. Sengle, Drama, 13. 136 Vgl. Heckmann, Trauerspiel; vgl. Habermas, Strukturwandel.
137 Zitiert nach Poetik des Barock, 24.
138 Poetik des Barock, 24: „wie wohl aber das epigramma aller sachen und wörter fähig ist".
139 Zu seinem ‚Witzcharakter' vgl. Harsdörffer, *Von den Gleichnissen*; zur Spiegel–, und Buchmetapher s. auch Weckherlin, *Lais nunmehr als/verlasset ihren Spiegel* sowie Logau, *Von meinem Buche*, aber auch Opitz, Czepko, Flemming, Gryphius, Hoffmannswaldau, Harsdörffer, Rompler von Löwenhalt, Angelus Silesius u. v. a.
140 Vgl. dazu oben Teil I dieser Arbeit. – Viele Probleme sind nur angedeutet worden, vieles wäre noch auszuführen, so der ganze Bereich des utopischen Genres, die Satire, die gesellschaftliche Rolle des Autors, vor allem die wissenssoziologisch interessante Frage nach seiner Gelehrsamkeit, zum Stil-

wandel im Laufe des 17. Jahrhunderts, das aufschlußreiche Verhältnis von poetischem Mimesis-Programm und zeitgenössischer Theologie u. v. a. Dazu vgl. insbesondere Kemper, Gottesebenbildlichkeit; Schwind, Schwulst-Stil; Curtius, Schrift, Kühlmann, Gelehrtenrepublik; Barner, Barockrhetorik; Barner, Stilbegriffe; Scholz, Semantik; Pfeiffer, Struktur; Liwerski, Barock; Betz, Hermeneutik.

IV. Aufklärung I

1 S. dazu die Angaben im Zedlerschen Lexikon I, Sp. 203-205. Auch hier wäre eine Untersuchung des Abstraktionsbegriffs auf der lexikalischen und enzyklopädischen Ebene zweckmäßig, um sozusagen das Basiswissen seiner poetologischen Verarbeitung hermeneutisch entgegenstellen zu können, angefangen bei Morhof über Furetière, Chauvin, natürlich Bayle bis zu Hübners Lexikon.

2 Jablonski, Lexicon, Art. Methode. 3 Jablonski, Lexicon, Art. Philosophie.

4 Jablonski, Lexicon, Art. Verstand.

5 Jablonski, Lexicon, Art. Wahrheit. Ferner wären beispielsweise zu untersuchen Steinbach, Wörterbuch; Müller, Einleitung; Walch, Lexikon; Meissner, Lexikon; Wachter, Glossarium.

6 Vgl. Dülmen, Geschichte, 239; zur Begründung des engeren Untersuchungszeitraums vgl. Einleitung.

7 Grimminger, Sozialgeschichte, 17 ff. 8 Vgl. Proß, Natur.

9 Grimminger, Sozialgeschichte, 34; vgl. auch Wild, Stadtkultur.

10 Sauder, Ethica, 219 f.

11 Sauder, Ethica, 223; vgl. Grimminger, Roman, 649 ff. 12 Sauder, Ethica, 228.

13 Vgl. Leibniz' zweiten Akademieplan, Politische Schriften II, 9 ff.

14 Vgl. Sauder, Thomasius, 241; zur gleichwohl noch vorhandenen Wesensmetaphysik bei Thomasius vgl. Vernunfft-Lehre, 4. Hauptstück § 13.

15 Pascal, Pensées Nr. 144.

16 Von Baumgarten über Herder und Kant bis zu Fichte und Schelling, Novalis, Hegel und Marx bis zur Moderne.

17 Luhmann, Systemtheorie.

18 Am Ende des Jahrhunderts (vor allem in der Romantik) wird das Verhältnis gerade umgekehrt sein.

19 Vgl. Richter, Lyrik sowie Literatur und Reichmann, Herrschaft der Zahl; Segebrecht, Gelegenheitsgedicht.

20 Vgl. den Begriff der reflexiven Akte bei Leibniz und Wolff, *Vernünfftige Gedancken von Gott* § 12; vgl. auch Klassen, Logik sowie Blumenberg, Neuzeit und Schöffler, Geistesleben; auch Mikkola, Abstraktion, bes. 460.

21 Vgl. dazu Krüger, Empirismus; Freytag, Locke.

22 Locke, Essay III, 3, 11; dagegen stehen die mystischen Tendenzen, z. B. eines Gottfried Arnold; sie sollten noch berücksichtigt werden.

23 Nihil est in intellectu, quod non ante fuerit in sensu.

24 Vgl. Proß, Herder, 80 f. Die Umkehrung des naturrechtlichen Denkens führt später zur intensionalen Abstraktion.

25 Vgl. Nikolaus von Kues. 26 Locke, Essay III, 3, 6, f.

27 Locke, Essay II, 11, 9. 28 Locke, Essay III, 3, 20 sowie II, 11, 9.

29 sowie weiter zum Neupositivismus. Die von Locke mitbegründete Assoziationspsychologie ist eine Parallele zum naturphilosophischen Atomismus der Neuzeit, speziell Gassends.

30 Leibniz, Schriften III, 2, 163. 31 Locke, Essay II, 101 ff.

32 Vgl. Mikkola, Abstraktion, 172. 33 Vgl. Mikkola, Abstraktion, 172.

34 Mikkola, Abstraktion, 174.

35 Mikkola, Abstraktion, 176; vgl. auch Oeser, Abstraktion, 15-27.

36 Vgl. Mikkola, Abstraktion, 177 sowie oben Definitionskapitel.

37 Locke, Essay 1, 206 ff. sowie Crusius, Weg §§ 119, 124 und Baumgarten, *Metaphysik*, § 149; vgl. Arens, Sprachwissenschaft I, 86 ff.

38 Vgl. Proß, Herder zur späteren Rezeption Berkeleys.

39 Vgl. König, Geschmack sowie auch Jerusalem, Schriften: *Über abstrakte Namen.*

40 König, Geschmack und vgl. Wolff, der zunächst Begriff mit Vorstellung gleichgesetzt hatte, sich dann (1743) dagegen wandte; Begriff wird später zur ‚Allgemeinvorstellung'; vgl. auch Lichtenberg KA 261.

41 Leibniz' Zusammenfassung der traditionellen Grundformen von Abstraktion in: Schriften, III, 2, 163 ff.

42 1704 abgeschlossen. 43 *Nouveaux Essays* III, 8.

44 Ebenda.

45 Leibniz, *Über den Fortschritt ins Unendliche*; Schriften, III, 2, 359. Demgegenüber führt die teleologische Geschichtsbetrachtung der Aufklärung zu geschichtsphilosophischen Theorien der irreversiblen Linearität, innerhalb derer der Dichtung ein abstraktionsbeschleunigendes, in der Kritik dieser Theorien dann ein retardierendes Moment zugewiesen wird. Dieser Funktion entspricht die Ausbildung einer neuzeitlichen Zweckästhetik, deren spätere Ablösung durch einen autonomen Dichtungsbegriff ebenfalls über die Abstraktion erfolgt.

46 Leibniz, Schriften I, 334 f.; vlg. auch *Metaphysische Abhandlung* § 8 (I, 74 f.).

47 Diese Gefahr ist grundsätzlich gegeben, so daß es unverständlich ist, wenn ein Willensmetaphysiker vom Schlage Schopenhauers gegen die ‚Abstraktionen des Verstandes' kämpfen zu müssen glaubt.

48 Leibniz, Schriften I, 333. 49 Leibniz, Schriften I, 359. 50 Leibniz, Schriften I, 359 ff.

51 Die Vorstellung der Irreversibilität wird hier auf entscheidende Weise modifiziert.

52 Leibniz, Schriften I, 368 f. 53 Leibniz, Schriften I, 369 ff.

54 Leibniz, Schriften I, 368. 55 Ebenda.

56 Leibniz, Schriften I, 372 f. 57 E. T. A. Hoffmann, Kater Murr; Goldener Topf.

58 Vgl. Kleists Kant-Rezeption und den Aufsatz über das Marionettentheater.

59 Vgl. Georg Forster, *Die Kunst und das Zeitalter.*

60 Vgl. Friedrich Schlegel, Athenaeumsfragment, 304: „Die höchste Philosophie, vermuten einige, dürfte wieder Poesie werden [...]".

61 Die Unendlichkeit stellt sich nicht nach dem ‚Aufhören des Lebens' (vgl. das genannte Schlegel-Fragment) ein, sondern auf der Basis der konkreten Substanz; vgl. das Exzerpt, das Leibniz unter dem Titel *Unendlichkeit* aus Pascals Pensées angefertigt hat (Schriften I, 372 ff.).

62 Leibniz, Schriften I, 375.

63 Ebenda: „Dieser Zustand, der die Mitte hält zwischen den Extremen [...]".

64 Diese doppelte Unendlichkeit ist genau die Mitte zwischen irrationaler und klassfikatorischer Abstraktion; s. Definitionskapitel. Leibniz zufolge hat Gott diese doppelte Unendlichkeit in alle Monaden, in das Ich, in den Menschen, hineingelegt.

65 Vgl. den Abschnitt über Nikolaus von Kues und unten die Ausführung über die Möglichkeitspoetik.

66 und aus der alle Erfahrung a priori bewiesen werden kann; vgl. Leibniz, Schriften I, 176 f.: *Über die ersten Wahrheiten*; s. auch oben zu Nikolaus von Kues.

67 Die Auseinandersetzung über die Begriffe des Wahrscheinlichen, Wunderbaren zwischen Zürich und Leipzig kann hier leider nicht weiter ausgeführt werden.

68 Vgl. Leibniz, Schriften III, 2, 1 ff.: *Von den Worten.*

69 Leibniz, Schriften I, 6 f. 70 Ebenda.

71 Ein wesentlicher Aspekt der Abstraktionsentwicklung ist die Tendenz zur Universalgrammatik, die eine eigene Untersuchung erforderte.

72 Leibniz, Schriften I, 14 f. 73 Vgl. Leibniz, Schriften I, 40 ff.

74 Vgl. Leibniz, Schriften I, 44 f. 75 Vgl. Leibniz, Schriften I, 50 f.

76 Vgl. Leibniz, Schriften I, 52 f. 77 S. Leibniz, Schriften I, 56 f.

78 S. Leibniz, Schriften I, 58 ff. 79 S. ebenda.

80 Vgl. Leibniz, Schriften I, 84 ff. 81 Ebenda.

82 Ebenda; zu Leibniz-Rezeption in der zweiten Jahrhunderthälfte vgl. Herder XXIII, 468; XVII, 326; XXXII, 211; XXXII, 225; ferner Lichtenberg im ‚Hannöverschen Magazin', 96. – 98. Stück (1768); zu Leibniz' Nominalismus s. Mikkola, Abstraktion, 164-170.

83 Vgl. Mikkola, Abstraktion, 166. 84 Mikkola, Abstraktion, 67.
85 Vgl. Leibniz, Schriften III, 2, 164. 86 Vgl. Ritter, Historisches Wörterbuch.
87 Monadologie § 30. 88 Leibniz, *Über die Verbesserung der ersten Philosophie.*
89 Wolff, *Philosophia rationalis sive logica* 1718, § 110. 90 Leibniz, *Monadologie,* § 30.
91 Leibniz, *Über die Verbesserung der ersten Philosophie.* 92 Ebenda.
93 Leibniz, *Von einem einzigen allumfassenden Geiste.* 94 Leibniz, *Monadologie,* § 30 ff.
95 Ebenda. 96 Vgl. Mikkola, Abstraktion.
97 9. Auflage 1743. 98 Wolff, *Vernünfftige Gedancken Von Gott* § 15.
99 § 35. 100 § 366. 101 § 277. 102 Vgl. Zedlersches Lexikon I, Sp. 203-205.

103 Es ist vielleicht angebracht, an diesem Punkt noch einmal darauf hinzuweisen, daß der Begriff ‚rational' im Zusammenhang des Strukturschemas nicht ‚rationalistisch' bedeutet, aber eben eine Verbindung dazu signalisiert. Dies betrifft hier speziell den Konnex von Empfindsamkeit und Aufklärung.

104 Anger, Rokoko. 105 Fallbacher, Gellert.

106 Es scheint eine ideengeschichtliche Tatsache zu sein, daß gerade die philosophischen Bestrebungen, die der realen Erfahrung als Erkenntniskriterium zuneigten, die Abstraktion besonders gefördert haben. So jedenfalls ist die Situation des Empirismus, der die Begriffe zu reinen Verstandesdingen erklärt hatte.

107 Dieser Breslauer Anonymus ist eine der herausragenden Erscheinungen in der Poetik vor Gottsched.

108 Die Bibelübersetzung hat eine fiktive Verfasserschaft. Zur Theologiekritik des 18. Jahrhunderts s. Helmut Goebel in: Lessing, Werke VII; sie entzündete sich an der religionsphilosophischen Unterscheidung von historischer und religiöser Wahrheit. Das Problem wird erst Kant lösen. – Zur Versachlichung des neuen Testaments s. Thomas Woolston, der die Wunder des Neuen Testaments für Allegorien und Gleichnisse erklärte. – Die oben im Zusammenhang der Auseinandersetzung zwischen Locke und Leibniz angeführte Abstraktionproblematik wiederholt sich auch im theologischen Bereich: sachliche Bedeutung hatte die Unterscheidung zwischen abstrakt und konkret vor allem in der altprotestantischen Dogmatik: Da Gott Mensch geworden ist, nicht aber die Gottheit Menschheit, kann eine Natur nicht in abstracto von der anderen prädiziert werden, jedoch kann das Konkretum der einen vom Konkretum der anderen Natur ausgesagt werden. Vgl. Schmid, Dogmatik.

109 Die theoretische Rechtfertigung der spätantiken Beschreibungsliteratur liefert die Poetik des Aristoteles, in der die Kunst auf Mimesis, auf Naturnachahmung festgelegt wird. Das sich daraus ableitende Mißverständnis war folgenreich. – Schon bei Haller (Alpen) gibt es erhebliche Abweichungen gegenüber der malenden Poesie eines Thomson oder Brockes, indem Haller sich nicht in die Rolle eines der Natur gegenüberstehenden kontemplativen Individuums versetzt, sondern eine menschliche Gemeinschaft, Tätigkeit, Kultur im Zusammenhang der Landschaft schildert. Auch die oben angeführten abstrakten Metonymien zielen in diese Richtung. Vgl. Buch, Beschreibungsliteratur.

110 Vogls *Praktisches Mineralsystem* und Linnes *Systema naturae.* Die Wissenschaftsgeschichte wäre hier ausgiebigst zu berücksichtigen.

111 Jablonski, Lexicon. 112 Schmidt-Biggemann, Topica.

113 Breitinger, *Critische Dichtkunst* I, 279. – Der Bereich von Geschichtsphilosophie und Anthropologie müßte hier ebenfalls genauer untersucht werden, z. B. unter der These: Die Einschränkung der Metaphysik und der anthropologische Anspruch auf Ersatz erzeugt die Geschichtsphilosophie! Zur Geschichtsphilosophie s. auch oben Systematik-Kapitel. Geschichtsphilosophie und Ästhetik stehen unter dem Abstraktionsaspekt in einem sehr engen Entstehungs- und Wirkungszusammenhang. – Zur Idee der Identität von realer geschichtlicher Welt und der Struktur unseres Geistes bei Vico, s. Proß, Herder; vgl. auch Schlobach, Zyklentheorie; Mühlmann, Anthropologie; Passmore, Mensch; Streisand, Geschichtliches Denken; zu Lessing: Bollacher, Vernunft.

114 Bei Gottsched und Wolff Erklärung der Zweckästhetik aus der Metaphysik der Ordnung. – Dazu gehört auch die Forderung, daß man das alte fabelhafte Zeug, die Hexen und Hexenmeister, „und ander Teuffels-Geschmeiß aus unserer Poesie ausrotten solle" (Anonymus von 1725, 8), der sich im übrigen entschieden dagegen wendet, daß Ungelehrte und in der Poesie nicht Geübte schreiben und mit ihrer Fülle von Gelegenheitsdichtungen den Vollkommenheitsanspruch zerstören.

115 „Die poesie ist die allgemeineste und älteste wissenschafft." (Jablonski, Lexikon, Art. Poesie); so auch der Anonymus, der Strabo und seine Äußerung zitiert, nach der die Poesie die erste Philosophie gewesen sei; vgl. auch König über den guten Geschmack als den rechten Begriff von allem, was in einer Wissenschaft das Wahre, das Deutliche usw. sei (435).

116 Auf den Nutzen, der sich mit den metaphysischen Begriffen der Vollkommenheit und Schönheit verbindet.

117 Schon bei Boileau ist der bon sens mit Vernunft und Natur identisch. Besonders vermittelnd hat hier Johann Ulrich König gewirkt, dessen Hauptanliegen darin bestand, die Objektivität des Geschmacksurteils zu retten; er betont jedoch dessen Differenz zum Verstand (390), setzt allerdings eine prästabilierte Harmonie zwischen Vernunft und Empfinden voraus.

118 Der Begriff des gesunden Menschenverstandes tendiert zur rationalen Abstraktivität, aus der sich sowohl der Klassizismus als auch der Emotionalismus entwickeln.

119 Vgl. die Vielzahl der Ansätze in Hallers *Unvollkommner Ode* sowie Fallbacher, Zweck.

120 Man merkt Gottsched an, wie schwer er sich tut, der hebräischen Poesie einen hohen Rang abzusprechen, ohne sie gänzlich zu verurteilen.

121 Vgl. dazu oben sowie zum Wandel in der zweiten Jahrhunderthälfte Proß, Ethos.

122 Vgl. Anonymus von 1725. 123 Wolff, *Vernünfftige Gedancken Von Gott* § 241.

124 Königs Gewährsmann ist u. a auch Leibniz (410).

125 Vgl. König, Geschmack, 257 f. und Boetius, Dichtungslehren, 23. – Auch Gottsched nennt die Natur der Welt eine wirkende Kraft und bezieht sich damit auf Leibniz.

126 Vgl. Jablonski, Lexikon, Art. Gedanke, der als eine Wirkung oder Bewegung der menschlichen Seele bzeichnet wird usw.

127 *Discourse* Teil 1, 9. 128 Vgl. *Ursprung der Sprache.*

129 15. Discours (117 f.). 130 Ebenda.

131 *Discourse* Teil 2, 8.

132 Vgl. die oben zitierte Stelle aus *Über die negativen Größen.*

133 Breitinger, *Critische Dichtkunst* I, 286 f.

134 Es zeichnet sich hier die Wiederaufnahme des vorbarocken Ansatzes ab; schon Opitz hat in seiner Poeterey auf den Möglichkeitsbegriff hingewiesen.

135 Zedlersches Lexikon I, 203-05 (1732).

136 Der Hintergrund: die in der Schweiz sehr starke christliche Restauration, von Lavater den Fürsten und besonders Fürstinnen aufgenötigt. Er hatte in der Feudalwelt zeitweilig ein prophetisches Ansehen.

137 Hier zeigt sich unmittelbar der Leibnizsche Einfluß (Monadologie § 30).

138 Zahlreiche Erscheinungsformen zeigen diese neue Wende an. Hingewiesen sei nur auf die Stellung der Präpositionen in der Frühaufklärung, die dort eingesetzt werden, um den Übergang von der einen zur anderen Ebene auch sprachlich sichtbar zu machen. Ab der Jahrhundertmitte zeigt sich eine Tendenz zum Fortfall der Präpositionen (Klopstock), was ich als Zeichen für die größere Unmittelbarkeit einer intensionalen Abstraktion werte.

139 Erst diese Trenung ermöglicht spätere Aufwertung. Vgl. Braitmaier, Geschichte.

140 Vgl. Neukirch, Anfangs-Gründe, 105 f., 109 f., u. ö.

141 Bes. Geschmack, 416, aber auch öfter.

142 Gottsched, *Critische Dichtkunst*, bes. 159-164.

143 Bes. die Diskussion um das ,Wunderbare' wäre hier von Interesse, vgl. Breitingers weit über Gottscheds Definition hinausgehende Deutung.

144 Vgl. Riemann, Baumgarten; § 14 bietet Baumgarten das kuriose Beispiel für ein ,logisches Gedicht': „Quum qui demonstrant ...".

145 *Metaphysik* § 512. 146 *Ästhetik* § 619.

147 *Meditationes* § 53. 148 *Ästhetik* § 559.

149 *Meditationes* § 16. Wie sehr auch Baumgarten von der Abstraktion ausgeht, zeigen seine Ausführungen über die Erdichtungen (figmenta), die erst dadurch entstehen, daß man die Einbildung in ihre Bestandteile zerlegt und so wieder zu neuen Vorstellungen zusammensetzt.

150 Zedlersches Lexikon XXVIII (1741), Sp. 977-1005.

151 Bodmer, *Critische Briefe* (über das Erhabene und die Natur); Lessing, *Anmerkungen über alte Schriftsteller* (Ovid); Natur wird hier bereits als ideale Mitte gedacht, dies signalisiert ein vorsichtiges Abgehen von einer nur schildernden und beschreibenden Dichtung; vgl. Buch, Beschreibungsliteratur sowie Herrmann, Naturnachahmung und Ketelsen, Naturpoesie; dazu Gaede, Nachahmungstheorie.

152 Vgl. Joswig, Leidenschaft. – Zu untersuchen wäre auch der Aspekt der Kunstpsychologie, vor allem der Versuch des Idealismus, die Kunst aus einem Prinzip zu begründen (Wandel der Psychologie zur Philosophie). – Ferner wäre interessant der Einfluß der anderen nationalsprachlichen Literaturen, von den metaphysical poets über Young (Forderung nach einem harmonischen Silbenmaß, ohne den Verstand „nur im geringsten" aufzuopfern); zu Frankreich vgl. Corsaro, Astratissmo; ferner die Debatte um das richtige und schöne Denken sowie die Horaz-Überlieferung und natürlich die ‚Querelle'; einiges ist oben im Abschnitt zur Lyrik des 18. Jahrhunderts angedeutet worden; vgl. auch Lessings Abweisung der formalistischen Epigrammdefinition durch Batteux. – Nicht zuletzt wäre der italienische Einfluß zu berücksichtigen, vor allem Gravinas Möglichkeitsabstraktion.

153 Auch die Antikenrezeption wäre hier wichtig; zum Primitivismus vgl. Albrecht bes. die Passage über Anti-Primitivism, 92-104 und Nature as Norm, 84-91.

154 Der ganze Bereich von Motiv und Topos, Tropen und Figuren, Bildlichkeit, Dichtungsstruktur kann hier im Sinne des aufgeklärten Lichtbegriffs durchaus erhellend sein (manches davon ist oben bereits ‚angeschnitten' worden), ich führe im folgenden lediglich einiges an relativ willkürlich zusammengestellten Beispielen auf: An erster Stelle steht der Allegoriebegriff (vgl. Zedler I, Sp. 1239), der in der Aufklärung hermeneutischen Charakter bekommt, d. h. er setzt das vergleichende Subjekt voraus, dessen es im Barock gar nicht bedurfte. Vgl. Sorensen, Allegorie; Pausch, Metaphorik; Requadt, Bildlichkeit und Langen, Anschauungformen; auch Windfuhr, Bildlichkeit. – Zur Intellekturalisierung der Lichtmetaphorik ist ebenfalls Verschiedenes angeführt worden; vgl. noch die Bedeutung der Dämmerungsmetapher von Haller bis Mörike. – Zur Augen- und Ohrenmetaphorik und deren Unterschied im Abstraktionsgrad vgl. schon Kerényi, Religion, 159 ff. zur griechischen Augen- und römischen ‚akustischen Religion'. – Auch über die Verwendung der Epitheta (vgl. Breitinger, *Critische Dichtkunst* II, 251 ff.) wäre im Zusammenhang der Abstraktion einiges zu sagen: pragmatische Abstraktion durch Beiwörter, eine Eigenschaft soll von der anderen getrennt vorgestellt werden. – Zu diesem ganzen Bereich und zur naturwissenschaftlichen Raumerkenntnis vgl. Brockes, *Das Große und das Kleine*; *Die allerhelleste Dunkelheit*; *Der Schnee*; *Betrachtung des Mondscheins in einer angenehmen Frühlingsnacht*; *Neujahrsdenken auf das 1719te Jahr*; *Betrachtung der Sonne*; *Die Luft* (bes. Unsagbarkeitstopos, Bewegungsmotiv, zur Abstraktivität des Gefühlsmotivs: „Das innige Gefühl, der Herzen erste Schuld,/Ist ein *besonderer* Zug der *allgemeinen* Huld"). – Auch die Analogie (als rationalistisch-assoziative Allegorie) sowie die syllogistische Struktur der aufklärerischen Gedichte als Entsprechung eines erkenntnisprägenden Allgemeinen (vgl. Kant, Werke IV, 35 ff.) kann als Beleg für eine extensionale (klassifikatorische und hypostative) Abstraktion gelten. – Ein eigener Bereich ist der der Sprache, zu dem oben einige Hinweise zu finden sind: zur Rhetorik vgl. vor allem Klassen, Logik und natürlich Blackall, Literatursprache. – Auch die Gattungspoetik und die Methodik der literarischen Theorien selbst wäre ein eigenes Thema unter dem Abstraktionsaspekt; weniges dazu ist am Beginn dieser Arbeit angerissen worden; zu einigem vgl. Scherpe, Gattungspoetik sowie Sengle, Formenlehre; Behrens ist hier eher bibliographisch ergiebig. – Auch die einzelnen Gattungen wären zu untersuchen: das Epos (auch im Hinblick auf seine späte Erneuerung im 19. und bis ins 20. Jahrhundert); die Abstraktivität z. B. des galanten Romans; der Wandel der dramatischen Bauform, die Frage der Lehrhaftigkeit des Theaters, die Hypostativität des historischen Dramas der Aufklärung (der Autor holt sich aus der Geschichte Namen, mit denen er imponieren kann; vgl. Sengle, Historisches Drama, 18 ff.); die ganze Abstraktivität der beginnenden Feengeschichten; Fabeldichtung (dazu vgl. Harth, Wolff); natürlich das Epigramm und seine Theorie (Veränderung der Pointe, was hat es „mit seinem zweifelhaften und überaus variablen Rang in der Hierarchie der Gattungen" (Lessing), auf sich, die Wiederaufnahme der fontes-Theorie durch Morhof, die Neuinterpretation des Terminus ‚Sinngedicht' durch Herder, intensionale Abstraktion: „Hier sind Blumen, o Freund, sendet die Bienen dazu", SW XXIX, 319; äußerst aufschlußreich ist, wie Novalis, ähnlich Lessing (alles kann Gegenstand des Epigramms sein) auf Scaliger zurückgreift

(III, CXVI; über die Vermittlung durch Opitz); auch die Satire wäre hier zu berücksichtigen: Wandel von der ‚abstrakten' Satire Rabeners zur Personalinvektive Liscows (vgl. dazu Brummack, Vernunft). – Dieser Schiffskatalog ließe sich leicht fortsetzen. Darüber hinaus könnte, unter Berücksichtigung sozialhistorischer und wissenschaftsgeschichtlicher Kategorien aus solchem und anderem Material eine neue Kulturgeschichte der Aufklärung erarbeiten werden.

155 Vgl. Windfuhr, Bildlichkeit.

156 verändert sich – dies nur als sozialhistorischer Zusatz – im Laufe der zweiten Hälfte des 18. Jahrhunderts von der intensiven Lektüre zur extensiven vieler Bücher.

157 Zur Entwicklung der Didaxe vgl. oben. – Zur ‚kopernikanischen Wende' in der Lyrik des 18. Jahrhunderts vgl. vor allem Richter, Lyrik sowie allgemeiner Richter, Literatur.

158 Richter, Lyrik, 135.

159 Klopstock, Werke, 81 (*Die Allgegenwart Gottes*). – Zur ‚gemischten Wahrnehmung' (Kleinheit des Menschen vor dem Universum und Erhöhung des Selbstbewußtseins) vgl. schon Brockes, *Die himmlische Schrift* und die darin zahlreichen Oxymora. Hier liegt eine der Wurzeln für jene von Bodmer bis Schiller reichende Theorie des ‚gemischten Gefühls', das das Erhabene im Menschen hervorbringe. – Das Erhabene ist in der Frühaufklärung auch Moment eines abstrakten Freiheitsbegriffs (Gott – Natur, beide symbolisieren die Freiheit). – Der Begriff des Erhabenen, der von den verschiedensten Positionen zu unterschiedlichen Zwecken reklamiert wurde, für das Natürliche, für ein erwachendes Selbstbewußtsein (Boileau/Bodmer/Breitinger), wäre ebenfalls einer eigenen Untersuchung unter dem Abstaktionsaspekt wert.

160 Richter, Lyrik, 157 f. – Vgl. Breitinger, *Critische Dichtkunst* I, 57, 264. – Zur irrationalen Veränderung der Abstraktion gegen Ende des Jahrhunderts vgl. Bennholt-Thomson, Stern über Hölderlins Tendenz, durch das Wort zusammenzubringen, was realiter divergiert. – Man darf den Dynamis-Aspekt bei Haller nicht überbewerten (so bei Elchenbroich in: Haller, Alpen, 113). - Zur Ausbildung der Gattung ‚Lyrik' s. oben Beginn dieser Arbeit; es wäre eine interessante Untersuchung, die Entwicklung von der frühaufklärerischen Ding-Klassifikation in einer vor-lyrischen Gattung zur vormärzlichen Ornamentabstraktion zu verfolgen. Voraussetzung von Objektivität und Selbstreflexion für die Lyrik schon in der Antike (s. oben zur Antike). Im Begriff der ‚Ode', die um die Mitte des Jahrhunderts zum lyrikästhetischen Zentralterminus wird, fallen Abstraktion und Antiabstraktion zusammen (vgl. Zedler bis Herder). Vgl. Viëtor, Ode; Fabian, Lehrgedicht; Böckmann, Stil. – Zu Haller wissenschaftsgeschichtlich: Toellner, Haller. – Zur Ablösung der Lyrik von einem starren Prinzip der Naturnachahmung vgl. Kemper, Gottebenbildlichkeit (bes. zum Hermetismus von Brockes und Haller) I, 310 ff.

V. Aufklärung II, Empfindsamkeit, Sturm und Drang, Vorklassik

1 In diesem Zusammenhang ist auch Lichtenbergs ironische Bemerkung zum ‚Kompilier-Trieb' (Schriften III, 199, 87, 199, 493, 556 u. ö.) zu sehen, der das Zeitalter (gegenüber einem metaphysisch orientierten) charakterisiere (vgl. auch seine Bemerkungen zum Beobachtungsgeist, zum Systemdenken etc.). – S. auch Kants Wendung zur Astronomie (*Allgemeine Naturgeschichte*, 9, 1755), die der allgemeinen Tendenz um die Mitte des 18. Jahrhunderts, die Beobachtung der Astronomie integrativ zu vergeistigen, entspricht („neuer Begriff von der systematischen Verfassung der ganzen Schöpfung", Werke I, 242). Bes. aufschlußreich ist seine Wendung gegen Leibniz' prästabilierte Harmonie, gegen die Theorie der Nichtbeziehung der einzelnen Substanzen zueinander, die von einem Schöpfergott im realen Gleichgewicht gehalten werden. Kant setzt dagegen seine These der realen Trennung und der logischen Gemeinsamkeit. Auch dies Indiz für eine Wendung zur intensionalen Abstraktion. – Schon bei Mendelssohn (1755) findet sich der Begriff der ‚Konzentration', der den Wunsch signalisiert, von einer extensionalen Mannigfaltigkeit des Naturschönen zur intensionalen Bedeutung des Kunstschönen überzugehen: frühe Ankündigung der Autonomieästhetik; vgl. Lessing an Mendelssohn vom 17.4.63 über Ausdehnung und Denken. Es ist im übrigen allgemeiner Sprachgebrauch, bis ca. 1770 hauptsächlich ‚abgesondert', ‚abgezogen', dann ‚abstrakt' zu verwenden (nach Kant verweist die deutsche From stärker auf die gedachte reale Trennung). – Die Ausbil-

dung konkretiver Disziplinen wie Ästhetik und Geschichtsphilosophie, auch scheinbar konkretiver literarischer Gattungen (bürgerliches Trauerspiel) ist auch als Folge einer Wendung gegen einen als abstrakt aufgefaßten Staat zu sehen (vgl. Lessing, Hamburgische Dramaturgie, Werke IV, 294).

2 Vgl. Helvetius, 3. Abschnitt: „Muß der Geist als Gabe der Natur oder als Erziehungsprodukt betrachtet werden?".

3 Locke und Condillac waren nicht so weit gegangen zu behaupten, daß der Mensch von seinen Umweltgegebenheiten, und nicht von den Ideen bestimmt werden; die mangelnde Tiefe dieser Überlegung hat später Marx hervorgehoben (vgl. Frühschriften, 322 u. ö. zur Kritik der Abstraktion sowohl eines mechanischen als auch des ‚idealistischen' Materialismus); vgl. auch Kamper, Anthropologiekritik sowie Kamper, Abstraktion.

4 Vgl. Herder, Sämliche Werke I, 24 und an zahlreichen Stellen.

5 Herder, Sämtliche Werke IV, 427; vgl. auch Herder, Werke I, 161 f.

6 Vgl. Herder, Sämtliche Werke V, 452.

7 Hamanns Auseinandersetzung mit der Abstraktion ist schon ein Topos in der Germanistik (vgl. Burger, Annalen II, 440, Martini-Abschnitt). – Aber nicht nur Hamann ist hier zu nennen, sondern auch die nachaufklärerischen Positionen eines Musäus, Ramler, auch Gleim, J. E. Schlegel u. a. – Das organologische Denken bahnt sich in Winckelmanns triadischem Schema von 1764 an; vgl. auch Wieland, *Agathon*, *Don Sylvio*. Ich denke, daß Hamann zu sehr als Einzelerscheinung und zu sehr als Irrationalist gesehen wird.

8 Zweifel bei Lenz: „Je mehr ich in mir selbst forsche und über mich nachdenke, desto mehr finde ich Gründe zu zweifeln, ob ich auch wirklich ein selbständiges, von niemand abhängendes Wesen sei, wie ich doch den brennenden Wunsch in mir fühle. Ich weiß nicht, der Gedanke ein Produkt der Natur zu sein, das alles nur ihr und dem Zusammenlauf zufälliger Ursachen zu danken zu haben, das von ihren Einflüssen lediglich abhänge und seiner Zerstörung mit völliger Ergebung in ihre höheren Ratschläge entgegensehen müsse, hat etwas Schreckendes – Vernichtendes in sich – ich weiß nicht, wie die Philosophen so ruhig dabei bleiben können." – Auch die Stellung des Sturm und Drang und der Geniekult kann über das Abstraktionsparadigma differenziert werden.

9 Das gilt in gewisser Weise sogar für das aus dem 15./16. Jahrhundert übernommene Volkslied das im 19. Jahrhundert erneuert wird. – Zur Geschichtsphilosophie vgl. oben Systematik-Kapitel; dort auch zum ‚Kreis' in der Dichtung.

10 Herder, Sämtliche Werke XXXII, 192.

11 Ebenda.

12 Mendelssohn, Schriften I, 435.

13 Ebenda. – Zur ‚neuen' Abstraktion vgl. auch Kant, *Wahre Schätzung der lebendigen Kräfte* § 117, 126 u. ö.

14 Herder, Sämtliche Werke XXXII, 73 (Oden-Abhandlung).

15 Jean Paul, Sämtliche Werke VI, 1333 ff., bes. 1339.

16 Horkheimer/Adorno, Dialektik der Aufklärung.

17 Vgl. Minder, Glaube.

18 Selbstverständlich bleibt die traditionelle Wissenschaft, die Aufklärungswissenschaft, neben der ‚Romantisierung' erhalten und kehrt im 19. Jahrhunder mächtig wieder.

19 Lessing, Laokoon.

20 Vgl. Neumann, Lessing über dessen Vaterfiguren; vgl. auch Lessing, Pope-Aufsatz sowie Lessing, *Ineptus Religiosus.*

21 S. oben am Beginn dieser Arbeit über Fichte.

22 Vgl. Herder, Humanitätsbriefe 6 – 8.

23 Vgl. Lichtenberg, Aphorismen C 209, G 83 u. a.

24 Forster, Kunst, 77.

25 Forster, Kunst, 80.

26 Vgl. Moritz, *Über die bildende Nachahmung.* – Eine Fülle von Themen und Aspekten könnte hier zum Beleg der vorgetragenen Thesen herangezogen werden: von der sich wandelnden Religionsauffassung und den theologischen Auseinandersetzungen um Vernunft- und Offenbarungsglauben (vgl. bes. Lessing, Sämtliche Werke XIV, 177, Christentum der Vernunft, wo der Prozeß der Abstraktion beschrieben wird) über die Wissenschaftsgeschichte und die philosophische Behandlung des Abstraktionsbegriffs von Kants *Kritik der Urteilskraft* über Karl Wilhelm Jerusalems Aufsätze (bes. *Über die Natur und den Ursprung der allgemeinen und abstrakten Begriffe*), die in der *Kritik der Urteilskraft* ausgeführte Beziehung zwischen Intension und analytischen Urteilen sowie Extension

und synthetischen Urteilen, die allmählich Integration des Abstrahierens in eine synthetische Vernunft. – Auch die rationale Psychologie, ihr Einfluß von Frankreich (Bonnet) wäre anzuführen, besonders im Hinblick auf das bürgerliche Trauerspiel. – Eine wahre Fundgrube an Belegen zu einer ihr von den Zeitgenossen nicht ganz zu Unrecht unterstellten Abstraktivität der Empfindsamkeit sind die Literaturbriefe Lessings (vgl. Werke V, 179, 45 ff.); auch Wieland spricht vom ‚Platonismus der Gefühle', gegen eine Empfindsamkeit, die wesentlich abstrakter und idealistischer als der Sturm und Drang ist; wie sehr der Allgemeinheitsanspruch der Empfindsamkeit von der Klassik rezipiert wird, zeigt z. B. Schillers Matthisson-Rezension. Ein sozialhistorisches Phänomen ist die ‚abstrakte' Exklusivität und Zirkelbildung der Empfindsamkeit; vgl. auch Jäger, Empfindsamkeit; vgl. auch Schillers *Briefe über Don Carlos* (vor allem den 3. Brief, Sämtliche Werke II, 234, bes. 257, 261 f., 241) Auch der *Anton Reiser* wäre ein aufschlußreiches Objekt der Untersuchung abstrakter Empfindsamkeit (Kontrastierung materieller Voraussetzungen zur Höhe der Empfindung). – Unter dem Stichwort ‚Rezeption und Vorbild' wäre für die zweite Jahrhunderthälfte der Unterschied zwischen der Rezeption hebräischer und der Kultur der klassischen Antike herauszuarbeiten; auch die Tendenz zum Volkslied und zur Volksliedsammlung müßte hier untersucht werden; auch die Vorliebe für Psalmen und Hymnen und deren geringe Bildlichkeit.

27 Herder, Sämtliche Werke V, 544.

28 Herder, Sämtliche Werke V, 544.

29 Vgl. Jäger, Politische Kategorien.

30 Vgl. die spätere Aufhebung des Begriffs ‚Gegenstand' in der Transzendentalphilosophie der Romantik.

31 Herder, Sämtliche Werke V, 563.

32 Herder, Sämtliche Werke V, 563 f. – Auch Herders ‚Lehrer' Hamann zeigt eine durchaus ambivalente Haltung der Abstraktion gegenüber; zwar ist ihm dichten „in unseren Zeiten eine philosophische Sünde" (Briefe II, 90), doch ist seine Lektüre – wie die erhaltenen Bücherlisten zeigen – sehr stark vom Rationalismus geprägt.

33 Herder, Sämtliche Werke V, 574.

34 Herder, Sämtliche Werke V, 574.

35 Herder, Sämtliche Werke V, 575.

36 So später Schelling.

37 Herder, Sämtliche Werke XXI, 293.

38 Herder, Sämtliche Werke XXI, 201.

39 Herder, Ursprung, 70; zur wissenssoziologischen Problematik der Sprachtheorien des 17. und 18. Jahrhunderts vgl. Proß, Herder.

40 Herder, Ursprung, 69.

41 Herder, Ursprung, 73. Herder führt den hier implizierten Gedanken einer Sprachlogik nicht weiter aus.

42 Herder, Ursprung, 71 f.

43 Herder, Ursprung, 48.

44 Herder, Ursprung, 35 f.

45 Herder, Ursprung, 27.

46 Herder, Ursprung, 27.

47 Fragmente A. 3. Über die Bildung einer Sprache; wieviel die philosophische Sprache nachlasse, daß sie für uns fruchtbar, sicher, bequem und bildlich sei? – Der hier ausgesprochene Primat der Praxis wird später entschieden ‚abgebaut' (s. auch oben).

48 Fragmente III. Wie klebt in der Weltweisheit der Gedanke am Ausdruck?

49 Fragmente III.

50 Ebenda. Herder meint hier weniger ein philosophisches als ein anthropologisches Allgemeines.

51 Herder, Sämtliche Werke XXI, 183 ff.

52 Herder, Sämtliche Werke XXI, 183 ff.

53 Herder, Sämtliche Werke XXI, 105 ff.

54 Herder, Sämtliche Werke XXI, 214 f.

55 Vgl. vor allem das dritte Kapitel.

56 Herder, Sämtliche Werke XIII, 367.

57 Herder, Ursprung, 45.

58 Heintel, Einleitung in die sprachphilosophischen Schriften Herders, XXXV.

59 Heintel, Einleitung XXXVI.

60 Heintel, Einleitung LI.

61 Heintel, Einleitung XXVI.

62 Herder, Sämtliche Werke XXI, 298.

63 Vgl. Hegel, Logik, Werke I, 108.

64 Heintel, Einleitung XLII.

65 Heintel, Einleitung XL.

66 Heintel, Einleitung XLI.

67 Die Leibnizsche Harmonia universalis, die von Kant aufgegeben wurde.

68 Herder, Sämtliche Werke XXI, 298 f.

69 Einer eigenen Untersuchung wert wäre die frühe Lyriktheorie Herders 1764 ff.

VI. Klassik, Romantik

1 Vgl. Simm, Klassik; Sengle, Historisches Drama, 46.

2 Vgl. Schelling, Werke I (1793 ff.). – Hinzuweisen ist hier auch auf Salomon Maimons Versuch eienr Transzendentalphilosophie (1790), der Abstraktion als Kombinatorik sieht und sie in ein enges Verhältnis zur Dichtung setzt, sozusagen den später ausgeführten romantischen Abstraktionsbegriff vorwegnehmend.

3 *Götter Griechenlandes*, 1. Fassung von 1788 (Sämtliche Werke I, 167); vgl. vor allem Frühwald, Schiller und Gockel, Mythos, bes. 185 ff.

4 Schiller, Briefe I, 215 f. 5 Schiller, Briefe I, 216.

6 Schiller, Briefe I, 216.

7 Friedrich Leopold Graf zu Stolberg-Stolberg, Gedanken über Herrn Schillers Gedicht *Die Götter Griechenlandes.*

8 Forster, Schriften, 65. 9 Forster, Schriften, 66.

10 Forster, Schriften, 66. 11 Das Aufgeben der Mythologie signalisiert in der Aufklärung einen Abstraktionsschub; demgegenüber beruht die Restituierung der Mythologie zu Beginn des 19. Jahrhunderts (Schelling, Creuzer) auf der mit der Romantik einsetzenden Intensionalisierung.

12 Forster, Schriften, 71. 13 Forster, Schriften, 71.

14 Forster, Schriften, 71.

15 Vgl. Jäger, Lehrdichtung zum Begriff der ‚Lehrode' in Abgrenzung gegen Gottscheds Generaldidaktik und die spezifischen Lehrgedichte.

16 Forster, Schriften, 71. 17 Forster, Schriften, 72.

18 Schiller, Sämtliche Werke I, 172 f.; vgl. Wieland, *Agathodämon*, 7. Buch.

19 S. an Körner vom 12.1.1789. 20 Die erste Fassung ist nicht erhalten (1788).

21 Schiller, Sämtliche Werke I, 174. 22 Schiller, Sämtliche Werke I, 174.

23 Schiller, Sämtliche Werke I, 174. 24 Schiller, Sämtliche Werke I, 175.

25 Schiller, Sämtliche Werke I, 176. 26 Vgl. Schiller, Dichter I, 364.

27 Schiller, Briefe I, 251. 28 Kleist, Sämtliche Werke II, 347.

29 Kleist, Sämtliche Werke II, 348. 30 Kleist, Sämtliche Werke II, 347 f.

31 Kleist, Sämtliche Werke II, 348; vgl. auch Rousseau, *Nouvelle Héloise* sowie den zweiten Discours.

32 S. auch dagegen Forster. 33 Vgl. Peyer, Herders Lyrik.

34 Kleist, Sämtliche Werke II, 348.

35 daß sich sowohl Unterschiede als auch Übereinstimmungen über das Abstraktionsparadigma erklären lassen.

36 Dem entsprechen zwei entgegengesetzte Bewegungen zum Ende des 18. Jahrhunderts: Subjektivität in der Didaktik und Objektivität der philosophischen Lyrik; vgl. Georg Jäger in: *Zur Literatur der Restaurationsepoche* (Festschrift für Friedrich Sengle), 389.

37 Vgl. Jäger, Politische Kategorien, s. auch Bürger, Werke.

38 Vgl. Sengle, Braut von Messina, bes. 108 f., der vor allem die sich in Schillers Abstraktionen ausdrückende zusammenfassende Leistung (Komprimierung) hervorhebt.

39 Vgl. Bohrer, Brief.

40 das Modell, das Herder geschichtsphilosophisch ausgebaut und das – ganz konträr zu seinen Ursprüngen – in der Germanistik oft wundersame ‚Blüten' getrieben hat.

41 Forster, Schriften, 76 f. Vgl. dazu Schillers Matthisson-Rezension („Jeder individuelle Mensch ist gerade um so viel weniger Mensch, als er individuell ist", Sämtliche Werke I, 996). – Auch der frühe Novalis steht in der Matthisson-Nachfolge, auch sein ‚magischer Idealismus' zielt letztlich auf die Vernichtung des Zufälligen, wobei es besonders erhellend wäre zu untersuchen, in welcher Weise die Aphoristik Novalis' (die ja z. B. bei Lichtenberg dem Individuellen einen großen Spielraum läßt) als Formidee dieser Vorstellung korrespondiert.

42 Forster, Schriften, 77. 43 Forster, Schriften, 77.

44 Zitiert nach Schiller, Dichter I, 362 f. 45 Schiller, Sämtliche Werke II, 818.
46 Schiller, Sämtliche Werke II, 818. 47 Schiller, Sämtliche Werke II, 818.
48 Darauf basiert auch der balladeske Charakter der philosophischen Gedichte Schillers. Es ist dies natürlich auch das rhetorische Grundschema.
49 Schiller, Über den Gebrauch des Chors, Sämtliche Werke I, 821.
50 Schiller, Sämtliche Werke II, 821. 51 Schiller, Sämtliche Werke II, 821.
52 Schiller, Sämtliche Werke II, 821. 53 Schiller, Sämtliche Werke II, 821.
54 Eine analoge Entwicklung zur Deutung des sinnlichen und ‚gemüthaften', empfindsamen Elements der Dichtung als Musikalität bietet die Musikhistorie selbst (Mannheimer Schule, Mannheimer Seufzer).
55 Schiller, Sämtliche Werke II, 821. 56 Schiller, Sämtliche Werke II, 819.
57 Schiller, Sämtliche Werke II, 822. 58 Schiller, Sämtliche Werke II, 821.
59 Schiller, Sämtliche Werke II, 822. In gewisser Weise eine abstrakte Fortführung der Furcht- und Mitleidstheorie.
60 Schiller, Sämtliche Werke II, 822. 61 Schiller, Sämtliche Werke II, 822.
62 Wobei Schiller allerdings realistischer bleibt, wenn er sein Konzept einer idealen Kommunikationsgemeinschaft auf das Reich des ästhetischen Scheins begrenzt; vgl. Düsing, Schiller, 167.
63 Schiller, Briefe (Fricke), 194. 64 Schiller, Briefe (Fricke), 194.
65 Schiller, Briefe (Fricke), 194. 66 Schiller, Briefe (Fricke), 194.
67 Schiller, Briefe (Fricke), 194. 68 Schiller, Briefe (Fricke), 194.
69 Schiller, Briefe (Fricke), 196. 70 Schiller, Briefe (Fricke), 196.
71 Schiller, Briefe (Fricke), 196 f. 72 Zitiert nach Schiller, Dichter I, 370.
73 Schiller, Dichter I, 371. 74 Schiller, Dichter I, 371.
75 Schiller, Dichter I, 371. 76 Schiller, Briefe (Fricke), 566.
77 Zitiert nach Schiller, Dichter II, 721. 78 Vgl. Kreuzer, Mathematik und Dichtung.
79 Dies verbindet Schiller, trotz seiner Ablehnung des frühromantischen Idealismus (vgl. an Goethe vom 27.3.1801) mit der Position der Frühromantik.
80 Schiller, Briefe (Fricke), 505. 81 Zitiert nach Schiller, Dichter II, 120.
82 Schiller, Dichter II, 129. 83 Schiller, Dichter II, 461.
84 Schiller, Dichter II, 250; vgl. auch an Körner vom 25.5.92: „Das Musikalische eines Gedichtes schwebt mir weit öfter vor der Seele, wenn ich mich hinsetze, es zu machen, als der klare Begriff von Inhalt, über den ich oft kaum mit mir einig bin", Briefe (Fricke), 272. Vgl. auch oben.
85 An Goethe vom 24.11.97, Schiller, Briefe (Fricke), 479.
86 An Körner am 24.2.1803 über *Die Braut von Messina*; zitiert nach Schiller, Dichter II, 466.
87 An Körner am 28.3.1803; zitiert nach Schiller, Dichter II, 472.
88 Vgl. *Über den Gebrauch des Chors.*
89 An Herzog Friedrich Christian von Holstein-Augustenburg am 13.7.93 (weitgehende Übereinstimmung mit dem ersten und zweiten Brief ‚Über die ästhetische Erziehung des Menschen'); vgl. Düsing.
90 Zitiert nach Schiller, Dichter I, 733. 91 Schiller, Briefe (Fricke), 389.
92 An Wilhelm von Humboldt am 27.6.98; zitiert nach Schiller, Dichter II, 128.
93 Schiller, Dichter II, 159. 94 Schiller, Dichter II, 159.
95 Schiller, Dichter II, 159. 96 Schiller, Dichter II, 219.
97 Schiller, Dichter II, 219 f. 98 S. *Über den Gebrauch des Chors.*
99 Schiller, Dichter II, 267, über Shakespeare und seine Darstellung des Volkscharakters als poetisches Abstraktum.
100 Schiller, Briefe (Fricke), 290.
101 Schiller, Briefe (Fricke), 368.
102 Schiller, Briefe (Fricke), 379 f.
103 In den ‚Horen' 1795, 9. Stück unter dem Titel *Das Reich der Schatten* erschienen (in den Gedichten von 1800 unter dem Titel *Das Reich der Formen*).
104 Schiller, Sämtliche Werke I, 203. 105 Schiller, Sämtliche Werke I, 204.
106 Zitiert nach Schiller, Dichter I, 743.

107 Zur kunstphilosophischen Grundlage des Gedichts *Das Ideal* vgl. auch Brief an Körner vom 21.9.95 sowie die Briefe *Über die ästhetische Erzeihung*, in denen auf Fichte Bezug genommen wird.
108 Schiller, Dichter I, 744 f. 109 Schiller, Dichter I, 745.
110 Schiller, Dichter I, 746. 111 An Humboldt am 30.11.95; Schiller, Briefe (Fricke), 380.
112 Schiller, Briefe (Fricke), 380; vgl. Tismar, Idylle. 113 Schiller, Briefe (Fricke), 381.
114 Schiller, Briefe (Fricke), 356.
115 Die Abstraktion von der Abstraktion ist die philosophische Reflexion und Grundlage der romantischen Transzendentalphilosophie.
116 Schiller, Sämtliche Werke I, 239. 117 Schiller, Briefe (Fricke), 357.
118 Schiller, Sämtliche Werke I, 224. 119 Vgl. Schiller, Dichter I, 7.
120 Schiller, Dichter I, 11.
121 Vgl. *Philosophie der Physiologie* von 1779 (Schiller, Sämtliche Werke V, 250 ff.).
122 Schiller, Briefe II, 37; vgl. auch den Bericht von Karl Philipp Conz, *Einiges über Schiller* (1828).
123 Vgl. die Bürger-Rezension sowie Lichtenberg F 944.
124 Schiller, Dichter I, 38. 125 Vgl. Schiller, Sämtliche Werke V, 906.
126 Schiller, Briefe (Fricke), 204. 127 Schiller, Sämtliche Werke V, 970 f.
128 Schiller, Sämtliche Werke V, 971. 129 S. Wilhelm von Humboldts Brief vom 16.10.95 an Schiller.
130 Schiller, Sämtliche Werke V, 971 f. 131 Schiller, Sämtliche Werke V, 972.
132 Schiller, Sämtliche Werke V, 972.
133 Schon von der Wortbedeutung her; zum Interesse als Vermögen praktischer Vernunft und als anthropologische Grundkategorie sowie als dialektische Selbstvermittlung vgl. Esser, Interesse III, 738 ff., bes. 747.
134 Goethe, Werke XIII, 29. 135 Friedrich Schlegel, Schriften, 117.
136 Friedrich Schlegel, Schriften, 117. 137 Friedrich Schlegel, Schriften, 117.
138 Schiller, Briefe (Fricke), 371. 139 Schiller, Briefe (Fricke), 371.
140 Schiller, Briefe (Fricke), 374 f.; vgl. Hegels Ausführungen zum Roman.
141 Schiller, Briefe (Fricke), 375.
142 Schiller an Goethe am 29.11.95; zitiert nach Schiller, Dichter I, 607.
143 Schiller, Briefe (Fricke), 386. 144 Schiller, Briefe (Fricke), 386.
145 Schiller, Briefe (Fricke), 386. 146 Schiller, Briefe (Fricke), 387.
147 Schiller, Briefe (Fricke), 387.
148 Friedrich Schlegel, Werke II, 119. Zur Auseinandersetzung um Zweck- und Autonomieästhetik zwischen 1780 und 1790 vgl. die materialreiche Arbeit von Fallbacher, Zweck.

Literaturverzeichnis

Acham, Karl: Analytische Geschichtsphilosophie. Eine kritische Einführung, Freiburg 1974.
Achenbach, Ernst: Experimentalstudie über Abstraktion und Begriffsbildung. Leipzig 1916.
Adorno, Theodor W.: Ästhetische Theorie. Frankfurt a. M. 1972.
Adorno, Theodor W.: Dissonanzen. Musik in der verwalteten Welt. Göttingen 1963[3].
Adorno, Theodor W.: Einleitung in die Musiksoziologie. Zwölf theoretische Vorlesungen. Reinbek 1968.
Adorno, Theodor W.: Der Essay als Form. In: Noten I, 9-49.
Adorno, Theodor W.: Gesellschaftstheorie und Kulturkritik. Frankfurt a. M. 1975.
Adorno, Theodor W.: Jargon der Eigentlichkeit. Zur deutschen Ideologie. Frankfurt a. M. 1973.
Adorno, Theodor W.: Negative Dialektik. Frankfurt a. M. 1975.
Adorno, Theodor W.: Noten zur Literatur. 4 Bde. Frankfurt a. M. 1969 – 1975.
Adorno, Theodor W.: Philosophie der neuen Musik. Frankfurt a. M. 1975.
Adorno, Theodor W.: Rede über Lyrik und Gesellschaft. In: Noten I, 73-104.
Alanus de Insulis: Theologicae Regulae. In: MPL 210.
Albert, Hans: Traktat über kritische Vernunft, Tübingen 1969[2].
Albertsen, Leif Ludwig: Das Lehrgedicht. Aarhus 1967.
Albertus Magnus: De bono (= Bd. 28. Hg. von Heinricus Kühle, Carolus Fleckes u. a. Münster 1951) der Opera Omnia. Köln 1951 ff.
Albrecht, Erich August Gottlieb: Primitivism and Related Ideas in Eighteenth Century German Lyric Poetry. 1680 – 1740. Baltimore 1950.
Alewyn, Richard: Aus der Welt des Barock. Stuttgart 1957.
Alewyn, Richard (Hg.): Deutsche Barockforschung. Dokumentation einer Epoche. Köln – Berlin 1965.
Alewyn, Richard: Vorbarocker Klassizismus und griechische Tragödie (1926). Ndr. Darmstadt 1962.
Alewyn, Richard/Sälzle, Karl: Das große Welttheater. Die Epoche der höfischen Feste in Dokument und Deutung. Reinbek 1959.
Alexander von Aphrodisias, zit. nach Mikkola, Abstraktion, 134.
Allemann, Beda: Gibt es abstrakte Dichtung? In: Definitionen. Essays zur Literatur. Hg. v. Adolf Frisé. Frankfurt a. M. 1963, 157-184.
Allemann, Beda: Über das Dichterische. Pfullingen 1967.
Althaus, Horst: Ästhetik, Ökonomie und Gesellschaft. Bern 1971.
Altheim, Franz: Utopie und Wirtschaft. Eine geschichtliche Betrachtung. Frankfurt a. M. 1957.
Altmann, Ladislav G./Lehfeldt, Werner: Allgemeine Sprachtypologie. München 1973.
Anacker, Ulrich: Natur und Intersubjektivität. Elemente zu einer Theorie der Aufklärung. Frankfurt a. M. 1974.
Anacker, Ulrich/Baumgartner, Hans-Michael. In: Krings-Handbuch II, 547-557.
Anderegg, Johannes: Literaturwissenschaftliche Stiltheorie. Göttingen 1977.
Anderegg, Johannes (Hg.): Wissenschaft und Wirklichkeit. Zur Lage und zur Aufgabe der Wissenschaften. Göttingen 1917.
Anders, Günther: Die Antiquiertheit des Menschen. München 1956.
De Angelis/Risse/Tonelli: Die mathematische Methode in der Philosophie des 17. und 18. Jahrhunderts. Hildesheim 1967.
Angelus Silesius: Sämtliche poetische Werken. Hg. v. Hans Ludwig Held. 3 Bde. München 1949 – 1951.
Anger, Alfred: Deutsche Rokoko-Dichtung. Ein Forschungsbericht. Stuttgart 1963.
Anger, Alfred: Literarisches Rokoko. Stuttgart 1962.
Anonym: Anleitung zur Poesie / Darinnen ihr Ursprung / Wachstum / Beschaffenheit und rechter Gebrauch untersuchet und gezeiget wird. Breslau 1725.
Anthologia Graeca. Hg. v. Hermann Beckby. 4. Bde. München 1965[2].
Anton, Herbert: Analogie oder Induktion. In: Euphorion 67/1973, H. 3/4, 359 – 385.
Anzenbacher, Arno: Die Intentionalität bei Thomas von Aquin und Edmund Husserl. München 1972.
Apel, Karl-Otto: Transformation der Philosophie. 2 Bde. Frankfurt a. M. 1796.
Apollonio, Umbro: Mondrian und die Abstrakten. Stuttgart 1973.

Archilochos: Werke. Griechisch und Deutsch. Hg. v. Max Treu. München 1979².
Arendt, Dieter (Hg.): Nihilismus als Phänomen der Geistesgeschichte in der wissenschaftlichen Diskussion unseres Jahrhunderts. Darmstadt 1974.
Arens, H.: Sprachwissenschaft. Der Gang ihrer Entwicklung von der
Antike bis zur Gegenwart. Kronberg i. Taunus 1974.
Aretin, Karl Otmar von (Hg.): Der Aufgeklärte Absolutismus. Neuwied 1973.
Aristoteles: Opera, ex recensione Immanuelis Bekkeri. Hg. v. d. Preußischen Akademie der Wissenschaften. Berlin 1831 – 1870. 5 Bde. Ndr. Berlin 1960/61.
Aristoteles: Metaphysik. Übers. v. Hermann Burnitz. Hamburg 1968.
Aristoteles: Über die Dichtkunst. Übers. v. Alfred Gudeman. Leipzig 1921.
Armstrong, D.M.: Universals. Cambridge 1978.
Arnold, Franz/Hartmann, Max: Geisteswissenschaft und Naturwissenschaft. Einheit der Bildung in der Vielheit der Fächer. 2 Reden. Tübingen 1955.
Arnold, Heinz Ludwig/Sinemus, Volker (Hg.): Grundzüge der Literatur- und Sprachwissenschaft. 2 Bde. München 1980⁶.
Arnold, Uwe: Die Entelechie. Systematik bei Platon und Aristoteles. München 1965.
Arnoldt, Daniel Heinrich: Versuch einer, nach demonstrativischer Lehrart entworfenen, Anleitung zur Poesie der Deutschen. Verm. u. verbess. Aufl. Königsberg 1941. 1. Aufl. 1732.
Arsleff, Hans: From Locke to Saussure. Essays on the Study of Language and Intellectual History. Minneapolis 1982.
Ashton, Dore: The life and times of the New York School. Bath 1972.
Asmussen, Jes Jeter/Jorgen Laessoe: (Hg.): Handbuch der Religionsgeschichte. 3 Bde. Göttingen 1971-74.
Assunto, Rosario: Die Theorie des Schönen im Mittelalter. (= Geschichte der Ästhetik, Bd. 2). Köln 1963.
Atteslander, Peter: Methoden der empirischen Sozialforschung. Berlin 1971².
Aubin, Hermann/Zorn, Wolfgang: Handbuch der deutschen Wirtschafts- und Sozialgeschichte. 2. Bde. Stuttgart 1971/76.
Autonomie der Kunst. Zur Genese und Kritik einer bürgerlichen Kategorie. Mit Beiträgen von Michael Müller, Horst Bredekamp u. a. Frankfurt a. M. 1972.
Averroes, zit. nach Ritter, Historisches Wörterbuch I, Sp. 36.

Bach, Adolf: Geschichte der deutschen Sprache. Heidelberg 1970⁹.
Bachelard, Gaston: Die Bildung des wissenschaftlichen Geistes. Beitrag zu einer Psychoanalyse der objektiven Erkenntnis. Frankfurt a. M. 1978.
Bachelard, Gaston: Epistemologie. Ausgewählte Texte. München/Berlin/Wien 1974.
Bacon, Francis: Essays. Hg. v. Levin L. Schücking. Leipzig 1979⁴.
Bacon, Francis: Neues Organ der Wissenschaften. Übers. u. hg. v. Anton Th. Brück (Ndr. d. Ausg. 1830) Darmstadt 1974.
Bacon, Francis (1561 – 1626): The works. Hg. v. J. Spedding, R. L. Ellis und D. D. Heath. 14 Bde. London 1857 – 1874. Ndr. Stuttgart-Bad Cannstatt 1963.
Baczko, Bronislaw: Weltanschauung, Metaphysik, Entfremdung. Philosophische Versuche. Frankfurt a. M. 1973.
Badstubner, Sibylle/Heinz Entner u. a.: Deutsche Kunst und Literatur in der frühbürgerlichen Revolution. Aspekte – Probleme – Positionen. Berlin 1974.
Baeumler, Alfred: Ästhetik. Erster (einziger) Teil. 1934. Reprogr. Nachdr. Darmstadt 1972 (= Handbuch d. Philos. I).
Baeumler, Alfred: Das Irrationalitätsproblem in der Aesthetik und Logik ds 18. Jahrhunderts bis zur Kritik der Urteilskraft. Halle a. S. 1926. Ndr. Darmstadt 1967.
Balandier, Georges: Politische Anthropologie. München 1976.
Baldwin, James Moshe: Dictionary of Philosophy and Phychology. 2 Bde. New York 1901 – 1905. Ndr. Gloucester/Mass. 1960.
Balet, Leo/Ernst Gerhard: Die Verbürgerlichung der deutschen Kunst, Literatur und Musik im 18. Jahrhundert. Berlin 1972.

Balthasar, Nicolas: L'abstraction metaphysique. Löwen 1935.
Bandmann, Günter/Hans Blumenberg/Hans Sachse/Heinrich Vormweg/Dieter Wellershoff: Zum Wirklichkeitsbegriff. Wiesbaden 1973.
Bargenda, Udo Wilhelm/Jürgen Blühdorn (Hg.): Systemprinzip und Vielheit der Wissenschaften. Vorträge der Westf. Wilhelms-Univ. Münster aus Anlaß des 250. Todestages von G. W. Leibniz. Wiesbaden 1969.
Bark, Joachim (Hg.): Literatursoziologie. 2 Bde. Stuttgart 1974.
Barner, Wilfried: Barockrhetorik. Untersuchungen zu ihren geschichtlichen Grundlagen. Tübingen 1970.
Barner, Wilfried: Stilbegriffe und ihre Grenzen. Am Beispiel ‚Barock' In: DVjs. 45.1971. H. 2. 302-326.
Baron, Walter (Hg.): Beiträge zur Methodik der Wissenschaftsgeschichte. Wiesbaden 1967.
Barta, Johann: Zur Theorie der lyrischen Dichtung. In: Zagadniena Rodzajów Literackich. Tom. IV. Zszyt 1 (6). Lódz 1961. 5-28.
Barth, Ilse-Marie: Literarisches Weimar. Kultur, Literatur, Sozialstruktur um 16. – 20. Jahrhundert. Stuttgart 1971.
Barth, Paul: Die Philosophie der Geschichte als Soziologie. Stuttgart und Leipzig 1922. Ndr. Hildesheim 1971.
Bartsch, Gerhard: Materialismus und Idealismus in der Geschichte. Berlin 1970.
Baruzzi, Arno: Mensch und Maschine. Das Denken sub specie machinae. München 1973.
Bastian, Hagen: Mummenschanz. Sinneslust und Gefühlsbeherrschung im Fastnachtsspiel des 15. Jahrhunderts. Frankfurt a. M. 1983.
Bataille, Georges: Das theoretische Werk. München 1980.
Batteux, Charles: Die Schönen Künste aus einem Grunde hergeleitet. Aus dem Französischen des Herrn Abt Batteux übersetzt von P. E. Bertram. Gotha 1751.
Batteux, Charles: Einschränkung der Schönen Künste auf einen einzigen Grundsatz, aus dem Französischen übersetzt. Leipzig 1751. 2., verbess. u. verm. Aufl. 1759; 3., verbess. u. verm. Aufl. 1770 (Übersetzer: Johann Adolf Schlegel).
Bauch, Bruno/Nicolai Hartmann u. a.: Geschichte der Philosophie. Berlin – New York 1967.
Bauer, Gerhard: Literatur als Teil des Klasenkampfs, am Beispiel Kafkas. In: Historizität, 209 – 218.
Baur, Clemens/Boehm, Laetitia/Müller, Max (Hg.): Speculum historiale. Geschichte im Spiegel von Geschichtsschreibung und Geschichtsdeutung. Festschrift für Johannes Spörl. Freiburg 1965.
Baumann, Joh. J.: Die Lehren von Raum, Zeit und Mathematik in der neueren Philosophie. 2 Bde. Berlin 1868.
Baumeister, Willi: Magie der Form. Eingeleitet von Franz Roh. Köln 1954.
Baumeister, Willi: Das Unbekannte in der Kunst. Köln 1960².
Baumgart, S. Hans-Jörg: Die Kritik an der bürgerlichen Revolution 1848. Düsseldorf 1975.
Baumgarten, Alexander Gottlieb: Meditationes philosophicae de nonnullis ad poema pertinentibus. Halle 1735.
Baumgarten, Alexander Gottlieb: Aesthetica. Pars 1.2. Frankfurt a. d. Oder 1750 – 58. Ndr. Hildesheim 1961.
Baumgarten, Alexander Gottlieb: Metaphysica. Ndr. der 3. Aufl. 1779. Hildesheim 1966.
Baumgartner, Hans Michael: Kontinuität und Geschichte. Zur Kritik und Metakritik der historischen Vernunft. Frankfurt a. M. 1972.
Baumgartner, Hans Michael/Jörn Rüsen (Hg.): Seminar: Geschichte und Theorie. Umrisse einer Historik. Frankfurt a. M. 1976.
Bayer, Hans: Kommunikation, Abstraktion und soziales Werturteil. Zur Theorie des sprachlichen Stereotyps. In: Wirkendes Wort 26.1976. H. 2, 76-97.
Bayer, Hans: Mystische Ethik und empraktische Denkform. Zur Begriffswelt Meister Eckharts. (mit Paralipomena und Entgegnung). In: DVjs 50.1976. H. 3, 377-405.
Bayer, Raymond. Entretiens sur l'art abstrait. Genf 1964.
Bayerdörfer, Hans-Peter: Poetik als sprachtheoretisches Problem. Tübingen 1967.
Becker, Oskar: Größe und Grenze der mathematischen Denkweise. Freiburg 1959.
Becker, Oskar: Grundlagen der Mathematik in geschichtlicher Entwicklung. Frankfurt a. M. 1975.

Beetz, Manfred: Nachgeholte Hermeneutik. Zum Verhältnis von Interpretations- und Logiklehren in Barock und Aufklärung. In: DVjs. 55.1981. H. 4, 591-628.
Beetz, Manfred: Rhetorische Logik. Prämissen der deutschen Lyrik im Übergang vom 17. zum 18. Jahrhundert. Tübingen 1980.
Behrens, Fritz: Grundriß der Geschichte der politischen Ökonomie. Berlin 1962.
Behrens, Irene: Die Lehre von der Einteilung der Dichtkunst vornehmlich vom 16. bis 19. Jahrhundert. Studien zur Geschichte der poetischen Gattungen. Halle/Saale 1940.
Beierwaltes, Werner (Hg.): Platonismus in der Philosophie des Mittelalters, Darmstadt 1969.
Beierwaltes, Werner: Platonismus und Idealismus. Frankfurt a. M. 1972.
Beierwaltes; Werner: Visio absoluta. Reflexion als Grundzug des göttlichen Prinzips bei Nicolaus Cusanus. Heidelberg 1978.
Beissner, Friedrich: Geschichte der deutschen Elegie. Berlin 1941.
Bell, Michel: Primitivism. London 1972.
Below, Georg von: Die deutsche Geschichtsschreibung. 1924². Ndr. Aalen 1973.
Beltle, Theodor: Die menschenwürdige Gesellschaft. Frankfurt a. M. 1974.
Bender, Hans/Krüger, Michael (Hg.): Was alles hat Platz an einem Gedicht? Mit Beiträgen von Walter Höllerer und anderen. München 1977.
Benjamin, Walter: Der Begriff der Kunstkritik in der deutschen Romantik. Frankfurt a. M. 1973 (1920¹).
Benjamin, Walter: Gesammelte Schriften. Hg. v. Rolf Tiedemann und Hermann Schweppenhäuser. 6 Bde. Frankfurt a. M. 1972 – 82.
Benjamin, Walter: Das Kunstwerk im Zeitalter seiner technischen Reproduzierbarkeit. Frankfurt a. M. 1973⁶.
Benjamin, Walter: Ursprung des Trauerspiels. Frankfurt a. Am 1972 (1927¹).
Bennholt-Thomson, Anke: Stern und Blume. Untersuchung zur Sprachauffassung Hölderlins. Bonn 1967.
Bense, Max: Deutsche Literatur im zwanzigsten Jahrhundert. Baden-Baden 1967.
Bense, Max: Theorie der Texte. Köln 1962.
Benz, Ernst: Theologie der Elektrizität. Zur Begegnung und Auseinandersetzung von Theologie und Naturwissenschaft im 17. und 18. Jahrhundert. Wiesbaden 1970.
Berber, Friedrich: Das Staatsideal im Wandel der Weltgeschichte. München 1977².
Berger, Bruno: Der Essay. Form und Geschichte. Bern – München 1964.
Berger, Horst/Jetzschmann, Horst: Der soziologische Forschungsprozeß. Methodologische und methodische Aspekte. Berlin 1973.
Berger, Peter L.: Zur Dialektik von Religion und Gesellschaft. Elemente einer soziologischen Theorie. Frankfurt a. M. 1973.
Berger, Peter L./Luckmann, Thomas: Die gesellschaftliche Konstruktion der Wirklichkeit. Eine Theorie der Wissenssoziologie. Frankfurt a. M. 1969.
Berghahn, Klaus L./Grimm, Reinhold (Hg.): Schiller. Zur Theorie und Praxis der Dramen. Darmstadt 1972.
Berka, K./Kreiser, L.: Logik-Texte. Kommentierte Auswahl zur Geschichte der modernen Logik. Darmstadt 1973².
Berkeley, George: Treatises concerning the principles of human knowledge. Dublin 1710. Dt. Hamburg 1964. Übers. v. Friedrich Überweg. Hg. v. Alfred Klement.
Berlinger, Rudolph: Das Werk der Freiheit. Zur Philosophie von Geschichte, Kunst und Technik. Frankfurt a. M. 1959.
Bernhart, Joseph: Die philosophische Mystik des Mittelalters von ihren antiken Ursprüngen bis zur Renaissance. Darmstadt 1964 (1922¹).
Bertholet, Alfred: Wörterbuch der Religionen. Stuttgart 1976.
Berrelt, Maurice: Stilgeschichte des 20. Jahrhunderts. Stuttgart 1978.
Best, Otto F./Schmitt, Hans (Hg.): Die deutsche Literatur. Ein Abriß in Text und Darstellung. Stuttgart 1980.
Beth, W. E.: Symbolische Logik und Grundlegung der exakten Wissenschaften. Bern 1948.
Betti, Emilio: Die Hermeneutik als allgemeine Methodik der Geisteswissenschaften. Tübingen 1962.

Beutin, Ludwig: Einführung in die Wirtschaftsgeschichte. Köln 1965.
Beyme, Klaus von: Politische Ideengeschichte. Probleme eines interdisziplinären Forschungsbereiches. Tübingen 1969.
Bianchi, Bandinelli: Wirklichkeit und Abstraktion. Dresden 1962.
Bierwisch, Manfred: Strukturalismus. Geschichte, Probleme und Methoden. In: Alternative 1967. H. 3, 34-58.
Biesterfeld, Manfred: Die literarische Utopie. Stuttgart 1982².
Bihlmeyer, K./Tüchle, H.: Kirchengeschichte. 3. Bde. 17. Aufl. Paderborn 1961/62.
Bilzer, Bert: Begriffslexikon der Bildenden Künstge. 2 Bde. Reinbek 1971.
Binder, Hans: Probleme der Wirklichkeit. Von der Naturwissenschaft zur Metaphysik. Bern/Stuttgart/Wien 1975.
Birke, Joachim: Christian Wolffs Metaphysik und die zeitgenössische Literatur- und Musiktheorie: Gottsched, Scheibe, Mizler. Berlin 1966.
Birken, Sigmund von: Teutsche Rede- bind- und Dicht-Kunst / oder kurze Anweisung zur Teutschen Poesy. Nürnberg 1679.
Biser, Eugen: Art. ‚Bild'. In: Krings, Handbuch I, 247-255.
Bitterli, Urs: Die ‚Wilden' und die ‚Zivilisierten'. München 1976.
Blackall, Eric A.: Die Entwicklung des Deutschen zur Literatursprache 1700 – 1775. Stuttgart 1966.
Blackall, Eric A.: The language of Sturm und Drang. In: Stil- und Formprobleme der deutschen Literatur. Heidelberg 1959. 272-283.
Blaga, Lucian: Trilogia culturi. Bukarest 1944.
Blanche, F. A.: La theorie de l'abstraction chez saint Thomas d'Aquin. In: Melanges Thomistes. Paris 1934, 237-251.
Blanckenburg, Christian Friedrich von: Versuch über den Roman. Leipzig und Liegnitz 1774. Ndr. Stuttgart 1965.
Blasius, Dirk: Die Diskussion um den Begriff ‚bürgerliche Gesellschaft'. Darmstadt 1977.
Bloch, Ernst: Tübinger Einleitung in die Philosophie. 2 Bde. Frankfurt a. M. 1973⁸ (1963¹).
Blok, Cor: Geschichte der abstrakten Malerei und Plastik 1900 – 1960. Köln 1975.
Blühdorn, Jürgen/Ritter, Joachim (Hg.): Philosophie und Rechtswissenschaft. Zum Problem ihrer Beziehung im 19. Jahrhundert. Franfurt a. M. 1969.
Blühdorn, Jürgen/Ritter, Joachim (Hg.): Recht und Ethik. Zum Problem ihrer Beziehung im 19. Jahrhundert. Frankfurt a. M. 1970.
Bleimenberg, Hans: Arbeit am Mythos. Frankfurt a. M. 1979².
Blumenberg, Hans: Die Genesis der kopernikanischen Welt. Frankfurt a. M. 1975.
Blumenberg, Hans: Die kopernikanische Wende. Frankfurt a. M. 1965.
Blumenberg, Hans: Kopernikus im Selbstverständnis der Neuzeit. Wiesbaden 1964.
Blumenberg, Hans: Die Legitimität der Neuzeit. Erw. Neuausg. Bd. 1: Säkularisierung und Selbstbehauptung. Frankfurt a. M. 1974². Bd. 2: Der Prozeß der theoretischen Neugierde. 1980². Bd. 3: Aspekte der Epochenschwelle. Frankfurt a. M. 1976².
Blumenberg, Hans: Pseudoplatonismen in der Naturwissenschaft der frühen Neuzeit. Wiesbaden 1971.
Blumenberg, Hans: Selbsterhaltung und Beharrung. Zur Konstitution der neuzeitlichen Rationalität. Wiesbaden 1969.
Bocheński, Josef M.: Formale Logik. Freiburg 1956.
Bocheński, Josef M.: Logisch-philosophische Studien. Freiburg 1959.
Bocheński, Josef M.: Wege zum philosophischen Denken. Freiburg/Basel/Wien 1960².
Bocheński, Josef M./Menne, Albert: Grundzüge der Logistik. Paderborn 1954.
Bodmer, Johann Jacob (Hg.): Brief-Wechsel von der Natur des Poetischen Geschmackes. Zürich 1736.
Bodmer, Johann Jacob: Critische Abhandlung von dem Wunderbaren in der Poesie. Zürich 1740.
Bodmer, Johann Jacob/Breitinger, Johann Jacob: Die Discourse
der Mahlern. Theil 1-4. Zürich 1721-23.
Bodmer, Johann Jacob/Breitinger, Johann Jacob: Von dem Einfluß und Gebrauche der Einildungs-Krafft. Frankfurt und Leipzig 1727.
Bodmer, Johann, Jacob: Critische Briefe. Zürich 1746.

Bodmer, Johann, Jacob (Hg.): Neue Critische Briefe, über ganz verschiedene Sachen, von verschiedenen Verfassern. Zürich 1749.
Bodmer, Johann Jacob (Hg.): Sammlung Critischer, Poetischer, und anderer geistvollen Schriften. Bd. 1-4. Zürich 1741-44.
Bodmer, Johann Jacob: Critische Betrachtungen über die Poetischen Gemählde der Dichter. Zürich/Leipzig 1741.
Böckmann, Paul: Die Anfänge der Naturlyrik bei Brockes, Haller und Günther. In: Literatur und Geistesgeschichte. Festgabe für H. O. Burger. Hg. v. R. Grimm u. C. Wiedemann. Berlin 1968, 110-126.
Böckmann, Paul: Formgeschichte der deutschen Dichtung. Bd. 1: Von der Sinnbildsprache zur Ausdruckssprache. 1949. Ndr. Darmstadt 1967.
Böckmann, Paul: Das Formprinzip des Witzes in der Frühzeit der deutschen Aufklärung. In: JFDH 1932/33, 52-126.
Böckmann, Paul: Der geschichtliche Ort der deutschen Klassik. In: Europa. Vermächtnis und Verpflichtung. Frankfurt 1957, 261-266.
Böckmann, Paul: Der hymnische Stil in der deutschen Lyrik des 18. Jahrhunderts. In: Hymnische Dichtung im Umkreis Hölderlins. Hg. v. Paul Böckmann. Tübingen 1865, 3-23.
Böckmann, Paul: Die Interpretation der literarischen Formensprache. In: Studium Generale 7 (1954). H. 6, 341-351.
Böhler, Michael: Die verborgene Tendenz des Witzes. Zur Soziodynamik des Komischen. In: DVjs. 55.1981. H. 3, 351-378.
Bonaventura: Opera omnia, Hg. v. Collegium S. Bonaventura. 11 Bde. Quaracchi bei Florenz 1882 – 1902. Ndr. ebenda o. J..
Böhm, Franz: Wirtschaftsordnung und Geschichtsgesetz. Tübingen 1974.
Böhringer, Hans/Gründer, Karlfried: Ästhetik und Soziologie um die Jahrhundertwende: Georg Simmel. Frankfurt a. M. 1975.
Boelcke, Willi: Die deutsche Nationalökonomie im 19. Jahrhundert. Darmstadt 1977.
Bölsche, Wilhelm: Die naturwissenschaftlichen Grundlagen der Poesie. Prolegomena einer realistischen Ästhetik. Hg. v. Johannes J. Braakenburg. Tübingen – München 1976.
Boer, Wolfgang de: Das Problem des Menschen und die Kultur. Neue Wege der Anthropologie. Wiesbaden 1958.
Boesch, Bruno: Die Kunstanschauung in der mittelhochdeutschen Dichtung von der Blütezeit bis zum Meistergesang. Bern 1936.
Boethius, A.M.T.S.: Opera omnia. Hg. v. J.-P. Migne. Bd. 63-64 d. Sammlg. Patrologia latina. Paris 1847.
Boetius, Henning (Hg.): Dichtungstheorien der Aufklärung. Tübingen 1970.
Bohn, Volker (Hg.): Typologie. Internationale Beiträge zur Poetik. Frankfurt a. M. 1988.
Bohrer, Karl Heinz: „Der Lauf des Freitags" – Die lädierte Utopie und die Dichter, eine Analyse. München 1973.
Bohrer, Karl Heinz: Der romantische Brief. München 1985.
Bohrer, Karl Heinz (Hg.): Mythos u. Moderne. Begriff u. Bild einer Rekonstruktion. Frankfurt a. M. 1983.
Bollacher, Martin: Lessing. Vernunft und Geschichte. Untersuchungen zum Problem religiöser Aufklärung in den Spätschriften. Tübingen 1979.
Bolzano, Bernhard: Untersuchungen zur Grundlegung der Ästhetik. Zwei Abhandlungen zur Ästhetik. Frankfurt a. M. 1973.
Boor, Helmut de/Newald, Richard: Geschichte der deutschen Literatur von den Anfängen bis zur Gegenwart. 8 Bde. geplant. München 1949 ff.
Bormann, Claus von: Art. Kritik. In: Krings, Handbuch III, 807-823.
Bormann, Claus von: Der praktische Ursprung der Kritik. Die Metamorphosen der Kritik in Theorie, Praxis und wissenschaftlicher Technik von der antiken praktischen Philosophie bis zur neuzeitlichen Wissenschaft der Praxis. Stuttgart 1974.
Bormann, Alexander von (Hg.): Vom Laienurteil zum Kunstgefühl. Texte zur deutschen Geschmacksdebatte im 18. Jahrhundert. Tübingen 1974.
Borinski, Karl: Die Poetik der Renaissance und die Anfänge der literarischen Kritik in Deutschland (1520 – 1740). Berlin 1886.

Borinski, Karl: Die Antike in Poetik und Kunsttheorie vom Ausgang des klassischen Altertums bis auf Goethe und Wilhelm von Humboldt. 2 Bde. Leipzig 1914 – 24. Ndr. Darmnstadt 1965.
Born, Karl Erich (Hg.): Moderne deutsche Wirtschaftsgeschichte. Köln 1971.
Borst, Arno: Lebensformen im Mittelalter. Frankfurt a. M. 1972.
Boßhard, Walter: Winckelmann – Ästhetik der Mitte. Zürich 1971.
Bottomore, T.B.: Elite und Gesellschaft. Eine Übersicht über die Entwicklung des Eliteproblems. München 1974[3].
Boucke, Ewald A.: Aufklärung, Klassik, Romantik. Eine kritische Würdigung von Hettners Literaturgeschichte des 18. Jahrhunderts. In: Hettner, Literaturgeschichte III/1 (1925[7]), 379-445.
Bourdieu, Pierre: Zur Soziologie der symbolischen Formen. Frankfurt a. M. 1975.
Braak, Jvo: Poetik in Stichworten. Kiel 1974[5].
Braitmaier, Friedrich: Geschichte der Poetischen Theorie und Kritik von den Diskursen der Maler bis auf Lessing. 2 Tle. Frauenfeld 1888/89.
Brand, Gerd: Die Lebenswelt. Eine Philosophie des konkreten Apriori. Berlin 1971.
Brandi, Karl: Die Geschichte der Geschichtswissenschaft. Frankfurt a. M. 1976.
Brandt, Reinhard: Eigentumstheorien von Grotius bis Kant. Stuttgart 1974.
Braubach, Max: Vom Westfälischen Frieden bis zur Französischen Revolution. (=Gebhardt X).
Braun, Hans/Hahn, Alois: Wissenschaft von der Gesellschaft. Entwicklung und Probleme. Freiburg 1973.
Bredenkamp, J/Graumann, C.F.: Möglichkeiten und Grenzen mathematischen Verfahrens in den Verhaltenswissenschaften. In: Gadamer, Anthropologie V, 51-93.
Breitinger, Johann Jacob: Critische Dichtkunst. Zürich/Leipzig 1740. Ndr. Stuttgart 1966.
Breitinger, Johann Jacob: Fortsetzung der Critischen Dichtkunst. Zürich/Leipzig 1740 (Bd. 2 des Ndr. der ‚Critischen Dichtkunst' Stuttgart 1966).
Breitinger, Johann Jacob: Critische Abhandlung von der Natur den Absichten und dem Gebrauche der Gleichnisse. Zürich 1740. Ndr. Stuttgart 1967.
Brekle, Herbert E.: Semantik. Eine Einführung in die sprachwissenschaftliche Bedeutungslehre. München 1974[2].
Brenner, Peter J.: Aspekte und Probleme der neueren Utopiediskussion in der Philosophie. In: Voßkamp, Utopie, 11-63.
Brentano, Clemens: Werke. Hg. von Wolfgang Frühwald und Friedhelm Kemp. 4 Bde. München 1978[2].
Breuer, Dieter: Einführung in die pragmatische Texttheorie. München 1974.
Breysig, Kurt: Gesellschaftslehre – Geschichtslehre. Berlin 1958.
Bridges, Robert Seymour: The Testament of Beauty. Oxford 1953.
Briefedition, Probleme der: Kolloquium der DFG in Tutzing. 8. – 11.9. 1975. Referate und Diskussionsbeiträge. Hg. v. Wolfgang Frühwald/Hans-Joachim Mähl/Walter Müller-Seidel. Bonn – Bad Godesberg 1977.
Brinkmann, Heinrich/Krahl, Jürgen u. a.: Sinnlichkeit und Abstraktion. Prolegomena zu einer materialistischen Empirie, Wiesbaden 1973.
Brinkmann, Richard: „Abstrakte" Lyrik im Expressionismus und die Möglichkeit symbolischer Aussage. In: Steffen, Expressionismus, 88-114.
Brinkmann, Richard: Wirklichkeit und Illusion. Studien über Gehalt und Grenzen des Begriffs Realismus für die erzählende Dichtung des 19. Jahrhunderts. Tübingen 1966[2].
Brinkmann, Richard (Hg.): Begriffsbestimmung des literarischen Realismus. Darmstadt 1969.
Brion, Marcel: Geschichte der abstrakten Kunst. Köln 1960.
Brockes, Barthold Hinrich: Irdisches Vergnügen in Gott. Hamburg 1744[7].
Bröcker, Walter/Buhr, Heinrich: Zur Theologie des Geistes. Pfullingen 1970.
Brög, Hans: Konkrete Kunst, konkrete Poesie, Kastellaun 1977.
Broekmann, Jan M.: Strukturalismus. Moskau – Prag – Paris Freiburg 1971.
Brüning, Walter: Philosophische Anthropologie, Stuttgart 1960.
Bruford, Walter H.: Die gesellschaftlichen Grundlagen der Goethezeit. Weimar (1936). Berlin 1975.
Brummack, Jürgen: Vernunft und Aggression: Über den Satiriker Liscow. In: DVjs. 49.1975. Sonderheft, 118-137.

Brunner, Emil: Religionsphilosophie evangelischer Theologie. München 1948².
Brunner, Otto: Sozialgeschichte Europas im Mittelalter. Göttingen 1978.
Brunner, Otto/Conze, Werner/Koselleck, Reinhart (Hg.): Geschichtliche Grundbegriffe. Historisches Lexikon zur politisch-sozialen Sprache in Deutschland. 5 Bde. Stuttgart 1973 ff.
Bubner, Rüdiger: Dialektik und Wissenschaft. Frankfurt a. M. 1973.
Bubner, Rüdiger (Hg.): Geschichte der Philosophie in Text und Darstellung. 8 Bde. Stuttgart 1978 ff.
Bubner, Rüdiger: Theorie und Praxis – eine nachhegelsche Abstraktion. Frankfurt 1971.
Bubner, Rüdiger/Cramer, Konrad/Wiehl, Reiner (Hg.): Hermeneutik und Dialektik. 2 Bde. Tübingen 1970.
Bucher, Max/Hahl, Werner/Jäger, Georg/Wittmann, Reinhard (Hg.): Realismus und Gründerzeit., Manifeste und Dokumente zur deutschen Literatur. 1848 – 1880. 2 Bde. Stuttgart 1975 f.
Buchheim, Karl: Ultramontnismus und Demokratie. Der Weg der deutschen Katholiken im 19. Jahrhundert. München 1973.
Buchner, August: Anleitung zur Deutschen Poeterey. Wittenberg 1665. Ndr. Tübingen 1966.
Buck, August (Hg.): Zu Begriff und Problem der Renaissance. Darmstadt 1969.
Buck, August (Hg.): Julius Caesar Scaliger. Poetices libri septem. Lyon 1561. Ndr. Stuttgart 1964.
Buck, August (Hg.): Die Leteratur der Renaissance und des Barock. (= See, Handbuch IX, X, 1972).
Büchel, Wolfgang: Gesellschaftliche Bedingungen der Naturwissenschaft. München 1975.
Büchner, Karl: Römertum. Versuch einer Wesensbestimmung. Stuttgart 1980.
Bühl, Walter L.: Einführung in die Wissenschaftssoziologie. München 1974.
Bürgel, Peter: Der Privatbrief. Entwurf eines heuristischen Modells. In: DVjs. 50.1976. H. 1/2, 281-297.
Bürger, Gottfried August: Werke und Briefe. Hg. v. Wolfgang Friedrich. Leipzig 1958.
Bürger, Gottfried August: Sämtliche Werke. Hg. v. Günter u. Hiltrud Häntzschel. München 1987.
Bürger, Peter: Institution Literatur und Modernisierungsprozeß. In: Bürger, Funktionswandel, 9-32.
Bürger, Peter: Theorie der Avantgarde. Kritische Theorie der Literatur. Frankfurt a. M. 1974.
Bürger, Peter (Hg.): Zum Funktionswandel der Literatur. Frankfurt a. M. 1983.
Bürgerliche Wissenschaftstheorie und ideologischer Klassenkampf. Eine Auseinandersetzung mit bürgerlichen Wissenschaftsauffassungen. Von einem Autorenkollektiv. Berlin 1973.
Bürkle, Horst: Einführung in die Theologie der Religionen. Darmstadt 1975.
Büsching, Anton Friedrich: Geschichte und Grundsätze der schönen Künste und Wissenschaften im Grundriß, Berlin 1772.
Buhr, Manfred/Irrlitz, Gerd: Der Anspruch der Vernunft. Die klassische bürgerliche deutsche Philosophie als theoretische Quelle des Marxismus. Teil 1. Berlin 1968.
Burck, Erich (Hg.): Die Idee des Fortschritts. Neun Vorträge über Wege und Grenzen des Fortschrittsglaubens. München 1963.
Burkhardt, Hans, Die unverstandene Sinnlichkeit – Entwurf einer Anthropologie der Sinnlichkeit. Wiesbaden 1963.
Burckhardt, Jacob: Die Kultur der Renaissance in Italien. (1860). 9 Aufl. Stuttgart 1966.
Burckkardt, Jacob: Griechische Kulturgeschichte. 4 Bde. München 1977.
Burger, Hein Otto (H.): Annalen der deutschen Literatur von den Anfängen bis zur Gegenwart. Stuttgart 1971².
Burger, Heinz Otto (Hg.): Begriffsbestimmung der Klassik und des Klassischen. Darmstadt 1971.
Burger, Heinz Otto: Methodische Probleme der Interpretation. In: GRM 32.1950/1, 81-92.
Butschek, Felix: Die Abschaffung der Wirtschaft oder der Aufstand des Irrationalismus. Frankfurt a. M. 1975.
Buyssens, E.: Remarques sur l'aspect social de nos abstractions, In: Festschrift Smets, Brüssel 1952, 125-133.

Calin, Vera: Auferstehung der Allegorie. Weltliteratur im Wandel. Von Homer bis Beckett. Wien 1975.
Campbell, Bernard G.: Entwicklung zum Menschen. Voraussetzungen und Grundlagen seiner physischen Adaptionen und seiner Verhaltensanpassungen. Stuttgart 1972.
Canetti, Elias: Das Gewissen der Worte. Essays. München 1975.

Canitz, Friedrich Rudolf Ludwig Freiherr von: Des Freyherrn von Caniz Gedichte. Nebst dessen Leben und Einer Untersuchung Von dem guten Geschmack in der Dicht= und Rede=Kunst. Von Johann Ulrich König. Leipzig und Berlin 1727.
Capelle, Wilhelm: Geschichte der Philosophie, 6 Bde. Berlin 1953 f.
Carnap, Rudolf: Einführung in die Philosophie der Naturwissenschaft. München 1969.
Carnap, Rudolf: Einführung in die symbolische Logik. Wien 1968[3].
Carnap, Rudolf: Der logische Aufbau der Welt. Hamburg 1974.
Carrière, Moriz: Das Wesen und die Formen der Poesie. Ein Beitrag zur Philosophie des Schönen und der Kunst. Leipzig 1854.
Cassirer, Erich: Natur- und Völkerrecht im Lichte der Geschichte und der systematischen Philosophie. Ndr. von 1919. Aalen 1963.
Cassirer, Ernst: Die Begriffsform im mythischen Denken. Tübingen 1921.
Cassirer, Ernst: Das Erkenntnisproblem in der Philosophie und Wissenschaft der neueren Zeit. 4 Bde. Ndr. Hildesheim 1971-73.
Cassirer, Ernst: Individuum und Kosmos in der Philosophie der Renaissance. Darmstadt 1974[4].
Cassirer, Ernst: Philosophie und exakte Wissenschaft. Frankfurt a. M. 1969.
Cassirer, Ernst: Die Philosophie der Aufklärung. Tübingen 1932.
Cassirer, Ernst: Das Symbolproblem und seine Stellung im System der Philosophie. In: Zs. für Ästhetik und allgemeine Kunstwissenschaft. 21 (1927). H. 4, 295-322.
Cate, A.P. ten/Jordans, R.: (Hg.): Linguistische Perspektiven. Referate des 7. Linguistischen Kolloquiums in Nijmegen 1972. Tübingen 1973.
Caudwell, Christopher: Bürgerliche Illusion und Wirklichkeit. Beiträge zur materialistischen Ästhetik. München 1971 (1937[1]).
Cerquiglini, Bernard/Gumbrecht, Hans Ulrich (Hg.): Der Diskurs der Literatur- und Sprachhistorie. Wissenschaftsgeschichte als Innovationsvorgabe. Frankfurt a. M. 1983.
Chassiron, Mathieu de: Réflexions sur le comique-larmoyant. 1749. Übers. v. G.E. Lessing: Betrachtungen über das weinerlich Komische. In: Theatralische Bibliothek. 1 St. 1754.
Châtelet, Francois (Hg.): Geschichte der Philosophie. 8 Bde. Berlin 1973.
Cherubim, Dieter: Sprachwandel, Individuum und Gesellschaft. In: Historizität, 365-73.
Chomsky, Noam: Aspekte der Syntax-Theorie. Frankfurt a. M. 1973.
Chomsky, Noam: Sprache und Geist. Frankfurt a. M. 1973.
Christmann, Hans Helmut: Idealistische Philologie und moderne Sprachwissenschaft. München 1974.
Church, A.: Introduction to Mathematical Logic. Princeton 1956.
Chvatik, Kvetoslav: Mensch und Struktur. Frankfurt a. M. 1987.
Chvatik, Kvetoslav: Strukturalsmus und Avantgarde. München 1970.
Claessens, Dieter: Das Konkrete und das Abstrakte. Soziologische Skizzen zur Anthropologie. Frankfurt a. M. 1980.
Claessens, Dieter und Karin: „Kapitalismus als Kultur" – Entstehung und Grundlagen der bürgerlichen Gesellschaft. Düsseldorf 1975.
Clifford, Derek: Geschichte der Gartenkunst, Darmstadt 1966.
Closs, August: Die neuere Lyrik vom Barock bis zur Gegenwart. Berlin 1952.
Cocchiara, G.: L'eterno selvaggio. Presenza e influsso del mondo primitivo nella cultura moderna. Mailand 1961.
Cohn, Jonas: Geschichte des Unendlichkeitsproblems im abendländischen Denken bis Kant. Hildesheim 1960.
Coing, Helmut: Epochen der Rechtsgeschichte in Deutschland. München 1976[3].
Coing, Helmut: Grundzüge der Rechtsphilosophie. Berlin 1969.
Coing, Helmut: Juristische Methodenlehre. Berlin 1972.
Collier, Charles: Verzweiflung an der Geschichte. In: DVjs. 52.1978. H. 4, 527-543.
Conze, Werner (Hg.): Sozialgeschichte der Familie in der Neuzeit. Stuttgart 1976.
Corsaro, Antonio, Astrattismo nella poesia francese del Seicento e altri studi, Palermo 1968.
Corte, Marcel de: Das Ende einer Kultur. München 1957.
Coseriu, Eugenio: Synchronie, Diachronie und Geschichte. München 1974.

Couturat, L./Léau, L.: Histoire de la langue universelle. Paris 1907.
Cramer, Wolfgang: Die absolute Reflexion. Frankfurt 1967.
Cramer, Wolfgang: Grundlegung einer Theorie des Geistes. Frankfurt a. M. 1975[3].
Creuzer, Friedrich: Symbolik und Mythologie der alten Völker, besonders der Griechen. 1. Theil. 2., völlig umgearbeitete Ausgabe. Leipzig, Darmstadt 1819.
Croce, Benedetto: Ästhetik als Wissenschaft vom Ausdruck und allgemeine Sprachwissenschaft. Theorie und Geschichte. Heidelberg 1930.
Curschmann, Michael/Glier, Ingeborg (Hg.): Deutsche Dichtung des Mittelalters. 3 Bde. München 1980.
Curtius, Ernst Robert: Schrift- und Buchmetaphorik in der Weltliteratur. In: DVjs 20.1942.
Curtius, Ernst Robert: Europäische Literatur und lateinisches Mittelalter. Bern – München 1973[8].
Cysarz, Herbert: Individuelle und kollektive Ethik. Gabelung, Wechselwirkung, Gesamtordnung. Tübingen 1958.

Dähnert, U.: Die Erkenntnislehre des Albertus Magnus gemessen an den Stufen der ‚abstractio'. Leipzig 1934.
Dalos, Patrick: The critical value of concepts. Rom 1959.
Damus, Martin: Funktion der bildenden Kunst im Spätkapitalismus. Frankfurt a. M. 1973.
Danto, Arthur C.: Analytische Philosophie der Geschichte. Frankfurt a. M. 1974.
Danzel, Theodor Wilhelm: Zur Literatur und Philosphie der Goethezeit. Stuttgart 1962.
Daunicht, Richard: Die Entstehung des bürgerlichen Trauerspiels in Deutschland. Berlin 1963.
Dembowski, Hermann: Einführung in die Christologie. Darmstadt 1976.
Dempf, Alois: Metaphysik des Mittelalters. München 1930. Ndr. Darmstadt 1971.
Dempf, Alois: Philosophie als Forschung und Synthese. München 1953.
Dempf, Alois, Religionssoziologie der Christenheit. Zur Typologie christlicher Gemeinschaftsbildungen. München 1972.
Dempf, Alois: Selbstkritik der Philosophie und vergleichenden Philosophiegeschichte im Umriß. Wien 1947.
Dempf, Alois: Theoretische Anthropologie. Bern – München 1950.
Descartes, René: Abhandlung über die Methode des richtigen Vernunftsgebrauchs und der wissenschaftlichen Wahrheitsforschung. Stuttgart 1982.
Descartes, René: Meditationen über die Erste Philosophie. Stuttgart 1971.
Descartes, René: Oeuvres complétes. Hg. v. Ch. Adam und P. Tannery, 10 Teile in 14 Bdn. Paris 1956 – 1966. Ndr. der Ausg. 1897-910.
Descartes; René: Werkauswahl. Hg. v. A. Buchenau. 7 Bde. Hamburg 1954 ff.
Diederich, Werner (Hg.): Theorien der Wissenschafts-Geschichte. Beiträge zur diachronischen Wissenschaftstheorie. Frankfurt a. M. 1974.
Diels, Hermann: Kleine Schriften zur Geschichte der antiken Philosophie. Hildesheim 1969.
Diels, Hermann: Fragmente der Vorsokratiker. 3 Bde. Zürich 1972-75.
Diemer, Alwin: Grundriß der Philosophie. 2 Bde. Meisenheim/Glan 1962/64.
Diemer, Alwin (Hg.): Der Methoden- und Theorienpluralismus in den Wissenschaften. Meisenheim/Glan 1971.
Diemer, Alwin (Hg.): System und Klassifikation in Wissenschaft und Dokumentation. Meisenheim/Glan o. J.
Diemer, Alwin (Hg.): Der Wissenschaftsbegriff. Historische und systematische Untersuchungen. Meisenheim/Glan 1970.
Dietrich-Bader, F.: Wandlungen der dramatischen Bauform vom 16. Jahrhundert bis zur Frühaufklärung. Untersuchungen zur Lehrhaftigkeit der Göppingen 1972.
Diez, Max, Sprechen, Denken und Erkennen. Grundprobleme der Philosophie. Aus dem Nachlaß hg. u. mit einer Einführung versehen von Gerhard Lehmann. Berlin – Leipzig 1934.
Diller, Hans/Schalk, Fritz: Studien zur Periodisierung und zum Epochebegriff. Wiesbaden 1973.
Dilthey, Wilhelm: Gesammelte Schriften. 18 Bde. Göttingen 1966-77.
Dithmar, Reinhard: Die Fabel – Geschichte, Struktur, Didaktik. Paderborn 1971.
Dittmar, Norbert: Soziolinguistik. Frankfurt a. M. 1973.

Dittrich, Erhard: Die deutschen und österreichischen Kameralisten. Darmstadt 1974.
Diwald, Hellmut: Anspruch auf Mündigkeit. 1400 – 1555. Berlin 1975.
Dobrov, G.M.: Wissenschaftswissenschaft. Einführung in die Allgemeine Wissenschaftswissenschaft. Berlin 1970².
Dodds, Eric R.: Der Fortschrittsgedanke in der Antike. Zürich 1977.
Dodds, Eric R.: Die Griechen und das Irrationale. Darmstadt 1970.
Doehlemann, Martin: Germanisten in Schule und Hochschule. München 1975.
Doesburg, Theo van: Manifeste sur l'art concret. (1930). Mainz – Berlin 1966.
Domnick, Ottomar: Die schöpferischen Kräfte in der abstrakten Malerei. Ein Zyklus. Hamburg 1947.
Doktor, Wolfgang: Die Kritik der Empfindsamkeit. Bern – Frankfurt a. M. 1975.
Doktor, Wolfgang/Sauder, Gerhard (Hg.): Empfindsamkeit. Theoretische u. kritische Texte. Stuttgart 1976.
Dreitzel, Hans Peter (Hg.): Sozialer Wandel, Zivilisation und Fortschritt als Kategorien der soziologischen Theorie. Darmstadt 1972².
Dressler, Wolfgang/Schmidt, Siegfried J.: Textlinguistik. Kommentierte Bibliographie. München 1973.
Driesch, Hans: Metaphysik der Natur. München 1927.
Drobisch, Moriz Wilhelm: Neue Darstellung der Logik. o. O. 1863. Ndr. Hildesheim 1967.
Dronke, Peter: Die Lyrik des Mittelalters. München 1973.
Droysen, Johann G.: Historik. München 1977⁸.
Dürr, Karl: Der logische Positivismus. Bern 1948.
Düsing, Wolfgang: Friedrich Schiller. Über die ästhetische Erziehung des Menschen. München 1981.
Duns Scotus, Johannes: Opera Omnia. Hg. v. C. Balic, Vatikanstadt 1950 ff.
Dupré, Wilhelm: Mythen. In: Krings, Handbuch IV, 948-956.
Dusch, Johann Jacob: Briefe zur Bildung des Geschmacks an einen jungen Herrn von Stande. Theil 1-6. Leipzig und Breslau 1764-73.
Dux, Günter: Rechtssoziologie. Eine Einführung. Stuttgart 1979.
Dux, Günter: Die Logik der Weltbilder. Sinnstrukturen im Wandel der Geschichte. Frankfurt a. M. 1982.
Dux, G./Luckmann, Th./Matthes, J. (Hg.): Zur Theorie der Religion – Sociological Theories of Religion. Opladen 1973.
Dyck, Joachim: Ticht-Kunst. Deutsche Barockpoetik und rhetorische Tradition. Frankfurt a. M. 1987.

Eberhard, Johann August: Theorie der schönen Wissenschaften. Zum Gebrauche seiner Vorlesungen. Halle 1783.
Eberhard, Johann August: Handbuch der Aesthetik für gebildete Leser aus allen Ständen in Briefen. Theil 1-4. Halle 1803-05.
Eckhart, Meister: Die deutschen und lateinischen Werke. Hg. v. Josef Quint u. a. Stuttgart 1936 ff.
Eckhart, Meister: Deutsche Predigten und Traktate. Hg. v. Josef Quint. München 1969³.
Eco, Umberto: Einführung in die Semiotik. München 1972.
Eco, Umberto: Das offene Kunstwerk. Frankfurt a. M. 1977.
Ehrismann, Otfried: Thesen zur Rezeptionsgeschichtsschreibung. In: Historizität, 123-131.
Ehrlich, Walter: Aphorismen zur Philosophie der Kunst. Tübingen 1962.
Ehrlich, Walter: Einführung in die Staatsphilosophie. Tübingen 1958.
Ehrlich, Walter: Geistesgeschichte. Tübingen 1952.
Ehrlich Walter: Grundlinien eine Naturphilosophie. Tübingen 1960.
Ehrlich Walter: Metaphysik. Tübingen 1955.
Ehrlich, Walter: Philosophie der Geschichte der Philosophie. Tübingen 1965.
Ehrlich, Walter: Philosophische Anthropologie. Tübingen 1957.
Ehrlich, Walter: System der Philosophie. Tübingen 1966.
Eichendorff, Joseph von: Werke. Hg. von Wolfdietrich Rasch. München 1971⁴.
Eisenstein, Sergej M.: Der Kinematograph der Begriffe. In: Der Querschnitt 1930. H. 1, 19-21.
Eisenstein, Sergej M.: Schriften. Hg. von Hans-J. Schlegel. 3 Bde. München 1973 ff..
Eisler, Rudolf: Kant-Lexikon. (1930). Ndr. Hildesheim 1972.
Eliade, Mircea: Die Religionen und das Heilige. Elemente der Religionsgeschichte. 1954. Reprogr. Ndr. Darmstadt 1966.

Eliade, Mircea: Kosmos und Geschichte. Der Mythos der ewigen Wiederkehr. Frankfurt a. M. 1984.
Elias, Norbert: Über den Prozeß der Zivilisation. Soziogenetische und psychogenetische Untersuchungen. 2 Bde. Frankfurt a. M. 1982[8].
Eliasberg, W.: Psychologie und Pathologie der Abstraktion. In: Zeitschrift für angewandte Psychologie. Beiheft 35. Leipzig 1925.
Eliot, T.S.: Beiträge zum Begriff der Kultur. Berlin 1946/49.
Ellscheid, Günter: Naturrecht. In: Krings, Handbuch IV, 969-980.
Elschenbroich, Adalbert (Hg.): Deutsche Literatur des 16. Jahrhunderts. 2 Bde. München 1981.
Emge, Carl August: Das Problem des Fortschritts. Wiesbaden 1958.
Emrich, Wilhelm: Polemik. Streitschriften, Pressefehden und kritische Essays um Prinzipien. Methoden und Maßstäbe der Literaturkritik. Frankfurt a. M. 1968.
Eng, H.: Abstrakte Begriffe im Sprechen und Denken des Kindes. In: Zeitschrift für angewandte Psychologie 1914. Beiheft 8.
Engel, Johann Jacob: Anfangsgründe einer Theorie der Dichtungsarten aus deutschen Mustern entwickelt. Berlin und Stettin 1783.
Engel-Janosi, Friedrich/Klingenstein, Grete/Lutz, Heinrich (Hg.): Denken über Geschichte. München 1974.
Engelhardt, Dietrich von: Medizin und Literatur in der Neuzeit – Perspektiven und Aspekte. In: DVjs 52.19789. H. 3, 351-380.
Engels/Günther/Koselleck/Meier: Geschichte. In: Brunner/Conze/Koselleck, Geschichtliche Grundbegriffe II, 593-717.
Engelsing, Rolf: Sozial- und Wirtschaftsgeschichte Deutschlands. Göttingen 1973.
Engelsing, Rolf: Der Bürger als Leser. Lesergeschichte in Deutschland 1600-1800. Stuttgart 1974.
Engisch, Karl: Die Idee der Konkretisierung in Recht und Rechtswissenschaft unserer Zeit. Heidelberg 1968[2].
Engler, Hans-Jürgen/Essler, Wilhelm K.: Analogie. In: Krings, Handbuch I, 51-65.
Enzenberger, Christian: Literatur und Interesse. Eine politische Ästhetik. München 1977.
Erb, Therese: Die Pointe in der Dichtung von Barock und Aufklärung. Bonn 1929.
Erdmann, Bruno: Methodologische Konsequenzen aus der Theorie der Abstraktion. Berlin 1916.
Ermecke, G.: Das Wesen der sprachlichen Abstrakta und ihre Bildung durch Suffixe im Romanischen nebst einem Hinweis auf den Einfluß dieser Art Suffix. Bonn 1929.
Eschbach, Achim: Zeichen – Text – Bedeutung. Bibliographie zur Theorie und Praxis der Semiotik. München 1974.
Eschenburg, Johann Joachim: Entwurf einer Theorie und Literatur der schönen Wissenschaften. Berlin und Stettin 1783.
Esser, Albert: Interesse. In: Krings, Handbuch III, 738-747.
Essler, Wilhelm K.: Analytische Philosophie I. Stuttgart 1971.
Essler, Wilhelm K.: Induktive Logik. Grundlagen und Voraussetzungen. Freiburg 1970.
Essler, Wilhelm K.: Wissenschaftstheorie I – IV. Freiburg 1970-75.
Euchner, Walter: Egoismus und Gemeinwohl. Studien zur Geschichte der bürgerlichen Philosophie. Frankfurt a. M. 1972.
Eucken, Rudolf: Geschichte der philosophischen Terminologie. Ndr. Hildesheim 1964.
Eucken, Rudolf: Die Grundlagen der Nationalökonomie. Heidelberg 1965[8].
Eucken, Rudolf: Die Lebensanschauungen der großen Denker. Eine Entwicklungsgeschichte des Lebensproblems der Menschheit von Platon bis zur Gegenwart. Berlin 1950.
Everitt, Anthony: Abstrakter Expressionismus. München 1977.
Ewert, Otto M.: Entwicklungspsychologie. Bd. I. Köln 1972.

Faber, Karl-Gerog: Theorie der Geschichtswissenschaft. München 1978[4].
Faber, Karl-Georg/Meier, Christian: Historische Prozesse, München 1970.
Fabian, Bernhard: Das Lehrgedicht als Problem der Poetik. In: Die nicht mehr Schönen Künste. München 1968. (= Poetik und Hermeneutik. 3). 67-89.
Fabri, Albert: Der rote Faden. München 1958.

Färber, Hans: Die Lyrik in der Kunsttheorie der Antike. München 1936.
Fahrenbach, Helmut: Mensch. In: Krings, Handbuch IV, 888-913.
Fallbacher, Karl-Heinz (Hg.): Christian Fürchtegott Gellert. Fabeln: Stuttgart 1984.
Fallbacher, Karl-Heinz: Zweck und Autonomie der deutschen Literatur in den Literaturtheorien zwischen 1780 und 1790. München 1982.
Farner, Konrad: Der Aufstand der Abstrakt-Konkreten. Neuwied 1970.
Farner, Konrad/Post, Werner: Marxistische Religionskritik. Freiburg 972.
Faulenbach, Bernd (Hg.): Geschichtswissenschaft in Deutschland. München 1974.
Fausti, G.: Teoria dell'astrazione. Padua 1947.
Feilchenfeldt, Konrad: Öffentlichkeit und Chiffrensprache in Briefen der späteren Romantik. In: Briefedition, 125-154.
Feuerbach, Ludwig: Werke in sechs Bänden. Hg. v. Erich Thies, Frankfurt a. M. 1974 ff.
Feyerabend, Oscar: Das organologische Weltbild. Eine naturwissenschaftlich-philosophische Theorie des Organischen. Tübingen 1956[2].
Fichte, Johann Gottlieb: Werke. Hg. v. Immanuel H. Fichte. Ndr. Berlin 1971.
Johann Gottlieb Fichte: Über den Begriff der Wissenschaftslehre oder der sogenannten Philosophie. Hg. v. Edmund Braun. Stuttgart 1981.
Fiedler, Konrad: Schriften zur Kunst. (1913/14). Ndr. v. G. Boehm. 2 Bde. München 1971.
Fieguth, Gerhard (Hg.): Deutsche Aphorismen. Stuttgart 1978.
Fietz, Werner: Funktionaler Strukturalismus. Grundlegung eines Modells zur Beschreibung von Text und Textfunktion. Tübingen 1976.
Finley, Moses I.: Die antike Wirtschaft. München 1976.
Finley, Moses I.: Die frühe griechische Welt. München 1982.
Finley, Moses I.: Die Griechen. Eine Einführung in ihre Geschichte und ihre Zivilisation. München 1976.
Finley, Moses I.: Die Sklaverei in der Antike. Geschichte und Probleme. München 1981.
Fischetti, Renate: Barock (= Best/Schmidt IV).
Flach, Werner: Zur Prinzipienlehre der Anschauung. Hamburg 1963.
Fleischer, Helmut: Marxismus und Geschichte. Frankfurt a. M. 1975.
Flemming, Willi: Das Problem von Dichtungsgattung und -art. In: Studium generale. 12.1959, 38-60.
Flitner, Andreas: Die politische Erziehung in Deutschland. Geschichte und Probleme (1750 – 1880). Tübingen 1957.
Flügel, J.C.: Probleme und Ergebnisse der Psychologie. Hundert Jahre psychologischer Forschung. Übersetzung aus dem Englischen von Clara Bremenkamp und Anneliese Windrath. Stuttgart 1950.
Flügge, Johannes: Die Entfaltung der Anschauungskraft. Ein Beitrag zur pädagogischen Anthropologie. Heidelberg 1963.
Fontane, Theodor: Werke, Schriften und Briefe. Hg. von Walter Keitel und Helmuth Nürnberger. 20 Bde. München 1962 ff.
Forster, Georg: Schriften zur Kunst, Natur, Politik. Hgf. v. Karl Otto Conrady. Reinbek 1971.
Foss, Martin: Abstraktion und Wirklichkeit. Bern 1959.
Foucault, Michel: Die Ordnung des Diskurses. Münster 1974.
Foucault, Michel: Wahnsinn und Gesellschaft. Eine Geschichte des Wahns im Zeitalter der Vernunft. Frankfurt 1973.
Fränkel, Elieser: Abstrakta und Abstraktion. Fulda 1911.
Frank, Axel: Einführung in psychoanalytische Literaturbetrachtung. In: Der Deutschunterricht. 34.1982. H. 5, 24-45.
Frank, Horst Joachim: Geschichte des Deutschunterrichts von den Anfängen bis 1945. München 1973.
Frankl, Paul: Die Rolle der Ästhetik in der Methode der Geisteswissenschaften. In: Zs. für Ästhetik und allgemeine Kunstwissenschaft. 21.1927, 145-159.
Freud, Sigmund: Das Unbehagen an der Kultur. Leipzig/Wien 1930.
Freud, Sigmund: Der Witz und seine Beziehung zum Unbewußten. Frankfurt a. M. 1975[15].
Freudenberg, G.: Die Rolle von Schönheit und Kunst im System der Transzendentalphilosophie, Meisenheim/Glan 1960.

Freund, A.: Die Geschichtsphilosophie der klassischen Zeit und der Begriff der geschichtlichen Zeit in der Philosophie der Gegenwart. Diss. Breslau 1929.
Frey, Gerhard: Die Mathematisierung unserer Welt. Stuttgart 1969.
Frey, Gerhard: Philosophie und Wissenschaft. Eine Methodenlehre. Stuttgart 1970.
Freyer, Hans: Die Bewertung der Wirtschaft im philosophischen Denken des 19. Jahrhunderts. Hildesheim 1966. Ndr. d. Ausg. Leipzig 1921.
Freyer, Hans: Theorie des objektiven Geistes. Eine Einleitung in die Kulturphilosophie. Darmstadt 1973.
Fricke, Gerhard: Die Bildlichkeit in der Lyrik des Andreas Gryphius. Materialien und Studien zum Formproblem des deutschen Literaturbarock. Berlin 1933.
Friedmann, Edgar: Christologie und Anthropologie. Münsterschwarzach 1972.
Friedrich, Hugo: Die Struktur der modernen Lyrik. Hamburg 1956.
Fries, Heinrich/Finsterhölzl, Johann (Hg.): Wegbereiter heutiger Theologie. 13 Bde. Darmstadt 1969 ff.
Fries, Heinrich/Kretzschmar, Georg (Hg.): Klassiker der Theologie. 2 Bde. München 1981 f.
Fritz, Kurt von: Grundprobleme der Geschichte der antiken Wissenschaft. Berlin 1971.
Frodl, Ferdinand: Gesellschaftslehre. Paderborn 1962².
Fröbel, Volker: Entwurf der Logik. Das Begründungsproblem der Logik am Leitfaden der Objektivierung. München 1974.
Frühauf, Wolf (Hg.): Wissenschaft und Weltbild. Festschrift für Hertha Fimberg. Frankfurt a. M. 1975.
Frühwald, Wolfgang: Schillers ‚Die Götter Griechenlandes'. In: Jb der dt. Schillerges. 13.1969, 251-271.
Frühwald, Wolfgang: Romantische Lyrik am Übergang von der Autonomie zur Zweckästhetik. In: Historizität, 295-311.
Fügen, Hans Norbert (Hg.): Wege der Literatursoziologie. Neuwied 1968.
Fürstenberg, Friedrich: Wirtschaftssoziologie. 2., neubearb. u. erg. Aufl. Berlin 1970.
Fürstenberg, Friedrich: Soziologie. Hauptfragen und Grundbegriffe. Berlin 1971.
Füsslein, Rudolf W.: Mensch und Staat. Grundzüge einr anthropologischen Staatslehre. München 1971.
Fuhrmann, Manfred (Hg.): Terror und Spiel. Probleme der Mythenrezeption. München 1971.
Fuhrmann, Manfred: Einführung in die antike Dichtungstheorie, Darmstadt 1973.
Fuller, R. Buckminster: Konkrete Utopie. Düsseldorf 1974.

Gabel, Josef: Formen der Entfremdung. Aufsätze zum falschenBewußtsein. Frankfurt a. M. 1964.
Gadamer, Hans-Georg: Der Mensch und seine Hand im heutigen Zivilisationsprozeß. In: Universitas. 34. H. 3. 1979, 273 ff.
Gadamer, Hans-Georg: Wahrheit und Methode. Grundzüge einer philosophischen Hermeneutik. Tübingen 1975⁴.
Gadamer, Hans-Georg/Boehm, Gottfried: Seminar: Philosophische Hermeneutik. Frankfurt a. M. 1976.
Gadamer, Hans-Georg/Vogler, P. (Hg.): Neue Anthropologie, 7 Bde. München 1972-75.
Gaede, Friedrich: Gottscheds Nachahmungstheorie und die Logik. In: DVjs. 49.1975. Sonderh., 105-117.
Gaede, Friedrich: Poetik und Logik: Zu den Grundlagen der literarischen Entwicklung im 17. und 18. Jahrhundert. Bern – München 1978.
Gaede, Friedrich: Realismus von Brant bis Brecht. Bern – München 1972.
Gäfgen, Gerard (Hg.): Grundlagen der Wirtschaftspolitik. Köln 1973⁴.
Garin, Eugenio: Geschichte der abendländischen Pädagogik, I-III. Reinbek 1964-67.
Gatzemeier, Matthias: Theologie als Wissenschasft? Wissenschafts-, Methoden- und Institutionenkritik. 2 Bde. Stuttgart 1973/75.
Gawlick, Günter (Hg.): Empirismus. Stuttgart 1980 (= Geschichte der Philosophie IV).
Geach, Peter: Mental acts. Their content and their objects. London – New York 1971 (1957¹).
Gebhardt: Handbuch der deutschen Geschicht. 17 Bde. München 1973-1975⁹.
Gehlen, Arnold: Anthropologische Forschung. Reinbek 1961.
Gehlen, Arnold: Der Mensch. Seine Natur und seine Stellung in der Welt. Frankfurt a. M. 1974¹⁰.
Gehlen, Arnold: Die Seele im technischen Zeitalter. Hamburg 1957.
Gehlen, Arnold: Urmensch und Spätkultur. Philosophische Ergebnisse und Aussagen. Wiesbaden 1975³.
Gehlen, Arnold: Zeit-Bilder. Zur Soziologie und Ästhetik der modernen Malerei, Frankfurt a. M. 1965².
Geiger, Emil: Beiträge zu einer Ästhetik der Lyrik. Halle 1905.

Geiger, L.-B.: Abstraction et séparation d'après saint Thomas in de Trinitate q. 5 a. 3. In: Revue des Sciences Philos. et théol. Tom. 31. 1947, 3-40.
Geiger, Moritz: Die Bedeutung der Kunst. Ästhetische Schriften. Hg. v. K. Berger u. W. Henckmann. München 1974.
Geiger, Moritz: Die Wirklichkeit der Wissenschaften und die Metaphysik. Hildesheim 1966. Ndr. der Ausg. Bonn 1930.
Geiss, Immanuel/Tamchina, Reiner (Hg.): Ansichten einer künftigen Geschichtswissenschaft. 2 Bde. München 1974.
Geldsetzer, Lutz: Die Philosophie der Philosophiegeschichte im 19. Jahrhundert. Meisenheim am Glan 1968.
Gellert, Christian Fürchtegott: Prc comoedia commovente. Leipzig 1751. Übersetzt v. G.E. Lessing: Abhandlung für das rührende Lustspiel. In: Theatralische Bibliothek, 1. St. 1754.
Genest: Des Herrn Abt Genest Abhandlung von dem Schäferleben unter den Juden und Griechen, im gleichen von den Schäfergedichten, aus dem Französischen übersetzet. In: Sammlung vermischter Schriften zur Beförderung der schönen Wissenschaften und freyen Künste. 2 Bd. 1. Tl. Berlin 1959, 179-206, 316-438.
Gerard, Alexander: Versuch über das Genie. Aus dem Englischen übers. v. Christian Garve. Leipzig 1776.
Gerhard, Dietrich: Alte und neue Welt in vergleichender Geschichtsbetrachtung. Göttingen 1962.
Gerhard, Marlis (Hg.): Linguistik und Sprachphilosophie. München 1974.
Gerndt, Siegmar: Idealisierte Natur. Die deutsche Kontroverse um den Landschaftsgarten in der Literatur des 18. und des frühen 19. Jahrhunderts. Stuttgart 1980.
Gerner, Berthold: Einführung in die Pädagogische Anthropologie. Darmstadt 1974.
Gerstenberg, Heinrich Wilhelm von: Briefe über Merkwürdigkeiten der Literatur. 1. und 2. Sammlung. Schleswig und Leipzig 1766. 3. Sammlung 1767.
Gerth, Klaus: Studien zu Gerstenbergs Poetik. Ein Beitrag zur Umschichtung der ästhetischen und poetischen Grundbegriffe im 18. Jahrhundert. Göttingen 1956.
Gertz, Ulrich: Plastik der Gegenwart. Genf 1953.
Gervinus, Georg Gottfried: Geschichte der deutschen Dichtung. 5 Bde. Leipzig 1835-42.
Geßner, J.: Die Abstraktionslehre in der Scholastik bis Thomas von Aquin mit besonderer Berücksichtigung des Lichtbegriffs. In: Phil. Jb. 44/45. 1931/32.
Gethmann, Carl Friedrich: Allgemeinheit. In: Krings, Handbuch I, 32-51.
Gewehr, Wolf: Der Topos ‚Augen des Herzens' – Versuch einer Deutung durch die scholastische Erkenntnistheorie. In: DVjs. 46.1972. H. 4, 626-649.
Geyser, J.: Über Begriffe und Wesensschau. In: Phil. Jb. 39.1926.
Giannarás, Anastasias (Hg.): Ästhetik heute. Sieben Vorträge. Bern – München 1974.
Gigon, Olof: Antike Philosophie. Bern – München 1948.
Gigon, Olof: Grundprobleme der antiken Philosophie. Bern – München 1959.
Gilbert, Otto: Griechische Religionsphilosophie. Leipzig 1911. Ndr. Hildesheim 1973.
Gilbert de la Porrée. In: MPL 64 (= Slg. Patrologia latina) 64. Hg. v. J.-P. Migné. Paris 1847.
Girnus, Wilhelm: Von der unbefleckten Empfängnis des Ästhetischen. Zur „Ästhetik" von Georg Lukács – Zweitausend Jahre Verfälschung der aristotelischen „Poetik" – Kunst und Geschichte. Berlin 1972.
Glaser, Horst Albert (Hg.): Wollüstige Phantasie. Sexualästhetik der Literatur. München 1974.
Gleim, Johann Wilhelm Ludwig: Gedichte. Hg. v. Jürgen Stenzel. Stuttgart 1969.
Glinz, Hans: Linguistische Grundbegriffe und Methodenüberblick. Frankfurt a. M. 1974⁵.
Glockner, Hermann: Die europäische Philosophie von den Anfängen bis zur Gegenwart. Stuttgart 1968³.
Glockner, Hermann: Gegenständlichkeit und Freiheit I. Fundamentalphilosophie. Bern 1963.
Gnüg, Hiltrud (Hg.): Literarische Utopie-Entwürfe. Frankfurt a. M. 1982.
Gockel, Heinz: Mythos und Poesie. Zum Mythosbegriff in Aufklärung und Frühromantik. Frankfurt a. M. 1981.
Goclenius, Rudolphus: Lexicon philosophicum. Frankfurt 1613. Ndr. Hildesheim 1964.

Godelier, Maurice: Rationalität und Irrationalität in der Ökonomie. Köln 1972.
Goebel, Helmut: Bild und Sprache bei Lessing. München 1971.
Gögelein, Christoph: Zu Goethes Begriff von Wissenschaft. München 1972.
Görlitz, Axel (Hg.): Handlexikon zur Politikwissenschaft. Darmstadt 1972².
Görlitz, Axel (Hg.): Handlexikon zur Rechtswissenschaft. 2 Bde. Reinbek 1974 (1972¹).
Goethe, Johann Wolfgang: Gedenkausgabe der Werke, Briefe und Gespräche in 24 Bdn. Hg. v. Ernst Beutler. Zürich 1950 ff.
Goethe, Johann Wolfgang: Werke. Hamburger Ausgabe in 14 Bdn. Hg. v. Erich Trunz. München 1982.
Göttner, Heide/Jakobs, Joachim: Der logische Bau von Literaturtheorien. München 1977.
Gohlke, Paul Eduard: Die Lehre von der Abstraktion bei Plato und Aristoteles. Halle a. S. 1914.
Goldammer, Kurt: Die Formenwelt des Religiösen. Stuttgart 1960.
Goldammer, Kurt: Religionen, Religion und christliche Offenbarung. Ein Forschungsbericht zur Religionswissenschaft. Sonderdruck aus: DVjs. 34.1960. H. 3; 37.1963. H. 4 u. 38; 1964. H. 1. Stuttgart 1965.
Goldstein, K./Scheerer, M.: Abstract and concrete behavior. Psycholog. Monogr. 53.1941.
Goll, Reinhard: Der Evolutionismus. Analyse eines Grundbegriffs neuzeitlichen Denkens. München 1979.
Gomringer, Eugen (Hg.): konkrete poesie. deutschsprachige autoren. Stuttgart 1972.
Gosztonyi, Alexander: Grundlagen der Erkenntnis. München 1972.
Gosztonyi, Alexander: Der Raum. Geschichte seiner Probleme in Philosophie und Wissenschaften. 2. Bde. Freiburg 1974.
Goth, J. u. a.: Aspekte einer kritischen Kulturwissenschaft. Stuttgart 1973.
Gottfried von Straßburg: Tristan. Hg. v. Karl Marold. Berlin 1969².
Gottsched, Johann Ch.: Ausführliche Redekunst. Ndr. Leipzig 1736. Ndr. Hildenheim 1973.
Gottsched, Johann Christoph: Versuch einer Critischen Dichtkunst vor die Deutschen. Leipzig 1730. Ndr. der 4. Aufl. 1751 Darmstadt 1962.
Gottsched, Johann Christoph: Handlexicon oder Kurzgefaßtes Wörterbuch der schönen Wissenschaften und freyen Künste. Leipzig 1760.
Gottsched, Johann Christoph (Hg.): Beyträge zur Critischen Historie der deutschen Sprache, Poesie und Beredsamkeit. Bd. 1-12. Leipzig 1732-44.
Goux, Jean J.: Freud, Marx – Ökonomie und Symbolik. Berlin 1975.
Grabbe, Christian Dietrich: Werke. Hg. v. Roy C. Cowen, München 1975-77.
Grabmann, Martin: Mittelalterliches Geistesleben. Anhandlungen zur Geschichte der Scholastik und Mystik. Hildesheim 1975.
Graevenitz, Gerhart von: Mythos. Zur Geschichte einer Denkgewohnheit. Stuttgart 1987.
Grassi, Ernesto: „Humanismus und Marxismus" – Zur Kritik der Verselbständigung von Wissenschaft, mit einem Anhang „Texte Italienischer Humanisten". Reinbek 1973.
Grassi, Ernesto: Macht des Bildes: Ohnmacht der rationalen Sprache. Zur Rettung des Rhetorischen. München 1979.
Grassi, Ernesto: Theorie des Schönen in der Antike. Köln 1965.
Graumann, Carl Friedrich (Hg.): Denken. Köln 1979⁵.
Greven, Michael: Systemtheorie und Gesellschaftsanalyse. Kritik der Werte und Erkenntnismöglichkeiten in Gesellschaftsmodellen der kybernetischen Systemtheorie. Darmstadt 1974.
Grewendorf, Günter/Meggle, Georg (Hg.): Linguistik und Philosophie. Aufsätze zur linguistisch-philosophischen Methodendiskussion. Frankfurt a. M. 1974.
Grillparzer, Franz: Sämtliche Werke. Ausgewählte Briefe, Gespräche, Berichte. Hg. v. Peter Frank und Karl Pörnbacher, München 1960-65.
Grimm, Gunter: Rezeptionsgeschichte. Prämissen und Möglichkeiten historischer Darstellungen. In: IASL. 2.1977, 144-186.
Grimm, Reinhold (Hg.): Zur Lyrik-Diskussion, Darmstadt 1966.
Grimm, R./Hermand, J. (Hg.): Deutsches utopisches Denken im 20. Jahrhundert. Stuttgart 1979.
Grimminger, Rolf: Das intellektuelle Subjekt der Literaturwissenschaft – Entwurf einer dialektischen Hermeneutik. In: Kolbe, Neue Ansichten, 15-47.

Grimminger, Rolf (Hg.): Hansers Sozialgeschichte der deutschen Literatur vom 16. Jahrhundert bis zur Gegenwart. Bd. 3: Deutsche Aufklärung bis zur Französischen Revolution 1680-1789. München 1980.
Grimminger, Rolf: Roman. In: Grimminger, Sozialgeschichte III, 635-715.
Groethuysen, Bernhard: Die Entstehung der bürgerlichen Welt- und Lebensanschauung in Frankreich. 2 Bde. Halle 1927-30. Ndr. Hildesheim 1973.
Groethuysen, Bernhard: Philosophische Anthropologie. 1931. Ndr. Darmstadt 1969.
Groh, Dieter: Kritische Geschichtswissenschaft in emanzipatorischer Absicht. Stuttgart 1973.
Gronbech, Wilhelm: Hellas – Griechische Geistesgeschichte, Reinbek 1966.
Gross, Peter: Reflexion, Spontaneität und Interaktion. Zur Diskussion soziologischer Handlungstheorien. Stuttgart 1972.
Grünwald, Ernst: Das Problem der Soziologie des Wissens. Versuch einer kritischen Darstellung der wissenssoziologischen Theorien. Wien 1934. Ndr. Hildesheim 1967.
Gryphius, Andreas: Gesamtausgabe der deutschsprachigen Werke. Hg. von Marian Szyrocki und Hugh Powell. 8 Bde. Tübingen 1963-72.
Günther, Hans/Hielscher, Karla: Marxismus und Formalismus. München 1973.
Günther, Johann Christian: Gedichte. Hg. v. Herbert Heckmann. München 1981.
Gumbrecht, Hans Ulrich/Link-Heer, Ursula: Epochenschwellen und Epochenstrukturen im Diskurs der Literatur- und Sprachtheorie. Frankfurt a. M. 1985.
Gurvitch, G.: Grundzüge der Soziologie des Rechts. Neuwied 1960.
Gustafsson, Lars: Sprache und Lüge. Drei sprachphilosophische Extremisten – Friedrich Nietzsche, Alexander Bryan Johnson, Fritz Mauthner, München 1980.
Guthke, Karl S.: Die Auseinandersetzung um das Tragikomische und die Tragikomödie in der Ästhetik der deutschen Aufklärung. In: Jahrbuch f. Ästhetik u. allgem. Kunstwissenschaft. 6.1961, 114-138.
Guthke, Karl S.: Englische Vorromantik und deutscher Sturm und Drang. Göttingen 1958.
Guthke, Karl S.: Das Problem der gemischten Dramengattung in der deutschen Poetik und Praxis vom Mittelalter bis zum Barock. In: ZfdPh 80.1961, 339-364.
Guzzoni, Ute: Grund und Allgemeinheit, Meisenheim/Glan 1975.

Habermas, Jürgen: Erkenntnis und Interesse. Frankfurt a. M. 1968.
Habermas, Jürgen: Strukturwandel der Öffentlichkeit. Untersuchungen zu einer Kategorie der bürgerlichen Gesellschaft. Neuwied 1979[10].
Habermas, Jürgen (Hg.): Hermeneutik und Ideologiekritik. Theorie-Diskussion. Frankfurt a. M. 1971.
Habermas, Jürgen/Luhmann, Niklas: Theorie der Gesellschaft oder Sozialtechnologie – Was leistet die Systemforschung? Frankfurt a. M. 1971.
Habermehl, L.M.: Die Abstraktionslehre des hl. Thomas von Aquin. München 1933.
Haddon, A.C. History of Anthropology. London 1949.
Haering, Theodor: Philosophie des Verstehens. Versuch einer systematisch-erkenntnistheoretischen Grundlegung alles Erkennens. Tübingen 1963.
Haeuptner, Gerhard: Studien zur geschichtlichen Zeit. Gesammelte Aufsätze. Tübingen 1970.
Haftmann, Werner: Malerei im 20. Jahrhundert. München 1955.
Hagedorn, Friedrich von: Gedichte. Hg. v. Alfred Anger. Stuttgart 1972.
Hager, Frithjof/Haberland, Hartmut/Paris, Rainer: Soziologie und Linguistik. Die schlechte Aufhebung sozialer Ungleichheit durch Sprache. Stuttgart 1973.
Hahl, Werner: Reflexion und Erzählung. Romantheorie von der Spätaufklärung bis zum programmatischen Realismus. Stuttgart 1971.
Hahn, Manfred/Sandkühler, Hans Jörg (Hg.): Subjekt der Geschichte. Theorien gesellschaftlicher Veränderung. Studien zur Dialektik. Köln 1979.
Haier, Hildegard: Über die Abstaktion als geistiges Mittel zur Lösung von Aufgaben und ihre Beziehung zur Typologie. Untersuchungen zur Psychologie, Philosophie und Pädagogik. N.F. 9. Bd. Göttingen 1935. 5. H.
Halbach, Kurt Heinrich: Zu Begriff und Wesen der deutschen Klassik. In: Festschrift Kluckhohn/Schneider. Stuttgart 1948.

Halder, Alois: Kunst. In: Krings, Handbuch III, 832-844.
Haller, Albrecht von: Literaturkritik. Hg. v. Karl S. Guthke. Tübingen 1970.
Haller, Albrecht von: Die Alpen und andere Gedichte. Hg. v. Adalbert Elschenbroich. Stuttgart 1965.
Hallische Jahrbücher für deutsche Wisenschaft und Kunst. Hg. v. Arnold Ruge und Theodor Echtermeyer. Leipzig – Halle 1938 – 42.
Halfmann, Jost/Tillmann Rexroth: Marxismus als Erkenntniskritik. München 1976.
Hamann, Johann Georg: Aesthetica in nuce. Hg. v. Sven-Aage Sorensen. Stuttgart 1970.
Hamann, Johann Georg: Briefwechsel. Hg. v. Walter Ziesemer und Arthur Henkel. Wiesbaden 1955 ff.
Hamann, Johann Georg: Sämtliche Werke. Historisch-kritische Ausgabe. Hg. v. J. Nadler. 6 Bde. Wien 1949 – 1957.
Hamann, Richard/Hermand, Jost: Impressionismus. Berlin 1960.
Hamburger, Käte: Die Logik der Dichtung. Stuttgart 1957.
Hamburger, Käte: Das epische Präteritum. In: DVjs. 27.1953, 329-357.
Hamburger, Käte: Die Zeitlosigkeit der Dichtung. In: DVjs 29.1955, 413-426.
Hampe, Roland: Griechische Vasenmalerei und Homers Epik. Heidelberg 1962.
Hankamer, Paul: Deutsche Gegenreformation und deutsches Barock. Die deutsche Literatur im Zeitraum des 17. Jahrhunderts. Stuttgart 1964[3].
Hankamer, Paul: Die Sprache. Ihr Begriff und ihre Deutung im 16. und 17. Jahrhundert. Hildesheim 1965. Ndr. der Ausg. Berlin 1927.
Harbeck, Gerd: Einführung in die formale Logik. Braunschweig 1970.
Harsdörffer, Georg Philipp: Poetischer Trichter. 3 Teile. 1647-53. Ndr. Darmstadt 1969.
Hart, Dieter: Allgemeine Geschäftsbedingungen. In: Görlitz, Handlexikon I, 15-19.
Hart Nibbrig, Christiaan L.: Spiegelschrift. Spekulationen über Malerei und Literatur. Frankfurt a. M. 1987.
Harth, Dietrich: Christian Wolffs Begründung des Exempel- und Fabelgebrauchs im Rahmen der Praktischen Philosophie. In: DVjs. 52. 1978. H. 1, 43-62.
Hartmann, Eduard von: Geschichte der Metaphysik. 2 Bde. Darmstadt 1969.
Hartmann, Eduard von: Grundriß der Religionsphilosophie. 1909. Ndr. Darmstadt 1968.
hartmann, Nicolai: Ästhetik. Berlin 1966 (1953[1]).
Hartmann, Nicolai: Zur Grundlegung der Ontologie. Berlin 1965[4].
Hartmann, Nicolai: Grundzüge einer Metaphysik der Erkenntnis. Berlin 1965[5].
Hartung, Harald: Experimentelle Literatur und konkrete Poesie. Göttingen 1975.
Hartung, Rudolf: Kein Verzicht auf Welt. In: Akzente. 8.1961, 13-15.
Hasenjaeger, Gisbert: Einführung in die Grundbegriffe und Probleme der modernen Logik. Freiburg – München 1967.
Hasenpflug, Gustav: Abstrakte Maler lehren. München – Hamburg 1959.
Hass, Hans-Egon: Eichendorff als Literaturhistoriker. In: Jb. für Ästh. und allgem. Kunstwiss. 2.1952-54, 103-177.
Hass, Hans-Egon: Das Problem der literarischen Wertung. In: Studium Generale. 12.1959. H. 12, 727 – 756.
Hassler, Jörg u. a.: Einführung ins Drama. 2 Bde. München 1982.
Hauck, Albert: Kirchengeschichte Deutschlands. Berlin 1958.
Haug, Walter: Literaturtheorie im deutschen Mittelalter. Darmstadt 1985.
Haug, Walter: Die Symbolstruktur des höfischen Epos und ihre Auflösung bei Wolfram von Eschenbach. In: DVjs. 45.1971. H. 4, 668-705.
Haug, Walter (Hg.): Formen und Funktionen der Allegorie. Symposion Wolfenbüttel 1978. Stuttgart 1980.
Hausen, Karin/Rürup, Reinhard (Hg.): Moderne Technikgeschichte. Köln 1975.
Hauser, Arnold: Kunst und Gesellschaft. München 1973.
Hauser, Arnold: Sozialgeschichte der Kunst und Literatur. München 1967.
Hauser, Arnold: Soziologie der Kunst. München 1978[2].
Hauser, Arnold: Der Ursprung der modernen Kunst und Literatur. Die Entwicklung des Manierismus seit der Krise der Renaissance. München 1973 (1964[1]).

Haussherr, Hans: Wirtschaftsgeschichte der Neuzeit vom Ende des 14. bis zur Höhe des 19. Jahrhunderts. Köln 1970⁴.
Haym, Rudolf: Herder. Hg. von Wolfgang Harich. Berlin 1954.
Haym, Rudolf: Die romantische Schule. Ein Beitrag zur Geschichte des deutschen Geistes. Hildesheim 1961 (1870¹).
Hazard, Paul: Die Herrschaft der Vernunft. Das europäische Denken im 18. Jahrhundert. Hamburg 1949.
Hebbel, Friedrich: Werke. Hg. v. Gerhard Fricke, Werner Keller und Karl Pörnbacher. 5 Bde. München 1963-67.
Heckmann, Herbert: Elemente des barocken Trauerspiels. München 1959.
Hederer, Edgar/Pörnbacher, Karl (Hg.): Deutsche Dichtung des Barock. München 1979.
Hegel, Georg Wilhelm Friedrich: Werke. Hg. von Eva Moldenhauer und Karl Markus Michel. 20 Bde. Frankfurt a. M. 1969-76.
Hegel, Georg Wilhelm Friedrich: Vorlesungen über die Ästhetik. Dritter Teil: Die Poesie. Hg. v. Rüdiger Bubner. Stuttgart 1977 (1971¹).
Heger, Hedwig (Hg.): Spätmittelalter, Humanismus, Reformation. 2 Bde. München 1975, 1978 (= Texte und Zeugnisse II).
Hehlmann, Wilhelm: Geschichte der Psychologie. Stuttgart 1967.
Heimsoeth, Heinz: Metaphysik der Neuzeit (1934). Ndr. München 1967.
Heimsoeth, Heinz: Transzendentale Dialektik. Ein Kommentar zu Kants Kritik der reinen Vernunft. 4 Tle. Berlin 1966-69.
Heine, Heinrich: Sämtliche Schriften. Hg. v. Klaus Briegleb. 7 Bde. München 1968-76.
Heinrich, Gerda: Geschichtsphilosophische Positionen der deutschen Frühromantik. Kronberg i. Taunus 1977.
Heinrichs, Johannes: Reflexion als soziales System. Zu einer Reflexions-Systemtheorie der Gesellschaft. Bonn 1976.
Heintel, Erich: Die beiden Labyrinthe der Philosophie. Systemtheoretische Betrachtungen zur Fundamentalphilosophie des abendländischen Denkens. Bd. 1. München 1968.
Heintel, Erich: Sprachphilosophie. In: DPhA I, 563-620.
Heintel, Erich: Einführung in die Sprachphilosophie. Darmstadt 1972.
Heinzmann, Richard: Thomas von Aquin, In: Höffe, Klassiker I, 198-219.
Heisenberg, Werner: Das Naturbild der heutigen Physik. Hamburg 1955.
Heisenberg, Werner: Physik und Philosophie. Stuttgart 1973.
Heisenberg, Werner: Die Tendenz zur Abstraktion in moderner Kunst und Wissenschaft. In: Das Altertum und jedes neue Gute. Für Wolfgang Schadewaldt zum 15. März 1970. Hg. v. Konrad Gaiser. Stuttgart 1970, 485-94.
Heiss, Alfred: Zum Problem der isolierenden Abstraktion. Genetisch vergleichende Studien. In: Neue psychol. Studien. Hg. von Felix Krueger. 4. Bd. 2. Heft München 1930.
Heiss, Robert: „Utopie und Revolution" – Ein Beitrg zur Geschichte des fortschrittlichen Denkens. München 1974.
Heißenbüttel, Helmut (Hg.): Konkrete Poesie. München 1968.
Heißenbüttel, Helmut: Literatur und Wissenschaft. In: Akzente. 12.1965. H. 2, 171-191.
Heißenbüttel, Helmut: Zur Tradition der Moderne. Aufsätze und Anmerkungen 1964-71. Darmstadt 1972.
Heitler, Walter Heinrich: Der Mensch und die naturwissenschaftliche Erkenntnis. Braunschweig 1970.
Heitler, Walter Heinrich: Naturphilosophische Streifzüge. Braunschweig 1970.
Helbig, Gerhard: Geschichte der neueren Sprachwissenschaft. Reinbek 1974.
Helmers, Hermann: Zur Sprache des Kindes. Darmstadt 1969.
Helvétius, Claude Adrien: Discurs über den Geist des Menschen. Leipzig 1760 (übersetzt von J.G. Forkert. Mit einer Vorrede von J. Chr. Gottsched).
Hempel, Heinrich: Konkretum und Abstraktum als sprachliche Kategorien. In: Kant-Studien. 48.1956/57, 134-160.
Henckmann, Wolfhart (Hg.): Ästhetik. Darmstadt 1979.

Hengstenberg, Hans E.: Philosophische Anthropologie. Stuttgart 1969[3].
Henke, Wilhelm: Kritik des kritischen Rationalismus. Tübingen 1974.
Henkel, Arthur/Schöne, Albrecht (Hg.): Emblemata. Handbuch zur Sinnbildkunst des XVI. und XVII. Jahrhunderts. Stuttgart 1967.
Henle, Paul (Hg.): Sprache, Denken, Kultur. Frankfurt a. M. 1975.
Henne, Helmut (Hg.): Deutsche Wörterbücher des 17. und 18. Jahrhunderts. Einführung und Bibliographie. Hildesheim 1975.
Henrich, Dieter(Iser, Wolfgang (Hg.): Theorien der Kunst. Frankfurt a. Main 1982.
Henrich, Dieter/Wagner, Hans (Hg.): Subjektivität und Metaphysik. Festschrift für Wolfgang Cramer. Frankfurt a. M. 1966.
Herder, Johann Gottfried: Sämtliche Werke. Hg. v. B. Suphan, 33 Bde., Berlin 1877-1913. Ndr. Hildesheim 1967/68.
Herder, Johann Gottfried: Sprachphilosophische Schriften. Hg. v. Erich Heintel. Hamburg 1964[2].
Herder, Johann Gottfried: Werke. Hg. v. Wolfgang Proß. 3 Bde. München 1983 ff. (Druckfahnen).
Herder, Johann Gottfried: Werke in fünf Bänden. Hg. v. Wilhelm Dobbek. Berlin und Weimar 1964.
Hermand, Jost: Synthetisches Interpretieren. München 1973[4].
Hermand, Jost: Streitobjekt Heine (1945 – 75). Ein Forschungsbericht. Kronberg i. Taunus 1975.
Hermand, Jost: Über Nutzen und Nachteil literarischer Epochenbegriffe. Ein Vortrag In: Monatshefte 58.1966, 289-309.
Hermand, Jost: Die literarische Formenwelt des Biedermeier. Gießen 1958.
Hermand, Jost: Schillers Abhandlung ‚Über naive und sentimentalische Dichtung' im Lichte der deutschen Popularphilosophie des 18. Jahrhunderts. In: PMLA 79.1964, 428-441.
Hermand, Jost (Hg.): Das Junge Deutschland. Texte und Dokumente. Stuttgart 1966.
Hermand, Jost/Windfuhr, Manfred (Hg.): Zur Literatur der Restaurationsepoche 1815-1848. Stuttgart 1970.
Hermes, H.: Einführung in die mathematische Logik. Stuttgart 1963.
Hermann, Ferdinand (Hg.): Symbolik der Religionen. Stuttgart 1958 ff.
Herrmann, Hans-Peter: Naturnachahmung und Einbildungskraft. Bad Homburg 1970.
Herrmann, Joachim: Die Entwicklung der Menschheit. Berlin 1975.
Herzog, Reinhardt/Koselleck, Reinhart (Hg.): Epochenschwelle u. Epochenbewußtsein. München 1987.
Heselhaus, Clemens: Auslegung und Erkenntnis. In: Festschrift für Günther Müller. Bonn 1957.
Hess, Gerhard: Gesellschaft – Literatur – Wissenschaft. München 1967.
Hess, Walter: Dokumente zum Verständnis der modernen Malerei. Reinbek 1956.
Hesse, Eva: Die Wurzeln der Revolution. Theorien der individuellen und kollektiven Freiheit. München 1974.
Hessen, Johannes: Lehrbuch der Philosophie. 3 Bde. München – Basel 1948/50 (Erster Band: Wissenschaftslehre).
Hettner, Hermann: Literaturgeschichte des 18. Jahrhunderts (1856/70). 2 Bde. Berlin 1961.
Hettner, Hermann: Schriften zur Literatur. Hg. von Jürgen Jahn, Berlin 1960.
Heuß, Alfred: Zur Theorie der Weltgeschichte. Berlin 1968.
Heyde, Johanna Erich: Die Objektivitäten der Allgemeinen. Köln 1965.
Heydenreich, Karl Heinrich: System der Aesthetik. Leipzig 1790.
Hilbert, David/Ackermann, W.: Grundzüge der theoretischen Logik. Berlin – Heidelberg 1972[6].
Hilbert, David/Bernays, P.: Grundlagen der Mathematik. 2 Bde. Stuttgart 1970[2].
Hinck, Walter (Hg.): Europäische Aufklärung I (= See, Handbuch XI, 1974).
Hirsch, Emanuel: Hauptfragen christlicher Religionsphilosophie. Berlin 1964.
Hirsch, Wolfgang: Über die Grundlagen einer universalen Methode der Philosophie. Wiesbaden 1969.
Hirschberger, Johannes: Geschichte der Philosophie. 2 Tle. Freiburg 1974[9].
Hirt, Hermann: Geschichte der deutschen Sprache. München 1968.
Historizität in Sprach- und Literaturwissenschaft. Vorträge und Berichte der Stuttgarter Germanistentagung 1972. Hg. v. Walter Müller-Seidel. München 1974.
Hobges, Thomas: Opera philosophica quae latine scripsit. 5 Bde. The englisch works. 11 Bde. Hg. v. William Molesworth. London 1839-1845. Ndr. Aalen 1961-66.

Hobbes, Thomas: Vom Menschen – Vom Bürger. Hg. v. Günter Gawlick. Hamburg 1967².
Hobsbawm, Eric J.: Industrie und Empire. 2 Bde. Frankfurt 1969.
Hochkeppel, Willy: Modelle des gegenwärtigen Zeitalters. Thesen der Kulturphilosophie im 20. Jahrhundert. München 1973.
Hochstetter-Preyer, Agnes: Das Beschreiben. Eine logische Untersuchung zur positivistischen Methodenlehre. Nachdruck der Ausg. Halle 1916. Hildesheim 1971.
Hocke, Gustav René: Manierismus in der Literatur. Reinbek 1959.
Hodgen, M.T.: Early Anthropology in the XVIth and XVIIth Centuries. Philadelphia 1964.
Höffe, Otfried (Hg.): Klassiker der Philosophie. 2 Bde. München 1981 f.
Höffe, Otfried: Lexikon der Ethik. München 1980².
Höhn, Georg: Die Einteilungsarten des Lebens- und Weltalters bei Griechen und Römern. Würzburg 1912.
Hölderlin, Friedrich: Sämtliche Werke und Briefe. Hg. v. Günther Mieth. 2 Bde. München 1981³.
Hönigswald, Richard: Geschichte der Erkenntnistheorie. 1933. Ndr. Darmstadt 1966.
Hönigswald, Richard: Schriften aus dem Nachlaß. Bd. 3: Abstraktion und Analysis. Ein Beitrag zur Problemgeschichte des Universalienstreites in der Philosophie des Mittelalters. Stuttgart 1961.
Hörisch, Jochen: Die fröhliche Wissenschaft der Poesie. Frankfurt 1976.
Hoerster, Norbert: Utilitaristische Ethik und Verallgemeinerung. Freiburg 1977².
Hoerster, Norbert/Birnbacher, Dieter (Hg.): Texte zur Ethik. München 1974.
Höver, Otto: Abbild und Sinnbild. Das Abstrakte als schöpferische Ausdrucksform in der heutigen Kunst und in anderen Zeitaltern der Kunstentwicklung. Emmendingen 1968.
Hofmann, W.: Ideengeschichte der sozialen Bewegung des 19. Jahrhunderts. Berlin 1972.
Hofmannswaldau, Christian Hofmann von: Poetische Grabschriften. Leipzig und Breslau 1680.
Hofstätter, Peter R.: Individuum und Gesellschaft. Das soziale System in der Krise. Berlin 1973.
Hohendahl, Peter Uwe: Sozialgeschichte und Wirkungsästhetik. Frankfurt a. M. 1974.
Holz, Harald: Analogie. In: Krings, Handbuch I, 51-65.
Holz, Harald: Einführung in die Transzendentalphilosophie. Darmstadt 1973.
Holz, Harald: Mensch und Menschheit. Entwürfe zur Grundlegung und Durchführung einer philosophischen Anthropologie. Bonn 1973.
Holz, Harald: Philosophie humaner Praxis in Gesellschaft, Religion und Politik. Freiburg 1974.
Holz, Harald: Vom Mythos zur Reflexion. Thesen zum Strukturgesetz der Entwicklung des abendländischen Denkens. Freiburg 1975.
Homer: Ilias. Übers. v. Wolfgang Schadewaldt. Frankfurt a. M. 1975.
Homer: Odyssee. Dt. v. Wolfgang Schadewaldt. Zürich 1966.
Hommes, Ulrich: Recht. In: Krings, Handbuch IV, 1188-1202.
Honecker, M.: Der Lichtbegriff in der Abstraktionslehre des Thomas von Aquin. In: Phil. Jb. 48(1935).
Horaz: Die Dichtkunst. Lat. und dt. Hg. v. Horst Rüdiger, Zürich 1961.
Horkheimer, Max: Gesellschaft im Übergang. Frankfurt a. M. 1972.
Horkheimer, Max: Die gesellschaftliche Funktion der Philosophie. Ausgewählte Essays. Frankfurt 1954.
Horkheimer, Max: Kritische Theorie. 2 Bde. Frankfurt a. M. 1968.
Horkheimer, Max: Vernunft und Selbstbetrachtung, Frankfurt a. M. 1970.
Horkheimer, Max/Adorno, Theodor W.: Dialektik der Aufklärung. Frankfurt a. M. 1982.
Horn, Joachim Christian: Monade und Begriff. Der Weg von Leibniz zu Hegel. München 1965.
Hubatsch, Walther (Hg.): Absolutismus. Darmstadt 1974.
Huber, Walter /Kummer, Werner: Transformationelle Syntax des Deutschen 1. München 1974.
Hübner, Johann: Poetisches Hand-Buch. Das ist, Eine kurtzgefaßte Anleitung zur Deutschen Poesie. Neben einem vollständigen Reim-Register. Den Anfängen zum besten zusammengetragen. Leipzig 1712.
Hübner, Kurt/Menne, Albert: Natur und Geschichte. Hamburg 1974.
Hüppauf, Bernd/Hauff, Jürgen/Hauff, Jürgen u. a.: Methodendiskussion. 2 Bde. Kronberg i. Taunus 1971.
Huizinga, Johan: Herbst des Mittelalters. Stuttgart 1970¹¹.
Huizinga, Johan: Das Problem der Renaissance (1920). Ndr. Darmstadt 1967.

Humboldt, Wilhelm von: Werke in fünf Bänden. Hg. v. A. Flittner und K. Giel. Stuttgart/Darmstadt 1960-71.
Hummel, Gert: Theologische Anthropologie und die Wirklichkeit der Psyche. Darmstadt 1972.
Hund, Wulf D. (Hg.): Strukturalismus. Ideologie und Dogmengeschichte. Darmstadt u. Neuwied 1973.
Hunold, Christian Friedrich: Die allerneueste Art zur ... galanten Poesie zu gelangen. Hamburg 1707.
Husserl, Edmund: Logische Untersuchungen. 3 Bde. Tübingen 1968.
Huxley, Thomas Henry: Zeugnisse für die Stellung des Menschen in der Natur. Stuttgart 1970².

Iéhl, D.: L'abstraction concrète (zu Rilke). In: Études Germaniques 30. 1975. H. 4, 402-424.
Iggers, Georg: Deutsche Geschichtswissenschaft. München 1971.
Immermann, Karl: Briefe. Hg. v. Peter Hasubek. 3 Bde. München 1977 ff.
Immler, Manfred: Generative Syntax – Generative Semantik. München 1974.
Ineichen, Hans: Erkenntnistheorie und geschichtlichgesellschaftlicher Wert. Diltheys Logik der Geisteswissenschaften. Frankfurt a. M. 1975.
Ingarden, Roman: Erlebnis, Kunstwerk und Wert. Vorträge zur Ästhetik 1937 bis 1967. Darmstadt 1969.
Iljenkow, E.V.: O dialektike abstraktnogo i konkretnogo w nautschnoteoretitscheskom posnanii (Von der Dialektik des Abstrakten und Konkreten in der wissenschaftlich theoretischen Erkenntnis), Woprossi filossofii. Nr. 1. Moskau 1955.
Irmscher, Hans Dieter: Bildung, Sprache und Dichtung im Denken Herders. Göttingen 1955.
Iselin, Isaak: Philosophische Muthmaßungen über die Geschichte der Menschheit. Zürich 1764.
Jablonski, Johann Theodor: Allgemeines Lexicon der Künste und Wissenschaften. Leipzig 1721.
Jacobi, Klaus: Art.: ‚Möglichkeit' In: Krings, Handbuch IV, 930-947.
Jacobs, Manfred: Die evangelische Staatslehre. Göttingen 1971.
Jacobs, Wilhelm G.: Formal-Material. In: Krings, Handbuch II, 457-465.
Jäger, Georg: Empfindsamkeit und Roman. Wortgeschichte, Theorie und Kritik im 18. und frühen 19. Jahrhundert. Stuttgart 1969.
Jäger, Hans-Wolf: Politische Kategorien in Poetik und Rhetorik der zweiten Hälfte des 18. Jahrhunderts. Stuttgart 1970.
Jäger, Hans-Wolf: Zur Poetik der Lehrdichtung in Deutschland. In kritischen Zusätzen zu L.L. Albertsens Buch ‚Das Lehrgedicht'. In: DVjs. 44.1970, 544-576.
Jaeschke, Walter: Die Suche nach den eschatologischen Wurzeln der Geschichtsphilosophie. Eine historische Kritik der Säkularisierungsthese. München 1976.
Jahn, E.: Die Entwicklung der Gegenständlichkeit in der deutschen Lyrik des 19. Jahrhunderts. München 1958.
James, William: The Meaning of the Truth. London 1909.
Jammer, Max: Das Problem des Raumes (Concepts of Space). Die Entwicklung der Raumtheorien. Aus dem Engl. übers. u. hg. v. P. Wilpert. Darmstadt 1960.
Janota, Johannes (Hg.): Eine Wissenschaft etabliert sich. 1810 – 1870. Tübingen 1980.
Jansen, Wilhelm: Der Kommentar des Clarenbaldus von Arras zu Boethius De Trinitate. 1926. Ndr. Frankfurt a. M. 1972.
Jaspers, Karl: Vom Ursprung und Ziel der Gechichte. München 1957³.
Jaszi, Andrew: Erkenntnis und Wirklichkeit. Grundlagenkritische Voruntersuchungen. Tübingen 1974.
Jaurès, Jean: Die Ursprünge des Sozialismus in Deutschland. Berlin 1974.
Jauss, Hans-Robert: Literaturgeschichte als Provokation. Frankfurt a. M. 1979⁶.
Jauss, Hans-Robert: Geschichte der Kunst und Historie. In: Jauss, Literaturgeschichte, 208-251.
Jean, Paul: Sämtliche Werke. Hg. v. Norbert Miller. 10 Bde. München 1960 ff.
Jedin, Hubert (Hg.): Handbuch der Kirchengeschichte. Freiburg 1970.
Jeismann, Karl-Ernst: Geschichtswissenschaft. Göttingen 1977.
Jerusalem, Karl Wilhelm: Philosophische Schriften. Hg. v. G.E. Lessing. Braunschweig 1771.
Joachimsen, Paul. Der Humanismus und die Entwicklung des deutschen Geistes. In: DVjs. 8.1930. Ndr. Darmstadt 1969.
Joachimsen, Paul: Geschichtsauffassung und Geschichtsschreibung in Deutschland unter dem Einfluß des Humanismus. Leipzig 1910.

Jochimsen, Reimut/Knobel, Helmut: Gegenstand und Methoden der Nationalökonomie. Köln 1971[3].
Jodl, Friedrich: Geschichte der Ethik als philosophischer Wissenschaft. 2 Bde. 4., verb. Aufl. 1930. Ndr. Darmstadt 1966.
Jöhr, Walter Adolf: Gespräche über Wissenschaftstheorie. Tübingen 1973.
Joël, Karl: Wandlungen der Weltanschauung. Eine Philosophiegeschichte als Geschichtsphilosophie. 2 Bde. Tübingen 1965.
Jonas, Hans: Organismus und Freiheit. Ansätze zu einer philosophischen Biologie. Göttingen 1973.
Jonas, Hans: Wandel und Bestand. Vom Grunde der Verstehbarkeit des Geschichtlichen. Frankfurt a. M. 1970.
Jordan, Leo: Schule der Abstaktion u. der Dialektik. Neue Wege begrifflichen Denkens. München 1932.
Jordan, Pascual: Beiträge zum neuzeitlichen Weltbild der Physik. Berlin 1950.
Jost, Dominik: Literarischer Jugendstil. Stuttgart 1969.
Joswig, Horst: Leidenschaft und Gelassenheit in der Lyrik des 18. Jahrhunderts. Berlin 1938.
Jung, C.G.: Bewußtes und Unbewußtes. Beiträge zur Psychologie. Frankfurt a. M. 1957.

Käsler, Dirk: Klassiker des soziologischen Denkens. 2 Bde. München 1976 f.
Kaiser, Gerhard: „Denken“ und „Empfinden“. Ein Beitrag zur Sprache und Poetik Klopstocks. In: DVjs 35.1961, 321-343.
Kambartel, Friedrich: Erfahrung und Struktur. Bausteine zu einer Kritik des Empirismus und Formalismus. Frankfurt a. M. 1976[5].
Kambartel, Friedrich: Praktische Philosophie und konstruktive Wissenschaftstheorie. Frankfurt a. M. 1975.
Kambartel, Friedrich: Theorie und Begründung. Frankfurt a. M. 1976.
Kamlah, Wilhelm/Lorenzen, Paul: Logische Propädeutik oder Vorschule des vernünftigen Redens. Mannheim 1973[2].
Kamlah, Wilhelm: Philosophische Anthropologie. Mannheim 1973.
Kamlah, Wilhelm: Utopie. Mannheim – Wien – Zürich 1969.
Kamper, Dietmar (Hg.): Abstraktion und Geschichte. München 1975.
Kamper, Dietmar: Geschichte und menschliche Natur. München 1973.
Kamper, Dietmar: Zur Geschichte der Einbildungskraft. München 1981.
Kandinsky, Wassilij: Essays über Kunst und Künstler. Stuttgart 1955.
Kandinsky, Wassilij: l'art ‚concret'. In: XXe Siècle. 1.1938.
Kandinsky, Wassilij: Punkt und Linie zu Fläche. München 1925.
Kandinsky, Wassilij: Über das Geistige in der Kunst. Bern-Bümpliz 1963[7].
Kant, Immanuel: Studienausgabe. Hg. v. Wilhelm Weischedel. 6 Bde. Darmstadt 1975.
Kantzenbach, Friedrich Wilhelm: Christentum in der Gesellschaft. Grundlinien der Kirchengeschichte. Teil 1: Alte Kirche und Mittelalter. Teil 2: Reformation und Neuzeit. Hamburg 1975.
Karbusicky, Vladimir: Widerspiegelungstheorie und Strukturalismus. Zürich 1973.
Kardiner, Abram/Preble, Edward: Wegbereiter der modernen Anthropologie. Frankfurt a. M. 1973.
Karpa, Oskar: Kunst jenseits der Kunst. Göttingen 1963.
Kaschnitz-Weinberg, Guido: Römische Kunst. 4 Bde. Reinbek 1967.
Katz, Jerrold J.: Die Philosophie der Sprache. Frankfurt a. M. 1971.
Kaulbach, Friedrich: Einführung in die Metaphysik. Darmstadt 1972.
Kaulbach, Friedrich: Philosophie der Beschreibung. Köln 1968.
Kaulbach, Friedrich: Der philosophische Begriff der Bewegung. Köln 1965.
Kayser, Wolfgang: Entstehung und Krise des modernen Romans. Stuttgart 1960[3].
Kayser, Wolfgang: Der Vers in der neueren deutschen Dichtung. Stuttgart 1970.
Kayser, Wolfgang: Das Groteske in Malerei und Dichtung. Reinbek 1964.
Kehrer, Günter: Religionssoziologie. Berlin 1968.
Kellenbenz, Hermann: Der Merkantilismus und die soziale Mobilität in Europa. Wiesbaden 1965.
Keller, Wilhelm: Einführung in die philosophische Anthropologie. Bern-München 1971.
Kemper, Hans-Georg: Gottesebendildlichkeit und Naturnachahmung im Säkularisierungsprozeß. 2 Bde. Tübingen 1981.

Kerenyi, Karl: Die Religion der Griechen und Römer. Stuttgart 1960.
Kessler, Alfred S./Schöpf, Alfred/Wild, Christoph: Erfahrung. In: Krings, Handbuch II, 373-386.
Keßler, Eckhard (Hg.): Theoretiker humanistischer Geschichtsschreibung. München 1971.
Keßler, Eckhard: Petrarca und die Geschichte. München 1977.
Kibéd, Alexander V. v.: Vernunft und Moral. Über die Grundbegriffe der Ethik. München 1973.
Kilminster, Richard: Zur Utopiediskussion aus soziologischer Sicht. In: Voßkamp, Utopie I, 64-96.
Killy, Walther (Hg.): Ars poetica. Texte zur Theorie der Lyrik vom Barock bis zum Expressionismus. München 1978.
Killy, Walther (Hg.): Epochen der deutschen Lyrik. 10 Bde. München 1969-81.
Killy, Walther: Lyrik: In: Fischer-Lexikon Literaturwissenschaft II/1. Frankfurt a. M. 1965, 333-347.
Kimmerle, Heinz: Die Bedeutung der Geisteswissenschaften für die Gesellschaft. Stuttgart 1972.
Kindermann, G.K.: Kulturen im Umbruch. Freiburg 1962.
Kirchgässner, Werner: Probleme der Einheit von Rationalem und Emotionalem im Erkenntnisprozeß. Berlin 1971.
Kirchner, Gottfried: Fortuna in Dichtung und Emblematik des Barock. Stuttgart 1970.
Kirchner, Hartmut (Hg.): Deutsche Sonette. Stuttgart 1979.
Kirn, Paul: Das Bild des Menschen in der Geschichtsschreibung von Polybios bis Ranke. Göttingen 1955.
Klassen, Rainer: Logik und Rhetorik der frühen deutschen Aufklärung. Augsburg 1974.
Klaus, Georg: Semiotik und Erkenntnistheorie. München 1973[4].
Klaus, Manfred/Buhr, Georg (Hg.): Marxistisch-leninistisches Wörterbuch der Philosophie. 3 Bde. Reinbek 1972.
Klein, Ernst: Die englischen Wirtschaftstheoretiker des 17. Jahrhunderts. Darmstadt 1973.
Klein, Hans-Dieter: Vernunft und Wirklichkeit. 2 Bde. München 1974.
Klein, Karl Kurt (Hg.): Die Lieder Oswalds von Wolkenstein. Tübingen 1962[2].
Kleist, Heinrich von: Sämtliche Werke Hg. v. Helmut Sembdner. München 1983[7].
Klieme, Günter: Haym, Rudolf: ‚Romantische Schule'. Leipzig 1969.
Klopstock, Friedrich Gottlieb: Ausgewählte Werke. Hg. v. Karl August Schleiden. München 1962 u.ö.
Klotz, Volker: Die erzählte Stadt. München 1969.
Klotz, Volker: Geschlossene und offene Form im Drama. München 1975[7] (1969[1]).
Klotz, Volker: Jugendstil in der Lyrik. In: Akzente 4.1957, 26-34.
Kluckhohn, Paul: Das Ideengut der deutschen Romantik. Tübingen 1966[5].
Kluckhohn, Paul: Literaturgeschichte, Literaturwissenschaft, Dichtungswissenschaft. In: DVjs 26.1957, 112-118.
Klüber, Jürgen: Operationalismus. Kritik und Geschichte einer Philosophie der exakten Wissenschaften. Stuttgart 1971.
Kluxen, Kurt: Vorlesungen zur Geschichtstheorie. Paderborn 1974.
Knapp, Fritz Peter: Hartmann von Aue und die Tradition der platonischen Anthropologie im Mittelalter. In: DVjs 46.1972. H. 2, 213-247.
Knilli, Friedrich (Hg.): Semiotik des Films. München 1974.
Knüfer, Carl: Grundzüge der Geschichte des Begriffs „Vorstellung" von Wolff bis Kant. Halle 1911.
Kobbe, Peter: Mythos und Modernität. Stuttgart 1973.
Koberstein, August: Grundriß zur Geschichte der National-Litteratur. Leipzig 1827.
Koch, Walter A. (Hg.): Perspektiven der Linguistik. Stuttgart 1973.
Kocka, Jürgen: Sozialgeschichte. Göttingen 1977.
Kocka, Jürgen/Nipperdey, Thomas (Hg.): Theorie und Erzählung in der Geschichte. München 1979.
Köhn, Lothar: Überwindung des Historismus. In: DVjs 49.1975. H. 1, 9-165.
König, Josef: Sein und Denken. Studien im Grenzgebiet von Logik, Ontologie und Sprachphilosophie. Tübingen 1969[2].
König, Johann Ulrich: s. Canitz.
König, Marie E.P.: Am Anfang der Kultur – Die Zeichensprache des frühen Menschen. Berlin 1973[2].
König, René: Geschichte und Sozialstruktur. Überlegungen bei Gelegenheit der Schriften von Rolf Engelsing zur Lesergeschichte. In: IASL 2.1977, 134-143.

Körner, Stephan: Philosophie der Mathematik. München 1968.
Kofler, Leo: Abstrakte Kunst und absurde Literatur. Ästhetische Marginalien. Wien – Frankfurt a. M. 1970.
Kofler, Leo: Aggression und Gewissen. München 1973.
Kofler, Leo: Geschichte und Dialektik. Hamburg 1955.
Kofler, Leo: Zur Geschichte der bürgerlichen Gesellschaft. Neuwied u. Berlin 1974[5].
Kohlschmidt, Werner: Form und Innerlichkeit. Beiträge zur Geschichte und Wirkung der deutschen Klassik und Romantik. Bern – München 1955.
Kohlschmidt, Werner: Drama. In: RL I, 289-310.
Kohn, Harry E.: Zur Theorie der Aufmerksamkeit. Hildesheim 1965.
Koischwitz, Otto: Die Literaturgeschichte des Dichters Eichendorff. In: Dichtung und Forschung. Festschrift für Emil Ermatinger. 1933, 128-137.
Kolb, Herbert: Der Begriff der Minne und das Entstehen der höfischen Lyrik. Tübingen 1958.
Kolbe, Jürgen (Hg.): Neue Ansichten einer künftigen Germanistik. München 1973.
Kondylis, Panajotis: Die Aufklärung im Rahmen des neuzeitlichen Rationalismus. Stuttgart 1981.
Kondylis, Panajotis: Die Entstehung der Dialektik. Stuttgart 1979.
Koopmann, Helmut: Das Junge Deutschland. Stuttgart 1970.
Kopper, Joachim: Einführung in die Philosophie der Aufklärung. Darmstadt 1979.
Korff, Hermann August: Geist der Goethe-Zeit. 5 Bde. Leipzig 1923-1953.
Korsch, Karl: Die materialistische Geschichtsauffassung. Leipzig 1929.
Koselleck, Reinhart/Lutz, Heinrich/Rüsen, Jörn: Formen der Geschichtsschreibung. München 1982.
Koselleck, Reinhart/Mommsen, Wolfgang J./Rüsen, Jörn (Hg.): Objektivität und Parteilichkeit, München 1977.
Koselleck, Reinhart: Kritik und Krise. Frankfurt a. M. 1979[3].
Koselleck, Reinhart: Vergangene Zukunft. Frankfurt a. M. 1979. Koselleck, Reinhardt/Meier, Christian: Fortschritt. In: Brunner/Conze/Koselleck: Geschichtliche Grundbegriffe II, 351-423.
Koselleck, Reinhart/Stempel, Wolf-Dieter (Hg.): Geschichte – Ereignis und Erzählung. München 1973.
Kosík, Karl: Dialektik des Konkreten. Frankfurt a. M. 1973.
Koyré, Alexandre: Von der geschlossenen Welt zum unendlichen Universum. Frankfurt a. M. 1969.
Kracauer, Siegfried: Geschichte – Vor den letzten Dingen. Frankfurt a. M. 1973.
Krader, Lawrence: Ethnologie und Anthropologie bei Marx. München 1973.
Krämer, Hans: Zum neuen Platon-Bild. In: DVjs 55.1981. H. 1, 1-18.
Krämer, Hans: Platonismus und hellenistische Philosophie. Berlin 1971.
Krapf, Ludwig/Wagenknecht, Christian (Hg.): Stuttgarter Hoffeste. Tübingen 1977.
Krause, Christian Friedrich: Von der musikalischen Poesie. Berlin 1752.
Krause, Siegfried: Das Problem des Irrationalen in Lessings Poetik. Köln 1962.
Krauss, Werner: Zur Anthropologie des 18. Jarhhunderts. München 1979.
Kreutzer, Hans-Joachim: Der Mythos vom Volksbuch. Stuttgart 1976.
Kreutzer, Hans-Joachim: Nachwort in: Robert E. Prutz. Geschichte des deutschen Journalismus. 1. Teil 1845. Ndr. Göttingen 1970.
Kreuz, Reinhard G.: Überleben und gutes Leben. In: DVjs 52.1978. H. 2, 173-208.
Kreuzer, Helmut/Hamburger, Käte: Gestaltungsgeschichte und Gesellschaftsgeschichte. Stuttgart 1969.
Kreuzer, Helmut (Hg.): Literarische und naturwissenschaftliche Intelligenz. Stuttgart 1969.
Krings, Hermann/Baumgartner, Hans Michael/Wild, Christoph (Hg.): Handbuch philosophischer Grundbegriffe. 6 Bde. Kempten 1973 f.
Krings, Hermann: Transzendentale Logik. Kempten/München 1964.
Krohn, Wolfgang: Francis Bacon. In: Höffe, Klassiker I, 262-279.
Krohn, Wolfgang/Böhme, Gernot/Daele, Wolfgang von den: Die Finalisierung der Wissenschaft. In: Diederich, Wissenschaftsgeschichte, 276-311.
Krohn, Wolfgang/Daele, Wolfgang von den/Böhme, Gernot (Hg.): Experimentelle Philosophie. Frankfurt a. M. 1977.
Krüger, Gerhard: Freiheit und Weltverwaltung. Freiburg 1958.

Krüger, Renate: Das Zeitalter der Empfindsamkeit. Kunst und Kultur des späten 18. Jahrhunderts in Deutschland. Leipzig u. Wien, München 1972.
Kruse, Frederik Vinding: Erkenntnis und Wertung. Berlin 1960.
Kuczynski, Jürgen: Wissenschaft und Gesellschaft. Berlin 1975[3].
Kühlmann, Wilhelm: Gelehrtenrepublik und Fürstenstaat. Tübingen 1982.
Kuenburg, M.: Über Abstraktionsfähigkeit und die Entstehung der Relationen beim vorschulpflichtigen Kinde. In: Zs. für angewandte Psychologie. 1920, 17.
Küntzel, Heinrich: Über Wilhelm Diltheys Begriffe der Struktur und des Erlebnisausdrucks. In: DVjs 47.1973. H. 1, 1-25.
Kühn, Herbert: Frühe und späte Abstrakte. München 1965.
Künne, Wolfgang: Abstrakte Gegenstände. Frankfurt a. M. 1980.
Kürnberger, Ferdinand: Gesammelte Werke. Bd. 1: Siegelringe. Eine Sammlung politischer und kirchlicher Feuilletons. München und Leipzig 1910.
Kuhlmann, Quirinus: Der Kühlpsalter. Hg. v. Heinz Ludwig Arnold. Stuttgart 1973.
Kuhn, Helmut: Schriften zur Ästhetik. Kempten/München 1966.
Kuhn, Hugo: Stil als Epochen-, Gattungs- und Wertproblem in der Literatur des Mittelalters. Auch in: Kuhn, Hugo: Dichtung und Welt im Mittelalter. Stuttgart 1959, 62-69.
Kuhn, Hugo: Text und Theorie. Stuttgart 1969.
Kuhn, Hugo: Soziale Realität und dichterische Fiktion am Beispiel der höfischen Ritterdichtung Deutschland. In: H.K.: Dichtung und Welt im Mittelalter. Stuttgart 1959, 22-40.
Kuhn, Thomas S.: Die Entstehung des Neuen. Hg. v. L. Krüger, Frankfurt a. M. 1978.
Kuhn, Thomas S.: Die Struktur wissenschaftlicher Revolutionen. Frankfurt a. M. 1967.
Kulenkampff, Arend: Antionomie und Dialektik. Zur Funktion des Widerspruchs in der Philosophie. Stuttgart 1970.
Kulenkampff, Arend: Evidenz. In: Krings, Handbuch II, 425-436.
Kulenkampff, Arend: Methodologie der Philosophie. Darmstadt 1979.
Kurz, Gerhard: Die schwierige Metapher. In: DVjs 52.1978. H. 4, 544-557.
Kurz, Wilhelm: Formen der Versepik in der Biedermeierzeit. Diss. Tübingen 1959.
Kutschera, Franz von: Sprachphilosophie. München 1975[2].
Kutschera, Franz von: Wissenschaftstheorie. München 1972.

Lämmert, Eberhard: Das expresionistische Verkündigungsdrama. In: Steffen, Expressionismus, 138-156.
Lämmert, Eberhard u. a. (Hg.): Romantheorie – Dokumentation ihrer Geschichte in Deutschland 1620-188. Köln 1971.
Lakatos, Imre/Musgrave, Alan: Kritik und Erkenntnisfortschritt. Braunschweig 1974.
Landmann, Michael: Die absolute Dichtung. Stuttgart 1963.
Landmann, Michael: De homine. Der Mensch im Spiegel seines Gedankens. Freiburg 1962.
Landmann, Michael: Entfremdende Vernunft. Stuttgart 1975.
Landmann, Michael: Erkenntnis und Problem. Berlin 1951.
Landmann, Michael: Philosophische Anthropologie. Menschliche Selbstdeutung in Geschichte und Gegenwart. Berlin 1969[3].
Landsberg, Paul Ludwig: Einführung in die Philosophische Anthropologie. Frankfurt a. M. 1960[2].
Langacker, Ronald W.: Sprache und ihre Struktur. Grundbegriffe der Linguistik. Tübingen 1976[2].
Lange, Friedrich Albert: Geschichte des Materialismus und Kritik seiner Bedeutung in der Gegenwart. Einl. v. Alfred Schmidt, Frankfurt a. M. 1974.
Lange, Samuel Gotthold: Oden Davids oder poetische Uebersetzung der Psalmen. Halle 1746.
Lange, Victor: Ausklang des 18. Jahrhunderts. In: Kohlschmidt, Werner (Hg.): Spätzeiten und Spätzeitlichkeit. Bern/München 1962.
Lange, August: Anschauungsformen in der deutschen Dichtung des 18. Jahrhunderts. Rahmenschau und Rationalismus. Darmstadt 1968 (1934[1]).
Lange, August: Der Wortschatz des deutschen Pietismus. Tübingen 1967[2].
Laporte, Jean: Le probleme de l'abstraction. Paris 1940.
Laskowski, Wolfgang (Hg.): Geisteswissenschaft und Naturwissenschaft. Berlin 1970.

Lasson, Adolf: System der Rechtsphilosophie. Berlin 1967.
Lausberg, Heinrich: Handbuch der literarischen Rhetorik. München 1973².
Lay, Rupert: Grundzüge eienr komplexen Wissenschaftstheorie. 2 Bde. Frankfurt a. M. 1971.
Lazarowicz, Klaus: ‚Verkehrte Welt'. Vorstudien zu einer Geschichte der deutschen Satire. Tübingen 1963.
Lec, Stanislaw Jerzy: Spätlese unfrisierter Gedanken. Aphorismen. München 1976.
Lee, Latherine Inez: Wilhelm Scherer's Goethe criticism. Diss. Stanford University 1971.
Lefébvre, Henri: Einführung in die Moderne. Frankfurt 1976.
Leibniz, Gottfried Wilhelm: Studienausgabe. Hg. v. Hans Heinz Holz. 5 Bde. Darmstadt 1965.
Leibniz, Gottfried Wilhelm: Politische Schriften. Hg. v. Hans Heinz Holz. 2 Bde. Frankfurt a. M. – Wien 1967.
Leinfellner, Werner: Einführung in die Erkenntnis- und Wissenschaftstheorie. Mannheim 1967.
Leinfellner, Werner: Struktur und Aufbau wissenschaftlicher Theorien. Würzburg 1965.
Leinweber, Adolph: Gibt es ein Naturrecht? Berlin 1972.
Lenau, Nikolaus: Sämtliche Werke und Briefe. Hg. v. Walter Dietze. 2 Bde. Leipzig 1970.
Lenk, Hans: Kritik der logischen Konstanten. Berlin 1968.
Lenk, Hans: Neue Aspekte der Wissenschaftstheorie. Braunschweig 1971.
Lenk, Hans: Philosophie im technologischen Zeitalter. Stuttgart 1972².
Lenk, Hans/Moser, Simon (Hg.): Techne – Technik – Technologie. Philosophische Perspektiven. München-Pullach 1973.
Lenk, Kurt (Hg.): Ideologie, Ideologiekritik und Wissenssoziologie. Darmstadt 1972⁶.
Lennartz, Renate: Abstrakte Kunst. Eine Einführung. Köln 1960.
Leonhard, Kurt: Die heilige Fläche. Gespräche über moderne Kunst. Stuttgart 1966.
Lepenies, Wolf: Das Ende der Naturgeschichte. München 1976.
Lepenies, Wolf/Nolte, Helmut: Kritik der Anthropologie. München 1971.
Lepenies, Wolf: Melancholie und Gesellschaft. Frankfurt a. M. 1969.
Lepenies, Wolf: Das Ende der Naturgeschichte. München 1976.
Lepenies, Wolf: Soziologische Anthropologie. München 1971.
Leroy, V.M.: Abstraction et separation d'après un texte controversé de s. Thomas, In: Rev. thom. 48. 1948.
Lessing, Gotthold Ephraim: Werke. Hg. v. Herbert G. Göpfert. 8 Bde. München 1970-79.
Lester, P.: L'Anthropologie. In: M. Daumas (Hg.): Histoire de la Science. Paris 1963.
Leuner, Barbera: Emotion und Abstraktion. Eine Sammlung psychodynamischer Studien. Köln 1967.
Lewalter, Ernst: Spanische-jesuitische und deutsch-lutherische Metaphysik. Eine Beitrag zur Geschichte der iberisch-deutschen Kulturbeziehungen und der Vorgeschichte des deutschen Idealismus. Hamburg 1935. Ndr. Darmstadt 1967.
Lexikon des Mittelalters. Zürich/München 1977 ff.
Lyons, John: Einführung in die moderne Linguistik. München 1975.
Lichtenberg, Georg Christoph: Schriften und Briefe. Hg. v. Wolfgang Promies, 6 Bde. München 1967 ff.
Lindner, Johann Gotthelf: Kurzer Inbegriff der Aesthetik, Redekunst und Dichtkunst. 2 Tle. Königsberg und Leipzig 1771 f.
Lindner, Johann Gotthelf: Lehrbuch der schönen Wissenschaften, insonderheit der Prose und Poesie. 2 Tle. Königsberg und Leipzig 1767 f.
Link, Hannelore: Abstraktion und Poesie im Werk des Novalis. Stuttgart 1971.
Link, Hannelore: Rezeptionsforschung. Stuttgart 1980².
Lippe, Rudolf zur: Naturbeherrschung am Menschen. Frankfurt a. M. 1981.
Literaturwissenschaft und Sozialwissenschaft III: Deutsches Bürgertum und literarische Intelligenz 1750 – 1800. Hg. v. H. Freier u. a. Stuttgart 1974.
Litt, Theodor: Ethik der Neuzeit (1931). Ndr. München 1976.
Litt, Theodor: Naturwissenschaft und Menschenbildung. Heidelberg 1968⁵.
Litt, Theodor: Technisches Denken und menschliche Bildung. Heidelberg 1969⁴.
Liwerski, Ruth: Ein Beitrag zur Sonett-Ästhetik des Barock. Das Sonett der Catharina Regina von Greiffenberg. In: DVjs 49.1975. H. 2, 215-264.

Locke, John: Versuch über den menschlichen Verstand. Hamburg 1968.
Loewenthal, Erich (Hg.): Sturm und Drang. Kritische Schriften. Heidelberg 1949.
Löwith, Karl: Weltgeschichte und Heilsgeschehen. Stuttgart 1973[6].
Logstrup, K.E.: Ästhetische Erfahrung in Dichtung und bildender Kunst. In: Gadamer/Vogler, Anthropologie. IV, 287-320.
Lohenstein, Daniel Caspar von: Sämtliche Trauerspiele. Hg. v. Klaus G. Just. 3 Bde. Stuttgart 1953-57.
Lonergan, B.J.F.: The Concept of Verbum in the Writings of St. Thomas Aquinas. IV. Verbum and Abstraction. In: Theol. Stud. 10.1949, 3-40.
Lorenzen, Paul: Einführung in die operative Logik und Mathematik. Berlin 1955.
Lorenzen, Paul: Formale Logik. Berlin 1967[3].
Lorenzen, Paul: Konstruktive Wissenschaftstheorie. Frankfurt a. M. 1974.
Lorenzen, Paul: Das menschliche Fundament der Mathematik. In: Gadamer/Vogler: Anthropologie. VII, 252-263.
Lorenzen, Paul: Metamathematik. Mannheim 1962.
Lorenzen, Paul: Methodisches Denken. Frankfurt a. M. 1968.
Lotze, Reinhold/Sihler, Hans: Das Weltbild der Naturwissenschaft. Stuttgart 1954.
Loux, Michael J.: Universals and particulars. London 1976.
Lovejoy, Arthur O./Boas, George: A Documentary History of Primitivism and Related Ideas in Antiquity with Supplementary Essays by W.F. Albright and P.E. Dumont in: Contributions to the History of Primitivism. Baltimore 1935.
Luckmann, Thomas: Allgemeine Strukturen und geschichtliche Wandlungen. Paderborn 1979.
Ludwig, Gottfried: Teutsche Poesie dieser Zeit/Vor die studirende Jugend. Leipzig 1703.
Ludwig, Otto: Romane und Romanstudien. Hg. v. William J. Lillyman. München 1977.
Ludwig, Otto: Gesammelte Schriften. 5. Bde.: Shakespeare-Studien. Leipzig 1891.
Lubbe, Hermann: Säkularisierung. Freiburg 1975.
Lüthi, Walter: Ein Beitrag zur Geschichte der Stimmungen im 18. Jahrhundert. Zürich 1951.
Luhmann, Niklas: Funktion der Religion. Frankfurt a. M. 1977.
Luhmann, Niklas: Gesellschaftsstruktur und Semantik. Frankfurt a. M. 1980.
Luhmann, Niklas: Soziale Systeme. Frankfurt a. M. 1987.
Luhmann, Niklas: Zweckbegriff und Systemrationalität über die Funktion von Zwecken in sozialen Systemen. Tübingen 1968.
Lukács, Georg: Ästhetik. 4 Tle. Neuwied 1972.
Lukács, Georg: Beiträge zur Geschichte der Ästhetik. Berlin 1954.
Lukács, Georg: Heidelberger Philosophie der Kunst (1912-14). Darmstadt 1974.
Lukács, Georg: Probleme des Realismus. 2 Tle. Darmstadt 1964.
Lukács, Georg: Über die Besonderheit als Kategorie der Ästhetik. Neuwied und Berlin 1967.
Lukács, Georg: Die Seele und die Formen. Essays. Darmstadt 1971.
Lukács, Georg: Skizze einer Geschichte der neueren christlichen Literatur. Neuwied und Berlin 1963.
Lukács, Georg: Theorie des Romans. Neuwied und Berlin 1975.
Lupasco, Stéphane: Naturwissenschaft und abstrakte Kunst. Stuttgart 1967.
Lurker, Manfred: Der Kreis als Symbol. Tübingen 1981.
Lutze, Klaus: Georg Gottfried Gervinus: Seine politische Ideenwelt. Berlin 1956.
Lypp, Bernhard: Ästhetischer Absolutismus und politische Vernunft. Frankfurt a. M. 1972.

MacPherson, C.B.: Die politische Theorie des Besitz-Individualismus. Von Hobbes bis Locke. Frankfurt 1974.
Mähl, Hans-Joachimn: Die Idee des goldenen Zeitalters im Werk des Novalis. Heidelberg 1965.
Männling, Johann Christoph: Poetischer Blumen-Garten. Breslau 1717.
Männling, Johann Christoph: Poetisches Lexicon. Frankfurt u. Leipzig 1719[2].
Männling, Johann Christoph: Der Europaeische Helicon. Oder Musen=Berg/Das ist kurtze und deutliche Anweisung zu der Deutschen Dicht=Kunst. Stettin 1704.
Mahnke, Dietrich: Leibnizens Synthese von Universalmathematik und Individualmetaphysik. Halle 1925.

Maier, Rudolf Nikolaus: Paradies der Weltlosigkeit. Untersuchungen zur abstrakten Dichtung seit 1909. Stuttgart 1964.
Maimon, Salomon: Gesammelte Werke. Hg. v. V. Verra. 6 Bde. Hildesheim 1965 ff.
Maler, Anselm: Versepos. In: Grimminger, Sozialgeschichte III, 365-422.
Malewitsch, Kasimir: Suprematismus. Die gegenstandslose Welt. Köln 1962.
Malinowski, Bronislaw: Eine wissenschaftliche Theorie der Kultur u. a. Aufsätze. Frankfurt a. M. 1975.
Malter, Rudolf: Art. ‚Ideal' in: Krings Handbuch III, 701-708.
Mann, Ulrich: Das Christentum als absolute Religion. Darmstadt 1974[3].
Mann, Ulrich: Einführung in die Religionsphilosophie. Darmstadt 1970.
Mann, Ulrich (Hg.): Theologie und Religionswissenschaft. Der gegenwärtige Stand ihrer Forschungsergebnisse und Aufgaben im Hinblick auf ihr gegenseitiges Verhältnis. Ein Sammelband. Darmstadt 1973.
Mannack, Eberhard (Hg.): Die Pegnitzschäfer. Nürnberger Barockdichtung. Stuttgart 1968.
Mannheim, Karl: Ideologie und Utopie. Frankfurt a. M. 1964[5].
Mannheim, Karl: Die Bedeutung der Konkurrenz im Gebiete des Geistigen. In: Meja/Stehr, Band I, 325-370.
Mannheim, Karl: Wissenssoziologie. Neuwied 1964.
Mantaner, Antonio (Hg.): Geschichte der Volkswirtschaftslehre, Köln 1974.
Marc, Franz: Briefe, Aufzeichnungen und Aphorismen. Berlin 1920.
Marcuse, Herbert: Der eindimensionale Mensch. Studien zur Ideologie der fortgeschrittenen Industriegesellschaft. Neuwied 1968[4].
Marcuse, Herbert: Kultur und Gesellschaft. Frankfurt a. M. 1968 (1960[1]).
Marcuse, Herbert: Wider eine bestimmte materialistische Ästhetik. München 1976.
Marett, R.R. (Hg.): Die Anthropologie und die Klassiker. Heidelberg 1910.
Markwardt, Bruno: Drama. Theorie. In: RL I, 278-288.
Markwardt, Bruno: Geschichte der deutschen Poetik. 3 Bde. Berlin 1937-58.
Markwardt, Bruno: Lyrik. In: RL II, 240-252.
Marouzeau, J.: Naissance abstraits. In: Humanitas VII-VIII. 1955/56, 148-150.
Marquard, Odo: Kompensation. Überlegungen zu einer Verlaufsfigur geschichtlicher Prozesse. In: Faber/Meier, Theorie der Geschichte, 330-362.
Marquard, Odo: Schwierigkeiten mit der Gechichtsphilosophie. Frankfurt a. M. 1973.
Marrou, Henri-Irénée: Über die historische Erkenntnis. Freiburg 1973.
Martens, Ekkehard (Hg.): Texte des Pragmatismus. Stuttgart 1975.
Martens, Wolfgang: Die Botschaft der Tugend. Stuttgart 1968.
Martin, Alfred von: Soziologie der Renaissance. München 1974[3].
Martin, Gottfried: Allgemeine Metaphysik. Ihre Probleme und ihre Methode. Berlin 1965.
Martinet, André (Hg.): Linguistik. Ein Handbuch. Stuttgart 1973.
Martinet, André: Grundzüge der Allgemeinen Sprachwissenschaft. Stuttgart 1971.
Martinez-Bonati, Felix: Die logische Struktur der Dichtung. In: DVjs. 47.1973. H. 2, 185-200.
Martini, Fritz: Deutsche Literatur im bürgerlichen Realismus 1848-1898. Stuttgart 1962.
Martini, Fritz: Der Bildungsroman. In: DVjs 35.1961, 44-63.
Martini, Fritz: Poetik. In: Deutsche Philologie im Aufriß. Hg. v. Wolfgang Stammler. Bd. 1. Berlin 1957[2].
Martini, Fritz: Geschichte und Poetik des Romans. In: DU 1951. H. 3, 86-99.
Martini, Fritz: Wandlungen und Formen des gegenwärtigen Romans.
Martino, Alberto u. a. (Hg.): Literatur in der sozialen Bewegung. Tübingen 1977.
Martius, J.B.: Die Funktion des Mensch-Tier-Vergleichs in der philosophischen Anthropologie. Göppingen 1973.
Marty, Anton: Untersuchungen zur Grundlegung der allgemeinen Grammatik und Sprachphilosophie. Hildesheim 1972.
Marx, Werner: Absolute Reflexion und Sprache. Frankfurt a. M. 1967.
Mason, Stephen F.: Geschichte der Naturwissenschaft. Stuttgart 1974[2].
Matt, Peter von: ... fertig ist das Angesicht. Zur literarischen Physiognomie. München 1983 (zit. nach Ms.).
Matt, Peter von: Literaturwissenschaft und Psychoanalyse. Freiburg 1972.

Mattenklott, Gert: Melancholie in der Dramatik des Sturm und Drang. Stuttgart 1968.
Matthes, Joachim: Einführung in die Religionssoziologie. 2 Bde. Reinbek 1967/69.
Maurer, Reinhart: Revolution und ‚Lehre'. Studien zum Problem gesellschaftlicher Naturbeherrschung. Frankfurt a. M. 1975.
Maurer, Reinhart: Art. ‚Entfremdung'. In: Krings, Handbuch II, 348-60.
Mauss, Marcel: Soziologie und Anthropologie. München 1974 f.
Mauthner, Fritz: Beiträge zu eine Kritik der Sprache. 3 Bde. Hildesheim 1967-69.
Mauthner, Fritz: Wörterbuch der Philosophie. München/Leipzig 1910. Ndr. München 1982.
Mayer, Charles Leopold: Von der Bestimmung des Menschen. Frankfurt a. M. 1967.
Mayer, Hans (Hg.): Deutsche Literaturkritik. 4 Bde. Frankfurt a. M. 1978.
Mead, George H.: Geist, Identität und Gesellschaft. Frankfurt a. M. 1973.
Mead, George H.: Philosophie der Sozialität. Frankfurt a. M. 1969.
Mecklenburg, Norbert/Müller, H.: Erkenntnisinteresse und Literaturwissenschaft. Stuttgart 1974.
Medawar, P.B.: Die Einmaligkeit des Individuums. Frankfurt a. M. 1969.
Meier, Christian: Fragen und Thesen zu einer Theorie historischer Prozesse. In: Faber/Meier, Theorie der Geschichte, 11-66.
Meier, Georg Friedrich: Untersuchung einiger Ursachen des verdorbenen Geschmacks der Deutschen, in Absicht auf die schönen Wissenschaften. Halle 1746.
Meier, Georg Friedrich: Beurtheilung der Gottschedischen Dichtkunst. Halle 1747.
Meier, Georg Friedrich: Anfangsgründe aller schönen Wissenschaften. Theil 1-3. Halle 1748-50.
Meier, Georg Friedrich: Betrachtungen über den ersten Grundsatz aller schönen Künste und Wissenschaften. Halle 1757.
Meinecke, Friedrich: Die Idee der Staatsräson in der neueren Geschichte. Hg. u. eingel. v. Walther Hofer. München 1963[3].
Meiners, Christoph: Grundriß der Theorie und Geschichte der schönen Wissenschaften. Lemgo 1787.
Meinhold, Peter: Geschichte der kirchlichen Historiographie. Freiburg 1967. 2 Bde.
Meißner, Alfred: Ziska. Gesänge. Leipzig 1852[5].
Meja, Volker/Stehr, Nico (Hg.): Der Streit um die Wissenssoziologie. 2 Bde. Frankfurt a. M. 1982.
Mencke, Johann Burkhard: Philanders von der Linde Vermischte Gedichte... nebst einer ausführlichen Unterredung von der Deutschen Poesie und ihren unterschiedenen Arten enthalten. Leipzig 1710.
Mendelssohn, Moses: Gesammelte Schriften. Jubiläums-Ausgabe. Hg. v. I. Elbogen, J. Guttmann, E. Mittwoch. Darin: Schriften zur Philosophie und Ästhetik. Bearb. v. Fritz Bamberger und Leo Strauss. Bd. I-III. Berlin 1929-32.
Menne, Albert: Einführung in die Logik. Bern und München 1966.
Mensching, Günther: Totalität und Autonomie. Untersuchungen zur philosophischen Gesellschaftstheorie des französischen Materialismus. Frankfurt a. M. 1971.
Mercier, André: Erkenntnis und Wirklichkeit. Bern/München 1968.
Mercier, Georges: L'Art abstrait dans l'art sacre. Paris 1964.
Mercier, P.: Histoire de l'anthropologie. Paris 1966.
Merlan, P.: Abstraction and Metaphysics in St. Thomas' Summa. In: Journal of the History of Ideas 14.1953, 284-291.
Metz, Peter: Abstrakte Kunst und Kirche. Nürnberg 1954.
Metzner, Joachim: die Bedeutung physikalischer Gesetze für die Literatur. In: DVjs. 53.1979. H. 1, 1-34.
Meyer, Reinhart: Von der Wanderbühne zum Hof- und Nationaltheater. In: Grimminger, Sozialgeschichte III, 186-218.
Meyer, Herman: Über den Begriff ‚Struktur' in der Dichtung. In: NDH 92.1963, 9-19.
Michael, Wolfgang F.: Das deutsche Drama und Theater vor der Reformation. Ein Forschungsbericht. In: DVjs 47.1973. Sonderheft, 1-47.
Michel, Henry: L'idée de l'état. Nachdr. der Ausg. Paris 1896. Hildesheim 1973.
Michel, Willy: Marxistische Ästhetik – Ästhetischer Marxismus. Georg Lukács' Realismus, Das Frühwerk. 2 Bde. Frankfurt a. M. 1971 f.
Michelet, Carl Ludwig: Anthropologie und Psychologie oder die Philosophie des subjektiven Geistes, Ndr. Berlin 1970.

Mikkola, Eino: Die Abstraktion. Begriff und Struktur. Helsinki 1964.
Mills, C. Wright: Kritik der soziologischen Denkweise. Neuwied 1963.
Minder, Robert: Glaube, Skepsis und Rationalismus. Frankfurt a. M. 1973.
Minder, Robert: Das Wesen der Gemeinschaft in der deutschen und in der französischen Literatur. Wiesbaden 1953.
Des Minnesangs Frühling: Nach Karl Lachmann, Moritz Haupt und Friedrich Vogt, mitausgeführt v. Carl von Kraus, Stuttgart 1970[35].
Mittelstraß, Jürgen: Die Möglichkeit von Wissenschaft. Frankfurt a. M. 1974.
Mittelstraß, Jürgen: Neuzeit und Aufklärung. Berlin 1970.
Mittenzwei, Werner: Gestalten und Gestaltung im modernen Drama. Berlin 1970.
Mog, Paul: Ratio und Gefühlsskultur. Tübingen 1976.
Mon, Franz: An einer Stelle die Gleichgültigkeit durchbrechen. In: Akzente 8.1961, 27-32.
Montague, Richard/Schnelle, Helmut: Universale Grammatik. Braunschweig 1972.
Moore, George Eduard: Grundprobleme der Ethik. München 1975.
Moore, George Edward: Eine Verteidigung des Common Sense. Frankfurt a. M. 1969.
Moraux, Paul: Alexandre d'Aphrodise, Lüttich 1942.
Moravia, Sergio: Beobachtende Vernunft. Philosophie u. Anthropologie in der Aufklärung. München 1973.
Morgan, Lewis H.: Die Urgesellschaft (1908) Ndr. Münster 1976.
Morhof, Daniel Georg: Unterricht Von Der Teutschen Sprache und Poesie. Kiel 1682.
Moritz, Karl Philipp: Andreas Hartknopf ... Hg. v. Hans Joachim Schrimpf. Stuttgart 1968.
Moritz, Karl Philipp: Anton Reiser. München 1970.
Moritz, Karl Philipp: Schriften zur Ästhetik und Poetik. Hg. v. Hans Joachim Schrimpf. Tübingen 1962.
Morris, Charles: Grundlagen der zeichentheorie. Ästhetik und Zeichentheorie. München 1975[2].
Morris, Charles W.: Zeichen Wert Ästhetik. Einl. v. A. Eschbach. Frankfurt a. M. 1975.
Moser, Simon: Metaphysik einst und jetzt. Kritische Untersuchungen zu Begriff und Ansatz der Ontologie. Berlin 1958.
Mühlmann, Wilhelm E.: Geschichte der Anthropologie. Frankfurt a. M. 1967[2].
Mühlmann, Wilhelm Emil/Müller, Ernst W. (Hg.): Kulturanthropologie. Köln 1972.
Müller, Günther: Über das Zeitgerüst des Erzählens. In: DVjs 24.1950, 1-31.
Müller, Günther: Morphologische Poetik. Gesammelte Aufsätze. Hg. v. Elena Müller. Ndr. Darmstadt 1968.
Müller, Günther: Über die Seinsweise von Dichtung. In: Müller, Poetik, 89-104.
Müller, Jan-Dirk: Deutsch-lateinische Panegyrik am Kaiserhof und die Entstehung eines neuen höfischen Publikums in Deutschland (zitiert nach Ms.).
Müller, Jan-Dirk: Funktionswandel ritterlicher Epik am Ausgang des Mittelalters (zitiert nach Ms.).
Müller, Jan-Dirk: Gattungstransformation und die Anfänge eines literarischen Marktes. Entwurf einer Theorie des frühen deutschen Prosaromans (zitiert nach Ms.).
Müller, Jan-Dirk: Held und Gemeinschaftserfahrung. Aspekte der Gattungstransformation im frühen deutschen Prosaroman am Beispiel des ‚Hug Schapler' (zitiert nach Ms.).
Müller, Jan-Dirk: Melusine in Bern. Zum Problem der „Verbürgerlichung" höfischer Epik im 15. Jahrhundert (zitiert nach Druckfahnen).
Müller, Jan-Dirk: Poet, Prophet, Politiker: Sebastian Brnt als Publizist und die Rolle der laikalen Intelligenz um 1500 (zitiert nach Druckfahnen).
Müller, Jan-Dirk: SIVRIT: Künec – man – eigenholt. Zur sozialen Problematik des Nibelungenliedes (zitiert nach Druckfahnen).
Müller, Karl Friedrich: Die literarische Kritik in der mittelhochdeutschen Dichtung und ihr Wesen (1933). Ndr. Darmstadt 1967.
Müller, Max: Philosophische Anthropologie. Hg. v. Wilhelm Weischedel mit einem Beitrag „Zur gegenwärtigen Anthropologie". Freiburg 1974.
Münch, Hans: Die gegenstandslose Kunst. Wien 1960.
Münkler, Herfried: Begründung und Begrenzung des neuzeitlichen Staates von Machiavelli bis Rousseau. In: Neue Politische Literatur. 26.1981. H. 4, 421-445.
Münzberg, Olav: Rezeptivität und Spontaneität. Frankfurt a. M. 1974.

Mukarovsky, Jan: Ästhetische Funktion, Norm und ästhetischer Wert als soziale Fakten. Hg. v. Schamschula. In: Kapitel aus der Ästhetik. Frankfurt a. M. 1970.
Mukarowsky/Eco/Lotman u. a.: Strukturelemente des Kunstwerks. Frankfurt a. M. 1975.
Mundt, Theodor: Aesthetik. Hg. v. Hans Dübel (1845). Ndr. Göttingen 1966.
Mundt, Theodor: Geschichte der Literatur der Gegenwart. Berlin 1842.
Muschg, Walter: Der Zauber der Abstraktion in der Dichtung. In: Euphorion 58.1964. H. 3, 225-242.

Narr, Karl J.: Beiträge der Urgeschichte zur Kenntnis der Menschennatur. In: Gadamer/Vogler, Anthropologie. IV, 3-62.
Nestle, Wilhelm: Vom Mythos zum Logos. Stuttgart 1975.
Neuendorff, Hartmut: Der Begriff des Interesses. Eine Studie zu den Gesellschaftstheorien von Hobbes, Smith und Marx. Frankfurt a. M. 1973.
Neukirch, Johann George: Anfangs=Gründe zur reinen Teutschen Poesie itziger Zeit. Halle 1724.
Neumann, Gerhard (Hg.): Deutsche Epigramme. Stuttgart 1980.
Neumann, Bernd: Identität und Rollenzwang. Zur Theorie der Autobiographie. Frankfurt a. M. 1970.
Neumann, Peter Horst: Der Preis der Mündigkeit. Über Lessings Dramen. Stuttgart 1972.
Neumeister, Erdmann: Die Allerneueste Art / zur Reinen und Galanten Poesie zu gelangen. Hg. v. Chr. Fr. Hunold-Menantes. Hamburg 1722.
Newald, Richard: Die deutsche Literatur vom Späthumanismus zur Empfindsamkeit (1570-1750). München 1967*6.
Newald, Richard: Von Klopstock bis zu Goethes Tod. 1750-1832. T. 1: Ende der Aufklärung und Vorbereitung der Klassik. München 1957.
Nicolai, Friedrich: Briefe über den itzigen Zustand der schönen Wissenschaften in Deutschland. Berlin 1755.
Nicolai, Heinz (Hg.): Sturm und Drang. Dichtungen und theoretische Texte. 2 Bde. München 1981.
Nietzsche, Friedrich: Werke, Hg. v. Giorgio Colli und Mazzino Montinari. 17 Bde. München 1981.
Nietzsche, Friedrich: Sämtliche Werke in 12 Bdn. Stuttgart 1965.
Nietzsche, Friedrich: Werke in 3 Bdn. Hg. v. Karl Schlechta, München 1973[7].
Nikolaus von Kues: Philosophisch-theologische Schriften. Lateinisch-deutsche Studien- und Jubiläumsausgabe. Hg. v. L. Gabriel, übersetzt und kommentiert von D. und W. Dupré. 3 Bde. Wien 1964-1967.
Nivelle, Armand: Kunst- und Dichtungstheorien zwischen Aufklärung und Klassik. Berlin 1971.
Nivelle, Armand: Literaturästhetik der europäischen Aufklärung. In: Hinck, Aufklärung I, 15-56.
Nohl, Hermann: Die ästhetische Wirklichkeit. Frankfurt a. M. 1973[4].
Novalis: Werke, Tagebücher und Briefe. Hg. v. Hans-Joachim Mähl, Richard Samuel und Hans-Jürgen-Balmes. München 1978-1988.
Nürnberger, Helmut: Fontanes Briefstil. In: Frühwald, Briefedition, 163-186.

Ockham, Wilhelm von: Philosophical writings, a selection. Hg. u. ins Englische übers. v. Ph. Boehner, London – Edinburgh 1957.
Oeing-Hanhoff, Ludger: Art. ‚Fortschritt'. In: Krings, Handbuch II, 472-484.
Oeing-Hanhoff, Ludger: Wesen und Formen der Abstraktion nach Thomas von Aquin. In: Phil. Jahrb. (im Auftrag der Görres-Gesellschaft) 71.1963, 14-37.
Oelkers, Jürgen: Rekonstruktion und Theorie: Probleme der historischen Methodologie. In: Geiss, Ansichten I, 120-140.
Oeser, Erhard: Begriff und Systematik der Abstraktion. Die Aristotelesinterpretation bei Thomas von Aquin, Hegel und Schelling als Grundlegung der philosophischen Erkenntnislehre. München/Wien 1969.
Ogden, C. K./Richards, I.A.: Die Bedeutung der Bedeutung. Frankfurt a. M. 1974.
Ohl, Hubert: Bild und Wirklichkeit. Perspektivismus und bewußte Symbolik in der Erzählkunst Raabes und Fontanes. Heidelberg 1968.
Ohly, Friedrich: Typologie als Denkform der Geschichtsbetrachtung. In: Bohn, Typologie, 22-63.
Oiserman, T. J.: Probleme der Philosophie und der Philosophiegeschichte. Berlin 1970[2].

Oliveira, Manfredo Aranjo de: Subjektivität und Vermittlung. München 1973.
Omeis, Mgnus Daniel: Gründliche Anleitung zur Teutschen accuraten Reim- und Dicht-Kunst. Nürnberg 1704.
Opitz, Martin: Buch von der Deutschen Poetery. Breslau 1624. Ndr. Tübingen 1963.
Oppel, Horst: Methodenlehre der Literaturwissenschaft. In: DPhA I, 39-82.
Osterkamp, Ernst: Das Kreuz des Poeten. Zur Leidensmetaphorik bei Johann Christian Günther. In: DVjs 55.1981, H. 2, 278-292.
Ostermeyer, Helmut: Die bestrafte Gesellschaft. Ursachen und Folgen eines falschen Rechts. München 1975.
Otto, M.A.: Der Anfang. Eine philosophische Meditation über die Möglichkeit des Wirklichen. Freiburg 1975.
Otto, Rudolf: Das Heilige. Über das Irrationale in der Idee des Göttlichen und sein Verhältnis zum Rationalen. München 1971.
Otto, Walter F.: Die Gestalt und das Sein. Gesammelte Abhandlungen über den Mythos und seine Bedeutung für die Menschheit. Darmstadt 1974[3].
Otto, Walter F.: Theophania. Der Geist der altgriechischen Religion. Frankfurt a. M. 1975.

Paetzold, Heinz: Neomarxistische Ästhetik. 2 Bde. Düsseldorf 1974.
Palmer, Frank: Grammatik und Grammatiktheorie. Eine Einführung in die moderne Linguistik. München 1973.
Pannwitz, Rudolf: Die Krisis der europäischen Kultur. Nürnberg 1947.
Panofsky, Erwin: Renaissance and Renascendes in Western Art. Stockholm 1965[2].
Pape, Ingetrud: Tradition und Transformation der Modalität. Hamburg 1960.
Pascal, Blaise: Oeuvres complètes. Hg. v. L. Brunschvicg, E. Boutroux und F. Gazier, 14 Bde. Paris 1908 – 1923.
Pascal, Roy: Der Sturm und Drang. Stuttgart 1963.
Passmore, John: Der vollkommene Mensch. Eine Idee im Wandel von drei Jahrtausenden. Stuttgart 1975.
Pater, Walter: Griechische Studien. Gesammelte Aufsätze. Jena 1904.
Pater, Walter: Plato und der Platonismus. Jena 1904.
Patzig, Günther: Sprache und Logik. Göttingen 1970.
Paul, Hermann: Prinzipien der Sprachgeschichte. Tübingen 1975[9].
Paulhan, Frederic: Les Puissances de l'Abstraction. Paris 1928.
Pausch, Holger, A.: Kommunikative Metaphorik. Studien über die Funktion der literarischen Bilder in der deutschen Literatur von den Anfängen bis zur Gegenwart. Bonn 1974.
Paustian, H.: Die Lyrik der Aufklärung als Ausdruck der seelischen Entwicklung von 1710-1770. Berlin 1933.
Peano, G.: Le definizioni per astrazione (1915). Ndr. in: C. Peano: Opere scelte 2. Rom 1958, 402-416.
Peirce, Charles Sanders: Schriften zum Pragmatismus und Pragmatizismus. Frankfurt a. M. 1972.
Peper, Jürgen: Transzendentale Struktur und lyrisches Ich. In: DVjs 46.1972. H. 3, 381-434.
Pestalozzi, Karl: Die Entstehung des lyrischen Ich. Diss. Berlin 1970.
Petersen, Julius: Wesensbestimmung der Romantik. Leipzig 1926.
Petersen, Julius: Die Wissenschaft von der Dichtung. Berlin 1939.
Petsch, Robert: Die lyrische Dichtkunst. Halle 1939.
Peyer, Heinz: Herders Theorie der Lyrik. Diss. Zürich/Winterthur 1955.
Pfaffenberger, Wolfgang: Blütezeiten und nationale Literaturgeschichtsschreibung. Eine wissenschaftsgeschichtliche Betrachtung. Frankfurt a. M. u. a. 1980.
Pfeiffer, R. Ludwig: Struktur- und Funktionsprobleme der In: DVjs 51.1977. H. 4, 575-606.
Pfeil, Hans: Von Christus zu Dionysos. Meisenheim/Glan 1975.
Pfister, Friedrich: Religion und Wissenschaft. Ihr Verhältnis von den Anfängen bis zur Gegenwart. Bern und München 1972.
Pfütze, Hermann: Theorie ohne Bewußtsein. Zu Niklas Luhmanns Gedankenkonstruktion. In: Merkur 42.1988. H. 4, 300-314.
Philippi, Klaus-Peter: Überlegungen zu den wissenschaftstheoretischen Voraussetzungen „soziologischer" Interpretation. In: DVjs 49.1975. H. 3, 425-448.

Piaget, Jean: Abriß der genetischen Epistemologie. Olten 1974.
Piaget, Jean: Erkenntnistheorie der Wissenschaften vom Menschen. Berlin 1973.
Piaget, Jean: Der Strukturalismus. Olten 1973.
Picard, Max: Die Atomisierung in der modernen Kunst. Hamburg 1954.
Pickerodt, Gerhard: Lyrik 1770 – 1800. (= Killy, Epochen VI).
Pieper, Annemarie: Art. ‚Individuum'. In: Krings, Handbuch III, 728-737.
Pietzker, Carl: Das Groteske. In: DVjs 45.1971. H. 2, 197-211.
Pikas, Anatol: Abstraktion and Concept Formation. Stockholm 1965.
Pikulik, Lothar: „Bürgerliches Trauerspiel" und Empfindsamkeit. Köln/Graz 1966.
Pilz, Georg: Maurice Merleau-Ponty: Ontologie und Wissenschaftskritik. Bonn 1973.
Piontkowsky, Ursula/Groeben, Norbert: Konkretheit und Abstraktheit in der Rezeption deutscher Lyrik. In: Heuermann, Hartmut u. a. (Hg.): Rezeption der Literatur. Paderborn 1975.
Platon: Opera. Hg. v. J. Burnet. 5 Bde. Oxford 1899 – 1906. Ndr. Oxford 1924.
Platon: Sämtliche Werke. Hg. v. W.F. Otto, E. Grassi u. G. Plamböck. 6 Bde. 6.-12 Aufl. Reinbek 1966-1968.
Plessner, Helmuth: Anthropologie der Sinne., In: Gadamer/Vogler: Anthropologie VII, 3-63.
Plessner, Helmuth: Diesseits der Utopie. Ausgewählte Beiträge zur Kultursoziologie. Düsseldorf 1966.
Plessner, Helmuth: Die Gesellschaft und das Selbstverständnis des Menschen – Philosophische Aspekte. In: Universitas 34.1979. H. 1, 9-23.
Plessner, Helmuth: Die Stufen des Organischen und der Mensch. Einleitung in die philosophische Anthropologie. Berlin 1975³.
Poensgen, Georg/Zahn, Leopold: Abstrakte Kunst. Eine Weltsprache. Mit einem Beitrag von Werner Hofmann „Quellen abstrakter Kunst". München 1958.
Pongs, Hermann: Das Bild in der Dichtung. 4 Bde. Marburg 1967-73¹-5.
Ponschab, August: Die Revolution unseres Weltbildes. Das statische Weltbild des Menschen und der dynamische Kosmos. Tübingen 1973.
Popitz, Heinrich: Der entfremdete Mensch. Zeitkritik und Geschichtsphilosophie des jungen Marx. (1968²). Darmstadt 1973.
Popitz, Heinrich: Die normative Konstruktion von Gesellschaft. Tübingen 1975.
Popper, Karl R.: Die beiden Grundprobleme der Erkenntnistheorie. Tübingen 1975.
Popper, Karl R.: Das Elend des Historizismus. Tübingen 1974³.
Porzig, Walter: Die Leistung der Abstrakta in der Sprache. In: Blätter für deutsche Philosophie 4.1976, 37-48.
Pospisil, Leopold: Anthropologie des Rechts. München 1982.
Pott, Hans-Georg: Alltäglichkeit als Kategorie der Ästhetik. Frankfurt a. M. 1974.
Poulet, Georges: Metamorphosen des Kreises in der Dichtung. Frankfurt a. M. 1966.
Prang, Helmut (Hg.): Begriffsbestimmung der Romantik. Darmstadt 1968.
Prantl, Carl: Geschichte der Logik im Abendlande. 4 Bde. in 3. Leipzig 1855-70. Ndr. Graz 1955.
Prim, Rolf/Tilmann, Heribert: Grundlagen einer kritisch-rationalen Sozialwissenschaft. Heidelberg 1977³.
Probst, Peter: Politik und Anthropologie. Frankfurt a. M. 1974.
Propp, Wladimir: Morphologie des Märchens. München 1972.
Proß, Wolfgang: Alfred von Martin. Soziologie der Renaissance. (Rez.). In: IASL 1.1976, 291-298.
Proß, Wolfgang: Die Konkurrenz von ästhetischem Wert und zivilem Denken – ein Beitrag zur Entstehung des Neoklassizismus. (zitiert nach Vortragsms. Eichstätt 1980).
Proß, Wolfgang: J.G. Herder. Abhandlung über den Ursprung der Sprache. München 1978.
Proß, Wolfgang: Lyrik in der ersten Hälfte des 18. Jahrhunderts. In: Grimminger, Sozialgeschichte III, 545-568.
Proß, Wolfgang: „Natur", Naturrecht und Geschichte. Zur Entwicklung der Naturwissenschaften und der sozialen Selbstinterpretation im Zeitalter des Naturrechts (1600-1800). In: IASL 3.1978, 38-67.
Proß, Wolfgang: Spinoza, Herder, Büchner: Über „Gesetz" und „Erscheinung". Vortrag: Büchner-Kongreß Darmstadt 1981 (zitiert nach Ms.).
Prutz, Robert: Geschichte des deutschen Journalismus (1845). Ndr. Göttingen 1971.

Prutz, Robert: Das junge Deutschland einst und jetzt. In: R. Prutz: Die deutsche Literatur der Gegenwart. 1848-1858. Bd. 2. Leipzig 1859.
Pyra, Immanuel Jacob: Tempel der wahren Dichtkunst. Halle 1737.

Quadfasel, Hanna: Theodor Mundts literarische Kritik und die Prinzipien seiner „Ästhetik". Diss. Heidelberg 1932.
Quine, Willard van Orman: Mathematical Logic. Harvard Univ. Press 1951.
Quine, Willard van Orman: Von einem logischen Standpunkt. Berlin 1974.
Quine, Willard van Orman: Philosophie der Logik. Stuttgart 1973.

Radnitzky, Gerard/Andersson, Gunnar: Fortschritt und Rationalität der Wissenschaft. Tübingen 1980.
Ränsch-Trill, Barbara: Vom abstrakten Denken des gemeinen Verstandes. In: Zeitschrift für philosophische Forschung 34.1980. H. 1, 86-107.
Ragon, Michel: Das Abenteuer der abstrakten Kunst. Darmstadt 1957.
Ranke-Graves, Robert von: Griechische Mythologie. 2 Bde. Reinbek 1982 (1955¹).
Rasch, Wolfdietrich: Freundschaftskult und Freundschaftsdichtung im deutschen Schrifttum des 18. Jahrhunderts vom Ausgang des Barock bis zu Klopstock. Halle 1936.
Rasch, Wolfdietrich: Die Zeit der Klassik und der frühen Romantik. In: Annalen der deutschen Literatur. Hg. v. H.O. Burger, Stuttgart 1962², 465-550.
Ratzenhofer, Gustav: Die Kritik des Intellects. Positive Erkenntnistheorie. Leipzig 1902. Ndr. Amsterdam 1968.
Recktenwald, Horst Claus (Hg.): Geschichte der politischen Ökonomie. Stuttgart 1971.
Reibstein, Ernst: Völkerrecht. Eine Geschichte seiner Ideen in Lehre und Praxis. 2 Bde. Freiburg 1958/63.
Reichenbach, Hans: Der Aufstieg der wissenschaftlichen Philosophie. Braunschweig 1968.
Reichenberger, Kurt: Historische Wandlungen des Renaissancebegriffs seit Burckhardt. In: Litwiss. Jb NF. 5.1964, 433-444.
Reichmann, Eberhard: Die Herrschaft der Zahl. Quantitatives Denken in der deutschen Aufklärung, Stuttgart 1968.
Reimarus, Hermann Samuel: Die Vernunftlehre. Hg. v. Frieder Lötzsch. 2 Bde. München 1979.
Reinhardt, Stephan: Studien zur Antinomie von Intellekt und Gefühl. Bonn 1969.
Renner, Rolf Günther: Ästhetische Theorie bei Georg Lukács. Bern 1972.
Renthe-Fink, Leonhard von: Geschichtlichkeit. Ihr terminologischer und begrifflicher Ursprung bei Hegel, Haym, Dilthey und Yorck. Göttingen 1968².
Requadt, Paul: Bildlichkeit der Dichtung., Aufsätze zur deutschen Literatur im 18. – 20. Jahrhundert. München 1974.
Requadt, Paul: Lichtenberg. Stuttgart 1968.
Richter, Karl: Die kopernikanische Wende in der Lyrik von Brockes bis Klopstock. In: Jahrbuch der Deutschen Schiller-Gesellschaft. 12.1968, 132-169.
Richter, Karl: Literatur und Naturwissenschaft. Eine Studie zur Lyrik der Aufklärung. München 1972.
Richter, Lieselotte: Philosophie der Dichtkunst. Moses Mendelssohns Ästhetik zwischen Aufklärung und Sturm und Drang. Berlin 1948.
Richter, Vladimir: Untersuchungen zur operativen Logik der Gegenwart. Freiburg/München 1965.
Rickert, Heinrich: Die Probleme der Geschichtsphilosophie. Heidelberg 1924³.
Riedel, Friedrich Justus: Theorie der schönen Künste und Wissenschaften. Jena 1767.
Riedel, Manfred: Verstehen oder Erklären? Zur Theorie und Geschichte der hermeneutischen Wissenschaften. Stuttgart 1975.
Riegel, Klaus-Georg: Recht. In: Görlitz, Handlexikon II, 308-314.
Riegl, Alois: Die spätrömische Kunstindustrie. Wien 1901. Ndr. Darmstadt 1964.
Riekel, August: Die Philosophie der Renaissance. München 1925. Ndr. Nendeln 1973.
Riemann, Albert: Die Ästhetik Alexander Gottlieb Baumgartens, unter besonderer Berücksichtigung der Meditationes Philosophicae de Nonnullis ad Poema Pertinentibus nebst einer Übersetzung dieser Schrift. Halle 1928.

Riet, G. van: La théorie thomiste de l'abstraction. In: Rev. philos. de Louvain. 50.1952, 353-393.
Rinkens, Hans-Dieter: Abstraktion und Struktur. Grundbegriffe der Mathematikdidaktik. Ratingen 1973.
Risse, Wilhelm: Logik der Neuzeit. 3 Bde. Stuttgart 1964 ff.
Risse, Wilhelm: „Metaphysik" – Grundthemen und Probleme. München 1973.
Ritter, Joachim: Subjektivität. Frankfurt a. M. 1974.
Ritter, Joachim/Gründer, Karlfried (Hg.): Hist. Wörterbuch der Philos. 10 Bde. geplant. Basel 1971 ff.
RL: Reallexikon der deutschen Literaturgeschichte. 4 Bde. Hg. v. Werner Kohlschmidt und Wolfgang Mohr. Berlin 1988[2] ff.
Rocek, R. u. Schatz, V. (Hg.): Philosophische Anthropologie heute. München 1974[2].
Rodenwaldt, Gerhardt: Wandel und Wert kunstgeschichtlicher Perioden. In: Zs. für Ästhetik und allgemeine Kunstwissenschaft 21.1927, 159-164.
Röd, Wolfgang: Descartes. Die Genese des Cartesianischen Rationalismus. München 1982[2].
Röd, Wolfgang: Dialektische Philosophie der Neuzeit. 2 Bde. München 1974.
Röd, Wolfgang: Thomas Hobbes. In: Höffe, Klassiker I, 280-300.
Rohmer, J.: La theorie de l'abstraction dans l'ecole franciscaine d'Alexandre de Hales a Jean Peckam. In: Arch. d'Hist. doctr. et litt. du MA 3. 1928, 105-184.
Rohrmoser, Günter: Art. ‚Autonomie'. In: Krings Handbuch I, 155-170.
Roloff, Hans G.: Stilstudien zur Prosa des 15. Jahrhunderts. Köln 1970.
Rombach, Heinrich (Hg.): Die Frage nach dem Menschen. Aufriß einer Philosophischen Anthropologie. Freiburg 1966.
Rombach, Heinrich: Die Gegenwart der Philosophie. Eine geschichtsphilosophische und philosophiegeschichtliche Studie über den Stand des philosophischen Fragens. Freiburg 1964[2].
Rombach, Heinrich: Substanz System Struktur. Die Ontologie des Funktionalismus und der philosophische Hintergrund der modernen Wissenschaft. 2 Bde. Freiburg 1965.
Rosenkranz, Karl: Geschichte der deutschen Poesie im Mittelalter. Halle 1830.
Rossi, Pietro: Theorie der modernen Geschichtsschreibung. Frankfurt a. M 1987.
Rossi-Landi, Ferrucio: Semiotik – Ästhetik und Ideologie. München 1976.
Rossmann, Karl (Hg.): Deutsche Geschichtsphilosophie. München 1969.
Roth, Juliane: Abstrakte Bilder der Natur. München 1960.
Rothacker, Erich: Anschauungen ohne Begriffe sind blind. In: Archiv für Begriffsgeschichte 1955, 161-184.
Rothacker, Erich: Einleitung in die Geisteswissenschaften (1930[2]). Ndr. Tübingen 1972.
Rothacker, Erich: Geschichtsphilosophie (1934). Ndr. München 1971.
Rothacker, Erich: Logik und Systematik der Geisteswissenschaften (1926). Ndr. München 1970.
Rothacker, Erich: Philosophiegeschichte und Geistesgeschichte. Ein Vortrag. In. DVjs 18.1940.
Rothacker, Erich: Das Problem einer Geschichte der Philosophie. Ein Vortrag. In: DVjs 16.1968.
Rotth, Albrecht Christian: Vollständige Deutsche Poesie (I-III). Leipzig 1688 (III. Teil: Eine richtige Einleitung zu den vor andern so beniemten Poetischen Gedichten).
Rousseau, Jean-Jacques: Sozialphilosophische und Politische Schriften. München 1981.
Rückert, Friedrich: Gedichte. Hg. v. A. Pfeiffer, Stuttgart 1970.
Rüden, Egon von: Van de Velde – Kandinsky – Hoelzel: Typologische Studien zur Entstehung der gegenstandslosen Malerei. Düsseldorf 1971.
Rüdiger, Horst: Wesen und Wandlung des Humanismus. Hamburg 1937. Ndr. Hildesheim 1966.
Rüsen, Jörn: Ästhetik und Geschichte. Stuttgart 1976.
Rüsen, Jörn: Geschichtsschreibung als Theorieproblem der Geschchtswissenschaft. In: Koselleck u. a., Geschichtsschreibung, 14-35.
Rüsen, Jörn: Die Kraft der Erinnerung im Wandel der Kultur. Zur Innovations- und Erneuerungsfunktion der Geschichtsschreibung. In: Cerquiglini, Diskurs, 29-46.
Rüsen, Jörn: Rationalität und Geschichtswirklichkeit. Zur Logik historischer Erkenntnis II. In: Philosophische Rundschau 21.1974, 24-55.
Rüsen, Jörn: Über einige Beziehungen zwischen Ästhetik, Historik und Didaktik. In: DVjs 49.1975. H. 2, 197-214.

Rüsen, Jörn: Urpsrung und Aufgabe der Historik. In: Baumgartner/Rüsen, Seminar, 59-93.
Ruge, Arnold: Platonische Ästhetik (1832). Ndr. Osnabrück 1965.
Ruh, Kurt (Hg.): Altdeutsche und altniederländische Mystik. Darmstadt 1964.
Rupp, Erik: Zur Kritik der transzendentalen und analytischen Wissenschaftstheorie. Frankfurt a. M. 1973.
Rupprich, Hans: Die deutsche Literatur vom späten Mittelalter bis zum Barock. 2 Tle. München 1970/73.
Ruprecht, Erich: J.G. Hamann und sein Bild in der Forschung. In: DU 10.1958. H. 2, 5-26.
Ruprecht, Erich (Hg.): Literarische Manifeste des Naturalismus 1880-1892. Stuttgart 1962.
Ruprecht, Erich/Bänsch, Dieter (Hg.): Literarische Manifeste der Jahrhundertwende, 1890 – 1910. Stuttgart 1976.
Russell, Bertrand: Probleme der Philosophie. Frankfurt a. M. 1970⁴.
Ruzavin, G.G.: Über das Wesen des mathematischen Wissens. Studien zur Methodologie der Mathematik. Berlin 1974.

Saardinen, Pirkko. Abstract and concrete thinking at different ages. Diss. Helsinki 1961.
Saine, Thomas P.: Die ästhetische Theodizee. Karl Philipp Moritz und die Philosophie des 18. Jahrhunderts. München 1971.
Salamander, Rachel: Zeitliche Mehrdimensionalität als Grundbedingung des Sinnverstehens. Bern/Frankfurt a. M. u. a. 1982.
Salm Peter: Drei Richtungen der Literaturwissenschaft. Scherer – Walzel – Staiger. Tübingen 1970.
Samuel, Otto: Die Ontologie der Kultur. Berlin 1956.
Sandkühler, Hans-Jörg (Hg.): Marxistische Erkenntnistheorie. Stuttgart 1973.
Sandkühler, Hans J.: F.W.J. Schelling. Stuttgart 1970.
Sappho: Lieder. Hg. von Max Treu. München 1976⁵.
Sass, Hans-Martin: Philosophische Positionen der Philosophiegeschichtsschreibung. In: DVjs 46.1952, 539-567.
Sauder, Gerhard: Empfindsamkeit Bd. 1: Voraussetzungen und Elemente. Stuttgart 1974.
Sauder, Gerhard: ‚Galante Ethica' und aufgeklärte Öffentlichkeit in der Gelehrtenrepublik. In: Grimminger, Sozialgeschichte III, 219-238.
Sauder, Gerhard: Moralische Wochenschriften. In: Grimminger, Sozialgeschichte III, 267-279.
Sauder, Gerhard: Christian Thomasius. In: Grimminger, Sozialgeschichte III, 239-250.
Saumjan, Sebastian K.: Philosophie und theoretische Linguistik. München 1973.
Saussure, Ferdinand de: Grundfragen der allgemeinen Sprachwissenschaft. Berlin 1967².
Savigny, Eike von: Die Philosophie der normalen Sprache. Frankfurt a. M. 1969.
Scaliger, Julius Caesar: S. Buck.
Searle, John R.: Sprechakte. Ein sprachphilosophischer Essay. Frankfurt a. Main 1976.
Sedlmayr, Hans: Die Revolution der modernen Kunst. Salzburg 1955.
Sedlmyr, Hans: Verlust der Mitte. Die bildende Kunst des 19. und 20. Jahrhunderts als Symptom und Symbol der Zeit. Berlin 1960.
See, Klaus von (Hg.): Neues Handbuch der Literaturwissenschaft. Frankfurt a. M. 1972 ff.
Segebrecht, Wulf: Das Gelegenheitsgedicht. Stuttgart.
Seibt, Ferdinand: Aspekte und Probleme der neueren Utopiediskussion in der Geschichtswissenschaft. In: Voßkamp, Utopie I, 197 ff.
Seifert, Friedrich: Zur Psychologie der Abstraktion und Gestaltauffassung. Diss. München/Leipzig 1917.
Seiffert, August: Concretum. Gegebenheit, Rechtmäßigkeit, Berichtigung. Meisenheim/Glan 1962.
Seiffert, Helmut: Einführung in die Wissenschaftstheorie. 2 Bde. München 1975⁶/8.
Seifert, Helmut: Information über die Information. München 1968.
Seiffert, Helmut: Marxismus und bürgerliche Wissenschaft. München 1973².
Sengle, Friedrich: Arbeiten zur deutschen Literatur 1750-1850. Stuttgart 1965.
Sengle, Friedrich: Aufgaben und Schwierigkeiten der heutigen Literaturgeschichtsschreibung. Ein Vortrag (1963). In: Grimm, R./Hermand, J.: Methodenfragen der deutschen Literaturwissenschaft. Darmstadt 1973.

Sengle, Friedrich: Biedermeierzeit. Deutsche Literatur im Spannungsfeld zwischen Restauration und Revolution 1815 bis 1848. 3 Bde. Band I: Allgemeine Voraussetzungen, Richtungen, Darstellungsmittel. Stuttgart 1971. Band II: Formenwelt. Stuttgart 1972. Band III: Die Dichter. Stuttgart 1980.
Sengle, Friedrich: Braut von Messina (1960). In: F. Sengle: Arbeiten, 94-117.
Sengle, Friedrich: Die Grundlagen der deutschen Klassik (1954). In: F. Sengle, Arbeiten, 88-93.
Sengle, Friedrich: Das historische Drama in Deutschland. Geschichte eines literarischen Mythos. (1952). Stuttgart 1969.
Sengle, Friedrich: Literaturgeschichtsschreibung ohne Schulungsauftrag. Werkstattberichte, Methodenlehre, Kritik. Tübingen 1980.
Sengle, Friedrich: Stilistische Sorglosigkeit und gesellschaftliche Bewährung. Zur Literatur der Biedermeierzeit. In: F. Sengle, Arbeiten zur deutschen literatur. Stuttgart 1965, 155-174.
Sengle, Friedrich: Vorschläge zur Reform der literarischen Formenlehre. Stuttgart 1969².
Sengle, Friedrich: Zur Einheit von Literaturgeschichte und Literaturkritik. In: DVjs 34.1960, 327-337.
Sengle, Friedrich: Zur Überwindung des Methodenstreits in der heutigen Literaturwissenschaft. In: Historizität, 268-82.
Service, Elman, R.: Ursprünge des Staates und der Zivilisation. Der Prozeß der kulturellen Evolution. Frankfurt 1977.
Servier, J.: Der Traum von der großen Harmonie. Eine Geschichte der Utopie. München 1971.
Seuphor, Michel: Ein halbes Jahrhundert abstrakte Malerei. Von Kandinsky bis zur Gegenwart. München 1962.
Seyfarth, Constans/Sprondel, Walter M. (Hg.): Seminar: Religion und gesellschaftliche Entwicklung. Studien zur Protestantismus-Kapitalismus-These Max Webers. Frankfurt a. M. 1974.
Shaftesbury, Anthony Ashley Cooper: Antons, Grafen von Schaftsbury Unterredung mit sich selbst, oder Unterricht für Schriftsteller, aus dem Englischen übersetzt (v. Georg Venzky). Magdeburg u. Leipzig 1738.
Shaftesbury, Anthony Ashley Cooper: Des Grafen von Shaftesbury philosophische Werke. Aus dem Englischen. Bd. 1-3. Leipzig 1776-79.
Shibles, Warren A.: Philosophische Bilder. Wege zur radikalem Denken. Bonn 1973.
Sieburg, Friedrich: Die Grade der lyrischen Formung. Münster 1919.
Siegrist, Christoph: Das Lehrgedicht der Aufklärung. Stuttgart 1974.
Siewerth, G.: Die Abstraktion und das Sein nach der Lehre des Thomas von Aquin. Salzburg 1958.
Siewerth, G.: Die Sinne und das Wort. Düsseldorf 1956.
Silbermann, Alphons (Hg.): Klassiker der Kunstsoziologie. München 1979.
Silbermann, Alphons/Krüger, Udo Michael: Soziologie der Massenkommunikation. Stuttgart 1973.
Simm, Hans-Joachim: Das Fest. Ein Lesebuch zum Feiern. München 1981.
Simm, Hans-Joachim (Hg.): Literarische Klassik. Frankfurt a. M. 1988.
Simon, Gerd/Ammon, Ulrich: Thesen zum Verhältnis von Soziolinguistik und Systemlinguistik. In: Historizität, 329-336.
Simmel, Georg: Grundfragen der Soziologie. Berlin 1970³.
Simmel, Georg: Das individuelle Gesetz. Philosophische Exkurse. Frankfurt a. M. 1968.
Simon, Josef: Philosophie und linguistische Theorie. Berlin 1971.
Simon, Josef: Sprache und Raum. Untersuchungen zum Verhältnis zwischen Wahrheit und Bestimmtheit von Sätzen. Berlin 1969.
Simplicius: Schriften Hg. v. Hermann Diels. Berlin 1887.
Singer, Herbert: Der deutsche Roman zwischen Barock und Rokoko. Köln/Graz 1963.
Singer, Markus George: Verallgemeinerung in der Ehtik. Zur Logik moralischen Argumentierens. Frankfurt a. M. 1975.
Sloterdiik, Peter: Literatur und Lebenserfahrung. Autobiographien der Zwanziger Jahre. München 1978.
Söhngen, Gottlieb: Analogie und Metapher. Kleine Philosophie und Theologie der Sprache. Freiburg 1962.
Söring, Jürgen: Literaturgeschichte und Theorie. Ein kategorialer Grundriß. Stuttgart 1976.
Solger, Karl Wilhelm: Vorlesungen über Ästhetik. Hg. v. K.W. Heyse. Darmstadt 1969.
Sommer, Manfred: Die Selbsterhaltung der Vernunft. Stuttgart 1977.

Sorensen, Bengt-Algot (Hg.): Allegorie und Symbol. Texte zur Theorie des dichterischen Bildes im 18. und frühen 19. Jahrhundert. Wiesbaden 1972.
Specht, Rainer: Innovation und Folgelast. Beispiele aus der neueren Philosophie und Wissenschaftsgeschichte. Stuttgart 1972.
Specht, Rainer: René Descartes. In: Höffe, Klassiker I, 301-321.
Specht, Rainer: Baruch Spinoza. In: Höffe, Klassiker I, 338-359..
Speck, Josef (Hg.): Grundprobleme der großen Philosophen, 3 Bde. Göttingen 1972 f.
Spengler: Untergang des Abendlandes. Ndr. München 1973.
Spiewok, Wolfgang: Minneidee und feudalhöfisches Traumbild. In: Wiss. Zs. der Univ. Greifswald. Gesellsch.- und sprachwiss. Reihe 12.1963, 481-490.
Spinoza, Benedict de: Die Ethik (I). Hg. v. Otto Baensch. Hamburg 1967.
Spinoza, Benedictus de: Die Ethik (II). Lateinisch und deutsch. Übers. v. Jacob Stern. Nachwort von Gernhard Lakebrink. Stuttgart 1977.
Splett, Jörg: Die Rede vom Heiligen. Über ein religionsphilosophisches Grundwort. Freiburg 1971.
Spranger, Eduard: Philosophie und Psychologie der Religion. Gesammelte Schriften, Bd. 9. Tübingen 1974.
Spranger, Eduard: Lebensformen, Tübingen 1966[9].
Sprengard; Karl A.: Systematisch-historische Untersuchungen zur Philosophie des 14. Jahrhunderts. Band 1: Die Anfänge der modernen Wissenschaft im 14. Jahrhundert. Bonn 1967.
Sulzer, Johann George: Allgemeine Theorie der Schönen Künste. Leipzig 1771-74. Neue, vermehrte Aufl. mit Zusätzen von Christian Friedrich v. Blanckenburg. Leipzig 1786-87.
Sulzer, Johann George: Vermischte Philosophische Schriften. Aus den Jahrbüchern der Akademie der Wissenschaften zu Berlin gesammelt. Leipzig 1773. Fortsetzung der vermischten philosophischen Schriften. Leipzig 1781.
Szilasi, Wilhelm: Phantasie und Erkenntnis. Bern 1969.
Szondi, Peter: Studienausgabe der Vorlesungen, Bd. 1: Die Theorie des bürgerlichen Trauerspiels. Bd. 2: Poetik und Geschichtsphilosophie I. Antike und Moderne in der Ästhetik der Goethezeit. Bd. 3: Poetik und Geschichtsphilosophie II. Hegels Lehre von der Dichtung. Bd. 5: Einführung in die literarische Hermeneutik. Frankfurt a. M. 1974-76.
Szyrocki, Marian: Die deutsche Literatur des Barock. Eine Einführung. Reinbek 1968.
Szyrocki, Marian: Die deutsche Literatur des Barock. Stuttgart 1979.

Schadewaldt, Wolfgang: Die Anfänge der Philosophie bei den Griechen. Frankfurt a. M. 1978.
Schäffer, Albrecht: Mythos. Abhandlungen über die kulturellen Grundlagen der Menschheit. Heidelberg/Darmstadt 1958.
Schalk, Fritz (Hg.): Die französischen Moralisten. 2 Bde. München 1968.
Scharfschwerdt, Jürgen: Grundprobleme der Literatursoziologie. Stuttgart 1977.
Schelle, Martin: Die Klassifikation des Wissens als Aufgabe der Gegenwart – Methoden und Erkenntnisse der heutigen Klassifikationsforschung. In: Universitas 37.1982. H. 11, 1117-1124.
Scheffczyk, Leo (Hg.): Der Mensch als Bild Gottes. Darmstadt 1969.
Scheier, Claus-Arthus: Die Selbstentfaltung der methodischen Reflexion als Prinzip der Neueren Philosophie. Von Descartes zu Hegel. Freiburg 1973.
Scheler, Max: Gesammelte Werke. Bd. 5: Vom Ewigen im Menschen. Bern/München 1968[5]. Bd. 6: Schriften zur Soziologie und Weltanschauungslehre. 1963[2]. Bd. 8: Die Wissensformen und die Gesellschaft.
Scheler, Max: Die Stellung des Menschen im Kosmos. Bern/München 1966[7].
Scheler, Max: Wissenschaft und soziale Struktur. In: Meja/Stehr, Wissenssoziologie I, 68-127.
Schelling, Friedrich Wilhelm Joseph von: Sämtliche Werke. Hg. v. K.F.A. Schelling. 14 Bde. in 2 Abteilungen. Stuttgart/Augsburg 1856-1861. Ndr. der 1. Abteilung in 10 Bdn. Darmstadt 1966-68.
Schelling, Friedrich, Wilhelm Joseph von: System des transzendentalen Idealismus. Ndr. Hamburg 1962.
Scherer, Wilhelm: Poetik. München 1977.
Scherpe, Klaus R.: Gattungspoetik im 18. Jahrhundert. Historische Entwicklung von Gottsched bis Herder. Stuttgart 1968.

Scherrer, Eduard: Das Problem der anschaulichen Gestaltung in der Lyrik. Phil. Diss. Leipzig 1920.
Schieder, Theodor (Hg.): Methodenprobleme der Geschichtswissenschaft. München 1974.
Schiffer, Werner: Theorien der Geschichtsschreibung und ihre erzähl-theoretische Relevanz. Stuttgart 1980.
Schillemeit, Jost: Lyrik 1800-1830 (= Killy, Epochen VII).
Schillers Breifwechsel mit Körner. Hg. v. Karl Goedeke. Leipzig 1878.
Schiller, Friedrich: Briefe. Hg. v. Karl-Heinz Hahn. 2 Bde. Berlin 1968.
Schiller, Friedrich: Briefe. Hg. v. Gerhard Fricke. München 1955.
Schiller, Friedrich: Sämtliche Werke. Hg. v. Gerhard Fricke und Herbert G. Göpfert. 5 Bde. München 1981[6].
Schiller über sein Werk. 2 Bde. München 1969.
Schilling, Kurt: Geschichte der sozialen Ideen. Beginn der Hochkulturen bis in die Gegenwart. Stuttgart 1966[2].
Schilson, Arno: Geschichte am Horizont der Vorsehung. Tübingen 1974.
Schings, Hans-Jürgen: Barockliteratur und Tradition. Bemerkungen zur Forschungslage. In: H.-J. Schings, Die patristische und stoische Tradition bei Andreas Gryphius. Köln/Graz 1966, 1-21.
Schiwy, Günther: Strukturalismus und Zeichensysteme. München 1973.
Schklowskij, Viktor: Von der Ungleichheit des Ähnlichen in der Kunst. München 1973.
Schlawe, Fritz: Friedrich Theodor Vischer. Stuttgart 1959.
Schlegel, Friedrich: Werke in zwei Bänden. Berlin und Weimar 1980.
Schlegel, Friedrich: Kritische Ausgabe. Hg. v. Ernst Behler, J.-J. Anstett und H. Eichner. 35 Bde. geplant. Paderborn – Zürich 1958 ff.
Schlegel, Friedrich: Kritische Schriften. Hg. v. Wolfdietrich Rasch, München 1971[3].
Schlegel, Friedrich: Literary Notebooks. 1797-1891. Hg. v. Hans Eichner, London 1957.
Schlegel, Gottlieb: Abhandlung von den ersten Grundsätzen in der Weltweisheit und den schönen Wissenschaften. Riga 1770.
Schlegel, Johann Adolf: Batteux ... Einschränkung der schönen Künste auf einen einzigen Grundsatz aus dem Französischen übersetzt, und mit einem Anhange einiger eignen Anhandlungen versehen. Leipzig 1751. 1759[2]. 1770[3].
Schlegel, Johann Elias: Werke. Hg. v. Johann Heinrich Schlegel. Tle. 1-5, Kopenhagen und Leipzig 1761-70.
Schlegel, Johann Elias: Ästhetische und dramaturgische Schriften. Hg. und eingeleitet v. Johann von Antoniewicz. Heilbronn 1887.
Schleiden, Karl August: Klopstocks Dichtungstheorie als Beitrag zur Geschichte der deutschen Poetik. Diss. Saarbrücken 1953.
Schleiermacher, Friedrich Ernst Daniel: Hermeneutik. Hg. von Heinz Kimmerle. Heidelberg 1974[22].
Schlobach, Jochen: Kreismetapher und Zyklentheorie. München 1980.
Schlobach, Jochen: Zyklentheorie und Epochenmetaphorik. Studien zur bildlichen Sprache der Geschichtsreflexion in Frankreich von der Renaissance bis zur Aufklärung. München 1976.
Schlumbohm, Jürgen: Freiheitsbegriff und Emanzipationsprozeß. Zur Geschichte eines politischen Wortes. Göttingen 1973.
Schmid, Christian Heinrich: Theorie der Poesie nach den neuesten Grundsätzen und Nachricht von den besten Dichtern. 2 Tle. Leipzig 1767. – Zusätze zur Theorie der Poesie. 3. u. 4. Sammlung. Leipzig 1769.
Schmidkunz, Hans: Über die Abstraction. Halle 1889.
Schmidt, Alfred: Beiträge zur marxistischen Erkenntnistheorie. Frankfurt a. M. 1973.
Schmidt, Alfred: Geschichte und Struktur. Fragen einer marxistischen Historik. München 1977[2].
Schmidt, Alfred: Kritische Theorie als Geschichtsphilosophie. München 1976.
Schmidt, Alfred: Art. ‚Praxis'. In: Krings Handbuch IV, 1107-1138.
Schmidt, A.: Mathematische Gesetze der Logik I. Berlin 1960.
Schmidt, Franz: Zeichen und Wirklichkeit. Linguistisch-semantische Untersuchungen. Stuttgart 1966.
Schmidt, Lothar: Gesetze. In: Görlitz, Handbuch I, 140-146.
Schmidt, R.W.: L'emploi de la séparation en métaphysique. In: Rev. Phil. de Louvain 58.1960, 373-393.

Schmidt, Siegfried J.: Bedeutung und Begriff. Braunschweig 1969.
Schmidt, Siegfried J.: Texttheorie. Zur Linguistik der sprachlichen Kommunikation. München 1976².
Schmidt, Werner: Theorie der Induktion. Die prinzipielle Bedeutung der Epagoge bei Aristoteles. München 1974.
Schmidt-Biggemann, Topica Universalis. Eine Modellgeschichte humanistischer und barocker Wissenschaft. Hamburg 1983.
Schmitz, Hermann: System der Philosophie. Bd. III: Der Rechtsraum. Praktische Philosophie. Bonn 1973.
Schneider, Erich: Einführung in die Wirtschaftstheorie. 4 Tle. bes. Tl. 4: Ausgewählte Kapitel der Geschichte der Wirtschaftstheorie. Bd. 1. Tübingen 1970³.
Schneider, Ferdinand Josef: Die deutsche Dichtung der Aufklärungszeit. Stuttgart 1948.
Schneider, Ferdinand J.: Die deutsche Dichtung der Geniezeit. Stuttgart 1952.
Schneider, Gerhard: Der Libertin. Zur Geistes- und Sozialgeschichte des Bürgertums im 16. u. 17. Jahrhundert. Stuttgart 1970.
Schneider, Peter K.: Die wissenschaftsbegründende Funktion der Transzendentalphilosophie. Freiburg 1965.
Schnell, Rüdiger: Hohe und niedere Minne. In: ZfdPh. 98.1979. H. 1, 19-52.
Schnelle, Helmut: Sprachphilosophie und Linguistik. Reinbek 1973.
Schöffler, Herbert: Deutsches Geistesleben zwischen Reformation und Aufklärung. Frankfurt a. M. 1974³.
Schöne, Albrecht: Emblematik und Drama im Zeitalter des Barock. München 1968².
Schöne, Albrecht: Säkularisation als sprachbildende Kraft. Studien zur Dichtung deutscher Pfarrersöhne. Göttingen 1968².
Schöne, Albrecht (Hg.): Das Zeitalter des Barock. Texte und Zeugnisse. München 1968².
Scholz, Bernhard F.: Semantik oder Ontologie. Zur Bestimmung des „Verhältnisses zur Wirklichkeit" in der neueren Emblemtheorie. In: DVjs 53.1979. H. 3, 362-377.
Scholz, Heinrich: Abriß der Geschichte der Logik. Freiburg 1967³.
Scholz, Heinrich: Mathesis Universalis. Abhandlungen zur Philosophie als strenger Wissenschaft. Basel 1969².
Scholz, Heinrich/Schweitzer, Hermann: Die sogenannten Definitionen durch Abstraktion. Leipzig 1965.
Schopenhauer, Arthur: Sämtliche Werke. Hg. v. Arthur Hübscher. 7 Bde. Wiesbaden 1980.
Schottländer, Rudolf: Recht und Unrecht der Abstraktion. In: Zs. f. philos. Forschung VII/2, 220-234.
Schreyer, Lothar: Abstrakte christliche Kunst. Erinnerungen. Maria Laach 1962.
Schröder, Friedrich Josef Wilhelm: Lyrische, Elegische und Epische Poesien, nebst einer kritischen Abhandlung einiger Anmerkungen über das Natürliche in der Dichtkunst und die Natur des Menschen. Halle 1759.
Schubart, Christian Daniel Friedrich: Kurtzgefaßtes Lehrbuch der schönen Wissenschaften für Unstudierte. Hg. v. einem ehemaligen Zuhörer. Leipzig 1777.
Schüling, Hermann: Geschichte der axiomatischen Methode im 16. und beginnenden 17. Jahrhundert. Hildesheim 1969.
Schütz, Alfred: Der sinnhafte Aufbau der sozialen Welt. Frankfurt a. M. 1974.
Schütz, Alfred/Luckmann, Thomas: Strukturen der Lebenswelt. Bd. 1. Frankfurt a. M. 1979.
Schulin, E. (Hg.): Universalgeschichte. Köln 1974.
Schulte-Sasse, Jochen: Drama. In: Grimminger, Sozialgeschichte III, 423-499.
Schultz, Franz: Klassik und Romantik der Deutschen. 2 Teile. Stuttgart 1959³.
Schulz, Walter: Philosophie in der veränderten Welt. Pfullingen 1976³.
Schulze, Werner: Zahl – Proportion – Analogie. Eine Untersuchung zur Metaphysik und Wissenschaftshaltung des Nikolaus von Kues. Münster 1978.
Schwarz, Dietrich W.H.: Sachgüter und Lebensformen. Einführung in die materielle Kulturgeschichte des Mittelalters und der Neuzeit. Berlin 1970.
Schweikle, Günther (Hg.): Dichter über Dichter in mittelhochdeutscher Literatur. Tübingen 1970.
Schweikle, Günther (Hg.): Die mittelhochdeutsche Minnelyrik. Darmstadt 1977.

Schwemmer, Oswald: Handlung und Struktur. Frankfurt a. M. 1987.
Schwemmer, Oswald: Theorie der rationalen Erklärung. Zu den methodischen Grundlagen der Kulturwissenschaften. München 1976.
Schwemmer, Oswald (Hg.): Vernunft, Handlung und Erfahrung. Über die Grundlagen und Ziele der Wissenschaften. München 1981.
Schwind, Peter: Schwulst-Stil. Historische Grundlagen von Produktion und Rezeption manieristischer Sprachformen in Deutschland 1624-1738. Bonn 1977.

Stachowiak, Herbert: Rationalismus im Ursprung. Die Genesis des axiomatischen Denkens. Wien 1971.
Stadelmann, Rudolf: Vom Geist des ausgehenden Mittelalters. Studien zur Geschichte der Weltanschauung von Nicolaus Cusanus bis Sebastian Franck. Halle 1929.
Stäblein, Bruno: Oswald von Wolkenstein, der Schöpfer der Individuallieder. In: DVjs 46.1972. H. 1, 113-160.
Staiger, Emil: Grundbegriffe der Poetik. Zürich u. Freiburg 1963[6].
Staiger, Emil: Die Zeit als Einbildungskraft des Dichters. München 1976.
Stammler, Wolfgang: Von der Mystik zum Barock 1400 bis 1600. Stuttgart 1950[2].
Stammler, Gerhard: Der Zahlbegriff seit Gauß. Eine erkenntnistheoretische Untersuchung. Halle 1926. Ndr. Hildesheim 1965.
Statius, Johann Joachim: Der Wohlgebahnte Weg zu der Teutschen Poesie. Bremen 1716.
Staudenmaier, Otto: Gegenständlichkeit und Abstraktion in der bildenden Kunst. Wuppertal 1969.
Steenberghen, F. van: Philosophie des Mittelalters. Bern – München 1950.
Steffen, Hans (Hg.): Aspekte der Modernität. Göttingen 1965.
Steffen, Hans (Hg.): Bildung und Gesellschaft. Der Bildungsbegriff von Humboldt bis zur Gegenwart. Göttingen 1972.
Steffen, Hans (Hg.): Der deutsche Expressionismus. Formen und Gestalten. Göttingen 1965.
Steffen, Hans (Hg.): Die deutsche Romantik. Poetik, Formen und Motive. Göttingen 1967.
Stegmüller, Wolfgang: Aufsätze zur Wissenschaftstheorie. Darmstadt 1974.
Stegmüller, Wolfgang: Glauben, Wissen und Erkennen. Das Universalienproblem einst und jetzt. Darmstadt 1956/57.
Stegmüller, Wolfgang: Metaphysik, Skepsis, Wissenschaft. Heidelberg 1969[2].
Stegmüller, Wolfgang: Das Problem der Induktion: Humes Herausforderung und moderne Antworten. Der sogenannte Zirkel des Verstehens. Darmstadt 1971 und 1975.
Stegmüller, Wolfgang: Probleme und Resultate der Wissenschaftstheorie und Analytischen Philosophie. Heidelberg 1969-1974.
Stegmüller, Wolfgang (Hg.): Das Universalienproblem. Darmstadt 1978.
Stegmüller, Wolfgang: Rationale Rekonstruktion von Wissenschaft und ihrem Wandel. Stuttgart 1979.
Stegmüller, Wolfgang: Historisch-genetische Erklärungen. In: Baumgartner/Rüsen, Seminar, 165-172.
Stein, Peter K.: Tristans Schwertleite. Zur Einschätzung ritterlich-höfischer Dichtung durch Gottfried von Straßburg. In: DVjs 51.1977. H. 2, 300-352.
Steinbach, Dietrich: Die historisch-kritische Sozialtheorie der Literatur. Stuttgart 1973.
Steinwachs, Burkart: Epistemologie und Kunsthistorie. In: Cerquiglini/Gumbrecht, Diskurs, 73-110.
Stelzer, Otto: Die Vorgeschichte der abstrakten Kunst. Denkmodelle und Vor-Bilder. München 1964.
Stenzel, Julius: Metaphysik des Altertums (1934). Ndr. München 1971.
Stenzel, Julius: Philosophie der Sprache (1934). Ndr. München 1969.
Stephan, Horst/Schmidt, Martin: Geschichte der evangelischen Theologie in Deutschland seit dem Idealismus. Berlin 1973[3].
Stern, Alfred: Geschichtsphilosophie und Wertproblem. Basel/München 1967.
Stichweh, Rudolf: Zur Entstehung des modernen Systems wissenschaftlicher Disziplinen. Frankfurt a. M. 1984.
Stiehler, Gottfried (Hg.): Der Entwicklungsgedanke in der vormarxschen Philosophie. Berlin 1974.
Stiehler, Gottfried: Gesellschaft und Geschichte. Grundlagen und Triebkräfte des historischen Fortschritts. Köln 1974.
Stolle, Gottlieb: Kurtze Anleitung zur Historie der Gelahrtheit. . .Halle 1718.

Stolpe, Heinz: Versuch einer Analyse der gesellschaftsgeschichtlichen Grundlagen und Hauptmerkmale der Sturm-und Drang-Bewegung der deutschen Literatur im 18. Jahrhundert. In: Wiss. Zs. d. Humboldt-Univ. in Berlin. Gesch.- und Sprachwiss. Reihe 3 (1953/54), 347-389.
Storz, Gerhard: Der Vers in der neueren deutschen Dichtung. Stuttgart 1970.
Strasser, Stefan: Phänomenologie und Erfahrungswissenschaft vom Menschen. Grundgedanken zu einem neuen Ideal der Wissenschaftlichkeit. Berlin 1964.
Strawson, Peter F.: Logik und Linguistik. Aufsätze zur Sprachphilosophie. Frankfurt 1974.
Streisand, Joachim: Geschichtliches Denken von der deutschen Frühaufklärung bis zur Klassik. Berlin 1967[2].
Strich, Fritz: Deutsche Klassik und Romantik. München 1922. Bern/München 1962[5].
Strich, Fritz: Der lyrische Stil des 17. Jahrhunderts. In: Abhandlungen zur deutschen Literaturgeschichte. München 1916.
Strich, Fritz: Die Mythologie in der deutschen Literatur von Klopstock bis Wagner, Bern 1970[2].
Ströker, Elisabeth: Philosophische Untersuchungen zum Raum (1965). Frankfurt 1977[2].
Strombach, Werner: Die Gesetze unseres Denkens. Eine Einführung in die Logik. München 1975[3].
Strombach, Werner: Natur und Ordnung. Eine naturwissenschaftliche Deutung des wissenschaftlichen Welt- und Menschenbildes usw. unserer Zeit. München 1968.
Strombach, Werner/Emde, Helmut/Beyersbach, Walter: Mathematische Logik. Ihre Grundprobleme in Theorie und Anwendung. München 1972.
Strube, Werner: Zur Struktur der Stilinterpretation. In: DVjs 53.1979. H. 4, 567-579.

Taureck, Bernhard: Das Schicksal der philosophischen Konstruktion. München 1975.
Taureck, Bernhard: Mathematische und transzendentale Identität. München 1973.
Tenzler, Johannes (Hg.): Wirklichkeit der Mitte. Beiträge zu einer Strukturanthropologie. Freiburg 1967.
Thalmann, Marianne: Die Romantiker entdecken die Stadt. Stuttgart 1965.
Thalmann, Marianne: Romantik und Manierismus. Stuttgart 1963.
Theobald, Erika E.: Ist Abstraktion im österreichischen Drama möglich? In: Modern Austrian Literature. 6.1973, 3/4, 170-175.
Tholuck, Friedrich August Gottreu: Geschichte des Rationalismus. (1865). Ndr. Aalen 1970.
Thomas von Aquin: De ente et essentia. Übers. u. hg. v. Franz Leo Beeretz. Stuttgart 1979 (das Übrige zit. nach Ritter, Hist. WB I, ‚Abstraktion').
Thomasius, Christian: Deutsche Schriften. Hg. v. P. v. Düffel. Stuttgart 1973.
Thomasius, Christian: Einleitung zur Vernunfftlehre. Halle 1719[5] (1691[1]). Ndr. Hildesheim 1968.
Thomasius, Christian: Lustiger und Ernsthaffter Monats-Gespräche Erster Theil usw. Halle 1688. Ndr. Frankfurt a. M. 1972.
Thomson, George: Die ersten Philosophen. Forschungen zur Altgriech. Gesellschaft. Berlin 1974 (1955[1]).
Thurnher, Rainer: Allgemeiner und individueller Begriff. Reflexionen zu einer philosophischen Grundlegung der Einzelwissenschaften. Freiburg 1977.
Thurnherr, Eugen: Eichendorffs Geschichte des Romans. In: A. Fuchs/H. Motekat (Hg.): Stoffe, Formen, Strukturen. München 1962.
Thyssen, Johannes: Geschichte der Geschichtsphilosophie. Bonn 1970[4].
Tismar, Jens: Gestörte Idyllen. Eine Studie zur Problematik der idyllischen Wunschvorstellungen. München 1973.
Titze, Hans: Traktat über Rational und Irrational. Meisenheim 1975.
Titze, Hans: Die philosophische Periode der Faustforschung (1817-1839). Diss. Greifswald 1916.
Titzmann, Michael: Die Umstrukturierung des Minnesang-Sprachsystems zum ‚offenen' System bis Neidhart. In: DVjs 50.1971. H. 3, 481-514.
Todorow, Almut: Gedankenlyrik. Stuttgart 1980.
Toellner, Richard: Albrecht von Haller. Über die Einheit im Denken des letzten Universalgelehrten. Wiesbaden 1971.
Tomberg, Friedrich: Mimesis der Praxis und abstrakte Kunst. Neuwied 1968.
Topitsch, Ernst: Gottwerdung und Revolution. Beiträge zur Weltanschauungsanalyse und Ideologiekritik. München 1973.

Topitsch, Ernst: Sozialphilosophie zwischen Ideologie und Wissenschaft (= Soziol. Texte 10). 3. Aufl. Köln 1971.
Topitsch, Ernst (Hg.): Logik der Sozialwissenschaften. Köln 1967.
Treue, Wilhelm: Wirtschaft, Gesellschaft und Technik vom 16. bis zum 18. Jahrhundert. (= Gebhardt XII).
Treun, Thaddaeus J.: The Non-Rational Dimension in Natural Science. In: DVjs 50.1076. H. 1/2, 1-13.
Trier, Jost: Der deutsche Wortschatz im Sinnbereich des Verstandes. Heidelberg 1931.
Trillhaas, Wolfgang: Religionsphilosophie. Berlin 1972.
Troeltsch, Ernst: Der Historismus und seine Überwindung (1924). Ndr. Aalen 1966.
Turk, Horst (Hg.): Klassiker der Literaturtheorie. München 1979.

Ueberweg, Friedrich: Grundriß der Geschichte der Philosophie. 5 Bde. 11.-12. Aufl. Berlin 1923-1928. Ndr. Basel 1959-67.
Uhse, Erdmann: Wohl=informirter Poet/worinnen die Poetischen Kunst=Griffe erkläret werden. Leipzig 1705[2] (1703[1]).
Ueding, Gert (Hg.): Literatur ist Utopie. Frankfurt a. M. 1978.
Ulrich, Wolfgang: Studien zur Geschichte des deutschen Lehrgedichts im 17. und 18. Jahrhundert. Diss. Kiel 1959.
Unger, Rudolf: Hamann und die Aufklärung. 2 Bde. Jena 1911.
Usinger, Fritz: Wissenschaft und Dichtung. Wiesbaden 1973-74[2].
Utitz, Emil: Grundlegung der allgemeinen Kunstwissenschaft. Ndr. v. 1914/20. Hg. v. W. Henckmann. 2 Bde. in 1 Bd. (= ThG 26). München 1972.

Valéry, Paul: Über Kunst. Frankfurt 1973.
Verdú, Alfonso: Abstraktion und Intuition als Wege zur Wahrheit in Joga und Zen. München 1965.
Vico, Giambattista: De nostri temporis studiorum ratione. Lat./dt. Übers. v. Walter F. Otto 1947. Ndr. Darmstadt 1974.
Vico, Giambattista: Die neue Wissenschaft über die Gemeinschaftsidee der Völker. Übers. v. E. Auerbach. München 1924. Ndr. gekürzt Reinbek 1966.
Viëtor, Karl: Deutsche Literaturgeschichte als Geistesgeschichte. In: PMLA 60.1945, 889-916.
Viëtor, Karl: Geschichte der deutschen Ode. München 1923. Ndr. Darmstadt 1961.
Vilmar, August Friedrich Christian: Vorlesungen über die Geschichte der deutschen National-Litteratur. 1845.
Vischer, Friedrich Theodor: Die Ästehetik oder Wissenschaft des Schönen. Reutlingen u. a. 1846-57. 2. Aufl. Hg. v. Robert Vischer. München 1922 f. Ndr. Hildesheim 1975.
Vischer, Friedrich Theodor: Kritische Gänge. 2 Bde. Tübingen 1844.
Vodicka, F.V.: Struktur der Entwicklung. München, 1974.
Volkmann-Schluck, Karl-Heinz: Nicolaus Cusanus. Die Philosophie im Übergang vom Mittelalter zur Neuzeit. Frankfurt a. M. 1968[2].
Volkmann-Schluck, Karl-Heinz: Wie die Idee zur Utopie wurde. In: Gnüg, Utopie, 22-30.
Vonessen, Franz: Mythos und Wahrheit. Frankfurt a. M. 1972[2].
Vontobel, Georg Willy: Von Brockes bis Herder. Studien über die Lehrdichter des 18. Jahrhunderts. Bern 1942.
Vorländer, Karl: Geschichte der Philosophie. 5 Bde. Reinbek 1963-67[10].
Voss, Johann-Heinrich: Idyllen und Gedichte. Hg. v. Eva D. Becker. Stuttgart 1977.
Voßkamp, Wilhelm (Hg.): Utopieforschung. Interdisziplinäre Studien zur neuzeitlichen Utopie. 3 Bde. Stuttgart 1982.
Voßkamp, Wilhelm: Romantheorie in Deutschland. Von Martin Opitz bis Friedrich von Blanckenburg. Stuttgart 1973.
Voßkamp, Wilhelm: Zeit- und Geschichtsauffassung im 17. Jahrhundert bei Gryphius und Lohenstein. Bonn 1967.
Vossler, Otto: Gedichte als Sinn. Frankfurt a. M. 1979.
Vuillemin, Jules: La logique et le monde sensible. Étude sur les théories contemporaines de l'abstraction. Paris 1971.

Wackenroder, Wilhelm Heinrich: Schriften. Hg. v. Karl Otto Conrady. Reinbek 1968.
Wagner, Fritz: Geschichtswissenschaft. Freiburg 1966².
Wagner, Hans: Art. ‚Begriff'. In: Krings, Handbuch I, 191-209.
Walter, Julius: Die Geschichte der Ästhetik im Altertum, ihrer begrifflichen Entwicklung nach dargestellt. Leipzig 1893. Ndr. Hildesheim 1967.
Walter, Wolfgang/Borinski, Ludwig: Logik im Zeitalter der Aufklärung. Studien zur „Vernunftlehre" von Hermann Samuel Reimarus. Göttingen 1981.
Walzel, Oskar: Gehalt und Gestalt im Kunstwerk des Dichters. Berlin 1923.
Wapnewski, Peter: Waz ist minne. Studien zur Mittelhochdeutschen Lyrik. München 1975.
Wapnewski, Peter: Die Lyrik Wolframs von Eschenbach. München 1982.
Warning, Rainer: Rezeptionsästhetik. München 1977.
Warnke, Camilla: Die „abstrakte" Gesellschaft. Systemwissenschaften als Heilsbotschaft in den Gesellschaftsmodellen Parsons', Dahrendorfs und Luhmanns. Berlin 1974.
Weber, Heinz-Dieter: Literaturgeschichte als Sozialgeschichte? In: Deutschunterricht. 33.1981, H. 1, 56-76.
Weber, Max: Gesammelte Aufsätze zur Religionssoziologie. Tübingen 1976-78⁶-7.
Weber, Max: Wirtschaft und Gesellschaft. Grundriß der verstehenden Soziologie. Tübingen 1922. Ndr. Tübingen 1972⁵.
Weckherlin, Georg Rudolf: Gedichte. Hg. v. Christian Wagenknecht. Stuttgart 1972.
Wehler, Hans-Ulrich (Hg.): Geschichte und Ökonomie, Köln 1973.
Wehler, Hans-Ulrich (Hg.): Moderne deutsche Sozialgeschichte, Köln 1969³.
Wehler, Hans-Ulrich (Hg.): Geschichte und Soziologie. Köln 1972.
Weigl, E.: Zur Psychologie sogenannter Abstraktionsprozesse. I. Untersuchungen über das Ordnen. In: Zs. f. Psychol. 1927, 103.
Weimann, Robert: Literaturgeschichte und Mythologie. Methodologische und historische Studien. Frankfurt a. M. 1977.
Weimar, Klaus: Zur Geschichte der Literaturwissenschaft. Forschungsbericht. In: DVjs 50.1976. H. 1/2, 298-364.
Weinberg, J.R.: Abstraction, relation, and induction. Madison/Milwaukee 1965.
Weinrich, Harald (Hg.): Positionen der Negativität. München 1974.
Weise, Christian: Curiöse Gedanken von Deutschen Versen. 2 Bde. Leipzig 1692.
Weise, Johann Ernst: Unvorgreiffliche Gedancken von Teutschen Versen. Ulm 1708.
Weisgerber, Leo: Das Menschheitsgesetz der Sprache als Grundlage der Sprachwissenschaft. Heidelberg 1964².
Weller, René: Geschichte der Literaturkritik 1750-1830. Neuwied, Berlin 1959. (1955¹).
Wellek, René/Warren, Austin: Theorie der Literatur. Frankfurt a. M. 1972.
Werckmeister, K.O.: Das Ende der Ästhetik. Frankfurt a. M. 1969.
Westerstähl, Dag: Some philosophical aspects of abstract model theory. Gothenburg 1976.
Weyl, Hermann: Philosophie der Mathematik und Naturwissenschaft. München 1966³.
Weinrich: Linguistische Bemerkungen zur modernen Lyrik. In: Akzente 15.1968. H. 1, 29-47.
Whitehead, Alfred North: Prozeß und Realität. Frankfurt a. M. 1979 (1929¹).
Whitehead, Alfred North: Die Funktion der Vernunft. Stuttgart 1974 (1929¹).
Weier, Winfried: Die Verwandlung der idealistischen Abstraktion in die Emotion bei Novalis. In: Études Germaniques 23.1968. H. 4, 548-573.
Wiese, Karl-Heinz: Robert E. Prutz – Ästhetik und Literaturkritik. Diss. Halle 1934.
Wiehl, Reiner: Art. ‚Form'. In: Krings, Handbuch II, 442-457.
Wieland, Christoph Martin: Werke. Hg. v. F. Martini u. H. W. Seiffert. 5 Bde. München 1965-68.
Wiese, Benno von: Zur Kritik des geistesgeschichtlichen Epochenbegriffs. In: DVjs 11.1933, 130-144.
Wild, Reiner: Literatur im Prozeß der Zivilisation. Zur theoretischen Grundlegung der Literaturwissenschaft. Stuttgart 1982.
Wildschrey, Joh. Eduard Th.: Die Grundlagen einer vollständigen Syllogistik. Halle 1907.
Williams, Raymond: Innovationen. Über den Prozeßcharakter von Literatur und Kultur. Frankfurt a. M. 1977.

Wild, Reiner: Stadtkultur. Bildungswesen und Aufklärungsgesellschaft. In: Grimminger, Sozialgeschichte III, 103-132.
Winance, E.: Note sur l'abstraction mathématique selon saint Thomas. In: Revue Philos. de Louvain 53.1955, 482-510.
Winckelmann, Johann Joachim: Geschichte der Kunst des Altertums. 1934. Ndr. Darmstadt 1972.
Windfuhr, Manfred: Die barocke Bildlichkeit und ihre Kritiker. Stuttgart 1966.
Windfuhr, Manfred: Der Epigone. Begriff, Phänomen und Bewußtsein. In: Archiv für Begriffsgeschichte. 4.1958/59, 182-209.
Winterhager, Eberhard: Das Problem des Individuellen. Meisenheim 1975.
Winters, Peter Jochen: Naturrecht. In: Görlitz. Handbuch II, 269-276.
Wittgenstein, Ludwig: Vorlesungen u. Gespräche über Ästhetik, Psychologie u. Religion. Göttingen 1972.
Wittram, Reinhard: Das Interesse an der Geschichte. Göttingen 1968[3].
Wölfflin, Heinrich: Die klassische Kunst. Eine Einfürhung in die italienische Renaissance. Basel/Stuttgart 1968[9] (1898[1]).
Wölfflin, Heinrich: Kunstgeschichtliche Grundbegriffe. Das Problem der Stilentwicklung in der neueren Kunst. Basel 1979[17] (München 1915[1]).
Wölfflin, Heinrich: Renaissance und Barock. Eine Untersuchung über Wesen und Entstehung des Barockstils in Italien (1888). Basel 1968[7].
Wokenius, Franciscus: Anleitung zur Teutschen Poesie / zum bequemen Gebrauch Seiner Auditorum entworffen. Leipzig 1715.
Wolandt, Gerd: Idealismus und Faktizität. Berlin 1971.
Wolff, Christian: Philosophia rationalis sive logica. Leipzig 1718.
Wolff, Christian: Vernünftige Gedancken von Gott, der Welt und der Seele des Menschen. Frankfurt und Leipzig 1733[5].
Wolff, Hans M.: Die Weltanschauung der deutschen Aufklärung in geschichtlicher Entwicklung. Bern u. München 1949.
Wolff, Kurt H.: Versuch einer Wissenssoziologie. Neuwied 1968.
Worringer, Wilhelm: Abstraktion und Einfühlung. Ein Beitrag zur Stilpsychologie. München 1964.
Wundt, Wilhelm: Zur Geschichte und Theorie der abstrakten Begriffe. In: W. Wundt, Kleine Schriften. Bd. 2. Leipzig 1910 f.
Wuthenow, Ralph-Rainer: Das erinnerte Ich. Europäische Autobiographie und Selbstdarstellung im 18. Jahrhundert. München 1974.
Wuthenow, Ralph Rainer: Der Held als Leser. Frankfurt a. M. 1980.

Young, Edward: Essay on Lyric Poetry (1728) – Herrn Youngs Abhandlung über die lyrische Dichtkunst. Aus dem Engländischen übers. In: Sammlung vermehrter Schriften zur Beförderung der schönen Wissenschaften und freyen Künste. 2 Bd. 1. Tl. Berlin 1759, 206-219.
Young, Edward: Gedanken über die Original=Werke. In einem Schreiben des D. Youngs an den Verfasser des Grandison. Aus dem Englischen. Leipzig 1760.

Zapf, Wolfgang (Hg.): Theorien des sozialen Wandels. Köln 1969.
Zedler, H.: Grosses vollständiges Universal-Lexicon aller Wissenschaften und Künste. 64 Bde. (nebst 4 Suppl.-Bdn.) Halle 1732-54. Ndr. Graz 1962.
Zijderveld, Anton C.: Die abstrakte Gesellschaft. Zur Soziologie von Anpassung und Protest. Frankfurt 1972.
Zenck, Martin: Kunst als begriffslose Erkenntnis. München 1977.
Ziegenfuß, Werner/Jung, Gertrud: Philosophen-Lexikon. 2 Bde. Berlin 1949 f.
Zilsel, Edgar: Die sozialen Ursprünge der neuzeitlichen Wissenschaft. Hg. v. Rüdiger Krohn. Frankfurt a. M. 1976.
Zimmermann, Walter: Evolution. Die Geschichte ihrer Probleme und Erkenntnisse. Freiburg 1953.
Zimmermann, Bernhard: Literaturrezeption im historischen Prozeß. München 1977.
Zippelius, Reinhold: Geschichte der Staatsideen. München 1973[2].
Zippelius, Reinhold: Das Wesen des Rechts. München 1978[4].
Zippelius, Reinhold: Gesellschaft und Recht. München 1980.